U0630685

北京志

信息化志

北京市地方志编纂委员会

北京出版集团
北京出版社

图书在版编目（CIP）数据

北京志．信息化志 / 北京市地方志编纂委员会编著．
— 北京 ：北京出版社，2020.6
ISBN 978-7-200-15371-2

Ⅰ．①北… Ⅱ．①北… Ⅲ．①北京—地方志②信息化
建设—概况—北京 Ⅳ．① K291

中国版本图书馆 CIP 数据核字（2020）第 011379 号

项目统筹 王葛灵
责任编辑 白 珍
英文翻译 马 玲
英文审定 于 冰
封面设计 李 芸 罗 瑞
版式设计 云伊若水
责任印制 陈冬梅

北京志 · 信息化志
BEIJING ZHI · XINXIHUA ZHI
北京市地方志编纂委员会
*
北 京 出 版 集 团 / 北 京 出 版 社 出版
（北京北三环中路 6 号）
邮政编码：100120
网 址：www.bph.com.cn
北京出版集团总发行
新华书店经销
北京华联印刷有限公司印刷
*
889 毫米 ×1194 毫米 16 开本 38 印张 彩插 16 页 830 千字
2020 年 6 月第 1 版 2020 年 6 月第 1 次印刷
印数 1—1 000
ISBN 978-7-200-15371-2
定价：520.00 元

如有印装质量问题，由本社负责调换

质量监督电话：010-58572393

北京市地方志编纂委员会

（按时间先后顺次排列）

（2008年12月—2013年9月）

（2013年9月—2016年6月）

顾　问　郭金龙

主　任　王安顺

副主任　赵凤桐（常务）　李　伟（市委宣传部）
段柄仁（常务）

委　员　王力丁　邱水平　黄石松　周立云　李丽凤
周永杉　程　勇　张志伟　闵　克　王孝东
谢荫明　吕和顺　陈　静　王　芳　张建东
线联平　闫傲霜　靳　伟　池维生　王海平
李万钧　李颖津　张欣庆　黄　艳　杨　斌
陈　永　刘小明　卢　彦　周正宇　陈　冬
赵会民　林抚生　冯俊科　舒小峰　王文杰
邓乃平　王　红　王北平　谭维克　钟制宪
郑京湘　王铁鹏　王昭钺　田　耕　徐俊德
赵庚奇

北京市地方志编纂委员会办公室

主　　任　王铁鹏（2008 年 12 月—2015 年 7 月）
　　　　　陈　玲（2015 年 7 月—2018 年 11 月）
副 主 任　王春柱（2008 年 12 月—2010 年 3 月）
　　　　　侯宏兴（2008 年 12 月—2019 年 2 月）
　　　　　张恒彬（2008 年 12 月—2019 年 2 月）
　　　　　谭烈飞（2010 年 8 月—2017 年 1 月）
副巡视员　运子微（2017 年 7 月—2019 年 2 月）

中共北京市委党史研究室
北京市地方志编纂委员会办公室

主　　任　李　良（2019 年 2 月—　　　　）
副 主 任　张恒彬（2019 年 2 月—　　　　）
副 主 任　陈志楣（2019 年 2 月—2019 年 12 月）
副 主 任
一级巡视员　陈志楣（2019 年 12 月—　　　　）
副巡视员　刘　岳（2019 年 2 月—2019 年 6 月）
　　　　　运子微（2019 年 2 月—2019 年 6 月）
二级巡视员　刘　岳（2019 年 6 月—　　　　）
　　　　　运子微（2019 年 6 月—　　　　）

《北京志》主编　执行主编　副主编

（按时间先后顺次排列）

（2014年2月—2018年4月）

主　　编　段柄仁

副 主 编　王铁鹏　刘景华　周继东

赵庚奇　顾究州　谢荫明

谭烈飞　戴　卫

（2018年4月—2019年11月）

主　　编　王　宁

执行主编　尹培彦　陈　玲

副 主 编　舒小峰　戴　卫　谢荫明

周继东　王铁鹏　顾究州

周来升　曹跃进　张恒彬

谭烈飞　运子微

（2019 年 11 月—　　　）

主　　编　魏小东　王　红

执行主编　李　良　王　军

副 主 编　张恒彬　陈志楣　刘　岳　运子微

《北京志·信息化志》编纂委员会

主　　任（按任职时间排序）

靳　伟（2011 年 7 月—2014 年 2 月）

张伯旭（2014 年 2 月—2018 年 3 月）

副 主 任（按姓氏笔画排序）

王　伟　孔　磊　任世强　刘京辉　邱　钢（挂职）

邹　彤　陆恭超　陈志峰　姜广智　崔旭龙

续　栋　潘　锋

委　　员（按姓氏笔画排序）

王晓元　王新南　尤　靖　孔德龙　仝海威

刘　旭　刘　霞　刘国伟　李　军　李　辉

张　彪　张　晶　张宇航　赵　达　顾瑾栩

郭钧岐　唐建国　常德志　焦文冬

顾　　问（按姓氏笔画排序）

华平澜　庄梓新　吴钢华　陆首群　陈信祥

林文漪　赵慕兰　俞慈声　阎冠和　梁　眉

戴　卫

《北京志·信息化志》编辑人员

主　　编（按任职时间排序）

白　新（2009 年 9 月—2011 年 4 月）
姜贵平（2011 年 5 月—2011 年 8 月）
熊　梦（2011 年 8 月—2013 年 4 月）
姜贵平（2013 年 4 月—2014 年 11 月）
张伯旭（2014 年 11 月—2017 年 8 月）
任世强（2017 年 8 月—　　　　　）

副 主 编（按任职时间排序）

唐建国（2009 年 9 月—2016 年 12 月）
张世民（2009 年 9 月—2013 年 10 月）
马　蕾（2009 年 9 月—2011 年 8 月）
段　红（2011 年 8 月—2017 年 11 月）
李　巍（2013 年 1 月—2015 年 9 月）
李　辉（2016 年 12 月—　　　　　）
郭钧岐（2017 年 11 月—　　　　　）
孔德龙（2019 年 4 月—　　　　　）

执行主编（按任职时间排序）

何宝森（2010 年 9 月—　　　　　）
杨秀珍（2017 年 11 月—　　　　　）

编　　辑（按姓氏笔画排序）

王玉婵　石　雨　田启家　付　哲　刘一鸣　刘乃清
江　欣　吴　琼　罗保平　韩鼎金　潘会楼

《北京志·信息化志》编委会办公室

主　　任　郭钧岐（2017年11月—　　　　　）

副 主 任　杨秀珍（2017年11月—　　　　　）

工作人员（按姓氏笔画排序）

石　雨　刘一鸣　吴　琼

《北京志·信息化志》评审人员

评审专家　戴　卫　周继东　顾究州　王铁鹏　俞慈声

责任审稿　纪　箟　林玉琳　刘　昊

《北京志》凡例

一、本志以马克思列宁主义、毛泽东思想、邓小平理论、“三个代表”重要思想、科学发展观、习近平新时代中国特色社会主义思想为指导，坚持辩证唯物主义和历史唯物主义立场、观点和方法，存真求实，全面、客观记述北京自然、经济、政治、文化和社会的历史与现状。

二、按科学分类与社会分工设置篇目，力求突出时代特征、首都特色和行业特点。

三、以2010年北京市行政区辖域为记述范围，某些分志依其特定业务范围记述。

四、主体内容为续修，上限起于第一轮志书下限，根据内容需要可对第一轮志书进行适当追溯。创修志书上限追溯到事业发端。全志下限一般为2010年。

五、采用述、记、志、传、图、表、录等体裁，以志为主。

六、志书编纂一般分篇、章、节、目等层次。

七、人物生不立传，在世人物对历史有重大影响者采用以事系人方式入志。

八、坚持专志贵专原则，专设分志的内容，在其他分志中一般不再专门记述。

九、采用规范语体文，行文力求准确、简洁、通畅。

十、1949年以前采用中国历史纪年与公元纪年对照方式书写。中华人民共和国成立起用公元纪年方式书写。

十一、数字、量和单位、标点符号的使用规范、统一，符合国家有关标准的规定。

十二、各种组织、机构使用全称。如后文需使用简称，在首次出现全称后括注规范简称。

十三、全市性的统计数据以市统计部门公布的为准。市统计部门缺遗的，参考相关权威部门所提供的数据。

北京市地方志编纂委员会办公室

《北京志》篇目

（2020年3月）

序号	志书名称	序号	志书名称
1	总述	26	宗教志
2	大事记	27	发展改革志
3	国土资源志	28	统计志
4	人口志	29	国家税务志
5	水务志	30	地方税务志
6	气象志	31	审计志
7	共产党志	32	财政志
8	纪检监察志	33	金融志
9	人民代表大会志	34	工商行政管理志
10	民主党派·工商联志	35	质量技术监督志
11	政府志	36	药品监督管理志
12	人民政协志	37	工业志
13	公安志	38	信息化志
14	检察志	39	农业农村志
15	审判志	40	商业志
16	司法行政志	41	对外经济贸易志
17	监狱志	42	海关志
18	劳教志	43	检验检疫志
19	军事志	44	旅游志
20	人民武装警察志	45	北京经济技术开发区志
21	民防志	46	科学技术志
22	工人组织志	47	社会科学志
23	青年组织志	48	教育志
24	妇女组织志	49	文化艺术志
25	民族志	50	文物志

序号	志书名称	序号	志书名称
51	档案志	61	市政管理志
52	新闻出版志	62	环境保护志
53	广播电视志	63	园林绿化志
54	卫生志	64	交通志
55	体育志	65	邮政志
56	民政志	66	电信志
57	人力资源和社会保障志	67	北京奥运会志
58	残疾人事业志	68	非物质文化遗产志
59	规划志	69	明十三陵志
60	建设志	70	云居寺志

BEIJING ANNALS CONTENTS

(March, 2020)

serial number	TITLE	serial number	TITLE
39	Agriculture and Rural Affairs Annals	55	Sports Annals
40	Commerce Annals	56	Civil Affairs Annals
41	Foreign Economic Relations and Trade Annals	57	Human Resources and Social Security Annals
42	Customs Annals	58	The Disabled Work Annals
43	Inspection and Quarantine Annals	59	Planning Annals
44	Tourism Annals	60	Construction Annals
45	Beijing Economic-Technological Development Area Annals	61	Public Facilities Management Annals
46	Science and Technology Annals	62	Environmental Protection Annals
47	Social Sciences Annals	63	Gardens and Afforestation Annals
48	Education Annals	64	Transportation Annals
49	Culture and Art Annals	65	Postal Service Annals
50	Culture Relics Annals	66	Telecommunications Annals
51	Archives Annals	67	Beijing Olympic Games Annals
52	Press and Publication Annals	68	Intangible Cultural Heritages Annals
53	Radio and Television Annals	69	Ming Tombs Annals
54	Public Health Annals	70	The Yunju Temple Annals

编纂说明

一、本志是第二轮《北京志》的一部分志，属创修志书，是北京信息化历史上的第一部专业志。本志由北京市经济和信息化局承编，北京市产业经济研究中心志鉴编辑部承担组织编纂工作。

二、本志记述上限起自北京信息化事业发端，下限统一断至2010年。

三、本志设8篇28章100节。设有信息基础设施、信息技术创新、软件与信息服务业、政务信息资源共享、信息技术应用、信息产品与互联网大众普及、信息安全、信息化管理8篇，以及概述、大事记、数字奥运专记、北京信息化创新人物名录、附录，涵盖北京信息化领域的主要业务。

四、本志所用资料主要来源于北京市档案馆、原北京市信息化工作办公室、原北京市经济和信息化委员会以及相关网站信息化资料；北京市部分委办局、各区信息化主管部门，行业协会、企业、民间调查机构提供的资料等。

五、关于机构名称的处理。一般情况下使用全称，出现频率较高的，在正文第一次出现时使用全称并括注简称（图表除外）。市政府及其委办局使用规范简称，行业企业、科研院所、协会等参照各单位简称。

2009 年 3 月 30 日，北京市经济和信息化委员会在朝阳区工体北路 6 号凯富大厦挂牌

1957 年，北京有线电厂生产的中国第一台步进制 JZB－1A 型交换机

1984 年 11 月 8 日，北京第一个程控电话局（呼家楼 50 分局）建成开通

1996 年 7 月，北京市电信管理局 GSM 网与香港 CSL 公司的 GSM 网开通自动漫游业务，首次实现与中国内地以外的区域漫游

1970 年 5 月，第四机械工业部 738 厂（兆维集团前身）研制出第一台超过百万次大型计算机 DJS–150 机

1987 年 5 月，北京四通集团公司自主研发的 MS–2401 中文打字机

1987 年 9 月 14 日，中国第一封电子邮件从北京市计算机应用技术研究所发出

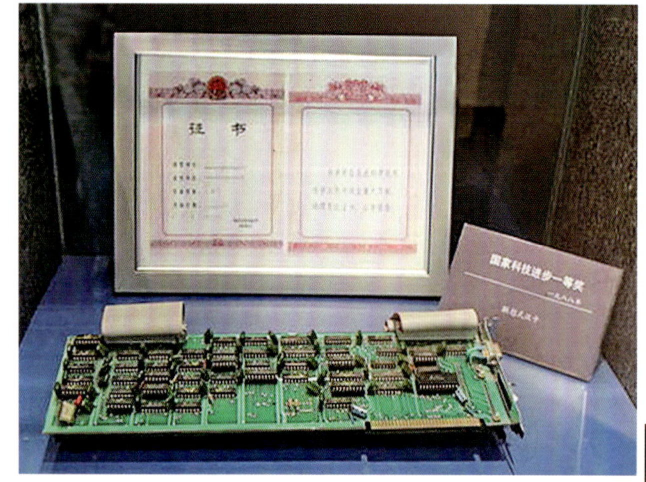

1988 年，联想公司推出的联想汉卡获国家科学技术进步奖一等奖

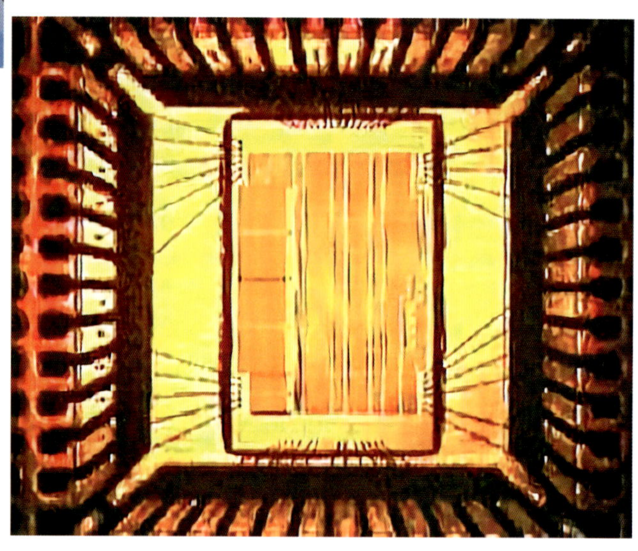

2001 年 3 月 11 日，中星微电子公司研发成功中国第一枚具有自主知识产权的百万门级超大规模数字多媒体芯片“星光一号”

2007 年 9 月 13 日，中国普天信息产业股份有限公司推出自主研发的“全球第一片智能存储卡”

2009 年，曙光信息产业（北京）有限公司研制的中国第一台超百万亿次超级计算机曙光 5000A 启用

1999 年，计算机汉字激光照排技术发明人王选向出版界介绍方正电子激光照排系统

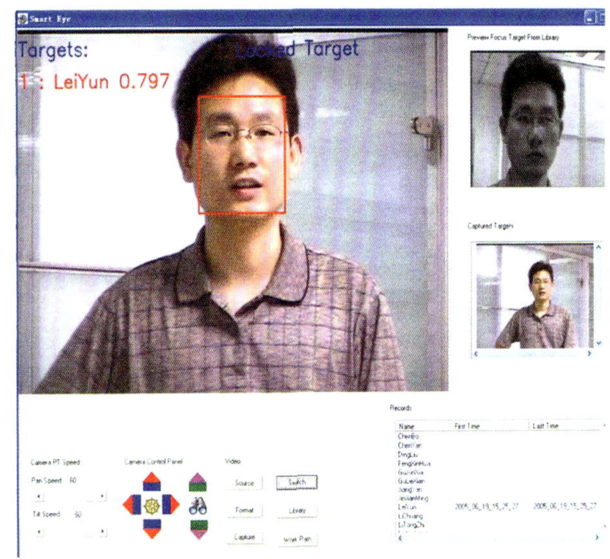

清华大学承担完成的 TH—HD 多模生物特征身份识别认证系统项目获北京市科学技术奖一等奖（2007 年摄）

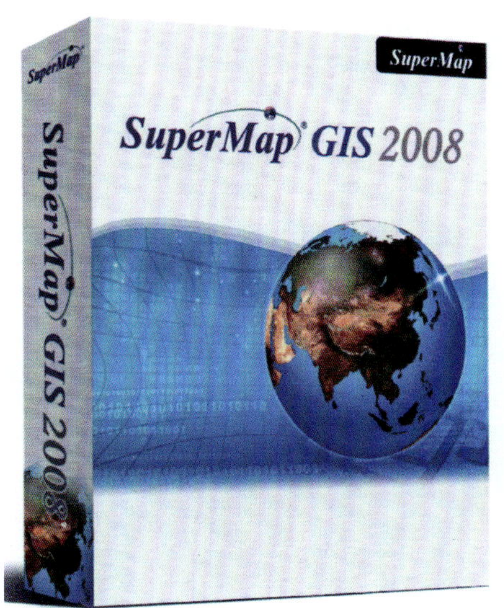

北京超图软件股份有限公司开发的地理信息系统软件（2008 年摄）

2003 年 9 月 12 日，第六届中国北京国际科技产业博览会在北京召开。数字北京展区集中展示了北京市空间基础设施、市民基础信息服务系统等信息资源开发利用成果

市财政局利用遥感影像进行财政预算可视化审批（2007 年摄）

东城区“网格化城市管理新模式”工程中的城管监督员和呼叫中心工作人员现场对话（2008 年摄）

20 世纪 80 年代，市民在北京市电报大楼发电报和打电话的场景

1995 年 5 月，北京瀛海威科技有限责任公司在白石桥路口竖起中国第一块互联网路牌广告

1996 年 11 月 15 日，北京实华开电子商务有限公司在首都体育馆旁设立的“网络咖啡屋”开业，是首家以网吧形式提供互联网接入服务的商户

1996 年，北京电信局开通公用互联网业务。图为中学生在电报大楼营业厅体验上网

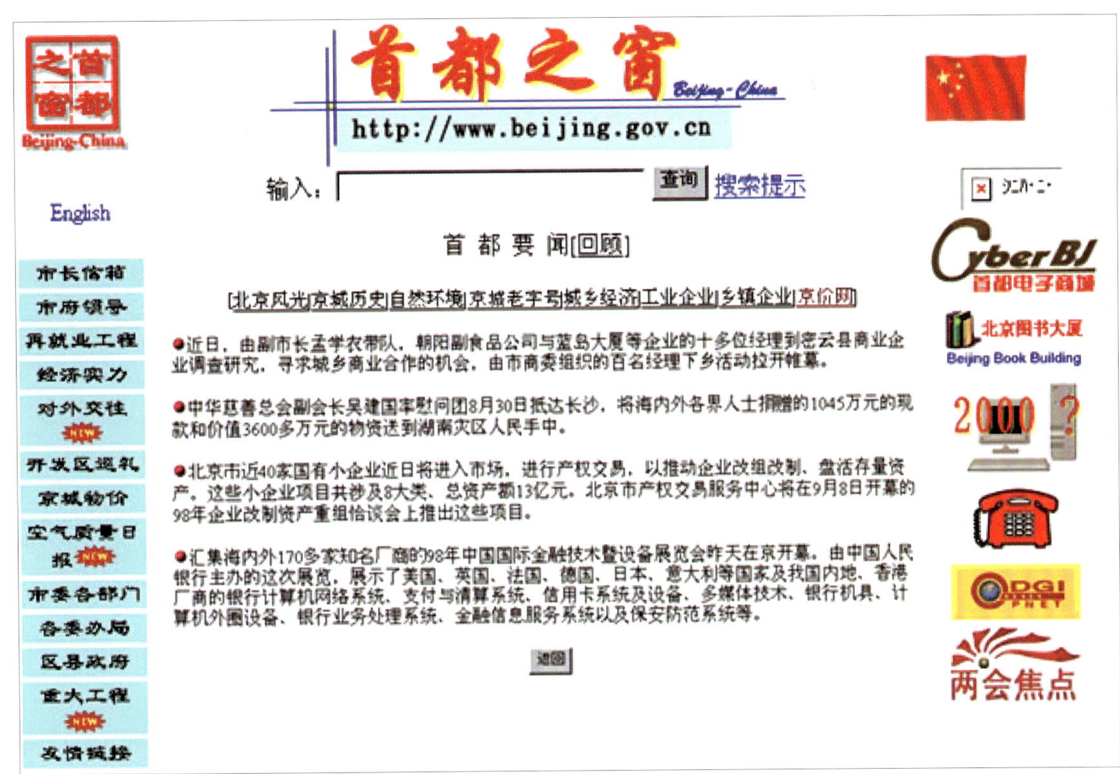

1998 年 7 月 1 日，“首都之窗”网站上线运行。图为 1998 年 8 月 31 日“首都之窗”网站首页

1999 年 8 月 3 日，北京市远程教学远郊区县站点开通

北京交警在现场用电脑查询路况信息（2000 年摄）

2002 年 1 月 20 日，北京开通全国统一的电力客户服务热线电话“95598”，形成覆盖全市的电力服务网络

市民在街头使用触屏电脑查询法律信息（2003 年摄）

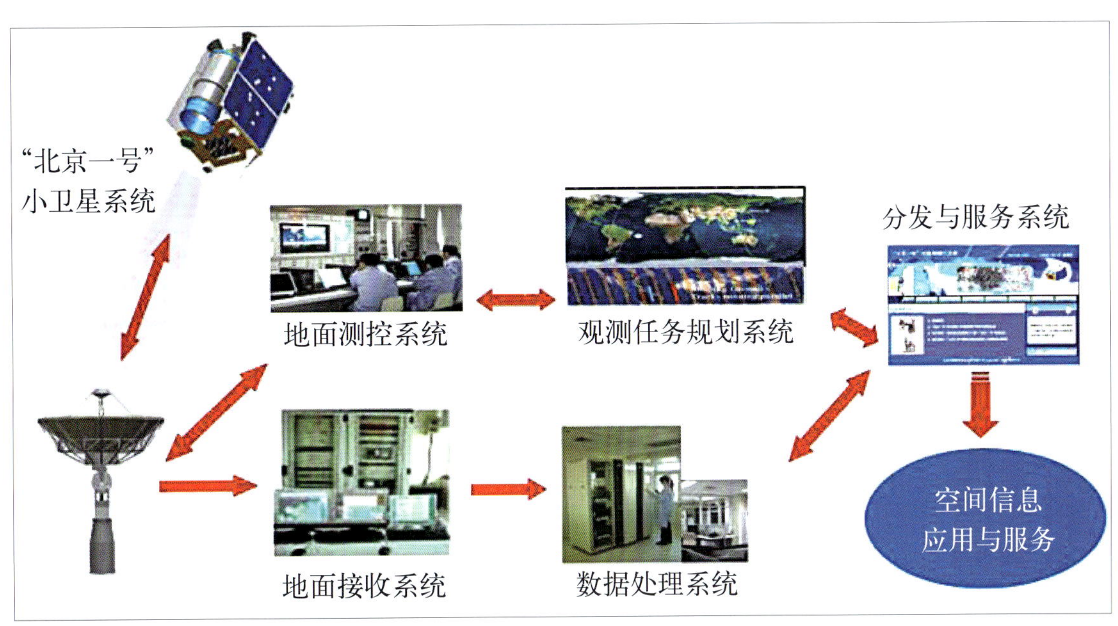

2006 年 6 月 8 日，“北京一号”小卫星系统运行，图为该系统对外提供遥感数据服务示意图

2008 年 1 月 16 日，国内首款显示实时交通路况信息的车载导航仪在北京发布

2008 年 8 月 8 日，政务应急通信保障监测车在北京奥运会开幕式鸟巢现场值守

2008 年 12 月 20 日，第三届中国北京国际文化创意产业博览会上展示的采用 DAB 数字多媒体广播技术的播放器产品

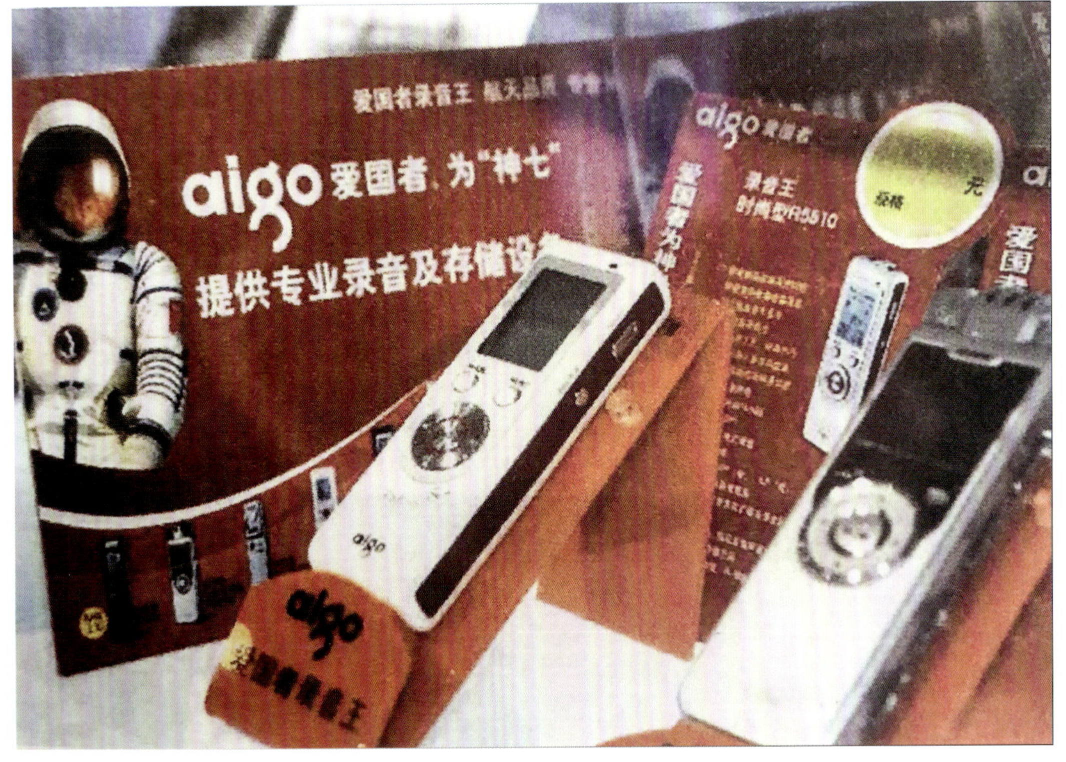

北京华旗资讯数码科技公司为“神舟七号”卫星研制的航天存储录音产品（2008 年摄）

2008 年设在北京奥运景观大道一侧的多媒体电话亭

2009 年 2 月 12 日，游客在西城区什刹海兴华胡同使用自助语音导游设备

长安街上的电子指示牌显示附近各路段的交通状况（2009 年摄）

2010 年，北京市启动数字电视推广工作。图为数字电视机顶盒发放现场

1988 年 8 月 28 日，举行数据录入员水平考试的现场

北京市应急指挥平台（2009 年摄）

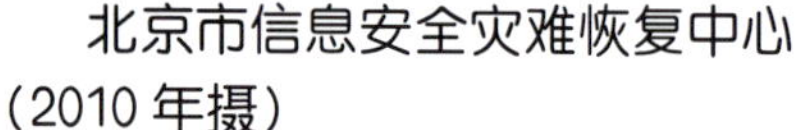

北京市信息安全灾难恢复中心（2010 年摄）

目 录

第三篇　软件与信息服务业

第四篇　政务信息资源共享

第五篇 信息技术应用

第六篇　信息产品与互联网大众普及

第七篇　信息安全

第八篇　信息化管理

CONTENTS

PASSAGE 1 INFORMATION INFRASTRUCTURE

PASSAGE 2 INFORMATION TECHNOLOGY INNOVATION

PASSAGE 3 SOFTWARE AND INFORMATION SERVICES INDUSTRY

PASSAGE 4 GOVERNMENT INFORMATION RESOURCES SHARING

PASSAGE 5 INFORMATION TECHNOLOGY APPLICATION

PASSAGE 6 POPULARIZATION OF INFORMATION PRODUCTS AND THE INTERNET

PASSAGE 7 INFORMATION SECURITY

PASSAGE 8 INFORMATIZATION MANAGEMENT

概　述

信息化是人们利用现代信息技术，开发利用信息资源，促进信息交流和知识共享，使现代信息技术在经济和社会中得到最广泛的应用和普及，推动人类从工业社会向信息社会发展的历史过程。20世纪40年代，世界第一台电子数字计算机的发明标志信息革命的开始。70年代，以信息技术为核心的全球新技术革命浪潮推动信息技术广泛应用，深刻改变了人类生产和生活方式。80年代，世界发达国家电视机和电话机实现家庭普及，互联网、个人计算机和移动电话等新型数字产品走向社会。

中华人民共和国自成立初期就认识到信息革命的重要性并进行部署。1956年制定的《十二年科学技术发展规划》中6个重点项目包含计算机、半导体和电子学3个与信息化相关的项目。改革开放后，国家高度重视世界新技术革命，1984年成立国务院电子振兴领导小组，1993年“三金工程”（金桥工程、金卡工程、金关工程）启动标志国家信息化工作正式拉开帷幕，1995年中共十四届五中全会提出“加快国民经济信息化进程”战略任务，1997年首次全国信息化工作会议提出《国家信息化“九五”规划和2010年远景目标(纲要)》，明确由“信息资源，国家信息网络，信息技术应用，信息技术和产业，信息化人才，信息化政策、法规和标准”六要素构成的国家信息化体系，以及“统筹规划，国家主导；统一标准，联合建设；互联互通，资源共享”的24字指导方针，中国信息化进入快速发展阶段。

北京从19世纪末开始引进西方信息通信技术，1884年接入有线电报，1901年创建电话公司，1927年创建广播电台。1949年1月，市内有电话交换机2.3万门、公用电话40部。中华人民共和国成立后，北京在发展和应用现代信息技术方面取得长足进步，大型电子计算机研发生产达到同期国际水平，在朝阳区酒仙桥建成中国最大的电子工业基地。20世纪70年代末，电话普及率达到5部/百人左右，广播电视人口覆盖率超过80%，整体上仍与同期全球先进水平存在差距。1978年之后，北京顺应全球新技术革命潮流，搭乘国家改革开放和推进信息化等战略的东风，借助北京国家科研机构创新活力以及电子工业体系基础，信息化建设加速推进，计算机和网络等基础设备和设施突破了核心技术和瓶颈问题。

1978年至1990年，北京信息化补短板、打基础，艰难起步。主要完成偿还固定电话网建设的历史欠账，升级固定电话网，缓解市民装电话和打电话难的状况；引进国际移动通信新技术，建设第一代移动通信网，发展人工寻呼服务；突破中文信息处理核心技术，破解计算机在中文环境下是否“用得了”的难题；在大专院校和科研单位普及计算机知识和技能，培养专业人才；不断发展、扩大、提升国内软硬件产业等任务。

1991年至2000年，北京信息化建设全面提升和快速发展。基础网络从模拟网向数字化、移动化、互联化网络升级换代，完成市区电话程控数字化改造，建成中关村地区教育与科研示范网，建成数字移动通信网（2G）。国产软硬件产业从小到大，涌现出联想、方正、同方等北京计算机品牌和新浪、搜狐、当当等互联网服务品牌，打破国外品牌对国内市场的多年垄断，破解大众“用得起”计算机的瓶颈。1997年，市信息办成立，全面推动信息技术进入各行各业和千家万户，深入推动“金卡工程”，统筹实施“政府上网工程”“首都电子商务工程”等重点项目，并在1999年提出数字北京愿景，实现计算机、手机、互联网服务等从“奢侈品”向生产生活“日用品”转变。

2001年至2010年，北京信息化围绕数字北京和数字奥运广泛应用和创新发展。以推进网上办公、网上公开以及“网格化”城市管理为核心，实现“信息强政”；以推进公共交通“一卡通”、社会保障卡、网上“一站式”服务等为核心，实现“信息惠民”；以发展软件信息服务业并保持年均两位数增长为核心，实现“信息兴业”。全面完成3G移动通信、开播数字高清广播、网络售票等16项数字奥运专项规划任务。信息化的大规模应用，构成北京奥运画卷中精彩亮丽的一笔。

截至2010年，北京信息化在基础设施建设、信息技术与产业、信息化应用与普及、信息化管理等方面都取得历史性成就。基础网络实现光纤化，长途光缆纤芯长度达到17万芯公里；电子信息产业成为支柱产业，其中软件与信息服务业增加值占全市GDP比重达到8.6%。信息化应用和普及水平在全国领先，移动电话普及率超过107部/百人，互联网宽带接入用户达到546万户，数字电视用户达到279万户，互联网上网人数达到1218万人。信息化组织推进体系基本完善，信息化总体水平迈入世界先进行列。信息技术创新和应用为现代北京、国际北京、创新北京做出了特殊贡献，成为北京高科技产业的代名词、古老北京的新名片。

一

信息化基础设施主要包括电信网、广播电视网、互联网等基础网络以及与此相关的信息管道、数据中心、计算中心等基础性功能设施。

1949年至1978年，北京工业总产值增长100多倍，而市内电话设备仅增加3倍，平均每年新增固定电话2000余部。1981年，全市固定电话用户仅有10万户，公用电话仅有2200多部。20世纪80年代初，无线广播人口覆盖率超过90%，但电视网络水平很低，城镇彩色电视机普及率仅为2台/百户。随着社会经济日益活跃，市民生活日益丰富，传统信息通信基础设施难以满足需求，信息服务供需矛盾加剧，打电话难、装电话难的问题尤其突出。

1978 年至 1990 年，北京市着力补足传统电信网络建设历史欠账，解决打电话难和装电话难的问题。

升级固定电话基础设施。1979 年到 1981 年，北京平均每年新增 1 万部电话。1982 年启动北京电话网 10 万门数字程控交换机改扩建工程，是当时中国电信史上最大的电话工程；同年 9 月 22 日，西单北大街安装北京第一座投币式公用电话亭。1991 年，北京开展“一万八装机会战”，50 天内为 1.8 万户已交费但因号线限制较长时间未装通电话的用户装通电话。截至 1991 年年底，北京地区固定电话用户数量接近 40 万户，公用电话超过 7300 部。

探索引进和应用移动通信网络新技术。1985 年，北京“126”人工寻呼台开办，至 1990 年拥有约 10 万用户容量。1988 年，北京引进美国摩托罗拉公司设备，建成北京历史上首个第一代移动通信网络“模拟移动电话 A 网”，放号 800 户。截至 1991 年，A 网基站覆盖城区至五环路以外，郊区达通县、大兴县、顺义县、门头沟区等区县以及八达岭地区，用户达 4900 户。1990 年，引进爱立信公司设备建设同属第一代移动网络的“模拟移动电话 B 网”开通，放号 400 户。同时，无线寻呼发展起步。北京无线广播和电视网络覆盖率显著提升，截至 1990 年，北京电视台 6 频道覆盖率提高到 97.3%，中央电视台 2 频道覆盖率稳定在 98%；城镇彩色电视机普及率达到 91 台 / 百户。

1991 年至 2000 年，北京瞄准世界先进水平，开始构建现代城市数字化、移动化、互联化信息基础设施。

完成市区电话网数字化改造。1992 年，电话用户全部接入程控交换机，市话传输网络转变为以数字化传输为主。1994 年，北京市区全部电话局所的程控数字化改造完成，建成全市范围的程控数字电话网，市话汇接局之间、局与端局之间，以及市话局与长途局、移动局之间，全部实现数字化传输，固定电话用户达到 100.4 万户。1995 年年底，全市交换机实现程控化，完成模拟网向数字网过渡。截至 2000 年年底，北京地区固定电话用户数量达到 451 万户，其中住宅电话 318 万户。

建设有线广播电视网络。1992 年，有线电视应用起步，北京有线电视台成立并试播。1997 年，北京有线广播电视光缆网建设被列入北京市 1997 年在直接关系群众生活方面拟办的重要实事之一，年内敷设光缆 800 多公里。2000 年开始试验建设双向网络，城镇彩色电视机普及率达到 149 台 / 百户。

在国内率先建设和发展互联网。1993 年，北京在全国率先接入国际互联网。1994 年，中关村地区教育与科研示范网建成运营，中国成为第 77 个具备互联网全功能的国家。此后，电信企业先后提供“163”“169”“165”等电话拨号接入服务，公众开始以固定电话拨号方式接入互联网。2000 年，宽带接入开始在小范围试用。电信运营商在电报大楼、中关村、亦庄等重点区域建成一批数据中心。

建设第二代移动互联网。1994 年，北京建立 GSM 制式数字蜂窝移动电话网，定名为“全球通”。1995 年，GSM 制式数字移动通信网（第二代移动通信网，以下简称 2G）投入运营，向社会放号，此后数字移动电话用户逐步增加。1998 年，移动电话用户突破 100 万户，10 月实现手机编辑汉字发短信息，短信息成为人们重要的通信方式。2000 年 A 网关闭退网，2001 年 B 网关闭，至此模拟移动通信全部退网，北京移动电话网实现数字化，进入 2G 移动通信时代。同年推出基于 WAP 的手机上网业务，移动通信开始与互联网结合，向移动互联网过渡。

2001 年至 2010 年，北京向国际先进城市水平看齐，构建国际先进的光纤化、宽带化、移动互联化信息基础设施。

推进广播电视数字化。2001 年，IP 骨干网络建设与接入工作进入稳定运营。截至 2003 年，全市有线电视光缆敷设累计 1 万余公里。2003 年，北京广播电视数字化开始起步，北广传媒移动电视有限公司成立，是北京市属开发运营广播电视新媒体的专门机构之一，是国家广播电视总局批准的北京地区唯一一家地面移动数字电视运营机构，实现地面数字设备实时接收电视节目。

全面推进“光进铜退”。2005 年，北京网通提出“光进铜退”的建设方针，以光纤接入取代原有铜缆接入方式，逐步推进光纤到路边、光纤到大楼、光纤到户，提出“宽带全覆盖”和“村村通光缆”。2009 年，根据《北京信息化基础设施提升计划》，大幅度提高互联网接入宽带标准要求，开始推进光纤到楼入户，逐步替代传统铜缆。

宽带接入取代拨号上网。2005 年，北京网通实现 10M 互联网专线接入试验，2006 年完成 10 ～ 100M 互联网专线接入试验。2007 年，电信北京公司和北京网通开放 4M 速率 ADSL。2009 年，北京联通实现 2M 宽带全覆盖。《北京信息化基础设施提升计划》提出在全国率先建成城乡一体化的高速宽带信息网络，到 2012 年年底，互联网家庭入户带宽超过 20M，企业入户带宽最高达到 10G。截至 2010 年，北京宽带接入用户数 545.6 万户，网民 1218 万人，普及率 69.4%，普及率排名保持全国第一。

推动通信网络与互联网融合。2005 年，北京网通“北京本地 IP 网”建成，开通第一个 EPON 接入小区（西三旗“宽带 HOUSE”）；北京网通开始下一代网络（NGN）业务试验。北京移动开通无线上网“动感地带”品牌业务。2006 年，中国移动开始建设 IP 专用承载网北京节点网络一期工程，截至 2010 年共进行 3 期建设和扩容工程。2009 年，3G 运营牌照发放，北京移动、电信北京公司、北京联通 3G 移动通信网投入运营。移动互联网快速发展，以无线方式接入互联网的手机等移动终端用户大幅增加，最大下行速率达到 14M。截至 2010 年，北京联通推出 20M 宽带产品，宽带接入 ADSL 设备端口总容量 496.9 万线，ADSL 用户 398.8 万户，LAN 用户 18.7 万户，EPON 用户 11.2 万户，互联网窄带拨号用户 64.4 万户；北京移动终端用户 1042 万户，使用移动终端接入互联网的用户数量超过电脑上网用户。

21 世纪初，北京围绕数字北京、数字奥运需求，建成一批重要的信息化基础设施。其中，2001 年依托首都公用信息平台建成有线政务专网，2002 年建设 800M 无线政务专网，2007

年建成数字北京大厦，2008 年建成奥运移动通信专网。2003 年至 2010 年，北信基础公司累计建成信息管道 2300 沟公里。

截至 2010 年，北京信息化基础设施建设基本达到国际先进水平。在网络种类上，由传统固定电话网和无线广播电视网发展为更先进的有线电视网、移动通信网、计算机信息网络和互联网；在网络技术上，数字技术取代模拟技术，光纤传输取代铜缆传输，并走向电信网、互联网、广播电视网的“三网融合”。

二

信息技术和信息产业是信息化得以发生和发展的源头和动力。北京一代代技术创新者和创业者，破解信息技术应用本地化的难题，取得一系列自主创新成果，创建一大批知名企业和产品。

1978 年至 1990 年，中关村突破计算机汉化问题，解决了“让中国人用得了电脑”的难题。

解决计算机汉化问题，发展中文信息处理产业。1980 年，华北计算技术研究所起草国标《信息交换用汉字编码字符集（基本集）》（GB 2312–80）。1981 年，北京大学推出第一台汉字激光照排系统。1983 年，电子工业部第六研究所开发成功中国第一套与 IBM PC–DOS 兼容的汉字磁盘操作系统 CCDOS。1985 年，长城公司推出第一台具有字符发生器汉字显示能力、具备完整中文信息处理能力的国产微机——长城 0520CH。1986 年，联想公司推出联想汉卡，北京四通集团公司推出四通 MS–2400 中外文文字处理机。1988 年，希望高级电脑技术公司发布中文平台 UCDOS。1989 年，清华大学推出中国最早的印刷文本识别系统产品——清华 OCR。

开始个人计算机系统国产化探索，起步发展计算机软硬件产业。1986 年，希望高级电脑技术公司推出运行全汉化 AUTOCAD 2.5 版的微机 CAD 工作站系统。1987 年，长城公司发布中国第一台国产 286 微机，1988 年推出第一台国产 386 微机，1990 年推出长城 486。中国人民解放军军事科学院研制的中国第一台实用型英汉机器翻译系统“科译 1 号”通过国家鉴定，其后开发中国第一个商品化英汉机器翻译系统“译星”。1990 年，联想公司向市场投放首台联想品牌微机，用友公司推出电子财务软件。

1991 年至 2000 年，北京自主品牌计算机突破国外产品的市场垄断，实现“让中国人用得起电脑”的梦想，带动软件和信息服务大发展。

20 世纪 90 年代初，中国个人计算机市场基本上是国外品牌，个人计算机属于上万元奢侈品，普通人可望而不可即。以联想、长城、方正、同方等为代表的企业，艰苦创新创业，推动计算机产业不断壮大。90 年代中后期，国产计算机突破国外品牌的垄断，走向千家万户，实现对国际计算机品牌由追赶到超越的转变。计算机的快速普及，带动软件和信息服务需求的增长，加快了互联网服务领域企业的发展。

国产品牌计算机实现对国际品牌从追赶到超越。1990 年，联想公司投入首台联想微机，1992 年在国内第一个推出家用电脑，1993 年推出中国第一台“奔腾”处理器个人电脑。1995 年 7 月，联想电脑进入中国个人电脑销售排行榜前 10 名。1996 年，联想发动“万元奔腾”大战，第一个将 1.5 万元以上的奔腾电脑标价 9999 元，实现了让中国人买得起电脑、用得上电脑，带来家用电脑发展的第一个高潮。长城、方正、同方先后进入家用个人计算机领域，成为国内主要的计算机品牌。截至 1996 年，联想首次位居国内电脑市场占有率首位，打破多年来国外品牌霸居第一的局面。计算机成为改革开放后继家电产业后的又一个朝阳产业。

软件产业依托核心技术加快发展。1991 年，长城集团与北京大学合作推出“智能 ABC”汉字输入法，北大新技术公司推出新一代电子出版系统“北大方正电子出版系统”，北京瑞星信息技术有限公司开始开发 PC 机用的防病毒卡。1992 年，北京新天地电子信息技术研究所推出基于 Windows 3.0 的外挂式中文平台“中文之星”。1993 年，唐亚伟完成电脑速记编码方案和速录键盘设计，次年开发成功“亚伟中文速录机”；北京四通利方信息技术有限公司开发出 Rich Win 外挂式中文平台系列软件。1994 年，科利华推出“科利华计算机家庭教师”大型集成化多媒体教育软件，江民新科技术有限公司的 KV100 杀病毒软件诞生。1995 年，北京书生科技有限公司第一代 SEP 数字纸张技术诞生，中国科学院计算技术研究所开发的“智能型英汉机器翻译系统 IMT/EC863”获国家科学技术进步奖一等奖。

信息服务业乘全球互联网大潮顺势而起。20 世纪 90 年代初期，互联网在北京还处于萌芽期，推动和应用动力主要来自科研机构。北京早在 1987 年通过互联网发出中国第一封电子邮件，1994 年正式接入国际互联网。1996 年，社会力量开始参与互联网服务。新浪网前身“四通利方网站”开通。实华开公司在北京首都体育馆旁开设中国第一家网络咖啡屋。1997 年，瀛海威全国大网开通，成为中国最早、最大的民营 ISP 和 ICP。1998 年，新浪网开通，是全球华人第一个大规模网站；搜狐公司是中国第一个导航、分类及搜索综合网站；联众游戏网站开通。2000 年，百度在中关村创立，是全球最大的中文搜索引擎；中文在线在清华大学成立，是中国数字出版的开创者之一。

电子商务迈开最初步伐。1998 年 3 月，北京在国内完成第一笔“网上银行”交易。同年，政府推动的首都电子商务工程开始实施，北京图书大厦、西单商场、燕莎商城、中国国航、东方航空等企业试点网上销售。1999 年，社会力量开始参与电子商务，形成更大的革新浪潮；中国第一家 B to C 网站“8848”建成，当当网投入运营。2000 年，卓越网成立。在消费电子领域，以北京华旗资讯、纽曼伟业等公司为代表，在 MP3 音频产品方面先后推出全球第一款 OLED 彩屏技术 MP3 播放器以及手表 MP3、眼镜 MP3、闪盘 MP3 等创新产品，引领行业发展潮流。

2001 年至 2010 年，北京信息技术应用创新再上新高度，展示出“中国人用得好电脑”的巨大潜力，软件与信息服务业发展成为支柱产业。

21世纪，移动通信增长迅猛。截至2001年，全市移动通信用户达629万户，首次超过固定电话用户的525万户，移动电话普及率为56部/百人。北京抓住桌面互联网向移动互联网转换、互联网和社会服务不断融合的机遇，大力发展软件与信息服务业，推动软件与信息服务成为北京的支柱产业。

移动计算机产业发展和计算机产业国际化。1996年，联想公司推出中国本土厂商研发出的第一款笔记本电脑——昭阳S5100。2004年，联想购并IBM PC业务，获得IBM笔记本电脑工业设计能力和IBM奥运会TOP赞助商资格，成为中国第一家国际奥委会全球合作伙伴企业。截至2007年，国产品牌占国内市场份额的一半，联想个人计算机居中国市场份额第一。2008年，联想集团宣布推出IdeaPad笔记本电脑和IdeaCentre台式电脑系列产品，首次进军全球消费PC市场。

桌面互联网应用和服务更新换代。2002年至2003年，博客、百科全书、社会网络等第二代门户兴起，中国互联网进入Web 2.0时代。方兴东创建博客中国，2003年成为全球中文第一博客网站。2004年至2005年，城市分类信息如雨后春笋般涌现，通过激烈的市场竞争，特别是2008年的金融危机，58同城和赶集网脱颖而出。2006年，中国视频网站优酷网上线，打造中国领先的视频分享网站。

电子商务在探索中凝聚发展势能。2001年，中国石油化工股份有限公司、联想集团、神州数码控股有限公司开始使用电子供应链，B to B电子商务初见成效。2003年，支付专业服务商易宝支付成立。2007年，凡客诚品正式上线，其后李宁服装等网购平台兴起，服装B to C直销热引发传统服装销售渠道的变革。同年，京东商城成立，发展成为多功能的大型电子商务企业。

移动互联网在艰难探索中迎来新发展。21世纪初，中国移动实施“移动梦网”计划，成为中国移动互联网的先行者。截至2008年，各种移动信息业务层出不穷，主要有图片和铃声下载、短信服务等。新浪、搜狐等互联网门户开拓移动服务信息下载，股票、天气等信息定制个性化服务新业务。2009年年初，重组后的中国移动、中国联通、中国电信三大电信运营企业获国家颁发的3G运营牌照。2009年至2010年，借助3G牌照的发放，桌面互联网开始向移动互联网时代转换，移动信息服务、移动电子商务等产业逐步兴起，涌现出新浪微博、美团、糯米网、高德、超图、四维图新、合众思壮等互联网大众服务品牌。

软件与信息服务业崛起和壮大。2001年，北京软件产业基地作为国家首批命名的国家级软件产业基地之一开始建设，包括中关村科技园区软件园、北工大软件园、昌平中软软件园。其中，中关村科技园区软件园一期占地1.2平方公里，2003年全部建成，是中关村科技园区的重要组成部分，是中国规模最大的国家级软件园。2010年，信息产业逐步发展成为首都重大的战略性支柱产业，成为国家信息产业的主力军和创新的先锋队。软件与信息服务业收入从2000年的190亿元增加到2010年的2930亿元，年均增长率超过31%。

三

信息化工作的主要内容是将信息技术和信息产品应用到社会发展的方方面面，惠及普通大众的日常工作和生活，推动政府管理、经济发展、市民工作生活水平的全面提升，也是信息化一词中“化”的核心要义。

信息革命在中国发端于学术界和知识界。20世纪80年代，随着《第三次浪潮》和《大趋势》等一大批新技术革命著作的引入，北京知识界开展的迎接新技术革命挑战大讨论，对北京乃至全国信息化全面推进提供了思想准备。其后，信息革命的影响面不断扩大，从学术界、知识界扩展到全社会，新产品更迭换代加快，新技术应用规模扩大，信息产品融入市民生活中，形成了信息化应用和普及的浪潮。

1978年至1990年是信息化应用和普及的萌芽阶段。传统信息产品实现大众普及，现代信息技术知识和产品尚未被大众所熟知。

广播电视和固定电话普及。1979年，全市公众电报总量为413万份，其后高速增长，1988年达到顶峰1108万份，之后逐年减少，到1993年仅为661万份，2000年减少到27.4万份。1989年，中央广播电台和电视台人口覆盖率均超过98%，北京市地方广播电台和电视台人口覆盖率均超过90%，城镇居民每百户拥有彩色电视机从1980年的2台增加到1983年的107台。固定电话用户数从1978年的6.7万户增加到1990年的33万户，公用电话从1980年的1598部增长到1990年的6183部。

知识和教育界计算机知识普及。20世纪70年代末，由学校和学术团体推动，北京在知识和教育界形成学习计算机的高潮，是国内最早开展计算机教育的地区之一。1978年，清华大学教授谭浩强在全国高校第一个开设了计算机课程。北京景山学校成立计算机课外兴趣活动小组，学习BASIC语言。“七五”期间，计算机普及教育扩大到理工科高等院校、部分中小学校课外活动组以及技术性强的企业。为了改善计算机教育的硬件环境，1986年，由相关部委组织、清华大学主持，联合设计的适合于中国青少年计算机教育的汉字化国产微型计算机“中华学习机”进入家庭，成为青少年学习计算机的入门工具。

计算机在企业初步应用。20世纪80年代中期，北京市开始企业管理信息系统（MIS）建设。北京工业系统总计完成430项计算机软件的应用。1990年，北京第一机床厂全面实施计算机集成制造系统（CIMS）应用工程，并获美国制造工师学会（SME）授予的工业领先奖。

移动通信和互联网新产品萌芽。1985年，北京“126”人工寻呼台业务开始运营。1987年，北京市公众模拟蜂窝移动电话（俗称“大哥大”）网建成。同年9月14日，中国第一封电子邮件从北京发出。

1991 年至 2000 年，是现代信息技术知识及产品的大众普及阶段。政府提出数字北京战略，统筹推动信息化应用和普及。

社会大众计算机知识普及高潮。20 世纪 90 年代早期，全国兴起前所未有的学电脑、用电脑热潮。计算机普及范围扩展到一切识字的人群，学习内容主要是各种应用软件的使用技能。1994 年，国家教育委员会考试中心推出全国计算机等级考试。北京市结合全国计算机等级考试要求，大力推动全民电脑知识普及，将计算机纳入大、中、小学的基础课程，发布一系列文件，要求公务员、团员青年、广大市民学习计算机，并规定将通过计算机等级考试作为政府和企事业单位领导任职的条件。社会上计算机培训机构如雨后春笋，培训内容从打字输入等基本技能到 DOS、Windows、BASIC、WPS、方正排版、Office 等软件的使用和应用高级技能。

拨号上网计算机成为继电视机之后最受大众青睐的家庭电子产品。1994 年，电信运营商推出“163”“169”“165”等电话拨号接入互联网服务，计算机家庭普及率迅猛上升。1996 年，联想等企业推出价格大众化的“家庭计算机”。截至 2000 年年底，北京城镇家庭计算机普及率从 1997 年的 12 台 / 百户上升到 32 台 / 百户，互联网上网人数从 1998 年的 50 万猛增到 278 万；北京域名数量为 44605 个，占全国比重为 37%；网站数量 62158 个，占全国比重为 23%。2000 年前后，实现最高 1M 的 ADSL 宽带接入和全球无线上网。

移动电话接替固定电话和无线寻呼，成为大众通信工具的主流。20 世纪 90 年代前期，无线寻呼发展迅速，寻呼方式从人工寻呼到自动寻呼，寻呼机从数字机到汉字机，大众购机需求持续增长。“127”寻呼台放号初期，营业厅出现用户连夜排队购买、堵塞营业厅前道路交通的情况。2000 年，寻呼机用户达到 300 万人左右的高点，其后寻呼台数量和用户人数开始走低。在无线寻呼发展由强趋弱之际，移动通信市场由小变大。1994 年建立数字蜂窝移动电话网，1998 年实现手机汉字短信息功能，2000 年推出手机上网业务。伴随业务的扩展，手机用户迅猛发展，1997 年全市移动电话只有 60 万用户，2000 年达到 347 万户，2001 年达到 617 万户，首次超过全市固定电话用户数量。

实施“三金工程”。1994 年，北京市贯彻落实国家“三金工程”实施要求，明确“五个面向”和“十项工程”的总框架，覆盖经济社会方方面面。北京市“三金工程”以“金卡工程”为突破口，普及金融卡，在全市消费场所推广金融卡实时转账消费、现金收款机、计算机信息管理系统，扩大 ATM 装机量，开展“自助银行”和“电话银行”服务，逐步推广 IC 卡等。1994 年，北京被纳入全国“金卡工程”试点城市。北京金卡网络公司成立，负责北京银行卡网络的建设。1997 年，北京银行卡网络正式开通运行，16 家发卡单位先后加入，实现全市银行卡的联网通用。

提出数字北京。1996 年，北京市信息化工作领导小组成立。1997 年发布《首都信息化“九五”规划和 2010 年远景目标（纲要）》，任务包括建设 1 个首都公用信息平台，电子政务系统、科技教育信息系统、社会保障系统和电子商务系统 4 项工程，1 个软件产业基地，2~3 个面向 21 世纪的信息化示范小区等。1999 年，“数字北京工程”提出并纳入“首都二四八重大创新工程”。“首都城市信息化总体框架、关键技术及其工程应用”作为科技部 863 计划重大项目立项实施。2000 年前后，北京完成首都公用信息平台、首都之窗门户网站、电子政务网、首都电子政务工程、北京 CA、北京市信息资源管理中心、北京信息安全测评中心等信息化应用项目。

2001 年北京申奥成功后，信息产品的应用和普及全面深化，信息技术融入城市管理和市民生活，信息化成效全面显现。

信息化建设纳入国民经济和社会发展规划体系。2001 年，《北京市“十五”时期信息化发展规划》发布，提出构建数字北京的基本框架，信息化总体水平继续保持在全国领先地位，进入国际一流的信息化城市行列。2002 年，《北京奥运行动规划数字奥运建设专项规划》发布，提出要根据成功举办奥运会的要求，适当调整首都信息化“十五”规划，加速数字北京建设，优先推进与奥运会关联度较高的城市信息化建设，为数字奥运提供强有力的支撑环境。2005 年，信息化建设纳入全市国民经济和社会发展规划体系。2006 年，《北京市“十一五”时期国民经济和社会信息化发展规划》发布，提出北京信息化“三二一”推进方略，即信息惠民、信息强政、信息兴业三大应用计划，信息安全保障、信息基础设施两大基础工作，数字奥运一项专项工程。

全面完成数字奥运任务。2002年制定的《北京奥运行动规划数字奥运建设专项规划》提出16项任务，主要有3G通信服务、超高清广播电视服务、奥运基础通信综合管道、智能卡应用等。2008年，相关建设项目全面完成并经受了北京奥运会的检验，无线宽带、3G、IPTV、车载电视、手机电视等一系列高新技术以崭新姿态登上奥运舞台，创造了一系列奥运新技术应用历史上的首次。其中，首次构建由GSM/GPRS/EGPRS/TD−SCDMA等网络组成的移动通信系统，并构建WLAN/WiMAX网络作为3G网络的有效补充；首次实现奥运会的全部高清转播；首次使用无线视频同传；首次开通手机官方网站；首次使用无线信息系统平台；首次推出照片即拍即传业务；首次推出手机对讲功能；首次在火炬传递过程中使用移动通信保障车；首次通过手机短信同步发送奥运口号，通过彩信方式进行虚拟的火炬接力；首次通过无线通信平台推广、发布、传播奥运歌曲；首次把奥运吉祥物和奥运开幕式的重要场景通过视频业务传递；首次在手机上开通DCD（动态内容交付）业务，向手机客户主动推送各类资讯；搜狐公司成为百年奥运历史上第一个互联网内容服务赞助商。数字奥运成功将新技术应用于北京奥运会，使2008年北京奥运会成为奥运史和信息通信技术发展史上的里程碑。

全面推进数字北京建设。奥运会的举办对城市管理和服务提出高要求，信息技术作为最先进的管理创新工具，在全市政府决策、城市管理、市场监管、公共服务等诸多领域得到广泛深入的应用，成为推动城市管理服务现代化的关键手段，在信息化提升政府管理效能、完善城市服务体系、促进产业创新发展方面取得历史性的成就。

实现政务信息资源共享交换，提升政府管理效能。在前期推进政府上网和网站建设的基础上，全市统筹建设人口、法人、自然资源和地理空间、宏观经济与社会发展四大基础数据库，建成政务信息图层数据库，向全市提供超过千层的地理图层共享服务，并获2007年度中国地理信息系统协会优秀工程金奖。建成市区两级的政务信息资源目录体系，以及由地理空间信息共享平台和政务信息资源共享平台构成的政务信息资源交换体系，实现政务信息资源跨部门共享交换。基于政务信息资源共享交换体系，一批跨部门的应用系统建成。在综合决策指挥领域，建设市应急指挥系统和市领导决策支撑平台。在全市综合业务领域，建设全市行政审批、能源与经济运行监测调度、经济社会管理、财政、审计、监察等一批综合管理系统。在城市精细化管理方面，2005年，东城区首创的“网格化、数字化城市管理”被国家命名并在全国推广。在市场监管领域，2002年，北京市企业信用信息系统投入使用；2004年，个人所得税服务管理信息系统上线运行，实现全天候的连续服务；2006年，在全国范围内率先实现国税、地税“一证、一号、两章、一家受理、信息共享”的税务登记格局。

大力推进公共服务信息化，着力提升市民网上获取服务的意识和技能，完善信息获取渠道，构建信息化的城市服务体系。在信息服务供给端，着力推进社保、医疗卫生、交通、文化、教育等涉及市民生活服务的信息化，促进可供信息服务数量更多、质量更优。在社保领域，2008年启动社保卡民心工程，社会保障卡取代医保“蓝本”，到2010年，城八区全部实现持卡就医。在医疗卫生领域，2006年，北京“12320”呼叫中心成立；2007年，全市13个涉农区县参合农民实现网络报销；2008年开始为慢病患者和高危人群建立电子健康档案；2010年，全市1779家医疗机构实现医保患者看病刷卡实时报销结算。在交通领域，2001年建成出租车GPS调度系统，市政交通一卡通试运行；2006年，一卡通开始替代公交地铁纸质月票；2008年北京奥运会前，地铁全线启用自动售检票系统，纸票退出历史舞台；2010年，北京智能交通初步建成。在文化领域，2004年，北京市公共图书馆推出图书“一卡通”服务；2007年开通图书通还、网上续借、电话续借等服务；2010年率先在全国实现农村地区文化设施全覆盖。在教育领域，2001年启动并在2004年基本完成中小学“校校通”工程；2003年开通“课堂在线”，面向在非典期间少部分不能到校学习的学生，发挥重要作用。在需求端，推进全民信息能力的提高。1998年启动全市行政村广播电视“村村通”工程，到2000年底全面完成。2006年10月底，北京市基本实现广播电视“村村通”“户户通”，提前4年完成国家“十一五”规划制定目标，走在全国前列。2004年启动百万家庭上网工程，全市83个社区电脑室被授予“数字家园”称号，普通市民可以在“数字家园”上网，同时对中老年人和妇女等信息化弱势群体开展计算机培训，社区服务“96156”热线向市民提供24小时培训咨询服务；2007年，《北京市提高全民信息能力行动纲要》出台，着力提高领导干部、公务员、信息化工作人员、在校学生、科技人员、企业经营管理人员等重点人群的信息应用能力；2010年，全面开展公务员新一轮信息化与电子政务培训，信息化与电子政务列入干部教育培训教学计划。“政府信息主管培养工程”对全市129名部门信息化主管领导和中青年后备干部进行培训。截至2010年，全市电子政务考试总人数 4.5 万人，电子政务课件点击量 6.2 万人次。在供需渠道建设方面，推进公共信息服务体系建设，打通市民获得信息服务的渠道。2005 年，首都之窗开设“北京市政风行风热线”，创造了在网络条件下的政民互动新方式。建设数字北京信息亭、数字北京缴费通、公共服务呼叫中心、公交移动数字电视等服务设施，方便市民获取信息。

北京信息化的加速推进，为信息制造、软件与信息服务业、电子商务等发展带来机遇，带动了传统服务业、制造业、农业等行业利用信息化实现转型升级。2010 年，电子信息制造业收入为 2762.45 亿元，比 2001 年翻番，其中 2004 年至 2007 年，收入分别实现 20.76%、48.95%、34.23% 和 18.43% 的连续高增长。软件与信息服务业收入 1493.4 亿元，连续多年保持两位数增长。信息产业的发展，带动信息技术与制造、零售、金融、文化、公共服务等传统产业融合，孕育出电子商务、电子支付、数字媒体、电子教育等新兴产业，为北京的产业结构调整做出重要贡献。2010 年，全市规模以上工业和服务业企业上网率 100%，平均互联网带宽 18.4M。

四

加强信息化的统筹规划和管理，是中国信息化推进的一条重要经验。1994 年，国家经济信息化联席会议制定了“统筹规划，联合建设，统一标准，专通结合”基本方针。1997 年，国务院信息化工作领导小组将其进一步完善为“统筹规划，国家主导；统一标准，联合建设；互联互通，资源共享”24 字方针。在组织体制上，国家先后成立信息化工作领导机构、工作机构和专家咨询机构。北京市落实国家相关要求，在完善信息化管理体系、强化信息化管理方面取得显著成绩。

信息化管理工作。1985 年，国务院批准成立北京电子振兴领导小组。1996 年，北京市信息化工作领导小组成立，次年成立领导小组办公室，作为市政府负责全市信息化工作的议事协调机构。2000 年，市政府明确市信息办既是北京市信息化工作领导小组的办事机构，又是负责全市信息化和无线电行业管理工作的市政府工作部门。市无线电管理局的职能划归市信息办管理。同年，市政府专家顾问团信息化顾问组成立。2000 年前后，全市 18 个区县和北京经济技术开发区成立了信息化工作办公室和信息中心，统筹推进本区域的信息化工作。市委、市政府各委办局都成立了信息中心，负责本单位的信息化建设工作。2006 年，在市政府专家顾问团信息化顾问组的基础上，成立北京市信息化专家咨询委员会。2009 年市经济信息化委成立，市信息办成建制划入市经济信息化委；无线电管理工作划归市经济信息化委管理，下设北京市无线电监测站，对外挂北京市无线电发射设备检测中心牌子。

信息化政策法规。北京市信息化工作领导小组及其办公室成立以来，积极推进全市信息化规划、法规政策、技术标准体系建设。在规划方面，先后出台了《首都信息化 1998—2010 发展规划（纲要）》《北京市“十五”时期首都信息化发展规划》《2006—2020 年首都信息社会发展战略》《北京市“十一五”时期国民经济和社会发展规划》等规范性文件。在政策法规方面，先后出台规范电子政务、信息安全、资源管理、网站建设、工程管理等方面的法规文件，包括 2000 年出台的《北京市政务与公共服务信息化工程建设管理办法》，2006 年出台的《北京市无线电管理办法》，以及 2007 年出台的《北京市信息化促进条例》，为北京奥运会的成功举办和数字北京建设提供重要保障。在技术标准方面，2001 年推出《首都信息化标准化指南》和《首都信息化标准体系》，2002 年成立北京市信息化标准化工作小组，起草一系列地方标准和技术指导性文件，其中已批准、颁布的地方标准或技术指导性文件有 40 项，对全市信息化建设与发展进行有效规范。

信息安全管理。在领导层面，2001 年，北京市在全国率先成立信息安全工作组，具体领导全市开展网络信息安全工作；2003 年成立北京市网络与信息安全协调小组，是负责全市网络与信息安全工作的议事协调机构；2004 年成立北京市网络与信息安全协调小组办公室，作为北京市网络与信息安全协调小组的办事机构；2008 年为做好北京奥运会通信和信息安全保障工作，成立第 14 个专项应急指挥部——北京市通信保障和信息安全应急指挥部。在工作实施层面，2000 年成立北京信息安全测评中心（信息安全应急处置中心），2008 年成立北京市政务信息安全应急处置中心，2009 年成立北京市信息安全灾难恢复中心。北京市信息安全管理机构和工作机构在建立健全全市信息安全体系方面开展了大量卓有成效的工作，出台了关于计算机信息系统病毒防范、安全等级保护、数字证书、重大信息安全事件处置管理等一系列规范性文件，开展了大量的检查、检测、督导等日常工作，为北京奥运会、国庆、两会等重大活动提供了有力的信息安全保障。

2010 年，北京信息化已经迈进全球信息化先进行列，但还存在不少差距和挑战，主要包括城市信息基础设施距离提供泛在、高效、优质、普遍的高水平信息服务还有差距，电子政务和城市管理中的信息孤岛问题还比较严重，信息技术与产业创新领域核心技术受制于人的问题比较突出，建设全覆盖信息安全保障体系目标还没有完全达到，充分统筹政府与社会的信息化推进体制机制还有待建立健全。

根据《北京市“十二五”时期城市信息化及重大信息基础设施建设规划》，未来北京信息化主要任务是大力推动智能化经济转型，培育信息化经济相关产业，提高企业信息化应用水平，使信息化成为首都建设现代产业体系，实现经济转型升级的重要支撑；大力推动网格化社会管理，全面推广网格化在物件、事件、人员、组织、地理位置等管理方面的运用，将网格化理念向医疗卫生、教育、就业、社会保障、社会救助、社会建设、文化传播等领域延伸，率先形成城乡经济社会一体化的新格局，塑造一个便捷、安心、绿色的活力社会；大力推动精细化城市运行，推动城市基础设施智能化管控，拓展城市管理的对象、时空和功能，实现城市绿色感知，提升超大城市智能化管理；大力推动数字化文化传承，推进信息化文化改革创新，维护信息化文化交流秩序，努力打造世界文化名都，加快北京软实力的提升。北京信息化目标是：到2015年，建成国内领先、国际一流的信息基础设施，信息化经济引领创新发展能力明显增强，城市和社会服务科学化、精细化管理水平提升至新台阶，公共服务适度普惠，城乡信息化差距进一步缩小，健康向上的信息化文化氛围初步形成，建成与中国特色世界城市相适应的信息安全体系，信息化全面渗透，引领发展，促进经济社会包容性增长，把北京打造成为全球资源配置的信息枢纽、国家创新驱动的网络引擎、城市运行顺畅的智能典范、文化传承永续的智慧摇篮，实现数字北京向“智慧北京”的全面跃升。

大事记

1957年

北京有线电厂生产出中国第一台步进制 JZB−1A 型交换机。

1965年

中国科学院计算技术研究所研制出中国第一台大型晶体管计算机——109 乙机。

1970年

5 月　第四机械工业部 738 厂（兆维集团前身）研制出第一台超过百万次大型计算机 DJS−150 机。

1979年

2 月　北京电视台在宣武门饭店安装第一部彩色电视发射机。

3 月　怀柔县汤河口公社建起京郊山区第一座小型电视差转台，电视信号开始向远郊区县山区覆盖。

年内　中国科学院计算技术研究所研制的“111 汉字信息处理实验系统”实现联想输入功能。

1980年

12 月　市财政局、市物价局、市电信局联合发出通知，对固定电话新装机用户收取初装费。

△　北京计算机应用技术研究所研制成功 BCM 系列微型计算机。

1982年

9 月 22 日　全国第一座投币式公用电话亭安装在西单北大街。

1983年

3月　严援朝 BASIC 编写程序第一次通过软件方法在显示屏上显示出“甲”和“田”字。

11月　北京计算机应用技术研究所研制出中国第一台757大型向量计算机系统。

年内　电子工业部第六研究所开发成功微机汉字软件CCDOS，是中国第一套与IBM PC-DOS兼容的汉字磁盘操作系统。

△　“五笔字型”汉字电脑输入技术发明。2007年，王码五笔字型获国家技术发明奖二等奖。

1984年

4月　北京第一家集体经营的总机式住宅电话站在朝阳区农丰里居委会开业，成为公用电话事业的新型经营模式。

11月8日　北京第一个程控电话局（呼家楼50分局）建成开通。

年内　清华大学张钹和安徽大学张铃共同完成的《逐次SA搜索及其计算的复杂性》在第六届欧洲人工智能会议上被评为规划和搜索领域最佳论文，获欧洲人工智能奖。

1985年

4月　电子工业部第六研究所研制出第一台国产微机——长城0520CH，具有字符发生器汉字显示能力、完整中文信息处理功能。

5月　国务院批准成立北京电子振兴领导小组。

11月1日　市电信管理局开通第一家数字人工寻呼台“126”。

11月　中国科学院计算技术研究所研制出联想式汉字微型机LX-PC系统，可使中、外文软件高度兼容，把汉字功能和图形功能结合，得到图文并茂效果。

1986年

5月　北京四通集团公司向市场推出与日本合作开发的四通MS-2400中外文文字处理机，电脑打字机开始替代机械打字机应用。

7月1日　以北京为中心的国内卫星通信网开通。

1987年

5月22日　《经济日报》采用激光照排系统，出版世界上第一张计算机屏幕组版、整版输出的中文报纸，经济日报社成为国内第一家全部废除铅排作业的报社。

5月　北京四通集团公司自主研发出MS-2401中文打字机。

9月14日　中国第一封电子邮件在北京市计算机应用技术研究所发出。

1988年

年内　联想式汉字微机系统LX-PC、联想汉卡获国家科学技术进步奖一等奖。

△　中国人民解放军军事科学院研制的中国第一台实用型英汉机器翻译系统“科译

1 号”，经中国软件公司二次开发成为“译星”机器翻译系统，是中国第一个商品化英汉机器翻译系统。

△ 北京引进美国摩托罗拉公司设备，建成首个第一代移动通信网络“模拟移动电话A 网”。

1989年

3 月 北京首部磁卡公用电话在兆龙饭店开通使用。

8 月 中国科学院、北京大学和清华大学三方合作建设“中关村地区教育与科研示范网”(NCFC)。

年内 用友财务软件服务社研发成功“UFO 通用财经报表管理系统”，是中国第一个电子报表软件。

1990年

4 月 21 日 北京远郊区第一个程控电话局——门头沟电信局开通。

9 月 22 日至 10 月 7 日 市电信管理局完成第十一届亚洲运动会通信保障任务。

年内 北京大洋图像技术公司开发出中国第一台具备数据库联网功能和体育比赛专用软件的彩色字幕机。

△ 北京市第一张无线政务专网开通。

1991年

6 月 国内第一套实用的 Windows 3.0 汉化系统“北大中文窗口系统 BDWin 3.0”研制完成。

10 月 经国家科学技术委员会和北京市人民政府批准，上地信息产业基地成立，是中国第一家以电子信息产业为主导，集科研、开发、经营、培训和服务于一体的综合性高科技产业园区。

年内 联想集团研制出联想 EISA486/50 微机，获 1992 年度国家科学技术进步奖一等奖。

△ 中国科学院计算技术研究所研制出中国第一台基于微处理器的并行计算机 BJ01。

△ 北京大学计算机研究所和北大新技术公司联合推出北大方正电子出版系统（方正 91 型系统）。

△ 市电信管理局开展“一万八装机会战”，为 1.8 万户等待较长时间未安装电话的用户装通电话。

1992年

年初 联想集团推出联想“1+1”个人电脑。

4 月 新天地电子信息技术研究所创办，随后研制出 Windows 3.1 外挂式中文平台“中文之星”(Chinese Star 1.1)。

5月4日　北京有线电视台成立并试播，1998年10月更名为北京市有线广播电视台。

△　海淀区瑞星电脑科技开发部开发出瑞星防病毒卡。

1993年

11月4日　联想集团推出国内第一台采用Intel公司“奔腾”处理器的微型计算机。

下半年　国家启动金桥、金卡、金关“三金工程”(国家信息化工程)，1994年北京被纳入全国“三金工程”试点城市。

年内　北京大洋图像技术公司研制完成DY–2000广告串编系统，是第一套国产多媒体非线性编辑系统。国内第一块广播级图形字幕卡——大洋字幕金卡问世，标志着中国字幕机国产化水平达到板卡级。

△　中国科学院计算技术研究所研制的KJ8920大型数据处理系统获国家科学技术进步奖一等奖。

1994年

2月28日　市电信管理局“128”汉字寻呼台开通。

5月15日　中国第一台www服务器在中国科学院高能物理所开通第一套网页。

7月8日　北京城区电话公众网交换设备全部实现程控化。

7月19日　中国联合通信有限公司成立。9月21日，中国联通北京分公司成立。

8月　“中国教育和科研计算机网(CERNET)示范工程”建设项目经国家计划委员会批复，作为国家重点工业性试验项目正式启动。

10月　北京金盘电子有限公司出品《神鹰突击队》游戏，是中国内地第一款自主研发的原创游戏。

12月5日　市政府发布《北京市计算机信息系统病毒预防和控制管理办法》，要求建立健全计算机信息系统病毒预防和控制安全管理制度。

年底　北京国内长途电话全部实现程控电话直拨。市内电话和郊区电话统一为本地电话。

年内　北京固定电话号码从6位升至7位。

△　北京启用50部IC卡公用电话，成为国内第一个使用IC卡公用电话的城市。

△　江民新科技术有限公司开发的电脑杀毒软件KV100诞生。

1995年

4月　北京GSM数字蜂窝移动电话网放号，启用“139”网号可与全国15个省市联网实现自动漫游。

5月　北京瀛海威科技有限公司在白石桥路口竖起上网客户端“瀛海威时空”广告，为中国第一块互联网路牌。9月30日，“瀛海威时空”开始试运营，是北京最早开办的民用互联网信息传输服务。

年内　北京四通利方信息技术有限公司开发出 Windows 95 中文平台 Rich Win 4.2Plus。

△　华旭金卡公司联合太极计算机公司、天津环球磁卡公司、上海长丰智能卡公司、黑龙江省先行金卡公司，研制出第一张国产化中华 IC 卡，为“金卡工程”的实施提供关键性的基础条件。

△　“北大方正电子出版系统”获 1995 年国家科学技术进步奖一等奖。

1996年

1 月　中国公用计算机互联网（CHINANET）全国骨干网建成并开通，分别在北京、上海设立节点，通过 64K 专线与美国 Sprint 公司联通，用户使用统一的电话网拨号“163”上网。

3 月　清华大学提交的适应不同国家和地区中文编码的“汉字统一传输标准”被 IETF（Internet 工程任务组）通过为 RFC1922，是中国第一个被认可为 RFC 文件的提交协议。

4 月 4 日　《北京市国民经济和社会发展“九五”计划和 2010 年远景目标纲要》发布，明确提出北京市信息化发展的目标。

5 月 8 日　北京固定电话号码从 7 位升至 8 位。

6 月　北京天融信网络安全技术有限公司研制出中国第一套自主版权的防火墙系统。

7 月　市电信管理局 GSM 网与香港 CSL 公司的 GSM 网开通自动漫游业务，首次实现与中国内地以外的区域漫游。

8 月 28 日　联想集团推出第一台国产笔记本电脑“昭阳”。

11 月 15 日　北京实华开电子商务有限公司在首都体育馆西侧白颐路旁设立的网络咖啡屋开业，是首家以网吧形式提供互联网接入服务的商户。

11 月 19 日　北京市信息化工作领导小组成立。

年内　北京大学启动“211”和“985”工程的信息网络建设项目，对校园网进行升级改造和扩容。

△　北京电信开通公用互联网业务。

1997年

1 月 1 日　北京西单商场结束手工记账，实现以机代账的计算机管理。

1 月 14 日　北京电子振兴领导小组办公室划归市科委，同时更名为北京市信息化工作办公室。

2 月　北京瀛海威科技有限责任公司全国大网在北京等 8 个城市开通，成为中国最早、最大的民营 ISP、ICP。

5 月　中国公众多媒体通信网（CHINAINFO）开设以中文为主的信息平台接入业务，以“169”作为电话拨号接入号码。

6月3日　受国务院信息化工作领导小组办公室委托，中国科学院计算机网络信息中心组建中国互联网络信息中心（CNNIC），行使国家互联网络信息中心职责。

6月　北京市召开信息化工作会议，出台《首都信息化“九五”规划和2010年远景目标（纲要)》，是北京市第一个信息化专项发展规划。

7月1日　市电信管理局完成香港回归数据传送和语音通话通信保障任务。

8月29日　北京银行卡网络开通运行。

9月　金山软件股份有限公司推出中国第一个在Windows平台下运行的中文处理软件——WPS97。

10月　曙光公司推出中国第一台机群架构超级服务器——曙光1000A。

年底　王轲平成为第一个在中国Internet（互联网）上进行电子交易的人。

年内　兆维集团研制生产出JS-4888PF型彩色背投影电视机，成为中国第一台具有自主知识产权的彩色电视机。

△　中国科学院计算技术研究所研制的并行优化编译系统获国家科学技术进步奖一等奖。

△　联想集团推出中国第一台多功能一体机MFC6550MC。

1998年

1月　首都信息发展有限公司成立。

2月　用友软件（集团）有限公司推出中国第一套B/S版财务及企业管理软件。

3月　北京在国内完成第一笔“网上银行”交易。

4月7日　北京海星凯卓计算机公司和陕西华星进出口公司利用互联网上的中国商品交易系统进行首单电子交易，实现中国电子商务运行。

△　首都公用信息平台（CPIP）正式启动。

5月　北京开通窄带综合业务数字网（N-ISDN)，定名为“一线通”业务。

7月1日　首都之窗网站开通，实现市政府上网。

7月24日　市政府召开首都电子商务工程第一次领导小组会议，与中国人民银行、国家内贸局、国家税务总局、海关总署等单位联合开展首都电子商务工程试点工作。

10月2日　北京图书馆“中国数字图书馆工程”开始实施。

10月　市电信管理局GSM移动通信开放中文短信息业务。

年底　北京市高新技术产业开发试验区建立“中关村”网站（zhongguancun.com.cn)，实现政府上网，政务公开，通过互联网完成统计报表传送。

年内　市委、市政府全面启动广播电视“村村通”工程，该项工程列入当年为群众要办的60件实事之一。2000年年底，北京地区所有行政村“村村通”工程全面完成。

△　清华大学张尧学主持研制成功的高速网络路由器SED-08B获国家科学技术进步奖二等奖。

△　汉王科技股份有限公司等单位完成汉王光学字符识别（OCR）技术应用。

1999年

3月9日　北京图书大厦网上书店开业。

△　北京中科大洋科技发展有限公司与福建电视台合作建成全球第一个非线性新闻制播网络系统，实现上传、制作、播出一体化，获2001年国家科学技术进步奖一等奖。

8月3日　北京远程教学远郊区县站点开通。

8月10日　北京中科红旗软件技术有限公司开发出红旗Linux操作系统RedFlag Linux 1.0。

8月28日　北京移动通信公司成立。

9月6日　中国国际电子商务应用博览会在北京举行，是中国政府首次举办的电子商务技术与应用成果大型汇报会。

9月　北京歌华有线电视网络股份有限公司成立，负责全市有线广播电视网络的建设开发、经营管理和维护，从事广播电视节目收转、传送和广播电视网络信息服务。

△　西单商场率先实现POS一机多用，完成银行卡跨行结算。

10月　首都之窗网站开办的“国庆五十周年”网站（www.prc50.gov.cn）成为中国政府部门首次在互联网上直播国家大型活动的专题网站。

11月24日　联想集团在北京推出“天禧”家用电脑，开创国内互联网电脑先河。

12月　中国建设银行在北京宣布推出网上支付业务，成为中国首家开通网银的国有银行。

年内　市电信管理局、中国联通北京分公司先后开通IP电话业务。

2000年

3月　烽火通信科技股份有限公司代表中国信息产业部向国际电信联盟提出的ITU-TX.85标准（IP over SDHusing），得到国际电联批准，是中国具有独立编号的第一个IP国际标准。

4月　市工商局“红盾315”网站开通，在全国首创网上经营行为实行登记备案制度。

5月　北京首信集团生产的第一款具有自主知识产权的GSM 900MHz手机C2000上市。

6月　市政府便民电话中心正式开通。

7月10日　中国电信集团北京市电信公司成立。

7月　市信息办与中国国家信息安全产品测评认证中心、市安全局、市技术监督局等单位共同筹备成立北京信息安全测评中心。

9月　清华大学建成中国下一代互联网交换中心，实现与国际下一代互联网络Abilene、vBNS、CA*net3等学术性网络互联。

10月　北京市民卡项目启动建设。2001年2月在西城区、宣武区累计试点发行2万张。

12月28日　第八届市政府专家顾问团信息化顾问组成立。

年内　北京大学研制成功中国第一种支持16位/32位两套指令系统的CPU，应用于信息家电领域。

2001年

1月16日　《北京市人民政府关于加快政务信息化建设的意见》发布。

1月　市电信管理局开放LAN宽带接入互联网业务。

2月22日　海淀园数字园区建设与政府管理模式转型项目通过专家评审，成为中国第一个具有国际水平的开放交互网上电子政务系统。

2月　北京数字证书认证中心（BJCA）成立。

△　北京移动首次推出“全球通”用户资费“套餐”，开启电信业务套餐资费模式。

△　汉王科技股份有限公司的“汉王形变连笔的手写识别方法与系统”获国家科学技术进步奖一等奖。

3月11日　中星微电子公司研发成功中国第一枚具有自主知识产权的百万门级超大规模数字多媒体芯片“星光一号”，是第一枚打入国际市场的“中国芯”。

4月　《北京市“十五”时期信息化发展规划》发布。

△　中国电信集团北京市电信公司向社会推出ADSL宽带接入业务。

5月29日　北京红旗中文贰仟软件技术有限公司的RedOffice办公套件1.2版发布。

6月24日　北京电视台与北京市有线广播电视台合并。

7月1日　根据财政部、信息产业部通知，北京电信取消电话初装费等政府性基金，实行20年的电话初装费政策终结。

11月　市委办公厅、市政府办公厅联合下发《北京市党政机关计算机网络与信息安全管理办法》。

12月　北京电信投资组建的“北京本地公众IP网络”建成。

△　北京市启动中小学“校校通”工程。2004年，“校校通”工程基本完成。

年底　首都公用信息平台建成。

年内　方舟科技有限公司发布“方舟1号”32位嵌入式CPU，是中国研制成功的第一款具有自主知识产权的32位嵌入式CPU芯片。

△　清华大学与同方计算机公司共同研制的中国第一台产品化的微机机群系统“探索108”，是中国第一个运行中尺度数值天气预报的可扩展并行机群平台，获2002年国家科学技术进步奖一等奖。

△　北京市电子政务网上审批一期试点工程建设启动。

△　“北京市组织机构代码管理系统”建设完成，支撑全市组织机构代码业务办理和日常管理工作，形成涵盖全市各类组织机构信息的数据资源库。

2002年

1月20日　北京开通全国统一的电力客户服务热线电话“95598”，形成覆盖全市的电力服务网络。

6月　清华大学制定《清华大学数字校园建设“十五”规划》。

7月15日　市政府开始建设800M无线政务专网。

7月30日　北京市电信公司更名为北京市通信公司。

7月　“北京市企业信用信息系统”（第一期）程序开发工作完成。

8月10日　中国科学院计算技术研究所研制的龙芯1号芯片流片作为中国首款具有自主知识产权的32位通用CPU，成为2002年中国十大科技进展新闻之一。龙芯团队获2003年中国科学院杰出科技成就奖。

8月　联想“深腾1800”研制成功，成为世界上第一个万亿次计算机群，获国家科学技术进步奖二等奖。

△　全国文化信息资源共享工程北京市分中心成立。

△　市地税局开通“12366”纳税服务热线，为中国首家省市级地税热线电话。

11月　北京维信诺公司与清华大学共同研制出中国第一款全彩色有机发光显示器（OLED）。

12月31日　北京地区停止使用磁卡公用电话，磁卡电话退网。

年内　曙光公司推出采用国产龙芯1号CPU的“龙腾”服务器，是中国第一台基于国产处理器芯片的计算机产品。

△　中国科学院计算技术研究所与美国英特尔公司共同研制“IA-64开放源码编译系统”ORC，是中国第一个开放源码编译系统。

△　北京超星公司成功开发拥有自主知识产权的超星图书阅览器（SSReader）。

2003年

1月　数字信息亭作为数字北京和数字奥运的重点示范工程、市政府为老百姓办的60件实事之一，在全市正式推广。

3月6日　北京信息安全测评中心加挂北京信息安全服务中心牌子。

3月　北京市通信公司在怀柔区开放“小灵通”业务。5月17日，北京网通个人手持电话系统“小灵通”（PHS）在远郊区开通放号。

4月　北京SARS疫情监控决策支持系统和报送系统建成运行，能够实时反映病人在各医院的分布情况、位置信息，并提供统计分析功能。

7月　北京市开通城乡居民最低生活保障管理服务系统。

10月10日　市科委联合市信息办、中国科学院研究生院和石景山区政府组建的北京市信息安全产业基地启用，旨在吸引国内外信息安全类企业和研发中心落户。

12月　全市域1:10000比例尺彩色数字正射影像成果制作完成，是北京历史上覆盖面积最大的彩色数字正射影像成果。

年内　北京网通第一个互联网协议第6版（IPv6）试验网在电报大楼等局所建成。

△　北京信息安全测评中心成为中国首家同时获得实验室认可和检查机构认可的信息安全测评机构。

2004年

1月9日　北京信息基础设施建设股份有限公司设立。

3月4日　手机服务供应商掌上灵通在美国纳斯达克公开上市，成为首家完成IPO的中国专业SP（服务提供商）。

3月　CERNET2试验网开通，向用户提供IPv6服务，成为中国第一个采用纯IPv6技术的大型互联网主干网，是世界上规模最大的纯IPv6网。9月，CNGI–CERNET2/6IX通过国家鉴定验收，获2007年国家科学技术进步奖二等奖。

△　市政府提出的“221行动计划”开始实施。

△　“北京住房公积金网”向公众开通。

4月　北京市综合遥感影像数据库系统上线运行，实现全市域多数据源、多时相、多分辨率航空遥感影像数据和卫星遥感影像数据的入库管理和发布，是中国首个超大城市跨部门、跨行业、跨领域，大范围共享的海量数据库系统。

6月　高德软件有限公司成为中国第一家获得导航电子地图甲级测绘资质的民营企业，并通过ISO 9001认证。

8月20日　北京信息安全测评中心与金山毒霸联合发布“萨露丝”蠕虫病毒预警，提醒各网络系统采取措施防止病毒蔓延。

12月　联想集团出资12.5亿美元收购IBM全球PC业务，成为全球第三大PC制造商、第一个迈向国际的中国PC品牌。

年内　市政府启动百万家庭上网工程。

2005年

3月　北京市网络与信息安全协调小组下发《关于落实信息安全责任制及印发〈市网络与信息安全协调小组和各成员单位信息安全监管（管理）职责〉的通知》。

4月　联想集团自主研发的中国第一枚安全芯片“恒智”发布，成为全球唯一拥有完全自主知识产权的从底层固件到上层软件的全套技术和产品的安全芯片企业。

△　北京市通信公司变更为中国网通（集团）有限公司北京市分公司。

5月17日　中关村科技园区第一家由高新技术企业自主发起的北京市闪联信息产业协会成立。

5月　市委办公厅、市政府办公厅联合下发《关于加强数字化管理加快电子政务建设的通知》。

△　北京网通 IP 城域网建成。

6 月　北京市招投标信息平台推出，成为北京市依法招标项目、招标公告发布的指定网络媒介。

7 月 21 日　方正君逸系列问世，是全球第一台主动远程管理的电脑。

7 月　朝阳区启动城市网格化管理平台建设工作，为建设部确定的首批数字化城市管理试点工作的 10 个城市（城区）之一。

9 月　北京市决策信息服务系统上线，为市领导决策提供服务。

10 月 27 日　“北京一号”小卫星在俄罗斯普列谢茨克卫星发射场成功发射，是中国当时唯一由中华人民共和国科学技术部支持自主控制的民用在轨遥感小卫星，也是北京市第一颗拥有控制权，能定期提供覆盖全市遥感影像的小卫星。

10 月　北京市地址数据库管理与应用服务系统上线提供服务。

11 月 7 日　北京奥组委宣布，搜狐公司成为北京 2008 年奥运会互联网内容服务赞助商，是奥运会历史上第一个互联网内容的赞助商。

11 月 9 日　市政府第 45 次常务会议审议通过《北京市公共服务网络与信息系统安全管理规定》，自 2006 年 1 月 1 日起施行，是北京市第一部关于信息安全的政府规章。

11 月 15 日　中星微电子公司成为第一家在美国纳斯达克证券市场上市的中国芯片设计企业。

11 月　北京市政务信息图层共享服务系统上线。

12 月　CNGI–6IX 建成，是中国第一个下一代互联网国际 / 国内互联中心。

△　北京市中小学数字图书馆开馆，中小学师生可以通过校园网络免费借阅电子图书。

△　北京市新型农村合作医疗管理信息系统启动建设。

年底　市科委启动爱农信息驿站工程，旨在推进京郊农业信息化进程，填补城乡数字鸿沟，被列入 2006 年北京市社会主义新农村建设折子工程。

年内　北京航空航天大学怀进鹏主持的网络安全协议技术研究及其系统项目获国家科学技术进步奖二等奖。

2006年

3 月 18 日　龙芯 2 号增强型通用处理器（龙芯 2E）研制成功，是中国首款主频达到 1GHz 的自主通用 CPU，获 2006 年中国计算机学会王选奖一等奖。龙芯 2E 授权给意法半导体公司进行生产和销售，是中国自主 CPU 技术首次向国外大企业技术授权。

3 月　市卫生局社区卫生信息系统一期建设启动，在 30 家社区卫生服务站应用。

4 月 6 日　北京市第一个综合性交通信息服务网站“北京公众出行网”开通试运行。

4 月 28 日　北京市政务信息资源共享交换平台上线运行，为政务信息共享交换提供支撑服务。

4月　北京市公务员门户上线运行，为全市各级领导和政务工作人员提供资源共享、协同办公、互动交流、学习培训、信息获取等网上综合服务。

5月　北京市采用一卡通IC卡替代公交地铁纸质月票，乘客刷卡乘车。

6月8日　“北京一号”小卫星系统正式运行，对外提供遥感数据服务。

6月　北京市全球卫星定位综合服务系统投入运行，是中国第一个一网多用的综合服务系统。

△　北京市地方标准《政务信息图层建设技术规范》（DB11/Z 360—2006）颁布执行。该标准首次在国内提出“政务信息图层”概念。

7月27日　奇虎360科技有限公司推出“360安全卫士”。

7月　“数字北京缴费通”启用。

8月　市住房城乡建设委开通“存量房网上签约系统”，中介机构代理成交的二手房买卖必须通过该系统进行网上签约。

△　朝阳区信息无障碍工程启动。

10月11日　市政府颁布《北京市无线电管理办法》，自2006年12月1日起施行。

10月26日　市信息办与市发展改革委联合印发《北京市“十一五”时期国民经济和社会信息化发展规划》。

10月　“闪联”标准获国家标准化管理委员会和国家质量监督检验检疫总局设立的首届中国标准创新贡献奖一等奖。

△　北京市完成行政村、自然村电话“村通工程”。

△　北京市基本实现广播电视“村村通”，进而达到“户户通”，提前4年完成国家“十一五”规划制定目标。

年内　国防科技大学苏金树主持研发的IPv6路由器“银河玉衡YH9200”实现交换能力超过每秒千亿位的性能，该项目获国家科学技术进步奖二等奖。

△　“中国教育科研网格”整合全国13个省市、20所重点高校的大量网格资源，聚合计算能力超过每秒16万亿次，存储容量超过170TB，成为世界上最大的超级网格之一。

△　北京建成涵盖电力、成品油、煤炭、运输、燃气、热力等多个领域信息的经济运行监测调度系统。

2007年

1月　“北京市政务地理空间信息资源共享服务平台”建成，实现基于政务信息资源共享交换平台的实时动态数据更新。

2月　移动通信由双向收费改为单向收费。

7月　IETF发布中国第四个IETF标准“互联网IPv6过渡问题描述草案”（RFC4925：Softwire Problem Statement），是由清华大学李星牵头起草的中国大陆首个非中文相关的国际标准，也是中国第一个互联网核心层协议的RFC国际标准。

△ 瑞星“云安全”系统正式运行，是全球第一个投入商业应用的“云安全”系统。

△ 市信息办、市国家保密局印发《北京市党政机关计算机信息系统安全和保密管理暂行规定》。

8月23日　首都城市综合信息服务平台北京网举行开通仪式。

△ 市信息办印发《北京市政务外网管理办法》。

8月　市住建委开通“房屋租赁合同网上备案系统”。

△ 今日资本集团向京东商城投资1000万美元，开启国内家电、计算机、通信产品等网购。

9月13日　中国普天信息产业股份有限公司推出自主研发的全球第一片智能存储卡。

9月14日　北京市第十二届人民代表大会常务委员会公告第三十八次会议通过《北京市信息化促进条例》，自2007年12月1日起施行。

11月　北京地区60余所高校图书馆组建北京地区高校图书馆文献资源保障体系(BALIS)，突破市属市管界限，推动全市高校文献资源共建共享。

△ 大唐移动通信设备有限公司主导的TD−LTE技术融合提案（27家联署）被写入3GPP标准。12月，大唐移动完成世界上第一台原理样机的开发工作，打通eNB和NBT间的第一个空口电话，验证了TD−LTE理论峰值速率。

12月26日　中国科学院计算技术研究所和中国科技大学联合研制出超级计算机KD−50−I，是中国首次采用国产CPU芯片研制的万亿次级高性能计算机系统。

12月　北京市三维地理信息系统上线，首次在政务外网提供全市三维城市场景的浏览、查询和应用服务。

年底　北京决策信息服务系统整合51家市政府委办局的决策服务资源，接入系统涉及500项核心业务。

年内　中国国家图书馆开始建设数字图书馆工程。

△ 清华大学承担完成的TH−HD多模生物特征身份识别认证系统项目获北京市科学技术奖一等奖。

△ 北京市政务专网覆盖北京所有乡镇。除延庆县外，9个郊区县基本完成光纤网络“村村通”工程，宽带网络覆盖全市86%以上行政村。

△ 市信息办北京奥运会期间风险评估工作领导小组成立。

2008年

1月16日　首款显示北京实时交通路况信息的车载导航仪亮相北京。

△《首都之窗管理办法》施行，明确首都之窗网站由市政府主办、市信息办承办。

1月　北京市政务地理空间信息资源共享服务平台2.0版本上线发布，该平台支撑25个委办局的30余个业务系统。

△ 中国移动在北京市、上海市、天津市、沈阳市、广州市、深圳市、厦门市、秦皇

岛市建成 TD–SCDMA 试验网，中国电信集团股份有限公司在保定市建成 TD–SCDMA 试验网，中国网络通信集团公司在青岛市建成 TD–SCDMA 试验网。

2 月 《北京地区医院信息系统基础设施建设指南》和《北京地区医院信息系统运行与管理规范》发布。

4 月 北京市推出中国首款具有自主知识产权的动态车载导航仪。

5 月 “北京市水务应急指挥平台”投入运行。

△ 2008 年北京奥运会 IPv6 官方网站开通，是奥运史上第一个 IPv6 官方网站。北京市成立第十四个专项应急指挥部——北京市通信保障和信息安全应急指挥部。

△ 北京市政务信息安全应急处置中心成立，隶属市信息办，与北京信息安全测评中心合署办公。

△ 北京市地方标准《北京市政务信息资源共享交换平台技术规范》（DB11/T 553—2008）发布实施。

6 月 14 日 北京信息安全测评中心被中国互联网协会指定为反恶意软件的测评机构。

6 月 由国家信息技术安全研究中心、信息安全共性技术国家工程研究中心、北京邮电大学信息安全中心 3 家信息安全专业机构和 14 家安全企业组成的“奥运政务信息安全应急支援保障团队”成立。

△ 北京市食用农产品质量追溯系统建成。

7 月 1 日 2008 年北京奥运会观众呼叫中心投入运营。

7 月 北京华旗资讯数码科技公司为“神舟七号”卫星研制出航天存储录音产品。

8 月 北京市宏观经济与社会发展基础数据库开始建设。

9 月 12 日 中国移动在网站公布《中国移动扩大的 TD–SCDMA 规模网络技术应用试验网二期工程无线网设备采购招标公告》，启动国产 3G 标准 TD–SCDMA 的二期招标工作。

9 月 大唐移动通信设备有限公司实现 TD–SCDMA 与 TD–LTE 产品共享平台。12 月推出业内首个 TD–LTE 产品预商用版本。

△ 曙光信息产业（北京）有限公司研制出中国第一台超百万亿次超级计算机曙光 5000A，2009 年启用。

10 月 15 日 中国网通北京市分公司与中国联通北京分公司合并成立中国联合网络通信有限公司北京市分公司。

12 月 4 日 联想集团研制出深腾 7000 超级计算机，其 Linpack 运算速度突破每秒 106.5 万亿次，在全球 TOP500 排名第十九位，是当时世界上规模最大的节点无盘启动的机群系统，也是世界上第一个对所有硬件部件统一管理和监控的机群系统。

12 月 24 日 北京市劳动力市场信息系统进社区网络开通。

12 月 北京中科大洋科技发展股份有限公司研发成功大洋 RedBridge Ⅲ高清板卡，填补了国产高清板卡领域的空白。

年内 北京信息安全测评中心被国家认证认可监督管理委员会指定为国家信息安全产

品认证检测7家实验室之一。

2009年

1月　北京市法人基础信息数据库通过竣工验收。

2月20日　北京市设立市经济信息化委，将市信息办划入市经济信息化委，作为全市软件与信息服务业发展、信息化工作的市政府管理部门。3月30日，市经济信息化委在朝阳区工体北路6号凯富大厦挂牌。

2月　北大众志公司研发团队面向安全适用计算机推出PKUnity-3（130）CPU系统芯片，是当时亚洲唯一可实现“单芯片个人计算机”解决方案的产品。

△　北京市人口基础信息数据库（一期）项目通过竣工验收。

6月　IETF发布标准RFC5565：Softwire Mesh Framework，由清华大学教授吴建平完成，是中国科技工作者牵头的第一项下一代互联网IPv6过渡核心技术国际标准，统一和规范了隧道过渡技术的发展路径。该标准是被IETF批准通过的中国大陆第一个核心协议相关的强制标准。

△　北京市突发公共事件应急委员会印发《北京市网络与信息安全事件应急预案》。

△　市政府印发《北京信息化基础设施提升计划（2009—2012年）及任务分工》。

7月　北京社保卡正式发放，率先在医保领域投入使用。

9月　市公安局、市经济信息化委、市国家保密局、市密码管理局联合印发《北京市开展信息安全等级保护安全建设整改工作实施方案》。

△　北京歌华有线电视网络股份有限公司在全国率先启动高清交互数字电视应用工程项目。

10月30日　北京市信息安全灾难恢复中心建设项目在密云县工业开发区四区奠基开工。

12月　首都之窗移动门户（m.beijing.gov.cn）发布，市政府电子公共服务迈进移动互联网时代。

△　北京市经济社会管理信息系统建成。

△　北京市、区两级政务信息资源共享交换体系基本建成。

△　北京移动、北京联通、北京电信三大电信运营商3G业务放号，无线宽带业务上市。

2010年

1月12日　中国云计算技术与产业联盟（CCCTIA）在北京成立，旨在推进云计算技术与产业发展。

6月　北京市社区卫生服务信息系统在全市16个区（县）的350余家社区卫生服务中心所属2900余个社区卫生服务站推广应用。

7月1日　《北京市政府信息系统安全检查实施办法》印发，明确了市经济信息化委、市公安局、市安全局、市国家保密局、市密码管理局等部门的工作职责。

△ 北京市成为中国第一批三网融合试点城市，北京有线电视台、北京歌华有线电视网络股份有限公司、北京联通作为广电试点企业参与三网融合试点工作。

8月8日 北京百万家庭数字生活技能大赛颁奖会召开。

9月25日 北京北斗星通导航技术股份有限公司推出中国首款具有完全自主知识产权的多系统多频率卫星导航高性能 SoC 芯片。

9月 北京市容灾备份中心投入试运行。12月1日，该中心移交北京市政务信息安全应急处置中心。

11月 中国科学院计算技术研究所研制成功八核“龙芯 3B”处理器。该处理器每个核配有2个256向量部件，并设计了给向量部件高效供数的专门数据通路以提高峰值性能。

12月8日 当当网在纽约证券交易所挂牌上市，成为中国第一家在美国上市、基于线上业务的 B to C 网上商城。

△ 中国科学院软件研究所承担完成的“网络软件基础架构平台（网驰 ONCE）技术和系统”项目和北京邮电大学承担完成的“网络管理建模、分析与评价技术系列国际标准及应用”项目均获北京市科学技术奖一等奖。

△ 北京市交通运行协调指挥中心（TOCC）投入使用。

△ 北京市启动数字电视推广工作。

第一篇　信息基础设施

第一章　公用网络与传输设施

中华人民共和国成立后，电信网经历了从电报、固定电话、移动电话到互联网的演变，以及从数据传输、步进制交换、纵横制交换、程控交换到数据检索的技术飞跃。

20 世纪 60 年代，北京建设了区县、乡镇、行政村三级广播站。70 年代，广播喇叭最多时 77.5 万只，广播网线路 7097.8 杆公里。1978 年改革开放后，随着经济建设和社会生活对于通信需求的快速增长，广播电视网作为信息通信的主要物理基础设施，处于历史性大发展时期。1979 年 3 月，怀柔县汤河口公社建起京郊第一座小型电视差转台，电视开始向郊区县山区覆盖。80 年代，各级广播站建设规模和传输能力提高，覆盖范围进一步扩大。至 1990 年第十一届亚运会在北京举办前夕，全市电视覆盖率实现较大提升，北京电视台 6 频道覆盖率从 1989 年的 92.8% 提高到 97.3%，中央电视台 2 频道覆盖率稳定在 98%。广播电视制作和播出实现了从模拟信号、数字信号到高清视频的转变。

20 世纪 90 年代，北京开始兴建互联网。随着互联网的应用，光纤化、宽带化、移动化的推进，以传输语音和数据为重点的电信网，以及传输广播电视信号为重点的广播电视网，都在与互联网进行深度融合，互联网逐步发展成为能够传输综合信息业务的载体，成为信息化最重要的网络基础设施。

1999 年，北京市提出建设数字北京的设想与规划。进入 21 世纪，移动网络和宽带网络加速发展。随着卫星接收、有线联网等技术运用，北京广播电视的覆盖面向广度和深度拓展，网络传输技术、前端节目编解码技术、计算机资源管理技术、网络安全技术、数字终端技术不断创新，国家启动了模拟电视平台向数字电视平台的整体转换工作，用数字技术提高用户的收视质量。到 2005 年，北京市固定电话网用户规模、通话量达到峰值，北京市市内、郊区、长途电话通话量基本平稳，固话网络基本成熟，无更大的市场和应用需求。2009 年年底，北京有线电视网络累计敷设光缆、电缆 14.12 万公里。其中，光缆 2.61 万公里，电缆 11.51 万公里。到 2010 年，北京市初步建成全国用户最多的高清交互式数字电视网络，高清交互数字电视用户达130万户，全市基本实现广播电视网络全覆盖和电信网、广播电视网、互联网“三网融合”。初步建成国内最好的3G网络、20M宽带覆盖最广的信息网络。光纤到户数200万户，覆盖率28%。3G网络覆盖城乡并正式商用，全市累计建设1.8万个3G基站和5400多个WiFi接入点，3G用户超过254万，具备20M宽带接入能力用户超过335万，无线城市建设初具规模。地铁已建线路基本实现手机信号覆盖，在建线路与地铁建设基本同步。全市建成大型数据中心、计算中心、呼叫中心、灾备中心近百个，在北京部署的高性能计算机占全国百强的40%。互联网在全市普及率从2003年的27.6%提到2010年的69.4%，基本实现全民上网。北京市互联网络基本实现全覆盖，信息化基础支撑平台应用效果显著，数字北京的战略目标基本实现。

第一节　电信网

一、电信运营机构

1949年2月3日，中国人民解放军北平军事管制委员会接管北平电信局。5月30日军管结束。9月30日，北平电信局更名北京电信局。1956年1月15日，北京电信局撤销，设北京市市内电话局、北京市电报局、北京市长途电话局、北京市无线电管理处4个独立机构，隶属邮电部。1958年4月15日，北京长途电信局成立，市电报局、市长途电话局、市无线电管理处同时撤销，职能划入北京长途电信局。1970年1月1日，北京长途电信局划归军队代管的电信总局领导。北京市市内电话局更名为北京市电信局，划归北京卫戍区领导。远郊区邮政、电信分设，成立县（区）电信局。1973年6月9日，北京市电信局恢复由邮电部和北京市双重领导；同年8月1日，北京长途电信局恢复由邮电部和北京市双重领导。

1983年3月11日，北京市电信管理局成立，北京长途电信局和北京市电信局同时撤销。

1993年9月，国家经济贸易委员会发文，主送电子工业部，批复同意成立吉通通信有限公司。吉通通信有限公司由中国电子租赁有限公司、北京现代信息发展中心、深圳国晔贸易有限公司、东莞通牌电信工业公司等企事业单位出资组建，主要从事通信产品科研、开发、生产、销售等业务，以及承包国内外通信系统工程。隶属电子工业部归口管理。1994年1月12日，吉通通信北京分公司成立，经营互联网接入服务、IP电话、卫星通信、帧中继等业务。

1994年7月19日，根据国务院批复，由电子部、电力部、铁道部共同组建的中国联合通信有限公司（以下简称中国联通）召开成立大会。中国联通按有限责任公司形式组建，经营范围包括长话、市话、无线通信、电信增值业务等。中国联通接受邮电部的行业管理，其投资改造的通信线路与公用通信主网互联互通、自动接续、公平计价，共享通信资源，成为邮电部电信总局之外第二家从事基础电信运营的电信企业。中国联通的成立，标志着中国电信行业垄断经营格局被打破，基础电信领域开始引入竞争机制。中国联通在领导体制上挂靠国家经贸委，实行计划单列，有关业务工作分别由国家各部、委、办直接管理。中国联通成立之初吸纳多家国内大型企业集团公司作为股东单位，包括中华通信系统有限责任公司、中铁通信中心、国家电力通信中心、中国国际信托投资公司、中国技术进出口总公司、光大通信有限公司、中国华润总公司、中国华能总公司、招商局集团有限公司、中国化工进出口总公司、北京凯奇通信有限公司、上海科技投资股份有限公司、广州华南通信投资有限公司、中国（福建）对外贸易中心集团公司、大连万事通企业发展有限公司。同年 8 月 5 日，中国联通批复同意成立中国联合通信有限公司北京分公司（以下简称联通北京分公司）。联通北京分公司为非独立法人单位，隶属中国联通。9 月 21 日，联通北京分公司召开成立大会。

1995 年 4 月 27 日，邮电部电信总局以中国邮电电信总局名称进行企业法人注册登记，对外简称“中国电信”，并启用新的企业标识，停用“人民邮电”徽。其原有的政府职能转移至邮电部内其他司局，实现政企职责分开。1997 年 5 月 19 日，邮电部同意北京市电信管理局所属企业以北京电信局的名称办理企业法人登记。北京电信局为全民所有制的公用电信企业，负责经营本地区公用电信业务，并承担普遍服务义务，在通信业务上接受邮电部电信总局指导，在网络运营上服从邮电部电信总局指挥调度。在邮电全网经济核算基础上，实行自主经营、自负盈亏、单独核算，独立承担民事责任。北京电信局企业注册资金来源为邮电部投资。

1998 年 3 月，国务院决定在邮电部、电子部的基础上组建信息产业部，按“政企分开、转变职能、破除垄断、保护竞争”原则，对信息产业部职能进行配置。1999 年 2 月，国务院通过中国电信重组方案，中国电信（原中国邮电电信总局）进行拆分重组，将中国电信的寻呼、卫星和移动业务剥离，成立中国电信集团公司（以下简称中国电信）、中国移动通信集团公司（以下简称中国移动）、中国卫星通信集团公司（以下简称中国卫通），寻呼业务由中国寻呼通信集团公司（后更名为国信寻呼有限责任公司）经营。

1999 年 5 月，信息产业部印发《关于将国信寻呼有限责任公司成建制划入中国联通公司的通知》，国信寻呼有限责任公司成建制划入中国联通。8 月 6 日，中国网络通信有限公司北京分公司成立，经营 IP 电话、传真、宽带批发、宽带多媒体应用等电信业务。8 月 28 日，北京移动通信公司成立，隶属于中国移动通信集团公司。12 月 8 日，国务院印发《关于中国联合通信有限公司重组方案有关问题的批复》，同意将国信寻呼有限责任公司成建制划入中国联通，原中国邮电电信总局在国信公司持有的股权作为国家资本金管理。同意将国家财政已向中国联通追加的 41 亿元投资及 1998 年国家财政债券中用于支持中国联通的 10 亿元转作国家资本金。重组后的中国联通主要经营国际国内长途通信业务，批准范围内的本地电话业务，移动通信、无线寻呼及卫星通信业务（不含卫星空间段），数据通信业务，互联网业务及IP电话业务，电信增值业务，国家外经贸主管部门批准的进出口业务，国家允许或委托的其他业务。中国联通由中央管理。2000年6月，国务院批准中国联通整体上市分步实施总体方案，将北京、天津、河北、辽宁、上海、江苏、浙江、安徽、福建、山东、湖北、广东12个省市的GSM移动电话资产、全国数据通信资产、全国长途电话资产和国信寻呼资产作为首批上市资产，一并注入新创建的中国联通股份有限公司（红筹公司），在香港和纽约上市；中国联通公司在香港、纽约上市，规模进入全球首次股票公开发行史上的前10名。中国联合通信有限公司成为中国联通股份有限公司的母公司，两者均为独立的法人实体。12月13日，中国联通有限公司北京分公司取得营业执照。次年8月13日，启用中国联通有限公司北京分公司新印章。

2000年6月29日，中国电信集团公司批复北京市电信公司组建方案及章程，将原北京电信局改组为中国电信集团北京市电信公司（以下简称北京电信），进行工商变更登记。北京电信以原北京电信局移动通信与固定通信分营后的北京地区固定通信网络及相关资产为基础组建。公司登记注册为企业法人，与中国电信集团为母子公司制，为中国电信集团公司出资设立的独资子公司。实行总经理负责制，总经理为法定代表人，重大事项由总经理办公会研究决定。7月6日，北京电信取得营业执照，7月10日挂牌成立。经营除移动、无线寻呼通信以外的所有通信和信息服务业务，是北京地区主要的基础电信业务运营商。7月，根据信息产业部有关文件要求，北京市电信管理体制由原来的“政企合一”改为“政企分开”。11月，按照《国务院批转信息产业部关于地方电信管理机构组建方案的通知》要求，北京市通信管理局组建成立。市通管局实行信息产业部与市政府双重领导，以信息产业部为主的管理体制。在电信市场业务管理、通信网络安全管理、基础电信设施建设管理、电信资源配置管理等方面，依法对北京市行政区域内的通信行业实施政府监管。

2000年7月，北京移动通信公司根据中国移动通信集团公司《关于设立北京、天津、河北、辽宁、上海、山东、广西新移动通信公司有关问题的批复》，资产重组设立北京移动通信有限责任公司（以下简称北京移动）。7月26日，北京移动注册成立，经营移动通信语音业务、IP电话业务、互联网业务、数据业务、传真业务、中英文短信息等业务。11月，北京移动将其资产、权益注入中国移动（香港）有限公司。12月，经外经贸部批准完成外商独资企业的工商登记，是中国移动（香港）有限公司全资间接拥有的外商独资企业。北京移动通信公司变更为北京通信服务公司。

2000年12月26日，铁道通信信息有限责任公司（以下简称铁通公司）成立。次年2月28日，铁通北京分公司成立。经营北京地区的国内长途电话业务、本地电话业务、公共数据传送业务、通信网络元素出租出售业务和北京铁路局辖区内的铁道通信业务。铁通北京分公司隶属于铁道通信信息有限责任公司，接受市通管局的行业管理，在铁通总公司和市通管局的双重管理下，开展电信业务。

2001年11月17日，国务院批准《电信体制改革方案》，将中国电信所属全国固定通信网划分为南北两个部分。2002年5月5日，国务院批准组建中国网络通信集团公司，是以中国电信集团公司所属中国北方的10个省区市电信公司、中国网络通信控股有限公司、吉通通信有限责任公司等企业的相关资产及其他有关资产为基础组建的特大型国有通信企业，是经国务院同意进行国家授权投资的机构和国家控股公司的试点单位。南方21个省、市电信公司组建成新的中国电信集团公司均由中央管理。5月16日，中国网络通信集团公司、中国电信集团公司举行成立大会，分别简称中国网通、中国电信。

2001年12月19日，中国卫星通信集团公司挂牌成立。经营卫星通信信道、地面VSAT通信、卫星移动通信等业务。2002年12月13日，中国卫通北京分公司成立。

2002年6月28日，中国电信集团北京市电信网络有限公司成立。9月25日，中国电信集团北京电信网络有限公司更名为中国电信集团北京市电信有限公司，对外简称“北京电信”（本志中称“电信北京公司”）。11月14日和15日，中国电信分别在纽约证券交易所和香港联合交易所挂牌交易，标志中国电信首次公开上市获得成功。

2002年，中国电信集团公司北京市电信公司更名为中国网络通信集团北京市通信公司，7月30日召开成立大会暨揭牌仪式，为区别于新成立的“北京电信”，对外简称“北京通信”。9月18日，北京市通信公司取得营业执照。

2003年4月，全国人大批准国务院设立国有资产监督管理委员会（以下简称国资委）。中国电信、中国网通、中国移动、中国联通、中国卫通划归国资委监管。

2004年1月21日，国资委、铁道部联合下发《关于将铁道通信信息有限责任公司移交国资委管理有关问题的通知》，明确自2004年1月20日起，铁道通信信息有限责任公司由铁道部移交国资委管理，铁通公司原有股权全部划转国资委。铁通公司更名为中国铁通集团有限公司（以下简称中国铁通），作为国有独资基础电信运营企业独立运作。铁通北京分公司更名为中国铁通集团有限公司北京分公司（以下简称北京铁通），受中国铁通领导。11月，中国网通在香港和纽约上市。为满足企业上市需要，经过资本运作，中国网络通信集团北京市通信公司变更为中国网通（集团）有限公司北京市分公司，成为上市公司，简称“北京网通”，2005年4月30日对外正式发文。北京市通信公司作为存续公司保留。

2005年10月，中国联通公司在上海完成A股上市，是国内唯一在香港、纽约和上海三地上市的电信运营公司。

2006年9月，北京移动通信有限责任公司更名为中国移动通信集团北京有限公司。

2008年5月24日，工业和信息化部、国家发展和改革委员会（以下简称国家发展改革委）、财政部联合发布《关于深化电信体制改革的通告》，结束由中国电信、中国网通、中国移动、中国联通、中国卫通、中国铁通6家基础电信企业组成的竞争格局，启动新一轮电信企业重组。鼓励中国电信收购中国联通CDMA网（包括资产和用户），中国联通与中国网通合并，中国卫通的基础电信业务并入中国电信，中国铁通并入中国移动。7月10日，中国电信股份有限公司决定吸收合并中国电信集团北京市电信有限公司，设立中国电信股份有限公司北京分公司（以下仍简称电信北京公司）。10月23日，联通北京分公司与北京网通合并，更名为中国联合网络通信有限公司北京市分公司（以下简称北京联通），完成工商登记变更。10月30日，“中国联合网络通信有限公司北京市分公司”印章启用。

2009年3月，国资委、铁道部向国务院提交《关于将中国铁通集团有限公司通信业务资产人员划转铁道部管理的请示》，获国务院批准。11月12日，中国移动集团与铁道部就中国铁通所属铁路通信业务、资产、人员划转铁道部管理事宜签订协议，12月15日进行划转移交工作。铁路通信专网剥离后，中国铁通继续作为中国移动的全资子公司从事公众电信业务经营。12月31日，北京铁通按照中国铁通及北京铁路局有关规定要求，完成铁路专用通信网划转铁道部全部移交工作。

2009年4月，中国卫通北京分公司基础电信业务部分并入电信北京公司。

2010年5月，由北京移动通信公司变更的北京通信服务公司注入中国移动北京有限公司，成立全资子公司，名称为北京中移通信技术工程有限公司。

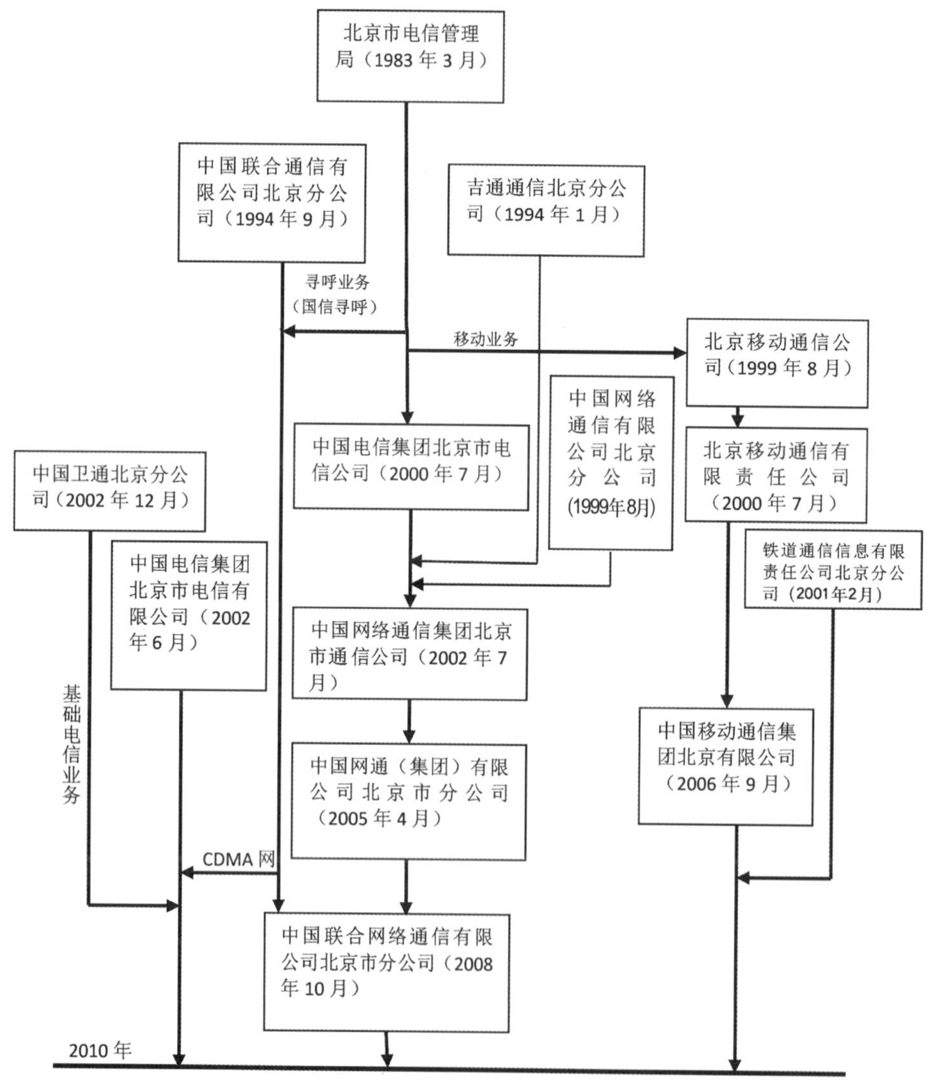

图1-1　1983—2010年北京电信运营商沿革图（资料来源于《北京志·电信志（1991—2010）》）

二、固定电话网

清光绪二十七年（1901 年），电话进入北京以后使用规模逐渐壮大，但一直是少数人或企事业单位拥有的产品。20 世纪 80 年代后期开始进入北京百姓家，成为个人通信最普通的工具之一。

1978 年，北京电信网管理、建设和运营的主体是由邮电部和北京市双重领导的北京市电信局和北京长途电信局，主要提供市区、郊区电报、电话，国内和国际电报、电话业务。截至年底，北京市公众电话网交换机总容量为 9.4 万门，市内电话用户 7.5 万户，农村电话用户 651 户，公用电话 1286 部。

1980 年 1 月至 2 月，中华人民共和国成立后第一任邮电部部长、中华全国总工会副主席朱学范到北京市电信局，对首都市内电话资源紧张问题做调查。为弥补电信建设资金的不足，经国务院批准，北京自 1980 年 12 月起开始收取市话初装费，作为电信建设专用基金。增收市话初装费政策对固定电话网的发展起到至关重要的作用，1/3 的电信建设资金来源于初装费。

1982 年 9 月 22 日，西单北大街安装北京第一座投币式公用电话亭。1983 年 3 月 11 日，北京长途电信局和北京市电信局合并组建北京市电信管理局，下设北京电报局、北京长话局、北京无线通信局、北京市内电话局、北京郊区电话局各专业局等。电话业务发展主要由市内和郊区局负责，与国内其他省市、地区及其他国家的国际电话通信由长话局负责，微波通信、卫星通信以及逐步发展的移动通信业务由北京无线通信局负责，电报局负责国内、国际数据（包括电报通信及后来普及的互联网通信）业务。

1984 年，第一批限时投币式公用电话亭启用。同年，邮电部下达改扩建北京电话网 10 万门数字程控交换机工程设计任务书，是“七五”期间国家重点建设项目、当时中国电信历史上最大的电话工程，也是电信行业第一次利用政府间贷款（法国贷款）项目，总投资 5.26 亿元人民币。为此，北京市电信管理局成立了“10 万门工程指挥部”。11 月 8 日，北京市第一个程控电话局——呼家楼 50 分局建成投产，采用引进设备初装 7680 门。

1985 年 12 月 25 日，呼家楼程控电话 50 分局改为 500 局，成为北京电话网第一个 7 位制局。

1986 年 7 月 1 日，以北京为中心的国内卫星通信网正式开通，解决了全国性综合电视节目和教育电视的传送问题，为边远地区和重要地区提供了良好的通信手段。7 月中旬，北京国际长途电话自动直拨系统投产。截至年底，已对 15 个国家和地区开通直拨电路，是北京首次实现国际电话自动直拨。

1987 年 4 月 5 日，和平里电话局 1.4 万门程控电话交换机投产。5 月 16 日，东黄城根电话局 6000 门程控电话交换机投产。5 月 24 日，木樨园电话局 4000 门程控电话交换机投产。6 月 10 日，新建使馆区电话局 6000 门程控电话交换机投产。8 月 1 日，金鱼池电话局 6000 门程控电话交换机投产。10 月 16 日，中关村电话局 8000 门程控电话交换机投产。

10月20日，西单电话局6000门程控电话交换机投产。

1988年3月26日，五棵松电话局4000门程控电话交换机投产。6月28日，紫竹院电话局8000门程控电话交换机投产。11月15日，北京市区与远郊区县间双向直拨自动电话开通。12月21日，北京引进10万门程控电话交换机工程通过国家验收。

1949—1988年部分年份北京长途电话和市内电话统计表

1-1表

年份	1949年	1952年	1957年	1962年	1965年	1970年	1975年	1978年	1980年	1985年	1988年
长途电话电路（路）	67	97	143	354	403	491	593	918	1337	2450	5175
市话交换机总容量（万门）	2.6	2.8	4.4	6.0	6.2	6.8	8.0	9.5	11.8	21.4	33.0
市话年末到达户数（万户）	1.7	2.3	3.4	4.4	4.9	4.7	6.6	7.6	8.6	13.8	23.6
市话普及率（部/百人）	0.84	1.6	2.10	2.56	3.21	2.73	3.53	4.02	4.84	7.24	11.53

说明：数据来源于《北京志·电信志（1991—2010）》。

1989年3月，北京首部磁卡公用电话在兆龙饭店开通使用。1990年4月21日，郊区第一个程控电话局门头沟电信局开通，初装4000门程控电话交换机。4月28日，大兴县电信局4000门程控电话交换机开通。6月17日，昌平县电信局6000门程控电话交换机开通。12月30日，通县电信局8000门程控电话交换机开通。

1990年9月22日至10月7日，第十一届亚洲运动会在北京举行，北京市电信管理局承担亚运会通信保障工作，是北京市电信管理局第一次承担大型国际体育赛会的通信保障任务。

1991年，北京电话业务需求依然紧张。年内，北京市电信管理局开通程控交换机10.8万门，分别安装在18个局所（市区11个、郊区7个）；开展“一万八装机会战”，为1.8万户已交费但因号线限制、较长时间未装通电话的用户装通电话，6000余人参加会战，40天时间完成“一万八”待装户的电话安装。

1992年，北京市电信管理局开通程控电话局18个，新增程控交换机20.7万门（其中郊区1.7万门）。11月28日，密云县电信局在远郊区县中最后一个开通程控电话业务。至此，市内电话局与10个郊区县局实现程控电话联网，郊区程控交换机累计达5.6万门，郊区程控电话用户既可直拨市区、郊区电话，也可直拨国内、国际长途电话。北京建成使用“01”区号的全国最大的本地电话网。

1993年2月5日，国家计委发出《关于北京等九省市利用加拿大北方电讯公司贴息贷款的通知》，同意北京市利用贷款5000万美元，引进加拿大北方电讯公司通信设备。国家计委对北京市委、市政府和邮电部呈报国家计委关于利用国外贴息贷款引进程控电话交换机的申请做了批复，同意有关省区市利用国外贴息贷款7亿美元，用于引进程控电话交换机设备，其中安排北京市1亿美元（德国贷款）用于本地电话网的改造。6月，市电信管理局确定北京地区电话网网络结构为交换网采用去话汇接方式。全市分为4个汇接区（用坐标上4个象限表示），按顺时针方向排序，每个汇接区设两个汇接局，每个汇接区的两个汇接局采用负荷分担方式工作，根据地理分布和局房条件，8个汇接局分别为第一汇接区的厂甸局（T11）、茂林居局（T12），第二汇接区的北太平庄局（T21）、西单局（T22），第三汇接区的东黄城根局（T31）、呼家楼局（T32），第四汇接区的东单局（T41）、幸福大街局（T42）。各郊区县局通过郊区中心交换机，根据其所处地理位置连接到不同的汇接区。按照确定的网络结构，开始建设汇接局。当年建成两个2.1万线的汇接局，分别为T11、T32。北京市电信管理局开通64个电话局所（含52个支局）、36.09万门程控电话交换机。

1994年7月8日，北京城区最后一个模拟电话局停止使用，标志着北京市电信管理局城近郊区通信全部实现电话程控化。北京市电信管理局全年联网开通程控交换机56个局所、78.7万门，其中郊区开通程控交换机17万门。开通T21、T12、T31和T41共4个汇接局；新建七号信令网4个本地独立信令转接点（STP）。本地电话号码由6位升至7位。

图1-2　1994年7月8日，原44局的用户全部割接到404程控电话局，北京市内电话全部程控化。图为程控机房设备（图片来源于北京通信电信博物馆）

1995年3月26日0时，北京市长途电话区号升位，由“01”改为“010”。1995年，北京市电信管理局开通程控交换机69.28万门，安装在75个局所；分别开通T22和T42。至此，北京完成8个汇接局的网络结构，4个本地独立信令转接点的安装调测、联网开通工作。12月19日，北京市电信管理局在门头沟区斋堂乡开通程控电话，至此，北京市边远山区60个贫困乡全部实现乡乡通程控电话。“待装户”在当年实际增加用户中所占比例逐步降低，电话供求紧张状况得到根本性扭转，基本满足用户需求。

1996年5月8日，北京市电话号码升为8位，是继法国巴黎、日本东京、中国香港、中国上海之后世界上第5个电话号码升至8位的城市。同年，国家计委发布《关于北京市利用加拿大贴息贷款购买广东北电程控交换机方案的批复》，同意北京利用加拿大贴息贷款1800万美元（加拿大贷款一期）建设北京电信网。北京市电信管理局根据批复购买广东北方电讯DMS-100型程控电话交换机，安装在11个电话局，用户容量24.5万门，中继容量4.53

万线；完成汇接局的扩容。

1997年5月，北京市电信管理局以北京市电信局名义办理工商登记注册，北京市电信管理局网络建设和业务经营改由北京市电信局承担。7月1日，北京电信在香港回归之日完成数据传送和语音通话通信保障任务，通过13颗通信卫星发送电视信号21路、接收信号13路、传送电视500节、2万余分钟，为新华社、广电总局和中央电视台开通国际国内专线26条，首次利用光缆进行数字电视传送。1999年12月20日完成澳门回归重点通信保障任务。

1997年，北京电信开通程控交换机89万门。1998年5月13日，北京电信首批在36个电话局开通本地综合业务数字网（ISDN）“一线通”业务。11月1日，北京电信第100个光缆环建成。同年，北京电信开通程控交换机125万门。

1999年5月17日，北京电信开通IP电话（17900）业务。6月18日，联通北京分公司开通IP电话（17910）业务，推出适合不同用户群体的3种类型IP电话卡。年内，北京电信开通程控交换机67万门。

1999年10月1日，在市委统一协调下，北京电信完成中华人民共和国成立50周年阅兵及庆典活动通信保障任务，显示出首都通信全覆盖、多层次、高质量、大规模的专业水平。

2000年1月1日0时30分，北京电信局网上运行多年的全部通信设备及软件系统渡过新千年零点，没有爆发“千年虫”（Y2K）问题。4月2日，联通北京分公司开通193长途电话。10月，历时8年总长达8万公里的“八横八纵”全国光缆干线网全部竣工投产，覆盖全国所有省会城市和七成以上县市。同年，北京电信开通程控交换机69万门，ISDN局所275个，ISDN 2B+D设备14.4万套。郊区开始大量开通小型模块局所，以解决郊区电话用户分散问题。截至年底，北京电信市区固定电话用户突破300万户，郊区电话用户突破100万户，电话主线普及率33.1线/百人。北京电话可直拨国内1300多个城市、国际180多个国家和地区，北京市的通信能力达到世界中等发达国家水平。

2001年2月，北京铁通开始开放本地电话、智能网业务和ISDN业务。从铁路专网带过来交换机6.5万门，实装用户4.5万户。6月22日，市通管局决定北京地区启用首位“5”的号码，分配给北京铁通（及后来的电信北京公司）使用，北京地区电话网上有了“6”“8”“5”3种开头号码。9月23日，北京电信固定电话与北京铁通实现互联互通。同年，北京电信开通程控交换机103万门，ISDN局所748个，ISDN 2B+D设备22.9万套。截至年底，北京电信市话用户503.8万户，北京铁通实装用户7.92万户。

2001年7月1日，根据财政部、信息产业部通知，北京电信取消电话初装费等政府性收费，实行20年的电话初装费政策终结。

2002年，北京网通开通程控电话交换机80万门，ISDN 2B+D设备48.9万套。2003年3月，北京网通首先在怀柔区开放“小灵通”业务，与移动通信业务相比资费低廉，终端辐射低，受到用户欢迎，开通两年北京市用户数接近200万。由于基站覆盖范围较小，高速移动中业务掉话率较高、接通率低，同时受移动业务资费下降影响，自2005年以后“小灵通”用户数量持续下降。2008年10月，工业和信息化部无线电管理局决定“小灵通”所用1900～1920MHz频段规划他用，宣布于2014年12月31日终止“小灵通”业务。

2003—2010年北京网通“小灵通”业务用户统计表

1-2表　　　　　　　　　　　　　　　　　　　　　　　　　　　　单位：万户

年份	2003年	2004年	2005年	2006年	2007年	2008年	2009年	2010年
用户数	47.8	155.8	198.6	123.8	100.5	69.8	51.0	33.15

说明：数据来源于《北京志·电信志（1991—2010）》。

2003年1月26日，电信北京公司开通北京—洛杉矶“游子情”春节新视通服务，是电信北京公司的第一项国际电信业务。4月22日，第一个全国31省范围的组网项目开通。5月13日，电信北京公司本地电话业务开通。至此，北京地区有3家基础电信运营企业开办本地电话业务。7月1日，第一个全国范围4008业务开通。同年，北京网通开通程控交换机106万门，ISDN 2B+D设备达54.6万套；电信北京公司新建综合接入交换局20个，接入容量2.43万门，完成一级干线的汇聚点和长途光缆引接工程，电信北京公司本地网与中国电信南方网络实现完全联通，并实现与其他运营商的互联互通。

2004年1月16日，信息产业部发布《关于在部分省区开展村通工程试点工作的通知》和《农村通信普遍服务——村通工程实施方案》。北京网通作为被指定的承担通信普遍服务义务单位之一，要求到2005年年底完成“十五”规划的目标。同月，北京网通启动“村村通电话”工程。7月22日，北京网通成为第二十九届北京奥运会固定通信合作伙伴，开始备战2008年北京奥运会。9月21日至26日，电信北京公司成功转播F1中国上海站赛事，实现跨域的电视视频传输业务。9月，中国网通与中国电信“小灵通”用户实现短信互通。同年，北京网通新增程控交换机56万门，新建鲁谷（G1）、西单（G2）、望京（G3）、东单（G4）4个关口局，取代6个旧的关口局。北京铁通新建4个电话汇接局，电信北京公司本地交换容量达到17.8万门。

2005年5月31日，北京网通采用VSAT方式，将北京市最后两个未通电话的行政村——房山区十渡镇王老铺村和栗元厂村，接入公用电话网，按时保质完成“十五”规划“村通工程”总体目标中北京地区任务。至此，北京地区通电话行政村比例达到100%，成为全国首个完成“村村通电话”工程的省市。10月17日，电信北京公司独家发行40万张17968“神舟六号”载人航天飞行成功纪念电话卡。12月31日，经信息产业部批准，磁卡公用电话全网停止使用，取代的是IC卡等多种新型公用电话。同年，北京网通新开通程控交换机23万门。北京铁通推出“中国铁通4007企业热线通”业务。全市固定电话主线普及率61.3线/百人，北京固定电话用户达到943.5万户的高峰，此后用户数量下降。

2006年3月24日，电信北京公司首家发行网络游戏电话卡。12月20日面向住宅用户推出“我的e家”业务品牌，实施固定电话、宽带等一揽子解决方案，固定网业务首次以组合“套餐”方式销售。同年，北京网通新开通程控交换机31万门。开始本地电话网的智能化等改造，电信北京公司新增PSTN 4.97万门。年底，全市公用电话51.6万部，其中201卡式公话超过33万部，平均每平方公里有146部，市区常住人口每千人有30多部公用电话。

2007年3月15日，北京网通面向住宅用户推出“亲情1+”业务品牌，以固定电话为基础，对固定电话、ADSL宽带、“小灵通”进行业务捆绑，以不同组合和档次的“套餐”资费供用户选择。同年，北京网通新开通交换机26万门；NGN软交换网开通14.46万门，开始NGN业务试用。

图1-3　安装在木樨园局的阿尔卡特软交换设备（2009年摄，图片来源于北京通信电信博物馆）

2008年北京奥运会前夕，北京网通推出新型多媒体IC卡公用电话，兼容公交一卡通。8月8日至9月17日，北京奥运会、残奥会期间，北京网通为奥运会、残奥会提供通信服务，创造多项通信史上的第一。截至10月，北京网通开通程控交换机30万门（减掉退网陈旧设备总容量开始降低），新增NGN软交换11万门，推出基于NGN宽带网络及相关业务平台开发的可视电话宽带多媒体业务；ISDN 2B+D业务进入衰退期。

2009年，北京联通新开通程控交换机15万门，新增NGN软交换4.9万门，可视电话用户936户（城市795户、乡村141户），其中家庭为709户。北京铁通NGN设备容量为5245门，实装4196用户。

2010年4月16日，电信北京公司启动民政部赈灾热线4008112349，全力支撑民政部玉树赈灾热线畅通。

截至2010年年底，北京市公用固定电话交换机总容量1500.7万门，全市长途交换机总容量53.2万路端。

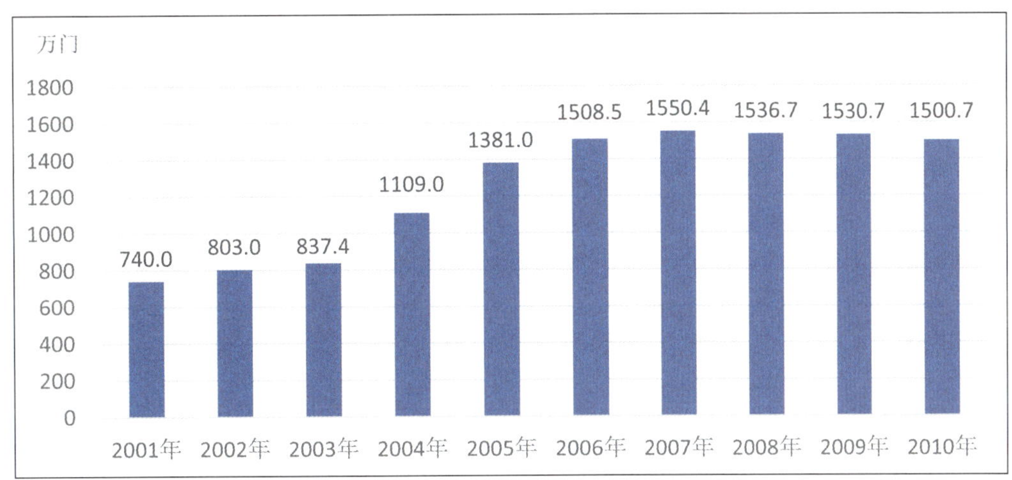

图1-4　2001—2010年北京市固定电话局用交换机数量变化图

三、移动通信网

无线寻呼

1985年11月1日，北京市电信管理局开通第一家人工寻呼台“126”，可覆盖北京市、近郊区及远郊区主要旅游景点和县镇等地，至1991年拥有10万用户容量。春节期间，“126”寻呼台业务量剧增，设备能力和话务座席不堪重负。1992年12月28日，北京市电信管理局开通“127”自动寻呼台，拥有40万户系统容量，开通语音信箱，具备信息自动查询等多项寻呼服务功能。“127”放号初期，营业厅多次出现用户连夜排队购买自动寻呼机的情景，购机用户多得堵塞了厅前道路交通。1993年8月，国务院批转邮电部《关于进一步加强电信业务市场管理意见的通知》，向社会放开经营无线寻呼等9种电信业务。除北京电信寻呼台外，随着国家对寻呼市场开放经营，社会寻呼台迅速增多，最多时北京市有140多个寻呼台在运营。

1994年2月28日，北京市电信管理局“128”汉字寻呼台开通，容量40万户。1994年，联通北京分公司开办“191”“192”全国联网寻呼台，到2002年年初用户超过15万。1995年，北京市电信管理局“126”寻呼台改造成为自动、人工兼容寻呼台，增设中继线和发射基站。1996年，“126”寻呼台与全国300多个城市实

图1-5　1995年实现人工自动兼容的“126”寻呼台新机房（图片来源于北京通信电信博物馆）

现人工等级的漫游功能。1999年年初，电信企业改革，北京电信寻呼业务整体剥离至国信寻呼公司经营。

2000年10月，国信寻呼公司北京业务整体并入联通北京分公司，原国信寻呼公司北京运营的寻呼网统一由联通北京分公司建设、运营。随着数字移动电话的普及，寻呼业务快速萎缩。2006年9月30日，以联通北京分公司关闭寻呼业务为标志，北京的公众无线寻呼业务主体退出市场。

移动电话

1985年12月，北京电信管理局与美国摩托罗拉公司签订在北京建立第一代移动通信网络“模拟移动电话A网”合同，是中国首次引进蜂窝式移动电话系统。1987年，A网建成，公众移动电话网开始投入试用，容量1500户，移动电话用户终端为模拟移动电话收发信车载台和手持台（以下简称手机）。

图1-6 第一代移动通信网A网EMX-2500交换机房（1987年摄，图片来源于北京通信电信博物馆）

1988年7月，A网开通，限制性向社会公众放号，覆盖北京市85%的地区，容量2000户，5个基站，当年放号825户，是北京首次开办公众蜂窝移动电话业务。

1990年，引进爱立信设备建设同属第一代移动网络B网开通，放号415户。

1991年，北京市电信管理局的A网、B网扩容。基站覆盖城区至五环路以外，郊区达通县、大兴、顺义、门头沟、八达岭地区。A网用户增至4900户，B网用户增至2700户，总在网用户为7600户。

1992年12月28日，设在西直门内大街后半壁街56号北京电信管理局的北京无线局营业厅开业，办理移动电话入网业务，并销售移动电话机和寻呼机。模拟移动电话俗称“大哥大”，在移动电话开办初期，购买一部移动电话机，要2万余元，加上6000元的入网费，普通用户难以承担。因此，拥有移动电话，除具有能随时通话功能外，也成为财富和身份的象征。

图1-7 GSM数字移动通信机房（1995年摄，图片来源于北京通信电信博物馆）

1994年，A网和B网陆续与全

图1－8　1995年4月，设在首都机场的蜂窝移动电话天线（图片来源于北京通信电信博物馆）

国各移动局间开通自动漫游业务。8 月 28 日，移动电话号码升至 8 位，号码第二位后面加“5”，原“900”局号改为“9050”，“901”改为“9051”。

1995 年 3 月实现包括 A、B 网转换在内的模拟网全国自动漫游。模拟蜂窝移动电话业务由于规模小、价格高、功能少、质量差，没有得到大规模普及。4 月，市电信管理局 GSM 数字蜂窝移动电话网放号，启用 139 网号并与全国 15 个省市联网实现自动漫游，定名为“全球通”，被称为第二代移动通信（2G）。7 月 19 日，中国联通在北京举行京、津、沪、穗 130 网 GSM 数字移动电话网开通仪式。8 月 6 日，联通北京分公司首家营业厅在宣武区广安门外南滨河路开业，8 月 8 日开始公开销售 GSM 号码和手机。

1996 年 7 月，市电信管理局 GSM 网与香港 CSL 公司的 GSM 网开通自动漫游，是中国 GSM 网首次实现与内地以外的区域漫游。此后中国与世界多数电信运营商签订国际漫游协议，中国用户在国外享受到方便的移动通信服务。同年，联通北京分公司 GSM 网实现 9 个城市的自动漫游。

1997 年 5 月，市电信管理局对外业务经营采用北京电信名称。同年，北京电信采用微蜂窝方式对北京地铁一线（后称 1 号线）、环线（后称 2 号线）进行全线覆盖。1998 年，三星级以上宾馆、大中型办公大楼、交通枢纽站、机场等安装室内分布系统。1999 年，在地铁隧道内安装新型设施，基本达到无缝覆盖。

1997 年 11 月 3 日，北京长城移动通信有限责任公司开业，经营码分多址 CDMA 移动通信业务，启用“133”网号，是北京地区第三个数字移动通信网，同属于 2G 网络。

1998 年 10 月，北京电信 GSM 移动通信开放中文短信息业务。年底完成 100 万移动电话交换机的联网开通，移动电话用户总数突破 100 万户。同年，联通北京分公司 GSM 移动通信用户数量 16.6 万户，全国自动漫游达到 67 个城市。

1999 年 5 月 17 日，联通北京分公司开通免费客服热线 1301101818。7 月 22 日，移动电话号码从 10 位升到 11 位，升位方法是第三位后加“0”。8 月 18 日，北京电信启用“136”网号用于预付费业务，为区别于后付费的“全球通”用户，预付费业务冠名“神州行”品牌。8 月 28 日，以北京电信无线通信局机关单位、人员和移动网络为基础，成立北京移动通信公司，归属中国移动通信集团公司，北京移动通信业务从北京电信分离。同年，北京长城移动通信有限责任公司划入联通北京分公司，经营码分多址 CDMA 移动通信业务网由联通北京分公司运营。至年底，中国移动与全球 48 个国家和地区、80 家运营公司开通国际漫游业务，北京移动用户突破 150 万户，联通北京分公司用户达到 34 万户。

2000 年 9 月 21 日，北京移动第一个郊区移动营业厅房山良乡西路营业厅开业。为解决用户缴费难问题，北京移动与建设银行等商业银行合作，由银行代收移动用户话费，缴费网点迅速增加。

2001 年 2 月，信息产业部批准中国移动“全球通”移动电话实行资费“套餐”，北京移动首次推出“全球通”用户资费“套餐”，开启移动通信业务“套餐”资费模式。5 月 17 日，“全球通”入网费取消。6 月 30 日，北京移动顺义营业厅试营业，至此，全市 10 个郊区县均设有北京移动营业厅，方便用户办理移动通信业务。11 月 1 日，联通北京分公司 CDMA 网开通，北京长城移动通信有限责任公司建设的 CDMA 网用户全部转入联通 CDMA 网。同年，北京移动推出电子充值卡，用户只要拨打“13800138000”充值热线，即可为自己或任何中国移动用户号码充值；推出互联网下载手机铃音功能，用户可以为手机下载体现个性化的不同铃音。

2001 年 6 月 30 日，北京移动关闭模拟移动电话网，停止经营模拟移动电话业务。同年，北京地区移动电话全部实现数字化，中国联通在北京等 7 个城市建设的基于 2.5 代通信技术的 CDMA 1X 商用试验网开通并运营。

2002 年 12 月 10 日，中国移动依据用户细分原则，推出“动感地带”品牌，为针对年轻时尚人群的客户品牌，资费灵活，可提供多种创新的个性化服务。年内，北京移动 GSM 网升级为“2.5G”和“2.75G”，推出通用无线分组（GPRS）业务，数码传输速率从 9.6kbps 提升至 115kbps（2.5G）和 384kbps（2.75G），加快了手机上网速度。移动通信从 2G 向 3G 过渡，开启移动互联网业务，用户可享受信息查询、网上聊天、网页浏览、电子邮件等更多的通信服务，标志移动通信进入多媒体时代。同年，联通北京分公司通州区分公司成立，是联通北京分公司第一个区县级分公司。

2003 年 3 月 28 日，联通北京分公司 CDMA 1X 网络以“联通无限”（U−max）品牌开通。6 月 16 日，CDMA 网预付费业务“如意 133”开通。9 月 28 日，顺义分公司成立。至此，联通北京分公司所有区县分公司全部成立。4 月 30 日，北京移动“会议通”业务试商用。抗击非典疫情期间，“会议通”为减少疾病传播和方便企事业单位分散办公提供了条件。9 月 29 日，“国际漫游出访租卡”业务开通，提供用户在出访与中国移动通信网制式不同的国家时使用。

2004 年 4 月 2 日，中国电信获得北方 8 省和南方 7 省的 3.5GHz 频率使用权，标志中国电信具备有线、无线全方位的接入网络能力。8 月 15 日，联通北京分公司“世界风”业务品牌开通。11 月 15 日，联通客户服务号码“1001”升位为“10010”。12 月 20 日，中国电信与中国移动、中国联通试开放网间短信业务。12 月 31 日实现中国电信固定网与中国移动、中国联通网络的短信互联。同年，北京移动开通 WAP 掌上营业厅，向用户提供话费、积分、话费余额查询等服务。

2001 年至 2005 年，中国移动通信用户年均增长率 41.8%。2005 年，中国移动通信用户为 3.8 亿户，比 2004 年增长 22%，用户数位居全球第一。

2001—2005年中国移动和北京移动手机用户增长情况统计表

1–3表

年度	2001年	2002年	2003年	2004年	2005年	年均增长率（%）
中国移动通信用户（亿户）	0.94	1.9	2.57	3.11	3.8	41.80
北京移动通信用户（万户）	617.4	919.5	1009.6	1340.7	1458.7	23.50

说明：数据来源于信息产业部。

2006 年 6 月底，北京移动电话用户数 1551.6 万户，以北京同期在册户籍人口总数计算，市区移动电话用户普及率超过 100%，达到 102.4%。手机成为城市居民主要的信息交流工具。

2007 年 2 月，移动通信由双向收费改为单向收费。

2008 年 5 月 15 日中午，电信北京公司紧急开通 118114“报平安、找亲人”热线，为“汶川地震”抗震救灾工作提供服务。8 月 8 日至 9 月 17 日，北京奥运会、残奥会期间，北京移动为奥运会、残奥会提供通信服务，是北京有史以来最大的通信保障任务，投入人员多、准备耗时长、使用设备技术先进、规模之大前所未有。10 月，北京联通成立，联通北京分公司的 GSM 网由北京联通建设和运营。联通北京分公司 CDMA 网由电信北京公司收购、接管，将客服热线割接至中国电信“10000”号，营业厅、网上营业厅为 133、153 用户提供服务。12 月 16 日，电信北京公司发布“189”号段，开启 C 网的商业运营。

2009 年 1 月，重组后的国内三大电信运营企业获国家颁发的 3G 运营牌照，3 家运营企业迅速建立 3G 网络。1 月 25 日，中国电信推出天翼国际卡业务，漫游国家和地区由 16 个拓展到 220 余个。4 月 3 日，电信北京公司 3G 移动通信 CDMA 2000 移动电话商用，率先推出基于 CDMA 2000 网络的 3G 无线上网卡产品。4 月 28 日，中国联通发布全新业务品牌“沃”，作为中国联通旗下所有业务的单一主品牌，标志中国联通全业务经营战略启动。5 月 17 日，中国联通 3G 业务试商用。6 月 1 日，位于西单北大街的中国联通 3G 品牌店开业，是北京联通建设的首家 3G 品牌店。7 月 1 日，电信北京公司推出天翼 3G 套餐，除提供基本的语音、3G 流量等通信服务内容外，将业界领先的统一号码经营理念推向前台，手机号码同时作为宽带号码、邮箱号、即时通信号码，主打“一号在手，服务全有”的服务理念。7 月 7 日，电信北京公司 3G 手机业务上市。2009 年年底，北京移动电话用户总数 1825.4 万户，移动电话普及率 104 部 / 百人。

2010 年，全市移动电话交换机总容量 4134 万户，北京移动、北京联通、电信北京公司 3 家运营商提供的 2 个 GSM 网、1 个 CDMA 网、3 个 3G 网同时运营。

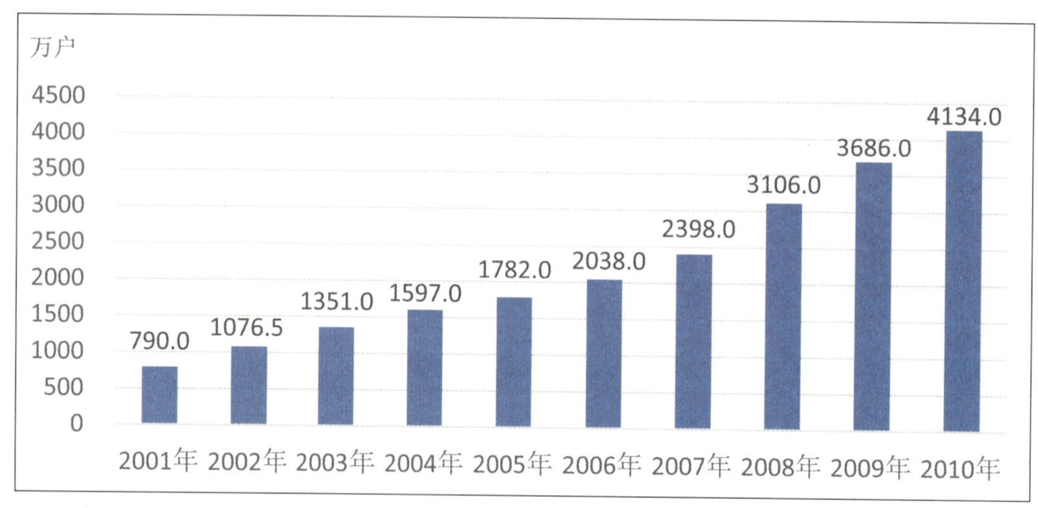

图1–9　2001—2010年北京移动电话交换机容量变化图

四、数据网

1978 年，北京电报局作为北京长途电信局负责数据通信的专业局，国际、国内电报业务通报速率为 50 波特，传输大量采用 16 路或 24 路载波设备（采用频分制将一个话路分为 16 或 24 路电报传输通路），后演进成 48 路时分制载波设备。到 1985 年，北京市电信管理局研制生产的 140 线程控低速数据交换机，开放 50 波特、300 波特低速数据业务，用于国内及同城的数据传送；电报业务由自动转报系统代替落地人工转接。

图1–10　1981年，安装在北京电报局的路透社数据检索系统（图片来源于北京通信电信博物馆）

1979 年 6 月，北京至巴黎进行数据通信传输试验（4.8kbps）。1981 年 4 月，北京电报局安装数据检索系统，接入英国路透社的专用数据网，向外贸部、中国银行及进出口总公司等单位提供货币、金融和新闻信息及传送欧美地区的商品、股票、期货和金融信息等服务。

1983 年，为中国科技情报所、国际情报检索服务部、水利部、兵器工业部等用户开放中国至意大利之间数据情报检索业务。1986 年，邮电部从法国 SESA 公司引进 DPS25 分组交换设备，组建中国公用分组交换网（CNPAC）试验网，覆盖北京等 9 个城市，提供的接口从 300bps ～ 14.4kbps 用户数据业务。1988 年年初开通试用业务。

图1–11　1986年4月，北京电报局自动转报系统（KD1000B）开通

图1–12　1986年4月，北京电报局自动转报机房（图片来源于北京通信电信博物馆）

1993 年，邮电部引进加拿大分组节点机，组建新的中国公用分组交换数据网（CHINAPAC），提供 9.6 ~ 64kbps 用户业务；在骨干网扩容中建设北京本地分组网。至 1997 年，北京本地分组网节点总数达 41 个。

1993 年，邮电部建设中国公用数字数据骨干网（CHINADDN）。北京作为骨干网节点和出入口局，购置相关设备安装在长话大楼、电报大楼和国际电信大楼。1994 年 7 月正式开放业务。提供 E1 等多种接口，开通国际、国内及香港地区的长途数据专线业务和分组交换中继电路。

1993 年，市电信管理局购置香港泰讯远东公司的设备，组建北京本地数字数据网（后称 DDN1 网）。DDN1 网有汇接层(4 个节点)和接入层(49 个节点)，节点遍布城区及郊区县，提供 9.6kbps、19.2kbps、64kbps 速率的用户专线电路和 128kbps、256kbps、512kbps 中继电路。1993 年 12 月该网投产，1995 年以后经多次扩容、优化，1999 年达到 190 多个节点。

1995 年年底，市电信管理局在电报大楼提供存储转发业务、可视图文信息服务、公共电子信箱服务等多种通信服务。

1996 年 4 月，邮电部组建中国公用帧中继骨干网（CHINAFRN），北京骨干网节点采用美国 Cascad 公司帧中继交换机和 ATM 交换机，安装在北京电报大楼，2 ~ 155Mbps 接口，用于开通分组交换节点、互联网节点到国内各省节点间中继电路；部分用于国内长途专线电路供用户租用。1997 年 4 月增设国际电信大楼节点，用于与国际帧中继互联。

图1–13　1995年12月，北京电报局传真存储转发机房（图片来源于北京通信电信博物馆）

1999 年至 2009 年，分别采用北京邮电大学、FORE、高鸿、华为公司相关设备，安装在国际电

信大楼、电报大楼、长话大楼；增加 2.5Gbps、622Mbps、155Mbps 接口，用于互联网国内、国际中继电路升速，开通业务并增加国内多协议标记交换（MPLS）VPN 等业务。

1997 年 11 月，市电信管理局投资采用加拿大新桥网络（亚洲）公司设备建设 DDN2 网。全网核心层节点 4 个（国际电信大楼等），汇接层节点 8 个（北太平庄局、呼家楼局等），接入层节点 181 个（市区 139 个，郊区 42 个），配置各类端口、调制解调器等传输设备。核心层节点采用 ATM 统计时分复用技术，节点间以 155Mbps 中继互联，设备支持时分复用技术；汇接层节点采用 34Mbps 中继电路上联至核心层节点。经骨干网与国际、国内 DDN 网联通。1999 年 1 月运行，共有用户端口 11000 个。2001 年至 2004 年，北京电信、北京网通对 DDN2 网进行多次扩容、完善。

1997 年，市电信管理局建设本地帧中继网。网络结构分为核心层和接入层。核心层分别设在电报大楼、北太平庄局（201 局）、幸福大街局（711 局）、呼家楼局（500 局）4 个局所，节点之间以 STM–1 中继、全网状连接；接入层分为一类接入节点 16 个，分布在市内较大区局，每个节点至少与两个核心层节点以 ATM 中继电路连接；二类接入节点 25 个(其中市区 14 个节点、郊区县局 11 个节点)，每个节点分别与核心层或一类接入层节点以 ATM 中继电路连接，共 1862 个用户接入端口。1998 年 12 月正式投入运行，向用户提供 2Mbps、34Mbps、155Mbps 和光接口本地和长途帧中继业务，并与本地 DDN 连接，经 DDN 电路延伸到用户端。2001 年至 2003 年，北京电信、北京网通多次对本地帧中继网进行扩容、升级。扩容后，全网核心层增加为 8 个节点，外接 130 个汇接、接入节点，均以 2 条中继上联到不同节点。以 34Mbps、155Mbps 与全国帧中继骨干网连接，以 155Mbps 与本地 IP 网连接，用户总端口达到 7484 个。随着宽带互联网的发展，对帧中继网的替代作用日益明显，2003 年后不再发展建设帧中继网。至 2010 年帧中继网仅维持少部分用户的互联网接入和专网用户。

图1–14　2004年，东单局DDN节点设备（图片来源于北京通信电信博物馆）

1998 年 12 月至 1999 年 10 月，中国联通数据网首期工程实施，在北京、上海等 5 个城市及香港设 ATM 节点，1999 年年底开通 IP 接入业务。北京节点设在安定门、潘家园、京门大厦机房，三点之间以光纤连接。2000 年 9 月至 2002 年 12 月，ATM 数据网二期工程在 106 个城市共建 144 个节点，并对原有节点扩容。联通北京分公司投资在安定门节点新增 1 台多媒体网关设备，在潘家园节点新增 1 台 ATM 交换机，在京门大厦节点新增1台交换机。中国联通ATM网分为核心层、汇聚层和区域层。汇聚层设36个节点、8个核心节点。核心节点间中继电路为622Mbps或155Mbps。北京、上海、广州为国际出入口。ATM网设全国网管中心（中国联通北京总部）和省网管中心，2003年2月至2004年6月进行三、四、五期扩容。扩容后，北京3个节点间均以2.5Gbps互联，以2.5Gbps、622Mbps与省际节点互联，与北京165网路由器以7×GE互联，IP电话业务网以2×622Mbps接入，CDMA 1X业务网以4×155Mbps接入。北京建有MPLS T平台、G平台（4台GX550）系统，逐渐实现基于MPLS技术的ATM业务网、UniNet、IPv6网络的有效整合，构筑综合网络平台。

1999年11月，为提高用户接入速率，北京电信投资购置美国Fore公司、高鸿公司，华为公司ATM网络设备，组建北京电信ATM网。核心层4个节点，设于安慧、东单、展览路局和电报大楼；边缘层12个节点，设于中关村等局；接入层还选用ATM MUX（集中/复用器）等设备，放在用户集中的商业大楼或写字楼中，以155Mbps ATM链路上联到边缘节点，向用户提供10/100M以太网、ATM E1/E3（2Mbps、34Mbps）、帧中继接口。2000年年底投产，局点33个。核心层向上联结IP网和ATM骨干网，接入层利用已建光缆、尽量靠近用户，完成用户接入。利用该网承载大客户的ATM长途专线，为互联网业务提供商（ISP）的互联网接入，为本地工商、地税、数字城区专网等提供联网服务，并开通中国第一个商用ATM网国际业务。2001年4月至2009年，北京电信、北京网通投资购置华为公司ATM交换机27台（郊区21台），扩容ATM交换机20台，对ATM网进行扩容优化，使ATM网局点达到44个，端口总数达到5160个。

2002年10月11日，中国电信与国际电信运营商共同发起建设的亚太2号国际光缆网络工程开通使用。

2005年年初，北京网通DDN1网业务因速率低开始转移，DDN1网不再发展用户，新增用户全部使用DDN2网。2007年，北京网通主推基于SDH的数字专线和光纤的高带宽专线出租业务，DDN2网及ATM业务开始减少，互联网接入业务成为固定电信运营商的主要业务。

2008年10月，联通北京公司与北京网通合并成立北京联通公司，联通北京公司ATM网与北京网通ATM网进行整合。

2009年，因互联网接入的宽带化，北京本地运行16年的分组交换本地网节点设备全部退网，现存业务转到骨干网。到2010年年底，北京留有电报大楼、国际电信大楼两个骨干网节点，维持少部分业务。

2009年，北京联通DDN1网剩下的少数业务调整到DDN2网。2010年年初，DDN1网退网。

第二节　广播电视网

一、无线电视

无线模拟电视

1958年5月，中央电视台开始试播，采用模拟信号。发射机建在中央广播事业局广播大楼10层，天线高度80米，发射功率1千瓦，有效覆盖面积仅限北京市区。1968年，在北京月坛公园建设的电视发射机房和发射塔投产使用，塔高196米，天线实际高度180米，发射功率10千瓦。1976年，国家开始编制电视事业发展规划，明确中国米波段电视网的构成，规定可以根据需要设立小功率转播台，将电视节目送到全国各省市自治区，以实现覆盖人口密集地区。

1979年2月，北京电视台在宣武门饭店安装10千瓦米波段彩色电视发射机，是北京电视台开播第一套节目时的第一部发射机。1979年3月，京郊第一座3瓦小型电视差转台在怀柔县汤河口镇建成，覆盖汤河口所在地区。7月，延庆县小营村10瓦电视差转台建成。1980年，门头沟清水乡上达摩村建立电视差转台。1982年，平谷县、延庆县、密云县等都建立了电视差转台。到1985年，京郊电视差转台共建立150座，各类差转机250台，功率2300瓦，基本建立起京郊电视差转网络。

1980年10月，北京电视台在宣武门饭店安装第二部10千瓦米波段彩色电视发射机，作为备机增加安全性和可靠性，以降低停播率。随后，对原发射天线的二次补偿进行改造、调整发射频率，改善收视效果、扩大覆盖范围。

1986年，北京电视台在皂君庙建成194米高电视发射塔，安装一套功率30千瓦的米波段彩色发射机，覆盖范围70公里，用于开办第二套节目。1988年12月31日，北京电视台第三套彩色节目开播，在皂君庙新增30千瓦米波段彩色发射机，与原机共用发射天线。

1989年，为解决第二套节目单机发射问题，北京电视台在皂君庙安装1台10千瓦米波段彩色发射机。同年，为解决京郊山区、半山区看不到或看不好电视问题，在北京广播电视局组织规划下，市财政局拨款310万元，以“高山建差转，小点多布覆盖”方式实施电视覆盖工程。至1990年第十一届北京亚运会前夕，共新建电视差转台79座。

1990年，作为第十一届亚运会的配套工程，新建的中央电视塔在玉渊潭公园西、西三环中路西侧落成，塔高405米，具有10套调频广播和8套电视节目发射能力，在亚运会期间对比赛场馆活动转播进行微波传送。担负着中央人民广播电台、中国国际广播电台、北京人民广播电台、中央电视台和北京电视台的广播和电视节目播出等任务。1990 年年底，京郊县电视差转台总数为 161 座，差转技术依然是农村电视覆盖的主要手段。同时，卫星接收、有线电视开始兴起。

1991 年，北京第一套、第二套节目迁至中央电视塔发射，第三套留在皂君庙原址。

1992 年，闭路电视、电缆传输技术成为提高收视质量、扩大收视覆盖的有效手段之一。闭路电视是在楼宇最高处建立多振子定向接收天线，将接收到的多台电视信号用楼宇的电缆网馈送到各家各户的电视终端。伴随城区楼宇建设，闭路电视成为建设楼宇的基本需求。到 1992 年年底，京郊闭路电视村有 8 个。

1992 年 5 月 4 日，北京有线电视台成立后，实现准时试播。北京有线电视台的电视信号最初采用微波方式传输到居民楼，代替多振子定向接收天线，再由电缆网络传送到居民用户终端。发射机在建国门外大街广播大楼 21 层微波机房内。1993 年年底至 1994 年年初，发射台迁至皂君庙，迁址采用不停播方式，建国门外和皂君庙的发射台同步播出。

到 1993 年，经市广播电视局审核批准的各区县闭路电视系统达 141 个。

移动数字电视

2003 年 7 月，国家广电总局批复同意北京开始移动电视试验。8 月，北京北广传媒集团、北京电视产业发展集团、北京广播公司、北京歌华有线电视网络股份有限公司（以下简称歌华有线）和北京歌华文化发展集团共同出资组建北京北广传媒移动电视有限公司。该公司作为国家广电总局批准的北京地区唯一地面移动数字电视运营机构，采用符合 DVB−T 标准的数字电视技术，利用北京 DSP−48 单频网发射无线数字信号，实现地面数字设备接收电视节目。

2004 年 5 月 28 日，北广传媒移动电视开始试播，标志着北京进入移动数字收视时代。主发射机安装在中央广播电视发射塔，在京广中心和名人广场安装了辅发射机，实现北京五环路内区域基本覆盖。首批接收载体为 1000 辆公交车，到年底发展成 4000 辆公交车。2006 年增加通州 491 辅发射机，建成一主三辅的发射站以及石景山、西单、首都机场、回龙观、亦庄 5 个信号直放站。接收装置从公交车拓展到出租车、公务车，车辆总数过万。

2007 年增加海龙大厦、鼎好大厦、北京站、双清路、颐和园路、赵公口、华冠大厦 7 个直放站，实现北京六环路以内 96% 的区域覆盖。

2010 年增建多部信号直放站，全面覆盖北京市六环路以内地区。8 月在地铁 1 号线、2 号线、5 号线、8 号线、10 号线、13 号线及八通线的车厢和站台开通数字移动电视。逐步增加部分社会车辆、户外 LED 大屏、城市楼宇电视为接收终端，截至年底，数量达 3.5 万多部。

二、有线电视

1992 年，北京有线电视网络采用微波、电缆、光纤相结合的技术手段。其中，光纤网由光纤数字超干线、光纤数字干线及光纤支线组成，通过光节点与分配到户的同轴电缆网相连，网络采用 750MHz 邻频双向传输系统。

1992 年 5 月 4 日，北京有线电视台成立后，在统一政策、统一标准、统一规划、合理布局、有序发展的原则下，提出建设高水平北京有线电视专用网的规划。规划要求网络在满足高质量传输电视信号的同时，经双向网络改造后具有交互能力，以保障今后在相当长的时间内网络的先进性和可用性。

1995 年 9 月 15 日，广电部批准《北京有线广播电视总体规划》以及《北京有线广播电视网总体规划工程技术方案》。

1996 年，北京市第十届人民代表大会第四次会议批准《北京市国民经济和社会发展“九五”计划和 2010 年远景目标纲要》提出，充分发挥北京广播电视事业的整体优势，建设北京有线电视网络，逐步建立起全国一流的广播电视体系，全市电视人口覆盖率达到 99% 以上。2 月，经市编制委员会批准，北京有线电视台加挂北京有线广播电视网络中心牌子。3 月，市政府第 80 次常务会议批准建设北京有线广播电视网。12 月，市委办公厅、市政府办公厅发出通知成立北京市有线广播电视网络建设领导小组。

1997 年，北京有线广播电视光缆网建设被列入北京市 1997 年在直接关系群众生活方面拟办的重要实事之一。11 月，市委、市政府将北京有线广播电视网建设纳入向中华人民共和国成立 50 周年献礼的重点工程。年内，北京有线广播电视光缆网完成城近郊区 8 个区的光缆网设计和 2400 多个光接点路由勘探及专用数字平台建设，敷设光缆 800 多公里，建设完成光干线传输系统。干线传输采用光纤光缆网络数字传输技术，利用数字基带编码光传输机房，在 5 个一级传输机房建设 32 套数字基带的电视信号传输系统，核心节点在皂君庙模拟电视总前端，数字基带接收后利用模拟调制器转换为模拟电视射频信号，通过频分复用后进入光信号分配网络。同年，国家科委与欧盟合作的“双向有线电视网络建设和数字电视应用”项目由市科委负责落实、北京有线电视台负责实施。

1998 年 10 月 14 日，市机构编制委员会办公室批复同意北京有线电视台更名为北京市有线广播电视台。年底完成 5 个一级分中心建设和 19 个二级分中心选址及光缆铺设工作。5 个一级分中心组成光纤数字超干线，每个一级分中心与 3 ～ 5 个二级分中心组成光纤数字干线。二级分中心与各光节点通过光纤支线直接连接，平均每个二级分中心连接 200 个光节点。每个光节点的用户数在 500 ～ 2000 户之间。

1999 年 9 月，经市政府批准，北京歌华有线电视网络股份有限公司成立，其前身是北京有线电视网络中心，负责北京地区有线广播电视网络的建设、经营、管理和维护，从事广播电视节目的收转、传送和广播电视网络的信息服务。年底完成网络建设覆盖用户 150 万户，完成架设二、三环路的超干线平台及前端和分中心建设，建设约 1000 个光节点的单向传输分配网。

2000 年 3 月 27 日，歌华有线利用光缆逆程传送信号技术开通信息传播业务，用户通过安装在电视机上的接收器，可以查看股票行情和有关分析图表、历史数据、公告信息等。截至年底，有线电视网络用户达到 210 万户，开始试验建设双向网络。

2001 年开始建设前端至远郊区的超干线，完成远郊区县的用户并网和沿超干线发展用户。2 月底，市广播电视局制定的《北京市有线广播电视设施配置》纳入《北京城市居住区公共服务设施的配置规定》。9 月，市委相关领导分别批示，同意歌华有线对 10 个远郊区县的有线电视网络资产进行购并，以实现北京有线电视网络“一市一网”。年内，歌华有线 IP 骨干网络建设与接入工作进入稳定运营阶段，新增集团用户 97 家，累计接入 145 家，实现全城全网，服务首都数据业务接入集团用户。

2002 年 2 月，歌华有线与昌平区政府签订网络购并协议。至此，完成北京全部远郊区县有线广播电视网络并购工作，在全国范围内率先实现统一建设、统一管理、统一运营的“一市一网”改革，新增光节点 425 个，网络覆盖用户超过 300 万户。

2003 年，歌华有线新建地下管道 293 沟公里，其中城八区 208 沟公里、远郊区县 85 沟公里。全市累计建设有线电视地下管道 796 沟公里。其中，城八区 635 沟公里、远郊区县 161 沟公里；光缆入地 400 公里，其中城八区 141 公里、远郊区县 259 公里。全市有线电视光缆累计入地 1209 皮长公里。其中，城八区入地 644 皮长公里、远郊区县入地 565 皮长公里。全市有线电视光缆敷设累计 1 万余公里。其中，城八区 6502 公里、远郊区县 4422 公里。

2003 年至 2005 年，歌华有线双向网设计户数超过 100 万户，为远郊分公司搭建 GIS 平台。网络建设速度平稳，网络覆盖继续实施光进铜退和光节点密集化工程，每年增加光节点约 500 个，用户约 20 万户。

图1－15　歌华有线施工人员正在布放光缆（2004年摄，图片来源于北京歌华怀柔分公司）

图1－16　歌华有线施工人员正在连接光缆（2004年摄，图片来源于北京歌华怀柔分公司）

2006 年 6 月，北京有线电视数字化整体转换试点工作启动。年内，歌华有线基本实现光纤光缆网络的城区有线覆盖，除个别酒店外，基本废除微波传输方式；完成 230 个驻京连队的有线电视“连连通”工程。

2006 年至 2007 年，歌华有线完成数字平移传输机房 1310 超干线、1550 干线传输系统的设计、安装、调试、测试和优化工作，全面启动 GIS 系统的设计、资料更新与维护工作，网络的传输质量提高，覆盖用户超过400万户。

2007年，“十一五”期间北京市11个新城有线电视网络规划编写工作完成；完成70万户有线电视分配网络资源的阶段性普查工作；启动2008年北京奥运会有线电视专网建设工作，承担奥运会北京地区31个竞赛场馆和奥运村、媒体村、奥林匹克大饭店等18个非竞赛场馆的数字电视专网的建设和保障任务，设计端数42489端，起草《奥运专网分配网设计要求规范》《奥运专网分配网竣工图纸规范》；完成28个机房1310数字平移平台转换、调试和测试工作，实施2279个光节点由模拟到数字的切换工作。

2008年，歌华有线完成北京奥运会、残奥会专网的勘察、设计、系统集成、基础整合、运维保障等工作，实现全市有线电视网络的安全传输和服务保障，是奥运史上第一次由有线电视运营商承建奥运有线电视专网。完成新总前端机房的切割，建立了能够开展综合业务、服务大规模传输运转的新前端机房；开展基础设施建设和机房系统升级工作，搭建了朝阳图像监控网。实现奥运史上的“三个第一”：第一次专网提供高清数字电视服务，第一次对奥组委指定区域提供视频点播服务，第一次对专网广播电视节目提供数字电视服务。

2009年，市政府实施高清交互数字电视应用工程。9月，歌华有线启动高清交互数字电视应用工程项目，为电视用户配发高清交互数字电视机顶盒，开启全国高清交互数字电视整体转换的先河。2009年年底，北京城区双向网络新建、改造工程开工数量达到215万户，具备双向网络开通条件的用户达到150万户。有线电视注册用户增至414万户，数字电视用户240万户，其中高清交互用户18万户。同年，歌华有线推出无线宽带、软交换、IDC、集群专网等新集团数据业务，个人宽带用户累计9.7万户；完成北京市文化信息资源共享工程建设任务，建成覆盖4270个街道、乡镇、行政村基层的服务点，形成北京市分中心—区县分中心—基层分中心—基层服务点4级网络服务体系。歌华有线综合业务运营支撑系统（iBOSS系统）一期投入运行，完成网上营业厅、电视营业厅和安全控制平台建设，开发完成电视缴费、电视挂号、歌华点播、回看录制等三大类20项交互应用。

图1-17　歌华有线推广数字高清机顶盒现场（2010年摄，图片来源于北京歌华怀柔分公司）

2010年，歌华有线继续完善综合业务运营支撑系统，客服系统具备网上营业厅、电视营业厅和电话受理能力，完成与工商银行的接口联通，实现通过电视平台缴纳公益事业费用的功能。开发了“彩票在线”“电视杂志”“国图空间”等多个行业合作新应用；加强政府便民类应用开发，完善《首都之窗》《宜商宜居石景山》等栏目应用，推出全国首个高清数字电视社区资讯平台——石景山杨中社区。同年，歌华有线继续为电视用户配发高清交互数字电视机顶盒，列入市政府的为民办实事项目。市政府出台方案，按市、区、企业、个人3.5∶3∶2∶1.5的方式筹措机顶盒资金，政府投入7亿元对歌华有线进行双向网改造补贴。7月1日，北京成为国内第一批三网融合试点城市，歌华有线作为广电试点企业参与三网融合试点工作。12月，歌华有线发行16亿元可转换债券，用于高清交互数字电视推广和三网融合试点工作。

2010年年底，全市敷设光缆近3万公里，电缆24万公里，拥有骨干级机房40个，汇聚层级机房200多个，接入级机房上千个，远郊区县光缆接入到村镇一级。北京城区双向网累计开工285万户，开通220万户。有线电视注册用户增长至448万户，其中数字电视用户270万户，高清交互数字电视用户超过133万户。

三、电视“村村通”工程

1979年3月，怀柔县汤河口镇建起第一座小型电视差转台，之后各郊区县相继建立不同规模的差转台，用来扩大电视接收覆盖面。1990年第十一届亚运会前夕，北京电视台体育频道（BTV−6）覆盖率从1989年的92.8%提高到97.3%，中央电视台财经频道（CCTV−2）覆盖率稳定在98%。至1990年年底，北京农村地区电视差转台总数为161座。20世纪90年代初期，利用卫星接收、有线联网等技术，北京各郊区县的卫星电视接收工作加快发展，广播电视的覆盖面向广度和深度拓展，居住在山区的农民逐步听到广播、看到电视。1994年新建或改建电视转播站203座，北京电视台节目覆盖率提高到98.3%，中央电视台节目覆盖率提高到98.1%。至1997年年底，全市居住在山区，很难收看、收听到清晰的广播电视信号的有30多万户90多万人，占全市总人口（1240万人）的7.3%。

1998年，市委、市政府全面启动“村村通”工程，并列入当年为群众要办的60件实事之一。年初，北京广播电视节目实现卫星传输，解决了山区因高山阻隔无法收看电视节目问题。全市召开“村村通”工作部署动员会议，各郊区县为确保“村村通”工程推进，在制度规范、技术服务等方面加大投入。截至11月底，相继解决25.7万户约80万山区群众看电视问题，保证每个乡村至少能收看到5~10套电视节目。

2000年，北京最后66个行政村实现广播电视“村村通”。至此，北京所有行政村“村村通”工作全部完成。该工程历时两年多，落实配套资金6984万元，全市共有10个郊区县93个乡镇1069个行政村实现广播电视“村村通”。北京市成为全国第一批完成行政村“村村通”工作的地区，受到国家广电总局的表彰。

2001年，全市在实现所有行政村“村村通”基础上，开始逐步实施自然村广播电视“村村通”工程。2002年10月，市广电局完成7个区县71个自然村的电视接收覆盖，超过原计划的42%。

2003年，市广电局投资375万元，使密云、怀柔、房山、门头沟、延庆、平谷6个山区县的62个自然村2642户群众可以收听、收看中央1套、北京1套等5套以上的电视节目。截至年底，全市共完成205个自然村电视接收覆盖任务，解决6500余户19746

人看电视问题。

2004 年，按照国家广电总局“村村通”会议精神，市广电局成立由社会管理处、歌华有线、北京电视台组成的技术调研小组，在区县文委、歌华有线分公司配合下，逐区县开展山区覆盖现状调研。在调研基础上，修改了《北京市广播电视“村村通”覆盖方案》，向市财政申请专款，启动“村村通”系统改造维修维护试点工作。制定并下发《关于在密云、怀柔、延庆 3 个区县“村村通”系统进行维修维护试点实施方案》《北京市广播电视“村村通”工程管理维修维护责任书》。2004 年 6 月 11 日与密云文委、怀柔文委、延庆文委 3 个试点单位签订责任书，下拨卫星加发射系统改造和维修维护资金，启动维修维护试点工作。

2005 年，全市完成 476 个自然村广播电视覆盖任务，超过原计划数量近一倍。2006 年 10 月底，北京市基本实现广播电视“村村通”“户户通”，提前 4 年完成国家“十一五”规划制定目标，走在全国前列。

2007 年，北京市“村村通”工程重点由扩大覆盖范围转向提高收听收视质量，共投入资金 4500 万元，解决 228 个浅山区电视信号弱问题，开展 136 个运行 10 年以上广播电视接收系统的升级改造，使 7.8 万多户 22 万多农民看上清晰的电视节目。

2008 年，市广电局在全市 679 个广播电视“村村通”系统加装中央电视台奥运频道（CCTV−5）节目接收设备。7 月 28 日该工程完工，实现北京奥运会期间全市 6 万余户 17 万余农民收看到中央电视台奥运频道节目。

2009 年，市广电局推进有线电视网向远郊区县延伸，北京市远郊区县 3606 个行政村全部实现有线电视光缆“村村通”。

2010 年，市广电局开始实施“村村通”有线广播试点工程。全年投入资金 270 万元，于 10 月底完成门头沟区、昌平区、延庆县、密云县的 4 个乡镇 97 个行政村有线广播工程施工，使 23612 户农民收听到本区县和乡镇的广播节目。

第三节　互联网

一、国内互联网

1986 年，北京市计算机应用技术研究所实施的国际联网项目——中国学术网（Chinese Academic Network，以下简称 CANET）启动，其合作伙伴是德国卡尔斯鲁厄大学（University of Karlsruhe）。

1987 年 9 月，CANET 在北京计算机应用技术研究所建成中国第一个国际互联网电子邮件节点，于 9 月 14 日发出中国第一封电子邮件“Across the Great Wall we can reach every corner in the world.”（越过长城，走向世界），通过意大利公用分组网 ITAPAC 设在北京的

PAD机，经由意大利ITAPAC和德国DATEX–P分组网，实现和德国卡尔斯鲁厄大学的连接，通信速率为300bps。

1988年12月，清华大学校园网采用胡道元教授从加拿大UBC大学（University of British Columbia）引进的采用X400协议的电子邮件软件包，通过X.25网与加拿大UBC大学相连，开通电子邮件应用。中国科学院高能物理研究所采用X.25协议使该单位的DECnet成为西欧中心DECnet的延伸，实现计算机国际远程联网以及与欧洲和北美地区的电子邮件通信。

1989年5月，中国研究网（CRN）通过当时邮电部的X.25试验网（CNPAC）实现与德国研究网（DFN）的互联。CRN的成员包括位于北京的电子部第15研究所和电子部电子科学研究院。CRN提供符合X.400（MHS）标准的电子邮件、符合FTAM标准的文件传送、符合X.500标准的目录服务等功能，并通过德国DFN的网关与Internet沟通。10月，国家计委利用世界银行贷款重点学科项目立项，国内命名为中关村地区教育与科研示范网络，世界银行命名为National Computing and Networking Facility of China（NCFC），11月该项目正式启动。NCFC是由世界银行贷款“重点学科发展项目”中的一个高技术信息基础设施项目，由国家计委、中国科学院、国家自然科学基金会、国家教委配套投资和支持。项目由中国科学院主持，联合北京大学、清华大学共同实施。立项的主要目标是通过北京大学、清华大学和中科院3个单位的合作，搞好NCFC主干网和3个院校网的建设。

1990年11月28日，钱天白教授代表中国正式在SRI–NIC（Stanford Research Institute's Network Information Center）注册登记中国的顶级域名CN，并开通使用中国顶级域名CN的国际电子邮件服务，从此中国的网络有了自己的身份标识。由于当时中国尚未实现与国际互联网的全功能联结，中国CN顶级域名服务器暂时建在德国卡尔斯鲁厄大学。

1991年，中国科学院高能物理研究所以X.25方式，将单位的DECnet连入美国斯坦福线性加速器中心（SLAC）的LIVEMORE实验室，并开通电子邮件应用。

1992年6月，在日本神户举行的INET'92年会上，中国科学院研究员钱华林约见美国国家科学基金会国际联网部负责人，第一次正式讨论中国连入Internet的问题，但被告知，由于网上有美国政府机构，中国接入Internet有政治障碍。年底，NCFC工程的院校网，即中科院院网（CASNET，连接了中关村地区30多个研究所及三里河中科院院部）、清华大学校园网（TUNET）和北京大学校园网（PUNET）全部完成建设。清华大学校园网（TUNET）投入使用，是中国第一个采用TCP/IP体系结构的校园网，主干网采用FDDI技术，在网络规模、技术水平以及网络应用等方面处于国内领先水平。1993年12月，NCFC主干网工程完工，采用高速光缆和路由器将3个院校网互联。

1993年3月2日，中国科学院高能物理研究所租用国际卫星信道联通美国AT&T公司接入斯坦福线性加速器中心的64kbps专线开通。美国政府以Internet上有许多科技信息和其他各种资源，不能让社会主义国家接入为由，只允许专线进入美国能源网而不能连接到其他地方。此条专线是中国部分连入Internet的第一根专线。专线开通后，国家基金委投资 30 万元，使各个学科的重大课题负责人能够拨号连入此专线，几百名科学家得以在国内使用电子邮件。

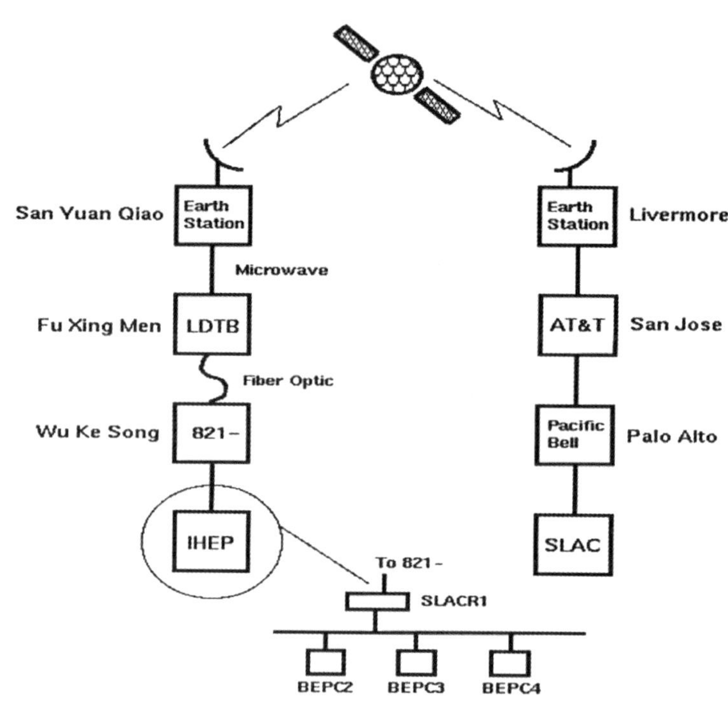

图1－18　1993年中科院高能所与美国斯坦福大学国际数据专线连接图（图片来源于北京通信电信博物馆）

1993 年 3 月 12 日，国务院副总理朱镕基主持会议，提出和部署建设国家公用经济信息通信网（简称金桥工程）。4 月，中国科学院计算机网络信息中心召集在京部分网络专家调查了各国的域名体系，提出并确定中国的域名体系。6 月，NCFC 专家们在 INET'93 会议上重申中国连入 Internet 的要求，与国际 Internet 界人士进行商议。INET'93 会议后，钱华林参加了 CCIRN（Coordinating Committee for Intercontinental Research Networking）会议，对中国最终连入 Internet 起到推动作用。8 月 27 日，国务院总理李鹏批准使用 300 万美元总理预备费支持启动金桥前期工程建设。12 月 10 日，国务院批准成立国家经济信息化联席会，国务院副总理邹家华任主席。

1994 年 4 月初，中美科技合作联委会在美国华盛顿举行。会前，中国科学院副院长胡启恒代表中方向美国国家科学基金会（NSF）重申连入 Internet 的要求，并得到认可。4 月 20 日，NCFC 网通过美国 Sprint 公司连入 Internet 的 64kbps 国际专线开通，实现与 Internet 的全功能连接。至此，中国被国际承认为第 77 个拥有全功能 Internet 的国家。此事被中国新闻界评为 1994 年中国十大科技新闻之一，被国家统计公报列为中国 1994 年重大科技成就之一。5 月 21 日，在钱天白和德国卡尔斯鲁厄大学的协助下，中国科学院计算机网络信息中心完成中国国家顶级域名（CN）服务器的设置，结束中国的 CN 顶级域名服务器一直放在国外的历史。由钱天白、钱华林分别担任中国 CN 域名的行政联络员和技术联络员。6 月 28 日，在日本东京理科大学协助下，北京化工大学开通与 Internet 相连接的试运行专线。7 月初，由清华大学等 6 所高校建设的“中国教育和科研计算机网”试验网开通。该网络采用 IP/x.25 技术，连接北京、上海、广州、南京、西安 5 个城市，并通过 NCFC 的国际出口与 Internet 互联，成为运行 TCP/IP 协议的计算机互联网络。8 月，由国家计委投资，国家教委主持的中国教育和科研计算机网（CERNET）示范工程立项。该项目的目标是利用计算机技术和网络通信技术，实现校园间的计算机联网和信息资源共享，并与国际学术计算机网络互联，建立功能齐全的网络管理系统。

1994 年 8 月 31 日，邮电部电信总局与美国商务部签订中美双方关于国际互联网的协议，协议中规定电信总局将通过美国 Sprint 公司开通 2 条 64kbps 专线（一条在北京，另一条在上海），建设北京、上海两地枢纽节点。北京节点设于电报大楼，设有域名解析（DNS）服务器、邮件服务器、信息服务器及接入端口等设备。1995 年 5 月，系统正式商用，称“中国公用计算机互联网”（CHINANET），此前曾称“中国公用计算机交互网”，通过电话网、分组交换网以及 DDN 专线等方式，开始向全国范围提供 Internet 接入服务。因通过电话网拨入号码为 163，也称 163 网。1996 年 4 月，邮电部投资扩容 CHINANET 网络覆盖到 31 个省会城市；北京、上海、西安、武汉、广州、沈阳、南京等主要节点之间中继电路速率升至 2Mbps 或更高；在北京电报大楼节点设立网络信息中心（NIC）、网管中心（NOC），并将北京电话网拨号接入端口扩展到 384 个，专线端口扩展到 234 个。1997 年 4 月至 2002 年 12 月，多次对 CHINANET 骨干网扩容、提速。

1994 年 11 月，由 NCFC 管理委员会主办，中国科学院、北京大学、清华大学协办的亚太网络工作组（APNG）年会在清华大学召开，是国际 Internet 界在中国召开的第一次亚太地区年会。1995 年 3 月，清华大学教授李星当选亚太网络信息中心（APNIC）执行委员会委员。

1995 年 4 月，中国科学院启动京外单位联网工程（简称“百所联网”工程），其目标是在北京地区已经入网的 30 余个研究所基础上，把网络扩展到全国 24 个城市，实现国内各学术机构的计算机互联并和 Internet 相连。在此基础上进行网络扩展，逐步连接中国科学院以外的科研院所和科技单位，成为一个面向科技用户、科技管理部门及与科技有关的政府部门的全国性网络，并将 NCFC 网更名为“中国科技网”（CSTNET）。同年 12 月，“百所联网”工程完成。

1995 年 7 月 23 日，国务院组建《中国互联网及国际联网管理规定》起草小组（包括中国互联网筹建工作），陆首群任组长，刘彩、钱天白、钱华林、吴建平、李星、骆鸿德、徐木土等为筹备组成员。7 月 28 日至 29 日，筹备组提出《中华人民共和国计算机信息网络（互联网）及国际联网管理暂行规定》，提议创建 4 个中国互联网（主干网），即中国电信网 CHINANET、中国金桥信息网 CHINAGBN、中国教育和科研计算机网 CERNET、中国科技网 CSTNET，并创建中国互联网络信息中心 CNNIC。1996 年 1 月 15 日，国务院常务会议批准中国互联网管理暂行规定，成立 4 个中国互联网和中国互联网信息管理中心，国务院总理签发后交新华社向全世界公告。

1995 年 7 月，中国教育和科研计算机网（CERNET）第一条连接美国的 128kbps 国际专线开通；连接北京等 8 个城市的 CERNET 主干网 DDN 信道同时开通，速率为 64kbps，并实现与 CSTNET 互联。年底，由中国自行设计、建设的“中国教育和科研计算机网（CERNET）示范工程”完成。

1996 年 3 月，清华大学提交的适应不同国家和地区中文编码的汉字统一传输标准被 IETF 通过为 RFC1922 标准，成为中国第一个被认可为 RFC 文件的提交协议。9 月 6 日，中国金桥信息网（CHINAGBN）连入美国的 256kbps 专线开通。中国金桥信息网开始提供 Internet 服务，主要提供专线集团用户和个人用户接入的单点上网服务。

1997 年 2 月，瀛海威全国大网在北京等 8 个城市开通，成为中国最早、最大的民营 ISP、ICP。5 月，邮电部组织完成中国公众多媒体通信网（CHINAINFO）的建设并投入运营。该网由北京、上海等 8 个大区中心节点、沿海城市及省内网组成。在北京电报大楼设立节点并建有以中文为主的多媒体信息平台，WWW 和数据库服务器，各类专线接入端口及电话网拨号接入服务器 70 个 E1 端口，采用私有 IP 地址、以网关设备（NAT）进行 IP 地址转换后，与 CHINANET 互通。因通过电话网拨入号码为 169，也称 169 网。至 2000 年 12 月逐步扩容、提速，并增加交换机、路由器、服务器、防火墙、顶级外部导航系统等。

1997 年 6 月 3 日，中国科学院受国务院信息化工作领导小组办公室委托，在中国科学院计算机网络信息中心组建中国互联网络信息中心（简称 CNNIC），行使国家互联网络信息中心的职责。同日，国务院信息化工作领导小组办公室宣布成立中国互联网络信息中心工作委员会。10 月，中国公用计算机互联网（CHINANET）实现与中国其他 3 个互联网络即中国科技网（CSTNET）、中国教育和科研计算机网（CERNET）、中国金桥信息网（CHINAGBN）的互联互通。

1998 年 6 月，CERNET 参加下一代 IP 协议（IPv6）试验网 6BONE。7 月，中国互联网络安全产品测评认证中心通过国务院信息化工作领导小组办公室验收，开始试运行。

1999 年 1 月，中国教育和科研计算机网（CERNET）的卫星主干网全线开通，大幅度提高网络运行速度。同月，中国科技网（CSTNET）利用高速卫星信道连到全国 40 多个城市。2 月 3 日，由中国国际电子商务中心承担的“九五”国家重点科技攻关项目“商业电子信息安全认证系统”通过科技部和国家密码管理委员会的科技成果鉴定，获得有关管理部门的信息安全产品销售许可，成为国内第一家自主开发、具有完全自主版权的电子商务 CA 安全认证系统，应用于国家纺织品配额许可证管理系统。2 月，中国国家信息安全测评认证中心（CNISTEC）开始运行。5 月在清华大学网络工程研究中心成立中国第一个安全事件应急响应组织 CCERT（Cernet Computer Emergency Response Team）。同年 5 月，中国公用计算机互联网（CHINANET）与中国公众多媒体通信网（CHINAINFO）两网合网。全部采用公开 IP 地址，“163”“169”作为用户自由选择的拨入号码。10 月，清华大学教授吴建平当选为互联网名字和编号分配机构（ICANN）地址支持组织（ASO）的地址委员会成员。同年，中国联通数据网首期工程试开业务，在北京、上海等 5 个城市及香港各设 1 个互联网节点。2000 年 12 月，中国联通互联网一期工程完工；互联网采用 ATM、TCP/IP 及 MPLS 技术，在全国 130 个城市（含香港）实施，提供拨号用户和专线用户的互联网接入服务，简称 UniNet，也称 IP 业务网。2003 年 8 月完成全国网二期工程，骨干汇聚层由 38 个节点组成，核心汇聚节点设在北京、上海、广州、沈阳、武汉、成都、西安，全网覆盖 324 个城市。2003 年 11 月至 2007 年 8 月，进行三期、四期、五期工程建设，对 UniNet 扩容，提高宽带承载能力。

2000 年 1 月 18 日，经信息产业部批准，中国互联网络信息中心（CNNIC）推出中文域名试验系统。5 月 20 日，中文域名协调联合会（CDNC）在北京成立，承担中文域名的民间协调和规范工作。7 月 18 日，中国科学院计算机网络信息中心钱华林研究员全票当选亚太地区顶级域名组织（APTLD）理事会主席。8 月 21 日，第十六届世界计算机大会在北京国际会议中心举行，国家主席江泽民为大会题词并在开幕式上讲话，主张制定国际互联网公约，共同加强信息安全管理，充分发挥互联网的积极作用。9 月，清华大学建成中国第一个下一代互联网交换中心 DRAGONTAP，用 10Mbps 线路连接位于美国芝加哥的下一代互联网交换中心 STARTAP，用 10Mbps 线路连接位于日本东京的亚太地区高速网 APAN 交换中心，实现与国际下一代互联网络 Abilene、vBNS、CA*net3 等学术性网互联。同月，CERNET 的信息服务中心 CERNIC 在国内率先提供 IPv6 地址。11 月 1 日，中国互联网络信息中心（CNNIC）发布《中文域名注册管理办法（试行）》和《中文域名争议解决办法（试行）》，委托中国国际经济贸易仲裁委员会成立中文域名争议解决机构。11 月 7 日，中国互联网络信息中心（CNNIC）中文域名注册系统全面升级，推出“.CN”“. 中国”“. 公司”“. 网络”为后缀的中文域名服务。

2001 年 3 月 2 日，钱华林和李星当选为新一届 APNIC 执行委员会委员。4 月，李星当选为新一届亚太网络工作组（APNG）执委会主席。5 月，经中央编制委员会批准，中国信息安全产品测评认证中心成立，主要负责对信息安全产品、信息系统安全、信息安全服务和信息安全专业人员进行国家认证。6 月 1 日，由海关总署牵头、国家 12 个有关部委联合开发的口岸执法系统，经过北京等 4 个地区的进出口口岸试点运行，开始在中国口岸全面推广运行。7 月，由中国科学院计算机信息网络中心、清华大学、北京大学、北京邮电大学、北京航空航天大学等单位共同承担的国家自然基金重大联合项目“中国高速互联研究试验网络‘NSFCNET’（1999—2000）”通过鉴定验收，建成中国第一个下一代互联网学术研究网络，内容包括中国高速互联研究试验网总体设计，密集波分多路复用光纤传输系统，高速计算机互联网络，高速网络环境下重大应用研究和演示系统。8 月，国家计算机网络与信息安全管理中心组建中国计算机网络应急处理协调中心（CNCERT/CC）。12 月底，“中国教育和科研计算机网 CERNET”高速主干网建设项目（1999—2001）通过国家验收。该项目是中国“面向21世纪教育振兴行动计划”中现代远程教育工程的重要组成部分，是构筑中国终身教育体系的重要基础。该项目建成了基于DWDM/SDH的高速传输网络，容量可达40Gbps，主干网传输速率2.5Gbps，以155Mbps速率连接除西藏拉萨以外的35个省会及中心城市，近百所高校以100～1000Mbps速率接入。在此基础上，教育部批准47所高校设立网络教育学院（后扩至67所）和19个网上合作研究中心在CERNET上开展远程教育和协同科研工作。12月，中国电信组织承建、安装在北京皂君庙局第十一层机房的中国互联网北京交换中心（NAP）完工，实现CHINANET骨干网、中国移动、中国联通、中科院等等9家互联网在NAP的互联互通。2001年，中国移动CMNet互联网投入运行，采用IP over WDM、IP over SDH技术，“三级多层”结构。北京作为省网是CMNet网络的有机组成部分，设有望京局和菜市口局两个节点。

2002年5月，电信企业拆分重组后，原CHINANET随之拆分，中国电信仍使用CHINANET名称，电话网接入号码使用163。中国网通依托分配的资源建设全国骨干互联网，因继承169电话接入号码，简称China169网。

2002年8月至2003年12月，中国网通投资购置路由器、局域网交换机、防火墙、拨号路由器、应用管理服务器、终端、相关系统各种软件，对骨干网网管系统的安全、监控、管理，用户漫游认证，DNS，应用服务，网络信息中心（NIC）等调整扩容。2004年12月，对北京核心节点路由器升级调整，电报大楼骨干网节点原4台路由器升级为高端设备；设定北京电报大楼节点、沈阳节点为骨干网核心节点，形成双星型网络结构，并与CHINANET核心层的上海、广州节点互联；中国网通China169网与北京本地网以4×2.5Gbps带宽连接。2004年2月至2006年12月，对北京节点原路由器扩容、升级，调整核心层为北京1、北京2核心节点；增开国际出口中继电路70×155Mbps。确定China169核心层由北京1、北京2、上海、广州4个节点组成，并各经2×10Gbps链路互联；China169骨干网4个核心节点单设与中国电信本地互联路由器；在4个核心节点各设置专用路由反射器（RR）、虚拟拨号专网（VPDN）路由器，保证网络可靠性；网络流量按4个核心节点划分为4个片区进行流向管理；增加网络接入点（NAP）路由器与信息产业部在上海的NAP互联；在美国建POP点，以2.5Gbps与海外POP点连接。China169骨干网共有58个节点，网管中心设在北京。至2009年8月，几次对China169北京节点扩容、升级、优化；增设国际邮件检测系统；建设中国网通全国流媒体内容分发网络SCDN中心平台；建设IP骨干网络流量分析、安全监控管理系统；建设国际出入口安全管理系统；建设宽带商务共享平台；设置垃圾邮件等处理系统，配置流量采集器、分析器；对网络中继电路扩容、升速，增开北京与上海、广州节点，与中国电信间中继电路带宽共110Gbps；组建全国性综合视频监控平台，开展IP网络视频监控业务。

2002年12月16日，中国互联网络信息中心（CNNIC）作为域名注册管理机构不再面向用户受理域名注册申请，该服务改由域名注册服务机构承担。

2003年8月8日，由中国互联网协会和中国互联网络信息中心联合编写的第一部《中国互联网发展报告》在北京出版，是互联网自 1994 年进入中国以来第一部比较全面地反映国家互联网发展状况的综合性文献资料。8 月，国务院批复启动“中国下一代互联网示范工程”CNGI（China Next Generation Internet），CNGI 是实施国家下一代互联网发展战略的起步工程，由国家发展和改革委员会主持，中国工程院技术总协调，国家发展和改革委员会、科学技术部、信息产业部、国务院信息化工作办公室、教育部、中国科学院、中国工程院、国家自然科学基金委员会等 8 部门联合领导。9 月 27 日，亚太互联网研究联盟 APIRA（Asia Pacific Internet Research Alliance）在北京成立，该组织由中国互联网络信息中心（CNNIC）牵头发起，首批成员单位还有韩国互联网信息中心（KRNIC）、香港城市大学、澳门大学和台湾网路资讯中心（TWNIC）。11 月 20 日，中国互联网络信息中心（CNNIC）在北京发布《中国互联网络热点调查报告》，包括网站短信息和宽带两部分内容。报告显示，网站短信息服务用户平均每周使用网站发送短信息 10.9 条，70.8% 的宽带用户通过 ADSL 方式接入。12 月 6 日至 7 日，第二届中国互联网大会在北京召开，大会主题为“透视互联网，迈向 E 时代”。2003 年，北京铁通建设完成覆盖 113 个城市（114 个节点）的宽带互联网，不但提供通用数据业务，还提供 L2/L3 VPN、电路仿真（CES）业务，也能够承载话音、视频等业务，构成一体化的多业务网络。北京铁通为区域层节点。同年，北京网通第一个因特网协议第 6 版（IPv6）试验网在电报大楼等局所建成，并申请到第一段正式 IPv6 地址。

2004 年 12 月 23 日，中国国家顶级域名 .CN 服务器的 IPv6 地址登录到全球域名根服务器，标志 CN 域名服务器接入 IPv6 网络，支持 IPv6 网络用户的 CN 域名解析，表明中国国家域名系统进入下一代互联网。12 月 25 日，中国第一个下一代互联网示范工程（CNGI）核心网之一 CERNET2 主干网开通。

2005 年，北京网通完成市科委基于 IPv6 的下一代互联网关键技术研发及产业推进项目，在电报大楼等局所完成 8 个 IPv6 节点，完成国办新闻中心等 4 家 10Mbps 互联网专线接入。

2006 年 9 月 23 日，由中国教育和科研计算机网 CERNET 网络中心和清华大学等 25 所高校承担建设的“中国下一代互联网示范工程 CNGI 示范网络核心网 CNGI–CERNET2/6IX”项目通过国家验收。12 月 18 日，中国电信、中国网通、中国联通与中华电信、韩国电信、美国 Verizon 公司等 6 家电信运营商在北京签署协议，共同构建连接中国和美国的首个跨太平洋直达光缆系统。该系统投资约 5 亿美元，设计容量 5.12T。

2007 年 3 月 21 日，电信北京公司开通中国与美国 2.5Gbps 互联网中继电路。9 月 7 日，《2007 年中国农村互联网调查报告》发布，是国家首次就农村互联网发展状况发布调查报告。截至 2007 年 6 月，中国农村网民规模超过 3700 万，农村互联网普及率为 5.1%，城镇互联网普及率为 21.6%，城乡之间存在较大差距。

2009 年，北京移动、电信北京公司、北京联通的 3G 移动通信网投入运营。TD–SCDMA 下行数据传输速率达到 1.68Mbps，峰值理论上可达 3.6Mbps，上行速度峰值可达 384kbps。中国联通在 WCDMA 基础上应用 HSDPA 技术（3.5G），将下行速率提升至

14Mbps。移动互联网业务快速发展，手机等移动终端以无线方式接入互联网用户数大幅增长。

2010年3月，国家广播电影电视总局发放首批3张互联网电视牌照。6月18日，北京市向国务院三网融合协调小组办公室提交《北京市人民政府关于申请作为三网融合首批试点城市的函》和《北京市三网融合试点实施方案》。6月30日，国务院批准北京市成为三网融合第一批试点城市之一。北京广播电视台、歌华有线和北京联通受北京市三网融合工作协调小组委托，制订“北京市三网融合试点总体方案”。9月3日，第73次市政府常务会审议通过该方案。

互联网统计

1997年6月3日，中国科学院在中国科学院计算机网络信息中心组建中国互联网络信息中心（CNNIC），行使国家互联网络信息中心的职责。11月，中国互联网络信息中心（CNNIC）发布第一次《中国互联网络发展状况统计报告》。截至1997年10月31日，中国共有上网计算机29.9万台，上网用户数62万，CN下注册的域名4066个，WWW站点约1500个，国际出口带宽（即中国到其他国家的总带宽）25.408Mbps，大部分用户通过拨号方式上网，直接上网与拨号上网的用户数之比约1∶3。北京上网用户的比例为36%，远高于上海的8%和天津的1.6%。此后，CNNIC每年发布2次《中国互联网络发展状况统计报告》。

截至2006年12月31日，中国共有上网计算机约5940万台，上网用户数约1.37亿，网民数占全国人口比例首次突破10%。

中国互联网络信息中心（CNNIC）统计数据显示，截至2007年12月31日，中国国家域名CN注册量达到900.2万个，占中国域名总数的75.4%；CN域名下网站100.6万个，占中国网站总数的66.9%。标志着CN域名已成为国内注册及应用的主流域名。2008年6月30日，中国网民总数2.53亿人，首次跃居世界第一。7月22日，CN域名注册量1218.8万个，首次成为全球第一大国家顶级域名。截至2010年12月31日，中国网民规模4.57亿人，手机网民规模3.03亿人。IPv4地址数2.78亿个，国际出口带宽1098957Mbps。

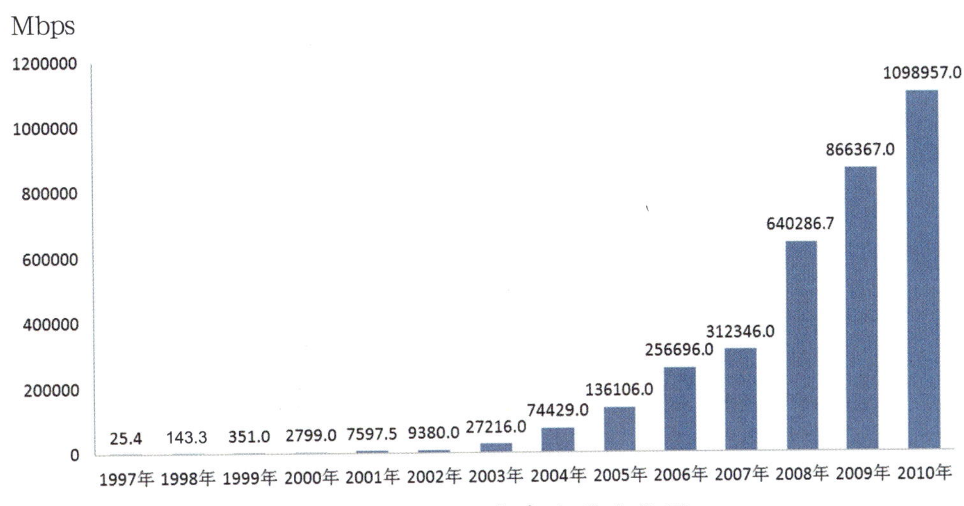

图1—19　1997—2010年国际出口带宽发展变化图

二、北京公众互联网

北京电信本地CHINANET网（北京本地网163）

1996 年 1 月至 1997 年年底，北京电信投资购置路由器 7 台、服务器 12 台、拨号接入服务器 74 个 E1 端口等。在 CHINANET 北京节点基础上，建设北京本地互联网，在电报大楼设立本地专线用户接入路由器及电话网用户拨号接入设备。新建国际电信大楼、中关村、国贸中心、京广中心 4 个市内专线接入点，形成向市区延伸的结构。建立具有一定规模、可提供多种信息服务、具有相应管理功能的公用信息服务平台。拨号用户接入号码为“163”。1998 年 7 月至 2000 年 6 月，163 网扩容。电报大楼、国际电信大楼节点购置出口路由器、专线接入路由器共 9 台，局域网交换机 4 台、拨号接入服务器 126 个 E1 端口、各类服务器 20 台以及相关软件；市区 6 个节点、郊区 5 个节点购置路由器 11 台，拨号接入服务器 6 套。扩容后，电报大楼、国际电信大楼为北京本地互联网核心层节点，中关村等 6 个局为市区汇接 / 接入节点，通州区等为 5 个专线接入节点。本地互联网拨号接入端口总数达到 2.2 万多个，专线接入端口达到 1200 个。1999 年 1 月至 2001 年 8 月，借助 163 网、169 网合网契机进行扩容。电报大楼、国际电信大楼节点新购置路由器 4 台、四层交换机 2 台、拨号接入服务器 120 个 E1 端口，认证、卡管理、网管服务器 10 台；西单通港大厦配置中小型路由器 5 台；中关村等 6 个局配 155Mbps POS 口和光电转换口，163、169 合网扩容后，取消两网间互通的网关设备，全部采用公开 IP 地址，网络结构趋向于核心层、汇聚层和接入层 3 层结构。

北京电信公众IP网

2000 年 5 月至 2001 年 12 月，北京电信投资组建北京本地公众 IP 网络，主要为传输和业务接入两个层面进行建设。传输层面主要为ISP用户和企业局域网跨地域互联提供传输通路和接入服务，即提供网络带宽批发业务和专用拨号接入端口。业务层面是为本地互联网拓展专线和拨号接入端口。工程购置高端路由器16台，安装于电报大楼、东单、皂君庙、中关村、安慧、国际电信大楼、望京、紫竹院局；购置扩展/接入路由器32台、以太网交换机20台，安装在西单、东单、厂甸、电报大楼、幸福大街、北太平庄、樱桃园、双井、展览路、和平里、呼家楼、方庄、西客站、茂林居、石景山、五棵松、复外、广外局等节点；网管系统购置服务器4台设在电报大楼，工作站1台设在复外局；购置拨号接入服务器共3048个E1端口、以太交换机34台、路由器13台、信令网关2套等设备，安装于电报大楼、北太平庄、望京、木樨园、西直门等局。该网有独立合法的AS（自治域）号（4814）。全网设39个节点，分为4个业务汇接区，网络结构分为骨干层、边缘接入层、纯拨号接入节点。电报大楼、皂君庙局、国际电信大楼，东单、紫竹院、中关村、西客站、望京局共8个节点为骨干层（其中，电报大楼、皂君庙局、国际电信大楼与本地互联网联通）；复外局等19个边缘层汇接节点和西直门局等12个纯拨号接入节点。边缘层设有专线接入、宽带接入、IP电话接入、组播、IPv6等多个逻辑子网。该网没有直接与全国骨干网连接的出口，通过本地互联网与国内、国际互通，实现北京城区的基本覆盖。

图1—20　北京电报大楼配置的国产互联网拨号服务器（2000年6月摄，图片来源于北京通信电信博物馆）

北京网通IP城域网

2003年6月至2005年5月，北京网通进行本地互联网、公众IP网两网合网工程，成为统一的IP城域网，使用北京电信申请的北京本地网AS（自治域）号（4808）完成两个网8个节点设备和链路的融合、调整。电报大楼、国际电信大楼、皂君庙局节点的路由器升级，节点间以2条10Gbps链路互联，为核心节点；其他5个节点路由器升级，各以2条2.5Gbps链路上联至不同的核心节点。合网后，网络结构分为骨干层、汇聚层（25个节点）、接入层，对IDC、PSTN/ISDN窄带拨号接入、专线接入、ADSL和LAN等宽带接入网络进行全面整合，支持MPLS/VPN业务。

2005年9月至2006年4月，投资新建二里庄、大有庄、上地等18个汇聚节点，各安装汇聚路由器1台、10千兆以太网（GE）板卡各2块、以太网模块共82块。

2005年9月至2007年12月，调整核心层为电报大楼、皂君庙、幸福大街、土城局

4 个节点组成，增配、升级路由器设备，每个核心节点间以 10Gbps 链路互联，每台路由器以 2×10Gbps 上联至中国网通 China169 骨干网。

2007 年 1 月至 2008 年 11 月，IP 城域网划分为超级核心层、区域核心层节点并扩容。购置路由器 3 台、接口板卡 10Gbps 共 39 块等，安装于土城、皂君庙、幸福大街、电报大楼 4 个超级核心层节点。投资对区域核心层中关村、皂君庙、望京、国际电信大楼、昌平、顺义局节点路由器升级，并购置 41 块接口板卡 10Gbps。

2007 年 8 月，北京网通购置中心服务器、存储服务器各 1 套，核心交换机、4 层交换机、防火墙各 2 台及相关软件，在电报大楼节点建立 IP 业务识别与控制中心平台，检测非法 IP 语音通话（VoIP）流量。投资在电报大楼节点配置 3 台主机，建设北京本地 IP 网奥运用户“流量清洗中心”，捕获攻击信息。8 月至 12 月购置路由器 22 台，增设中关村西区、温泉等 10 个汇聚节点；为电报大楼、中关村等节点配置路由器板卡 65 块。2007 年，北京网通 IP 网扩容、升级后，将骨干层节点划分为区域进行管理，即网络结构分为核心层（包括超级核心层和区域核心层）、汇聚层、接入层。超级核心层由电报大楼、皂君庙、幸福大街、土城局 4 个节点组成，均作为本地与中国网通骨干网的出入口节点。区域核心层设 10 个区域，每个区域有 2 个核心节点（互联）。其中，市区 6 个区域，即电报大楼和西客站、皂君庙和中关村、国际电信大楼和望京、东单和神路街、幸福大街和木樨园、五棵松和紫竹院节点；郊区 4 个区域，即新顺和林河、昌平和回龙观、行宫和大兴、通州镇和梨园节点。区域中每个核心节点分别以 2 条 2×10Gbps、2 条 10Gbps 或 2 条 2.5Gbps 电路上联至超级核心层的 2 个不同节点。超级核心节点与中国网通骨干网互联带宽增加 80Gbps、达到 240Gbps，区域核心节点到超级核心节点带宽增加 400Gbps。

2008 年 3 月至 10 月为电报大楼、幸福大街等出口核心节点扩容，本地超级核心节点与中国网通骨干网互联带宽增加 160Gbps，达到 400Gbps，内部节点间互联带宽增加 40Gbps，扩展层到区域核心节点带宽增加 160Gbps。11 月至 2009 年 9 月对北京 4 个超级核心节点的 8 台路由器接口扩容，使每个节点上联中国网通骨干网带宽由 50Gbps 扩到 100Gbps，总带宽 800Gbps，同时增加 4 个超级核心节点间的互联带宽；对郊区汇聚、接入扩容，增设延庆、昌平、雁栖湖等 13 个局的接入节点，通州区增设梨园、通州镇等 11 个 IP 接入节点，购置路由器共 35 台、GE 光口板 48 块、宽带远程接入服务器（BRAS）1 台。

2009 年 8 月至 2010 年 6 月对本地 IP 网超级核心节点和区域核心节点扩容。购置路由器 7 台，安装于皂君庙、电报大楼节点各 2 台，土城、望京、幸福大街节点各 1 台；购置路由器 4 台，安装于中关村、西客站、国际电信大楼、木樨园节点各 1 台；购置路由器板卡共 205 块；光纤配纤盘 3 框，其他共 58 块；路由监控分析仪 1 台，为网管配路由器 5 台、服务器 3 台等。6 月至 11 月，IP 网汇聚层扩容。中关村、皂君庙节点配置路由器板卡 34 块；清河、西直门等节点配置路由器板卡 18 块、光模块 31 块；为电报大楼 IP 综合计费认证系统改造，购服务器 2 台、扩容服务器 10 台等。12 月底，北京联通本地 IP 网络各层间链路带宽为接入层与汇聚层之间 719Gbps，汇聚层与核心层之间 864Gbps，核心层与中国网通骨干网之间 800Gbps，核心层与 IDC 平台之间 514Gbps。2010 年，经多次扩容后，共有超级核心层 4 个节点（8 台路由器）；区域核心层 22 个节点（30 台路由器），汇聚和转发 IP 流量；汇聚层节点 71 个，主要负责业务量收敛和接入业务控制，设有流媒体业务边缘分发节点（46 台），即汇聚层设备旁挂流媒体内容分发网络（CDN）存储设备。

电信北京公司本地互联网

2002 年 8 月，电信北京公司启动 IP 城域网建设，网络采用核心和接入汇聚两级扁平化结构，一期覆盖 3 个节点，共 12 台设备。2003 年 2 月，IP 城域网开放互联网专线接入服务。9 月，IP 城域网新增建外节点，扩容设备 3 台。2005 年 5 月，IP 城域网新增上地北、兆维节点，扩容设备 4 台。6 月，IP 城域网核心节点出口路由器升级，单台设备数据交换能力从 320Gbps 升级到 640Gbps。2010 年年底，电信北京公司城域网出口总带宽 110Gbps，IP 城域网设备总数为 7982 台。其中，IP 城域网路由器总数 29 台；宽带接入服务器设备总数 14 台；WLAN AP 总数约 3600 台；宽带接入网汇聚交换机总数 31 台；DSLAM 设备 243 台，端口总数 63416 端，已使用端口总数 55745 端；小区 / 楼道交换机总数 5065 台，端口总数 140830 端，已使用端口总数 59819 端。

北京铁通本地互联网

2004 年，北京铁通完成本地互联网一期工程建设，核心层在木樨地、北京站、西直门、丰台节点分别设置 1 台路由器，相邻节点间通过光纤直连，采用 2.5Gbps 动态分组传送（DPT），构成北京 IP 城域网核心层 DPT 环网。核心层节点的设备向上连接 CRNet 骨干网；汇聚层在木樨地、北京站两个节点再分别设置 1 台路由器，以千兆以太网（GE）光口，采用双归方式，分别向上连接到核心层；西直门、丰台两节点利用核心层的路由器，实现汇聚功能。本网采用单独的自治域，开放最短路径优先（OSPF），形成具有服务质量（QOS）、支持 MPLS/VPN 的 IP 网络。5 月 18 日至 6 月 18 日，对北京铁通宽带 IP 城域网核心层、汇聚层进行改造，增加网络安全性、传输带宽、用户容量以及新的业务功能。增加 2 套网元级网管系统，采用带内网管，实现对新增路由器和新增宽带服务器的管理。增加 4 台 BRAS，通过 IP 城域网连接到北京铁通宽带认证计费系统，实现基于以太网的点到点协议（PPPoE）用户的认证和计费。2005 年至 2006 年，增加 2 台大容量 BRAS 设备，逐步实现对所有汇聚节点的双归属，增加 DSLAM 端口 84751 个，接近 2001 年至 2005 年建设 DSLAM 端口的总和。2007 年 4 月 3 日，实施 IDC 网络设备扩容工程，在北京铁通 IDC 中心机房增设 2 台，为核心层交换机扩容。2008 年，改造 DNS 系统，从单节点服务增加至双节点服务（北京站、木樨地）。每个节点部署 1 台四层交换机，下接 DNS 服务器。在木樨地、北京站各新增 1 台设备，用于点对点（P2P）流量控制。接入层增加 xDSL 端口 7698 线。2009 年 6 月 23 日实施互联网城域网出口优化工程。2010 年实施本地互联网二期工程。木樨地、北京站 2 个节点新增设备，用作静态出口的接入、NAT 转换；与其他运营商互联。核心层（木樨地、北京站）两台设备之间以 2.5Gbps POS 口相连，分别以 2GE 多模、2GE 单模上联。汇聚层在木樨地、北京站、丰台 3 个节点分别设置 1 台路由器，以千兆以太网（GE）光口，采用双归方式，分别向上连接到核心层；岳家楼、五道口、阳光上东、双桥、西直门设置交换机；9 个节点分别设置 1 台宽带接入服务器，供用户 PPPoE 终结及用户认证使用。

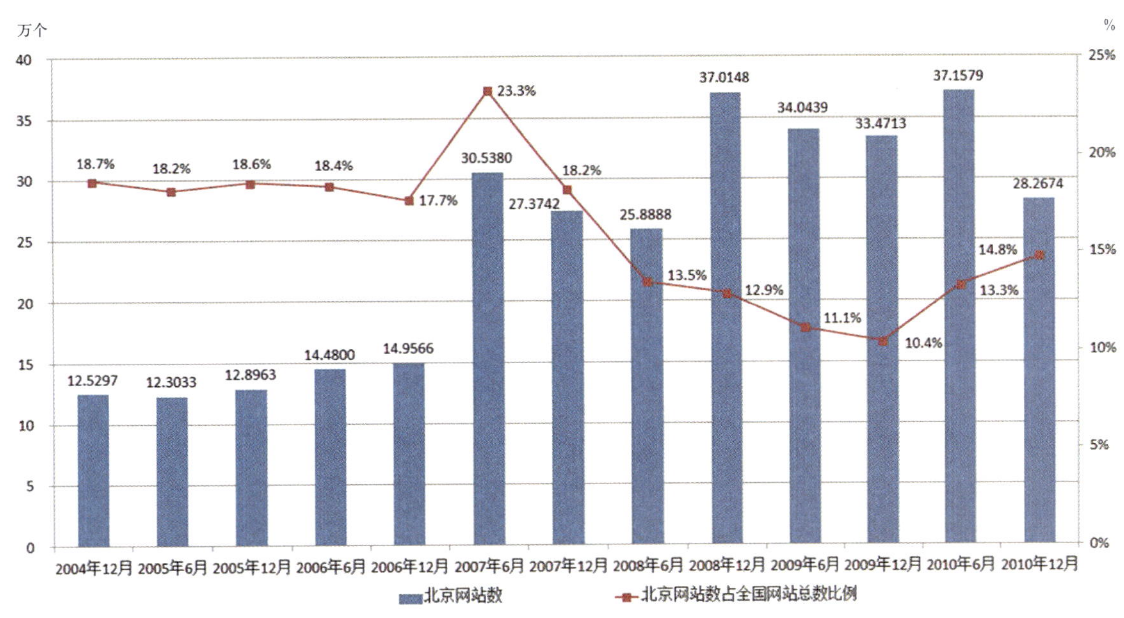

图1-21　2004—2010年北京市网站发展变化图

第四节　联网设施

一、接入网

1991 年至 1999 年，互联网发展初期，普通用户大部分使用铜缆用户线接入电话网实现语音业务和数据业务入网，接入网建设实际是铜缆用户线建设。用户上网须在用户侧加调制解调器，局端在电话网外加拨号服务器，上网速率初期是 9.6kbps，后逐步提高到 56kbps，上网和打电话不能同时进行。

2000 年开始在电话交换网上扩建 ISDN 数字用户，ISDN 有一个 16kbps 的信令信道和两个 64kbps 的话音信道（2B+D），两个 B 信道可以提供最高 128kbps 的速率，两个信道也可以一个提供上网，另一个打电话，互不影响 。ISDN 用户板在全球一度成为紧缺设备。互联网的迅猛发展，使 ISDN 不能满足上网速率的要求，ADSL、LAN 等宽带接入技术应运而生，直接接入互联网，不再接入电话网，ISDN 成为过渡性技术。北京通信网 ISDN 数字用户的扩容工作未大规模展开，被 ADSL、LAN 替代。随着无源光网络（PON）技术的成熟，入户光缆代替铜缆规模入户，EPON/GPON 开始成为主流。

宽带接入技术的发展和建设规模的扩大，逐步划分为接入层、汇聚层以及接入设备网管平台、认证计费平台等。

（一）北京电信、北京网通、北京联通接入层网络

窄带铜缆用户线接入

1991 年至 1999 年，接入网主要是用户线建设。2000 年开始在交换网上扩建 ISDN 数字用户，以实现互联网接入。2000 年至 2004 年，数字用户 ISDN 2B+D 板扩容总计 59.76 万块。2005 年以后不再建设 ISDN。由于实施“光进铜退”、光纤到户工程，2008 年后用户电缆容量逐步减少。

1991—2003年北京互联网用户电缆出局线对容量统计表

1–4表 单位：对

年份	1991年	1992年	1993年	1994年	1995年	1996年	1997年
出局线	836621	923500	1141560	1948623	2980508	3803865	4854411
年份	1998年	1999年	2000年	2001年	2002年	2003年	
出局线	6169511	6488483	6858182	7824979	8697851	9704930	

说明：数据来源于《北京志·电信志（1991—2010）》。

2004—2010年用户主干电缆和配线电缆容量统计表

1–5表

年份	主干电缆			配线电缆		
	皮长公里	对公里	线对数	皮长公里	对公里	线对数
2004年	7231	12949598	10344390	59180	9993333	12416000
2005年	15996	15190000	11002600	67224	11000000	13379500
2006年	16394	13916001	11766190	80452	10764460	14904900
2007年	19415	15875007	12586050	70307	10866497	16806700
2008年	19792	15797133	12941518	79340	11096351	17202100
2009年	14381	14905364	8250860	83903	10490148	12582000
2010年	14933	14363870	8161853	83471	10464083	12687100

说明：数据来源于《北京志·电信志（1991—2010）》。

非对称数字用户线（ADSL）

图1－22　东单局阿尔卡特DSLAM设备（2004年摄，图片来源于北京通信电信博物馆）

北京电信宽带接入采用的主要技术是ADSL，数据网专线接入采用HDSL技术。ADSL采用频分复用技术，在传统的铜缆电话用户线、用户侧和局端加装设备、分离用户电话和上网设备分别接入电话网和互联网，使上网不再通过电话网接入，入网速率大幅提高（与线路长度成反比），实现通过普通电话线提供宽带数据业务。2001年，北京电信开始ADSL宽带接入网建设。至2002年新增端口12.4万个，实现基本网络覆盖和业务提供。2003年至2004年，宽带接入网络大规模建设，新增端口167.4万个。2005年至2008年新增端口216万个。2006年，郊区DSLAM设备经由ATM网上联改造为经由IP网上联，年底实现全部DSLAM设备经IP网上联。2007年启动IP内核DSLAM覆盖，提升网络对IPTV、"宽视界"等业务的支撑能力，ADSL接入端口新增79.39万个。2008年加快宽带未覆盖地区网络建设，利用PON+DSL和宽带加速器等技术手段，重点解决542处宽带无覆盖区，覆盖用户16万户；完成4次大规模宽带网络提速，提升宽带网络质量，支撑先后推出下行速率1Mbps、2Mbps、4Mbps和8Mbps ADSL产品。2009年新增ADSL端口183.5万个；并对ADSL接入网络升级提速，采用有源、无源交接间方式将DSLAM设备前移，靠近用户群，尽量缩短接入距离，涉及接入点2546处。9月升速改造工程完成后，2Mbps接入能力由改造前的77.56%提升至98.58%，4Mbps以上的接入能力由62.55%提升至87%；全网实现IP内核DSLAM全覆盖，对IPTV等新业务支撑能力全面增强。2010年年底，ADSL接入端口达587.88万个。

局域网（LAN）方式接入

2003年，投资为271个居住小区用户新增端口11.4万个。2005年至2009年，投资新增端口能力16.9万个。因五类线（0.5数据通信专用线，CAT.5）最大传输距离只有100米，不适合低密度用户接入环境，LAN发展空间受到限制。2009年后除少数专线业务外，不再进行LAN网建设，仅采用PON+LAN方式对现有LAN小区进行升速改造。2010年年底，LAN端口总数37.05万个。

光纤接入

北京网通（北京联通）主要采用以太网无源光网络（EPON）技术组网。2004年8月进行EPON试验网建设。2005年建设4个商用试验项目，新增语音和数据端口2000个，开通第一个位于西三旗的 EPON 接入居住区“宽 HOUSE ”。2005 年至 2009 年，EPON 项目累计新增端口 48.6 万个，其中数据端口 28.1 万个，语音端口 20.5 万个。2007 年，北京网通提出“光进铜退，逐步在有条件的地区建设 FTTx+xDSL/LAN 接入网络”，推行 FTTH 与 FTTB 接入方式，投资新增语音和数据端口合计 3.9 万个。2008 年 4 月，北京网通下发《EPON 接入网建设指导意见》，加大 FTTH 和 FTTB 建设力度，投资新增语音和数据端口合计 14.3 万个，年内开通 EPON 接入点 169 个。2009 年，EPON 建设投资超过 ADSL 投资，新增语音和数据端口合计 30.1 万个，年底达 640 个接入点。其中，FTTH 方式占接入点总数的 19%，FTTB 方式占接入点总数的 81%（FTTB+LAN 方式为 55%、FTTB+DSL 方式为 26%）。EPON 接入点占比由 2008 年年底的 4.6% 上升到 2009 年年底的 12.5%。2010 年，宽带提速，FTTx 成为投资和建设重点，EPON 端口能力实增 212.82 万个。其中，FTTH 分光器折合端口数 142.36 万个，FTTB 数据端口容量 44.66 万个，xDSL 数据端口容量 5.28 万个。年底，EPON 数据端口总数达 214.92 万个。

图1－23　东单电话局装备的烽火OLT设备（2009年摄，图片来源于北京通信电信博物馆）

无线接入

无线局域网（WLAN）方式，在酒店、大型公共场所建立无线局域网接入电信固定网络，采用室内覆盖分布系统、室外大功率覆盖等方式。WLAN 接入由无线接入点（AP）、接入控制单元（ACU）、无线网卡、宽带远程接入服务器（BRAS）、网管系统组成。2006 年 5 月至 2008 年 5 月，投资在西客站等 6 个局设公共无线局域网（PWLAN）核心网络，配置 3 层以太网交换机和 2 层以太网交换机、防火墙、PC 网管服务器等设备；在酒店、大厦写字楼、公共娱乐场所共 60 处设 WLAN 接入点（AP），实施 WLAN 覆盖；在 IP 网内设 WLAN 专用宽带接入服务器（BRAS），完成 WLAN 接入用户识别；在东四局设 PWLAN 网管系统。2010 年 3 月至 12 月，投资为大兴、顺义林河、昌平、安慧、黄城根、呼家楼、东四、木樨园、亦庄、中关村、西客站、丰台、

图1－24　木樨园装备的OLT设备——中兴ZXA10（2009年摄，图片来源于北京通信电信博物馆）

石景山等局配置 BRAS、访问控制器（AC）设备，实施 WLAN 覆盖。

2002—2010年北京网通/北京联通宽带接入建设统计表

1-6表

年份	ADSL（万线）	LAN（万端口）	EPON				
			光线路终端OLT（台）	光网络单元ONU（万端口）	FTTH（万端口）	FTTB（万端口）	xDSL（万端口）
2002年	10.29	8.336	—	—	—	—	—
2003年	87.44	11.437	—	—	—	—	—
2004年	80.70	2.607	—	—	—	—	—
2005年	72.26	2.605	—	—	—	—	—
2006年	58.26	5.573	—	—	—	—	—
2007年	79.39	4.733	—	—	—	—	—
2008年	72.93	1.312	127	9.445	—	—	—
2009年	183.5	0.412	—	—	6.0354	14.206	2.3984
2010年	16.0384	0.036	—	—	142.35	44.656	5.276
总计	660.8384	37.051	—	—	148.3854	58.862	7.6744

说明：1.数据来源于《北京志·电信志（1991—2010）》。
　　　2.“—”表示缺少相关数据。

北京移动接入层网络

北京移动主要采用吉比特无源光网络（GPON）、WLAN 等方式接入互联网。北京移动的接入网采用 GPON 技术进行组网。优先在汇聚机房、骨干机房进行光线路终端（OLT）设备建设，根据需要启动驻地网建设。2002 年，北京移动 WLAN 建设运营，WLAN 组网主要采取“胖 AP+AC”组网方式。2009 年开始过渡为“瘦 AP+AC”组网方式。WLAN 组网为 AC 集中放置，置于核心路由器之下，汇聚交换机之上（即与汇聚交换机串联），业务流量直接通过 AC 上行至核心网。2009 年启动 GPON 网络建设，采用 FTTB 技术完成通州区“世纪星城”小区二、三期的网络建设，覆盖 4500 户。2010 年完成昌平区沙河镇“翠明新城”等小区 FTTB 建设，FTTB 端口数达到 9000 多户，全部采取光纤到户（FTTH）的建设模式。

2002—2010年北京移动WLAN建设情况一览表

1-7表

发展阶段	建设项目	建设/开通时间（年）	热点规模（个）	热点类型	AP规模（个）	集中式AC规模（个）	建设特点
起步期（2002—2006年）	WLAN一期建设工程	2002—2003	51	星级宾馆为主、少量写字楼/机场/火车站等	300	—	AP单独布放+分布式AC
	WLAN二期建设工程	2004—2006	279	星级宾馆为主、少量写字楼	1000	—	AP单独布放+分布式AC
奥运发展期（2007—2008年）	奥运场馆Info WLAN业务网	2007—2008	36	奥运场馆	1000	10	AP单独布放+集中式AC
	奥运场馆WLAN即拍即传业务网	2007—2008	27				
	奥运场馆WLAN公网	2007—2008	31				
	奥运WLAN扩大规模建设工程	2007—2008	380	写字楼、咖啡厅、星级酒店	2000	10	以2G分布系统合路建设为主+集中式AC
策略思考期（2009—2010年年初）	—	—	—	—	—	—	—
“四网协同发展”战略期（2010—2011年）	2010年WLAN建设工程	2010—	5000	校园、营业厅、Wi-Fi终端卖场、写字楼、小商品市场、餐饮连锁等	70000	50	AP单独布放兼有馈入2G分布系统+集中式AC

附注：1.数据来源于《北京志·电信志（1991—2010）》。
2.“—”表示缺少相关数据或资料。

电信北京公司接入层网络

2003年2月，电信北京公司宽带接入网开放ADSL和LAN宽带接入服务，IP城域网开放互联网专线接入服务。2004年启动全网LAN小区的精确绑定工作，实现全网用户端口的唯一性标识。2005年至2006年，对全网整治，将原有单小区单虚拟局域网（VLAN）组网方式进行调整，实现单用户单VLAN，提升全网业务处理能力，预防“网络风暴”，降低网络故障率。2009年8月实施ADSL改造VDSL项目，开展宽带提速。2010年5月对小区宽带网结构进行规划和调整，完成部署43台汇聚交换机，对接入层数据进行汇聚，形成汇聚层和接入层两层结构，采用千兆光纤互联，实现数据网和传输网分离。截至2010年，本地电缆共 976 皮长公里，折合 146100 对公里。电信北京公司 ADSL 接入用户端口总容量 6.50 万个，ADSL 接入用户端口实占容量 5.57 万个；LAN 接入用户端口总容量 14.08 万个，LAN 接入用户端口实占容量 5.98 万个。

（二）北京铁通接入层网络

窄带铜缆用户线接入

2002 年，新建电缆 360 皮长公里，折合 27075 对公里。2003 年至 2006 年，用户电缆建设逐年增加。2006 年新建用户电缆 2778 皮长公里，折合 401312 对公里，达到峰值。2008 年至 2009 年，配合北京市相关要求，整顿吊挂电缆线路，迁移拆改，电缆线路减少 214 皮长公里，折合 6720 对公里。 2010 年共有电缆 9800 皮长公里，折合 1223838 对公里。

2002—2010年北京铁通用户电缆建设统计表

1-8表

年份	新建		减少	
	皮长公里	对公里	皮长公里	对公里
2002年	360	27075	—	—
2003年	400	35804	—	—
2004年	625	44160	—	—
2005年	961	206000	—	—
2006年	2778	401312	—	—
2007年	2067	248000	—	—
2008年	1750	214500	214	6720
2009年	715	35790		
2010年	358	17917	—	—

说明：1.数据来源于《北京志·电信志（1991—2010）》。
　　　2.“—”表示缺少相关数据。

ADSL接入

2004 年，ADSL 用户（包含 LAN 的 PPPoE）DSLAM 设备容量为 4 万线，其中实装用户数 2.26 万户。2005 年，ADSL 用户（包含 LAN 的 PPPoE）DSLAM 设备端口容量达到 9 万线。2007 年新增 DSLAM 设备端口 7.7 万线。2009 年新增 DSLAM 接入端口 7338 个。2010 年，xDSL 应用平台利用现有的双绞用户线为用户提供宽带业务，提供多种速率宽带接入（512kbps、1Mbps、2Mbps、4Mbps），提供多种计费方式。

光纤接入

2004年开始建设提供多种速率光纤带宽接入（64kbps～10Mbps，10Mbps～100Mbps共享等），支持包月和PPPoE认证计费，支持FTTB+LAN、2Mbps、10Mbps～100Mbps等接入手段。

LAN接入

通过以太网交换机之间的光纤、SDH的LAN板、2Mbps透明传输等方式提供以太网方式的接入。新增2Mbps业务端口13339个，新增快速以太网（百兆以太网、FE）端口848个。

二、传输网

（一）北京电信、北京网通、北京联通本地传输网

20世纪80年代后期，北京电信引进光通信数字传输设备，随着网络规模的增加和技术的发展，传输网络容量不断增长。传输网建设经历准同步数字系列（PDH）、同步数字系列（SDH）、智能光网络（ASON）几个阶段。1991年至1994年为PDH建设阶段，1994年至2005年为SDH建设阶段，2004年开始ASON建设阶段。

朗讯（AT&T）及马可尼传输网

1991年，法国贷款二期19.7万门程控交换机及长途1万路配套传输工程，共建设安装AT&T公司140Mbps窄架PDH设备及西门子公司140Mbps窄架PDH设备500端。1993年，采用AT&T公司的140Mbps的PDH设备，扩容432端套 。1994年利用加拿大政府贷款扩建PDH设备包括34Mbps 22端、140Mbps 50端；中继传输扩网27个局点，安装上海AT&T公司140Mbps光电合一传输设备300端。 到年底，使用AT&T公司140Mbps宽架传输设备共700端。同年利用加拿大政府贷款开始建设SDH网络，购买SDH设备，包括DACS Ⅵ设备9套、DACS Ⅱ设备2套、SLM16设备32端、ISM–4设备146端 、ISM–1设备73端、I–2000（网元级网管）设备9套 、DACS can（网络级网管）设备1套、修理中心1套。SDH传输设备实现组网功能，骨干层速率提升到2.5Gbps和10Gbps。1995年利用1亿美元国外贴息贷款扩建SDH传输网络，分3张网建设。朗讯（原AT&T）一网建设，目标是满足本地交换机和其他业务节点联网需求，由2.5Gbps网状骨干网、622Mbps环状子网、DACS Ⅵ（4/1）交叉连接设备及两级网管组成，网络结构分为骨干层（SLM16设备）、汇聚层（DACS VI设备）和接入层（主要是ISM设备）；网管分为6个子系统。1998年开始进行马可尼传输网建设，以满足移动交换机和基站接入联网需求。一期建设规模为2.5Gbps光同步传输系统SMA–16C+设备42端，SMA–4设备

15 端，SMA-1 设备 18 端，1 套网管系统；提供局间 2M 电路 3572 条。二期扩容建设规模为 SMA-16C+ 设备 64 端（重点建在固定网 18 个骨干局所和移动 MSC 所在 4 个局所），SMA-4 设备 20 端，SMA-1 设备 5 端，提供局间 2M 电路 600 条。为满足移动网络大规模扩容需求，又进行接入侧扩容，在移动重点局所接入侧安装 12 端 2.5Gbps 数字同步系列光传输系统，以及在其管辖的基站建立远端接入单元，在 58 个接入端局，建 68 套接入设备。到 2003 年年底，马可尼网共进行 10 期建设，一、二、四、五、六期为中继传输网建设，组成以 2.5Gbps 环形结构为骨干层，以 622Mbps 或 2.5Gbps 为子网层的传输网络，提供移动交换局之间中继电路需求。三期和七至十期建设接入传输网，为上千个移动基站提供接入需求。全网总容量为 32256 个等效 2Mbps 电路。其骨干层网络结构主要以 2.5Gbps 环形结构组成，子网层是按 622Mbps 或 2.5Gbps 环形结构组成。主要覆盖北京市区，服务移动中继电路，部分 155Mbps 用于应急电路需求。2000 年进行骨干层 10Gbps 的 SDH 网络建设，即朗讯二网建设。朗讯二网替代朗讯一网，骨干层速率从 2.5Gbps 提升为 10Gbps。朗讯一网逐步退网，朗讯二网网络结构分为 3 层，骨干层使用 TDM 10Gbps 以及 Lambda Unite 设备，汇聚层使用 DACS Ⅵ（4/1）设备，子网层主要使用 ADM16/1 设备和 ADM4/1 设备。2005 年以后，朗讯一网、朗讯二网和马可尼网不再扩容。朗讯传输网承载的业务主要是本地固网语音业务的局间中继和 E1 数字电路。2010 年年底，朗讯一网共有网元 932 端，网络设计容量为 25000 条等效 2Mbps 电路；朗讯二网共有网元 821 端，网络设计容量为 12 万条 E1 电路。

华为传输网及智能光网（ASON）

1998 年，华为传输设备开始进入北京通信网，定位于接入层面，其设备是基于传统 SDH 技术的 Optix 系列产品。随着业务开展，建成三层网络结构，骨干层采用 10Gbps 设备，汇聚层采用 2.5Gbps 设备，接入层提供 155Mbps 和 2Mbps 电路。2004 年开始智能光传输网络建设，网络功能应用于业务节点的联网需求，可提供各种专线业务。2004 年至 2005 年采用阿尔卡特公司 1678 等设备建成北京智能光网络（也称宽带综合业务传送网）。2004 年开始一期工程建设，骨干层由 24 个节点组成。汇聚层有 73 个节点，其中 37 个节点采用多业务平台（MSTP）10Gbps 设备。接入层主要由 2.5Gbps 或以下（622Mbps、155Mbps）的多业务综合接入设备组成，提供多种数据接口能力，有百兆以太网接口（FE）、千兆以太网接口（GE）并具有良好的网络扩展性。2007 年，固网智能化改造在 37 个局点安装 1660R5 设备 14 端、1662SMC 设备 14 端、1660R4 设备 27 端，其中 8 个局所的传输设备通过 SNCP 方式，分别以 1 个 2.5Gbps 通道就近上联本汇接区的 4 个骨干节点，另外 29 个局所分别与本汇接区内两个局所组建 12 个 2.5Gbps 复用段共享保护环，以承载新增端局至局间中继电路的传送。年底，该网络拥有 2Mbps 端口 57591 个、155Mbps 端口 6218 个、10Mbps/100Mbps FE 端口 25933 个、GE 端口 584 个，可提供 28.22 万条 E1 电路。2005 年 8 月至 2006 年 4 月采用华为公司 OSN9500、OSN3500、OSN7500 设备建立第二个宽带综合业务传送网。采用具有智能光交换能力的 OSN 系列产品，骨干层选用 720Gbps 交叉能力的 OSN 9500 设备，构成网状网结构，汇聚层选用 80Gbps 交叉容量的 OSN 3500 设备覆盖市郊 82 个端局，其中有 15 个端局以 1+1 10Gbps 链路上联到汇接区的两个骨干节点，67 个端局以 1+1 2.5Gbps 链路上联到本汇接区的两个骨干节点。2007 年，固网智能化改造在 8 个中继网关局新增 8 端 OSN 750 和 8 端 OSN 3500 设备，在郊区 20 个端局新增 20 端 OSN 3599 设备，承载市、郊端局至中继网关局间中继电路的传送。年底，华为传输网拥有 2Mbps 端口 16939 个、34Mbps 端口 39 个、155Mbps 端口 1390 个、622Mbps 端口 308 个、2.5Gbps 端口 680 个、10Gbps 端口 138 个、FE 端口 2000 个、GE 端口 10 个。2010 年年底，华为网提供 E1 电路 26.76 万条。

2001—2010年传输网终端数量配置统计表

1–9表

年份		2001年	2002年	2003年	2004年	2005年	2006年	2007年	2008年	2009年	2010年
2Mbps	SDH	—	—	29	926	178	208	19658	6414	9521	14085
	PDH	—	—	—	—	81	8	—	197	—	—
	MSTP	—	—	—	—	—	—	—	—	—	—
34Mbps	SDH	—	—	40	41	—	—	—	—	—	—
	PDH	—	—	—	—	—	—	—	—	—	—
155Mbps	SDH	101	63	502	288	110	144	1119	650	2195	794
	PDH	—	—	—	—	—	—	—	946	—	—
622Mbps	SDH	128	181	520	237	124	131	131	339	4579	742
	MSTP	—	—	—	—	—	—	—	56	—	—
2.5Gbps	SDH	164	142	457	132	202	—	498	137	136	25
	ASON	—	—	—	—	—	—	—	383	—	—
10Gbps	SDH	—	16	68	72	26	49	87	26	544	254
	ASON	—	—	—	—	—	—	—	117	—	—
GE	MSTP	—	—	—	—	—	—	—	30	—	—
FE	MSTP	—	—	—	—	—	—	—	1653	—	—

说明：1.表中数据为各类设备端口数量。
2.MSTP指智能光网络多业务平台。
3.ASON指智能光网络。
4.数据来源于《北京志·电信志（1991—2010）》。
5.“—”表示缺少数据或资料。

（二）北京电信、北京网通、北京联通长途—本地传输网

1994 年建设长途局之间和至市话局间传输配套系统 140Mbps 光电设备 22 个系统。

1995 年，邮电部批准北京新建北京国际、国内长途交换机配套传输工程，在长话大楼、国际电信大楼和方庄局之间，采用美国和上海 AT&T 公司 SDH 设备建立两个物理环状网。工程规模为新装美国 AT&T 公司 STM−1（ISM−1）同步复用设备 33 端，STM−4（ISM−4）同步复用设备 27 端，STM−16（SLM−16）同步线路复用设备 6 端，64×2Mbps 数字交叉机（DACS Ⅰ）2 台，NMS Ⅰ−2000 网元管理系统 2 套；新装上海 AT&T 公司 34Mbps /140Mbps 复用电端机（8TR671）12 端，STM−16（SLM−16）同步线路复用设备 2 端。

2002 年，长途枢纽间新建 10Gbps 传输系统，采用加拿大北电公司 Optera Connect DX 10Gbps 设备，在电报大楼、国际电信大楼、皂君庙局、长话大楼、望京局、鲁谷局、方庄局等长途枢纽间建立 4 个环状网。

2003 年起，长途—本地传输网统一纳入本地传输网建设。

电信北京公司传输网

2002 年 6 月，电信北京公司成立，除拥有部分长途光缆纤芯外，在北京城域没有用户接入资源和本地网络资源。2002 年，静安庄、北太平庄机房投入使用，第一批网络节点建成。2003 年 1 月，传输网络开通公安部第一个用户电路。2004 年完成全网基本构架和 14 个重点区域的网络发展规划。首批建设 13 个汇聚节点、7 个光缆环路，传输网络开始采用分层结构。2005 年首次引入 ASON 智能光网络。2006 年年底汇聚节点达到 37 个。2007 年汇聚节点达到 41 个,传输网络基本覆盖五环路以内。2008 年收购联通北京分公司传输网络，覆盖全市，并开始承载无线业务。2009 年，规模扩充传输网络，支撑开通 3G 网络。截至 2010 年，固定通信网络配套传输建设采用阿尔卡特和华为公司设备。以西单等 8 个节点为中心的 ASON 网络，4 个核心 10Gbps 环，14 个汇聚环采用阿尔卡特公司设备；以西单等 7 个节点为中心的 ASON 网络,建设银网中心等 28 个节点汇聚层网络采用华为公司设备。移动配套传输与 MSC 同址，采用华为 ONS9500 设备，组成 3 点 10Gbps MSP 环，核心层传输能力 24192 个 E1。移动中继汇聚层城区 6 个 2.5Gbps 环，城区到郊区 5 个 10Gbps 环和 2 个 2.5Gbps 环。

北京铁通传输网

2001 年，城域传输网进行一期工程建设，采用马可尼公司设备，建设密集型波分复用（DWDM）光传输系统。核心层 7 个节点。各节点均设置 1 套 DWDM 32×10Gbps 光分插复用（OADM）设备，具备每个方向上、下 32 个波的能力。在北京铁通网络运行部（位于海淀区北蜂窝路 18 号院，以下简称网运部）和木樨地各开通 5 个波道，在丰台、北京站、海润、会展中心、西直门各开通 3 个波道。第 1、2 波道用于核心层 SDH 系统，第 3 波用于区域层 SDH 系统，第 4、5 波道用于网运部和木樨地 GE 通道。城域网光传输系统采用环状网加链状结构，由核心层和区域层组成，共 17 个节点。核心层采用 SDH 10Gbps 光传输系统，包括木樨地、网运部、丰台、北京站、海润、会展中心、西直门共 7 个节点，构成环状结构。区域层采用SDH 2.5Gbps光传输系统，包括五道口、五路、岳家楼、长辛店、良乡、黄村、北京南站、北京东站、双桥、清华共10个节点，分别与核心层节点构成2个区域环和3条链。2002年建设城域传输网项目，骨干环周围形成西北环、东南环、西南环等光缆环，基本覆盖城区范围。城域传送网的建设分为A、B平面进行。2003年建成A平面，采用马可尼设备，分为核心层、汇聚层。核心层共7个节点为木樨地、网运部、丰台、北京站、海润、会展中心、西直门，汇聚层为2.5Gbps的2个环3条链。2个环为西北环、西南环，3条链分别为丰台—北京南站链、北京站—北京东站—双桥链、会展中心—清华链。2004年10月24日，城域传输网进行二期工程建设，主要建设4个汇聚层2.5Gbps环。分别为西区II号环、西南II号环、东南I号环、东北I号环。2005年扩容城域传输网A平面核心层、汇聚层和接入层并组织建设B平面，B平面采用华为设备，核心层采用SDH 10Gbps传输系统，形成木樨地—网运部—丰台—北京站—海润—会展中心—西直门（10Gbps四纤环），作为北京城域传输网核心层A平面。组建五道口—丰台—木樨地—五道口（B层面10Gbps核心环1）、五道口—木樨地—网运部—北京站—海润—五道口（B层面10Gbps核心环2）、丰台—木樨地—北京站（B层面10Gbps核心环3），采用二纤双向复用段保护方式。汇聚层利用木樨地、双桥、茶坞、延庆既有的京大2.5Gbps传输设备，组建木樨地—双桥—茶坞—延庆—南口—五道口—木樨地2.5Gbps怀柔、延庆环。组建五道口—望京—亮马桥—静安中心—北京站—海润—五道口2.5Gbps东北II号环，组建丰台—木樨园—方庄—潘家园—北京站—丰台2.5Gbps东南II号环。接入层新建交换及数据节点采用SDH 622Mbps或155Mbps传输系统链状或单向通道保护环方式接入北京本地/城域网节点，规划建设104个622Mbps/155Mbps节点。2006年进行城域网改造工程。优化接入环网，全年新增SDH 2.5Gbps、622Mbps、155Mbps光端机共计251端。在城域网汇聚层增加汇聚层交换机以及宽带接入服务器（BAS）设备。新建设10Gbps传输设备，并新增清华大学、国美第一城、中关村西区等8个2.5Gbps汇聚节点。2007年对城域传输网B平面进行扩容，核心层节点5个：木樨地、岳家楼、丰台、北京站、五道口，采用华为智能光网络（ASON）产品OSN9500构成2个二纤复用段保护环（木樨地—五道口—北京站—木樨地环和木樨地—北京站—岳家楼—木樨地环）。2009年新建3套2.5Gbps设备、5套622Mbps设备、11套155Mbps设备，新增传输端口843个2Mbps、68个155Mbps端口、41个622Mbps端口、23个2.5Gbps端口、18个2.5Gbps波分复用设备容量、4个10Gbps端口。2010年建设IDC中心至北京站传输室的传输通路。新增32个155Mbps端口、24个622Mbps端口、32个波分复用GE端口、14个2.5Gbps端口、16个波分复用2.5Gbps端口、4个10Gbps端口。2010年年底，传输网核心层有木樨地、岳家楼、丰台、北京站、五道口、网运部6个节点，承载汇接局—关口局、汇接局—长途局、关口局—长途局的传输通道。城域传送网共计有6套10Gbps设备、80套2.5Gbps设备、240套622Mbps设备、1085套155Mbps设备。

三、光缆网

（一）北京电信、北京网通、北京联通光缆网

20 世纪 90 年代初，光纤成为通信设备之间的主要传输媒介。随着通信网络规模扩大，光缆建设从市区到郊县，从骨干网到接入网，敷设范围逐年扩大。1991 年至 1993 年，郊区电话交换机容量不断扩大，局所不断增加，但郊区传输通道相对单一。1995 年开始建设郊区县之间环状传输网，在有条件的区县中心局之间首先建设数字传输迂回路由，并为沿线电信分支局预留部分光通路。1991 年至 1996 年，局间主干光缆多采用 20 芯、30 芯和 60 芯。1997 年，大型交换局所之间开始敷设 144 芯光缆。1998 年开始建设光缆环，主干采用 288 芯光缆，分支采用 72 芯光缆。

本地光缆网

1991 年至 1995 年集中于中继光缆建设，5 年共敷设中继光缆 3394 皮长公里。1996 年开始接入光缆建设。

2000年、2005年、2010年北京地区光缆长度统计表

1−10表

年份	中继光缆		接入光缆		总计	
	皮长公里	芯公里	皮长公里	芯公里	皮长公里	芯公里
2000年	7564	202452	4763	302214	12327	504666
2005年	11962	531754	16055	613958	28017	1145712
2010年	22779	1430766	57401	1592333	80180	3023099

说明：数据来源于《北京志·电信志（1991—2010）》。

长途光缆网

1991 年至 1994 年，长途干线传输主要依赖电缆。1995 年开始，随着光缆建设的加快，长途电缆逐步减少。1992 年 10 月，京—济—宁长途光缆干线开工建设，北京至石家庄段采用光系统解决长途中继。光传输设备采用邮电部武汉研究院的设备。1993 年 9 月完工，北京段建设60.2 皮长公里架空光缆。此后北京至各省长途光缆干线陆续建立。1998 年 3 月 10 日，北京电信长途干线电缆传输由光缆干线 PDH 系统取代。2002 年 2 月 6 日，北京电信长途光缆干线 PDH 系统退网，由 SDH 系统取代。长途光缆传输容量不断增长，至 2005 年长途光缆长度趋于稳定。截至 2010 年，北京段长途中继光缆 1482 皮长公里，折合 45373 芯公里。

1991—1998年北京长途干线电缆长度统计表

1-11表

年份	1991年	1992年	1993年	1994年	1995年	1996年	1997年	1998年
杆路（公里）	110	110	141	—	—	—	—	—
架空明线（公里）	851	851	843	843	639	639.3	639.3	187.1
中同轴电缆（公里）	295.3	295.3	295.7	2017	1807.3	1808.8	1076.9	453.7
小同轴电缆（公里）	84	84	83.9	—	—	—	—	—
对称电缆（皮长公里）	1375.5	1374.4	1317.7	—	—	—	—	—

说明：1.数据来源于《北京志·电信志（1991—2020）》。
2.“—”表示缺少数据或资料。

1993—2010年北京长途光缆长度统计表

1-12表

年份	一级干线		二级省内干线		合计	
	皮长公里	芯公里	皮长公里	芯公里	皮长公里	芯公里
1993年	—	—	—	—	111.2	—
1994年	—	—	—	—	168.5	—
1995年	—	—	—	—	313.5	—
1996年	—	—	—	—	547.51	—
1997年	770.1	22986.9	298.7	5635.1	1068.8	28622
1998年	916.5	30556.2	709.3	15631	1625.8	46187.2
1999年	927	31006	728	16384	1655	47390
2000年	1055	39310	854	20720	1909	60030
2001年	1425	72496	1003	26674	2428	99170
2002年	1622	81452	969	28544	2591	109996
2003年	1625	62790	1009	32148	2634	94938
2004年	—	—	—	—	2073	104110
2005年	—	—	—	—	2090	105270
2006年	—	—	—	—	995	27375
2007年	—	—	—	—	996	27382
2008年	—	—	—	—	1378	38667
2009年	—	—	—	—	1482	45373
2010年	—	—	—	—	1482	45373

说明：1.2004—2010年长途光缆合并统计，不再区分统计一级干线和二级省内干线。
2.数据来源于《北京志·电信志（1991—2010）》。
3.“—”表示缺少数据或资料。

电信北京公司光缆网

电信北京公司自2002年成立，陆续租用和自建中继光缆网络和接入光缆网络。截至2010年，本地中继光缆719.82皮长公里，折合216800芯公里。

（二）北京铁通光缆网

采取租用、合建、购买等多种方式建设管道敷设光缆。光缆敷设主要采用管道、架空、直埋3种敷设方式，其中以架空方式为主。光缆主要布放在市区二环路、三环路、四环路、五环路及环路之间的区段上，部分光缆沿铁路布放，郊区区县间主要利用长途干线光纤。沿各环路敷设主要采用96芯、124芯光缆，环路之间主要采用24芯和48芯光缆。用户光缆分为4芯、6芯、8芯、12芯、24芯、36芯、48芯等。2002年新建光缆179皮长公里，折合2864芯公里。2003年新建主干光缆203皮长公里，接入光缆623皮长公里，共折合13216芯公里。2004年建设96芯以上光缆268皮长公里，接入层光缆535皮长公里，共折合9178芯公里。基本建成覆盖全市的光缆线路。干线光网络实现以二、三、四、五环路为架构的环城网。2005年至2007年，根据“光进铜退”指导思想，加大接入层光缆的建设，新建光缆2931皮长公里，折合75404芯公里。2008年新建光缆143公里，折合20377芯公里。五环路内采用96芯，五环路采用144芯，五环路以外及郊区区县间采用72～96芯。2008年和2009年，配合北京奥运会、国庆60周年活动，北京市开展整顿吊挂光缆线路工作，迁移拆改后，光缆线路减少383皮长公里，折合7660芯公里。2009年新建光缆601皮长公里，折合9009芯公里。沿主干道路采用96芯或48芯。2010年新建光缆357皮长公里，折合8571芯公里。截至2010年共建光缆5457皮长公里，折合130959芯公里。

四、信息管道

2003年12月，市政府召开会议研究北京市信息基础设施建设有关问题。会议要求由市市政管委、市信息办会同市发展改革委、市规划委和市交通委等部门编制北京市信息规划，研究制定北京市信息基础设施规划、建设和管理办法，并提出拟由北京中关村信息工程股份有限公司、北京市基础设施投资有限公司、北京市公联公路联络线有限责任公司、北京市首都公路发展有限责任公司和北京市轨道交通建设管理有限公司作为发起人，联合设立北京信息基础设施建设股份有限公司；由北京信息基础设施建设股份有限公司整合存量资源，结合地铁和路网建设任务，扩大信息基础设施覆盖范围，降低建设成本，提供优质服务，为实现全市信息基础设施规划做出贡献。

2004年1月7日，市国资委发布《关于北京信息基础设施建设股份有限公司国有股权管理有关问题的函》，同意由北京中关村信息工程股份有限公司、北京地铁集团有限责任公司、北京市公联公路联络线有限责任公司、北京市首都公路发展有限责任公司、北京地铁建设管理有限责任公司5家发起人共同发起设立北京信息基础设施建设股份有限公司(以下简称北信基础公司），并发行股票5000万股，每股1元。8月24日，市政府召开会议，研究本市城市地下管线管理办法、信息管道管理等问题。会议提出由北信基础公司在整合各方股东存量管道资源的基础上，负责统一规划建设本市新增信息管道。

2005年5月30日，市政府召开会议，研究加快本市信息基础设施建设有关问题。会议提出要将信息基础设施建设体制改革从城区向新城、边缘组团和郊区县推广，由北信基础公司继续承担统一建设任务，市有关部门要简化信息基础设施建设相关审批手续，加快审批流程，并制定“十一五”信息管道专项规划和本市信息管道建设和管理新模式下的产品和服务的政府指导价。同时推进北信基础公司的重组工作，北京中关村信息工程股份有限公司的全部资产和市公联公司、市首发公司的存量管道资产全部注入北信基础公司。7月起，北信基础公司按照政府要求和统一建设职责，陆续承担2008年北京奥运会中心区周边道路、奥运分场周边道路、奥运配套设施项目及信息网络沟通等项目。12月22日，市发展改革委发函，同意北信基础公司吸收合并北京中关村信息工程股份有限公司和发行新股7424.8158万股，每股面值1.2元。截至2008年年底，北信基础公司累计完成奥运建设项目102项、175沟公里。

2009年6月，市政府发布《关于印发北京信息化基础设施提升计划（2009—2012年）及任务分工的通知》，旨在加快推进北京市信息化基础设施建设，为“人文北京、科技北京、绿色北京”和“平安北京”建设奠定坚实的基础。8月，北信基础公司建设一条全长40沟公里、贯通北京市东西城区的信息大动脉，为北京地区的信息化发展，以及国庆60周年庆典活动的通信保障，提供了一条安全可靠的信息通道。

2010年7月14日，市政府印发《北京市人民政府办公厅关于印发北京市架空线入地工作方案和2010年架空线入地实施计划的通知》，提出“十二五”期间架空线入地的总体目标、阶段目标、主要任务以及相应的保障措施，明确由北信基础公司作为通信架空线入地管道建设工程的主要实施主体。截至2010年年底，北信基础公司建成管道累计2300沟公里。

第五节　数据中心与公众网业务

一、数据中心

数据中心（IDC）一般指互联网数据中心，为网络内容服务商（ICP）、企业、媒体和各类网站提供专业化服务器托管、空间租用、网络带宽批发等服务。20世纪90年代在北京提供服务的是开展公众互联网业务的电信运营商。随着业务需求量扩大，提供IDC服务的运营商逐步推出服务器出租、应用出租等各种便捷的增值服务，降低了提供网络信息服务的成本，为互联网上内容丰富起到推动作用。

2000 年 11 月至 2002 年 6 月，北京电信投资在电报大楼五层建设 IDC 机房，安装 SUN E 系列服务器 14 台、工作站 4 台，以及路由器、以太网交换机、PC 终端等设备，建立北京互联网数据中心，以 2.5Gbps 带宽与 CHINANET 连接，并设立 IDC 系统网管、监控平台。随着业务发展、根据机房容纳空间及电力供应状况拓展了皂君庙和各地区 IDC 机房。

图1-25 北京电报大楼IDC机房（2002年摄，图片来源于北京通信电信博物馆）

2001 年，联通北京分公司提供电信级 IDC 机房，向用户提供互联网高速接入、主机出租、主机托管等服务，并具有计费、网管、门禁、安防闭路监控等功能。2001 年至 2007 年，联通北京分公司投资建设京门大厦 B1、B2 层共 2361 平方米，配备电源、空调、消防、监控设备，主要用户有中国农行等。2007 年投资建设数字北京大厦（6 层、7 层、8 层）共 1905 平方米，主要设备为机架 130 个、路由器 28 台、交换机 31 台、防火墙 4 台、监控计算机 12 台、网管 1 套。

2002 年，北京移动在望京综合楼建 350 平方米 IDC 机房一期工程，可供用户使用机柜 86 个。2003 年 3 月 30 日竣工。年底，北京移动在菜市口机房楼 4 层建设 1000 平方米 IDC 机房二期工程，可供用户使用机柜数 212 个。

2003 年，电信北京公司第一个 IDC 机房——静安数据中心投入使用，综合面积 2000 多平方米，机房面积为 1200 多平方米，机房机架规模为 316 架。

2004 年，北京铁通完成 IDC 基础平台建设，包括带宽计费、内容计费和新建门户系统等功能。2005 年 3 月，北京铁通在京铁家园建成第一个 IDC 机房，面积 40 平方米，合计托管能力为 12 个标准机柜。

2005 年，北京网通投资在电报大楼综合业务楼 4 层、5 层设立 IDC，安装机架 265 个、路由器 1 台。电信北京公司兆维数据中心投入运营，兆维机房综合面积 21900 多平方米，机房面积为 12190 多平方米，机房机架规模为 644 个机架。

2006 年 3 月，北京铁通在丰台枢纽局建成第二个 IDC 机房，面积 100 平方米，建设托管能力 24 个标准机架。同年 7 月至 2008 年 8 月，北京网通投资建设 IDC 管理服务平台，配置数据库、应用、采集、Web 服务器共 8 台、以太网交换机 2 台、磁盘阵列 1 台等，并向 IDC 用户提供自己设备的运营数据。11 月 17 日，电信北京公司兆维、上地、静安 3 个数据中心经过欧洲权威测试认证机构BSI的审核、检验和监督管理，通过ISO 27001信息安全管理体系认证现场审核，成为北京市通过信息安全认证的单位。

2007年1月至2009年12月，北京网通投资在海淀硅谷亮城（3A座）建设IDC，安装机架249架、路由器3台、交换机32台等。

2007年，北京移动在昌平机房楼7层建设765平方米的IDC机房，可供用户使用机柜数167个。同年，北京铁通对贝尔园机房进行续建，更名为北京铁通IDC中心，共计4000平方米，一期机房共有400个机架，其中30个机架为100Mbps共享区、360个机架为100Mbps独享区，整个网络采用分层结构。

2008年6月至2009年1月，北京网通投资对国际电信大楼、电报大楼、皂君庙、北土城4个IDC机房的核心设备扩容，路由器接口万兆卡共9块、千兆卡2块、光模块24个。

2008年，北京铁通扩大IDC应用平台建设，新建机房面积729平方米，机柜398个，安装71.6千瓦空调16台、52.2千瓦空调4台，新增2台2200千伏安油机发动机，并对相应的电源、安防、消防系统进行扩容改造。

图1-26　皂君庙IDC机房（2008年摄，图片来源于北京通信电信博物馆）

2009年，北京铁通新建机房面积180平方米，机柜154个，52.2千瓦空调机3台，以及相应的电源、安防设施。同年，北京移动租用北京铁通丰台机房建设IDC机房，项目可提供机柜数260个。

2010年，电信北京公司永丰数据中心投入运营，永丰机房综合面积44810多平方米，机房面积为20400多平方米，是当时亚洲规模最大的单体数据中心。永丰数据中心采用太阳能供电照明、冰蓄冷等多项先进节能技术，设计PUE值（Power Usage Effectiveness，电源使用效率）为1.4。同年，北京移动在大白楼建设2100平方米IDC机房，可供用户使用机柜数674个；租用电信通公司雍和宫机房1296平方米建设IDC机房，可供用户使用机柜数498个；租用北京铁通北蜂窝机房280平方米建设IDC机房，可供用户使用机柜数280个。至2010年年底，北京联通建有规模型电信级IDC，包括电报大楼主楼和综合楼、国际电信大楼、望京局、皂君庙局、京门大厦、房山局、南苑局、石景山局、西红门局、酒仙桥局（兆维）、西三旗局、东四局、上地局、土城局、亦庄局、中关村1+1大厦、北苑局、回龙观局、硅谷亮城3A座机房等。每个IDC均有2台高端路由器上联IP网核心层不同的两个节点，带宽为4×10Gbps、4×40Gbps或6×60Gbps。

二、公众网重点业务

1995 年 5 月，中国公用计算机互联网（CHINANET）正式商用。通过电话网（拨入号码为 163)、分组交换网以及 DDN 专线等方式，向全国范围提供 Internet 接入服务。

1997 年 5 月，中国公众多媒体通信网（CHINAINFO）投入运营。通过电话网拨入号码为 169，并提供专线接入。

1999 年，北京电信利用北京本地帧中继网提供大型企事业单位和金融用户使用，开始实现市内、国内各地互联互通，组建各自系统内的数据交换网。中国建设银行北京分行中心以多条永久虚电路（PVC）与各支行、储蓄所连接建立企业 VPN 业务网，减少资金流转时间。年底，北京电信试开通非对称数字用户线路（ADSL）技术的宽带用户接入业务。

2000 年 3 月 28 日，北京移动启动基于 GSM 系统的 WAP 业务，开始运用移动通信系统和手机终端进行上网业务的尝试。5 月 17 日，中国移动推出“全球通 WAP(无线应用协议)”服务。

2001 年 1 月，北京电信推出分别以 LAN 和 ADSL 方式面向企业和家庭的宽带上网业务，互联网“校校通”工程实施。2 月，北京电信为位于通州区的北京市中加学校开通 LAN 宽带接入共 340 个信息点，为郊区首个宽带接入用户。4 月，北京电信向社会推出 ADSL 宽带接入业务，开通接入速率为 512kbps 和 1Mbps，相对于 ISDN 接入速率 128kbps 的“一线通”品牌，ADSL 产品品牌被命名为“超级一线通”(2003 年中国网通统一改称“宽带 e 线”)。6 月，北京电信为北京奥申委代表团搭建北京至莫斯科通信网络，连接到北京电信的互联网节点。9 月，北京电信 WLAN 启用，运用于第二十一届世界大学生运动会。联通北京分公司推出“联通在信”，以互联网上的信息作为短信息的主要信息来源，由互联网上的业务提供商（SP）直接与各短信息中心（SMSC）沟通，建立信息交换；供拨 165 入网和手机用户经 WAP 网关检索。11 月，开通 165 上网卡接入用户和企业用户国际漫游业务。

2002 年 2 月，北京电信推出在用户端安装摄像头，录制视音频信息后以电子邮件进行交换的网络视频信息业务。4 月，北京电信与北京邮电大学合作建设的“北邮宽带网”开始运行。中国联通计算机互联网（Uninet）提供以“165”拨号上网，利用 IP 加密隧道等技术实现虚拟专网（VPDN）业务。8 月与境外 14 个互联网运营商开通国际互联网业务，包括 MPLS−VPN 业务和 IP−VPN 国际业务。年底注册用户 50 万户，拨号上网账号用户 30.47 余万户、专线用户 433 户，拨号上网时长近 3 亿分钟。

2002 年 5 月 17 日，北京移动 GPRS 技术平台投入运营，传输速率可达到 115kbps，下行平均速率 20 ~ 50kbps，开通全球通无线上网品牌业务。2002 年，北京铁通开通 ADSL 接入服务，实现由窄带拨号到宽带拨号的转变，用户数量大幅递增，由初期的 5 个接入服务器发展到 1500 个。年底开通 LAN 接入方式业务，前期主要面向商用写字楼。同年，电信北京公司开通 ADSL 小区接入服务，北京累计安装 500 余台 DSLAM 设备，为北京地区家庭用户提供宽带接入服务。9月26日,中国电信在全球范围推出“FocOne一站通”服务。

2003年4月10日起，北京网通注册拨号上网接入号码统一改为“16900”。“96163”接入号码为非注册用户提供主叫拨号接入服务，用户无须办理手续和开户，使用公开的账号和密码即可上网。5月26日，北京移动开通“随e行”业务品牌；12月19日推出“商e行”业务品牌，主要面向无线上网需求的用户。6月15日，中国电信“互联星空”全国中心系统投入试运行，互联星空业务主要面向中国电信宽窄带上网用户，以及提供各类内容和应用服务的SP。2003年，电信北京公司开始进行互联网专线接入、宽带接入（ADSL、LAN）等业务试验。

2004年8月，北京网通推出基于以太网无源光网络（EPON）技术的宽带接入试用。联通北京分公司为亚太数字科技博览会提供2Mbps互联网专线接入。9月开通联通手机号码接入，且上网费与移动话费一同扣缴的拨号业务。10月，北京网通推出1Mbps速率ADSL。12月，电信北京公司推出1Mbps速率ADSL。年内完成北京市国税局等11家10Mbps等速率互联网专线接入。宽带接入用户数大幅度增加，窄带拨号接入用户数大幅度减少，业务替代现象明显。

2005年年初，电信北京公司开始发展小区OLT设备PON上行业务试点，在凯旋城小区为用户提供高速率的通信服务。6月30日，电信北京公司在IDC项目上与国际ICP达成首次合作；8月2日开始为中央电视台CCTV.COM国际网站分站提供100Mbps互联网接入服务。6月，北京移动开通无线上网“动感地带”品牌业务。9月，北京网通开通第一个EPON接入小区（西三旗“宽HOUSE”）。

2006年1月，电信北京公司开放2Mbps速率ADSL。2006年，北京网通完成金都假日酒店等共30多家酒店、宾馆和大学校区、公园、剧院、体育场、大厦等30多处热点场所的WLAN覆盖；在西客站等6个局设WLAN网络中心，发展公众无线局域网（PWLAN）应用；完成中央商务区（CBD）大厦等19家的10～100Mbps互联网专线接入。北京网通ATM网为中国农业发展银行提供10Mbps双路由接入，崇文区政府政务专网、丰台区政府政务专网、东城区政府政务专网、北京市工商局石景山分局8Mbps专线接入，北京市地税局石景山区第二税务所2Mbps接入，等等。

2007年4月，电信北京公司开放4Mbps速率ADSL。5月17日，北京网通开放2Mbps速率ADSL；12月18日开放4Mbps速率ADSL。年底推行缩短接入用户电缆距离、推进“光进铜退”的发展策略，推广EPON接入。开通互联网宽带接入业务的乡（镇）有183个（其中98户以4Mbps、10Mbps、100Mbps等专线方式接入），互联网内MPLS VPN业务用户2025户。2007年，北京网通ATM网为IBM公司提供8Mbps PVC接入、北京地税局东城综合楼和西城第二税务所均以4Mbps专线接入、四一安信所以2Mbps专线接入等。年底，北京网通VSAT宽带业务应用平台先后建立远端单收小站1000多家，承载北京大学医学网络教育、北京师范大学附属实验中学卫星远程教学、安博北师大远程教学、黄冈中学远程教学、中天华亿远程教学、百年树人远程教学、时代光学远程教学等多个远程教学和科教项目。

2008年年初，北京网通以EPON接入方式，实现奥运各场馆和奥运村计算机宽带上网和视频监控；采用WLAN接入为参会者和新闻媒体提供无线宽带接入服务。年内，北京网通完成地铁运营有限公司等13家4Mbps、10～100Mbps速率互联网专线接入，EPON接入点169个，MPLS VPN业务用户2819户。

2009年3月12日，北京联通公司将门头沟区176个行政村全部实现宽带接入互联网。5月21日，市政府与中国联通、中国移动、中国电信三大基础运营商签署战略合作框架协议，在北京全面推进宽带接入网建设。8月，北京联通企业ADSL、“宽带商务”推出4M、8M产品，完成北京阜外医院等17家10～100Mbps速率互联网专线接入。12月31日，北京市网民数接近1100万人，占总人口比例65%，网民比例居各省市第一，其中2M及以上宽带用户达到135万户；全市 3G网络用户达到66万，占全国的6.7%；全市工业和服务业企业上网率达58.3%，平均互联网带宽为3.5Mbps；规模以上企业上网率达100%，平均互联网带宽为18.4Mbps。

2010年，北京联通以光纤接入技术为主，铜缆接入为辅的原则，利用现有接入资源，推进FTTH接入、企业宽带提速；校园用户推出4M、8M阳光极速卡；发展信息化村；推出动态宽带产品即时通、家校通、宽带电脑伙伴、全能套餐等。10月，北京联通推出20M宽带产品。11月，北京联通WLAN业务正式商用，开通402个热点网络。WLAN/PWLAN用户设备总数8038套。20M宽带升级改造全面完成，开通20M升速改造端口160.66万个。12月，1519个小区光纤到户，2970个行政村光纤到村。年底，北京联通宽带接入ADSL设备端口总容量496.9万线，ADSL用户398.8万户；LAN设备端口总容量29.3万个，LAN用户18.7万个；EPON设备端口总容量56.9万个，EPON接入用户11.2万个。专线用户1924户。互联网窄带拨号接入设备端口0.54万个，用户64.4万户。北京铁通家庭宽带接入在网用户19万户，LAN接入1.2万户。专线接入有745条，其中大客户专线（大于）145条，其他专线600条。北京地区初步建成国内领先的3G网络，20M宽带覆盖最广的信息网络。北京地区网民规模超过1218万人，互联网普及率69.4%；手机网民规模780万人，3G用户超过254万。首都信息产业达到世界发达国家主要城市的中上等水平。

第二章　政务专网与无线电监测

1989年，市无线电管理委员会开始规划建设无线电监测网，1998年，市无线电管理局开始编制《北京市无线电管理技术设施建设规划》。2001年，北京市无线电管理网络系统建成通过专家验收。开通帧中继通信专线，实现局信息系统与国家无线电监测中心的联网。建立“国际互联网”无线接入系统和专用工作室。北京市无线电监测站获得北京市质量技术监督局计量认证资质，通过 CMA（国家认证认可监督管理委员会）计量认证。2005年开始建设无线电发射设备检测中心。2007 年建设监测控制中心站，升级固定监测分站。2008 年完成监测网络规划的建设和运行，构建了统一指挥体系，保证了奥运会、残奥会的进行。

2001 年，北京市建立有线政务专网，由政务外网、政务内网组成。其中，政务外网是覆盖北京市各级国家机关、直属单位及相关业务单位的集数据、语音、视频、图像等多种业务传输功能于一体的高速宽带网络，网络与互联网逻辑隔离，由市和区县两级网络组成。政务内网覆盖市级、区县级国家机关及所属部门，主要承载各级政务部门内部办公、管理、协调、监督和决策系统，与互联网等其他网络严格实行物理隔离。

2002 年，北京市建立 800M 无线政务专网，为全市日常城市管理、重大活动保障和突发事件处置提供安全、可靠的指挥调度通信保障服务。

2010 年年底，北京基本建成覆盖市核心区的无线电监测网，无线电检测项目通过计量认证，部分检测能力通过 CNAS 认证。政务外网接入相关单位 687 家、区县级政务部门近 8000 家，政务内网接入用户单位 443 家。800M 无线政务专网全面覆盖北京市城区、郊区平原地区、高速公路、地铁、机场、奥运场馆、奥运签约酒店以及旅游景区。

第一节　有线政务专网

“九五”期间，北京市电子政务一期工程建成首都公用信息平台，国家各大信息网、北京有线电视网、北京市主要部门的内部网在平台上实现互联互通，政务信息网络和信息数据库建设初具规模。123 个市属机关、单位在首都之窗建立了网站；机关办公自动化水平提高，40 多个部门和 16 个区县政务机关初步建成业务应用系统或领导决策服务系统；市政府电视会议系统已经连接 36 个会场 。

2001 年 1 月，为适应首都社会经济发展和建设国际化大都市的需要，北京市加快政务信息化建设，推行并落实总体统筹分工负责制，继续完善首都公用信息平台，加快建设高速宽带政务网络，开始建设有线政务专网，采用“BOT”（建设—经营—移交）模式建设运维，由首都信息发展股份有限公司出资建设和运营，由市公安局负责城区和近郊区光缆铺设和维护，由歌华有线负责远郊区光缆铺设和维护。5 月，市信息办与首都信息发展股份有限公司签署了《首都公用信息平台总体统筹负责制协议》，推进有线政务专网的建设。8 月 2 日，市长专题会议研究有线政务专网建设，通过《电子政务专网建设实施方案》。10 月，市计委批复政务专网工程立项，明确依托首都公用信息平台，建设连接 18 个区县政府和市属各委办局的专用光纤网络，工程建设由首都信息发展股份有限公司联合市公安局、市广播影视集团共同承建，项目投资由首都信息发展股份有限公司筹措解决。12 月底，具备核心、汇聚和接入节点的有线政务专网建成，联通有线政务专网一期工程中的 18 个区县政府、15 个电子政务试点委办局、市人大常委会、市政协、首都图书馆、市政府机关事务管理局、中关村科技园区管理委员会（以下简称中关村管委会）和国家地震局在内的 39 家单位。同时，市公安局金盾工程（一期）的光缆建设完成，实现 2001 年市政府折子工程规定内容。

2002 年 2 月开始实施有线政务专网建设二期工程。4 月依托政务外网的第一个横向网络应用“北京市投资项目审批平台系统”开始建设。6 月底，有线政务专网联通市政府所属 40 个委办局和北京市广播电视大学及其所属 18 个分校。8 月，在有线政务专网建设二期工程基础上增加一批接入单位。12 月，市委、市政府机关办公自动化建设领导小组办公室召开协调会，决定北京市政务公文传输系统依托有线政务专网建设。至 2002 年年底，有线政务专网共接入单位 157 家，承载业务虚拟专网 8 套。

2003 年 4 月，依托政务外网快速建立了非典信息报送系统、农村疫病防控信息系统，为非典期间政务指挥调度和控制疫情提供了及时准确信息。5 月 16 日，应北京市 SARS 医疗救治指挥中心要求，依托政务外网建立 5 个非典重症医院及指挥中心之间的非典专家会诊视频系统。2003 年年底，有线政务专网共接入单位 594 家，承载业务虚拟专网 23 套。

2004 年 6 月，政务内网改造，从原政务内网和政务外网共用的骨干 ATM 传输平台迁移至 SDH 传输平台。9 月完成有线政务专网的全网测试验收，10 月完成政务外网的安全等级保护测评，达到三级安全等级保护要求。12 月，市信息办印发《北京市有线政务专网管理制度》。2004 年年底，有线政务专网共接入单位 1883 家，承载业务虚拟专网 31 套。

2005 年 1 月，北京市召开“两会”期间，为首次承载在有线政务专网上的人大议案、政协提案交办系统提供保障。2 月依托政务外网开通应急指挥 IP 视频会议系统，完成 43 家应急系统成员单位的视频网络接入，提高了突发事件的应急处置能力。6 月完成 309 个乡镇、街道社保所接入政务外网任务，为 147.5 万企业退休人员就近报销医药费提供服务。年底完成《北京市政务专网 2004—2008 网络规划》《北京市政务专网安全保障体系总体规划》《北京市政务专网网管平台可行性研究报告》等多项总体技术方案，提出未来 5 年北京市政务专网的发展管理思路，明确专网发展方向。年底，有线政务专网共接入单位 3528 家，承载业务虚拟专网 45 套。

2006 年，根据《中共中央办公厅、国务院办公厅转发〈国家信息化领导小组关于推进国家电子政务网络建设的意见〉的通知》，为保持网络名称的一致，有线政务专网更名为电子政务网络。10 月，为保障中非论坛北京峰会期间信息通信畅通，成立“论坛期间网络通信保障工作领导小组”，以及由网络技术骨干组成的“中非论坛期间网络通信应急保障工作组”，负责完成应急指挥和现场救援的通信保障工作。同年开通全国信访信息系统从中央到地方的政务应用，政务外网与国家政务外网实现无缝对接。年底，电子政务网络共接入单位 4700 家，承载业务虚拟专网 59 套。

2007 年 1 月 23 日，北京市信息化工作领导小组印发《关于推进北京市电子政务网络建设的意见》，明确北京市建设统一的电子政务网络，各级政务部门不得新建专用传输网络，已有网络逐步整合。2 月 7 日，市信息办印发《关于加强北京市政务外网 IP 地址使用管理的通知》。2 月，为便于工商行政管理系统实现信息资源共享，更好地为社会公众服务，依托政务外网开通工商业务虚拟专网。5 月，政务外网的接入线路采取租用运营商线路方式，政务外网实现与公众运营商对接，以市农业局“进京动物及产品卫生监督网络信息管理系统”32 个监测点和市安监局“重点危险品生产经营单位图像监控系统”30 个监控点的网络接入作为试点。8 月保障了“好运北京”测试赛期间市应急指挥视频会议系统等重要应用系统的畅通。10 月，电子政务网络保障了中共十七大期间网络通信的安全、稳定、畅通。12 月，依托政务外网建设的北京市流动人口和出租房屋综合管理信息平台一期工程投入运行，覆盖市、区县、街乡三级流管机构。年底，电子政务网络共接入单位 5100 家，承载业务虚拟专网 76 套。

2008 年 2 月，市信息办编制《北京市电子政务网络应急预案》，市电子政务网络通信保障等级由高到低划分为特别重大（A 级）、重大（B 级）、较大（C 级）、一般（D 级）4 个级别。5 月进入奥运期间电子政务网络保障状态。8 月 5 日至 25 日，北京市电子政务网络进入 B 级应急保障状态，其中北京奥运会开闭幕式期间为 A 级应急保障状态，电子政务完成奥运会通信保障工作。年底，电子政务网络共接入单位 6800 家，承载业务虚拟专网 85 套。

2009 年 4 月，市经济信息化委组织实施电子政务网络升级改造工作。7 月开始实施《北京信息化基础设施提升计划（2009—2012 年）》，电子政务网络改造是其中的 7 项主要任务之一。9 月，电子政务网络全面保障国庆 60 周年阅兵通信，累计保障值守 112 人日。年底，北京市电子政务网络累计接入各级政务部门、企事业单位近 7500 家，网络覆盖区（县）、街道（乡镇）、村（居委会），承载业务虚拟专网 94 套。

图1—27　2009年，国庆阅兵网络与信息安全保障指挥现场

2010 年 3 月 16 日，市经济信息化委印发《北京市接入政务外网的局域网建设实施指南》。4 月，电子政务网络完成升级改造。5 月 17 日，市经济信息化委印发《北京市政务外网管理办法》。5 月 25 日，市经济信息化委印发《北京市政务外网视频会议系统建设使用管理规定（试行）》。历时一年，调研网络接入单位 53 家，组织专家评审 5 次；工程增补光缆 112 公里，更换设备 172 台套，迁移电子政务网络用户单位 649 家，割接应用系统 334 套。2010 年年底，北京市电子政务网络接入用户累计 7556 家，共承载业务虚拟专网 120 套。

北京市电子政务网络在国家信息中心统一部署下，开通国务院应急办应急平台等16套中央到地方的政务应用系统，市级政务外网成为全国政务网络的重要组成部分，实现了全国政务网络建设“一盘棋”。电子政务网络建立有规范的管理体系和监督机制，对网络建设、入网审批、技术接口、网络管理、安全防护、服务咨询等制定有规章制度、操作流程和考评体系。

第二节　无线政务专网

1989年，市委办公厅、市政府办公厅、市计委、市经委共同组成北京市无线指挥调度网筹建领导小组，统筹建设北京市第一张无线政务专网。通过技术选型和商务谈判，该网采用当时世界最先进的美国摩托罗拉公司的800MHz集群通信系统，委托北京华讯通信技术公司负责建设运营。该网总投资约1100万元。网络拥有两套交换系统，40个基站，5000多部固定、车载、手持移动用户终端。中心机房设在中央电视台主楼顶。1990年国庆节前网络开通，覆盖整个北京市行政区域。用户涵盖北京市主要党政机关、各区县政府和国有大中型企业，提升了北京市应急指挥调度能力，保障和提高了城市管理质量和效率。当年为第十一届亚运会组织调度提供高质量安全可靠的服务保障。该网运行至2002年。

2002年年初，北京市存在独立模拟网9张，容量有限、业务单一、多种制式不能互通，不同部门在大型活动或紧急情况下无法统一指挥。7月15日，市政府决定建设800M无线政务专网（以下简称无线政务网）并确定“市政府控制，企业运作，政府集中购买服务”的运营模式。由市信息办代表市政府集中购买服务，对网络统一管理。9月26日，第153次市政府会议决定组建运营公司，确定各股东出资方式。12月30日，北京正通网络通信有限公司（以下简称正通公司）在市工商局登记成立。

2003年4月23日，北京市政务网络管理中心成立，负责北京市无线政务专网的运行管理。该中心在市信息办领导下负责落实政府集中购买数字集群服务，考核网络服务质量，管理政府用户入网，参与网络规划，监管网络建设，并负责调度网的建设、运维和用户服务，保证用户安全、可靠、合理地使用网络。9月30日，正通公司完成50个基站的设备安装并联网开通，无线政务专网开始试运行。

2004年3月9日，在石景山城管大队举行市城管系统首批数字集群无线政务专网终端配发仪式和应用培训，标志首批政府用户入网。6月30日，网络一期工程建设完成，规划的2套交换机、93个基站实现联网开通，覆盖五环路以内地区、郊区县中心地区以及出京各高速公路沿线地区。12月，市信息办印发《北京市无线政务专网管理制度（试行）》。

2005年9月，市公安局用户正式转入无线政务专网，无线政务专网在网用户突破2万户。同月，无线政务专网为“纪念抗日战争暨世界反法西斯胜利60周年”大型纪念活动提供数字集群指挥调度通信保障。11 月，无线政务专网为美国总统布什访华重大勤务提供数字集群指挥调度通信保障。

2006 年 1 月，无线政务专网为中非合作论坛北京峰会暨第三届部长级会议提供数字集群指挥调度通信保障。4 月 18 日，无线政务专网联网完成二期工程建设并开通运行，共有 2 套交换机、174 个基站、63 个直放站、494 个载频。网络覆盖北京城八区、郊区的平原地区、主要高速公路在内的大部分区域，并且逐步向重点旅游景区的覆盖。7 月，市领导对《英国发表伦敦“7·7”恐怖袭击应急措施调查报告》做出批示，要求 2008 年前，无线政务专网对地铁、场馆等实现全覆盖。

2007 年 5 月 9 日，市财政局和市信息办联合印发《北京市 800 兆无线政务网运行维护管理暂行办法》。6 月，市信息办印发《北京市 800 兆无线政务网应急预案》。7 月至 12 月，无线政务网为“好运北京”系统测试赛共 25 项赛事全部赛程提供数字集群指挥调度通信保障。

2008 年 4 月，市信息办印发《北京市 800 兆无线政务网管理制度（修订稿）》。5 月 1 日，无线政务专网首先实现 1 号线、2 号线地铁内信号覆盖。7 月 6 日，无线政务专网实现首都机场 T1、T2、T3 航站楼内信号全覆盖。8 月 6 日，地铁 5 号线与 10 号线无线政务网覆盖开通。8 月 7 日，地铁奥运支线（8 号线）无线政务网覆盖开通，标志无线政务专网在全部地铁运营线路实现覆盖。北京奥运会期间，无线政务专网完成奥运会通信保障工作。10 月 24 日至 25 日，无线政务网为第七届亚欧首脑会议提供数字集群指挥调度通信保障。10 月完成三期工程建设，网络达到容量 9 万户，5 套交换机、289 个基站覆盖奥运竞赛和非竞赛场馆、首都机场、地铁、奥运会签约酒店，奥运中心区实现“网中网”双基站覆盖，成为亚洲最大的数字集群通信网和全球最大的城市数字集群通信系统。

图1-28　2008年，北京奥运会期间无线调度指挥现场

2009 年 8 月 5 日，市经济信息化委分别与中国电信集团北京分公司、中国联合通信集团北京分公司签订《北京市 800 兆无线政务网合作框架协议》，与正通公司签订《北京市政府集中购买数字集群服务协议》。9 月 30 日至 10 月 2 日，无线政务专网全力保障国庆 60 周年庆祝活动的举办，实施 A 级保障，应急车现场备勤，保障人员现场就位。

2010 年 4 月，无线政务专网系统完成 5.5 版本升级。8 月 28 日至 9 月 4 日完成世界武搏运动会通信保障，无线网启动 D 级通信保障，开幕式当天启动 C 级通信保障。9 月完成四期工程建设，网络达到容量9万，共有6套交换机、304个基站，满足2010年国庆61周年活动期间的通信需求。11月，为充分利用北京市800 M无线政务网通信资源，规范管理流程，确保网络安全稳定运行和指挥调度可靠畅通，市经济信息化委对无线政务专网管理制度进行全面修订，印发《北京市800兆无线政务网管理规定》。

第三节　无线电监管

一、无线电监测

1989年，为适应无线电发展需要，市无线电管理委开始规划建设无线电监测网，范围包括中央监控室、和平里固定监测分站、望京固定监测分站、南磨房固定监测分站、丰台固定监测分站及2个移动监测站。

1990年，市无线电管理委作为第十一届亚运会技术部无线处的组成单位之一，负责对无线电实行监测，对无线电设备进行检测，完成亚运会无线电通信的保障工作。

1996年，根据移动电话发展的需要，经与国家无线电办公室和北京移动电话运营单位协调，市无线电管理委调整900MHz无中心选址系统的工作频段，使电信部门提前5年使用上903～905 MHz频段，为北京市公众数字移动电话网的发展创造了条件。频段调整后，当年移动电话增加7万余台。

1998年6月，市无线电管理局开始编制《北京市无线电管理技术设施建设规划》，2001年1月管理技术设施建设项目通过专家验收。建成的北京市无线电管理网络系统共包括1套、5站、2车。1套是由无线电设备检测实验室和移动检测车组成的无线电设备检测系统，5站是监测中心站和4个固定监测分站，2车是移动监测站的无线电监测、测向定位系统。还建立了由1套无线电频谱管理计算机网络和相应的应用软件组成的无线电频谱管理、办公自动化系统。

2001年开通帧中继通信专线，实现市无线电管理局信息系统与国家无线电监测中心的联网，随时可以进行信息沟通。开发并建成设置在首都之窗的网站，为推进政务公开和向社会提供信息服务开辟了新的手段和渠道。建立“国际互联网”无线接入系统和专用工作室。北京市无线电监测站获得北京市质量技术监督局计量认证资质，通过CMA（国家认证认可监督管理委员会）计量认证。国家无线电办公室在北京召开“九五”无线电管理技术设施建设总结会，市无线电管理局被评为先进单位，在会上介绍经验，并召开了技术设施建设现场会。同年，有关部门对广播电视系统的无线电发射设备，高校使用的调频立体声广播扩延频率设置以及校内外语教学设备的使用情况进行了调研和清理；对业余无线电台站资料进行了统计核对，对428个集体和个人的业余无线电台进行了清理，将个人资料和相关数据全部录入台站数据库。完成国家无线电办公室移交的169个卫星站资料的整理，并将数据录入台站数据库。完成200MHz、400MHz及800MHz频率使用情况的清理与核对。按照《北京市无线电管理“十五”规划》，北京市加快推进全市无线电通信网的建设，努力提高频率的优化配置。800MHz数字集群指挥调度网取得突破性进展，“空中环路”微波共用网、社区无线电报警系统进入商用。地铁八通线提出频率申请后，无线电管理部门经过论证，提出了与城铁复用频率的实施方案，使地铁八通线工程得到保障，保证了城铁开通后通信畅通。GPS定位和车辆调度防盗报警数据地面传输网技术基本成熟，利用卫星定位解决电话叫车、拆除出租车内护栏，是市政府2002年为市民兴办的60件实事之一，为促进落实，分别给开展此项业务的北控星赛尔、北京奇华两家公司增加了16对、32对无线电频率，使出租车行业的车辆调度形成良性竞争局面，减少出租车空驶率。

2002年，监测网西北分站选址初步确定。无线电监测网进一步完善，监测系统（中控室、4个分站、2部监测车）从3.0版本升级到4.0版本。对固定监测分站天线塔避雷系统进行改造，解决了系统雷击故障隐患。对中控室机房的设备、机柜的布线进行清理和改造，优化系统使用条件，减少故障环节，消除了设备噪声给工作人员带来的影响和危害。对无线电管理信息系统硬件进行升级改造，安装高性能网管软件和病毒防火墙，增强了系统的可靠性和安全性。应用模块由14个增加到41个，提高了办公自动化系统的性能和实用性。11月，市无线电管理局和市公安局联合发布《关于加强对自动扫频接收机和可变频率无线通信设备使用管理的通告》，规定除担负无线电监测和监听任务的特殊部门外，其他单位和个人不准购置、使用自动扫频接收机。10月9日至2003年2月20日，为加强对卫星地球站的管理，根据信息产业部、公安部的要求，无线电管理局对管辖范围内的307个卫星地球站进行检查，整理出较准确的卫星地球站资料，检查结束时共登记办理卫星地球站325个。

2003年5月，根据国家有关要求成立整顿工作小组，开展保护民用航空无线电专用频率专项整顿活动，至2004年年底结束共完成38657个无线台（站）集中清理，其中补办设台审批手续的3254个，补报相关资料6100份，新（换）发电台执照5482个。

2004年12月23日，为保障北京奥运会期间的无线电安全，召开第一次奥运会无线电频率协调联席会议。会议决定北京奥运会的无线电管理工作以联席会议形式进行，重大决策问题由联席会议决定，北京市两位副市长为会议召集人，信息产业部无线电管理局局长担任联席会议秘书长、市无线电管理局局长为副秘书长，联席会议下设办公室，负责日常工作。

2005年成立双桥固定监测分站、西三旗固定监测分站、石景山固定监测分站和2部移动监测站。根据无线电检测管理工作需要，开始建设无线电发射设备检测中心，建设常规检测系统、基站检测系统、移动终端检测系统、数字集群检测系统及中央控制室。根据通信部无线电管理中心通知，对蜂窝无线电通信基站进行了检测。12月，市无线电管理局制定《北京市无线电频率指配规划》，规划包括27～38 MHz频段、40～48.5 MHz频段、

72.55 ～ 74.5 MHz 频段、150 MHz 频段、200 MHz 频段、400 MHz 频段、800MHz 频段、900MHz 频段、1 ～ 30GHz 频段、2.4 GHz 频段、1.8 GHz 频段和 5.8 GHz 频段的频率指配方案。

2006 年，市无线电管理委员会通过无线电发射设备检测计量认证复评审，完成奥运会重点区域、31 个比赛场馆电磁环境测试，完成第十一届世界女子垒球锦标赛无线电监测、干扰查找、无线电设备检测等任务。

2007 年开始建设监测控制中心站、西山固定监测分站、具有双极化无线电信号监测测向功能的移动监测站；升级 4 个固定监测分站，具有双极化无线电信号监测测向功能；完成检测实验室资质认定的转版工作。

2008 年，为确保北京奥运会、残奥会期间各种无线电通信畅通，市政府主管部门和相关单位共同完成监测网络的规划、建设和运行，构建统一的指挥体系。监测控制中心站与西山固定监测分站竣工并投入运行，担负起奥运会、残奥会期间北京地区的无线电监测与有关场馆无线电设备入场检测保障工作，将监测和干扰处理流程与北京奥组委技术部整体障碍处理流程相结合，纳入奥运会技术运行中心工作范畴。

2008 年 9 月，针对不法分子在国家举办的考试中利用无线电通信设备进行作弊的现象，市司法局、市无线电管理局、市公安局联合发布《防范和打击利用无线电通讯设备在国家司法考试中进行作弊活动的实施办法》，决定成立领导小组，专门负责打击作弊行为。

2009 年 1 月，市国家保密局、市无线电管理局发布《关于安装使用保密会议移动通信干扰器有关事项的通知》，规定涉密单位购买保密会议移动通信干扰器，需填写审核备案表，向市国家保密局申请办理审核批准手续。年内，市无线电管理局按照市政府部署的《北京市开展建国 60 周年庆祝活动无线电频率台站清理整顿工作方案》，对全市各区县特别针对城八区和天安门地区开展无线电频率台站的清理整顿。经统计，共新增对讲机用户 2468 家、电台 24338 部，收到 7 份无线寻呼台资料和 23 所高校的广播电台资料，收到无线电爱好者固定电台资料 521 份，并对相关设台单位进行检查和行政执法。

2009 年对 6 个固定监测分站进行升级改造，使之具有双极化无线电信号监测测向功能。建设大兴瀛海固定监测分站、无线接入检测系统，完成监测中心和良乡、石景山、西山、双桥、大兴等 6 个固定监测分站安装、调测，以及移动终端设备检测系统升级、调频常规检测实验室进行升级改造设备采购。通过检测实验室计量认证复评审，修改、完善实验室管理程序手册，通过了中国合格评定国家认可委员会实验室认可现场评审，获得实验室认可证书。

2010 年，根据北京市无线电管理“十二五”规划编制要求，北京市无线电监测站制订《北京市无线电监测站监测检测“十二五”专项规划实施方案》，完成专项规划基本内容；参加《北京市无线电管理“十二五”规划》的编制，完成实验室认可工作。年底，基本建成覆盖北京市核心区的无线电监测网，包括无线电监测中心站、无线电各监测分站、无线电监测车和便携式无线电监测设备，实现对重点区域电磁环境的全面监测。无线电检测实现对无线接入、手机、数字集群、数字蜂窝基站等无线电发射设备的检测，检测项目通过计量认证，部分检测能力通过 CNAS 认证。

二、无线电管理

20 世纪 80 年代中期，市无线电管理委员会和市工商局联合出台了《关于加强民用无线电发射设备销售管理工作的通知》，规定经营销售无线电发射设备必须先向市无线电管理委员会申报，经审核批准发给准销证，方可开展经营销售业务。随着改革开放的深入，进口无线电发射设备日益增多，市无线电管理委和北京海关又联合出台了《关于加强进口无线电发射设备管理有关事项的通知》，规定凡成批或零星进口、引进无线电发射设备，应事先向市无线电管理委员会申报频率和技术指标，并持订货合同到市无线电管理委员会申领入关通知单。

1987 年，市无线电管理委员会下发通知，决定对全市的无线电设备进行检测，并在首都钢铁公司、北京市铁路局等 4 个单位进行检测试点，然后向全市推广。检测从 1988 年开始至 1991 年结束。

1992 年，市无线电管理委员会负责对城市运动会进行无线电监测保障工作。北京市无线电监测站与其他单位合作，共同完成“北京市无线电噪声普查与规律的研究”课题。同年，市无线电管理委再次发出通知，对全市设台单位的无线电设备进行检测。

1993 年 4 月 17 日，市政府颁布《北京市无线电台设置使用管理规定》，对管理机构、职责，无线电台（站）的设置和使用，频率管理，无线电发射设备的研制、生产、销售、进口，非无线电设备的无线电波辐射，涉外无线电管理，无线电监测和监督检查，相关处罚等进行了规定。

1996 年 4 月至 6 月，根据国家统一安排，市无线电管理委员会在全市开展无线电管理执法、守法大检查，共检查 374 个单位，检查各类电台 662 台。在检查中发现，绝大部分单位都能严格要求，按有关规定开展工作，少数单位存在违规现象。在检查中共查处违章销售大功率无绳电话 70 部，补办设台手续 42 个，补交频率占用费 37680 元。检查中与设台单位核对大量技术资料。

1997 年 8 月，根据国家无线电管理委员会《关于在全国开展无线寻呼台专项检查工作的通知》，市无线电管理局对无线寻呼台进行专项检查。检查历时两个多月，共抽查 56 个基站、63 部发射机。其中，发射设备技术指标不合格或发射功率超标的单位约占 10%，予以纠正或限期改正；未经申报擅自设置寻呼基站的单位约占 23%，依据电测情况给予分别处理；对个别擅自使用频率的寻呼台依法给予查处。

2004 年 9 月 7 日，市政府法制办公室印发《北京市实施的国家设定的行政许可事项目录》，确定 5 项无线电管理行政许可事项。

2005 年 9 月至 12 月，北京市贯彻落实信息产业部《关于蜂窝无线电通信基站设置使用管理有关问题的通知》，市无线电管理局在北京地区开展蜂窝无线电通信基站检查行动。

对北京移动、中国联通北京分公司、中国网通北京市分公司、北京正通网络通信有限公司的 GSM 移动通信系统、CDMA 移动通信系统、数字集群通信系统、PHS 无线接入系统的无线电通信系统基站及其室外直放站进行了现场检查。北京地区共有蜂窝无线电通信基站 18440 个。

2006 年 5 月，为净化北京地区的电磁环境，确保北京奥运会频率资源充足，开始对北京地区的无线电频率台站进行清理整顿。共清理整顿市属设台单位 3568 家，涉及各类无线电台（站）129491 台（不包括公网终端），自行纠正各类不符合要求的无线电台（站）6303 台。发放违章告知书 95 件，实施行政处罚 31 起，没收发射设备 235 台，罚款 6.8 万元。收回长期闲置和使用率低的频率 172 个（对）。北京市的电磁环境得到改善，干扰投诉案件由 2005 年的 75 起下降到 2006 年的 53 起，是 2001 年以来首次下降。通过对全市的电磁环境，特别是奥运场馆区域的监测，北京市所管理的频率资源被非法占用的现象减少。11 月，市无线电管理局和市广播电视局联合发布《关于规范和清理整顿本市通讯、广播电视等发射、接收设施的通告》，规定通信设施应向市无线电管理局提出登记、备案申请。10 月 11 日，市政府颁布《北京市无线电管理办法》，12 月 1 日施行。对北京市行政区内使用无线电频率、设备、台（站），研制、生产、进口、销售和维修无线电发射设备，使用辐射无线电波的非无线电设备都做了相关规定。

2010 年 3 月，市无线电管理局根据《北京市无线电管理办法》发布《关于无线电台（站）设置场所产权所有人向设台单位及个人提供设置使用条件（场所）需事前备案的通告》，要求凡是向设台单位或个人提供设台场所（接纳其在楼顶平台架设无线电台发射天线、用电或租用机房等）的建筑物产权人，在提供设台场所前，都应当到市无线电管理机构进行备案。为将政策落实到位，市无线电管理局制订《北京市无线电频谱管理和电波监测网建设规划方案》。截至 2010 年，全市基本建成覆盖整个市区的无线电监测网，检测项目通过计量认证，部分检测能力通过 CNAS 认证，保障了北京地区重大活动的进行。

图1—29 北京市无线电频率台站清理整治工作现场（2006年摄）

第二篇　信息技术创新

第一章　通信、广播电视与网络技术

1978 年改革开放后，北京的科研机构和大学院校在通信、广播和网络技术领域取得一系列成果。以 1990 年北京亚运会和 2008 年北京奥运会为契机，北京大力加强信息化建设，加强科学研究的投入，通信、广播和网络技术不断创新。

1990 年北京亚运会使用国产第一台具备数字库联网功能的彩色字幕机。1991 年开始使用国产多媒体非线性编辑系统。1993 年，北京大洋图像技术公司研制完成 DY-2000 广告串编系统，是第一套国产多媒体非线性编辑系统。1997 年，兆维集团研制生产出 JS-4888PF 型彩色背投影电视机，是国内第一台具有自主知识产权的彩电。1998 年中国建成全球第一个非线性新闻制播网络系统。1998 年，烽火通信科技代表中国信息产业部向国际电信联盟提出 ITU-T X.85 标准（IP over SDH using），是中国具有独立编号的第一个 IP 国际标准，于 2000 年得到国际电联正式批准。中国首次与美国下一代互联网组织 Internet2 签署互联协议，建成 DRAGONTAP，是中国第一个与国际下一代互联网连接的交换中心。2001 年，中国向国际电联提交的 TD-SCDMA 第三代移动通信标准的全部技术方案，在国际 3GPP 第 11 次 TSGRAN（无线接入网）全会上被 3GPP 正式接纳，2002 年 2 月，内部试验网演示成功。2008 年，中国移动在北京、上海、天津等大城市建成 TD-SCDMA 试验网。北京中科大洋科技发展股份有限公司（以下简称中科大洋公司）研制的音频处理技术可以支持全画幅的音视频信号。北京 2008 奥运会 IPv6 官方网站开通，是奥运史上第一个 IPv6 官方网站，成为中国面向全球的 IPv6 应用示范。2010 年，TD-SCDMA 在国际上被广大运营商、设备制造商所认可和接受，形成国际标准，后续推出 4G 标准。2010 年 12 月，中国共有 3G 用户 4705.2 万户。以中国研究人员和机构为主制定的互联网标准 RFC 共有 17 个。

2010 年，在世界通信、广播和网络技术领域，北京走在全国前列，并积极参与世界技术竞争，推动中国从世界的“跟跑”向“并跑”乃至“领跑”的跨越。

第一节　通信技术

一、3G标准（TD—SCDMA）

1998年1月，关于候选技术提交和中国确定3G候选技术策略会议在香山召开，来自全国高校的教授和研究院所的研究人员分别介绍了在3G技术研究方面的基础和观点。6月30日，电信科学技术研究院代表中国向国际电联提交了第三代移动通信传输技术TD—SCDMA标准提案。1999年11月，赫尔辛基ITU—RTG8/1第十八次会议上和2000年5月伊斯坦布尔的ITU—R全会上，TD—SCDMA被正式接纳为CDMATDD制式的方案之一。1999年12月，在法国尼斯的3GPP会议上，中国的提案被3GPPTSG RAN（无线接入网）全会所接受，正式确定将TD—SCDMA纳入Release 2000（后拆分为R4和R5）的工作计划中，并将TD—SCDMA简称为LCRTDD（Low Code Rate，低码速率TDD方案）。

2000年12月12日，以中国移动、中国电信、中国联通、大唐集团、华为公司、摩托罗拉、北电网络、西门子为发起人的TD—SCDMA技术论坛正式成立。2001年3月16日，TD—SCDMA第三代移动通信标准的全部技术方案在3GPP第11次TSGRAN(无线接入网)全会上被3GPP正式接纳。2002年2月，内部试验网演示成功，证明TD—SCDMA不存在任何技术障碍，能够独立组网和全国覆盖。

2002年3月，大唐移动通信设备有限公司（以下简称大唐移动）挂牌成立，开始中国TD—SCDMA技术全面产业化。10月23日，信息产业部公布TD—SCDMA频谱规划，为TD—SCDMA标准划分总计155MHz（1880～1920MHz、2010～2025MHz及补充频段2300～2400MHz）的非对称频段，改善TD—SCDMA发展的市场环境。10月30日，大唐电信、南方高科、华立、华为、联想、中兴、中国电子、中国普天8家企业签署致力于TD—SCDMA发展的《发起人协议》，TD—SCDMA产业联盟宣告成立。

2004年6月，代表WCDMA标准的全球GSM协会与中国的TD—SCDMA联盟签署合作协议。

2008年1月，中国移动在北京、上海、天津、沈阳、广州、深圳、厦门、秦皇岛建成TD—SCDMA试验网，中国电信集团股份有限公司在保定市建成TD—SCDMA试验网，中国网络通信集团公司在青岛市建成TD—SCDMA试验网。4月1日，中国移动在北京、上海、天津、沈阳、青岛、广州、深圳、厦门、秦皇岛和保定10个城市启动TD—SCDMA社会化业务测试和试商用。9月12日，中国普天信息产业集团公司为意大利通信公司MYWAVE建设的TD—SCDMA试验网开通，为小型企业网。同日，中国移动在网站上公布《中国移动扩大 TD–SCDMA 规模网络技术应用试验网二期工程无线网设备采购招标公告》，启动国产 3G 标准 TD–SCDMA 的二期招标工作。招标覆盖石家庄、太原、呼和浩特、大连、长春、哈尔滨、南京、杭州、宁波、合肥、福州、南昌、济南、郑州、武汉、长沙、南宁、海口、重庆、成都、贵阳、昆明、拉萨、西安、兰州、西宁、银川和乌鲁木齐 28 个城市，这些城市居民成为第二批体验国产 3G 服务的用户。截至 2008 年年末，在中国使用 TD–SCDMA 网络的 3G 手机用户达到 41.9 万人。

2009 年 1 月 7 日，中国移动获得 TD—SCDMA 经营业务许可，开始在国内 28 个直辖市、省会城市和计划单列市进行 TD–SCDMA 的二期网络建设。

截至 2010 年 12 月底，中国共有 3G 用户 4705.2 万户。其中，中国联通 1406 万，占 29.88%；中国电信 1229 万，占 26.12%；中国移动 2070.2 万，占 44.00%。TD–SCDMA 在国际上被广大运营商、设备制造商所认可和接受，形成国际标准。

二、4G标准（TD–LTE）

2005 年 1 月，3GPP 通过大唐移动提出的与 TD–SCDMA 帧结构兼容的 OFDM 方案，命名为“Frame Structure Type2”，成为 TD–LTE的帧结构之一，奠定 TD –SCDMA 后续演进技术标准的基础。6 月，大唐移动向 3GPP 提交了基于 OFDM 和多载波 TD–SCDMA 的长期演进方案。同年，大唐移动开始 TD–LTE 技术研究，参与 3GPP LTE 标准化工作。

2007 年 5 月，大唐移动提出的波束赋形（Beamforming）技术被 3GPP 接受作为 TD–LTE 的特性，该技术特性也被 LTE FDD 所接受。11 月，3GPP 工作组会议通过由大唐移动主导的 TD–LTE 技术融合提案（27 家联署）被写入 3GPP 标准。12 月，大唐移动完成世界上第一台原理样机的开发工作，打通 eNB 和 NBT 间的第一个空口电话，验证了 TD–LTE 理论峰值速率。

2008 年，大唐移动主导的智能天线技术方案完整地写入 TD–LTE 标准中。9 月，大唐移动实现 TD–SCDMA 与 TD–LTE 产品共享平台。12 月，推出业内首个 TD–LTE 产品预商用版本。

2009 年 3 月，中国移动及大唐移动等公司的双流波束赋形项目“Enhanced Downlink Transmission LTE”在 3GPP RAN 第 43 次全会上立项。同年，大唐移动推出基于 IMS 系列产品的 TD–LTE 端到端解决方案，为运营商实现全业务运营的多网络融合提供了基础和保障。

2010 年 6 月 23 日，创毅视讯科技有限公司研制出第一款长期演进时分双工（LTE–TDD 或 TD–LTE）基带芯片，支持下一代 TD–LTE 无线通信协议的 20MHz 带宽。在 CadEence 全球服务部门协作下，TD–LTE 设计一次投片成功，获得“准 4G”技术重大突破。

第二节　广播电视技术

1990 年，北京大洋图像技术公司开发出具备数据库联网功能和体育比赛专用软件的特技型彩色字幕机，应用于第十一届亚运会，并承担 80% 比赛项目的现场转播任务，首次实现比赛现场电子计时分系统与电视转播联网。该机是中国第一台具备数据库联网功能和体育比赛专用软件的科技型彩色字幕机，打破国外字幕机产品在国内市场的垄断局面。

1993 年，北京大洋图像技术公司研制出中国第一块广播级图形字幕卡，结束中国字幕卡依赖国外进口历史。同年研制完成 DY–2000 广告串编系统，是第一套国产多媒体非线性编辑系统。该系统通过多区域并行发布方式，将屏幕进行灵活区域划分，实现多种信息展现形式，系统的所有区域均可连接外部信号以及各种格式的数据源，接收外部流动数据传输，将信息第一时间传输给用户。该成果迅速在省市级电视台推广应用，带动了国内视频行业从传输、单一产品向非线性编辑系统扩展。

1997 年，兆维集团研制生产出 JS–4888PF 型彩色背投影电视机，是国内第一台具有自主知识产权的彩电。在红、绿级显像管上采用彩色校正透镜，色彩更加逼真；在绿色镜上增加光线吸收镜，提高绿色对比度和色纯度；采用深色屏幕，提高对比度；采用线性白色电路、动态图像的优秀电路、黑色电屏扩展、动态清晰度控制、双动态聚焦电路、数码汇聚电路等，提高画面质量和亮度，可在较暗的环境中正常观看。该成果获 1998 年度北京市科学技术进步奖一等奖，取得国家无辐射彩色电视机认证书。

1999 年 5 月，北京中科大洋科技发展有限责任公司将双网结构、双压缩比的概念应用于非线性网络，与福建电视台合作建成全球第一个非线性新闻制播网络系统，实现上传、制作、播出一体化。使用此系统，电视制播不需要录像带。该成果将广电行业推向数字化、网络化时代，获 2001 年国家科技进步奖一等奖。

2001 年 1 月 1 日，中科大洋公司完成亚洲第一个集外电收集、新闻文稿编辑、字幕制作、新闻配音、新闻剪接制作、新闻播出于一体的全数字非线性新闻网络系统的建造工作，应用于凤凰卫视资讯台。

2002 年 6 月，信息产业部科学技术司批准成立音视频标准工作组，北京阜国数字技术有限公司等 33 家单位成为首批成员单位。音视频标准简称 AVS 标准，包含 9 部分(P1~P9)，分为系统、视频、音频、数字版权管理等 4 个技术部分和一致性测试等支撑部分。其中，视频是音视频编码标准中最复杂、难度最大的部分，也是音视频的专利密集区。在 AVS 视频标准制定过程中，共收到各种技术提案 200 多项，从中选出 42 个提案，首先研制出视频部分。2006 年 2 月，国家标准化委员会正式颁布《信息技术先进音视频》国家标准（简称 AVS 标准）视频部分，编号为 GB/T 20090.2−2006，2006 年 3 日起正式实施。国家标准 AVS 视频与国际标准 MPEG−4 和 H.264 相比，性能相当，方案简洁，在技术上处于国际先进水平。

2002 年 11 月，北京维信诺公司与清华大学共同研制出国内第一款全彩色有机发光显示器。显示尺寸为 1.28 英寸，显示色彩为 26 万色，材料上的有机涂层可在电子运动下显现不同颜色的图像。2008 年 9 月 27 日，“神舟七号”载人航天飞船宇航员的航天服采用此有机发光显示器，在舱外行走显示色彩更鲜艳，是世界上首次将有机发光显示器产品用于航天服。

2002 年 12 月，北京阜国数字技术有限公司自主研制的新一代高密度数字激光视盘系统（EVD）通过信息产业部组织的科学技术成果鉴定。该系统集家电、计算机和通信等多种功能于一体，填补了国内清晰度节目光盘存储播放的空白，其中采用具有自主知识产权的音频压缩算法 EAC，在相同码率下生成优于杜比 AC−3 质量的音频，达到音频压缩领域的先进水平。

2004 年 8 月，中科大洋公司“双码率视频流制作电视节目的系统和方法”获国家发明专利证书。2005 年，中科大洋公司参与开发建设的国家音像资料馆项目获国家广电总局科技创新奖一等奖、中国电影电视技术学会科学技术奖一等奖。

2006 年 1 月，中科院物理研究所等单位研制的全固态激光全色显示系统通过鉴定。该成果首次研制出三路驱逐动、六路控温的小体积、集成化激光显示专用电源，首次采用微光学动态位相调制技术消除干涉条纹和散斑，研制出宽波段复消色差投影物镜，实现清晰图像显示效果。其产业目标定位在数字影院、家用电视领域以及公共信息大屏幕显示。

2008 年 2 月，京东方科技集团股份有限公司试制成功 32 英寸 LED 背光源液晶电视屏。该项目攻克背光源模块过厚、背光散热量大以及工作时间过长和高温下亮度及色彩容易漂移的技术难题，产品性能达到国际水平。8 月，中科大洋公司针对奥运体育赛事的高时效性和不可预测性等特点，推出 D3−CG HD，优化高清字幕机的交互界面，采用双通道作为预监通道和播出频道，可在播出过程中完整地预览下一个播出任务，确保播出内容的安全可靠；提供了自动数据接收和更新功能，所有播出数据或内容的更新都可自动完成。配备独立的图文制作工具，在播出过程中也可进行内容的编辑和修改，可以对直播过程中的内容任意切换和变更。还提供了全新的赛事类节目制作播出工具，所有实时比分信息、计时信息、人员信息、统计数据都可一键掌握，提高工作效率。系统还具有多语言界面和多语言编辑功能。

2008 年 8 月，北京奥运会期间，市政府在北京 24 个“2008 城市奥运文化广场”安装 30 多块户外大屏幕，采用中科大洋公司的 D3−LNFO.NET 远程信息发布系统管理大屏的信号接收和播出。D3−LNFO.NET 集图文字幕处理技术、视音频编解码技术、统一用户认证和网络管理技术、传输加密技术、播出系统监控管理技术、远程投递技术、实时信息采集技术等于一体，通过信息与音视频技术的高度融合，实现了系统的安全、稳定、高效运行，保证了户外观众实时收看到高画质的奥运赛事。播出终端还支持 DVI、VGA、复合、分量、SDI 等多种输出方式，可以将高画质的节目输出到所有型号的大屏幕上，体现了系统的适应性。此系统的最大特点是显示内容信息量大、显示形式多样、显示点数量多且分布广。11 月，中科大洋公司推出高清音频处理板卡，其视频接口和音频接口超过国际通用标准，保证了高清演播质量。可广泛应用于非线性制作、视频服务器、字幕及图文包装等多个领域。和以前的板卡相比，可以支持全画幅的 HDTV 视音频信号，并兼容标清信号，填补了国内板卡在该领域的空白。

2009 年，中科大洋科公司 D-Cube-AIR 高标清一体化数字播控平台获得中国广播电视设备工业协会（CCBN 杯）科技创新奖。2010 年，中科大洋公司获 CCBN 杯科技创新优秀企业奖，设计实施的黑龙江台大型高清新闻制播网获得科技创新优秀项目奖。

第三节　网络技术

一、互联网设备

1998 年，大唐电信、巨龙通信、武汉邮电科学院、清华大学、北京邮电大学、国防科技大学等 50 余家单位联合研制成功拥有自主知识产权的高端线速核心路由器“银河玉衡”。同年，清华大学张尧学主持研制成功高速网络路由器 SED-08B，具有多线程、实时网络操作系统，能支持 100Mbps 快速以太网、同步 DDN 网以及电话拨号等互联方式，支持 RIP、OSPF 等动态路由协议，成果获国家科学技术进步奖二等奖。20 世纪 90 年代，北京邮电学院陈俊亮主持研制智能网系统，实现产业化，在中国通信网中得到应用。

2002 年，科技部 863 信息领域专项“高性能宽带信息网（3Tnet）”在国际上率先实现一种电路交换和分组交换相融合的网络技术新体制，是全球最早开展的基于 ASON 突发传输和组播技术的城域网。3Tnet 由中国首创的网络系统技术、自主研发的网络设备和创新的现代互动新媒体业务支撑体系构成，具有太比特级的传输、交换和路由能力，在可控、可管、可信的支撑体系下，可以为网内用户提供平均 100Mbps 以上的接入带宽。该项目获 2008 年国家科学技术进步奖二等奖。

2004 年 5 月，清华大学吴建平主持并与清华紫光比威公司共同研制的 IPv6 核心路由器 BE12016 研制成功，通过信息产业部入网测试，应用于中国下一代互联网 CERNET2 试验网。同年，北京航空航天大学怀进鹏主持“网络安全协议技术研究及其系统”项目，提出新的网络安全协议代数模型，解决了安全协议分析的算法复杂性、安全协议分析约简和安全协议一致性等国际性难题，建立了新的安全协议安全性分析技术和设计方法。2005 年，该项目获国家科学技术进步奖二等奖。

2006 年，国防科技大学苏金树主持研发的 IPv6 路由器（银河玉衡 YH9200）实现交换能力超过每秒千亿位的性能，该项目获国家科学技术进步奖二等奖。

2007 年，863 计划“新一代高可信网络”重大项目开展支持电信网、广电网和互联网及其演进网络的可重构网络架构试验，完成光传送设备和低成本接入设备研制，启动连接至少 15 个城市、覆盖 100 万真实用户的国家级网络试验床建设，可直接为建设中的下一代广播电视网 NGB 提供技术支撑。同年，国家重点基础研究发展 973 计划资助了重大研究项目“可测可控可管的 IP 网络的基础研究”，以可测性的基本方法、可管理的通用性质、可控性的实现机理 3 个科学问题为主要研究目标。

2008 年，清华大学吴建平在国际上首次提出“基于真实 IPv6 源地址的网络寻址体系结构”，设计和实现了一种包括接入、域内、域间 3 个层次的真实源地址验证系统，相关标准草案“Source Address Validation Architecture（SAVA）Testbed and Deployment Experience”被 IETF 批准为 RFC 5210，入选当年中国高等学校十大科技进展。

2009 年，973 计划项目中的“新一代互联网体系结构理论研究”取得包括互联网体系结构基础理论研究、网络体系结构设计和实现以及试验平台建设和测试等方面的重要研究成果，启动“新一代互联网体系结构和协议基础研究”项目，由清华大学吴建平担任首席科学家，联合 5 个单位共同承担。

二、互联网标准

1996 年 3 月，清华大学提交的适应不同国家和地区中文编码的“汉字统一传输标准”被 IETF（Internet 工程任务组）通过为 RFC1922，成为中国第一个被认可为 RFC 文件的提交协议。

1998 年，烽火通信科技代表中国信息产业部向国际电信联盟提出 ITU-TX.85 标准（IP over SDH using)，是中国具有独立编号的第一个重要 IP 国际标准。2000 年 3 月得到国际电联正式批准。

2005 年 12 月，清华大学推动国际互联网标准化组织 IETF 成立专门工作组 Softwire，致力于 IPv4/IPv6 隧道过渡技术的研究和标准化，建立统一的隧道和封装方法，为 IPv6 的大规模应用提供了重要技术支持。

2007 年 7 月，IETF 宣布中国的第四个 IETF 标准“互联网 IPv6 过渡问题描述草案”RFC4925：Softwire Problem Statement，是由清华大学李星牵头的中国大陆首个非中文相关的国际标准，也是中国第一个互联网核心层协议的 RFC 国际标准。

2008 年 6 月，IETF 发布标准 RFC5210“基于真实 IPv6 源地址的网络寻址体系结构”：A Source Address Validation Architecture（SAVA）Testbed and Deployment Experience，作者为清华大学吴建平、毕军、李星、任罡、徐恪等，是中国第一个非信息类的 RFC。清华大学推动 IETF 成立 SAVI（Source Address Validation Improvements）工作组。

2009 年，华为和国内运营商共同署名的两篇互联网基础路由领域 RFC（Request For

Comments）标准 RFC5316 和 RFC5392，是中国在 IP 路由领域发布的首部 RFC 标准，中国的基础路由技术在全球范围内获得认可。6 月，IETF 发布标准 RFC5565：Softwire Mesh Framework，由清华大学吴建平完成，是由中国科技工作者牵头的第一项下一代互联网 IPv6 过渡核心技术国际标准，统一和规范了隧道过渡技术的发展路径。项目组设计了 4over6 原型系统，在清华大学、北京大学、北京邮电大学、东南大学等 8 个点进行 CNGI-CERNET2 应用测试，为之后的过渡技术研究及规模应用提供了经验。该标准是中国大陆被 IETF 批准通过的第一个核心协议相关的强制标准。

2010 年 3 月，清华大学吴建平等提交 IETF 发布标准 RFC5747：4over6 Transit Solution Using IP Encapsulation and MP-BGP Extensions。10 月，清华大学包丛笑等提交 IETF 发布标准 RFC6052：IPv6 Addressing of IPv4/IPv6 Translators，是 IVI 翻译技术的第一个标准，属于强制标准 RFC，是 IPv6 技术核心标准 RFC4291（IP Version 6 Addressing Architecture）的更新和补充。截至 2010 年 12 月，以中国研究人员和机构为主制定的互联网标准 RFC 共有 17 个。其中，2010 年制定 9 个，以清华大学研究人员作为核心作者的 IETF RFC 数量 10 个。

三、下一代互联网

1998 年 4 月，CERNET 开始进行下一代互联网的研究和试验，组建中国第一个在国际 6Bone 组织注册、连接国内八大城市的 IPv6 试验床 CERNET-IPv6，开通 CERNET-6Bone，是中国第一个利用遂道技术接入国际 IPv6 试验网。

1999 年 5 月，CERNET 正式参加国际下一代互联网 6REN，开通 CERNET-6Ren，是中国第一个接入国际的 IPv6 试验网。12 月，国家自然基金委员会批复“中国高速互联研究试验网络 NSFCNET 项目任务书”，项目启动。

2000 年 3 月，中国首次与美国下一代互联网组织 Internet2 签署合作和互联协议，建成 DRAGONTAP，是中国第一个与国际下一代互联网连接的交换中心。8 月，“中国高速互联研究试验网络 NSFCNET”开通。9 月，清华大学建成中国下一代互联网交换中心。通过 DRAGONTAP，CERNET、CSTNET、NSFCNET 用 10M 线路连接位于美国芝加哥的下一代互联网交换中心 STARTAP，用 10M 线路连接位于日本东京的亚太地区高速网 APAN 交换中心，实现与国际下一代互联网络 Abilene、vBNS、CA*net3 等学术性网互联。

2001 年 1 月，CERNET 网络中心作为中方牵头单位，承担中日信息技术合作领域的国家高技术项目“下一代互联网中日 IPv6 合作项目”，清华大学、上海交大、华南理工等近 10 所高校、院所和企业参与此项目。其中 CERNET 传输网为中日 IPv6 试验网提供了北京、上海、广州的 2.5G 链路 3 条。7 月，建成“中国高速互联研究试验网 NSFCNET”，是中国第一个下一代互联网学术性试验网（IPv4/IPv6）。

2003 年 8 月，国家发展改革委、教育部等 8 部委启动“中国下一代互联网示范工程 CNGI”，CERNET 承担核心网 CNGI-CERNET2/6IX 建设，CERNET2 主干网采用纯 IPv6 技术，连接分布在 13 个城市的太比特核心接入节点，为 CNGI 的研究与试验用户提供下一代互联网连接与应用服务，成为中国下一代互联网产业发展的关键性基础设施。

2004 年 3 月，CERNET2 试验网开通，向用户提供 IPv6 服务。12 月建成，成为中国第一个采用纯 IPv6 技术的大型互联网主干网，是世界上规模最大的纯 IPv6 网，获 2004 年中国十大科技进步奖。

2005 年 12 月建成 CNGI–6IX，是中国第一个下一代互联网国际 / 国内互联中心。

2006 年 9 月，CNGI–CERNET2/6IX 通过国家鉴定验收。该项目立足于国产关键网络设备和自行研发的网络技术，设计和建设以国产设备为主的大型下一代互联网主干网，是当时世界上规模最大的纯 IPv6 大型互联网主干网，获 2007 年国家科学技术进步奖二等奖。

2008 年，国家发展改革委启动下一代互联网业务试商用及设备产业化专项项目，由教育部主管，中国教育和科研计算机网 CERNET 网络中心协调，清华大学、北京大学等 100 所学校共同实施，建成 100 个实现 IPv6 普遍覆盖的校园网，同时升级了 CNGI 示范网络核心网 CNGI–CERNET2/6IX 的接入能力和互联能力，实现中美下一代互联网 10G 高速互联。

2008 年 5 月开通北京 2008 奥运会 IPv6 官方网站，是奥运史上第一个 IPv6 官方网站。开通北京 2008 年奥运 IPv6 官方网站镜像站点成为中国面向全球的 IPv6 应用示范。

2008 年 12 月，国家发展改革委在 CERNET 网络中心主办 CNGI 阶段总结和成果汇报大会，并举办成果展览，CNGI 获 2008 年中国十大科技进步奖。

四、网格计算与云计算

进入 21 世纪，蓬勃发展的互联网呈现出分布、并行、共享、协作等应用特点。

2000 年开始，清华大学林闯主持开展了计算机网络资源管理的随机模型与性能优化的研究，提出随机高级网（Stochastic High–Level Petri Nets，SHLPN）理论，建立并完善建模、分析和求解的系统理论体系，解决了并发访问分布式网络系统的行为可描述性，有效抑制了分析模型中的状态空间爆炸。基于这一理论体系，建立了网络资源管理的普适性建模方法。

2000 年，由 5 个高性能计算中心构成的国家高性能计算环境建立，开发、示范应用了一批环境软件，形成中国国家网格（CNGrid）雏形。2005 年，以分布在全国的 10 个网格节点为主体，集成分布在全国 8 个省市 10 个网格节点上的计算、存储、软件和应用服务等多种资源，基本建成中国国家网格。依托国家网格环境开发和集成 100 多个工具软件和应用软件，向全国的科学研究用户和行业用户提供了开放共享的高性能计算和数据处理等多种服务，为中国的科学研究和信息化建设提供新型环境和平台。

2002 年，在教育部支持下，由华中科技大学金海主持，清华大学、北京大学等 12 所高校联合，开始承担“中国教育科研网格”（ChinaGrid）建设，2006 年完成。中国教育科研网格整合了全国 13 个省市、20 所重要高校的大量网格资源，聚合计算能力超过每秒 16 万亿次，存储容量超过 170TB，成为世界上最大的超级网格之一。中国教育科研网格公共支撑平台（CGSP）是为 ChinaGrid 的建设和发展而研制的网格核心中间件，整合教育和科研系统中的资源，能够屏蔽网格资源的异构性和动态性，提供网格资源管理、信息管理、数据管理、作业管理、网格编程环境和安全等功能支持。在平台 CGSP 的支撑下，ChinaGrid 开发完成生物信息学、图像处理、计算力学、海量信息处理和大学课程在线 5 个典型网格的应用。

2010 年，中国云计算技术与产业联盟（China Cloud Computing Technology and Industry Alliance，CCCTIA）在北京成立，旨在推进云计算技术与产业发展。

第二章　计算机信息处理技术

1978 年改革开放后，北京在国家信息处理技术科研创新方面取得丰硕成果，成为信息技术创新最活跃、成果最丰富的地区之一。

20 世纪 80 年代中期，北京研制出中国第一台具有字符发生器汉字显示能力、具备完整中文信息处理功能的国产微机。1995 年，中国研制的高性能计算机曙光 1000 采用 Mesh 网，可全面并行编程、调试工具环境，运算速度每秒 15.8 亿次。21 世纪初，在国家 863 计划和中国科学院知识创新工程支持下，中国科学院计算技术研究所进行自主龙芯系列高性能通用处理器的研制，先后研制成功龙芯 1 号、龙芯 2 号、龙芯增强型等多款芯片。2006 年，以联想等 82 家闪联联盟厂商共同研发、具有自主知识产权的技术标准体系“闪联”标准，在 ISO/IEC（国际标准化组织 / 国际电工委员会）的 IGRS 标准提案中高票通过，成为国际 3C 协同下一代互联网的应用标准，为中国第一个数字“3C 协同产业标准”。“闪联”标准拥有 204 项发明专利，其中核心专利在美国、日本和欧洲注册。2008 年，曙光信息产业有限公司研制出中国第一台超百万亿次超级计算机，成为当时世界 TOP10 中唯一安装在美国之外的超级计算机。2010 年，中国采用异构机群技术的曙光 6000“星云”超级计算机研制成功，以每秒 3000 万亿次的峰值运算速度、每秒 1271 万亿次的实测 LinPack 峰值运算速度，在世界超级计算机 TOP500 排行榜上排第 2 位，成为中国第一台、世界第三台实测性能超千万亿次的超级计算机。

截至 2010 年，北京的计算机信息处理技术，硬件领域从联想汉卡到龙芯 CPU，从个人计算机到高性能计算机；软件领域从汉字处理到红旗操作系统，从世界上第一个可执行时序逻辑语言到几何定理机械证明，科研创新项目多次获国家科技奖励，多次进入全球信息技术制高点。

第一节　计算机及其核心器件

一、高性能计算机

1973 年 3 月，中国计算机研制目标为运算速度每秒 200 万～ 500 万次，不能满足中国飞行体设计的计算流体力学需要。国防科学技术工业委员会副主任钱学森根据飞行体设计需要，要求中国科学院计算技术研究所（以下简称中科院计算所）在 20 世纪 70 年代研制一亿次高性能巨型机，80 年代完成十亿次和百亿次高性能巨型机，并且指出，必须考虑并行计算道路。

1973 年 5 月，中科院计算所高庆狮团队提出“全部器件国产化一亿次高性能巨型机及其模型机”的可行方案。1975 年，大型向量计算机 757 经全国论证会通过后立项，其本质特点是“纵横加工向量原理”。1980 年，北京计算机技术研究所研制成功 BCM 系列微型计算机。1983 年 11 月，757 向量计算机研制成功，交付核工业部第九研究院使用。757 向量计算机系统由向量机、外围处理机、各种外部设备及软件系统组成。向量机（主存除外）采用圆柱形结构，由多个机架组成，每个机架装 10 块印制电路板，实用印制线数板 107 块，实用插件 1119 块，用集成电路 450 块左右，全部采用国产中小规模集成电路，电路类型 ECL。主存采用磁芯存储器，容量 512KB 字，字长 64 位，外加 8 位校验位，主频 8.2MHz。对于并行计算的题目，机器处于高、中效，平均计算速度为 1000 万次 / 秒，对于标量运算，系统处于低效工作状态，平均速度为 280 万次 / 秒。757 向量计算机是中国自行研究设计和试制的第一台大型向量计算机系统。在体系结构设计中，独立提出了向量纵横加工和多向量累加器概念；在逻辑设计中，采用了流水和重叠等技术；在国内较早进行 FORTRAN77 编译程序的研制及向量功能的扩充，操作系统具有多道功能；系统采用校验、校正、复算和诊断等技术，提高了机器的可靠性、可用性和可维护性。1985 年，757 向量计算机获国家科学技术进步奖一等奖。

1988 年，清华大学金兰、王鼎兴主持研制“THUDS 分布式计算机系统”。该系统是由 8 台 Z−80 前端机和 4 台 PDP−11 主机组成的全分布式计算机系统，在模块结构、处理功能和系统控制等方面体现了分布式系统的特征，采用的分布程序设计语言 DM 具有很好的分布处理能力。1992 年，该团队研制成功“并行图归约智能工作站”，是松耦合的基于分布存储器的并行计算系统，由 SUN4 工作站以及 16/32 个 IMS T800 为节点机组成的并行加速器构成，以扩展图归约计算模型为计算机制，能高效支持函数语言和并行逻辑语言，支持并行 C、并行 FORTRAN。软件系统包括 PARLOG 编译系统、ML 编译系统、CIL 编译系统及相应的动态管理执行系统、并行 C、并行 FORTRAN 编译系统，以及图像接口等 6 个子系统，可用于对大计算量的高速数值计算和符号计算。

1991 年，中科院计算所研制成功中国第一台基于微处理器的并行计算机 BJ01。BJ01 是一台共享内存的通用多处理机系统，共享存储器容量较小，程序本身存放在各个处理单元的局部存储器中。系统软件由操作系统 MOS、并行 C 语言编译器 PCL 和接口软件 DRIVER 3 部分组成。研发初期，BJ01 主要用于混沌计算。

1992 年 3 月，中国科学院计算技术研究所国家智能计算机研究开发中心研制的曙光一号智能化共享存储多处理机系统（以下简称曙光一号）立项，是国家 863 计划重点项目。1993 年 10 月 22 日，曙光一号在北京通过鉴定，是中国自主研制的第一代全对称的紧耦合共享存储的并行计算机。曙光一号系统包括 VME 总线结构，最多达 16 个处理器，768MB 的内存容量和 50GB 以上的磁盘容量。在并行的符合标准的 UNIX 操作系统 SNIX 支持下，可运行 C 与并行库函数、C++、并行 FORTRAN 和并行优化重构工具 PORT，并行 A、X−Windows/Motif 图形界面、网络软件、数据库管理系统，以及基于并行的程序环境等。曙光一号 1993 年获电子部十大科技成果奖，1994 年获中科院科技进步奖特等奖，1995 年获国家科学技术进步奖二等奖。

1992 年 12 月，曙光 1000 大规模并行计算机系统（以下简称曙光 1000）立项，是 863 计划项目。1995 年 5 月通过鉴定，是中国研制的一台大规模并行机系统，首次采用 Mesh 网，首次研制成功 Wormhole 路由芯片，基于消息传递的并行操作系统、实用的并行优化编译和并行文件系统，全面并行编程、调试工具环境。达到当时国内最高运算速度，实际速度超过每秒 10 亿次浮点运算，达到每秒 15.8 亿次。曙光 1000 的研制成功打破了国外在大规模并行机方面对中国的技术封锁和垄断。

1998 年，清华大学郑纬民主持研制可扩展并行机群（分布式内存，各节点以高速网络互联）与应用系统，主要包括若干个并行计算核心中间件，有程序运行与回卷恢复系统、并行调试器、交互式并行编译器、快速通信系统等。基于此项成果，在 2001 年与同方计算机公司共同研制中国第一台产品化的微机机群系统“探索 108”机群计算机，是中国第一个运行中尺度数值天气预报的可扩展并行机群平台，应用于北京市气象局和天津市气象局中尺度数值天气预报、石油物探局的地震数据并行处理等领域，相关成果获 2002 年国家科学技术进步奖一等奖。

1999 年 9 月，国家并行计算机工程技术研究中心牵头研制成功的“神威 1”计算机系统通过国家验收，在国家气象中心投入运行。“神威 1”运算速度为每秒 3840 亿次浮点运算，在全世界投入运行的前 500 台高性能计算机中排名第 48 位。其主要技术指标和性能达到国际先进水平，是中国自行研制的第一台千亿次高性能计算机，使中国成为继美国、日本之后，世界上第 3 个具备研制高性能计算机的国家。

1999 年 12 月，曙光 2000 通用超级服务器系统（以下简称曙光 2000）通过鉴定，属于 863 计划课题，兼顾科学工程计算、事务处理和网络信息服务。系统采用机群结构，编程模型以消息传递为主，具有鲜明的技术特点。广泛采用国际标准，与世界主流技术兼容，软硬件配置丰富而灵活，系统具有可扩展性、易用性、可管理性和可用性，即SUMA特性。其核心技术是单一系统映象技术，包括单一登录点、单一控制点和单一文件系统等。曙光2000实现了系统高性能和通用性的协调统一，是国内第一台机群结构的超级服务器系统，突破了一批超级服务器的关键技术，提高中国在高性能计算机领域的国际地位。以曙光2000技术为基础的曙光天潮2000系列产品在随后的高性能计算机市场中成为国内主流的超级服务器品牌。同月，曙光3000超级服务器（以下简称曙光3000）立项，是863计划重点课题，2001年2月通过鉴定。在总体技术上是曙光2000的延续，可提高SMP Cluster应用饱和性能，支持多种应用的底层通信协议，解决底层协议在API完整性、性能与上层软件移植方面的矛盾，实现多平台、Web化机群系统管理。可用机群文件系统设计，支持Cluster-Aware应用的服务器聚集系统、系统性能评价体系，在客户端集成用户环境、硬件监控技术、系统的商品化设计等方面有重要创新、改进及提高。系统总体达到当时国际同类产品先进水平，机群操作系统和集成化并行编程环境进入当时国际领先行列。曙光3000的研制采用国家和用户共同投资的方式进行，研制成功后，系统分为3套规模相等的子系统分别安装在西安交通大学、（北京）华大基因研究中心和（杭州）华大基因研究中心，并以此为基础在3个单位各建一个国家级高性能计算中心。以曙光3000为基础，曙光公司形成完整的曙光天潮3000超级服务器产品系列，成倍扩展了国产高性能计算机在国内市场上的份额。2002年，曙光公司推出“龙腾”服务器，采用国产“龙芯-1”CPU，采用曙光公司和中科院计算所联合研发的服务器专用主板，是国内第一台基于国产处理器芯片的产品，在国防、安全等部门发挥了重要作用。

2002年8月，联想“深腾1800”研制成功，成为世界上第一个万亿次机群，获国家科学技术进步奖二等奖。2003年11月，联想计算机公司研制出国家网格主节点“深腾6800”超级计算机，在2003年11月16日公布的全球超级计算机500强（TOP500）排行榜中，其LinPack运算速度为每秒4.183万亿次，在全世界超级计算机排行榜TOP500中位列第14位，其78.5%的整机效率列世界通用高端计算机第一名。2008年12月4日，联想研制出“深腾7000”超级计算机，其LinPack运算速度突破每秒106.5万亿次，在TOP500排名第19位，是当时世界上规模最大的一个节点无盘启动机群系统，也是世界上第一个对所有硬件部件统一管理和监控功能的机群系统，实现了对机群系统内数千个计算、互联、存储等硬件部件的统一管理和监控。

2002年10月，曙光4000A超级服务器（以下简称曙光4000A）立项，是863计划重点专项课题，2004年6月通过鉴定。曙光4000A峰值运算每秒11万亿次浮点运算，在2004年6月TOP500排名中位列第10位，使中国成为继美国、日本之后第3个能制造和应用10万亿次商用高性能计算机的国家。曙光4000A的研制方式借鉴了曙光3000的策略，计算所、曙光公司、上海超级计算中心在计算机系统、第三方应用、应用服务三方面紧密合作，体现了“研、产、用”一体的研制思路。

2006年，中科院计算所和中国科技大学联合启动采用“龙芯 -2F”处理器的KD系列万亿次超级计算机的研制工作，2007年12月26日研制成功超级计算机KD–50–I。KD–50–I超级计算机使用330多颗64位龙芯2F处理器，峰值性能达到每秒1万亿次双精度浮点运算，整机采用高密度节点设计技术，在高度不到4厘米的1U标准机箱内部紧密部署12个处理单元，组成1U12P高密度节点结构，是中国首次采用国产CPU芯片研制的万亿次级的高性能计算机系统。

2008年9月，曙光信息产业有限公司研制出中国第一台超百万亿次超级计算机曙光5000A。整个系统有1650个计算节点，每个节点为4个四核CPU，约27000个计算机核心，浮点运算峰值速度为每秒230万亿次，LinPack运算速度为每秒180.6万亿次，在2008年11月17日公布的TOP500排行榜中位列第14位。

2010月3月，中科院计算所采用国产四核“龙芯3A”的万亿次高性能计算机KD–60研制成功。KD–60包含80个四核龙芯3A处理器，系统理论双精度浮点峰值性能为10560亿次/秒，实测LinPack性能为4128亿次/秒。4月，全线自主化的曙光龙腾刀片服务器研制成功，填补了国内全线自主化服务器市场的空白。6月，采用异构机群技术的曙光6000“星云”超级计算机研制成功，以每秒3000万亿次的峰值运算速度、每秒1271万亿次的实测LinPack峰值运算速度，在2010年6月的TOP500排行榜上排第2位，成为中国第一台、世界第三台实测性能超千万亿次的超级计算机。

二、个人电脑

20世纪80年代，个人电脑在中国兴起，在许多应用中可以替代传统的中小型计算机，应用领域扩展到传统计算机无法企及的新市场。

1980年，中科院计算所与广东省科委合作，研制成功GF20/llA汉字微机系统，是中国第一台在操作系统核心部分进行改造的汉字系统，配置了汉化的关系数据库。该系统由8位微型计算机、汉字图形显示器、X–Y绘图机、软磁盘机和调制解调器等构成，可作为独立的汉字处理系统使用，也可以作为通用微机使用，还可与其他计算机联机使用。通过电话或电报通信网，还可实现远程汉字信息传输。显示器兼备英文、汉字和图形多种显示方式，允许英文、汉字混合使用。在软件方面，与国外流行的CP/M操作系统完全兼容并扩充了汉字处理及一定的并行处理功能。该机配有汉字屏幕编辑程序、汉字字典和汉字字库的生成及维护程序，以及屏幕造字程序等。还可与PDP11等进口计算机联机使用，可进行汉字文件传递。1985年，该机在日本筑波国际博览会展出半年，各国2000万人次参观，对世界多语种计算机发展产生重大影响，促成汉字大字符集国际标准的制定。该机在中共中央办公厅、北京人民大会堂，以及全国各省区市的财政、税务系统和石油等行业得到广泛运用。该机设计定型后获1986年中国科学院科技成果奖一等奖。

1983 年 12 月，华北计算机系统工程研究所（以下简称电子部六所）开发成功微型计算机长城 100（DJS–0520 微机），具备个人电脑的主要使用特征，装有其研制的汉字处理系统。1985 年 4 月研制出中国第一台具有字符发生器汉字显示能力、具备完整中文信息处理功能的长城 0520CH 微机。6 月，长城 0520CH 在全国计算机应用展览会上正式发布，性能超过 IBM PC 和 NEC 980。9 月，长城 0520CH 微机投放市场，立时引起轰动，售价 3.2 万元且不对个人出售，购买需要国家相关单位批文，一年内订单总量达到 15000 台。虽然中科院计算所的 GF20/11A、LX–80 联想式汉字图形微机比它出现的时间早，但 0520CH 是 16 位的 PC 机，实现了工业化和规模生产，所以通常 0520CH 被视为第一台国产 PC。1986 年 12 月 12 日，王之带领长城 0520CH 开发组创办了公司。在政策保护下，长城 0520CH 在国内占据主流地位，1987 年公司年利润 1 亿多元。1988 年，以长城 0520CH 为主的微机年产量超过万台。此后，联想微机年产量也超过万台。

1984 年，IBM 推出基于 80286 微处理器的 IBM PC/AT 个人电脑。1986 年，英特尔公司推出 80386 微处理器。1987 年 7 月，长城电脑公司推出长城 286 高级微机系统，在北京、天津、上海、成都、长沙、深圳 6 个城市同时发布。此后，随着长城和联想等个人电脑企业的崛起，中国基本上与国际同步推出每一代集成最新技术的个人电脑。1995 年，中国微机市场销量首次突破百万台，计算机工业产值达到 615 亿元。

1985 年 11 月，中科院计算所在 IBM–PC（包括 XT、AT 及其兼容机）微型计算机基础上，通过安装自行设计的联想式汉卡和汉化操作系统，研制成功联想汉字微型机 LX–PC 系统，能使中西文软件高度兼容，解决了当时汉卡难以支持图形显示的难题，把汉字功能和图形功能结合，收到图文并茂的效果。该计算机系统安装汉化软件，采用以联想支持的多样化、可由用户任选或自行设计的汉字输入方法，很容易被非计算机专业人士使用。联想式汉卡于 1987 年、1988 年分别获中科院和国家科学技术进步奖一等奖。以销售联想汉卡为主的计算所公司也因此改名为联想集团。

1986 年，联想汉卡经过开发、完善形成 8 个软件版本、6 个型号的联想汉卡系统，得到广泛应用。1990 年 10 月 26 日，联想系列微机通过技术鉴定和国家火炬计划验收。同年，联想公司计算机及软件产品纳入国家计划。

1991 年，联想集团研制成功联想 EISA486/50 微机。将支持芯片组与联想微型机的系统设计同步进行，掌握并发展了 ASIC 设计技术，自行设计开发的 3 个专用 ASIC 芯片（DLX–9000、TLX–9200、LX–CG9001），使联想系列微型机具有较高的性能价格比。该成果获 1992 年国家科学技术进步奖一等奖。

1993 年，联想集团推出中国第一台采用“奔腾”处理器的电脑。1997 年 3 月 5 日，联想电脑以 10%的市场占有率居国内市场首位。1998 年 5 月 6 日，联想第 100 万台电脑下线。

1999 年 11 月 24 日，联想在北京推出“天禧”家用电脑，开创中国因特网电脑的先河。产品在外观、内部结构上有重大创新，捆绑 FM365 信息服务，重塑 PC 概念，是以最大限度方便中国普通用户接入互联网为主要定位的家用电脑产品，把 PC 从“个人电脑”（Personal

Computer）升华为“门户电脑”（Portal Computer），在全世界都是创举。继联想之后，方正等厂商纷纷推出同类型产品。

2002年11月，北京北大众志微系统科技有限责任公司成立。2003年，北京大学与安捷伦公司联合研制成功“北大众志–863”CPU芯片，并通过大批量量产测试。随后，采用北大众志CPU系统芯片的计算机产品进入市场。

2002年，中科院计算所成功研制出龙芯1号国产通用CPU。2004年，中科院计算所与江苏梦兰集团联合组建了龙芯CPU产业化基地——江苏中科梦兰电子科技有限公司，相继研发出了多款基于龙芯处理器的计算机。2007年，全自主计算机“福珑2F6004迷你计算机”在龙芯产业化基地诞生，拥有从核心芯片到操作系统、从主板设计到软件定制全过程的自主知识产权。福珑迷你计算机系列机型内置龙芯2E/2F处理器，可集成多个版本的国产Linux操作系统。2007年开始，龙芯产业化基地相继研发出更为成熟的龙芯电脑产品，主要包括星光系列逸珑便携式计算机、星晖系列灵珑一体式计算机、星火系列台式计算机。

2004年12月，联想出资12.5亿美元收购IBM全球PC业务，成为全球第三大PC制造商、第一个迈向国际的中国PC品牌。2005年4月，联想自主研发的中国第一颗安全芯片“恒智”发布，联想成为全球唯一具备拥有完全自主知识产权、从底层固件到上层软件全套技术和产品的企业。

2006年年初，北京大学众志CPU研发团队启动“超K计划——自主核心技术的千元计算机”计划，以北大众志自主CPU系统芯片和Linux操作系统为基础，研制成本在1000元左右的自主计算机系统。同年，采用0.13微米工艺的北大众志CPU系统芯片设计完成，CPU核的典型工作频率超过600MHz。2009年2月，北大众志研发团队面向安全适用计算机推出PKUnity–3(130) CPU系统芯片，是当时亚洲唯一可实现“单芯片个人计算机”解决方案的产品。

2008年，星光系列逸珑便携式计算机定型量产，产品采用龙芯2E/2F处理器，大规模应用于中小学教育信息化领域，并销往拉美等地。江苏省政府首购15万台。

2009年，星晖系列一体式计算机问世，内置国产龙芯2F处理器，搭配可自由定制的开源Linux操作系统。该计算机在全国16个省市的6000余所中小学校大规模应用，加速了国产龙芯处理器的产业化进程。

2010年，联想集团拥有国际专利2000余件、国内专利1000余件，其中发明专利占50%以上，初步形成具有自主知识产权的核心技术体系。

20世纪80年代中后期研制的长城0520CH、GF20/11A汉字微机系统，到90年代的联想电脑，再到21世纪初的以众志CPU为基础的个人电脑、以龙芯CPU为基础的个人电脑，北京企业开发的电脑技术不断创新，实现了“中国芯”，其创新能力、制造能力、生产能力走向世界前列。

三、微处理器

1996 年，北京大学开始国产 CPU 和基础软件等方面的系统性研究。1999 年研制成功中国第一套支持 CPU 正向设计的软硬件协同设计环境及 16 位 CPU 原型。2000 年研制成功中国第一种支持 16 位 /32 位两套指令系统的 CPU，应用于信息家电领域。2002 年 12 月研制成功“北大众志 –863”CPU 系统芯片，采用 0.25 微米工艺，主频 200MHz，支持自主 UniCore 指令系统，以及北桥、南桥、网卡芯片的核心功能。该芯片进行了全光掩模小批量生产。2003 年至 2006 年，多款“北大众志 –863”CPU 系统芯片先后研制成功，主要采用 0.18 微米和 0.13 微米工艺实现，主频 300 ~ 600MHz，主要适用于网络计算机和工业控制设备等领域。2009 年 2 月，面向安全适用计算机的 PKUnity–3（130）CPU 系统芯片研制成功。该芯片采用 0.13 微米工艺制造，主频 600MHz，支持 UniCore 指令系统，集成了多媒体编解码部件、内存控制器、硬盘控制器、以太网控制器等。2010 年，采用 65 纳米工艺的 PKUNITY–3（65）CPU 系统芯片研制成功。该芯片主频 1.2GHz，支持 UniCore 指令系统，集成图形处理器、高清视频的实时编解码、内存控制器、千兆以太网等接口，功耗小于 4 瓦。

2000 年 10 月，中科院计算所启动龙芯 CPU 的研究，胡伟武任总设计师，在国家没有正式立项情况下，自筹经费立项支持通用 CPU 的研制。2001 年 8 月 19 日，“龙芯 1 号”设计与验证系统成功启动 Linux 操作系统。该验证系统主要基于 FPGA，速度为 12MHz。2002 年 8 月 10 日，由北京神州龙芯集成电路设计公司唐志敏、胡伟武等研发的首片“龙芯 1 号”芯片 X1A50 流片成功，字长 32 位，采用 0.18 微米工艺实现，主频达到 266MHz，定点和浮点最高运算速度均超过每秒 2 亿次，功耗为 0.4 瓦，芯片面积约 15 平方毫米，芯片规模约 400 万个晶体管。“龙芯 1 号”是中国首款具有自主知识产权的 32 位通用 CPU，实现中国自主通用 CPU 从无到有的突破，成为 2002 年中国十大科技进展新闻之一。龙芯团队获 2003 年的中国科学院科技成就奖。

2001 年，方舟科技有限公司发布“方舟 1 号”32 位嵌入式 CPU。该芯片采用 0.25 微米工艺实现，主频 166MHz，主要面向网络计算机。该芯片是中国研制成功的第一款具有自主知识产权的 32 位嵌入式 CPU 芯片。2002 年 12 月，方舟公司继续研制了“方舟 2 号”32 位嵌入式 CPU。该芯片采用 0.18 微米工艺制造，主频达到 400MHz，最大功耗 360 毫瓦；采用 SoC 设计方法，片内集成 CPU 核心、南桥、北桥等功能。

2003 年 10 月 17 日，中科院计算所 64 位“龙芯 2B”通用处理器研制成功。该处理器字长 64 位，兼容 MIPS III 指令集，采用四发射乱序执行结构，7 级流水线，片上有分离的一级指令和数据高速缓存各 64KB。“龙芯 2B”采用 0.18 微米工艺制造，主频 300MHz，功耗 1 ~ 2 瓦。“龙芯 2B”是中国首款 64 位通用 CPU 芯片，被评为 2005 年中国十大科技进展新闻之一。

2004 年 9 月 28 日，“龙芯 2C”研制成功，2005 年 1 月“龙芯 2 号”通过中国科学院组织的科技成果鉴定。“龙芯 2C”在“龙芯 2B”的基础上改进，采用更细切分流水线技术和基于标准单元结合定制宏单元的物理设计方法，进一步提高主频。“龙芯 2C ”采用 0.18 微米工艺制造，采用四发射超标量超流水线结构，主频达到 500MHz，功耗 3 ~ 5 瓦。支持多媒体指令扩展，定点和双精度浮点运算速度均达到每秒 10 亿次，单精度浮点运算速度达到每秒 20 亿次。

2006 年 3 月 18 日，“龙芯 2 号”增强型通用处理器“龙芯 2E”研制成功。9 月通过中国科学院组织的科技成果鉴定。该处理器在“龙芯 2C”的基础上改进，主要包括增加浮点乘加部件、增大高速缓存容量、片内集成内存控制器等。“龙芯 2E”兼容 MIPS Ⅲ指令集，采用 90 纳米工艺制造，主频达到 1GHz，功耗为 5 ~ 8 瓦。定点运算速度达到每秒 20 亿次，双精度浮点运算速度达到每秒 40 亿次，单精度浮点运算速度达到每秒 80 亿次，实测性能达到中档 Intel 奔腾 4 处理器水平。“龙芯 2E”是国内首款主频达到 1GHz 的通用 CPU，获 2006 年中国计算机学会王选奖一等奖。在市场定位方面，“龙芯 1 号”主要面向嵌入式应用，“龙芯 1 号”IP 核授权给多家集成电路设计企业，在税控 SoC、AVS 解码芯片等领域得到应用。“龙芯 2 号”系列芯片主要面向桌面和高端嵌入式应用，通用计算模块获得批量采购。“龙芯 2E”授权给意法半导体公司进行生产和销售，是中国自主 CPU 技术首次实现向国外大企业技术授权。

2007 年以后，北京君正集成电路股份有限公司先后研制出基于 XBurst CPU 内核的 JZ47xx 系列处理器芯片。其中，主频为 360 ~ 400MHz 的处理器主要用于 PMP/MP4、指纹识别、学习机等领域；主频为 528 ~ 600MHz 的处理器主要用于平板电脑、电子书等领域；主频为 1GHz 以上处理器主要用于平板电脑、智能手机、智能电视等领域。

2007 年 7 月，中科院计算所在“龙芯 2E”基础上研制成功“龙芯 2F”。“龙芯 2F”采用 90 纳米工艺制造，主频为 1GHz，功耗降低为 3 ~ 5 瓦。“龙芯 2E”和“龙芯 2F”在低成本电脑、教育信息化、防火墙等领域累计推广 20 万片以上。

2009 年 10 月，四核“龙芯 3A”通用处理器研制成功。该处理器是在“龙芯 2E”单处理器核的基础上进行多核扩展设计，单个芯片上集成 4 个处理器核、2 个 HT 高速 IO 接口、2 个 DDR2/3 内存控制器，并且增加了对 X86 二进制翻译的硬件支持。“龙芯 3A”采用 65 纳米工艺制造，集成 4.25 亿个晶体管，主频为 1GHz，功耗小于 14.48 瓦，峰值性能达到每秒 160 亿次浮点运算。“龙芯 3A”是中国首款 64 位通用多核处理器。“龙芯 3A”成功应用于高性能机、服务器、台式计算机和高端嵌入式系统等领域。

2010 年 11 月，中科院计算所八核“龙芯 3B”处理器研制成功。该处理器的特点是采用向量核，每个核配有 2 个 256 向量部件，并设计了给向量部件高效供数的专门数据通路，以提高峰值性能。12 月 23 日，超云(SuperCloud)系列绿色服务器在亦庄园云基地正式下线，为中国首台云计算服务器，由北京天云融创科技有限公司以构建绿色节能型解决方案和提供高品质服务为目标，为建设大规模、高速度、高性价比的“中国云”而设计。

四、信息设备资源共享协同服务标准（“闪联”标准）

2002 年 8 月底，联想、TCL、康佳、海信、长城等企业达成合作，联合向信息产业部提交了关于希望成立标准工作组的意向。2003 年 7 月，在信息产业部支持下，5 家企业发起的“信息设备资源共享协同服务标准工作组”成立，简称闪联标准工作组。工作组主要任务是协调各企业的研发资源，牵头制定和完善《信息设备资源共享协同服务（Intelligent Grouping and Resource Sharing，IGRS）标准》，帮助企业占据竞争优势，投入科研人才、设备及资金进行技术研发。IGRS 规定了数字 3C 设备的交换技术和接口规范。2005 年 6 月，IGRS 标准 1.0 版本被信息产业部颁布为国家行业标准，成为中国第一个数字“3C 协同产业标准”。IGRS 标准是以联想、TCL、长城、长虹、创维、康佳、海信、中和威等为主的 82 家闪联联盟厂商共同研发、具有自主知识产权的技术标准体系，也被称为“闪联”标准，得到世界同行高度认可。2006 年 9 月，在 ISO/IEC（国际标准化组织 / 国际电工委员会）的 IGRS 标准提案 NWIP（NetWare/IP）投票中，以 19 : 1 的高票获得通过，成为国际 3C 协同下一代互联网的重要应用标准，改变了中国标准在信息技术领域近 20 年未被正式立项的局面。2006 年 10 月，IGRS 标准获国家标准委和国家质检总局设立的首届中国标准创新贡献奖一等奖，是信息技术领域唯一的一等奖。2006 年年底，IGRS 标准拥有 204 项发明专利，其中核心专利在美国、日本和欧洲注册。中国应用 IGRS 标准的终端产品包括电视机、PC、手机、投影机、音效设备等 10 余种，2006 年销量突破 200 万台。截至 2007 年 3 月，加盟 IGRS 工作组的企业和科研院所达到 86 家。

第二节　计算机软件

一、编译系统

20 世纪 70 年代，中国研制成功国产机上的高级语言编译系统。中科院计算所研制 ALGOL 型语言编译系统 BCY，在 119 机、109 乙机、109 丙机和第七机械工业部机型上交付应用，在国民经济和国防事业中起到重大作用，其成果获 1978 年全国科学大会奖。

80 年代，中国开始研制向量计算机系统，包括“向量 FORTRAN 编译系统”。1989 年，北京系统工程研究所研制出 Ada 编译系统。

90 年代，中国开始研制并行处理机系统。中科院计算所研制的 KJ8920 大型数据处理系统获得 1993 年国家科学技术进步奖一等奖，其中包含“向量 FORTRAN 编译系统”。1993 年，中科院计算所在 SGI 并行机系统和曙光机群系统上研制“并行优化编译系统”。曙光 1000 大规模并行处理系统获 1997 年国家科学技术进步奖一等奖，张兆庆和乔如良获得该一等奖的个人奖状，其中包含“并行优化重构工具集 PORT”。北京大学承担的“国家基础研究和应用基础研究重大项目——攀登 B”和“高性能计算机中若干关键技术问题的基础性研究”的子课题“大规模并行系统的软件环境——大规模并行程序设计与开发环境”，形成研究成果《支持 HPF 全集的通用编译前端》。

1995 年，中科院计算所乔如良负责的团队与美国摩托罗拉公司合作研制 DSP 通用芯片的 SIMD 优化编译器 VCC 和向量库代码生成器 VEGEN，是中国首次为国际主要芯片公司研制的编译器。

2002 年，中科院计算所与美国英特尔公司共同研制“IA−64 开放源码编译系统”ORC。ORC 是面向英特尔 64 位处理器架构 IA−64 的优化编译系统，能够提高英特尔安腾处理器家族的总体性能与效率。ORC 是中国第一个开放源码编译系统，拥有国内外许多用户群，在世界范围产生广泛影响，后继发展为编译平台 Open64，并与 GCC、LLVM 一起共同成为最有影响的开放源码编译平台。

2002 年，中科院计算所开始为龙芯芯片开发编译器，先后为龙芯 1 号、2 号、3 号处理器系列服务，为龙芯处理器的性能提高和市场推广起到重要作用。龙芯编译系统基于开源编译器 Open64，支持 C、C++、FORTRAN 等多种语言，性能明显高于 GCC 编译器。该系统的研究在后期得到伙伴团队的支持，清华大学团队为其配套了 Java 系统支持，中科院软件所为其研制了高性能数学库等。

2002 年、2003 年、2005 年，中科院计算所相继研制成功中国第一个静态二进制翻译系统、动态二进制翻译系统和动静结合二进制翻译系统。其中，二进制翻译技术是用软件方法解决代码移植问题的重要手段，在遗传代码移植和程序性能提高等方面有重要意义；动静结合二进制翻译系统 DigitalBridge 可将 X86/Linux 平台可执行代码高效翻译为龙芯 /Linux 平台的可执行代码，为龙芯处理器的推广使用提供了重要支持。

2004 年，清华大学研制了基于 ORC 的开放源码的 OpenMP 编译器，性能优于其他开放源码 OpenMP，被多个国内外研究机构使用。

2006 年，中科院计算所为国产高性能通用 CPU 芯片“龙芯 2E”研制了基于 ORC 的龙芯编译器，经 SPEC CPU2000 测试，其性能比国际流行的编译器 GCC 高 30%以上。

二、操作系统

20 世纪 80 年代初，中国开始引进和制造计算机，遇到的最大困难是计算机只认英文，不能输入、显示和打印汉字。1983 年，国家计算机工业局在北京召开计算机协调会议，决定把生产 IBM PC 兼容机定为中国计算机发展的主攻方向。

1983 年 3 月，严援朝用 BASIC 编写程序，在显示屏上显示出“甲”和“田”字，是第一个通过软件的方法在电脑上显示汉字的人。而这样的显示过去是用硬件来完成的。5 月 20 日，严援朝提出了“软方案和硬方案”两种方法，最后由计算机局确定选用用软件显示汉字的软方案。同年，电子工业部第六研究所推出 CCDOS，是中国第一套与 IBMPC−

DOS 兼容的汉字操作系统。

1992 年 3 月，COSIX64 作为“计算机操作系统开发”专题被列入国家“八五”攻关计划。1993 年项目通过中期评估。在制定规格定义时，尽可能采用现有国际标准，不参照别人产品；在进行设计和编码时，不允许开发人员接触相关引进技术；在进行产品验收时，如果发现与国外技术有“实质性相似”的问题时，采取对开发人员提出质疑的方式，确保“类似”不属侵权。按照软件工程方法自主开发、具有中国自主版权的 66 条操作系统命令、7 个设备驱动程序和仿真磁盘操作系统 EDOS 以及中文环境，研制出 COSIX V1.0 通用多用户操作系统，版本符合国际标准。

1994 年至 1995 年，操作系统的发展重点从 100% 自主版权集中到中文、微内核和系统安全等特色功能开发，以避免对成熟技术的重复开发。取得的技术成果包括 COSIX V1.1 和 COSIX V2.0 两个操作系统版本。其中，COSIX V1.1 与 COSIX V1.0 相比，增强了中文系统的底层支持，能适应多种汉卡和通用输入法，支持 GB2312 和 GB13000 等国家标准，系统安全部分可为信息系统提供安全机制、加密机制，自主开发的命令和实用程序增加到 100 多个；COSIX V2.0 是以微内核为基础的操作系统，采用微内核、多服务器、客户机 / 服务器结构，与 COSIX V1.X 二进制兼容，支持 UNIX 界面，可剪裁性好。

1996 年，总结 COSIX V1.1 和 COSIX V2.0 在开发和产品应用上的经验，研发的重点转为操作系统的商品化及其应用。1996 年 6 月 18 日，国家计委批准“九五”前两年的攻关计划。经过两年研制，开发出 COSIX V1.3 和 COSIX V2.1 两个版本。其中，COSIX V1.3 在中文信息服务、中文图形用户环境、应用开发工具、硬件适配性、典型应用支持方面取得进展；COSIX V2.1 在安全性方面有所改进。1998 年 1 月 13 日，COSIX 项目通过电子部组织的专家鉴定和国家验收。与早期的国产操作系统不同，COSIX 与国际主流技术兼容，具有可移植性，该系统被应用于电信、军队、钢铁、核电等行业和部门。

1999 年 8 月，中科院软件所发布红旗 Linux 1.0 版，主要用于涉及国家安全的政府部门。红旗 Linux 是由北京中科红旗软件技术有限公司开发的一系列 Linux 发行版，包括桌面版、工作站版、数据中心服务器版、HA 集群版和红旗嵌入式 Linux 等产品。

2000 年 5 月，百度在线网络技术（北京）有限公司（以下简称百度公司）完成中文搜索引擎研发工作，拥有自己的第一个产品百度中文搜索引擎。11 月 2 日，中国计算机软件与技术服务总公司（以下简称中软总公司）在北京正式推出具有自主版权的高端操作系统 COSIX64 V5.0，是具有完整商品化形态、达到成熟应用水平的操作系统。

2000 年 6 月，中科院软件研究所和上海联创投资管理有限公司共同组建北京中科红旗软件技术有限公司。8 月 4 日，红旗 Linux 桌面版 2.0 发布，是一款面向家庭、教育、政府、金融行业等领域的通用桌面操作系统平台。该版本在扩展硬件兼容性及无线设备支持、加速系统启动和关闭、提高桌面应用程序的启动速度、提供与 Windows 一致的用户目录结构和控制面板、支持用户在线升级等方面取得进展，同时有效支持国际化字符编码，对中国少数民族语言的支持位于国内前列。2001 年 12 月，北京中科红旗软件技术有限公司企业级服务器3系列推出，进入企业市场。2003年5月，甲骨文中国公司与北京中科红旗软件技术有限公司宣布创建战略伙伴关系，推出共同开发的红旗数据中心服务器版4.0。作为红旗Linux服务器4系列的核心产品，RedFlag Advanced Server 4.1（红旗高级服务器4.1）的定位是企业级的网络和应用服务器，可运行在带有2~32路CPU的SMP架构和最大64GB内存的IA架构服务器上，提供标准Linux网络服务。该产品还可以作为完整的Linux软件开发平台，并使用Intel编译器技术优化系统核心与网络服务功能。RedFlag Server 4.1获HP全球认证支持，成为继Red Hat、SUSE之后第3家获得HP认证的Linux厂商。截至2010年，北京中科红旗软件技术有限公司陆续推出一系列操作系统，进行系统优化、硬件兼容、国际化语言支持、界面设计改进。

三、人工智能

1977年，中国科学院院士吴文俊发明的定理证明方法在国际机器证明领域产生重大影响，开创了数字机械化的新领域，发明了用计算机证明几何定理，后“吴方法”被推广到求解偏微分方程、计算机视觉等许多基础研究和高技术领域。在1997年国际自动推理大会（第十四届）上，吴文俊获Herbrand自动推论杰出成就奖；2000年获首届国家最高科学技术奖。

1983年，中科院软件所唐稚松提出世界上第一个可执行时序逻辑语言XYZ/E，既是时序逻辑系统又有常见程序语言风格，且可实际用于编程运行的程序语言。将程序的动态语义与静态语义结合，第一次将状态转换的控制机制引入逻辑系统之中，第一次将时序逻辑形式化理论与最新软件技术结合。1989年，XYZ语言获国家自然科学奖一等奖。1993年，唐稚松在IFIP（国际信息加工协会）巴黎大会上，提出世界上第一个可执行时序逻辑语言——XYZ语言，被国际著名计算机专家称誉为软件工程研究领域中发展可执行时序逻辑的先驱。

1984年，清华大学张钹和安徽大学张铃的启发式搜索理论研究《逐次SA搜索及其计算的复杂性》，在第六届欧洲人工智能会议上被评为规划和搜索领域最佳论文，获得“欧洲人工智能奖”。此后张钹、张铃提出人工智能问题分层求解理论，其商空间方法被认为是粒计算的三大方法之一。2014年，张钹获CCF终身成就奖。

20世纪80年代，中科院软件所董韫美提出“上下文无关语言上的递归函数CFRF”。CFRF通过按推导树高度对句子分层，建立句子集合中的分层词典序，发展出一种基于文法的、依分层词典序的、CFL句子计数和枚举策略，获得句子枚举的多个高效算法。1992年，CFRF获国家科学技术进步奖二等奖。中科院数学所陆汝钤等研究基于类自然语言理解的知识自动获取及以此为基础的应用软件自动生成技术，包括智能化的领域分析和领域建模技术，促进了管理软件开发的自动化。“以软件的机械化生成和移植为目标的系列软件计划（XR计划）”获全国科学大会先进集体奖和中科院重大成果一等奖。陆汝钤等人在非规范知识处理领域进行探索，把只能描述静态控制结构的代数语义，推广到能描述动态控制结构，使代数语义具备描述完整程序控制结构的能力。由陆汝钤主持研制的知识工程语言TUILI和大型专家系统开发环境《天马》，应用于国防和经济的20多个领域。

1994年，中科院软件所林惠民实现交互式证明系统PAM，是世界上第一个通用的进程代数验证工具。PAM可同时接受多个不同的演算，对每个演算又可生成多个证明窗口。为克服每一工具只适用于某一特定的进程演算的局限性，还提炼出一个元语言，可以描述各种进程演算的公理化语义，具有良好的可读性。还与国际同行合作，提出发展了传值并发进程的“符号互模拟”理论，解决了 π— 演算和时间自动机的有穷公理化问题。研究成果获1999年度国家自然科学奖二等奖。

1995年，北京航空航天大学李未提出开放逻辑理论，建立形式系统序列的极限理论，将分析数学中逼近和近似的方法用于软件系统开发，在国际上首次提出以版本作为基本对象、用版本序列描述开发过程、用版本系列极限刻画最终目标的概念和方法，其研究成果获国家自然科学奖二等奖，2004年度获国家科学技术进步奖二等奖。

四、星光中国芯工程

1999年1月，邓中翰等一批海外博士响应国家号召，回国承担并启动实施“星光中国芯工程”，在国家有关部门和市政府的直接投资和大力支持下，组建数字多媒体芯片技术国家重点实验室，并在中关村设立中星微电子公司，致力于超大规模集成电路芯片研发设计产业化。

2001年3月11日，“星光中国芯工程”推出中国第一枚具有自主知识产权的百万门级超大规模数字多媒体芯片“星光一号”，为三星、飞利浦等国际知名品牌所采用，并通过微软Windows XP的WHQL认证，成为第一颗打入国际市场的“中国芯”。

2002年2月，“星光中国芯工程”推出集视音频同步处理于一体的数字多媒体芯片“星光二号”和集拍摄、二维图形、智能图像处理于一体的手机控制机器人的人工视觉芯片“星光三号”。9月16日，中国电信“宽带极速之旅”联盟启动，“星光”数字多媒体芯片技术及“星光”可视通VXP系统成为中国电信指定的唯一宽带视频通信工具。

2003年，“星光中国芯工程”推出手机外接彩信多媒体处理芯片“星光四号”，从PC领域进入移动通信领域，支持全美第一大CCMA运营商Sprint PCS系统，被三星大量采用。同年，又推出PC及彩信手机多媒体处理芯片“星光五号”，支持PC和手机的视音频输入及处理、移动存储、数码相机、彩信等功能，被罗技、创新科技、惠普、三星、富士通、联想等国际品牌大规模采用。2004年12月，“星光中国芯工程”推出针对手机铃音处理的“星光移动一号”手机多媒体芯片。2004年，“星光”数字多媒体芯片获国家科学技术进步奖一等奖。

2005年6月28日，“星光中国芯工程”推出针对嵌入数码相机图像处理的“星光移动二号”多媒体芯片，并发布手机多媒体格式技术规范。同年，中星微电子成为第一家在美国纳斯达克证券市场上市的中国芯片企业。2006年，“星光中国芯工程”先后推出“星光移动三号、四号、五号”手机多媒体芯片。12 月 7 日，中星微电子公司获全球半导体设计协会年度奖，为中国大陆首家获此荣誉的芯片设计公司。同年，“星光”数字多媒体芯片在全球销售量突破 1 亿枚，销售收入突破 10 亿元，占全球计算机图像输入芯片的 60%。

图2－1　2004年12月，“星光”数字多媒体芯片获国家科技进步奖一等奖

2007 年 6 月，“星光中国芯工程”推出 Web 2.0 时代网络摄像头处理芯片 VCO336，主要用于嵌入式笔记本电脑摄像头。2008 年 7 月“星光中国芯工程”针对国家重大安防需求，大规模投入国家安防视频监控技术标准的研究制定、芯片设计和产业化推进工作，推出可大规模部署的电信运营级宽带视频监控系统和新一代无线高清智能监控系统。年底，中星微电子公司获 EETIMES“十大中国杰出服务型 IC 设计公司”和“十大中国 IC 设计公司品牌”两项大奖。2010 年 3 月，中星微牵头研究制定的公共安全 SVAC 国家标准《安全防范监控数字视音频编解码技术要求》正式发布。同年，中星微电子集团发布首款 SVAC 芯片，标志中国自主创新的公共安全视音频编解码标准拥有了可适用的国产核心芯片。

第三节　中文信息处理技术

一、文字编码处理系统

1978 年 12 月，第一次全国汉字编码学术交流会召开。当时全国有数百种汉字编码方案，影响较大的有八笔、支码、郑码、双拼、表形、自然码等。1978 年至 1983 年，王永民首创《形码设计三原理》，在标准键盘上设计“形码”的数学模型及字词兼容理论，以 5 年之功发明了“五笔字型”汉字电脑输入技术，形成《“五笔字型（王码）”汉字编码方案》，获美、英、中三国专利，解决了电脑汉字输入“速度和效率”的难题，持续推广 20 多年，使之成为在中国占主导地位的汉字输入技术，被新华社誉为中国文化史上“其意义不亚于活字印刷术”的重大发明。此后，王永民发明“数字王码”，突破在数字键上简易、高效、灵巧地输入汉字的难题，改变了中国手机输入法依赖进口的局面，被国内外专家和媒体评价为继五笔字型之后“汉字输入技术的第二次革命”。王码是中国自主创新的重大高科技成果，获国家技术发明奖。王码在联合国与东南亚各国得到广泛应用，微软、IBM、CASIO等20余家公司购买其专利使用权。1983年8月，“五笔字型”汉字编码方案通过鉴定。该输入法成为专业录入人员普遍使用的输入法。1987年，五笔字型在中国发明协会第三届展览会上获金奖。2007年，王码五笔字型获国家技术发明奖二等奖。

1979年，中科院计算所研制的“111汉字信息处理实验系统”首先实现联想输入功能，获中科院科学技术进步奖二等奖。

1980年，中国国家标准总局发布《信息交换用汉字编码字符集（基本集)》，标准号为GB 2312−1980。1981年5月1日实施，是国家第一个汉字信息技术标准。适用于汉字处理、汉字通信等系统之间的信息交换，共收入汉字6763个和非汉字图形字符682个，通行于中国大陆，几乎所有的中文系统和国际化的软件都支持GB2312；新加坡等地也采用此编码。

1982年8月，燕山计算机应用研究中心和华北终端设备公司研制的ZD2000汉字智能终端通过鉴定并投产。1983年，中科院计算所研制的GF20/11A汉字微机系统通过鉴定，是中国第一台在操作系统核心部分进行改造的汉字系统，并配置了汉化的关系数据库。电子部六所开发成功微机汉字软件CCDOS，是中国第一套与IBM PC−DOS兼容的汉字磁盘操作系统。

1985年8月，刘迎建研制出国内第一套联机手写汉字识别系统，即汉王联机手写汉字识别系统。

1986年5月，北京四通集团公司向市场推出该公司与日本合作开发的四通MS2400中外文文字处理机，是国内首次在全国范围内大批量销售，集汉字输入、编辑、显示和打印于一体的办公用中文文字处理机，机械打字机开始向电脑打字机过渡。1986年，“现代汉语词频统计”项目通过鉴定，是由国家科委下达，国家标准局主管，由北京航空学院与中国人民大学、北京大学等10个单位协作的工程项目，首次对大规模日常使用的词语在不同科学领域、不同历史时期所出现的频度进行统计。

1987年3月，军事科学院研制的中国第一台实用型英汉机器翻译系统“科译1号”通过国家鉴定，是利用电子计算机实现英汉自动翻译的软件工具。同年，该系统获国家科学技术进步奖二等奖。1988年，该系统经由电子工业部下属中国软件公司二次开发而成为“译星”机器翻译系统，是中国第一个商品化英汉机器翻译系统，随即在海内外销售。

1988年，中国科学院希望高级电脑技术公司（以下简称希望公司）发布超级组合式中文平台UCDOS，该软件一度成为中国DOS平台市场份额最大的中文操作系统。同年，香港金山公司推出WPS办公软件，成为DOS环境下应用最普遍的文字处理软件。

1989年5月，清华大学电子系推出清华OCR试用版，是中国最早的印刷文本识别系统产品，后来一度成为市场份额最大的印刷汉字识别系统。

1992年4月，北京新天地电子信息技术研究所率先推出基于Windows 1.0的外挂式中文平台中文之星1.0版，一度成为应用人数最多的Windows环境下的中文平台。10月，《信息处理用规范现代汉语分词规范》发布，由北京航空航天大学提出，征求语言界和计算机界数百名专家的建议制定，解决了语言学界争论了几十年而未解决的汉语词的定义问题。

1993 年 5 月，中国发布 ISO/IEC 10646−1 国际编码标准，涵盖主要语文字符，包括繁体及简体中文字。该标准使世界各地不同的电脑系统之间能更准确地存储、处理、传递及显示各种文字的电子文档。

1995 年 12 月，中科院计算所开发的“智能型英汉机器翻译系统 IMT/EC863”获国家科学技术进步奖一等奖。

1997 年，TRS 全文检索系统获国家科学技术进步奖二等奖。1998 年，该系统占据国内 70% 以上的市场份额。

2000 年 3 月，知网（HowNet）1.0 Bate 版发布，是以汉语和英语的词语所代表的概念为描述对象，以揭示概念与概念之间以及概念所具有的属性之间关系为基本内容的常识知识库。

2001 年 12 月，中国工程院倡议主办、95 位院士参与的“20 世纪中国重大工程技术成就”共评选出 25 项，其中“汉字信息处理与印刷革命”位列第 2 名。

2002 年 2 月，汉王科技的“汉王形变连笔的手写识别方法与系统”项目获 2001 年度国家科学技术进步奖一等奖。

二、中文电子出版系统

1981 年，北京大学与潍坊计算机公司、邮电部杭州通信设备厂、长春光机所、无锡计算机厂以及新华社合作研制的第一台汉字激光照排系统“原理性样机”通过国家鉴定。该系统跨越当时日本流行的光机式二代机和欧美流行的阴极射线管式三代机，发明“用轮廓加参数描述汉字字形的信息压缩技术”，将横、竖、折等规则笔画用一系列参数精确表示；曲线形式的不规则笔画用轮廓表示，使汉字信息压缩倍数达到 500 : 1，实现失真程度最小的字形变倍和变形，西方 10 年后才开始采用与之类似的轮廓加提示信息（HINT）技术。设计适合硬件实现的、失真最小的高速还原汉字点阵算法，以及加速复原的超大规模专用芯片，使复原速度达到 710 字 / 秒。研制出用于解释排版结果、形成版面点阵、控制输出设备的汉字激光照排控制器（后称栅格图像处理器），解决了将庞大的汉字信息压缩存储进计算机以及高速复原和输出等技术难关。

1985 年，激光照排系统首先在新华社运行。1986 年研制成功可排复杂的数理化公式、表格等的科技书排版软件。1987 年，《经济日报》采用激光照排系统，出版了世界上第一张采用计算机屏幕组版、整版输出的中文报纸，成为国内第一家全部废除铅排作业的报社。国产激光照排系统迅速推广应用，在中国掀起“告别铅与火，迎来光与电”的印刷技术革命。王选提出并领导研制的大屏幕中文报纸编排系统、彩色中文激光照排系统、远程传版技术和新闻采编流程管理系统等，在国内外迅速推广应用。其研究成果于 1985 年、1995 年均被评为年度中国十大科技成就之一，于 1987 年、1995 年均获国家科学技术进步奖一等奖。

使用其成果的华光和方正电子出版系统，占领了中国大陆99%的报业和80%的书刊（黑白）市场，以及中国港澳台地区、北美、马来西亚等地区90%的华文报业市场。作为计算机汉字激光照排技术的发明人，王选获1项欧洲专利和8项中国专利，被誉为“当代毕昇”“汉字激光照排之父”。该成果获联合国教科文组织科学奖、日内瓦国际发明展览金牌、首届毕昇奖、首届中国专利发明金奖、陈嘉庚技术科学奖、何梁·何利基金科学与技术进步奖、美洲华人工程师学会成就奖、2001年度国家最高科学技术奖等多项荣誉。

三、TRS中文全文检索系统

20世纪80年代中期，随着大量中文信息的电子化，特别是类似新闻信息量大、主要特征是非结构化信息的大量涌现，如何对非结构化的信息进行有效的检索和管理成为前沿研究内容。北京信息工程学院承担、新华社参加的“中文新闻资料检索系统”课题、北京信息工程学院和人民日报共同承担的“人民日报新闻资料处理系统”，被列入“七五”计划。苏东庄和施水才是TRS中文全文检索的主要研制领导人。1990年，中文全文检索系统通过新华社和电子工业部鉴定。1992年，人民日报新闻资料处理系统通过验收，实现科研成果的实用化。1997年，TRS中文全文检索系统获国家科学技术进步奖二等奖；2006年，TRS信息检索系统获中国十大创新软件产品称号。TRS全文检索系统的核心功能是实现对非结构化信息的全文检索和统一存储。TRS 全文数据库系统追求高查准率的同时提供100%查全的手段，输出结果可按字段值或相关度排序，以及多字段的联合排序，且支持检索结果的分类。TRS特点有非结构化、结构化数据的统一管理；支持XML数据管理、实现XML的全息索引；多语种、多编码管理；高效的数据和索引压缩，实现超低空间膨胀；多种全文检索手段，检索速度和准确性共达最优；全方位检索条件组合，帮助用户实现精确查询；集成先进的中文自然语言处理技术，辅助检索；XML全息索引和检索；检索结果支持多种排序、命中词反显和检索结果分类统计，方便适用；多线程设计，并发访问性能高；动态索引实时更新，海量数据即时响应；集群功能，提供增强的计算能力和可扩展性；自动分库和跨库检索功能，满足企业级海量数据应用。

四、汉王手写识别技术

1985年，汉王科技开始研究手写识别技术。先后推出五代联机手写汉字识别系统，提出识别方法和智能动态综合集成策略，成为世界上第一个笔顺不限识别与连笔识别兼容的系统。汉王科技在手写识别技术领域构建了稳定、可靠的技术基础，形成识别率高、识别范围广、系统易用性高、自动后处理功能、自动分割技术、辅助功能完善及嵌入式系统应用性强等优势。其中，系统对工整书写一选识别率97.42%，十选识别率99.77%；连笔书写一选识别率达94.41%，十选识别率达99.06%；颠倒笔顺一选识别率达92.64%，十选识别率达99.50%；系统支持最新国标GB18030大字符集，可混合识别简体、繁体、常用异体字、简化字、英文、数字、标点符号等27484字，可识别常见的汉字行书、草书写法。

依托手写识别技术的汉王笔产品，衍生出手写电脑、砚鼠等系列产品，服务于不同年龄、不同阶层客户对手写产品的需求；实现能够在普通电脑上进行手写公式识别的产品，完成英文、日文、韩文、泰文、芬兰文等语种手写识别技术。

2001年2月，汉王科技的“汉王形变连笔的手写识别方法与系统”获国家科学技术进步奖一等奖。

五、中文之星中文平台

20世纪80年代末90年代初，个人计算机操作系统由DOS的字符界面向图形界面过渡，计算机的操作简便性和易用性大大提高，以美国微软公司推出Windows系列软件最为知名，但存在不适用于汉字输入排版等一系列难题。

1989年7月，受北京大学计算机研究所所长王选委托，王志东开始Windows汉化工作。两个月后完成Windows 1.0的汉化。1990年6月，王志东进入北大方正公司负责产品二次开发与新产品研制工作。1990年年底，微软推出的Windows 3.0在全球流行。国内开始汉化工作，技术路线采取把Windows内核从英文改为中文的内核汉化方法。王志东发明了Windows外挂系统，在Windows 3.0上设计并编写出一个外挂的中文平台，在处理文件时，英文能做的文件就让Windows 3.0做，Windows 3.0做不了的让外挂程序做，使纯英文的软件变成英汉全能软件，简化了汉化处理工作量。1991年6月，王志东独立完成国内第一套实用的Windows 3.0汉化系统——北大中文窗口系统BDWin 3.0。两个月系统销售数百套，被评为北大方正1991年的七大成果之一。1992年4月，王志东创办新天地电子信息技术研究所，随后独立研制并推出全球第一套实用Windows 3.1中文平台——中文之星（Chinese Star 1.1），当年销售2万多套，销售额120余万元。6月研制成功海外版与升级版中文之星1.2。1997年销售额达到5600万元，在中国市场占有率达98%，畅销全球五大洲。

六、智能型英汉机器翻译系统（IMT/EC—863）

1990年6月至1992年6月，在国家863计划支持下，中科院计算所研制成功智能型英汉机器翻译系统IMT/EC—863。1992年6月通过国家科委组织的专家鉴定，首创智能型机器翻译理论体系，解决了复杂多义区分、上下文相关处理、基于不完备知识的推理、多种知识一体化分析、动态多路径选择等一系列机器翻译难题。实现语法型系统能够较好地保持原文表达特征，语义型系统能够较好地区分复杂多义，知识型系统能够部分利用人类常识特征进行特殊语言现象处理，在系统翻译正确率、译文可读性以及开发周期等方面均有突破性进展。系统可在工作站、微机以及袖珍机等多种产品上运行。利用智能型机译系统开发环境，成功开发海洋、电力、外贸书信等英汉专业翻译系统。智能型机译技术本身可推广应用于话翻译、会议同声翻译、计算机辅助教学、人机对话、智能信息接口等领域。课题组提出一套适用于袖珍机的知识编码和压缩技术以及基于合一运算的不确定性推理方法，突破机器翻译系统在袖珍计算机有限空间和处理速度下难以实现的技术难关，开发成功世界上第一部袖珍电子翻译机，实现产业化，获得重大经济效益。1993 年和 1995 年，该项目分别获中科院科技进步奖一等奖和国家科学技术进步奖一等奖。

七、RichWin中文平台（利方多元系统支撑环境）

1994 年 3 月 25 日，北京四通利方信息技术有限公司（以下简称四通利方）的“利方多元系统支撑环境”第一个版本（WinMATE 4.0）发布。4 月 1 日，在电子工业部举办的第四届全国计算机软件交流交易会上，利方多元系统支撑环境获 Windows 中文环境唯一金奖。7 月，市公安局指定利方多元系统支撑环境为市公安局人口信息统计系统标准中文环境。9 月 1 日，国家统计局选用利方多元系统支撑环境为行业内标准 Windows 中文平台。1995 年 4 月，利方多元系统支撑环境的 Windows NT 版本（RichWin NT 4.01）、IBM OS/2 Warp 版本（WarpMATE 4.01）发布并开始销售。5 月，在电子部举办的第五届全国计算机软件交流交易会上，利方多元系统支撑环境的 RichWin 4.01 再次获 Windows 中文环境唯一金奖，RichWin for OS/2 和 RichWin for NT 两版本双双获得优秀产品奖。6 月，利方多元系统支撑环境被国家科委列入 1995 年国家级火炬计划，向全国推荐使用。同时，RichWin 在新加坡教育局竞标成功。8 月，RichWin 4.2 通过中国软件评测中心的确认测试，等级为优秀。利方多元系统支撑环境在 Windows 环境中融入汉字处理技术，是全球唯一支持多个操作系统并全面支持 Internet 应用的多内码语言支持系统，在全球中文用户中得到推广，累计装机量达 500 万套以上。

1996 年，RichWin 系列软件被大规模预装到国内外知名电脑公司的电脑产品中，打破长期以来计算机预装软件领域由国外公司垄断的局面。6 月，Compaq 公司亚太总部通过对 RichWin 4.2+ 的测试，并指定 RichWin 4.2+ 为该公司亚太地区办公使用标准中文平台。7 月，美国惠普公司在亚洲华语区销售的全系列微机中预装 RichWin 4.2+。8 月，IBM 公司决定在中国销售的 IBM 微机中随机赠送 RichWin 4.2+。1997 年 5 月，美国慧智公司首次推出多用户 Windows NT 操作系统，捆绑利方中文平台。

1998 年 10 月，四通利方 RichWin 荣登中国十大最受欢迎软件榜首。2000 年推出新一代 RichWin 中文平台软件 RichWin for Windows 2000，独创多内码处理技术，可支持中、日、韩等多国语言标准，具有即时切换中文简体和繁体显示功能，补充 4 种 Windows 2000 未带的中文输入法和 5 种中文字体，支持标准香港字集（4702 字），为海内外用户提供了方便。电子词典提供的英文与中文之间快速查询和翻译功能、光标字典功能和写真造字功能等，为用户提供了更多选择。

第三篇　软件与信息服务业

第一章　软件产业

北京软件产业创始于20世纪80年代中期，在国内起步早、发展快，产业规模位居前列。随着中国国民经济和社会信息化建设的开展，不断扩大的需求推动软件技术和产品的开发。北京软件企业抓住本土应用特点，从中文信息处理开始，在操作系统、办公软件、财务软件等多个领域开展业务，一批适应社会需求的软件产品面世，初步形成从操作系统、数据库、中文输入、办公软件、工程软件到大型应用软件等覆盖整个产业链的软件产品体系，取得良好的经济效益和社会效益。1986年批准实施的《高技术研究发展计划（863计划）纲要》，成为软件产业升级的助推器，掀起了北京软件产业发展的第一次浪潮，以中科院计算所公司、北大方正、汉王科技、希望公司等为代表的一批北京软件企业成长起来。

20世纪90年代后期，在互联网兴起的背景下，各类信息技术应用不断推广，信息基础设施建设在带来硬件旺盛需求的同时，也给软件产业开辟了广阔的市场空间，以网络为载体的软件产品和服务成为北京软件产业成长的重要动力，用户快速增长，并由此产生了北京软件产业发展的第二次浪潮——图形化、网络化带动着软件技术和产品不断推陈出新，催生了以北京搜狐互联网信息服务有限公司（以下简称搜狐）、新浪网技术（中国）有限公司（以下简称新浪）为代表的互联网门户企业，形成中软总公司、用友集团、北大方正等年销售额超亿元的软件骨干企业，在全国形成“搞软件，在北京；买软件，到北京”的市场氛围。

2000年开始，互联网商用市场环境和配套服务逐渐成熟，北京随之进入信息化应用普及阶段，软件的应用范围不断拓宽，深度逐步延展。国务院发布的《鼓励软件产业和集成电路产业发展的若干政策》调动了各级政府和企业的积极性，北京软件产业发展进入快车道。随着各个新兴应用领域的快速兴起，在新一代信息技术的推动下，北京软件产业发展掀起第三波浪潮，发展速度、产业规模、出口创汇、对GDP的贡献、吸纳就业、企业创新能力、技术水平、产品种类等方面明显提升。同时，国外软件公司开始投资北京企业，北京软件产业国际化进程不断加快。北京通过推进自主创新，推动了软件产品的市场应用，企业间的联合发展更加紧密，规模扩大，软件产业出口量日益增加，正版工程初见成效，创新资源高度积聚，北京成为全国软件产业规模化发展的重要地区。

2009 年 9 月，市经济信息化委向工业和信息化部软件司报送《关于北京市申请开展中国软件名城创建试点工作的函》，开启北京市中国软件名城的建设。2010 年 3 月，市政府印发《北京市促进软件与信息服务业发展的指导意见》，明确提出软件与信息服务业是北京重大战略性支柱产业，并提出将北京打造为“全球有重要影响力的软件与信息服务业中心城市之一”的目标。

2010 年，北京已成为国内软件企业聚集密度较高的城市之一，软件产业在全市经济中的支柱地位进一步加强，产业规模位居全国前列，国际影响力日益显现，“软件之都”地位愈加稳固。北京软件与信息服务业呈现蓬勃发展的态势，在应用软件、互联网服务等传统领域创新创业活跃、优势明显，应用软件、系统集成等较为成熟产业的发展动能增强，云计算、定位服务、电子商务、新媒体等成为产业发展的热点领域，国内外上市企业数量迅速增加，优秀企业得到新一轮投资。联想集团、用友集团、北京华胜天成科技股份有限公司（以下简称华胜天成）等龙头企业试水新兴业务，成为支持北京软件产业研发和应用的先导力量。

第一节　软件产品

一、基础软件

20 世纪 80 年代中期，伴随着计算机应用的日益普及，北京软件产业步入快速发展轨道，诞生了第一批自主研制的基础软件产品。

1985 年 4 月，中科院计算机所公司（联想集团前身）倪光南主持研制成功联想汉卡，产品投放市场。汉卡是由多块集成电路组成的一个插件，装在进口计算机上可以实现拼音、区位、五笔字型等多种汉字输入，灵活处理中文信息。联想汉卡的问世，为华人提供电脑的汉字环境，推动了微型计算机在中国的普及应用。90 年代后，联想集团又开发出联想汉卡新产品，主要有 ASIC 卡、CSVGA 卡、MMC 卡等，可安装在联想系列微机和 PC/AT、286、386、486 微机，以及国产和进口具有 EISA 总线的微机中。

1985 年，吴晓军开始改造 CDOS 2.10 版汉字系统。9 月改成 2.11 版，12 月改成 2.12 版，1986 年 4 月研制成功 2.13 版。以后增加宋仿黑楷 4 种 24 点阵打印字体和联想、内部词组等功能，并移植到早期的长城系列微机上，升级为 2.13A 版。1987 年，吴晓军对实用程序进行编译，形成 2.13C 版汉字系统。1988 年年初将打印字形扩展到 44 种，形成 2.13D 版。

随着 EGA 显示方式微机的问世，随即发表 2.13E 版汉字系统。1989 年至 1994 年，晓军电脑工程部先后推出 2.13F 版、2.13H 版汉字系统，2.13K–Ⅱ型汉卡以及 2.13L 软汉字系统。

20 世纪 80 年代以后，北京除继续引领中文平台软件从 8 位、16 位向 32 位、64 位升级外，承担了国家多项软件工程环境、操作系统、数据库管理系统、重要领域应用软件系统的研发攻关任务。北京科研机构对基础软件的研究力量处于全国领先地位，北京初步形成自主完整的基础软件产品体系。同时期，嵌入式计算系统在各种装置与设备中得到广泛应用，北京软件企业注重嵌入式软件的自主研发，并取得一定成果，部分企业拥有自主知识产权的核心技术，在竞争中取得主动。北京凯思昊鹏软件工程技术有限公司（以下简称凯思昊鹏）、北京握奇数据系统有限公司（以下简称握奇数据）、普天慧讯公司脱颖而出，成为立足于移动信息终端产业链高端的嵌入式软件企业，在全国通信领域具有举足轻重的地位。

20 世纪 90 年代，伴随计算机日益普及，北京基础软件产业步入快速发展轨道，诞生了第一批自主研制的基础软件产品，如中科红旗、中软总公司、北京共创开源软件有限公司（以下简称共创开源）、冲浪平台公司的 Linux 操作系统软件，北京人大金仓信息技术股份有限公司（以下简称人大金仓）的“小金灵”数据库管理系统软件，东方通的 TongLINK 消息中间件软件等。

1990 年 1 月，北京中易电子公司开展计算机全汉字信息处理系统集成研制，并获 1996 年度北京市科学技术奖一等奖。通过对汉字进行分析、归纳、统计、分类，建立一种简便的汉字输入编码系统，用 4 个键能从 8.6 万个汉字中检索出任意一个；建立曲线轮廓多功能造字系统，处理形态各异的汉字；建立汉字库和检索系统，包括编码集、字模数据集、检索系统等；解决中文系统的扩充和多内码互换处理，在 Windows 环境下扩充支持更多的汉字，实现大陆、台湾地区、香港地区的中文内码互换处理。

1992 年 4 月，北大方正集团北京新天地电子信息技术研究所（以下简称新天地）率先推出基于 Windows 3.0 的外挂式中文平台“中文之星”1.0 版。同年，新天地将中文之星 1.1 版推向市场。1994 年，中文之星以优秀等级（最高等级）的成绩通过中国软件评测中心的评测。1997 年，中文之星被国家教委列入中小学计算机教学大纲和上海市计算机应用能力考核办公自动化教材。1999 年 10 月，新天地研制成功“中文之星汉语语言模型（CStar CLM)”，并通过中国中文信息学会组织的专家鉴定。“中文之星汉语语言模型”音字转换时单个汉字正确率达 97%、整句正确率在 78.8%左右，属于国际领先水平。2004 年 4 月，新天地发布中文之星 2000 全 32 位中文平台，对网络操作系统 Windows 2000 提供中文支持。

1993 年 7 月，北京东方通科技发展有限责任公司（以下简称东方通）发布中国第一款消息中间件产品 TongLINK。1994 年 3 月，TongLINK 被中国建设银行广东省分行全省储蓄通存通兑大联网工程项目采用。6 月，东方通发布中国第一款交易中间件产品 TongEASY V1.0。8 月，TongEASY 应用于广东省建设银行分布式通存通兑业务系统，并向全省 18 个地市分行推广。1997 年 4 月，东方通发布消息中间件产品 TongLINK/Q。5 月至 10 月，东方通与惠普公司合作完成 TongLINK/Q 和 TongEASY 产品的商品化工作。1999

年8月，东方通发布对象中间件产品TongBroker和安全中间件产品TongSEC。2001年3月1日，东方通的交易中间件TongEASY通过了市科委主持的成果验收。12月，东方通的中间件产品被评为国家重点新产品，TongEASY、TongLINK获市科委颁发的北京市科学技术奖二等奖。2002年12月，东方通发布应用集成中间件TongIntegrator。2003年1月，东方通发布通用数据传输平台GTP和移动应用平台MBP两款VSP产品。2月，TongEASY获国务院颁发的国家科学技术进步奖二等奖。2004年7月，东方通获中国软件行业协会评选的中国软件20年最具应用价值的软件产品奖。2005年8月，东方通J2EE应用服务器中间件被评为信息产业部“电子信息产业发展基金优秀项目”。12月，东方通联合Sun公司共同推出面向业务的体系架构（Business-Oriented Architecture；BOA）概念。2007年9月，东方通发布基于SOA架构的集成中间件TongIntegrator-ESB。2009年2月，东方通作为唯一的国产软件厂商，所开发的TongWeb入围中国移动软件集中采购目录。2010年，东方通的产品入围中国联通软件集中采购项目。

1993年12月18日，北京四通利方信息技术有限公司成立，开发出Rich Win外挂式中文平台系列软件。1994年3月25日，四通利方发布中文外挂平台“利方多元系统支撑环境”首个版本Win Mate4.0，为基于英文界面的Windows系统提供中文支持。1995年3月1日，四通利方推出WarpMate和Rich Win NT两个新产品及Rich Win 4.01plus版。8月24日，四通利方的Windows 95中文平台——Rich Win 4.2Plus与微软公司的Windows 95于同一天发布。1996年12月31日，四通利方推出为互联网用户开发的外挂式网上中文环境RichWin for Internet 4.3。

1993年，清华紫光集团完成的“ITBASE通用图文数据库管理系统”获北京市科学技术进步奖二等奖。该系统采用先进的程序设计手段，是微机数据库管理系统领域的重大突破。

1995年9月，北京大学等单位共同完成COBASE关系数据库管理系统。COBASE系统研发是国家“八五”科技攻关课题“国产系统软件开发”的专题，采用由存储管理系统、数据管理系统、语言翻译处理系统、集成应用开发环境构成的四层结构，具有数据定义和数据操纵、事务管理、完整性约束、安全性保护、故障恢复、并发存取、汉字处理功能。

1995年，数据安全解决方案供应商握奇数据开发出中国银行“长城卡网络授权系统”。1996年，握奇数据推出中国第一个具有自主知识产权的智能卡操作系统TimeCOS，获得计算机软件著作权。TimeCOS智能卡产品可以满足不同行业用户、不同应用的需要，支持TimeCOS/DI接触/非接触双界面卡、TimeCOS/PK电子商务卡、TimeCOS/ESAM等。1997年，握奇数据为中国银行开发的信用卡授权系统获金融行业科技进步一等奖。1998年，握奇数据第一批通过中国人民银行的《中国金融集成电路（IC）卡规范》认证，首家通过国家商业密码管理委员会的认证。1999年，作为50周年国庆献礼工程，握奇数据的“预付费ESAM技术”应用在北京供电系统。2000年，握奇数据的全球首张双界面卡TimeCOS DI应用于大连市城市一卡通系统，成为中国城市一卡通建设的里程碑事件。握奇数据的TimeCOS发卡量达到了1000万张。2002年，握奇数据成为全球第九大智能卡技术供应商，在市场份额、研发水平及技术服务方面均具备与国外厂商抗衡的实力。2003年，握奇数据的智能卡和智能密码钥匙获得国家密码科学技术进步二等奖。握奇数据为印尼电信运营商Satelindo提供32K SIM卡用于其GSM网络，电信类智能卡产品进入印尼市场。2004年，握奇数据的TimeCOS发卡量达到1亿张。握奇数据为Satelindo提供64K Time COS/WIB卡，并获得泰国、印度、尼泊尔等国家的SIM卡合同，向印度Oasis电信公司提供STK卡，其中泰国的领先电信运营商DTAC电信公司将握奇数据列为首要SIM卡供应商，握奇数据的供卡量占到DTAC公司发卡总额的一半。2005年，握奇数据全球发卡量为6300万张。2008年，握奇数据智能卡产品发卡量1.96亿张。2009年12月7日，握奇数据移动支付技术SIMpass商用规模突破200万。

图3-1 1996年，软件产业发展恳谈会在北京召开

1996年7月，中国人民大学信息学院研制完成PBASE并行数据库原型系统。该系统由863计划和国家自然科学基金支持开发，采用单进程多线索体系结构，除具有数据管理、数据独立性、安全性、完整性、并发控制、恢复等功能外，还提供数据分片、数据分布的透明性、全局数据字典和全局资源信息管理、多级查询优化、查询调度等功能。1997年，中国人民大学的“并行数据库和知识库系统”获北京市科学技术进步奖二等奖。PBASE是中国第一个具有自主版权的并行数据库管理系统，以与国产曙光并行机配套为基础，在国产化和实用化方面实现零的突破，在基于线索的并行操作算法、并行封装等关键技术上达到国际领先水平，且具有极强的汉字处理能力。PBASE向低端PC机平台移植后，被武汉大学、上海大学等单位使用。1998年9月28日，中国人民大学完成PBASE/2系统开发。

1996年12月，中国科学院过程工程研究所完成“科学数据库及其信息系统”研究，是多学科、在互联网上运行、多数据库类型、大数据量、综合集成与分布相结合的大型实用化数据库信息系统。

1999年3月1日，冲浪平台（中国）软件技术有限公司（以下简称冲浪平台）开发成功第一套完整的中文Linux发行版——XteamLinux中文版1.0。2000年3月1日，冲浪平台推出第一套在Windows平台上安装运行的中文Linux系统XteamLindows 3.0。

1999年3月26日，北京华胜计算机有限公司发布中国大陆第一套外挂式Linux中文平台CLEEX for Linux V1.0。该产品采用西文X-Windows应用软件，无须汉化和修改XServer就能直接处理汉字，用户在编写X软件程序时，可以不考虑汉字和西文字符的区别。

1999年3月，凯思昊鹏完成“Hopen嵌入式操作系统”，并获2002年度北京市科学技术奖一等奖。Hopen是实时多任务嵌入式操作系统，支持多种硬件平台，能运行在16/32/64位的CPU上。凯思昊鹏推出以信息电器为目标，以Hopen为基础平台，联合芯片设计及制造商、电器制造商、软件开发商、信息服务及运营商共同推进中国自主知识产权产品的“女娲计划”。2000年1月,凯思昊鹏完成Hopen 2.0版本的升级。2001年7月19日，凯思昊鹏展示与TCL联手发布的TCL HiD，推出基于Hopen OS的VOD/KTV宽带机顶盒和无线PDA产品方案，以及联想天玑911产品和高中低端的行业应用解决方案。2004年9月，凯思昊鹏研发具有自主知识产权的“Hopen移动实时多任务操作系统V3.0”，可应用于移动通信设备、信息家电、电子教育等领域。凯思昊鹏自主研发的Hopen智能手机应用开发平台弥补了手机操作系统软件的一项空白，结束了国内手机软件被国外产品Sybian、微软、PalmOS垄断的局面。凯思昊鹏具有自主知识产权的“Hopen移动实时多任务操作系统V1.0”被科技部认定为国家重点新产品，列入科技部发展计划司2004年新产品计划项目，并获科技部、商务部、国家质检总局、国家环保总局联合颁发的国家重点新产品证书。2004年，凯思昊鹏手机软件系统的销售额跃居国内第二，并分别获得北京市科学技术奖二等奖和国家科学技术成果二等奖。凯思昊鹏自主研制的“东方软件”平台是中国第一个全面支持国产CPU（方舟、龙芯、众志）的开放软件平台，包括NC运行软件包和开发工具包。2010年，凯思昊鹏嵌入式操作系统产品发展到HopenOS V4.0。

1999年8月10日，北京中科红旗软件技术有限公司（以下简称中科红旗）开发出红旗Linux操作系统RedFlag Linux 1.0。10月20日，RedFlag Linux服务器版1.0上市。2000年10月，中科红旗Linux开发出针对机顶盒、PDA、瘦客户机等嵌入式解决方案。2001年4月，中科红旗推出基于Linux 2.4内核的产品——红旗桌面Linux 2.4版。2002年5月30日，中科红旗与Trolltech合作，把QT/Embedded的跨平台GUI技术融入红旗嵌入式Linux系统，推出具有全球领先地位的嵌入式Linux移动互联解决方案。2003年，中科红旗与BEA系统(中国)有限公司共同完成BEA旗舰产品Weblogic及JRockit在红旗Linux 4.1版的测试认证工作，并在中国邮政等大型用户中完成部署。同年，中科红旗等单位完成基于Linux的桌面应用环境和办公套件的研发，开发出与Windows 98系统和Office办公套件功能相当的自主可控的桌面应用环境和办公套件。该成果首次在Linux平台上提出输入法接口规范，实现USB设备的即插即用，首次将指纹技术应用到桌面Linux系统，首次在Linux桌面环境将办公套件嵌入浏览器应用程序窗口中，便于用户在B/S结构OA系统中使用，该成果获2004年度北京市科学技术奖一等奖。2004年7月20日，中科红旗与日本Miracle Linux公司共同推出亚洲第一个标准化企业级操作环境Linux平台——Asianux 1.0版。2005年8月29日，中科红旗推出亚洲Linux统一平台Asianux 2.0及红旗RedFlag DC Server 5.0系列产品。2007年6月，中科红旗推出全球首个面向MID平台的Linux操作系统——Midinux 1.0。2008年4月，中科红旗对RedOffice Beta产品进行公测，是唯一支持“双平台双标准”的办公软件，也是国内首家基于开源操作系统的办公软件。2010年，红旗Linux的服务器版、工作站版、桌面版均进入7.0时代。

1999 年，中软总公司在美国康柏（COMPAQ）公司的配合下，推出中国第一个自主版权 64 位计算机操作系统 COSIX 64。2002 年 4 月，中软总公司开发出 COSIX 64 V5.1A 版，增强对 Alpha Server GS（野火）系列高端服务器的支持，可以把 GS 服务器划分为几个小服务器独立工作。

2000 年 1 月 18 日，北京国信贝斯软件有限公司成立后推出拥有自主版权的 iBASE 非结构化数据库系列产品。iBASE 包括数据库管理系统、数据库服务器、数据库开发工具以及浏览器和内嵌数据库的电子邮件系统，是一种面向最终用户的非结构化数据库，实现了 WebServer 和 IbaseServer 的集成，向用户提供进行二次开发的 iBASEOCX 数据库开发工具控件。

2000 年 9 月 28 日，人大金仓推出嵌入式移动数据库产品“小金灵”Linux 版本以及基于 Windows CE、Hopen、Palm 等平台的解决方案。12 月，“小金灵”嵌入式移动数据库通过教育部鉴定。2001 年以后，“小金灵”列入“北京市火炬计划项目”，获北京市科学技术奖二等奖，被认定为高新技术成果转化项目，列入科技部 2002 年重点新产品计划项目。2003 年，人大金仓完成通用数据库管理系统 KingbaseES V2.0 研发项目，承担北京市科技计划重点项目大型通用数据库管理系统研制任务。2004 年，人大金仓发布 KingbaseES 4.1 版。人大金仓与国家防汛抗旱指挥系统项目建设办公室合作开发的“实时工情采集传输管理系统”，在 2004 全国水利信息化技术与建设成果交流展示会上获水利信息化优秀应用软件奖。2005 年，人大金仓开发完成 KingbaseES V5.0 和 V6.0 版本，该产品在电子政务、教育、水利、农业和制造业信息化等领域大量推广应用，累计销售超过 4 万套。除 V2.0 和 V3.0 外，其余 6 个版本先后取得软件著作权登记。2005 年 3 月 26 日，人大金仓和中国人民大学数据与知识工程研究所共同完成的金仓数据库 KingbaseES 获北京市科学技术奖一等奖。KingbaseES 是国家 863 计划“数据库管理系统及其应用”重大专项课题“通用数据库管理系统 KingbaseES V2.0 研发”“通用数据库管理系统 KingbaseES V4.0 研发及其应用”、北京市科技计划重大项目“大型通用数据库管理系统研制”等课题的科研成果。2006 年，人大金仓和中国人民大学数据与知识工程研究所共同制定的移动数据库标准成为国标《GB/T20531–2006 移动数据库应用编程接口规范》。KingbaseES V6 安全版获得国内信息安全产品销售许可证。2007 年，KingbaseES V4.1 入选《中关村软件产品与服务政府采购推荐目录》。2009 年，人大金仓的 KingbaseES、“小金灵”等产品入选《北京市自主创新产品目录》，KingbaseES 成为唯一入选首批国家自主创新产品的数据库产品。金仓数据库应用于保险领域，开创国产数据库进入该行业的先例。人大金仓在工业与信息化部软件与集成电路促进中心举办的第四届中国软件质量年会中获得优秀基础软件平台奖。2010 年，KingbaseES V6 通过解放军信息安全测评认证中心评测，取得军 B 级认证。

2000 年，北京神舟航天软件技术有限公司承担的“十五”863 重大软件专项——“大型通用数据库管理系统及其应用”神舟 OSCAR 数据库原型系统研制成功。2002 年推出具备一般通用中心数据库基本特征和功能的神舟 OSCAR 4.0 版。2003 年推出神舟 OSCAR 5.0

版，具备大型通用中心数据库的特征和功能。2004 年 3 月推出神舟 OSCAR 数据库 5.5 版。2005 年 12 月 5 日，北京神舟航天软件技术有限公司承担的“大型通用对象关系数据库管理系统（OSCAR）研究及应用”课题通过国家 863 计划先进制造与自动化技术领域办公室组织的验收。

2000 年 12 月，北京中和威软件有限公司（以下简称中和威）推出 InterBus 第一代产品，获得软件产品著作权。2001 年 1 月，中和威在国内率先推出符合国际 OMG 组织 CORBA 规范的分布式面向对象中间件产品 InterBus，获得软件产品著作权。5 月，InterBus 在日本东京 HP 实验室通过 3000 万量级开发测试。2002 年 10 月，中和威的 InterWeb 产品推出并获得软件产品著作权。2003 年 4 月，InterBus 被列入 2003 年国家级火炬计划项目。5 月，中和威的 InterPipe 产品推出并获得软件产品著作权。7 月，中和威的 InterMax 产品推出并获得软件产品著作权；InterBus 通过市科委组织的科技成果鉴定。8 月，InterPipe 分别在中国电信与中国联通得到应用。2004 年 3 月，中和威支持“闪联”标准协议的开发平台产品 InterShare 面市并获得软件著作权。4 月，中和威的 InterID 产品推出，获得软件产品著作权，应用于国内重点机场的出入境监控系统中。2005 年 6 月，InterID 被列入 2005 年国家级火炬计划项目。2007 年 2 月 7 日，中和威的企业级分布式对象计算平台 InterBus 和企业级数据整合中间件 InterPipe 获得自主创新产品认证。2009 年 9 月，中和威的实时嵌入式分布对象中间件平台 InterBus/E 获创新奖。2010 年 8 月，中和威发布 InterBus V4.2。

2001 年 3 月，青牛（北京）技术有限公司发布 CTI 中间件平台——青牛 CT-USE。平台为应用开发提供底层支持，包括实时服务路由（语音话路控制、文本 Chat、同步浏览等）、异步服务路由（邮件、VoiceMail、SMS 等）、实时监控和系统运行统计等。

2002 年 1 月，市科委启动“扬帆工程”和“起航工程”，通过专项攻关，全面优化 Linux 桌面操作系统的性能和功能，达到“显著提高，基本可用”的目标。同年，市科委组织建设由北京软件产品质量检测检验中心运营的北京软件产业基地公共技术支撑体系。作为大型、公用、基础性的公共技术服务平台，整合了国内外软件业自主创新的科技成果，为企业提供开放和共享的技术服务，优化区域创新体系，支持软件企业成长，促进软件产业发展。

2002 年 6 月，北京中科国际软件有限公司推出消息中间件 A2E-MQ，通过消息队列为分布式应用提供信息交换机制。同时推出数据集成中间件 A2E-DI，为数据库、文件系统等异构数据源提供包括提取、转移、传输、加载等操作的数据集成服务。

2003 年 1 月，市科委和市信息办同 IBM 公司签订战略合作备忘录，成立 IBM 中国 Linux 解决方案合作中心，采取项目合作的方式带动北京软件企业提高设计大型系统的能力。2 月，市科委和市信息办同微软签订战略合作备忘录，微软在京新设技术支持中心和软件工程院，与中星微电子公司合作成立多媒体通信联合技术中心。12 月，市科委同 BEA 公司签订合作备忘录，启动 BEA 知识产权向北京研发中心转移的进程，探索吸引外商投资政策的新突破。同年，市科委发布北京软件产业发展“长风计划”，将基于开放标准的自主基础软件平台作为北京软件产业扩大规模、提高水平的突破领域。摩托罗拉、BEA、NEC在北京设立规模较大的研发中心，北电网络、西门子研发中心扩大了研发规模。

2003年，中国科学院软件研究所研发出中间件网驰（ONCE）平台，是网络环境下重要的基础系统软件，由基础运行支撑平台、数据集成平台、服务集成平台、流程集成平台及信息门户系统5部分组成，包括Web应用服务器、消息通信、事务处理、数据集成、XML解析器、SOAP引擎、统一Web服务调用框架、流程集成、信息门户系统等中间件系统。网驰平台系统和技术面向不同行业和领域开展成果转化，在国家重点工程、政府部门以及软件企业广泛应用。

2004年7月5日，红工场软件技术有限公司的Liberator JDO获北京市火炬计划项目证书。9月23日，红工场软件技术有限公司推出拥有自主知识产权的Liberator JDO1.0/1.01/2.0标准的高速数据持久引擎，成为国内第一家Java DataObject产品厂商。11月，红工场发布Liberator JDO 1.2版，成为国内第一家发布基于POJO模型的数据持久中间件厂商。2005年4月，红工场软件技术有限公司的Liberator JDO通过市科委的审核，获软件产品登记证书。

2004年12月24日，金山软件股份有限公司、中科红旗等8家中关村软件企业发起成立中关村科技园区海淀园自主知识产权软件产业联盟，主要职责是通过成员之间的广泛合作和资源共享，提升整体技术水平，形成具有自主知识产权的软件产业链，在支持软件产业发展的同时推动企业成长。2004年，共创开源推出共创桌面Linux系统和共创Office。该桌面Linux操作系统的最大特点是与微软Office可以实现无缝文档交换，文档格式和版面相似，用户不需培训就可使用。同年，共创开源和北京交通大学宣布共建Linux协同开发与软件教学平台，是国内Linux企业和高校在开放源码实验室方面的首次合作。

2004年，市政府有关方面先后同Intel、Redhat和OSDL（开放源代码实验室）等公司建立合作关系。中、日、韩三国Linux联盟在北京成立，形成北京软件业界多方面参与国际软件社区的合作机制。年内，跨国公司在北京新设立7家研发中心。

2005年4月，在市政府支持下，由软件与信息服务企业、科研机构、高等院校、用户和第三方机构联合成立长风开放标准平台软件联盟，主要职责是通过组织创新与机制创新汇聚产业资源，构筑“产学研用”协同创新的产业创新链，引导产业集群创新，提升产业整体竞争力。9月，中科院软件所完成863计划软件重大专项重点项目“民族语言版本Linux操作系统及办公套件研发”。项目以国产RedFlag Linux操作系统和RedOffice办公套件为基础，通过对蒙古文、藏文和维吾尔文的支持，形成具有中国特色的民族文字信息处理平台，完成蒙古文、藏文、维吾尔文及多文种版本Linux操作系统和办公套件等各4种文字处理产品1.0版的研发，首次实现基于OpenType的复杂文字和版面处理。2005年，在系统软件方面，北京企业掌握一批关键核心技术，形成自主知识产权。基于Linux的桌面操作系统实现从无到有、基本可用。中科红旗、新华富才等企业分别发布自主研发的新款Linux系统产品。基于Linux的桌面操作系统获得市、区级政府采购，节省政府开支达

80%。

2007年10月，北京航空航天大学承担的国家自然科学基金重大项目和国家科技部国际合作项目取得重要研究成果，推出服务网格中间件平台CROWN。平台通过资源虚拟共享、调度和监控机制，将多台高性能设备“按需整合”，为高性能计算应用提供新模式。

2008年3月3日，北京以597票的得票数赢得国际开源社区OpenOffice.org（以下简称OOo）2008年年会的举办权，是国际OOo年会首次在亚洲国家举办。4月1日，亚联开源软件技术有限公司（Asianux Co.,Ltd.）宣布推出面向移动互联网设备（MID）的Linux操作系统Asianux Mobile Midinux 2.0。10月20日起，微软Windows XP的非正版用户电脑每小时强制“黑屏”一次，Office软件的非正版用户在30天提醒期后被显示非正版标记。黑屏事件导致国产Linux操作系统和办公软件扩大了销售额，国产操作系统和办公软件的网络下载量剧增，各大软件厂商在第一时间推出产品供用户免费下载，中标软件有限公司还推出中标普华Linux桌面和Office免费培训班为用户答疑解惑。

二、应用软件

北京应用软件进入市场的初始阶段以中文文字处理软件为主，并形成一批优秀产品。1979年，北京大学计算机研究所教授王选研制成功方正激光照排系统，20世纪80年代进一步开发取得重大突破，使国内印刷业“告别铅与火，走向光与电”，被誉为印刷业的第二次革命。1991年，北京大学计算机研究所和北大新技术公司联合推出新一代电子出版系统“北大方正电子出版系统”（方正91型系统）。1992年产品被全国85%的省级以上报刊采用，并获1992年度北京市科学技术奖特等奖、1995年国家科学技术进步奖一等奖。1992年，北大方正推出国内第一个基于Windows系统的中文专业组版软件，研制成功具有先进挂网技术的彩色电子出版系统，打破中国印刷行业彩色制版完全依赖进口电子分色机的局面。方正彩色报纸系统在澳门日报社投入生产，每天出4～6个彩版，彩色照片与中文合一处理、编排和整页输出，在全球中文报业属首次。1993年，北大方正推出新闻综合业务网络系统，实现新闻、出版单位记者采编、稿件处理、数据收集、组版排版、照排联网、版面远传和新闻数据检索等一整套新闻业务的自动化、网络化处理。北大方正研制出世界上第一个PostScript Level 2的中文页面解释器，与专用协处理器芯片相结合，推出方正93系统。北大计算机研究所、北大方正集团公司等单位完成的“支持中文PostScript Level 2和BDPDL的栅格图像处理器”获1995年度北京市科学技术奖一等奖。北大方正电子出版系统国内用户数万家，并远销东南亚、美国、加拿大、日本、澳大利亚、韩国及中国港澳台地区。1995年11月，北大方正技术研究院开发新一代栅格图像处理器。1997年6月1日，栅格图像处理器——方正世纪PSPNT 1.0版研制成功。10月13日，北京大学计算机科学技术研究所和北大方正对北大方正PSP发排软件V3.0进行计算机软件著作权登记并获得著作权。1999年8月，北大方正推出栅格图像处理器——方正世纪PSPNT 2.0版。2000年5月，针对Adobe公司推出的PostScript Level 3语言标准，北大方正开发出PSPNT 2.1版。

图3-2　“北大方正电子出版系统”获1995年国家科学技术进步奖一等奖

同年，北大方正推出基于 Internet 的全数字化报业生产流程管理系统及电子图书出版系统、印前领域全数字化工作流程系统等。2001 年 2 月 16 日，北大方正推出的两个字库通过国家级审定，其容量是一般字库的几倍、十几倍。同年，北大方正推出具有自主知识产权的第二代核心技术——阿帕比数位版权保护系统（Apabi DRM），能保证电子书不能被复制、篡改。2002 年 6 月，北大方正第八代 RIP 内核产品方正世纪 RIP 3.0 推出。12 月 18 日，北大方正发布方正印捷数码印刷系统，该系统是印刷全过程数字化、网络化技术的综合，代表全球中文印刷系统的最高水平。同年，北大方正完成包括日本日刊体育印刷社在内的几个大型报业出版系统的开发和实施，日刊体育印刷社首次实现 150 种报纸同时上线印刷。截至 2005 年年底，全国 1700 多家高校图书馆、公共图书馆、中小学图书馆购买了方正阿帕比系统和电子图书。2006 年，方正 RIP 被科技部列入 2006 版《中国高新技术产品出口目录》，是国内列入目录中的 4 个软件产品之一，北大方正成为全球三家最大自主开发 RIP 的厂商之一。2007 年，北大方正推出针对商业印刷的 RIP 产品——方正世纪 RIP 4.0 商业版，在多个方面取得突破。2009 年，方正飞翔 2009 进入市场。方正飞翔 2009 是基于网络应用的设计制作排版软件，可制作杂志期刊、企业内刊、日历、书籍、POP 等各种印刷品。2010 年，北大方正研发的飞翔 2011 进行最后测试，在图形图像、公式编辑、多渠道输出、插件支持等方面有新的突破，支持 CEBX 中文版式文件标准和 PDF、XML 国际标准，可以实现一次制作、跨媒体多次发布。

1986 年年初，中国科学院希望高级电脑技术公司（以下简称希望公司）开始进行计算机辅助设计（CAD）市场的开拓工作，跟踪开发 AUTOCAD 软件每一版的全汉化版本，针对国内用户的需要，推出运行全汉化 AUTOCAD 2.5 版的微机 CAD 工作站系统，应用于石油、煤炭、建筑、机械、国防等几十个行业。6 月，希望公司推出 H-01 型中文教学电脑，是中国第一台自行研制成功的普及型汉字教学机，国产化程度达到 75%以上。1987 年 6 月，希望公司的 HT-86 全兼容通用汉字终端问世。12 月，世界卫生组织采用 HT-86，希望公司的产品实现创汇。1987 年，希望公司推出汉字系统 UCDOS 1.0，采用模块化、组合式设计，占用内存少，可以利用微机的扩充存储器规格。此后相继推出 UCDOS 2.0 和 UCDOS 2.2，使汉字处理能力明显提高，可任意裁剪和退出，灵活运用有限的内存空间。1993 年，希望公司将希望中文平台升级为V3.0，并改称“希望汉字系统”。而后又推出UCWIN、UCTAB、UCDOS & UCWIN双平台及UCDOS SDK for FoxPro V5.0等系列产品。从1999年开始，希望公司专门研究和分析XML技术标准，承担相关科技项目。

1988年3月至1993年，在国家有关部门支持下，由北京集成电路设计中心牵头，国内17家单位118名专家和工程技术人员参加，通过开展集成电路CAD三级系统攻关，产生中国第一个电子设计自动化（EDA）大型工具软件——集成电路计算机辅助设计工具（ICCAD）熊猫系统并实现了商品化。该系统设计能力为万门以上，能适应双极、MOS、砷化镓等多种工艺要求，软硬件平台灵活、适应性强。熊猫系统的设计包括两个主要内容，即数据库和用户界面的设计开发。网络支持功能是熊猫系统数据库的重要特点，系统中工具可以访问网络中的任何数据库，提高了资源共享程度，减少了硬件设备资源的耗费。熊猫系统的用户界面在UNIX操作系统及X窗口基础上开发，由命令解释器、图形界面管理及图形显示部分组成。2001年4月，中国华大集成电路设计中心熊猫ICCAD系统更名为“熊猫EDA系统——九天系列工具”，发布集成电路设计平台Zeni–V1.0版，具有国际先进技术水平。2004年，中国华大集成电路设计中心推出Zeni–V4.0版。

1990年，大洋图像技术公司（以下简称大洋公司）与中央电视台、国家体委合作，开发出中国第一台具备数据库联网功能和体育比赛专用软件的特技型彩色字幕机，并成功应用于在北京举办的第十一届亚运会，承担了80%比赛项目的现场转播任务，首次实现比赛现场电子计时计分系统与电视转播系统联网，打破了国外产品在国内字幕机市场的垄断。1992年，大洋DY特技字幕机获国家科学技术进步奖三等奖。同年，国内第一台实时动画录制系统在大洋公司问世，结束了电脑动画必须逐帧录制的历史。1993年，国内第一块广播级图形字幕卡——大洋字幕金卡问世，标志着中国字幕机国产化水平达到板卡级。此后，大洋公司又自主研发出一系列硬件板卡，结束了国内视频行业板卡长期依赖进口的历史，并就此形成了自己的硬件产品线。1994年，大洋字幕金卡规模化批量生产，国内第一块基于VESA LOCAL BUS的高速图形字幕卡——大洋动画金卡问世。1997年，中科大洋公司发布DY3000多媒体非线性编辑系统，使中国视频行业从传统、单一的字幕产品向非线性编辑系统扩展，成为中国非编产品中的经典之作。1998年，中科大洋公司开发出全球第一套基于SAN技术的非线性制作网络系统并应用于河北电视台。该项目为全国电视行业普遍采用FC和以太网共存的双网结构方案奠定了基础。2001年1月1日，凤凰卫视资讯台开播，中科大洋公司完成亚洲第一个集外电收集、新闻文稿编辑、字幕制作、新闻配音、新闻剪接制作、新闻播出于一体的全数字化非线性新闻网络系统的建造。2002年，中科大洋公司非线性数字视音频数字网络（福建电视台新闻网）获2001年度国家科技进步奖一等奖。2005年4月，由中科大洋公司开发和建设的中国广播电视音像节目资料媒体资产管理系统是国内广播电视业内最先进、规模最大的媒体资产管理项目。项目建设过程中，中科大洋公司自主开发的软件填补了国内多项空白，系统造价比原技术方案投资节省61%。同年，中科大洋公司开发出大洋红桥卡（RedBridge），是能够实现数字、模拟接口同时输出信号的高质量广播级 FO 板卡，技术指标达到国际先进标准，可替代进口，打破该功能板卡被国外产品垄断的局面。2008 年 12 月，第一款国产广播级高清视音频板卡——大洋 RedBridge Ⅲ高清板卡在中科大洋公司问世，以出色的信号指标和视频品质，填补了国内产品在高清板卡领域的空白。

1990 年，用友电子财务技术有限公司（以下简称用友公司）推出 90 版用友财务软件和 UFO 财经报表软件两个产品。1998 年 1 月，用友软件（集团）有限公司（以下简称用友集团）在北京、上海、深圳发布新一代财务及企业管理软件产品体系 UFERP。2 月，用友集团推出国内第一套 B/S 版财务及企业管理软件。1999 年 8 月 18 日，用友软件股份有限公司（以下简称用友）发布基于微软 SQL 大型数据库的企业级财务软件 8.10 版，支持购销存业务处理、会计核算和财务监控的一体化管理。2000 年 4 月，用友的网络财务软件 V9.00（Web 版）上市，标志着中国财务及企业管理软件达到国际先进水平。2001 年 1 月，用友推出网络财务软件 V9.20（Web 版）和公共财政管理软件 V8.0SQL 开发版。2002 年年初，用友推出 ERP-NC2.0 开发版，标志着国产高端 ERP/ 管理软件的技术和产品达到国际水平。2 月，用友发布 ERP- 网络分销 V2.1 开发版。3 月，用友推出票据通软件。4 月，用友的ERP-NC通过科技部863专家组评审，成为国家863计划新一代ERP系统的承担单位。8 月，用友推出 ERP- 网络分销 - 移动商务系统。9 月 29 日用友发布 ERP—U8V850 版。11 月用友推出 ERP-NC2.11 开发版。2004 年 1 月，用友启动提升中小企业信息化管理水平方案，面向中小企业推出“通”系列小型管理软件产品，营销体系遍布全国。8 月 18 日，用友发布 ERP-NC3.0。2005 年 8 月 18 日，用友发布 ERP-NC3.1。2006 年 2 月，用友开发出新一代管理软件平台——用友 UAP 平台。2008 年 2 月 22 日，用友发布“全球化集团管控、行业化解决方案、平台化应用集成”高端管理软件业务策略。3 月 14 日，用友 ERP-U8 中国企业最佳经营管理平台（V871）产品上市。4 月 18 日，用友发布全球第一款基于 SOA 架构的企业管理软件 UFIDA U9。2010 年 3 月 10 日，用友发布管理软件 UFIDA U9 V2.0。

图3-3　1989年，用友财务软件服务社研发成功“UFO通用财经报表管理系统”软件。图为新闻发布会现场

1991 年，北京瑞星信息技术有限公司（以下简称瑞星公司）的前身——瑞星电脑科技开发部开始研制 PC 机防病毒卡。产品具有报毒速度快、自动清除内存病毒、能安全运行带毒程序、兼容性好，具有免疫和自动屏蔽功能，备有开机密码的特点。1992 年，“瑞星防病毒卡”获北京市科学技术奖二等奖。1998 年，瑞星公司推出可以清除 Office 文档宏病

毒的 Windows 版本杀毒软件。1999 年 6 月，瑞星公司开发出实时监控的病毒防火墙，同时，瑞星杀毒软件 99 世纪版上市。同年，瑞星杀毒软件月销量突破 10 万套。2000 年 11 月 12 日，瑞星公司发布网络版杀毒软件。12 月推出瑞星杀毒软件 2001 版，新增实时查杀互联网和电子邮件病毒功能。2002 年 4 月，瑞星公司推出在线杀毒服务。2002 年 5 月，瑞星公司网站推出杀毒软件 2003 下载版，免费下载，升级收费，率先引入杀毒软件服务收费模式。9 月，瑞星杀毒软件单机版累计销量突破 1000 万套，并推出“瑞星杀毒软件 2003 珍藏版”。11 月推出瑞星杀毒软件 2004 版和瑞星个人防火墙 2004 版，同时发布瑞星“立体防毒·单机整体安全策略”。2004 年 1 月，瑞星公司和腾讯科技（北京）有限公司（以下简称腾讯公司）宣布达成战略合作伙伴关系，腾讯的新版本 QQ 集成瑞星为用户免费提供的在线查毒和收费的在线杀毒服务。3 月发布瑞星杀毒软件网络版 2004 版，并推出“中国盾”企业级信息安全整体解决方案。6 月发布瑞星国际共享版，进军国际市场。10 月 20 日，瑞星杀毒软件 2005 版、个人防火墙产品全国公开测试。12 月 1 日发布新一代旗舰产品瑞星杀毒软件 2005 版，瑞星杀毒软件下载版、瑞星个人防火墙下载版和瑞星在线杀毒等新品同时推出。2005 年 3 月 29 日，瑞星杀毒软件发布 2005 网络版。2007 年 1 月 15 日，瑞星公司推出杀毒软件网络版 2007 系列新品，基于第八代虚拟机脱壳引擎（VUE）研制开发，能够查杀各种加壳变种病毒、未知病毒、黑客木马、恶意网页、间谍软件、流氓软件等有害程序，在病毒处理速度、病毒清除能力、病毒误报率、资源占用率等主要技术指标上实现突破。7 月，瑞星云安全系统运行，是全球第一个投入商业应用的云安全系统。10 月 16 日发布瑞星 2008 杀毒软件，增加即时升级和强杀功能，突出主动防御特色，打造“账号保险柜”。2008 年 12 月 16 日推出瑞星全功能安全软件 2009，基于瑞星云安全策略和智能主动防御技术开发，集拦截、防御、查杀、保护多重防护于一身，将杀毒软件与防火墙无缝集成。2010 年 4 月 15 日发布瑞星杀毒软件网络版 2010，适用范围覆盖金融机构、政府和企业级用户，在“超级反病毒虚拟机”和云安全系统两大核心技术上实现突破，超级反病毒虚拟机达到世界先进水平。该产品获得英国西海岸实验室认证，技术水平得到国际权威认可。

1991 年，北京科利华软件有限公司（以下简称科利华）在成立当年推出“CSC 校长办公系统”。该软件从 1.0 版开始经过多次改进升级，1998 年在国家经贸委组织的评审中，97 版被评为国家级新产品。1994 年推出“科利华计算机家庭教师”大型集成化多媒体教育软件，有小学、初中、高中三大系列，并不断改版至 7.0 增强版。1997 年推出“科利华电子备课系统”，覆盖小学、初中、高中 20 个学科的知识点和内容，有教师版、单机版、网络版和在线备课的 Web 版 4 种版本。2001 年 4 月推出“科利华电子备课系统（教师版）”系列软件。11 月推出“科利华电脑家庭教师 5.0”“科利华学生浏览器”“科利华不知不觉学单词”三大系列家庭教育软件产品。

1992 年 12 月，中科院自动化研究所完成“汉语语音识别方法及应用系统”研究。该系统完善和发展了国际上通用的隐马尔可夫模型（HMM）方法，率先开展基于人工神经网络的语音识别和人的听觉机理研究，以及基于知识的语音识别方法研究。

1992年，中科院计算所完成“智能型英汉机器翻译系统IMT/EC−863”的研究。IMT/EC−863在理论基础、总体设计、系统实现、应用效果等方面超过国内外同类系统，并开发出国际首创的袖珍翻译机“快译通EC863”系列产品。1999年7月30日，中科院声学所研制成功汉/英语翻译系统CEST−CASIO。

1992年，北京市王码计算机总公司与王码电脑郑州公司在“五笔字型”技术基础上联合开发的电脑软件产品“王码480桌面办公系统”获1992年度北京市科学技术奖二等奖，并被列为1993年国家级火炬计划项目。该产品在Windows软件平台和五笔字型中文平台的基础上解决了中文高质量输入、输出问题，集文字输入、编辑排版、公文处理、数据库制表、语音校对、中远程通信、信息管理、打印输出等众多功能于一体，具有技术领先、功能完备、一机多用的优点，可应用于办公自动化和文字信息处理领域。王码480桌面办公系统配置灵活，既能以汉卡形式在各种类型的计算机上装用，使普通计算机升级为桌面办公系统，又能以整机形式提供给新用户。1994年以后，北京王码电脑有限公司（以下简称王码公司）创始人王永民陆续发明“98王码”“阅读声译器”“名片管理器”等5项专利技术。1996年，王永民研究用数字键输入汉字的方法，首创“首部余部取码法”。1998年2月，王永民发明了第一个符合国家语言文字规范，能同时处理中、日、韩三国汉字的“98规范王码”,同时推出汉字键盘输入的解决方案及系列软件。2000年8月,王码公司完成“五笔数码”汉字输入专利技术，开发了“王码6键”和“王码9键”软件。11月26日，中国发明协会在北京召开“五笔数码”输入技术发明发布会。2007年，王码公司的“王码五笔字型”获2007年度国家技术发明奖二等奖。五笔字型首创了在字母键上设计形码的数学模型和字词兼容理论，使用字母键输入速度突破每分钟100个汉字。

1994年，清华大学完成高性能混排简/繁体印刷文本识别系统的研究。该项研究突破印刷文本OCR识别只能处理汉字或英文单一文字的局限性，总体识别正确率超过98.5%，对印刷质量较好的文本识别正确率超过99.5%。

1994年，中国长城计算机集团公司（以下简称长城集团）基于美国Lotus公司的群件产品平台LotusNotes开发成功综合办公信息管理系统。1999年，长城集团开发内容管理平台、信息发布平台产品Net−builder，利用该产品完成长春信息港系统工程、广东省委大院网络系统的建设，长春信息港获得2001年度国务院办公厅、科技部颁发的优秀应用软件证书。2001年6月，长城集团完成的广东省社会保险信息系统总体设计通过专家委员会评审，被建议作为广东省信息化建设示范工程加以推广。9月，长城集团完成广东社会保障卡标准及实施细则设计。2002年6月，长城集团签约市公安局奥运金盾总体设计一期工程，先后承担了市公安局法制信息平台系统、收容遣送人员登记备案系统、内保局综合业务应用系统总体方案设计、智能化监管等项目，以及公安部数据处理多层架构平台、公安信息系统应用支撑平台系统、反恐信息化综合系统、全国出入境边防检查信息系统、西藏自治区公安厅局域网改造及扩建工程等项目。2003年，长城集团完成非典疫情病情报送系统的设计开发，保障系统在北京市各大医院、各级CDC单位正常运行，实现非典疫情病情信息的动态采集和实时报送。长城集团承担“金税工程”奥运1期、2期建设和2期拓展完善工作，在全国近4000个税务机关开通增值税计算机稽核系统和协查信息系统。2006年1月，长城集团承担的珠海市劳动保障信息系统上线投入使用，该系统是广东省第一个符合劳动和社会保障部及广东省社会保障信息系统总体设计的数据标准、业务标准和技术标准，支撑地、市级劳动保障业务的软件系统。5月，长城集团中标市审计局审计信息化建设工程，负责建设市审计局管理系统、业务系统。同年，长城集团的“金税工程增值税征管信息系统”获国家科学技术进步奖二等奖，“金信工程企业信用分类联网应用项目”获信息产业集团科技进步奖三等奖。

1994年，江民新科技术有限公司（以下简称江民科技）杀病毒软件KV100面世，采用自我扩充查毒代码技术。1996年9月，江民科技推出KV300，分为DOS版和Windows版，成为第一个实现“防、查、杀、修、扩”的杀毒软件。1997年11月，江民科技KV300+上市，成为第一个清除Word 95宏病毒的杀毒软件。1998年8月30日，江民科技推出查杀CIH病毒的升级版软件，是第一个不留病毒残余代码的杀毒软件，此后免费为用户修复上万个硬盘的数据。1999年1月，江民科技开发出实时监测病毒防火墙，增加了检测ZIP、ARJ、RAR等压缩文件的功能。2000年11月，江民科技推出具有硬盘救护箱功能的KV3000，能有效阻止破坏性强的千年虫病毒和宏病毒。12月，KV3000推向日本市场。2001年，江民科技推出KV3000杀毒王，研发并推出比特动态滤毒技术、前杀病毒技术。2003年1月，江民科技杀毒王KV2003上市。4月，江民科技杀毒软件日本版VIRUS DOCTOR在日本上市。6月推出KV杀毒软件电子版，7月推出江民杀毒软件KV2004，10月推出杀毒软件KV2004充值版和充值卡，11月开展KV网络版“零风险安全运动”。2004年5月，江民科技电脑急救全国连锁组织成立，成为全国首个数据修复品牌。推出KV2004国际版，在日本、美国、加拿大等国家同步发售。7月，江民科技与微软结成ISV合作伙伴关系。8月，江民科技宣布KV系列杀毒软件率先支持微软WIN XP SP2安全中心认证。10月，江民科技发布首款系统级杀毒软件KV2005，独创系统级编程、立体联动防杀和系统级深度防护技术。11月，江民科技发布网络版KV2005，集成移动网管等多种新技术。2005年3月，江民科技推出KV2005AAA版，新增“木马一扫光”组件，可防范木马病毒和多数未知病毒。6月，江民科技发布KV2005未知病毒主动防御系统。9月6日，江民科技发布中国首款64位杀毒软件KV2006。2006年12月5日，江民科技研发成功兼容Windows Vista版本的杀毒软件KV2007。2007年10月14日，江民科技发布杀毒软件KV2009。江民科技研发成功启发式扫描、内核级自防御引擎，KV2009率先应用“沙盒”杀毒技术，并增强了智能主动防御体系。2009年10月13日，江民科技发布KV2010，是国内首家兼容微软Windows 7操作系统的杀毒软件。

1995年，北京书生科技有限公司（以下简称书生公司）第一代SEP数字纸张技术诞生，在国内率先提供电子表单功能，在电子公章管理等信息安全、版面描述、中文字体智能匹配、虚拟打印、文档生成与管理、浏览、二进制元XML、字库管理等技术方面有创新。1996

年年初，书生公司基于SEP技术的书生电子公文系统问世。7月，中国农业银行开始运行书生电子公文系统。11月，书生公司发布电子公文系统2.0版。1998年10月发布书生电子公文系统3.0版，并被中国银行采用。1999年6月，书生公司的电子公文系统通过信息产业部主持的科学技术成果鉴定。2000年7月，书生公司发布安全型电子公文系统2000版。同年，书生公司推出线上式DRM技术，其安全可靠程度超过Microsoft、Adobe的脱机式DRM技术。截至2000年年底，书生公司的电子公文系统被中国农业发展银行、中国人民银行、国家开发银行、民生银行采用。2001年1月，书生电子公文系统开始销往海外。2004年3月15日，由书生公司主持的首家拥有自主知识产权的数字纸张技术“SEP数字纸张技术及其应用系统”通过科技成果验收。2005年，书生SEP技术被国家863计划列入软件重大专项。2008年，书生公司主导制定的UOML标准成为国际工业标准。

1995年，北京九城数码科技有限公司（以下简称九城数码）参照EDIFACT标准开发出具有EDI通信功能、基于Windows 3.1的电子单证软件“九城单证”1.0版。1999年8月，国家出入境检验检疫局为九城数码的九城单证1.0版颁发“产地证电子签证系统企业端软件评测合格证书”。9月，国家出入境检验检疫局签发《关于开展产地证电子签证推广试点工作的通知》。2000年年初，九城数码研发并推出九城单证2.0版，除产地证电子签证功能模块外，添加了电子报检功能模块。5月18日，九城数码的九城单证2.0版与广东检验检疫局开发的“电子签证”局端软件组合而成的“EDI原产地证管理系统”，作为“九五”国家重点科技攻关项目通过了科技部组织的验收。2001年10月，九城数码承担海关总署物流监控“集装箱箱号自动拍图识别系统”。

1997年，金山软件股份有限公司（以下简称金山软件）推出中文处理软件WPS97。WPS97是一款运行在Windows 3.X、Windows 95环境下的中文处理软件，支持“所见即所得”的文字处理方式。1999年3月22日，金山软件发布WPS2000，突破单一字处理软件的定位，开始集文字处理、电子表格、多媒体演示制作、图文排版、图像处理五大功能于一体。同年，金山软件完成金山词霸2000的研究，并于次年通过国家级鉴定。2001年5月，WPS改为采取国际办公软件通用定名方式，更名为WPS Office金山中文办公组合软件，WPS获国家科学技术进步奖。2002年，金山软件通过CMM二级认证，建立标准的软件开发流程和质量体系；通过ISO 9001质量体系认证，建立起规范的供应链质量、生产、商务管理体系。2005年，

图3-4 1997年9月，金山软件公司推出国内第一个在Windows平台下运行的中文处理软件WPS97

金山软件发布 WPS Office 2005。2007 年，金山软件研发出 WPS Office 2007，最大限度地实现与微软 Office 的兼容，可提供中、英、日 3 种语言安装版本供用户选择。2009 年，金山软件发布 WPS Office 2009，支持网络资源本地化应用，推出在线存储、垂直搜索和网络模板等一系列网络功能。2010 年 10 月 14 日，金山软件发布金山毒霸 2011SP3。

1997 年，新奥特集团公司（以下简称新奥特集团）的字幕机被中央电视台用于全国运动会、亚运会、大学生运动会、奥运会、春晚等重大活动的电视直播。新奥特集团与国防科技大学建立联合实验室，开发三维虚拟设备。1998 年，新奥特 NAVS-1 真三维虚拟演播室面世，至 2004 年占据国内市场 60%以上份额。

1998 年，汉王科技股份有限公司（以下简称汉王科技）等单位完成“汉王 OCR 技术及应用”项目。汉王科技自 1993 年开始采用多识别技术综合集成识别法，构建多个识别内核，解决手写汉字笔顺不限、形变连笔的识别问题，识别速度达 30 ～ 50 字 / 分，基本可与手写输入速度同步。汉王科技在手写字识别多个领域拥有核心技术，“汉王形变连笔的手写汉字识别方法与系统”是国际上第一个手写汉字输入系统，解决了汉字输入问题。2000 年，汉王科技完成“形变连笔的联机手写汉字识别方法与系统”（汉王笔 9.0 版）的研究，该项目获 2000 年北京市科学技术奖一等奖、2001 年国家科学技术进步奖一等奖、国家重点新产品、信息产业部重大技术发明等多个奖项。“汉王 OCR 技术及应用”获 2005 年度北京市科学技术奖一等奖、2006 年度国家科学技术进步奖二等奖。该成果率先推出多字体大字符集简繁混识的识别核心，能够识别常见的十几种字体及其变体，识别率在 99% 以上。汉王 OCR 采用多特征组合优化和多识别内核集成方法，构建了识别速度快、识别率高、易用性强的多个实用化 OCR 系统。2009 年 4 月，汉王科技联机手写汉字识别第六版开发成功。2010 年年初，汉王科技推出新一代手写中文、英文、数字、标点、符号混合输入的短句行识别方法和系统。

20 世纪 90 年代末，北京应用软件开发快速发展，到 21 世纪初形成用友的财务软件，用友、和佳、和利时、神州数码公司的 ERP 软件，瑞星、江民、金山软件的杀毒软件等一批著名产品。一些公司代表中国提交了国际技术标准，其中有大唐电信提出的 TD-SCDMA 标准、联想集团主导提出的“闪联”标准、中科院计算所主导提出的“AVS”数字音视频信源标准、中科院软件所主导提出的 CnXML 等。数字娱乐产品相继推出，有目标软件、欢乐亿派的 3D 网络游戏引擎及平台系统软件，新空气、捷通华声的 3D 移动内容增值服务开发引擎，联众、大娃娃的网络休闲社区引擎，金山软件研发的网络游戏等。

2000 年 3 月，北京启明星辰信息技术有限公司（以下简称启明星辰）的天闻入侵检测系统（百兆级）产品获得公安部销售许可证。2003 年 9 月，启明星辰推出天镜分布式漏洞扫描与安全评估系统，填补了国内相关领域的空白。2005 年，启明星辰推出天清防火墙、天瑶 VPN/ 加密机、天询内网管理系统等系列产品。天闻入侵检测与管理系统出口东南亚市场，安全服务中标马来西亚电信。

2000 年 3 月，中科院中国遥感卫星地面站完成“卫星遥感数据存档介质转换与处理系统”

研究，建成完整的卫星遥感数据存档介质转换、数据记录与处理系统，实现卫星遥感数据地面运行性处理系统的自主设计、集成和基于商业化软件的二次开发与完善。项目获2003年度国家科学技术进步奖二等奖。

2001年5月29日，北京红旗中文贰仟软件技术有限公司（以下简称中文2000公司）发布RedOffice办公套件1.2版，并集成到北京市政务信息化管理系统中。7月16日，中文2000公司发布RedOffice 0.76版。11月22日发布RedOffice 1.0版。2002年3月，中文2000公司的RedOffice中标国务院政府采购。2003年5月19日，中文2000公司发布RedOffice办公套件专业版。2004年5月发布RedOffice办公套件2.0版。2005年11月发布RedOffice办公套件3.0版。截至2005年，RedOffice的应用遍及北京、广东等近百个省、市政府机构。2007年9月，中文2000公司出席在西班牙巴塞罗那举行的国际开源技术领域最高级别盛会OpenOffice.org 2007年会，向国际开源界介绍开源技术在中国的发展情况。2001年12月，北京6家软件企业的操作系统、办公套件、杀毒软件等产品中标市政府采购。此后，北京系统软件企业在竞争中连获成功，初步具备与微软竞争的实力。

2002年1月，中文2000公司、金山软件、永中、中标等办公软件企业及中国科学院软件研究所等单位组成的中文办公软件工作组推出UOF标准，2007年被批准为国家标准。2002年，中科院自动化研究所研发Fingerpass指纹身份认证系统，获2004年度国家科学技术进步奖二等奖。产品具有指纹采集、图像处理、特征提取、模板生成、模板存储、指纹比对等功能，可在计算机中运行，也可移植到嵌入式系统中，实现身份认证。

2002年，北京数字政通科技有限公司（以下简称数字政通）承建市规划委项目。2003年5月，数字政通着手研究、开发数字化城市管理新模式，设计出“网格化城市管理新模式”的整体框架、系统结构和实施方案，并投入建设工作。2004年10月，数字政通作为东城区网格化城市管理信息系统课题组成员，开发的基于全新城市管理理念，集无线通信、有线网络、GIS、MIS、OA一体化的数字化城市管理系统上线运行。同年，以“国土关联”技术平台为基础，数字政通完成涵盖国土资源管理需要的OA、MIS和GIS一体化、面向全业务管理的综合型国土资源电子政务系统的开发。2005年3月，根据东城区网格化城市管理信息系统在城市管理工作中所发挥的作用，其被建设部命名为“数字化城市管理新模式”，在全国城市管理领域部署推广。7月，数字政通推出数字化城市管理系统V5版。2007年，经建设部批准在全国进一步部署24个“数字化城市管理新模式”试点城市，使试点城市总数达到51个，覆盖全国大部分省份。截至2010年11月，数字政通具有全国逾130个数字化城市管理项目的推广经验，能针对不同地域的不同需求打造具有当地特色的数字化城市管理模式，行业市场占有率超过60%。

2002年，北京超星公司开发成功拥有自主知识产权的超星图书阅览器（SSReader）。SSReader是一个运行在Windows简体中文版下的程序，可以在网上阅读由全国各大图书馆提供、总量超过30万册多种格式的数字图书。至2007年4月，SSReader已发展到4.1简体中文增强版。

2003年3月，中科院计算所智能人机交互课题组研制成功中国手语合成系统，获2003年度国家科学技术进步奖二等奖。系统能用三维虚拟角色任意演示用户指定的中国手语，在《中国手语》5596个手语词及30个中国手语的手指语基础上增加24817个同义词理解，词汇量涵盖小学课本内容。2004年10月31日，中科院计算所完成“面向体育训练的三维人体运动模拟与视频分析系统”，获2006年度北京市科学技术奖一等奖。该系统根据2008年北京奥运会需求研制，发展了合成运动模型和粒子滤波的人体运动跟踪方法、基于样例的人体自动分割和跟踪方法，针对体操、跳水、蹦床、田径（跳高）等运动项目，研究相应辅助训练系统和比赛裁判评分系统。2009年3月，中科院计算所研制出一套支持蒙古、藏和维吾尔等民族文字，以及中文和英文的跨平台办公套件产品。产品采用符合国际标准的编码体系和处理技术，支持民族文字的特性和排版规则，包括字形的变体叠加组合、文本布局方式等，可以实现多种文字混排。

2003年，在抗击非典期间，北京美髯公科技发展有限公司（以下简称美髯公）开发出北京市SARS流行病学信息管理系统，被市信息办授予“和衷共济，战胜非典”奖牌。2008年“5·12”汶川地震发生后，美髯公短时间内开发完成“救灾捐赠信息管理系统”，向四川省阿坝和什邡市政府捐赠应急信息语音通知系统，支援抗震救灾。

2003年，北京嵌入式软件营业收入继续大幅度增长，达到78615万元，占软件总收入的2.34%，增长速度居各类软件首位。系统软件和软件服务出现负增长。通用应用软件和行业应用软件的比例大致为1∶3。占据通用应用软件主流地位的是企业管理软件、语言文字处理软件和游戏软件。通信类软件成为最主要的行业应用软件，在“信息化带动工业化”战略影响下，制造业应用软件逐渐成为市场主体。

2004年1月6日，北京第一届优秀软件构件颁奖大会召开，以神州数码软件有限公司的“中国税收综合征管软件框架”、联想计算机系统技术服务有限公司的“联想网上审批工作流构件”领衔的16件优秀软件构件作品分获一、二、三等奖。10月，用友、北大方正联合Intel启动面向中小企业信息一体化管理的“中小企业超动力”计划，扩大了产业链优势。12月8日，新世界软件有限公司发布拥有独立知识产权的企业管理软件——飞凰（Sino-Phoenix）和Office Pass。

2005年6月，清华大学完成TH-ID多模生物特征身份识别认证研究，能够实现在复杂背景下的图像和视频人脸自动检测、识别和认证，实现百万大数据库的人脸查询和主动人脸身份认证、基于单个汉字笔迹的识别和认证、联机手写签字的身份认证、虹膜身份识别和认证以及基于决策融合的多模生物特征身份识别认证，在人脸和笔迹等生物特征身份识别认证及其融合上取得重大突破，达到国际领先水平，获2006年度北京市科学技术奖一等奖。2005年，在语言与工具软件平台方面，北京企业的技术不断升级与完善，开始由传统的汉字识别向搜索技术转移，百度和中国搜索的技术为中文搜索引擎提供了基础。华建公司的机器翻译、拓尔思等公司的全文检索技术也开始领先世界，并逐步实现产业化。

2006年7月27日，奇虎360科技有限公司（以下简称奇虎360）推出360安全卫士。2007年5月，奇虎360发布360安全浏览器。7月，奇虎360与国际杀毒厂商合作推出免费杀毒软件“360杀毒”。2009年10月，奇虎360发布永久免费的360杀毒1.0正式版。2010年3月4日推出永久免费的安全软件“360手机卫士1.0版”。12月9日推出360安全浏览器3.6版。

2006年，华胜天成推出逸信通1.0移动信息服务平台。该平台以手机、PDA等便携终端设备为载体，可以快速实现企业各类信息系统的移动应用延伸，根据业务特性进行个性化定制，形成具有企业应用特色的专属移动商务工具。2007年5月，华胜天成为中国邮储银行开发集各业务系统客户信息为一体的平台——金融客户管理系统。2010年2月，中国邮政金融客户管理系统上线。8月，逸信通2.0新一代移动信息服务平台问世。

2006年，北京金和软件股份有限公司（以下简称金和软件）推出面向企业运营管理的智慧协同应用管理平台——C6协同办公管理软件，2007年获评中国十大创新软件产品。2009年，金和软件发布协同管理平台标准版C6/S和专业版C6/P。金和C6被认定为北京市自主创新产品，评为IT行业十大民族品牌之一，并登上中关村Top100 2009成长榜和中国商用软件十强榜单。

2006年，北京晓军办公设备有限公司完成的“亚伟中文速录机技术与装置”获2006年度国家技术发明奖二等奖。亚伟速录机采用专用键盘和软件对语言信息同步记录并转化为文字，是中文信息处理重要环节。

2007年1月5日，联想集团发布自主创新成果——实时多媒体协同技术（Real-time Multimedia Collaboration Technology）。10月，北京金鼎睿智科技开发有限公司推出《睿智宝贝动感阅读》产品。2007年，北京瑞友科技股份有限公司（以下简称瑞友科技）开发的具有自主知识产权的“国际化应用平台（GAP）”构件主框架和工作流平台分别获北京第二届优秀构件评选一等奖和三等奖。2008年3月8日，GAP平台被列入北京市火炬计划市级项目。GAP平台主要应用于企业信息化建设，是针对国民经济重点行业信息化需求推出的全方位一体化软件与信息技术服务应用平台，提供了高复用度的大规模软件定制开发模式，可提升软件交付质量，帮助客户降低总成本。GAP平台紧跟国际先进的平台技术，达到国内先进水平，可以为IT服务提供有效的技术支撑。截至2008年，瑞友科技研发的“移动商务信息管理平台软件V1.1版”“国际化应用软件开发平台V3.0版”“瑞友科技数据字典管理平台（USE-DDMP）”“瑞友科技消息平台（USE-MP）”“瑞友科技组织权限管理平台（USE-OAMS）”等平台软件获6项计算机软件著作权登记，其中两项获市科委颁发的软件产品登记证书，所获软件登记数保持国内软件外包服务企业之最。2009年，瑞友科技的GAP平台入选国家火炬计划。

2008年5月，北京拓尔思信息技术股份有限公司（以下简称拓尔思）自主研发政府信息公开服务系统，覆盖信息采集、信息加工编目、信息检索、信息发布与出版、依申请公开、绩效评估等功能，为政府信息公开提供科学管理方法与实用工具，运用于中国证券监督管理委员会、农业部、湖南省、湖北省以及江西省赣州市等地的门户网站。同年，拓尔思开发完成国家知识产权局专利检索平台。2010 年 9 月 3 日，拓尔思自主研发的 TRS 文本挖掘软件 4.5 版获 2010 中国十大创新软件产品称号。作为中国第一个实用化的中文文本挖掘软件，产品结合自然语言处理、统计分析和机器学习以及语言知识库，涵盖文本挖掘十大功能选件，包括文本分类、文本相似性检索、文本摘要、文本信息过滤、拼音检索、相关短语检索、(政治) 常识校对、文本聚类、文本分词及文本信息抽取。

2008 年年底，北京起步科技有限公司推出 Justep X5 业务架构平台软件。该管理软件体系是为保障信息化建设而提供的战略支撑工具，可为信息系统的规划、设计、构建、集成、部署、运行、维护和管理等方面提供具有可用性、合理性的体系架构，实现“用户主控，随需而变，全局规划，整体集成”。

2008 年，人大金仓与太极计算机股份有限公司合作完成的“北京市决策信息服务系统”获 2007 年长风杯信息北京十大应用创新成果奖。同年，英得赛斯科技（北京）有限公司（以下简称英得赛斯）研发的“测井岩石物理横波速度预测系统软件”获科技部和市科委中小型企业创新基金支持。2009 年 12 月 30 日，项目通过验收。该项目为国内首例测井横波预测商业软件，获选 2009 年北京市自主创新产品，并获评北京市科技创新成果奖和科技创新产品奖。该软件在 10 多个油田应用，预测精度高，适应性强，操作简便，节约全波列测井的成本，为岩性油气藏勘探和老油田的挖潜做出贡献。同年，英得赛斯的“英科地质层位自动追踪软件”和“英科断层网格管理软件”研发成功，应用于石油天然气勘探的地震数据解释。2010 年，英得赛斯研发的“地震综合解释平台软件系统”获科技部和市科委中小型企业创新基金。

2009 年 1 月，北京旋极汉荣嵌入式技术有限公司（以下简称旋极公司）发布 SystemVerify 系列嵌入式软件目标码测试工具。SystemVerify 属于嵌入式软件白盒测试工具，是唯一不对代码进行插装，不对被测系统侵扰的测试系统。3 月 26 日，旋极公司发布 IceBlade 故障注入系统。IceBlade 通过模拟电子系统在运行过程中可能出现的异常，实现设备的容错性测试、故障模拟、故障定位和故障分析，此技术为国内首创，填补了市场空白。3 月，旋极公司自主创新的旗舰产品行业 PDA 通过审核，进入《北京市第二批自主创新产品目录》，成为政府采购的指定产品。产品是可以定制各行业所需功能的信息终端，在奥运食品追溯系统、铁路商 / 货检系统、石化冶炼信息系统、电力巡检系统、燃气信息系统、烟草三员管理系统、军兵种信息管理系统等方面得到应用。4 月 17 日，旋极公司推出行业应用的 PDA 产品汉荣 HR−638。HR−638 应用领域有交警执法、烟草三员移动工作管理平台、铁路货检、电力智能巡检系统、防爆 PDA 燃气灌装车管理、钢厂进出物资车辆管理、无线宽带集群通信 PTT 等。10 月 1 日，在中华人民共和国成立 60 周年阅兵式上，旋极公司的 HR−638 智能终端被中国人民解放军某部队用于装备技术管理并参与阅兵活动。

2009 年 5 月，北京东方正通科技有限公司完成甲型 H1N1 流感应急管理软件开发，并部署投入使用，为北京市应急值守系统针对甲型 H1N1 流感的防疫工作做准备。6 月，东华软件股份公司（以下简称东华软件）的全系列网管产品入围中央政府采购协议供货平台。东华软件选送的产品包括流量系列产品（流量控制、流量分析、上网行为管理）、桌面安全管理系统、机房环动监控管理系统、IT 服务智能管理系统等共 6 条产品线近 50 款产品。同年，“东华 IT 服务综合管理系统”获 2009 中国十大创新软件产品称号。

2009 年 11 月 2 日，北京深思洛克软件技术股份有限公司的“多应用软件版权保护系统”专利获 2009 年度海淀区专利实施专项资金支持。11 月，同方鼎欣科技股份有限公司的政府信息化解决方案入选 2008 年度《中关村软件产品与服务政府采购目录》。12 月，北京同方软件股份有限公司推出 ezM2M 物联网业务基础中间件平台。同月，“同方鼎欣通用数据处理业务平台”研发被纳入北京市火炬计划项目。同年，中国数码集团以中企动力及其中国企业网为核心，为百万家中小企业打造信息化服务平台，包括中企开源、红旗 2000 开源跨操作系统平台的办公软件。

2010 年 1 月，北京七十二炫信息技术有限公司（以下简称七十二炫）完成全国 10 余个城市三维户型搭建，建成当时中国最大最全的三维户型数据库。2 月，七十二炫推出商业地产演示平台。5 月，英蓝置业三维展示和管理平台完成，蓝景丽家—七十二炫导购服务中心落成。2010 年，中和威推出基于云计算技术的智能家居解决方案“智讯家”和基于车联网技术的 Telematics 解决方案“车辆信息服务平台”。智讯家由云服务端和家庭消费端组成，包含社区管理系统和楼宇管理中心。车辆信息服务平台包含后端服务平台和前端车载设备系统两个部分，为驾驶人员提供信息支持服务。

2010 年，北京软件产品收入为 911.73 亿元。嵌入式系统软件收入 68.21 亿元。北京软件领域已形成涵盖基础软件、应用软件、嵌入式软件、IC 设计等完整的产业链。在行业应用软件中通信类软件和政府类软件构成最主要的市场，在通用应用软件中占主流地位的是企业管理软件。以移动互联网、云计算、物联网、导航与位置服务和电子商务等为代表的新兴领域收入增速超过 50%，形成新的产业增长点。在行业应用软件方面，以政府、金融、电信、制造业、能源、教育等领域的行业解决方案为代表，收入规模占全市的 36%，多个领域行业系统解决方案约占全国市场的 30%，领先优势明显。在企业管理软件（ERP）、搜索引擎、网络游戏、大型系统集成等细分市场，北京的优势地位进一步加强。其中，北京信息安全软件产业占有全国市场的 70%，实现业务收入 47.36 亿元，产业平均利润率为 16.8%。信息安全软件产业出现以免费产品为代表的商业模式，奇虎 360、金山、瑞星等企业相继推出免费的安全软件产品，产业处于转型中。奇虎 360、瑞星、金山、江民科技、启明星辰、北信源软件、中联绿盟等企业推出云安全解决方案，基于云计算模式的云安全技术成为安全领域的重要发展趋势。

第二节 软件系统集成

20世纪90年代，伴随IT产业发展，开始出现独立于软硬件厂商的第三方服务提供者，信息系统集成成为IT产业链中重要的一环和IT服务业中的重要行业。随着系统集成在各行业的应用，系统集成商也逐渐改变以硬件代理为主的模式，加大在软件与服务方面投入，为客户进行定制开发，提供整体解决方案和全方位服务。

1999年11月12日，信息产业部颁发《计算机信息系统集成资质管理办法（试行）》，从2000年1月1日起实行系统集成企业资质认证制度。2000年9月5日，信息产业部颁发《计算机信息系统集成资质等级评定条件（试行）》。凡从事计算机信息系统集成业务的单位，必须经过资质认证并取得“计算机信息系统集成资质证书”；凡需要建设计算机信息系统的单位，应选择具有相应等级资质证书的计算机信息系统集成单位来承建。2002年11月28日，信息产业部颁发《信息系统工程监理暂行规定》，从2002年12月25日起开始实行信息系统工程监理企业资质认证。

截至2010年，北京获得系统集成资质的企业达到681家，占全国总数的18%。2010年，北京软件系统集成和支持服务收入630.41亿元；信息技术咨询和管理服务收入225.59亿元；信息技术增值服务收入461.03亿元；行业应用及系统集成实现营业收入1046亿元，约占全国市场1/3，在政府、金融、电信、制造业、能源、教育行业处于领先地位。

2001—2010年北京系统集成资质企业产业规模、增长率及利润率统计表

3-1表

年份	产业规模（亿元）	产业规模增长率（%）	净利润率（%）
2001年	85	—	5.7
2002年	107	25.9	4.3
2003年	111	3.7	3.7
2004年	142	28	3.8
2005年	171.1	20.5	—
2006年	232.4	35.8	4.4
2007年	363.2	56.3	7.5
2008年	546.2	50.4	8
2009年	760.9	39.3	9.7
2010年	1174.3	54.3	25.5

说明：1.数据来源于《北京市计算机信息系统集成业和信息工程监理业发展报告2010/2011年》。
2.“—”表示缺少相关数据资料。

2005—2010年北京系统集成资质企业数量统计表

3-2表

年份	2005年	2006年	2007年	2008年	2009年	2010年
企业数量（家）	220	268	361	485	633	681
企业数量增长率（%）	—	21.8	34.7	34.3	30.5	7.6

说明：1.数据来源于《北京市计算机信息系统集成业和信息工程监理业发展报告2010/2011年》。
　　2.“—”表示缺少相关数据资料。

2010年北京系统集成资质企业收入排名前10位企业一览表

3-3表

位次	企业	资质等级
1	中国普天信息产业股份有限公司	一
2	中国惠普有限公司	一
3	同方股份有限公司	一
4	神州数码集成服务有限公司	三
5	中国民航信息网络股份有限公司	一
6	中国电力科学研究院	一
7	航天信息股份有限公司	一
8	北京全路通信信号研究设计院有限公司	一
9	中国移动通信集团设计院有限公司	三
10	北京华胜天成科技股份有限公司	一

第三节　软件外包和软件出口

20世纪80年代，北京开始承接国际软件外包项目，到2003年前后出现快速发展的局面。

日本是北京软件与服务出口的主要市场，对日软件外包从1985年开始，以中科院软件所和北工大组织日本研修班为开端。NEC、富士通、核心软件和计算机三厂奠定对日外包基础。对美国的软件外包始于1989年。

2000年11月，市科委发布的《北京软件产业基地推进CMM认证工作的措施》提出，从2000年到2002年，投入1000万元的科技资金，用于资助通过评估的企业、主任评估师、中介机构、聘请专家以及组织各种类型的活动。通过CMM二级认证的软件企业可获得20万元奖励，通过CMM三级认证的企业可获得30万元奖励。软件能力与成熟度模型CMM

(Capability Maturity Model)共分五级，最高级为五级。CMM的引入和实施对于提高软件企业的管理水平和企业竞争力起着重要作用。2002年，北京市通过CMM三级评估的企业有3家，通过CMM二级评估的企业有14家；通过CMM评估的企业数占全国的65.4%，居全国第一。

2000年12月，信息产业部和外经贸部、国家税务总局、海关总署、国家统计局、国家外汇局等6部委制定了《关于软件出口有关问题的通知》，规定软件出口企业的软件产品出口后，凡出口退税率未达到征税率的，经国家税务总局核准，可按征税率办理退税。同时软件出口继续保持零关税。

2001年7月16日，美国能源领域最大的安全监控设备提供商RAE公司与方正数码有限公司GIS软件达成协议，每年采购1500套以上的方正GIS软件，这是方正自主研发的英文GIS软件首次向美国出口。11月27日，用友集团伟库网络技术有限公司与英特尔互联网技术有限公司签署协议，双方为中国企业提供从前台到后端、从网络到应用系统的IT外包装。

2003年，北京软件产业促进中心与市投促局合作，在日本举行推介会，600多家机构参加，会后有100多家日本企业来北京回访，探讨合作机会。2004年举行对日第二次推介会，对日软件外包业务额达到2000万美元。

2003年，政府为推动软件出口采取了一系列举措，给予自营企业进出口权，政府组织海外市场推介，免费报关代理服务，设立软件企业外包业务贷款“绿色通道”，软件出口补贴，设立中小企业国际市场开拓资金，进行软件出口登记与管理，建设国家级软件出口基地。同年，北京软件出口交货值达1.38亿美元，占全国软件出口总额的6.9%。

2004年4月，中关村软件园成立软件出口服务中心，帮助软件企业拓展国际市场。8月，国家软件出口(北京)基地获得批准，对促进软件出口，特别是软件外包业发展起到推动作用。同年，北京有14家软件企业入选“中国软件欧美出口工程”试点企业。实施对日人才“双千”计划、Linux出口计划、对日出口加速器计划、现地外包促进计划、出口扶助计划等国际化新措施。

2004年8月，市财政局发布《对北京市通过CMMI三级以上评估的软件企业进行补助的通知》，对通过CMMI三级评估的补助30万元，对通过CMMI三级评估基础上通过CMMI四级评估的增加补助10万元，对通过CMMI四级评估基础上通过CMMI五级评估的再增加补助10万元。同年，市科委和中关村管委会启动对日高端软件人才引进工作，通过两次赴日举办人才招聘会，为外包企业招聘一批有5年以上软件开发经验的高级人才来京工作。2004年，通过海关的北京软件出口首次超过2亿美元，达到2.38亿元。软件出口规模占全国的39%。对日软件出口继续快速增长，并向中高端业务拓展；向欧美市场的软件出口成为新的增长点，占全市出口总额近19%。全市软件出口企业超过250家，有26家企业参与“中国软件欧美出口工程”，海关软件出口额超过1000万美元的企业有5家。

2005年，北京软件外包20强企业出口额为1.5亿美元，占出口总额的49.5%。爱特优科信息技术（北京）有限公司（以下简称爱特优科）、文思创新软件技术有限公司（以下简称文思创新）被 NeoIT 与 Global Services 国际外包服务专业人员协会（IAOP）评为 2006 年全球服务供应商 100 强，爱特优科、奥博杰天软件（北京）有限公司、海辉软件国际（集团）公司等企业被评为全球外包 100 强成长明星企业。博彦科技股份有限公司（以下简称博彦科技）（北京）、文思创新和中软国际信息技术有限公司（以下简称中软国际）等公司获得外资机构的投资。同年，中讯集团收购汉扬天地和上海申软公司。北京软通动力公司与联合创新公司合并，合并后的软通动力信息技术集团有限公司（以下简称软通动力）员工总数达 800 多人，规模外包服务能力大幅度提升。北京天海宏业国际软件有限公司与大连海辉软件公司、深圳科森信息技术有限公司进行战略合并，组成海辉集团。

2005 年，北京软件出口继续保持快速增长，全年出口总量超过 3.03 亿美元，占全国海关软件出口总额的 39%。北京软件出口企业有 226 家。通过 CMM/CMMI 二级以上认证的企业 110 家，其中通过 CMM/CMMI 五级的企业 10 家。软件出口额超过 1000 万美元的企业 8 家。2001 年至 2005 年，北京软件出口每年以约 45% 的速度增长，遍及亚洲、美洲、欧洲和非洲，以亚洲和美洲为主，欧洲和非洲的市场逐步增长。日本是北京软件与服务出口的主要市场，2000 年至 2005 年对日软件出口年均增幅为 43%，2005 年面向日本的软件出口实现 1.73 亿美元，占出口总额的 57%。对美软件出口逐年增加，2000 年至 2005 年对美软件出口年均增幅约 50%，2005 年实现 0.53 亿美元，占出口总额的 17.5%。在软件外包出口规模不断扩大的同时，高端和具有自主知识产权的产品，例如用友 ERP 软件、金山网络游戏、汉王手写识别系统、方正中文排版系统、瑞星杀毒软件、华建机器翻译软件等产品进入海外市场。

2006 年 10 月，商务部出台《关于实施服务外包“千百十工程”的通知》，分两批认定包括北京在内的 11 个服务外包基地城市，北京获得 1 亿元的资金支持。2006 年，北京软件与信息服务业实现海关出口 3.56 亿美元，占全国海关出口的 1/3，位居全国第一。北京软件与服务出口仍以日本、美国和中国港台地区为主，占全部出口额的 90.8%。对日本软件出口额 2.07 亿美元，占全部出口额的 58.2%；对美国软件出口额 0.66 亿美元，占全部出口额的 18.4%。北京软件出口企业有 270 家，位居全国第一。其中，通过 CMM/CMMI 四级以上的企业有 14 家，居全国第一。在北京软件出口企业中，出口额超过 3000 万美元和 2000 万美元的企业各 1 家，超过 1000 万美元的有 8 家，总出口额 1.39 亿美元，占北京软件出口总额的 39.1%。

2006 年至 2007 年 5 月，北京外包企业发生并购案例 8 起，涉及金额 5660 万美元。文思创新、软通动力获得外资机构投资金额 7500 万美元。一些软件外包企业在国外开设生产和研发机构，借此实现海外市场扩张。

2007 年，北京软件实现海关出口 4.59 亿美元。对日本、美国和中国香港地区海关出口额占全部出口额的 90.4%。对日本软件出口额 2.61 亿美元，占全部出口额的 56.9%；对美国软件出口额为 0.74 亿美元，占全部出口额的 16.2%。北京软件对中国香港地区的出口额逐年递增，2007年出口额为0.79亿美元，占全部出口额的17.3%，出口总额首次超过美国。北京软件与服务出口企业221家，其中通过CMM/CMMI五级以上的企业14家，居全国第一。在软件出口企业中，1家出口超过4000万美元，4家超过2000万美元，10家超过1000万美元。10家企业的出口总额达到2.04亿美元，占北京软件出口总额的44.5%。

2008年6月，在工业和信息化部公布的“第一届优秀外包企业——中国软件与信息服务外包企业ITO20强和BPO10强”中，北京有10家和3家企业入选。2008年，北京软件与服务实现出口5.35亿美元。对日本、美国和中国香港地区的出口额占全部出口额的88.9%。对日本软件出口额为2.88亿美元，占全部出口额的53.8%；对美国软件出口额0.99亿美元，占全部出口额的18.6%；对中国香港地区软件出口额0.83亿美元，占全部出口额的16.5%。北京软件与服务出口企业达231家。其中，1家企业出口额超过4000万美元，4家企业超过2000万美元，12家企业超过1000万美元。12家出口额超过1000万美元以上企业的海关总出口额2.57亿美元，占北京软件与服务海关出口总额的48.1%。

2009年，国务院办公厅批复《关于促进服务外包产业发展问题的复函》，批准北京等20个城市为中国服务外包示范城市，对试点城市实行鼓励和支持措施，以加快中国服务外包产业发展。北京从事IT服务外包（ITO）为主的企业有128家，软件产品出口类企业有22家，从事业务流程外包（BPO）为主的企业有6家。北京软件与服务出口实现快速增长，出口规模达10.09亿美元。主要面向美国、日本等地，对上述国家出口额占全部出口额的57.1%。北京软件与服务出口企业198家。其中，出口额超过亿美元的企业有2家，超过3000万美元的有4家，超过1000万美元的有25家，总出口额达8.13亿美元，占北京软件与服务出口总额的77.6%。北京软件与服务出口额领先的企业有思科系统（中国）网络技术有限公司、摩托罗拉（中国）技术有限公司、路通世纪（中国）科技有限公司、中讯计算机系统（北京）有限公司、北京三星通信技术研究有限公司和日电卓越软件科技（北京）有限公司。

2010年，根据海关数据，北京软件服务外包实现收入14.6亿美元。其中，ITO约12.4亿美元，占软件服务外包的84.9%；BPO约2.2亿美元，占软件服务外包的15.1%。由于很多软件企业没有通过海关出口，通过内包完成对方需求，即在岸外包，故综合有关数据估算，北京软件服务外包约占北京软件与信息服务业收入的10%。北京软件外包市场主要面向美国、日本等地，对美外包比例与2009年持平，对日外包所占比例下降8%，对美、日出口额占全部北京软件服务外包的49%。企业服务外包市场不断扩大，2010年对芬兰的服务外包所占比例达到12%。文思创新、博彦科技、中软国际和软通动力成为万人规模级企业，进入国际外包服务供应商一线阵营。

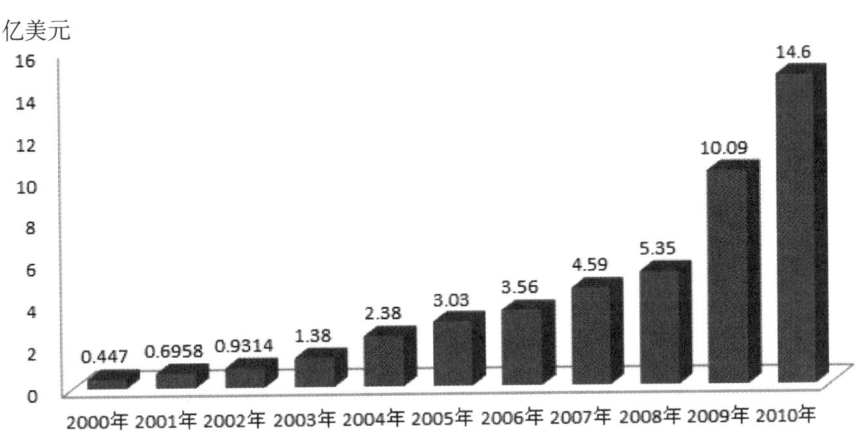

图3–5　2000—2010年通过海关的北京软件与信息服务出口额

第二章　信息服务业

“十五”期间，北京信息服务业通过优化、整合，进入快速发展的轨道。传输服务业日趋成熟，系统集成和软件服务业发展势头强劲，电子商务蓬勃发展，信息资源产业发展潜力巨大。北京信息服务业总量规模持续增长，对北京地区生产总值的贡献逐步提高。

北京拥有多家科研机构和知名院校，具有丰富的人力资源和知识资源，发展信息服务业具有优势。全国大部分行业机构的总部设在北京，使北京成为全国最大的信息集散中心。信息服务业作为新经济的重要组成部分，其无污染、低耗能的特点符合北京市作为资源短缺城市的经济发展要求。

2010年，北京在信息资源产业发展方面走在全国前列，在信息传输服务业、系统集成和软件服务业、互联网信息服务业等产业链各环节都较为发达，市场参与者众多，不乏各细分领域中的领导企业。其中，国内最大的ISP服务商之一263，三大门户网站中的搜狐、新浪，电子商务网站中的当当，网络教育中的新东方在线等，成为北京信息服务业的重要组成。

第一节　信息传输服务

在北京信息服务业中，早期主要通过电信与广播电视对社会进行传输服务。20世纪90年代以后，伴随着互联网技术的普及与信息技术的进步，传输服务业迅速成长。

1995年，北京瀛海威科技有限公司建成国内第一家商务在线服务网站——瀛海威网络科技馆，是北京最早开展的民用信息传输服务。1996 年年初，瀛海威科技有限公司经过融资更名为北京瀛海威信息通讯有限公司（以下简称瀛海威）。此后，瀛海威在全国建立网络分站，设立全国大网测试中心，推出“瀛海威时空”信息服务品牌。1996 年 12 月 26 日，瀛海威开通全国信息传输服务网络，北京、上海、广州、深圳、福州、西安、哈尔滨、沈阳 8 个城市分站开通使用，初步形成全国性的“瀛海威时空”主干网，用户达到 10 万人。瀛海威成为最先提供业务的互联网服务提供商（ISP）。

1998 年 1 月，首都信息发展有限公司成立，成为北京城市信息化应用基础设施外包服务提供商，提供北京市重大信息化应用工程的建设、运营和维护服务。2000 年更名为首都信息发展股份有限公司(以下简称首信公司)。2001 年,首信公司承建“北京市有线政务专网”项目，用光纤连接市委、市政府、市人大、市政协、市高法、市检察院、市各委办局和 18 个区县政府机关及相关企事业单位等。2003 年 12 月，首信公司承建的北京市社区信息服务系统建成并通过验收，2004 年起全面运营。该系统覆盖 18 个区县、170 个社区服务网站、2400 个居委会、720 万基础人口数。2003 年，首信公司承建“中国遥感卫星地面站网络数据传输系统”项目，该系统传输线路从密云县到北京市区，全长 171 公里。

1998 年，263 网络通信股份有限公司（以下简称 263 网）成立，作为利用互联网技术提供信息传输服务的互联网通信服务提供商，为个人和商务用户提供包括数据、语音、视频、电子邮件等在内的多媒体综合通信服务，是中国最早的互联网接入服务提供商之一。2002 年 8 月 15 日，263 网与新浪、GRIC 联手力推“INTERNET 国际漫游”服务，用户使用 95963 主叫申请此项功能后，在海外不必拨打国际长途即可接入互联网，并可直接在国内进行费用结算。此项服务覆盖世界 150 多个国家和地区的数千个城市。11 月 6 日，263 网与北京市通信公司面向企业用户联合推出新型宽带服务“立体宽带”。

2000 年 4 月，北京长城宽带网络服务有限公司（以下简称长城宽带）成立，由长城集团和中信集团联合投资设立，总部位于中关村科技园，在全国 30 多个城市设有分支机构。长城宽带致力于以新一代以太网技术为基础的宽带网络建设，为用户提供从接入到骨干、从天空到地面的端到端宽带解决方案，并逐步发展基于多媒体技术的宽带产品和各种增值服务。2003 年后，长城宽带发展为以北京为核心向全国辐射的宽带综合网络服务体系。截至 2005 年，长城宽带形成覆盖全国近 3000 个社区，签约用户数量达 1500 万的运营规模，长城宽带还拥有近 3500 家商业用户，北京客户覆盖近 30 万户。

2000 年 4 月，北京电信通电信工程公司（以下简称电信通）与中关村科技园海淀园管委会签订合作协议，启动海淀“数字园区”工程。2001 年 3 月，电信通为北京写字楼提供网络接入服务，为楼宇提供电信传输服务。6 月，电信通与市教委成立北京市教育网络服务公司，实施北京“校校通”工程，实现 700 余所中小学校互联。2002 年 1 月，市政府指定电信通实施“绿色网吧”工程，北京所有网吧接入互联网由电信通统一实施，完成 900 余家网吧的接入，并统一划分 IP。6 月，电信通与市政府、中国人民银行、建设银行、招商银行等共同实施北京市政及交通一卡通工程。

2000年12月28日，赛尔网络有限公司（以下简称赛尔网络）成立，是由教育部科技发展中心与清华大学、北京大学等多所高校，依托中国教育和科研计算机网（CERNET）共同出资组建的计算机互联网企业。赛尔网络负责中国教育和科研计算机网主干网的运营与维护。

2001年7月，隶属北大方正集团的北京北大方正宽带网络服务有限公司成立，是首批获得宽带驻地网试验许可证、国家信息产业部电信与信息服务业经营许可证以及文化部网络文化经营许可证的高新科技企业，业务涵盖互联网接入、互联网数据中心以及智慧生活增值服务。12月19日，中国卫星通信集团公司（以下简称中国卫通）成立。该公司利用商用卫星为中国电视台节目提供高质量卫星信道传输服务。2004年，中国卫通与上海文广新闻传媒集团签署合作协议，共同推进全国有线数字付费频道集成运营平台建设。2005年8月起，中国卫通通过“中卫一号”卫星为中央电视台电影频道传输香港落地节目，并相继签订了高清电影频道、动作频道、家庭影院频道、足球频道等5套卫星节目传输合同。2005年，中国卫通为新疆广播电视局“走出去”工程提供卫星传输服务，向吉尔吉斯斯坦、乌兹别克斯坦、哈萨克斯坦等周边国家传送介绍中国的外语广播电视节目。

2001年，市科委印发《北京市小区互联网宽带接入服务规范（试行稿）》，围绕提高北京市宽带接入服务质量，维护宽带用户合法权利，促进各宽带接入服务商之间公平竞争等问题，对宽带接入服务商的义务与用户的权利做出明确规定。

2010年，北京信息传输服务业在全国居于领先地位，信息传输服务业在经济活动中的地位突出，对经济发展具有明显的贡献。北京信息传输服务业发展呈现出电信业务收入稳步增长，网络通信能力持续增强，通信消费支出逐年增加，业务结构变化明显，业务发展日趋多元化等特点。同年，北京信息传输服务业增加值为247亿元，在全国各省区市中排名第五；信息传输服务业占地区生产总值的比重为1.79%，人均信息传输服务业增加值1260元，均在各省区市中排名第一。

第二节　信息内容服务

2000年9月25日，北京北斗星通卫星导航技术有限公司（以下简称北斗星通）成立。2001年12月至2003年年初，为推动北斗系统对民用开放和集团用户应用，北斗星通与解放军某部联合研制成功“北斗一号信息服务系统”。2003年12月，北斗星通在北京建成国内第一个以民用信息服务为主的“北斗一号运营服务中心”，实现跨地区、跨领域的信息服务和资源共享，在汽车定位/监控、船舶导航/监控/救援、雨量与水情速报、森林防火、气象数据采集/报告等应用领域发挥了重要作用。2005年12月30日，北斗星通获得由中华测绘技术服务公司颁发的“北斗一号卫星导航定位系统分理服务资质认证”授权书，成为获得中国北斗导航定位系统运营服务资质的首家企业，北斗一号导航定位系统正式进入商业运营。截至2010年，北斗星通已申请20余项实用新型专利技术，获得50余项软件著作权及30余项非专利技术。

2000年10月，北京超图软件股份有限公司（以下简称超图软件）开发完成大型全组件地理信息系统（GIS）开发平台SuperMap2000。该平台包括组件式GIS开发平台、服务式GIS开发平台、嵌入式GIS开发平台、桌面GIS平台、导航应用开发平台以及相关的空间数据生产、加工和管理工具。SuperMap基于组件式软件技术，在系统的开放性、海量数据处理、多源空间数据无缝集成等许多技术指标上优于国外同类产品。2002年7月，超图软件开发的SuperMap IS获科技部中小企业创新基金项目支持。9月，SuperMap成为国家经济贸易委员会国家重点创新项目。11月，SuperMap被国家计划委员会列入卫星导航高新技术产业化示范化专项。同年，SuperMap IS获国家重点新产品称号。2003年，SuperMap获北京市科学技术奖一等奖。2004年7月，超图软件的SuperMap GIS.NET 5通过微软Windows Server 2003徽标认证。9月23日，超图软件推出SuperMap GIS 5大型基础地理信息系统软件平台。11月，SuperMap再获科技部中小企业创新基金项目支持。2005年3月，SuperMap GIS平台软件获国家科学技术进步奖二等奖。7月，SuperMap Objects 5.0获国家重点新产品称号。2005年9月15日，超图软件推出SuperMap GIS 5.1系列产品。2006年9月，SuperMap 5.0获2006年度中国十大优秀创新软件产品称号。11月，超图软件嵌入式地理信息系统开发平台eSuperMap 5.0获国家重点新产品证书。2007年2月，超图软件产品获北京市首批自主创新产品称号。2009年，SuperMap GIS软件被认定为首批国家自主创新产品。

2002年，北京四维图新科技股份有限公司（以下简称四维图新）成立，是数字地图内容、车联网及动态交通信息服务、行业应用解决方案提供商。四维图新数字地图连续多年领航中国前装车载导航市场，获得众多主流车厂的订单，并通过合作共赢的商务模式在消费电子、互联网和移动互联网市场占据50%以上的市场份额。四维图新是中国第一家、全球第三家通过TS16949（国际汽车工业质量管理体系）认证的地图厂商。四维图新向2008年北京奥运会和2010年上海世博会提供交通拥堵、交通事件、交通预测、动态停车场、动态航班等信息服务，成为中国动态导航时代的领跑者。

2003年1月，高德软件有限公司（以下简称高德）开发完成具有自主知识产权的数据采集工具和编辑处理平台。2004年6月，高德向上海大众提供导航电子地图。2005年8月，高德向宝马、本田等车型提供导航电子地图，并为新浪和Google等网站提供本地搜索服务。11月，高德向上海通用提供导航电子地图。2006年1月，高德成为一汽大众导航电子地图供应商。9月，高德与中国移动合作，为其位置服务平台提供地图数据。2007年6月，高德自主研发的国内首个前装车载导航软件进入市场。10月，高德建成包含全国31个省/直辖市/自治区和香港、澳门特别行政区的导航电子地图数据库。高德开发完成具有3D功能及支持先进辅助驾驶系统的导航电子地图，向奥迪、宝马提供三维导航电子地图。2008年1月，高德发布免费手机地图产品“迷你地图”。9月，高德与奥迪合作，在北京推出中国首个商用车载交通信息（RDS−TMC）服务系统。同年，高德与新浪合作，在奥运会开幕前推出奥运交通实时路况信息服务，实现北京、上海、天津、青岛等 7 个奥运城市全部场馆、名胜及酒店的驾车、公交换乘、定位、搜索功能，以及奥运当日出行指南、交通限行通告汇总信息。2009 年 7 月，高德发布 iPhone 版高德导航应用，成为中国首款基于苹果应用的导航软件。12 月，高德开始建设并优化从数据采集、生产到产品和服务的一体化平台。

2003 年，在北京软件服务领域内，系统集成、软件外包出口和网络内容提供成为市场主流。与 2002 年相比，系统集成下降，网络内容提供服务增长。

2004 年，北京的数字内容软件产品实现营业收入 31.4 亿元，无线增值服务收入 35 亿元，电子商务收入 9 亿元，网络内容服务收入 5.4 亿元，网络游戏运营收入 3 亿元。北京软件企业在游戏市场所占份额较小，赢利企业不多，网络游戏公司大多处于持平甚至亏损状态。

2005 年，北京互联网信息服务业研发强度超过北京软件产业全行业的研发强度，其中网络内容服务业的研发投入最大。同年，无线增值服务收入 57.6 亿元，电子商务收入 10.1 亿元，网络内容服务收入 8.4 亿元，网络游戏运营收入 3.6 亿元，应用软件服务、互联网信息服务业收入增长速度最快。随着以 Web 2.0 为代表的互联网热潮兴起，互联网信息服务正逐渐发展成为产业新的增长极。

2006 年，在北京互联网信息服务软件业中，营业收入最多的是网络综合门户类企业，总收入为 32.8 亿元，占互联网信息服务软件企业收入的 25%。营业收入最少的是网络游戏运营类企业，总收入为 4.1 亿元，占互联网信息服务软件企业收入的 3.1%。互联网信息服务仍是北京软件与信息服务业增长最快的领域，全行业平均利润率为 24.7%，其中各领域的平均利润率与其他领域相比都是偏高的。网络综合门户是互联网信息服务中利润率最高的，为 61.0%。其次是网络游戏运营，利润率为 35.1%。

2007 年，在北京互联网信息服务业中，营业收入最多的是网络门户类企业，总收入为 57 亿元，占互联网信息服务企业总收入的 30.4%。营业收入最少的是数字多媒体类企业，总收入为 4.4 亿元，占互联网信息服务企业总收入的 2.3%。

2008 年，互联网信息服务仍是北京软件与信息服务业增长最快的领域，其中网络游戏运营的平均利润率最高，为 36.7%；网络门户的平均利润率较 2007 年有所下降，为 32.9%；网络信息检索利润率为 29.5%。

2009 年，北京信息技术增值服务实现业务收入 383 亿元。其中，数字内容加工整理、在线娱乐平台、数据处理服务是信息技术增值服务的主要组成部分，业务收入分别占 24%、23%、19%。信息技术增值服务行业平均利润率为 25.7%，远高于软件与信息服务业其他领域，其中在线教育平台、数字内容加工整理、在线娱乐平台行业平均利润率分别为 36.3%、33.7%、31.2%。

2010 年，北京以互联网信息服务为基础的信息技术增值和运营服务实现营业收入 553 亿元，其中，网络门户类企业营业收入最多，约占信息技术增值和运营服务的 21%。随着创新业态不断涌现，网络社区、网络视频、在线教育等细分领域已初具规模。北京互联网搜索引擎实现收入105.2亿元，在全国搜索引擎市场处于绝对领先地位。网络社区实现收入23.3亿元。网络视频实现营业收入24.7亿元，成为北京以互联网信息服务为基础的信息技术增值和运营服务中发展最快的领域。

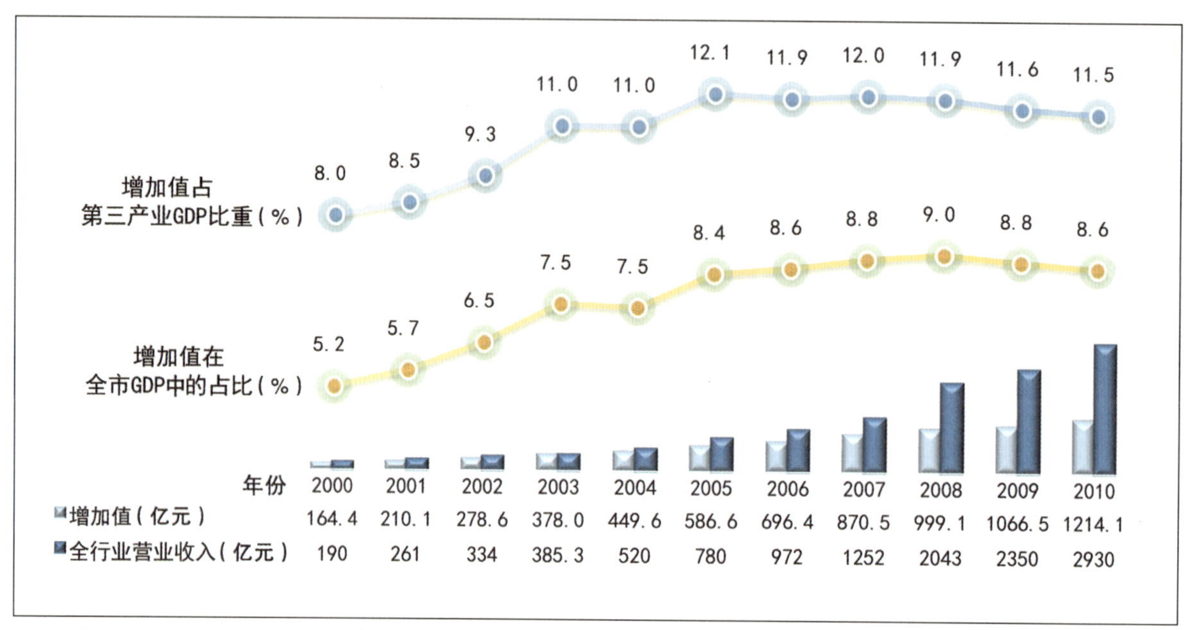

图3-6　2000—2010年北京软件与信息服务业增加值及营业收入变化图

2001—2010年北京软件与信息服务业从业人数统计表

3-4表　　单位：万人

年份	2001年	2002年	2003年	2004年	2005年	2006年	2007年	2008年	2009年	2010年
人数	7.4	9.3	12.1	15.0	20.0	22.8	24.1	24.5	37.8	41.6

说明：数据来源于中国软件行业协会。

第三章　产业园区与企业

1992年，借鉴国外发展软件产业的成功经验，中国政府开始规划建设软件园区。机电工业部计划建设了中国最早的三大软件基地，分别是以中软总公司为骨干的北京软件基地（后升级为北方软件基地）、上海浦东软件基地和珠海的南方软件基地。1996年，科技部开始在软件领域实施火炬计划，软件园建设逐渐成为火炬计划的重要内容。

2003 年，中关村科技园区拥有软件及相关企业 2854 家，其中营业收入超过 1 亿元的 54 家；营业收入超过 1000 万元的 459 家，共实现营业收入 336.1 亿元，占园区内软件产业营业收入总额的 89.9%。

2010 年，中关村国家自主创新示范区的软件和信息服务收入占全市的 82%。中关村软件园及上地信息产业基地聚集 200 余家企业，包括一批行业领军企业，上市企业市值超过 2000 亿元；聚集 8 个国家的 35 家国际知名软件研发、交付中心，是全市重要的研发中心、孵化中心，培育了一批国内领先、国际知名的企业。跨国公司在北京设立的研发中心超过 100 家，加上中国本土一流的软件科研机构，北京成为世界上水平较高的软件研发基地。

2010 年，北京软件与信息服务业产业布局进一步优化，构成“一城两园多基地”（即中关村科学城、中关村软件园和软件新园、多个专业基地）的产业发展格局，北京软件产业形成以企业园区为主的北部产业聚集区、以国际大总部企业为主的 CBD 总部聚集区以及以主题楼宇为主的“学院路—学清路—清华园”创新创业区的发展布局，以海淀区、朝阳区、石景山区为主要发展区域，形成中关村软件园、上地信息产业基地、石景山数字动漫产业基地、朝阳信息服务业 CBD、北京经济技术开发区、密云数字信息产业基地等一批有特色的产业聚集区，成为全国规模最大的软件产业基地。产业基地的发展格局以软件园为主体，孵化器和专业基地为节点，以基于宽带网络的公共技术支撑体系为纽带，服务辐射全市软件企业。

第一节　产业园区和集聚区

一、软件产业园区

中关村软件园

中关村软件园是中国在建水平最高、国际一流的国家级软件园，是北京软件企业的主要聚集区域之一。园区以软件研发为主，集企业孵化、软件成果展示发布、人才培训和综合管理服务于一体，是全国智力资源最密集的专业园区之一。

1999 年，市政府在《关于实施科教兴国战略加快建设中关村科技园区的请示》中提出，将重点规划建设“一路、一城、一园、一网”，即贯穿东北与西北郊的城市轻轨铁路，中关村西区高科技商贸中心和中关村东区科学城的改造，国家级软件园，高速宽带多媒体信息网。同时，根据国务院《关于建设中关村科技园区有关问题的批复》精神，依托北京在全国政治、经济、文化及国际交往的中心地位，借助中关村地区的人才、技术和信息优势，为软件企业提供通信快捷、设施完善、服务周到的产业环境，经市政府批准，2000 年中关村软件园正式立项，开始进行规划。

2000年6月16日，中关村科技发展股份有限公司、中科院华建集团公司、四通集团和北大方正集团出资10亿元共同组建中关村软件集团有限公司。中关村科技和华建各占40%的股份，四通和北大方正各占10%的股份。8月7日，北京科技园建设股份有限公司、首钢总公司和北京海淀科技园建设股份有限公司共同出资成立北京中关村软件园发展有限责任公司，注册资本5亿元。11月25日，市委、市政府主要领导及有关委办局到软件园现场踏勘选址。12月20日，中关村软件园工程举行开工典礼。2002年完成市政道路、建筑工程、园林景观等建设，园区初具规模。中关村软件园东临上地信息产业基地，南靠规划绿化带及北大生物城，西接东北旺苗圃，北至东北旺北路，与清华大学、北京大学呈三角状分布，具有优良的区位优势；与颐和园、西山景区相伴，自然环境优美宜人。园区占地139公顷，其中建筑用地90.13公顷，总建筑面积74万平方米。整个园区容积率0.48，绿化率近60%。中关村软件园分研发、商务两区，按街区式排列，建筑间以庭院绿地相连，呈现"科技融入自然"风貌。园区总体规划设计采用"浮岛"式理念，体现出软件园区自然、舒展、富于想象的空间意境。软件研发区内每一个"浮岛"均由单一软件研发企业所独有，周围辅以绿化，构成自然、宁静、赏心悦目的研发环境，并成为首都科技旅游的示范园区。为保持园区优美的环境、降低能源消耗，园区采用多种节能环保新技术，应用于供电、供暖、制冷、供水等各方面的基础设施。园区坚持专业化运营，入园企业全部是软件产业各环节的研发类企业，无制造业，保证了园区绿色发展的软环境。

2001年7月，中关村软件园被国家发展改革委、信息产业部、商务部确定为国家软件产业基地。2003年成立中关村软件行业协会。2004年8月被国家发展改革委、信息产业部、商务部确定为国家软件出口基地，成为全国4个"双基地"之一。同年成立中关村软件企业出口联盟。2005年，园区面向国内外引进大中型软件研发和集成电路设计企业，重点发展出口型和应用类软件产品。截至年底，孵化器引进企业100余家，形成专业孵化器运营模式。2006年12月，中关村软件园被市委、市政府确定为首批北京市文化创意产业集聚区。

图3-7　中关村软件园（2007年摄）

2009年，中关村软件园产业总规模超过200亿元，国际信息服务外包总量超过5亿美元，税收集合贡献10亿元，园区完成投资累计达50亿元。

2010年，中关村软件园初步形成"4+1"特色产业集群，即独立软件开发（ISV）产业集群、IT服务外包产业集群、金融信息服务产业集群、计算机通信与互联服务产业集群以及文化创意产业生态，构成以企业总部、高端研发中心、销售与结算中心为特征的总部经济，充分发挥软件园区凝聚资源的作用，带动北京软件产业的规模化、专业化发展。文思创新、博彦科技、软通动力等6家企业获评2010年中国服务外包十大领军企业称号。园区软件出口及服务外包总额约占北京地区总量的60%，服务外包企业产值及人员规模每年翻番。实现总产值240亿元。入驻企业216家，其中上市企业17家（2010年新上市公司7家）。汇集汉王科技、启明星辰、信威通信、中科大洋、曙光信息、广联达等一批国内相关领域龙头企业，有国家软件行业重点布局企业、"十百千工程"的行业领军企业和海淀区优先支持的"345"高成长企业，其中国家重点布局的软件企业21家，占全国的12%。同年，中关村软件园国家软件公共服务平台获国家软件与信息服务公共服务示范平台称号。

2010年，中关村软件园基本建成环境绿色优美、设施先进完备的高科技绿色园区，高端的产业聚集、高效的产业服务体系处于全国领先地位，成为北京软件与信息服务产业的核心区。园区内外市政道路及周边绿化隔离带、中心绿地园林景观工程基本完成。园区内建成先进便捷的商务支持平台，具有高速光纤网络系统和卫星广播电视接收系统、1000平方米的国家A级中心机房和视频会议系统、一卡通系统、监控系统等，成为北京较大的无线网络覆盖示范区之一。软件园建有国际软件大厦、信息中心和孵化器等配套服务设施，总投资累计达25亿元。

中关村软件园入驻企业直接参与国际产业分工、布局与竞争，成为北京乃至全国高科技产业国际交流的重要窗口。园区聚集了以全球八大研究院之一的IBM全球八大研究院之一、IBM第五大研发中心、IBM亚洲最大信息系统中心，Oracle亚太研发中心，甲骨文、汤森路透等中国研发中心为代表的一批国家级研发中心，成为国际软件研发和技术创新环节的重要组成部分。园区与多个国家的科技园区达成合作协议，协助企业实施国际化战略，同时吸引国际知名企业入驻，有来自8个国家的35家国际企业从事研发设计工作。园区企业创新能力居全国领先水平，截至2010年年底，共获得国家科学技术进步奖特等奖1项、一等奖5项。拥有各类知识产权2373项，其中专利1004项、商标301项、软件著作权1068项。园区内软件工程师超过2.4万人，其中，入选国家"千人计划"2人，北京市"海聚工程"4人，中关村"高聚工程"6人，中国服务外包年度杰出贡献人物3人。

中关村软件园筹建并发挥资源中介体系的作用，先后发起并成立中关村软件出口企业联盟、北京软件行业协会中关村软件园分会、北京服务外包企业协会、首都金融服务外包促进会、中关村软件园人力资源联盟等组织。参与创建海淀区创意产业协会和北京市信息服务业协会，协会组织在服务企业成长、促进产业发展和联系政府与企业关系方面发挥了重要作用。

中关村软件园建立了人才服务体系，采取开放式的平台战略，吸纳院校、培训机构、人才服务中介机构参与，形成面向院校的产学合作体系、面向企业工程师的人才培训体系以及面向企业的人力资源服务体系。园区建立的人才服务平台包括“中国软件行业产学合作实训平台”“大学生实训基地”“企业人力资源服务大厅”“软件人才测评中心”等，为企业提供一站式人力资源服务。

2010年，为扩大园区产业聚集规模，提升创新能级，中关村软件园启动了二期（西扩）工程，总规划面积120公顷，总建筑规模120万平方米。

北工大软件园

2001年12月，北京工业大学和北京经开投资开发股份有限公司合作成立北京北工大软件园发展有限责任公司，承担北工大软件园建设任务，属于北京经济技术开发区重点建设的高新技术产业项目。

图3-8 北工大软件园（2010年摄）

北工大软件园总占地面积17.41万平方米，2001年开工建设。2003年9月，一期建成开园，建筑面积3.7万平方米。2010年，二期投入使用，二期（BDA芯中心）占地面积6万平方米，建筑面积11.5万平方米，包括34栋研发办公楼和一个公共服务平台。园区包括研发办公、孵化器、教育培训、综合配套服务等功能分区，统一规划，整体开发，具备良好的硬件设施和服务体系，可为上万名研发人员提供工作和生活环境。

北工大软件园将学院科研实力与北京经济技术开发区产业化能力相结合，借助北工大的科研成果，形成产学研用完整的技术创新产业链和价值链，业务范围涉及嵌入式软件研发、集成电路产业、软件出口、多媒体、互联网信息服务、生物医药和复合型软件人才培养等诸多领域。园区的BDA芯中心依托北京经济技术开发区众多电子制造企业，重点发展为制造业服务的嵌入式软件。2010年，嵌入式软件测试中心公共服务平台在芯中心投入使用，以芯中心为龙头，北工大软件园初步形成了北京规模最大的嵌入式软件企业集聚地。

北工大软件园内企业可享受国家级经济技术开发区及国家级高新技术试验区的双重优惠政策。截至2010年年底，入驻北工大软件园的企业达到101家，拥有北京云基地、中企动力、中国数码、美国应用材料等骨干企业及友友天宇等在内的近10家海外归来人士创办的高技术企业。

二、软件产业集聚区

中关村科学城

20世纪50年代，国家在这一区域开始布局建设科研机构和高等院校，逐步建成中国规模最大的文教区、改革开放后的“电子一条街”。1988年建成国家第一个新技术产业开发试验区，1999年建设中关村科技园区，2009年建设第一个国家自主创新示范区，中关村科学城逐步确立了在中国科技创新发展中的龙头地位。

2010年，中关村科学城包括中关村大街、知春路和学院路周边区域，总面积75平方公里，是中国科技资源最密集、科技条件最雄厚、科技研发成果最丰富的区域。区域内汇集清华、北大等一批重点高等院校，中国科学院、中央转制院所等一批国家级科研机构，上百家国家重点实验室和国家工程中心，大量跨国公司驻中国总部及研发中心，航天科技、联想集团等6000余家高新技术企业，有两院院士523名，约占全国的36%。区域内众多科研机构和企业参与承担了涉及“核高基”、大规模集成电路、新一代移动通信等大部分国家重大科技专项的核心任务。中关村科学城定位成战略性新兴产业培育区和研发创新区，重点发展云计算、物联网、新一代宽带移动通信、下一代互联网、三网融合等。

上地信息产业基地

1991年10月，经国家科委和市政府批准，上地信息产业基地开始建设，是中国第一家以电子信息产业为主导，集科研、开发、经营、培训和服务为一体的综合性高科技产业园区。上地南区占地面积1.81平方公里，总建筑面积230万平方米，绿化率32%，2000年年底基本建成。上地北区占地0.51平方公里，2000年6月开始建设，总规划建筑面积53万平方米，2010年基本建成。

1998年，上地信息产业基地被国家科委批准为国家火炬计划上地软件园。2001年7月，上地信息产业基地通过ISO 14001国际环境管理体系认证。2005年5月，上地信息产业基地被信息产业部批准为首批国家电子信息产业园，即国家（北京）计算机及网络产品产业园。

2010年，上地信息产业基地的产业结构为电子信息产业占70%，光机电一体化占20%，新材料、新能源占5%，生物工程、新医药占5%，形成应用软件和系统软件两个主导产业。

石景山数字娱乐产业基地

2004年，位于石景山区的北京数字娱乐产业示范基地开始建设，是科技部国家数字媒体技术产业化基地和新闻出版总署国家网络游戏动漫产业发展基地的组成部分，是中华全国体育总会授牌的唯一一家中国电子竞技运动发展中心，是整合北京地区数字媒体和娱乐领域科技资源的重要载体与支撑。截至2010年，已有百余家数字娱乐企业进驻基地，包括一批颇具规模的文化创意、网络游戏、移动游戏、动画漫画、电子竞技等企业。基地下辖移动游戏研发、网络游戏孵育、游戏测试推广、数字娱乐体验、产品交易展示、数字产业信息、人才培养交流、动漫动画制作8个特色中心，配套有服务和技术支撑体系。

CBD国际总部集聚区

2010年，北京商务中心区（CBD）地处长安街、建国门、国贸和燕莎使馆区的汇聚区，集中了IBM、Oracle、微软、HP等跨国软件和信息技术服务公司驻中国总部，汇集麦肯锡、埃哲森等一批国际知名咨询公司，国际著名传媒集团的亚洲传媒论坛、美国新闻集团，中央电视台、上海文广传媒、公众传媒、雅虎等知名传媒机构在此设立总部和分公司。聚集区在信息服务咨询、高端软件领域具有重要影响力，是北京市软件与信息服务业国际化的重要区域。

三、软件与信息服务业发展新区

1999年至2010年，随着产业的快速发展和新型产业形态的涌现，企业除了位于传统聚集区外，出现了新的集聚区，优化着北京软件与信息服务产业的布局。其中，朝阳“移动谷”以酒仙桥电子城为基地，成为北京发展新一代移动通信、光电显示、计算机与网络三大产业的重要地区。“移动谷”以3G技术为突破口，以电子城西区及北扩区约2平方公里为核心区，重点发展通信产业研发中心、企业总部、新技术服务中心等高端产业形态。2010年有摩托罗拉、安捷伦、罗德与施瓦茨、ABB、索尼爱立信等世界500强企业入驻以及10多个国家和地区的150家跨国公司在电子城投资和加盟，业务范围覆盖技术标准、系统设备、终端设备、芯片、测试仪表、软件等产业链环节。还聚集了大量致力于软件、内容服务的创新型中小企业，包括一批掌握先进技术的留学人员创业企业。位于园区的中国北京（望京）留学人员创业园内搭建有新媒体孵化平台，旨在转化新媒体技术成果，重点发展以移动通信内容服务为主要形式的文化创意产业，构建完整的移动通信产业链。

四、专业软件与信息服务业基地

1999年至2010年，北京市根据北京软件与信息服务业重点发展方向，依托行业龙头企业以及区域特色，规划布局一批新的软件与信息服务业专业基地，有位于北清路的工业软件示范基地、位于学院路的云计算产业示范基地、位于海淀区永丰的导航产业示范基地以及位于密云县的数字信息产业基地。

第二节　软件企业

进入21世纪，北京软件与信息服务业发展能力获得较大提升，在企业大型化、产品高端化、市场国际化方面均有较大突破。北京软件与信息服务业已构成完整的产业链条，在各分领域拥有多家龙头企业，初步形成实力比较雄厚、发展后劲充足的骨干企业群体，软件与信息服务业成为北京战略性支柱产业，成为全国软件研发、交易和人才培养的中心，北京初步成为有世界影响力的软件与信息服务业城市。

2004年，北京软件产业前100强大型企业营业收入占总额的65%，前50强占56%，前10强占35%，市场集中程度比较高。全市软件企业的研发经费约为96亿元。北京软件领域发生超过1000万美元的重大并购和战略投资行为8起，引入资金1.14亿美元。政府投入软件领域的专项资金超过5亿元。在财政部门的支持下，近400家软件企业的5000多名软件高级人才得到市级专项奖励，奖励总金额5000多万元。

2005年，北京主营业务收入超过1000万元的软件企业有929家，总收入706亿元，占软件与信息服务业总收入的90.5%。

2006年，北京软件企业总数（含外资企业和兼营软件开发企业）超过5000家，其中年营业收入50万元以上企业4105家，10亿元以上企业10家，上市企业48家。营业收入超过1000万元的软件企业1014家，总收入为880亿元，占全部软件企业总收入的60%以上。企业利润额为106.7亿元，平均利润率为12.1%。北京软件企业发生并购融资案例24起，涉及金额约0.75亿美元。接受创业资本投资的北京软件企业共计30家，累计金额超过3.9亿美元。北京软件企业国内外申请发明专利总数新增693个，拥有发明专利新增454个，专利授权新增205个。其中，营业收入超过1000万元以上的企业国内外申请发明专利总数合计新增372个，新增拥有发明专利184个，新增专利授权85个；营业收入50万～1000万元的企业国内外申请发明专利总数合计新增321个，新增拥有发明专利270个，新增专利授权120个。

2007年，北京营业收入超过1000万元以上的软件企业1349家，营业总收入1152亿元，占全部软件企业总收入的92.0%。企业研发投入总金额192.8亿元。企业申请发明专利总数1266个，专利授权新增439个。营业收入超过1000万元企业国内外申请发明专利总数、拥有发明专利、专利授权数均增长1倍以上，营业收入50万～1000万元企业国内外申请发明专利总数略有增加。

2008年，北京营业收入1000万元以上软件企业总收入1409亿元，利润总额170.5亿元，平均利润率为12.1%。企业申请发明专利总数1437个，新增专利授权885个。业务收入1000万元以上企业国内外申请发明专利总数增长近50%，拥有的发明专利、专利授权数均增长1倍左右。

2009年，北京业务收入超过1000万元软件企业的利润总额234.4亿元，平均利润率为12.8%。企业研发投入217.3亿元，占业务收入的比重为11.6%。企业国内外申请发明专利1992件，拥有有效发明专利1654件，专利授权1408件。

2010年，北京软件与信息服务业共有企业3501家，软件业务收入2320.45亿元。产业集中度进一步提高，一批重点企业在国内外的市场地位明显提升。大型企业的总收入900亿元以上，企业数量200余家。神州数码（中国）有限公司、方正国际软件（北京）有限公司、百度在线网络技术（北京）有限公司、同方股份有限公司4家企业达到世界软件百强收入规模。年收入10亿元以上的软件和信息服务企业超过40家，占全行业业务总收入超过40%；年收入1亿元以上的软件和信息服务企业超过440家，占全行业业务总收入的74%。30家企业入选中国软件企业前百家收入排名，55家入选2010年度国家规划布局内重点软件企业。用友、文思创新、博彦科技（北京）、中软、软通动力5家企业发展成为万人规模级企业。

2010年，北京市软件著作权登记量24905件，占全国软件著作权登记总量的30.4%，连续5年位居全国第一。软件企业国内外申请发明专利2205件，拥有有效专利数1969件，专利授权数1896件。24家北京软件与信息服务企业登陆资本市场，至此共有上市企业95家，总市值近900亿元。相对于行业自身轻投资的特点，北京软件与信息服务业固定资产投资143.3亿元，投入产出比为1∶8.7，体现了行业智力密集较高的特点。北京软件与信息服务业各类项目获得中央财政支持资金21.8亿元，获得地方财政支持资金5.3亿元。金蝶软件园、中关村软件园（一、二期）、中移动国际信息港（一期）等重大产业基地投资项目落地启动，总投资约35亿元。

2010年，北京软件与信息服务业总部企业实现营业收入约628亿元，约占产业总量规模的21.4%，比2009年提高4.4个百分点。其中外省市企业在京地区总部收入规模约为134亿元，占总部企业收入规模的21.2%，所占比例比2009年提高1.2个百分点；跨国企业总部在京收入规模约为494亿元，占总部企业收入规模的78.8%。根据3月10日发布的《北京市促进软件与信息服务业发展的指导意见》，为集中资源扶持大企业、新型企业和快速成长的企业，北京实施“打造一批大集团、聚集一批大总部、做强一批高端企业、培育一批高成长企业”的“四个一批”工程，确定178家软件和信息服务企业入选首批“四个一批”工程。加入“四个一批”工程的企业纳入市经济信息化委企业互动服务系统，与政府建立快捷的政策信息服务通道。

中国软件与技术服务股份有限公司

1980年，中国计算机技术服务公司成立。1984年，中国软件技术公司成立。1990年7月，中国计算机技术服务公司和中国软件技术公司合并成立中国计算机软件与技术服务总公司，隶属电子工业部。1998 年 12 月，中软总公司进驻中关村科技园区海淀园，占地 25.6 公顷，工作及配套环境近 11 万平方米。1999 年 9 月，中软总公司“99 腾飞”计划启动，开始整合、重组、改制、股份化上市工作。2000 年，中软总公司整合成立中软网络技术股份有限公司（以下简称中软股份公司）。2001 年，中软股份公司成立中软国际有限公司、中软科技投资公司。2002 年 5 月 17 日，中软股份公司在上海证券交易所发行 A 股上市。2003 年 6 月 20 日，中软国际在香港联合交易所创业板上市。2004 年 9 月 20 日，中软总公司与中软股份整合，中软总公司整体改制上市，公司更名为中国软件与技术服务股份有限公司，上市公司更名为中国软件。中国软件拥有系统集成、软件开发等众多国内一级行业资质，通过了国际质量管理、服务管理、信息安全管理等体系认证，是首批通过全国软件企业认证的企业，连续多年被评定为国家规划布局内重点软件企业，并入选国家软件百强企业。2010 年，中国软件总资产 4.1 亿元，实现营业收入 30.29 亿元，营业利润 2181.01 万元。公司实现业务结构调整和服务化转型，将主营业务定义为自主软件产品、行业解决方案和服务化业务，其中自主软件产品收入 5.06 亿元，行业解决方案收入 17.02 亿元，服务化业务收入 8.04 亿元。

北京中科院软件中心有限公司

1984 年，国家科委开始筹建软件实验室。1986 年，软件实验室划归中国科学院，成立中国科学院北京软件实验室。1991 年更名为中国科学院软件工程研制中心，成为国内最早从事软件工程的单位之一。1992 年，软件中心推出完全自主版权的计算机辅助设计系统 PICAD，获中国科学院科技进步奖。产品销往全国 29 个省市，是同期正版市场占有量最大的 CAD 软件产品。1993 年承担北京市人口信息系统的系统集成及软件开发工作。1998 年成为北京软件产业基地骨干企业。1999 年，软件中心推出嵌入式操作系统 HOPEN，引起广泛关注，该项目获 2002 年北京市科学技术奖一等奖，并获 2003 年国家科学技术进步奖二等奖。2001 年，作为中国科学院首批转制单位，软件中心更名为北京中科院软件中心有限公司。2002 年获由市科委颁发的软件企业认定证书。2004 年获“为客户提供信息系统解决方案，信息系统集成，软件开发及运营维护”的 ISO 9001：2000 证书。2005 年，公司从业人员 70 人，技工贸总收入 1656.4 万元，上缴税费 91.1 万元。2007 年，公司获信息产业部颁发的信息系统集成三级资质证书。2008 年获由市科委、市财政局、市国税局、市地税局颁发的高新技术企业证书。2009 年，公司的 IT 产品与服务进入市经济信息化委第一批政务与政府信息化推荐名录，ITERP 产品获得由科技部、环保部、商务部、国家质检总局颁发的 2010 年国家重点新产品证书。2010 年，公司获得 ISO/IEC 20000-1：2005 证书和 ISO/IEC 27001：2005 信息系统安全证书。公司位于海淀区中关村南四街 4 号 4 号楼。主要从事嵌入式软件、软件工程、应用软件的研究与开发。先后承担国家自然科学基金、“七五”至“十一五”国家科技支撑计划及国家高技术研究发展计划（863 计划）、“火炬计划”、国家重点新产品计划以及其他多个项目。获多个国家级、院部级科技进步奖及重大成果奖等奖项，拥有一批可转化的科技成果。

北京中科希望软件股份有限公司

1985年1月9日，中科院计算所24名年轻科技人员（其中18名为硕士毕业生）借款50万元，创立希望公司。公司以办公自动化、计算机软硬件系统、应用管理软件和计算机辅助设计系统作为技术开发的方向，主要从事教学软件（电子出版物）、计算机图书、中文平台软件、应用系统软件、系统集成等领域的研究和市场推广。1988年8月1日，希望软件公司进驻中关村科技园区海淀园。2001年5月28日，希望公司更名为北京中科希望软件股份有限公司。截至2005年，希望公司已有22种产品拥有自主知识产权，并通过信息产业部的软件产品认证。

北大方正集团有限公司

前身为1986年8月成立的北京理科新技术公司。该公司从王选教授研发的汉字激光照排技术起步，为中文电子出版系统开发商和供应商。北大方正电子出版系统主要用于报刊出版社和印刷厂。1991年3月获国家重大技术装备成果特等奖。1992年12月12日成立北大方正集团公司，注册资金5015万元。同年，第一家海外分支机构——方正（香港）有限公司成立，进入国际市场。20世纪90年代初成为中国电子行业大型骨干企业，拥有全资子公司34家、海外分公司5家，员工逾2000人，产品以计算机和激光、电子排版软件为主。1995年4月以全年总收入15.5亿元获中国高技术企业发展评价中心评选的全国高新技术百强企业第七名，7月成立国家认定的企业技术中心——方正技术研究院。12月，方正（香港）有限公司于香港联合交易所挂牌上市。1996年成为国家经贸委确定的首批6家全国技术创新试点企业之一。1997年成为国务院选定的120家大型企业集团试点之一。2002年6月成立软件技术学院。2005年，北大方正集团公司更名为北大方正集团有限公司。2006年8月成为微软全球最顶级的20位合作伙伴之一，10月入选《财富》杂志“最受赞赏的中国公司”全明星榜。2008年11月位列第二十二届电子信息百强前三名。2009年11月获国家发展改革委“国家认定企业技术中心成就奖”。2010年1月被科技部、国务院国资委和中华全国总工会联合授予创新型企业称号，12月成立方正信息产业集团，同年名列BrandZ评选的最具价值中国品牌50强榜单。

用友软件（集团）有限公司

1988年12月1日，用友财务软件服务社以个体工商户形式注册。1990年2月变更登记为用友电子财务技术有限公司，成为中关村科技园区海淀园第一家私营企业。1995年1月18日，用友公司成立用友软件（集团）有限公司。1998年，用友集团销售额3.2亿元，用户超过15万家。其中财务软件市场份额高达45%，ERP软件销售额突破2000万元。1999年，用友集团组建用友软件股份有限公司，位于海淀区北四环中路238号柏彦大厦。2001年5月18日，用友软件在上海证券交易所挂牌上市。2002年，“用友”商标被认定为中国驰名商标。2003年1月15日，用友入驻中关村永丰高新技术产业基地，占地45.52公顷，建成用友集团永久总部、软件研发基地和对日本、美国的软件出口加工基地。2004年，用友实现主营收入7.25亿元，主营利润6.46亿元，净利润6944.1万元。用友被评为国家重点软件企业，形成企业管理软件、电子政务软件和软件外包三大业务板块，主要提供具有自主知识产权的企业管理/ERP软件、服务与解决方案。用友集团下属用友软件股份公司、用友政务软件公司、用友软件工程公司等10家投资控股企业、5家海外公司、31家参股公司，在全国各地有35家分公司、15家办事处，形成拥有3000余名职工的企业规模。2005年，用友主营业务收入10亿元，利润总额1.18亿元，上缴税费2361.08万元。2010年，用友参与IBM“云引擎”合作伙伴计划，发布“S+S”管理软件云战略。同年，用友营业总收入约29.79亿元，净利润约3.01亿元，位列工业和信息化部2010年中国软件业务收入前百家企业。

北京中科大洋科技发展股份有限公司

1989年1月18日，北京大洋图像技术公司成立，主要从事广播电视专业设备及相关产品的研制开发和生产。1995年，大洋图像技术公司加盟中科集团，北京中科大洋科技发展有限责任公司成立。6月1日，公司进驻中关村科技园区海淀园。2000年，北京中科大洋科技发展有限责任公司改制设立北京中科大洋科技发展股份有限公司。2001年，北京博士威公司加盟大洋，扩展大洋播控领域产品线。2003年，中科大洋公司与中央电视台、松下电器公司就基于半导体存储技术（P2）合作开发CCTV经济频道制作业务系统签署框架协议。2004年12月，中科大洋公司在香港设立全资子公司大洋国际公司。同年，中科大洋公司获国家计算机信息系统集成二级资质，产品通过3C和CE认证。中科大洋公司入选2004年中国软件产业最大规模前100家企业、2004年独立软件开发企业最大规模前30家企业，跻身国内软件企业第一军团。2005年，中科大洋公司从业人数402人；技工贸总收入29561万元，上缴税费2757万元，出口创汇334万美元。2007年，中科大洋公司获计算机信息系统集成一级资质。中科大洋公司参与建设的电影频道“网络化电影电视高标清节目制作、存储、备播与管理系统项目”获2009年度广电总局科技创新奖一等奖。2010年3月，中科大洋公司获2009年广播电视科技创新奖（CCBN杯）四大奖项。

新奥特集团有限公司

1990年12月1日，新奥特电子技术有限公司在中关村科技园区注册成立。同年，新奥特公司营业额200万元。1995年，新奥特集团公司成立。2003年，新奥特集团改制为新奥特集团有限公司。2005年，新奥特集团从业人员834人，总收入12.88亿元，上缴税费1426.7万元。新奥特集团主要研制电视图文创作系统、电视非线性编辑系统、媒体资产管理系统及虚拟演播室系统等各种数字视频产品。新奥特硅谷视频技术有限公司隶属于新奥特集团，注册资金1.01亿元。2008年年初，4家国际投资机构注资新奥特硅谷，在此基础上成立新奥特（北京）视频技术有限公司。2009年，新奥特为第二十四届大冬会IBC开发全高清信息共享系统，为第十一届全运会广播中心 IBC 开发赛事信息共享服务系统推出的 Mariana.VW 虚拟气象制作系统中标北京地铁播控中心演播室、制作系统项目和第十一届全运会 IBC 系统项目。同年，新奥特的 Mariana.5D 在线图文包装系统和 A10 三维实时图文编播系统入选第一批《国家自主创新产品名录》。2010 年 5 月，新奥特承建 2010 年上海世博会广播电视中心新闻共享及发布系统 IBC 项目，在世博会期间负责高清新闻采集、制作、演播和发布。7 月 30 日，工业和信息化部授予新奥特计算机信息系统集成一级企业资质。8 月 22 日，新奥特自主研发的 NVS 八通道视频播出服务器、Mariana.VG 虚拟图文包装系统，获广电总局、中央人民广播电台、中央电视台等评选的 BIRTV2009 产品、技术及应用大奖。

北京瑞星信息技术有限公司

前身是 1991 年成立的北京瑞星电脑科技开发部。1998 年 4 月，瑞星公司成立。瑞星公司主要服务于信息安全领域，拥有数百名反病毒专家和软件工程师组成的研发队伍，开发瑞星品牌全系列安全产品。瑞星公司提供面向个人的安全软件及适用超大型企业网络的企业级软件、防毒墙的信息安全整体解决方案。瑞星公司拥有电信级呼叫服务中心，以及在线专家门诊服务系统，向社会免费提供公益性安全信息，如恶性病毒预警、恶意网站监测等。瑞星公司产品通过西海岸实验室、Virus Bulletin、AV-Test 等国际权威评测机构的认证，是亚洲第一个通过西海岸实验室全部认证项目的安全公司，也是中国率先连续 3 次通过 VB100 认证的公司。2002 年 10 月，瑞星公司取得中关村首家通用软件企业自主进出口企业资格认证。2005 年 9 月 6 日，瑞星公司获国家知识产权局“完全控制文件的方法”专利权。2007 年 9 月，瑞星公司成为国内首个安全行业微软金牌认证合作伙伴。2010 年 12 月 20 日，瑞星公司中标国税总局 2010 年安全项目。同年，瑞星公司位列工业和信息化部 2010 年中国软件业务收入前百名企业。

北京拓尔思信息技术股份有限公司

前身是 1993 年成立于中关村的北京易宝北信信息技术有限公司，为北京信息科技大学（原北京信息工程学院）和香港易宝公司合资成立的软件企业。2001 年更名为北京拓尔思信息技术有限公司,2003 年转变为全内资公司。2007 年引入风险投资并进行股份制改造，成为由民营、国有、风险投资等股东组成的高科技股份制企业。2010 年 1 月，经国家发展改革委、工业和信息化部、商务部和国家税务总局认定，拓尔思入围 2009 年度国家规划布局内重点软件企业名单。9 月，拓尔思入选中关村国家自主创新示范区“瞪羚计划”首批重点培育企业名单。12 月，拓尔思获科技部火炬高新技术产业开发中心国家火炬计划重点高新技术企业称号。

北京金山软件股份有限公司

1994年7月1日，北京金山软件股份有限公司成立，位于海淀区小营西路33号金山软件大厦（北京分公司）。1997年，金山软件发布WPS97。1998年8月，联想集团入股金山软件，持有30%股权，成为金山软件最大股东。1999年11月1日，金山软件进驻中关村科技园海淀园。2002年年初，金山软件完成基于事业部体制的结构调整，成立以桌面办公软件和服务为主的WPS事业部，以杀毒软件和服务为主的毒霸事业部，以实用工具软件和英语学习软件为主的词霸事业部以及以游戏娱乐软件为主要研发方向的西山居事业部。同年，金山软件通过CMM二级认证，建立了标准的软件开发流程和质量体系；通过ISO 9001质量体系认证，建立科学规范的供应链质量、生产、商务管理体系。2003年年初，金山软件在WPS办公软件事业部、金山毒霸信息安全事业部、金山词霸工具软件事业部的基础上成立金山行业应用软件事业部，以原西山居事业部为基础组建金山数字娱乐有限公司。2005年，金山软件共有员工300余人。在上海、成都、广州和香港设有办事处，在中国香港、中国台湾、日本和北美洲地区拥有数十家代理商。金山软件自主研发了适用于个人和企业级用户的WPS Office、《金山词霸》《金山毒霸》《剑侠情缘》等系列产品，覆盖桌面办公、信息安全、实用工具、游戏娱乐和行业应用等领域。2007年，金山软件在香港主板上市。2010年，“金山”获中国驰名商标认定。2010年，金山软件营业总收入9.7亿元，净利润3.7亿元。

北京金和软件股份有限公司

1994年8月成立，公司前身是金和新技术有限责任公司。2000年9月，北京金和人网络工程技术有限公司成立。北京金和软件股份有限公司由金和信息有限公司、北京金和人网络工程技术有限公司发展成立。2006年3月，金和软件自主研发的软件被选为国家礼品，赠予19国驻华大使及使节。软件成为“国礼”是中国软件业的首次，也是中国历史上的第一次。2007年2月，金和软件通过股份制改造，整体变更为北京金和软件股份有限公司。年初，金和软件成为微软全球金牌合作伙伴，在产品开发、市场开拓、人员培训等多方面与微软展开深度合作。5月，金和软件与IBM、微软建立战略合作伙伴关系，联合打造中国企业信息化整体解决方案。12月27日，金和软件在深交所上市。同年，金和软件获2007中国十大创新软件产品和2007中国信息产业年度创新企业称号。2010年2月，金和软件进入福布斯中国潜力企业榜200强。5月，金和软件通过ISO 9001质量管理体系认证。8月，金和软件入选中关村国家自主创新示范区“瞪羚计划”首批重点培育企业名单。9月10日，金和软件通过国际信用协会最高级别AAA级信用单位认证。2010年，金和软件实现营业收入5686.60万元，营业利润1228.52万元，总资产5090.02万元。

北京四方继保自动化股份有限公司

1994年成立，主要从事电力系统自动化及继电保护装置、电力系统安全稳定控制、高压直流输电控制、调度自动化、配网自动化、发电厂自动化控制系统、仿真培训系统、电力电子装备、轨道交通、工业自动化及清洁能源利用等领域的研究、开发、生产和销售，为电力行业、公共事业及大型行业客户（石化、铁路、煤炭、冶金、轨道交通等）提供电力及综合自动化整体解决方案、产品和服务，位于海淀区上地信息产业基地四街9号。1997年，北京四方继保自动化股份有限公司通过国际认证机构的ISO 9001质量认证。2000年10月1日进驻中关村科技园区上地信息产业基地。2005年，北京四方继保自动化股份有限公司设有研发中心、技术支持部、专家委员会，进行产品项目立项、开发、研制；与华北电力大学联合成立四方研究所，与清华大学合作成立电力系统稳定控制研究所，进行具有战略性、前瞻性的科学研究。北京四方继保自动化股份有限公司研发中心被认定为北京市级企业技术中心。2010年7月30日，北京四方继保自动化股份有限公司被工业和信息化部授予计算机信息系统集成一级企业资质。2010年，公司营业总收入约13.48亿元，净利润约1.71亿元，位列工业和信息化部2010年中国软件业务收入前百家企业。

北京握奇数据系统有限公司

1994年成立，是较具有代表性的嵌入式软件企业。1998年，握奇数据协助举办ISO 14443WG8会议，是当时唯一参与国际非接触智能卡标准制定的中国公司。2000年，握奇数据建立海外第一家分公司——新加坡握奇。2004年4月，握奇数据完成对北京握奇智能科技公司的收购。被收购的握奇智能科技公司的软件产品拥有多项自主知识产权，其嵌入式数据安全产品主要应用在智能卡水表、电表、气表、热表、加密Modem、加密密码键盘、税控收款机、条件接收电视机顶盒和PC接收卡、信息家电、软件版权防伪等数据安全软硬件产品中，具有嵌入式数据安全应用的行业领先地位。2005年，握奇数据公司有员工350人；销售收入5.3亿元，上缴税收2100万元，税后利润6800万元。2008年，握奇数据的智能卡收入8亿元，成为国际金融危机中逆市增长的少数企业之一。2009年，握奇数据主导成立智能卡知识产权联盟，获国家专利试点企业称号。公司在上海、广州、成都、新加坡、慕尼黑和新泽西等地设有分公司及办事处。

博彦科技股份有限公司

1995年4月成立，位于海淀区西北旺东路10号院东区7号楼，在国内外设有多个分支机构、研发基地或交付中心。博彦科技业务范围涵盖咨询及解决方案、IT服务、应用程序开发和维护、ERP和BPO（业务流程外包）等服务，专注于高科技、金融服务、电信工程、医药、制造等领域。博彦科技获得CMMI五级、ISO 20000、ISO 9001、ISO 27001、ISO 14001、OHSAS 18001等资质认证。博彦科技先后入选美国Red Herring 2005年度亚洲100

家最具发展潜力企业、2006 年度德勤中国高科技高成长 50 强及德勤亚洲高科技、高成长 500 强、IAOP 2007 年全球外包 100 强、NeoIT 2007 年全球外包服务 100 强等。2010 年 5 月，博彦科技西安分公司、深圳分公司成立。6 月，博彦科技通过 CMMI 五级评估，7 月获 2009 年最佳绿色 IT 服务企业奖和 2009 绿色 IT 金融外包服务贡献奖，8 月进入中国离岸软件开发供应商十强，12 月获 2010 年中国软件行业（服务外包领域）领军企业奖。

文思创新软件技术有限公司

1995 年成立，位于海淀区西小口路 66 号中关村东升科技园 C-4 号楼，在国内外多个城市设有分支机构。文思创新是一家信息技术服务提供商及在中国居领先地位的离岸软件开发公司。文思创新在高科技行业、电信业、金融服务业、制造业、零售与分销业等领域具备专业服务能力，为客户提供研究及开发、企业解决方案、应用软件开发和维护、质量保证和测试、本地化和全球化、基础设施外包以及业务流程外包等服务，成为众多财富 500 强企业的合作伙伴。2002 年，文思创新成为中国第一家获得 ISO 9001 认证的科技服务企业。2003 年，文思创新整体通过软件能力成熟度模型 CMM 五级认证。2007 年，文思创新成为第一家在纽约股票交易所上市的中国软件服务外包企业。据国际数据公司（IDC）的统计，以 2007 年销售额衡量，文思创新信息技术在为欧美市场提供离岸软件开发行业中位居中国第一。文思创新 2006 年至 2008 年连续 3 年入选德勤中国高科技高成长 50 强企业，2006 年获得“清科—中国最具投资价值 50 强企业”第 2 名，入选 IAOP 评选的 2007 年全球外包 100 强，2007 年 Red Herring 全球创新 100 强企业，入选由 NeoIT 评选的 2008 年全球服务 100 强企业。2010 年，文思创新营业总收入 2.11 亿美元，净利润 2990 万美元。

北京水晶石数字科技有限公司

前身为 1995 年成立的北京水晶石电脑图像工作室（以下简称水晶石公司），位于海淀区西三环北路 89 号中国外文大厦 B 座 9 层，在国内外设有多个分支机构和办事处。水晶石公司致力于以数字化三维技术为核心，提供全方位数字视觉服务，主营业务为利用电子计算机图形图像、处理技术，为客户提供数字图像的创意设计、制作和软硬件集成服务，实现在宣传展示、沟通、娱乐及专业领域等方面的应用。水晶石公司是北京 2008 年奥运会图像设计服务供应商、上海 2010 年世博会指定多媒体设计服务供应商，在全国各地打造了多个政府、企业展览馆项目。

北京启明星辰信息技术有限公司

1996 年 6 月 26 日成立，注册资本 200 万元。1998 年 11 月 1 日，启明星辰进驻中关村科技园区海淀园。1999 年 12 月，启明星辰积极防御实验室（ADLAB）成立。启明星辰是国内具实力的网络安全产品、可信安全管理平台、安全服务与解决方案的综合提供商，业务覆盖网络安全、数据安全、应用业务安全等领域。2005 年，启明星辰有员工 500 余人，注册资本2500万元，销售收入1.1亿元，上缴税费3000万元。2006年7月，启明星辰被科技部认定为国家火炬计划重点高新技术企业。2007年6月以第一名成绩入选国家级应急服务支撑单位。2008年7月首批获得国家最高级信息安全应急处理服务资质。2010年6月，启明星辰在深圳A股中小板上市；11月11日被国家发展改革委、科技部、财政部、海关总署、税务总局认定为国家级企业技术中心。

北京江民新科技术有限公司

1996年8月，北京江民新科技术有限公司在中关村注册成立，注册资金2000万元。2000年12月，江民科技成为中关村科技园区前100名利税大户，进入中关村科技园区企业总收入前50名。2004年7月，江民科技与微软结成ISV(独立软件开发商)合作伙伴关系。2005年10月，江民科技通过ISO 9001国际质量体系认证。2006年4月，江民科技国内首家通过英国西海岸实验室Check Mark国际反病毒安全认证。同年通过软件成熟度CMMI国际认证。2006年9月6日，江民科技的杀毒软件等产品获得国家质检总局授予的中国名牌产品称号，成为中国软件业中首批中国名牌产品之一。2008年，江民科技作为信息网络安全技术保障单位，全程参与2008年北京奥运会保障工作。2010年，江民科技是国际反病毒协会理事单位，研发和经营范围涉及单机、网络反病毒软件，单机、网络黑客防火墙，邮件服务器防病毒软件等一系列信息安全产品。江民科技全球反病毒监测网与数千家反病毒监测机构和组织合作监测病毒，24小时提供病毒解决方案。江民科技是国家涉密数据修复资质单位，创建江民电脑数据修复全国连锁体系，在各地有数百家加盟店，构成江民科技的本地化反病毒综合服务平台。

北京超图软件股份有限公司

1997年6月18日成立，注册资金7500万元。超图软件主要从事地理信息系统、遥感和卫星导航软件的研制、生产、销售与服务，为地理信息工程与地理信息服务提供综合解决方案。推动GIS技术自主创新和技术成果市场化、产业化，推进GIS软件在中国电子政务、企业管理和大众信息化等行业的推广与应用。产品应用于数十个行业，在中国大陆和香港、澳门、台湾地区拥有数千个成功案例。在海外设有合作机构，产品进入欧洲、非洲、拉丁美洲、东南亚等地区市场。2005年1月，超图软件中标信息产业部2004年电子发展基金重大招标项目。12月，超图软件位列德勤亚太地区高科技高成长500强。2006年，超图软件登上2006年中国最具投资价值企业50强榜单，超图软件“测绘发展战略研究”项目获2006年测绘科技进步一等奖，超图软件获2006年中国商业科技中小企业30强。2008年，超图软件获2008年度信息产业重大技术发明奖。2009年被评为国家规划布局内重点软件企业、国家火炬计划重点高新技术企业。

北京东方通科技发展有限责任公司

1997年7月成立。1998年2月中标中国建设银行总行对中间件产品的测试选型。5月，东方通宣布由系统集成商向独立软件供应商的战略转型。1999年3月，东方通成都研究开发中心成立；6月获得国际数据集团（IDG）的风险投资。2000年10月，东方通被市科委认定为北京软件产业基地中间件软件产业化中心。2001年3月，东方通成为北京市重大科技成果推广计划中间件软件产品承担单位；12月通过软件能力成熟度模型CMM二级认证。2002年8月，东方通成为《国家科技成果重点推广计划》项目“中间件软件产品”的技术依托单位；10月入选2002年中国电子政务IT百强企业；12月入选首届德勤亚太地区高科技高成长500强，并获中国软件行业协会评选的中间件软件产品20年用户信赖品牌称号。2003年10月，东方通获2003中国电子政务IT百强企业称号；12月被国家发展改革委、信息产业部、商务部、国家税务总局联合认定为国家规划布局内重点软件企业。2004年7月，东方通获中国软件行业协会评选的中国软件20年明星企业奖。2005年，东方通被美国权威媒体Red Herring杂志评为亚洲科技100强。2006年2月，东方通被中国信息化推进联盟、中国电子信息产业发展研究院联合评选为2005—2006年中国中间件软件市场最具价值企业；6月被市科委认定为高新技术企业；9月获中国信息协会评选的政府信息化创新奖。2007年9月，东方通被国防科工委信息中心政务信息化项目办公室评选为国防科技工业“十一五”电子政务工程产品供应商；12月入选北京市火炬计划项目。2008年2月，东方通获市委宣传部、市科委、市信息办颁发的2007年信息北京十大应用创新成果（中国人民银行全国支票影像交换系统）证书，获2007—2008中国中间件软件市场年度成功企业称号；6月获2008年中国软件生产力年度风云榜最具发展潜力企业、中关村科技园区创新型试点企业称号；7月成立东方通全资子公司成都东方通科技有限责任公司；10月获评中关村科技园区20周年突出贡献奖；12月获国家发展改革委、工业和信息化部、国家税务总局、商务部颁发的2008年度国家规划布局内重点软件企业证书。2009年3月，东方通获2008年度中国软件十大领军企业称号；9月获中国软件行业协会“中国软件产业脊梁企业”称号。2010年2月，东方通全资子公司上海东方通泰科技有限公司成立；5月获科技部颁发国家火炬计划项目证书；10月设立北京东方通科技股份有限公司；12月入列全国信息技术标准化技术委员会SOA标准工作组颁发的“中国SOA十大解决方案”。

北京中易中标电子信息技术有限公司

1998年1月，北京中易中标电子信息技术有限公司（以下简称北京中易）成立。公司产品以各种中文字库、输入系统、中文信息处理系统为主，市场占有率50%以上。开发的内容管理系统可在Internet上对汉字中文超大字符集产品（中易汉神）显示、浏览和检索，同时建立超大字符集的数字化生产线，为古代文献数字化提供全流程解决方案和服务，并完成《古代地方志》10多亿字的全文数字化工程。成果先后获国家科学技术进步奖、全国科技信息优秀成果奖一等奖，北京市科学技术奖一等奖、日内瓦国际发明展金奖、世界华人发明大奖等国内外奖项。2010年8月，北京中易历经20年完成拥有20万个汉字的大型字模数据库，即中易宋体20万TrueType汉字库软件，10月27日获得国家版权局颁发的版权证书。收字来源于中国历代古籍、经书、字典、地方志、家谱等9000多处，含有甲骨文、金文、小篆等字模大约2万字，有符合国际标准ISO 10646：2003和标准Unicode的汉字70195个，为世界收字最多的汉字库。

首都信息发展股份有限公司

首都信息发展股份有限公司前身为首都信息发展有限公司，于1998年1月经市政府、中国电信、国家广电总局和中国人民银行共同发起成立。为推动首都信息化进程，公司完成了市政府门户网站群——首都之窗、北京市医疗保险信息系统、北京市社会保障卡系统、北京市电子政务专网、北京市社区公共服务平台等项目。网络和系统的服务面覆盖全市1000余万参保人群、1800余家定点医院、18万家参保企业、183个街道、2539个社区居委会、16区县所有政府委办局。8月16日，由首都信息发展有限公司承担的首都公用信息平台（CPIP）的2个网络高速交换节点分别在中央电视塔和北京电报局两处建成，CPIP完成与CHINANET的对接，投入试运行。1999年5月6日，首都信息发展有限公司、市电信局就市政府上网工程“首都之窗”和加速首都公用信息平台的建设签署合作协议。2000年7月，首信公司完成股份制改造，成立首都信息发展股份有限公司，股东为北京市国有资产经营有限责任公司、中国电信集团公司、北京中天广电通信技术有限公司、北京电信投资有限公司、北京北广传媒投资发展中心、中国金融电子化公司。同月，首信公司联合联想、北大方正、清华同方、长城计算机、四通、深桑达等企业共建首都电子商城，积极推行B to B模式电子商务。8月9日，首信公司与市信息办、市劳动和社会保障局、市民政局签署《北京市重大信息应用工程总体统筹负责制》合作协议书，北京医保信息系统建设启动。2001年4月10日，“首都信息网上招投标系统”开通并投入运营。12月21日，首信公司在香港联交所创业板挂牌上市，筹集资金3亿多元港币。2002年8月8日，首信公司参股500万元创立北京信用管理有限公司，为北京首家获准从事信用服务的机构。10月28日，首信公司参股400万元创立北京首通万维信息技术发展有限公司，提供信息亭服务与电子商务业务。2003年3月，首都信息发展股份(香港)有限公司在香港成立。4月30日，首信公司与市政府办公厅举行“北京市紧急救助服务系统”项目签约仪式。6月23日，首信公司与北京奥组委举行第二十九届奥林匹克运动会中级网站合作协议签字仪式，签署《网站开发合同》并授牌。根据市政府总体统筹负责制原则，首信公司统一建设北京市社区公共服务信息网络系统。首信公司编制了《社区管理与服务信息分类代码》《社区管理与服务信息系统通用数据结构》两个北京市地方标准，为构建标准化、数字化社区信息资源体系奠定了基础。2007年10月，首信公司与市信息办和首都之窗运行管理中心签署《首都之窗网站整体外包服务合作框架协议》和《首都之窗网站整体运维服务合同》，成为首都之窗整体外包服务提供商。2008 年，首信公司承担与北京奥运会相关的信息系统建设，包括奥运多语言综合服务系统、北京奥组委运行指挥中心、北京奥组委电子邮件系统、北京奥组委防病毒系统、奥运会票务统计分析系统、奥运会及残奥会全部比赛头戴系统等项目。2010 年，首信公司医保项目、社保卡项目、电子政务专网项目、电子社区项目、首都之窗项目及市委机关项目等基础业务累计实现净收入 2.71 亿元，住房公积金业务、呼叫中心外包业务以及其他电子政务系统运维业务实现净收入 1.02 亿元。

北京书生电子技术有限公司

前身为 1998 年 8 月成立的北京书生世纪电子技术有限公司，2001 年 8 月更名为北京书生电子技术有限公司。2002 年 12 月，书生国际信息技术有限公司成立。2004 年 2 月，书生公司与日本理光株式会社签订技术合作协议。2005 年 3 月 31 日，书生电子印章中心挂牌成立。12 月 15 日，书生公司在人民大会堂举行 SEP 文档库技术发布会暨 UOML 联盟成立大会。2005 年，书生公司拥有 400 多名员工，用户遍布海内外 20 多个国家和地区。2006 年 9 月 27 日，SEP 文档库技术被中国软件行业协会评为中国十大软件创新产品。同年，书生公司成为投资 4500 万元的北京重大科技项目“互联网出版平台研发及服务体系构造”主要承担单位。2007 年 1 月，书生读吧网（du8.com）发布，成为拥有正版内容的电子书门户网站。2 月，书生公司董事长王东临担任国际开放标准组织 OASIS 的 UOML 技术委员会主席，是中国软件企业代表首次担任国际性标准组织的技术委员会主席；6 月 21 日，书生公司获百强创新品牌企业奖。2008 年 11 月 4 日，作为首个得到国际认可的中国软件标准，书生公司主导制定的 UOML 标准成为国际开放标准组织 OASIS 的正式标准。2010 年 9 月，书生公司投资注册美国子公司。

汉王科技有限公司

1998 年 9 月 1 日成立，位于海淀区东北旺西路 8 号 5 号楼 3 层。1999 年 6 月 1 日，汉王科技进驻中关村科技园区海淀园。2000 年 1 月，汉王科技被科技部认定为第一批国家高技术研究发展计划成果产业化基地。汉王科技专注于以模式识别为核心的智能人机交互技术与产品的研究开发与应用推广，主营手写识别与笔迹输入、光学字符识别（OCR）技术等软硬件产品、技术授权和技术服务，并逐步向机器视觉、行为识别和技术含量较高的生物特征识别等模式识别的其他领域进行战略布局和拓展。汉王科技有多种产品和服务投向市场，主要有汉王笔、文本王、名片通、手写电脑、绘画板、砚鼠、e 摘客资料笔、电纸书、人脸通、平板电脑等。汉王手写识别技术广泛应用到 PC、PDA、手机、智能学习终端、车载导航仪等终端产品中，嵌入式 OCR 技术在高端智能手机中得到普遍应用。汉王科技的客户主要包括微软、诺基亚、三星、索爱等。在技术服务领域，汉王科技为税务、公安、银行、图书馆、档案馆、交通等行业客户提供 OCR 录入、票据 / 表格 / 单据 OCR 识别、证照识别、车牌识别等专用系统。2005 年，汉王科技技工贸总收入 1.73 亿元，上缴税费 1793 万元，从业人员 490 人，其中大专以上学历占员工总数的 92%。2010 年，汉王科技在深圳证券交易所中小企业板块上市，同年营业总收入约 12.37 亿元，净利润约 8776.95 万元。

北京华胜天成科技股份有限公司

1998 年 11 月 30 日，华计公司等共同出资成立华胜天成科技有限公司，注册资本 2000 万元。12 月 1 日，华胜天成科技有限公司进驻中关村科技园区海淀园。2001 年 3 月 15 日，经北京市经济体制改革办公室批准，公司名称变更为华胜天成科技股份有限公司，注册资本 18330 万元。同年，华胜天成通过 ISO 9001：2000 质量体系认证。2004 年 4 月，华胜天成在上海证券交易所挂牌上市。2005 年，华胜天成有员工 586 人，技工贸总收入 11.27 亿元，上缴税费 2078.3 万元。主要产品有企业移动办公系统软件、企业门户系统软件、办公自动化系统软件、中国邮政业务量收管理系统软件、统一信息交换平台软件等。同年，华胜天成获信息产业部计算机系统集成一级资质，设立美国、中国香港子公司。北京华胜天成软件技术有限公司成立。华胜天成入围由全球竞争力组织评选的中国最具竞争力上市公司 100 强。2006 年，华胜天成入选由信息产业部评选的 2006 年中国软件收入规模百强，入选福布斯 2006 年度亚洲中小企业 200 强。2008 年，华胜天成通过 CMMI 三级评估，取得涉密计算机系统集成甲级资质。2009 年，华胜天成成为国内信息系统集成领域内第一家获得 ISO 20000/ISO 27001/ISO 9001 三体系认证证书的企业，获得由市发展改革委和市科委颁发的北京市高新技术成果转化项目证书及北京市火炬计划项目证书。入围德勤高科技高成长亚太区 500 强。2010 年 6 月 3 日，华胜天成的“华胜天成”商标被市工商局认定为 2009 年度北京市著名商标。同年，华胜天成入围亚洲品牌 500 强排行榜，获亚洲十大最具潜力品牌奖、中国品牌价值冠军奖。2010 年，华胜天成有员工 4695 人，营业收入 40.75 亿元，利润总额 2.43 亿元，位列工业和信息化部 2010 年中国软件业务收入前百家企业，总资产 34.06 亿元。

大唐电信科技股份有限公司

1998 年成立，同年在上海证券交易所上市。主要从事微电子、软件、通信接入、通信终端、通信应用与服务等领域的产品开发与销售，是具有自主知识产权的信息产业高科技骨干企业，形成以智能卡与 SoC 芯片为核心技术的芯片产业，以运营支撑系统为核心技术的软件产业，以新一代通信接入及其相关业务为核心的通信设备产业，具有一流设计技术和团队的通信终端产业，与微电子、软件、通信终端协调发展的通信应用和服务产业。2010 年，大唐电信科技股份有限公司在永丰基地设立科研中心并开始建设，该公司的“动态逻辑分区并控制访问权限的 IC 智能卡及其实现方法”专利获第十二届中国专利优秀奖。年内，大唐电信科技股份有限公司营业总收入约 40.28 亿元，利润总额 1.84 亿元。位列工业和信息化部 2010 年中国软件业务收入前百家企业。

北京人大金仓信息技术股份有限公司

1999 年，由中国人民大学及该校专家发起创立，注册资金 53 万元。人大金仓致力于基础软件大型通用数据库系统的研发与推广，基于数据库技术的行业信息系统以及信息技术的咨询、培训和支持服务等。其研发的嵌入式移动数据库“小金灵”项目入选高新技术企业和优秀项目，被教育部命名为教育部数据库与商务智能工程研究中心。2000 年 7 月，人大金仓注册资本增至 1200 万元；2001 年 3 月注册资本增至 1300 万元。2007 年，市政府、科技部、中科院联合授予人大金仓中关村科技园区百家创新型试点企业称号。2008 年，人大金仓被列为海淀区 2008—2009 年度区域内重点企业，被中国软件行业协会授予中国软件产业脊梁企业称号，成为核高基重大专项数据库方向课题牵头承担单位。2010 年，人大金仓在北京中关村国际孵化软件协会“创新示范软件企业评选”中获 2009 年度自主创新示范企业称号，获中国软件行业协会国产数据库最具影响力品牌奖，获北京企业评价协会、中国质量评价协会 2010 科技创新产品奖。

中软国际信息技术有限公司

2000 年 2 月成立，是国内大型综合性软件与信息服务企业，在全球拥有 30 余家分公司和子公司，2003 年 6 月在香港联交所创业板上市，2008 年 12 月转入主板上市。中软国际实施多项国家重点科技攻关项目，拥有 10 多项软件著作权和专利技术。以 ResourceOne 为核心的产品系列研发成功，获 2002—2006 年度中国电子政务应用支撑平台产品第一品牌称号。2000 年 4 月 25 日，由中软国际投资的北京中软国际信息技术有限公司成立，位于海淀区科学院南路 2 号 C 座 12 层，注册资金 5 亿元。2005 年，中软国际收购专业从事外包业务的北京中软资源信息科技服务有限公司。2010 年，中软国际获国家规划布局内重点软件企业称号，入选德勤亚太高科技、高成长 500 强；获 IAOP 2010 年全球外包 100 强称号。当年，中软国际利润总额 2.33 亿元，截至年底总资产 23.7 亿元，员工人数超万人。

北京美髯公科技发展有限公司

2000 年 4 月成立。美髯公与中关村科技园区海淀园共同开发的“数字园区电子政务系统”是中国第一个全面实现交互式网上办公的电子政务系统，被誉为“中国第一个数字政府”，也是中国第一个成功建设的数字园区。2000 年，“数字园区建设与政府管理模式转型”课题获北京市科学技术奖二等奖。美髯公具有计算机信息系统集成资质、涉密信息系统集成软件开发乙级资质，通过 ISO 9001 质量管理体系认证。2006 年，美髯公入选 2006 中国软件企业自主创新排行榜，通过 CMMI 三级国际认证。2009 年 5 月，美髯公被中关村管委会评为中关村高新技术企业和海淀区创新企业。同年，美髯公获中关村企业信用促进会颁发的瞪羚三星级会员称号。美髯公的“会议通知与信息提醒系统”被市科委、市发展改革委、市建委、市经济信息化委、中关村科技园区共同评为北京市自主创新产品。

北京中和威软件有限公司

2000年9月11日，北京中和威软件有限公司（以下简称中和威）成立，通过自主创新，中和威在中间件产品领域取得多项专利和软件著作权，形成InterBus、InterBus/E、InterWeb、InterESB、InterCloud五大核心产品系列，应用于国防、电信、政府、金融、电力、制造等领域。中和威是国家中长期科技发展规划“核高基”专项承担单位，首批国家认定的高新技术企业。2003年11月，中和威获得2003国家发展改革委软件行动计划产业化推进重点专项的支持。2004年3月，中和威被评选为2003年最具成长性的中国软件企业。2005年6月，中和威被接纳为闪联国家工程中心（筹建中）股东成员；10月，中和威软件企业的流程化创新管理获北京市第二十届企业管理现代化创新成果二等奖；12月，中和威成为闪联国家工程中心的股东。2006年1月，中和威通过GB/T 19001–2000质量管理体系认证。入选2006年度德勤中国高科技高成长50强（位居第35位），同时进入德勤亚太地区高科技高成长500强。2007年1月，中和威获市政府、市私企协会、市工商局共同评选的2005—2006先进集体称号；2月被市政府和科技部联合评选为创新试点企业。2008年12月，中和威获得首批由市科委、市财政局、市国家税务局、市地方税务局联合颁发的高新技术企业证书。2010年3月，中和威获2009年中关村中小创新企业十佳年度企业管理团队奖；8月入选中关村国家自主创新示范区“瞪羚计划”首批重点培育企业；12月实现“四个一批”建设目标，被列入326家重点企业之一。

北京红旗中文贰仟软件技术有限公司

2000年12月22日成立，中文2000公司为中科院下属的高新技术软件企业。公司注册资本1000万元，主要股东是中国数码集团和中科院软件所。中文2000公司为各级政府、企事业单位和个人用户提供中文办公软件服务，主要产品是跨平台的办公套件RedOffice。2001年4月18日，中文2000公司成为第一家通过中国软件评测中心确认的办公套件厂商，获高级确认测试证书。2004年8月1日，中文2000公司进驻中关村科技园区亦庄科技园。2006年5月，中文2000公司加入中国数码集团，对Office思想重新定义，促进RedOffice的全面创新。中文2000公司多次承担完成国家级科研计划（863项目等）以及多个省市级科研项目，并获得国家级各项基金的支持。RedOffice被科技部列入2005年国家火炬计划项目，获北京市科学技术奖一等奖。

神州数码控股有限公司

2000年由联想集团分拆成立，位于海淀区上地9街九号神州数码科技广场。2001年，神州数码控股有限公司在香港联合交易所主板上市。公司是整合IT服务提供商。2010年，神州数码控股有限公司发布“智慧城市”战略。发行的台湾存托凭证在台湾证券交易所上市。同年，神州数码控股有限公司营业额568.04亿港元，净利润约10.05亿港元，位列工业和信息化部2010年中国软件业务收入前百家企业。

东华软件股份公司

前身为2001年1月成立的北京东华合创数码科技股份有限公司。2009年5月更名为东华软件股份公司；9月获中国软件产业脊梁企业称号，东华IT服务综合管理系统获2009年中国十大创新软件产品称号。东华软件博士后工作分站研究人员开发的“京豫两地社区卫生服务监管和评价体系的研制和应用”项目获得2009年中国博士后科学基金会特别资助。2010年4月，东华软件入选北京市软件与信息服务业“四个一批”工程首批企业，成为北京市首批重点扶持做大做强的高端软件企业；入选中关村国家自主创新示范区首批“十百千工程”重点培育企业。6月，东华软件被世界杰出华商协会授予2010年全球最具成长性华商上市公司称号；8月获首批高校毕业生就业见习国家级示范单位称号；12月获国家火炬计划重点高新技术企业称号。

紫光软件系统有限公司

2001年7月25日成立，是紫光股份有限公司的控股子公司，专业的软件服务与系统集成提供商。紫光软件系统有限公司（以下简称紫光软件）研究开发各行业和领域解决方案，包括新闻媒体、公安、税务、智能大厦、军工、数字校园、数字水利和数字城市应用等。紫光软件完成云计算管理支撑平台研发，形成区域电子政务云和中小企业云应用平台，并提供大数据云计算解决方案，实现传统软件与系统集成业务同云计算平台的对接。紫光软件具有计算机信息系统集成一级、涉及国家秘密的计算机信息系统集成甲级、安防工程企业一级、高新技术企业、人防信息系统建设保密项目设计（施工）甲级等企业资质，并通过ISO 9001质量管理体系、ISO 20000 IT服务管理体系、CMM三级软件能力成熟度模型、ISO 14001环境管理体系和ISO 28001职业健康安全管理体系认证。2004年，紫光软件开发成功国内首家企业数字档案馆——江苏电力数字档案馆。2005年获国家档案局科技进步一等奖。2007年，紫光软件开发成功国内规模最大数字档案馆——国家电网数字档案馆，2009年获国家档案局科技进步二等奖。

北京数字政通科技股份有限公司

2001年成立，原名北京数字政通科技有限公司，位于海淀区东北旺西路8号中关村软件园9号楼国际软件大厦，是专注于数字化城市管理和国土资源管理领域的电子政务应用与解决方案提供商。2003年，数字政通成为东城区“网格化城市管理系统”课题组核心成员。2009年6月完成股份制改制，更名为北京数字政通科技股份有限公司。2010年4月，数字政通在深圳证券交易所创业板挂牌上市。

软通动力信息技术（集团）有限公司

2001年成立，位于海淀区西北旺东路10号院东区16号楼，在全球多个城市设有分支机构和全球交付中心。软通动力立足中国、服务大中华区和全球市场，主营业务覆盖软件技术服务、企业数字化转型服务、智慧城市服务以及云计算与互联网平台服务四大领域，为客户提供数字化产品和服务，包括软件与技术服务、数字化转型咨询、创新数字化解决方案和数字化平台运营等，在高科技、通信、银行、企业金融、保险、能源、交通、公用事业等行业拥有众多战略合作伙伴。软通动力获评2009—2010年中国软件业务收入前百家企业。2010年，软通动力在纽约股票交易所上市。

高德软件有限公司

2001年，高德软件有限公司成立。8月，高德与爱信AW、富士Ten等公司合资成立北京艾迪菲导航科技有限公司，开发车载导航电子地图。2004年6月，高德成为全国第一家获得导航电子地图甲级测绘资质的民营企业，并通过ISO 9001认证，开始大规模采集数据，逐步构建起数据库。2005年8月，高德收购基础地图服务提供商北京图盟科技有限公司。9月，高德承担国家发展改革委卫星导航应用产业化专项“车载智能多媒体系统”项目。2006年10月，高德入选福布斯2007年中国潜力100榜，成为国内导航电子地图产业唯一上榜企业；12月，高德收购北京星天地信息科技有限公司，成为中国唯一拥有航空摄影甲级资质的民营企业。2007年4月，高德位于昌平科技园区7900平方米的数据生产基地投入使用；5月，高德收购厦门纳维特科技有限公司并将其改建为厦门高德软件有限公司，从事专业导航引擎研发。2008年1月，高德被福布斯中文版评为2008年中国最具发展潜力企业；6月，高德收购武汉终极源数码有限公司，建立三维数据生产团队，为向北京奥运会、上海世博会提供地图服务打下基础。同年，高德在自主研发创新方面的投入占年收入的16%，远超国内高科技企业平均4%的研发支出。2009年2月，高德承担国家发展改革委卫星应用高技术产业化专项“导航电子地图增量更新与应用服务及产业化”项目。2010年7月1日，高德控股有限公司在美国纳斯达克全球精选市场上市；9月获得国家测绘局颁发的互联网地图服务甲级测绘资质；10月进入2010年德勤高科技高成长中国50强，与荷兰卫星导航设备制造商TomTom成立合资企业——北京高德泰利信息科技有限公司。

石化盈科信息技术有限责任公司

2002年3月，石化盈科信息技术有限责任公司（以下简称石化盈科）成立，是中国石油化工股份有限公司和香港电讯盈科有限公司共同出资成立的合资公司，主要为客户提供IT整体解决方案和服务。石化盈科开发的MES系统可提高企业赢利能力，实现生产过程管理决策科学化，优化资源利用。营运协同平台软件系统适用于以物流及生产为主的大型集团企业，为集中调度提供信息支撑，实现对生产经营过程的跟踪、展示、统计与分析。

2002 年至 2010 年，石化盈科上海分公司、北京分公司、西安分公司先后开业。

北京瑞友科技股份有限公司

2003 年 7 月成立。2004 年 3 月，瑞友科技首批入选科学技术部中国软件欧美出口工程（COSEP−A）A 类企业，致力于打造国际化应用开发平台 GAP。2007 年，瑞友科技入选北京市百强创新品牌企业。2008 年 6 月，瑞友科技入选 China Sourcing 第一届优秀外包企业 ITO20 强；11 月，瑞友科技 IT 应用研究院成立，开展的研究领域涵盖 IT 服务模式，技术工具、行业应用等方面以及 IT 服务过程；12 月，瑞友科技通过高新技术企业认定。2009 年 6 月入选 China Sourcing 优秀外包企业 ITO10 强。2010 年 3 月，瑞友科技入选北京市 2009 年度技术先进型服务企业；4 月入选中关村软件行业首批创新示范企业；9 月发起创立中国金融信息技术创新战略联盟。

2010年中国软件企业百强中北京入选企业一览表

3−5表　　　　单位：万元

排名	企业名称	软件业务收入	排名	企业名称	软件业务收入
3	神州数码（中国）有限公司	1968973	48	石化盈科信息技术有限责任公司	102753
5	北大方正集团有限公司	684025	58	北京首钢自动化信息技术有限公司	87618
9	同方股份有限公司	480376	59	北京神州泰岳软件股份有限公司	84163
13	北京华胜天成科技股份有限公司	406892	66	国脉科技股份有限公司	75748
15	航天信息股份有限公司	348252	69	北京联想软件有限公司	74554
22	中国软件与技术服务股份有限公司	301207	73	航天恒星科技股份有限公司	69774
23	用友软件股份有限公司	292000	75	北京联信永益科技股份有限公司	69107
24	中国民航信息网络股份有限公司	246505	77	北京四维图新科技股份有限公司	67523
28	北京全路通信信号研究设计院有限公司	197333	81	长城计算机软件与系统有限公司	62355
29	大唐电信科技股份有限公司	192895	84	北京四方继保自动化股份有限公司	59764
30	东华软件股份公司	187047	88	北京水晶石数字科技股份有限公司	57936
37	太极计算机股份有限公司	148837	94	中盈优创资讯科技有限公司	55551
44	中科软科技股份有限公司	118447	96	北京中电普华信息技术有限公司	55140
46	软通动力信息技术（集团）有限公司	109386	97	易程科技股份有限公司	54167
47	文思创新软件技术有限公司	104967	98	北京交大微联科技有限公司	53332
附注：数据来源于工业和信息化部运行监测协调局。					

2010年国家规划布局内北京重点软件企业一览表

3–6表

序号	企业名称	序号	企业名称
1	北京用友财务软件有限公司	28	北京天融信网络安全技术有限公司
2	北京赛迪时代信息产业股份有限公司	29	同方鼎欣信息技术有限公司
3	高德软件有限公司	30	北京数码视讯科技股份有限公司
4	二六三网络通信股份有限公司	31	文思创新软件技术有限公司
5	北京超图软件股份有限公司	32	北京三星通信技术研究有限公司
6	北京握奇数据系统有限公司	33	北京恩梯梯数据系统集成有限公司
7	建研科技股份有限公司	34	佳能信息技术（北京）有限公司
8	北京富士通系统工程有限公司	35	首都信息发展股份有限公司
9	北京索浪计算机有限公司	36	中讯计算机系统（北京）有限公司
10	北京东方通科技发展有限责任公司	37	北京拓尔思信息技术股份有限公司
11	北京视博数字电视科技有限公司	38	北京新媒传信科技有限公司
12	日电卓越软件科技（北京）有限公司	39	网之易信息技术（北京）有限公司
13	北京四维图新科技股份有限公司	40	北京中软国际信息技术有限公司
14	北京中科大洋科技发展股份有限公司	41	京北方科技股份有限公司
15	北京神州泰岳软件股份有限公司	42	大唐软件技术股份有限公司
16	中联绿盟信息技术（北京）有限公司	43	北京日立华胜信息系统有限公司
17	北京中创信测科技股份有限公司	44	北京慧点科技开发有限公司
18	中铁信弘远（北京）软件科技有限责任公司	45	用友软件股份有限公司
		46	亚信联创科技（中国）有限公司
19	北京久其软件股份有限公司	47	太极计算机股份有限公司
20	中国民航信息网络股份有限公司	48	中国软件与技术服务股份有限公司
21	百度在线网络技术（北京）有限公司	49	北京利达智通信息技术有限公司
22	北京联想软件有限公司	50	东华软件股份公司
23	中科软科技股份有限公司	51	广联达软件股份有限公司
24	北京北大方正电子有限公司	52	北京瑞友科技股份有限公司
25	北京紫光华宇软件股份有限公司	53	北京华胜天成科技股份有限公司
26	汉王科技股份有限公司	54	北京市天元网络技术股份有限公司
27	北京启明星辰信息安全技术有限公司	55	博彦科技（北京）有限公司

截至2010年3月30日北京软件与信息服务业上市企业一览表

3–7表

序号	企业名称	交易所	上市时间	股票代码
1	北京赛迪传媒投资股份有限公司	深圳证券交易所	1992年12月8日	000504
2	联想集团有限公司	香港联交所	1994年2月18日	992
3	方正控股有限公司	香港联交所	1995年12月18日	418
4	中电广通股份有限公司	上海证券交易所	1996年11月4日	600764
5	北京电子城高科技集团股份有限公司	上海证券交易所	1997年5月24日	600658
6	同方股份有限公司	上海证券交易所	1997年6月27日	600100
7	大唐电信科技股份有限公司	上海证券交易所	1998年10月21日	600198
8	紫光股份有限公司	深圳证券交易所	1999年11月4日	000938
9	AsiaInfo Holdings Inc.	美国纳斯达克证券交易所	2000年3月1日	ASIA
10	UTStarcom Holdings Corp.	美国纳斯达克证券交易所	2000年3月1日	UTSI
11	SINA Corporation	美国纳斯达克证券交易所	2000年4月13日	SINA
12	Sohu.com Limited	美国纳斯达克证券交易所	2000年6月1日	SOHU
13	北京北大青鸟环宇科技股份有限公司	香港联交所	2000年7月27日	8095
14	大恒新纪元科技股份有限公司	上海证券交易所	2000年11月29日	600288
15	北大资源（控股）有限公司	香港联交所	2000年12月1日	618
16	中国民航信息网络股份有限公司	香港联交所	2001年2月7日	696
17	北京歌华有线电视网络股份有限公司	上海证券交易所	2001年2月8日	600037
18	用友网络科技股份有限公司	上海证券交易所	2001年5月18日	600588
19	神州数码控股有限公司	香港联交所	2001年6月1日	861
20	首都信息发展股份有限公司	香港联交所	2001年12月21日	8157
21	中国软件与技术服务股份有限公司	上海证券交易所	2002年5月17日	600536
22	迪斯数码科技集团有限公司	香港联交所	2002年8月16日	8057
23	北京金自天正智能控制股份有限公司	上海证券交易所	2002年9月19日	600560
24	赛迪顾问股份有限公司	香港联交所	2002年12月12日	8235
25	北京信威科技集团股份有限公司	上海证券交易所	2003年8月7日	600485
26	慧聪网有限公司	香港联交所	2003年12月18日	8292
27	交大铭泰(北京)信息技术有限公司	香港联交所	2004年1月8日	8148
28	TOM集团有限公司	香港联交所	2004年3月11号	2383
29	北京华胜天成科技股份有限公司	上海证券交易所	2004年4月27日	600410
30	中讯软件集团股份有限公司	香港联交所	2004年4月30日	299
31	KongZhong Corp.	美国纳斯达克证券交易所	2004年7月9日	KONG

（续表）

序号	企业名称	交易所	上市时间	股票代码
32	eLong Inc.	美国纳斯达克证券交易所	2004年9月28日	LONG
33	51job,Inc.	美国纳斯达克证券交易所	2004年9月29日	JOBS
34	China Finance Online Co.Limited	美国纳斯达克证券交易所	2004年10月15日	JRJC
35	汉铭科技有限公司	新加坡证券交易所	2004年11月13日	CTSH
36	北京直真节点技术开发有限公司	香港联交所	2004年11月18日	2371
37	Ninetowns Internet Technlgy Grp Co Ltd.	美国纳斯达克证券交易所	2004年12月3日	NINE
38	Hurray! Holding Co.Ltd.	美国纳斯达克证券交易所	2005年2月1日	HRAY
39	China TechFaith Wireless Communication Technology Limited	美国纳斯达克证券交易所	2005年5月6日	CNTF
40	Baidu,Inc.	美国纳斯达克证券交易所	2005年8月5日	BIDU
41	Vimicro International Corporation	美国纳斯达克证券交易所	2005年11月15日	VIMC
42	东华软件股份公司	深圳证券交易所	2006年8月23日	002065
43	New Oriental Education & Technology Group Inc.	美国纳斯达克证券交易所	2006年9月7日	EDU
44	e-Future Information Technology Inc.	美国纳斯达克证券交易所	2006年10月31日	EFUT
45	Yucheng Technologies Limited	美国纳斯达克证券交易所	2007年3月14日	YTEC
46	中国自动化集团有限公司	香港联交所	2007年7月12日	569
47	Perfect World Co.Ltd.	美国纳斯达克证券交易所	2007年7月26日	PWRD
48	PacificNet Inc.	美国纳斯达克证券交易所	2007年7月27日	PACT
49	北京北纬通信科技股份有限公司	深圳证券交易所	2007年8月10日	002148
50	北京北斗星通导航技术股份有限公司	深圳证券交易所	2007年8月13日	002151
51	北京中长石基信息技术股份有限公司	深圳证券交易所	2007年8月13日	002153
52	China Digital TV Holding Co Ltd	美国纽约证券交易所	2007年10月5日	STY
53	金山软件有限公司	香港联交所	2007年10月9日	3888
54	VanceInfo Technologies Inc.	美国纽约证券交易所	2007年12月12日	VIT
55	西伯尔科技	新加坡证券交易所	2007年11月13日	D3W
56	北京金和软件股份有限公司	深圳证券交易所三板	2007年12月27日	430024
57	China Distance Education Holdings Ltd.	美国纽约证券交易所	2008年7月1日	DL
58	China TransInfo Technology Corp.	美国纳斯达克证券交易所	2008年7月31日	CTFO
59	Changyou.Com Ltd.	美国纳斯达克证券交易所	2009年4月2日	CYOU
60	CDC Software	美国纳斯达克证券交易所	2009年8月5日	CDCS
61	北京久其软件股份有限公司	深圳证券交易所	2009年8月11日	002279
62	网宿科技股份有限公司	深圳证券交易所创业板	2009年10月30日	300017

（续表）

序号	企业名称	交易所	上市时间	股票代码
63	北京立思辰科技股份有限公司	深圳证券交易所	2009年10月30日	300010
64	北京神州泰岳软件股份有限公司	深圳证券交易所创业板	2009年10月30日	300002
65	Fortinet Inc	美国纳斯达克证券交易所	2009年11月18日	FINI
66	富通科技发展控股有限公司	香港联交所	2009年12月4日	465
67	北京超图软件股份有限公司	深圳证券交易所创业板	2009年12月25日	300036
68	北京华力创通科技股份有限公司	深圳证券交易所创业板	2010年1月20日	300045
69	汉王科技股份有限公司	深圳证券交易所中小板	2010年3月3日	002362
70	太极计算机股份有限公司	深圳证券交易所中小板	2010年3月12日	002368
71	北京联信永益科技股份有限公司	深圳证券交易所中小板	2010年3月18日	002373
72	北京海兰信数据科技股份有限公司	深圳证券交易所创业板	2010年3月26日	300065
附注：表中对在国外上市企业引用交易所注册名称。				

第四篇　政务信息资源共享

第一章　政务信息资源管理

政务信息资源是政府部门在履行管理国家行政事务职责的业务过程中和政务信息化过程中产生的，有利用价值的数字化、网络化的信息内容，是政府部门、企业、公众社会经济活动以及信息内容产业发展普遍需要、不可或缺的重要资源。2006 年印发的《国家电子政务总体框架》中指出，“政务信息资源开发利用是推进电子政务建设的主线，是深化电子政务应用取得实效的关键”。《2006—2020 年国家信息化发展战略》明确将政务信息资源开发利用作为国家信息化发展的战略重点之一，《中共中央办公厅、国务院办公厅关于加强信息资源开发利用工作的若干意见》中也提出，“加强政务信息共享”“明确相关部门和地区信息共享的内容、方式和责任，制定标准规范，完善信息共享制度。继续开展人口、企业、地理空间等基础信息共享试点工作。建设政务信息资源目录体系和交换体系”。1999 年 11 月，市政府提出数字北京计划以来，市信息办开展市、区两级政务信息资源共享交换体系建设，开展各领域共享服务，建立了一套政务信息资源管理和共享服务的工作机制，形成了政务信息资源管理和共享服务的“北京经验”。2001 年，北京市创新性成立专门负责信息资源规划、管理与应用的机构，2004 年形成地理信息共享服务机制，2008 年形成项目全流程管理机制，确保政务信息资源管理制度、资源共享标准落实。

第一节　管理制度

1998 年年底，为推动政务领域的信息化，北京市制定了《首都信息化 1998—2010 年发展规划（纲要）》，提出首都信息化就是在国家统一部署下，按照国家确立的信息化建设方针、原则和国家信息化总体规划，立足首都，发挥中央、地方各自的优势，条块结合、联合共建，实现信息网络互联、互通，信息资源社会共享。该规划明确了北京市政务信息资源管理的总体思想和任务方向。

2000 年 12 月 19 日，市政府第 31 次常务会议通过的《北京市政务与公共服务信息化工程建设管理办法》明确，“信息化工程建设应当遵循统筹规划、互联互通、资源共享和安全保密的原则，防止盲目投资和重复建设”。明确规定市信息办参与投资 200 万元以上的重大信息化工程项目的项目审批、资金审批和竣工验收。其他信息化工程项目的立项报告和设计方案，应在工程开工前报市或者区、县信息化主管部门备案。该办法从信息化工程建设的角度入手，为全市政务信息资源共享提供了工作依据。2002 年 9 月 2 日，市信息办、市计委、市财政局、市质监局联合印发《〈北京市政务与公共服务信息化工程建设管理办法〉实施细则》，该细则明确要求信息化主管部门对重大项目是否符合国家和首都信息化发展规划进行审查，成为落实政务信息资源统筹集约建设的重要依据。2004 年 8 月 15 日，市信息办、市发展改革委、市财政局联合印发《北京市电子政务建设管理办法（试行）》，进一步明确电子政务规划、项目管理以及运维等具体管理工作要求，推动电子政务建设集约式发展。同年，市信息办成立电子政务总体组，启动重大信息化工程项目的方案审查工作。

2001 年 1 月 16 日，市政府发布《关于加快政务信息化建设的意见》，提出大力整合政务信息资源，决定成立北京市信息资源管理中心，从事重要信息资源的整合、利用和管理工作。3 月，北京市信息资源管理中心成立。4 月，《北京市“十五”时期首都信息化发展规划》发布，确定北京市信息资源网工程和北京市空间信息工程是信息资源开发利用的两项重大工程。2001 年，以北京市航空摄影工作为标志，北京市空间信息工程启动。2002 年，北京市开始组织实施北京市信息资源网工程，构建数字北京框架。

2004 年，北京市信息化领导小组下发《关于全面推进电子政务建设的意见》，要求加快信息资源共享整合和信息化基础设施建设，统筹建设面向政府办公、资源共享的电子政务统一支撑平台和统一的专网门户。市信息办启动市、区两级政务信息资源共享交换平台研究和试点工作。2005 年开始建设北京市公务员统一办公平台、北京市政务地理空间信息资源共享服务平台。

2005 年 5 月 11 日，市委办公厅、市政府办公厅印发《关于加强数字化管理加快电子政务建设的通知》，要求进一步加强电子政务基础工作，通过建设市、区两级共享交换平台，开展政务信息资源目录管理工作，推进基础信息数据库建设，形成全市电子政务总体框架。12 月 22 日，市委办公厅、市政府办公厅印发《关于加强政务信息资源共享工作的若干意见》，提出建立政务信息资源共享长效机制，根据法律法规规定和履行职责需要，明确各部门、各单位政务信息共享的内容、方式、责任、权利和义务，建立并完善信息共享基础设施，制定标准规范，推动重点领域和跨部门政务信息资源共享，进一步提高决策能力、行政效能和服务水平。2006 年 7 月，市信息办在前期试点基础上面向全市 63 家市级单位全面启动政务信息资源目录编制工作。2006 年至 2007 年，北京市陆续启动四大基础库建设。2008 年 11 月，北京市发布地方标准《电子政务总体技术框架》，明确市、区两级政务信息资源共享交换平台是市级部门和市、区开展数据交换的通道。

2006年5月22日，市信息办印发《北京市政务信息资源共享交换体系规划》，对北京市政务信息资源共享交换体系、政务信息资源共享交换平台的建设与管理工作进行统筹规划和规范，基本确立了全市政务信息资源共享交换体系的定位和工作机制，使共享交换成为业务应用的常态。

2007年9月14日，《北京市信息化促进条例》中明确规定，市和区、县政府统一建设政务信息共享交换平台，为各国家机关共享交换政务信息提供服务；国家机关可以使用政务信息资源目录中的其他国家机关的政务信息；政务信息需求单位应当就需要共享的信息内容、范围、用途和方式与提供单位主动协商；协商未达成一致的，政务信息需求单位应当将有关情况报请同级信息化主管部门协调解决。该条例首次从法律法规角度明确了政务信息资源共享交换和目录管理制度。

2008年6月23日，市信息办印发《北京市政务信息资源共享交换平台管理办法（试行）》《北京市政务信息资源目录建设管理办法（试行）》，进一步规范了北京市政务信息资源共享交换平台的建设、对接、管理与服务，规范了市各级国家机关进行政务信息资源目录建设、使用以及相关管理活动。

2009年2月24日，北京市信息化工作领导小组印发《关于加强政务信息资源管理的若干意见》，进一步明确全市政务信息资源有序采集、统一登记，以及集中建设人口等基础信息资源、加强政务信息资源共享交换的要求。

第二节 共享标准

2004年7月，北京市地方标准《市民基础信息数据元素目录规范》（DB11/T 240—2004）、《市民基础信息数据交换规范　第1部分　信息结构》（DB11/T 241.1—2004）、《市民基础信息数据交换规范　第2部分　交换协议》（DB11/T 241.2—2004）发布实施，规定市民基础信息数据元素内容、交换机制和交换接口，作为各部门人口基础信息共享、建设北京市人口基础信息数据库的依据。

2006年4月，北京市地方标准《政务信息资源目录体系》（DB11T 337—2006）发布实施。该标准规定各级政府在政务信息资源目录体系中的总体框架、技术要求、政务信息资源核心元数据、政务信息资源分类原则、政务信息资源标识符编码方案以及政务信息资源目录体系建设、运行和维护管理要求。6月14日，北京市地方标准化指导性文件《面向公共服务的政务信息分类规范》（DB11/Z 359—2006）发布实施。该技术文件以政府实现公共服务需求为出发点，提出面向公共服务的政务信息分级分类体系，为构建北京市服务型电子政府提供信息技术支持。6月，北京市地方标准《政务信息图层建设技术规范》（DB11/Z 360—2006）颁布执行。该标准首次在国内提出“政务信息图层”概念，明确规定政务信息图层的分类与编码、生产方式、更新周期等内容。同月，北京市地方标准《应急指挥系统信息化技术要求》（DB11/Z 361—2006）颁布执行。该标准规定北京市应急指挥系统技术总体框架，对总体框架、应用基础支撑平台、专项应急指挥系统、区县应急指挥系统、基础应急信息资源建设及管理、网络基础设施、安全体系等给出技术要求。

2007年1月，北京市地方标准《法人基础信息数据元目录规范》（DB11T 448—2007）颁布执行。该标准结合业务需要以及信息化发展趋势，规定法人基础信息数据元内容。3月，北京市地方标准《法人基础信息数据交换规范》（DB11T 449—2007）颁布执行。该标准包括信息结构和交换协议两部分，为政府部门间法人基础信息共享与交换提供技术规范。

2008年5月28日，北京地方标准《北京市政务信息资源共享交换平台技术规范》（DB11/T 553—2008）发布，该标准通过总结北京市政务信息资源共享交换平台的建设、运行经验，为北京市各区县、各委办局以及其他省市的政务信息资源共享交换平台的建设、运行提供了参考技术规范。11月14日，北京市地方标准《电子政务总体技术框架》（DB11/Z 610—2008）发布，对北京市电子政务总体框架的组成要素及其关系从技术层面进行阐述，为各级政务部门电子政务系统规划和建设提出统一的框架性规范和技术要求，指导各级政务部门利用全市信息化基础设施和已有资源，避免重复建设，保障全市电子政务系统互联互通互操作。

2010年6月，北京市测绘设计研究院主编、北京市信息资源管理中心参与的国家行业标准《卫星定位城市测量技术规范》（CJJ/T73—2010）发布，统一规范卫星定位技术在城市测量中的应用，为城市规划、建设与管理以及科学研究等提供准确、适时、可靠的空间信息。

第三节　共享推进机制

一、组织保障机制

2000年，市政府主要领导批示，率先在全国成立信息资源管理中心，并明确该中心的具体职责为负责研究提出全市信息资源开发和利用的规划方案建议并具体组织实施；负责北京市信息资源的共享、交换和整合工作；负责拟定信息资源的管理规范和技术标准；负责集中管理本市重要的信息资源，为党政机关和社会提供信息咨询服务。

2001年3月，北京市信息资源管理中心成立，定位为信息资源管理创新中心、信息资源共享交换中心、信息资源目录管理与服务中心、基础共享信息资源管理中心以及空间信息应用技术服务中心，为北京市信息资源的开发利用提供技术支持和业务保障。2002年10月，北京市信息资源管理中心成为国家遥感中心北京分部。2009年8月成为北京市信息化

图4-1　北京市信息资源管理中心办公场所——数字北京大厦（2009年摄）

标准委员会挂靠单位。

2003 年 4 月，抗击非典期间，市信息资源管理中心在 SARS 疫情病情监控和报送中发挥了重要作用，获首都防治非典型肺炎工作先进集体称号。在政务地理空间信息资源开发应用领域，该中心负责承建的“北京市综合遥感影像数据库系统”“北京市政务信息图层共享服务系统”和“北京市地址数据库管理与应用服务系统”分别在 2006 年、2007 年、2008 年度获中国地理信息系统协会评出的优秀工程金奖。2008 年 11 月，中国地理信息系统协会授予北京市信息资源管理中心数字城市 GIS 工程示范单位和第二十九届奥运会 GIS 服务特殊贡献单位称号。

二、地理信息共享机制

2001 年，市信息办率先在全国开启超大城市航空摄影工作年度化，建立航空遥感影像数据“全市统一支付、统一获取，各政府部门免费共享”的工作机制。

2004 年，市信息办提出“政务电子地图”“政务信息图层”等政府数据应用新概念，逐步建立政务电子地图统建共享机制、政务信息图层共建共享机制等，加速提升北京市地理空间数据共享应用进程。

2007 年 1 月，政务地理空间信息共享服务平台等基础信息化设施基本建成，在全国首次实现“统一建设、共同使用”的大规模、多尺度、多源地理空间数据服务机制。4 月，市信息办召开首届北京市政务地理空间信息资源共享应用培训会，推广政务地理空间信息资源共享服务模式，以实现市信息资源共享和应用增值。

2008 年 4 月，在第二届北京市政务地理空间信息资源共享应用培训会上，向全国各省市推广北京地理空间服务模式。

2009 年，在第三届北京市政务地理空间信息资源共享应用培训会上，国家测绘局地理信息与地图司参会，提出与北京市地理空间信息服务建设模式类似的国家地理信息公共服务平台建设思路。

截至 2010 年，北京市共召开 4 届政务地理空间信息资源共享应用培训会。

三、项目全流程管理机制

2004年，根据《北京市电子政务建设管理办法（试行）》，市信息办启动电子政务项目审查工作，推动政务信息资源共享应用在电子政务项目中落实。依据北京市信息化领导小组《关于全面推进电子政务建设的意见》，市信息办成立电子政务总体组，在北京市信息化领导小组及其办事机构领导下负责制定和实施《北京市电子政务总体技术框架》，筹备对全市电子政务项目方案进行审查，对重要项目在实施过程中进行监督。

2007年，依据《北京市信息化促进条例》，市信息办启动政府投资信息化工程的审查工作，从下属事业单位专门抽调人员，对报审的信息化工程的需求效益、规划布局、技术标准、网络与信息安全、信息资源共享等内容组织审查并出具审查意见，确保政府投资信息化工程符合信息化发展规划和信息资源共享等要求。

2008年，市信息办组建政府投资信息化项目审查组，启动项目验收管理工作。截至2010年，项目审查组累计完成2236个信息化项目的前置技术审查，涉及2008年北京奥运会保障、公共安全、交通信息化、数字校园建设等一批重大工程，提高了全市政府投资信息化资金应用水平。

第二章　共享交换体系

2002年，中共中央办公厅、国务院办公厅转发《国家信息化领导小组关于我国电子政务建设指导意见》，要求各地启动人口基础信息库、法人单位基础信息库、自然资源和空间地理基础信息库、宏观经济数据库四大基础库的建设工作。2005年5月，市委办公厅、市政府办公厅印发《关于加强数字化管理加快电子政务建设的通知》，明确提出加快推进四大基础数据库建设，全市四大基础数据库开始加速建设。

2006年，北京市参照国家信息化领导小组印发的《国家电子政务总体框架》，印发《北京市政务信息资源共享交换体系规划》，明确北京市政务信息资源共享交换体系由目录体系和交换体系组成，是北京市电子政务的重要基础设施。北京市政务信息资源共享交换体系具体由北京市政务信息资源共享交换平台（以下简称市级共享交换平台）、各区（县）政务信息资源共享交换平台（以下简称区级共享交换平台）等支撑实现。市级各部门和区（县）各部门按照《政务信息资源目录体系》等标准规范负责本部门目录的编制和管理，通过市、区级共享交换平台实现管理与服务。基础数据库通过市、区级共享交换平台提供基础信息资源服务。年内，北京市政务信息资源共享交换中枢市级共享交换平台上线运行并为全市基础库建设提供服务。在共享交换平台建设过程中，北京市创新探索了一种依托课题研究完成关键技术攻关、通过区县试点完成研究成果到工程实践的落地、通过成果推广和市区两级联动推进市区两级共享交换平台建设与对接的推进机制。

截至2010年年底，市人口基础数据库、法人基础数据库、自然资源与地理空间数据库、宏观经济与社会发展数据库全部建成并提供服务。市级共享交换平台共接入76个市级部门和区县，支撑730余项跨部门、跨层级的共享交换工作，数据交换量43409万条，为区县提供近5000万条数据。

第一节　资源目录

2006年2月，北京市地方标准《政务信息资源目录体系》发布后，市信息办通过发布政务基础信息共享目录，明确人口、法人、空间地理基础信息的内容、采集责任部门；组织市公安局、市水务局、市科委开展政务信息资源目录编制试点工作，探索目录体系建设的具体方法与工作流程。

2006年7月，在总结、推广试点经验基础上，市信息办发布政务信息资源目录编制指南，开发完成政务信息资源梳理与编目工具。根据《关于加快奥运前电子政务重点任务的通知》要求和第123次市长办公会精神，为实现“四清、两统一”（业务流程和协同工作清、网上服务清、信息资源清、实现路径清、统一平台、统一网络）目标，面向全市63家市级单位全面启动业务与信息资源梳理编目工作，要求各单位梳理部门信息资源目录、可对外共享信息资源目录以及所需信息资源目录，并在市共享交换平台注册。经整理，首次协调委办局结成共享对子122对，支撑85项业务。

2007年2月，为配合全市重大项目实施工作，市信息办联合各相关部门启动智能交通、地下管线、城市环境、综合执法、网格化管理、应急指挥、领导决策等主题信息共享目录的编制，推动重点领域跨部门信息共享与业务协同；海淀区、石景山区、宣武区、西城区、房山区、大兴区以及北京经济技术开发区等陆续开展业务与信息资源梳理编目工作。12月，市住建委、市财政局等20余个部门，按照“岗位清、流程整、数据准、情况明”要求，持续开展全面的业务与信息资源梳理，强化部门政务管理基础工作，明确数据采集责任，推动数据内部共享，加强数据标准化。市财政局通过信息资源目录编制，完成核心业务流程梳理优化和数据项整理，形成《北京市财政基础数据规范》《北京市财政业务流程电子政务指导规范》两个地方标准，并对29个核心业务系统的信息系统技术文档、业务流程、岗位职责、数据质量、系统功能、系统接口、软硬件及整体绩效等进行专业审计，系统文档的可用性从5%提高到90%以上，总结形成一套信息系统专业审计方法。市住建委通过走访调研31个部门，梳理分析373项业务，整理9677个数据项，调研29个系统，摸清了委内业务和信息资源家底，并开展业务、数据、系统、技术等目标架构设计。市农业局动员全局业务人员，开展业务与信息资源梳理编目工作，累计梳理业务1600多项，信息资源8000余项，开发目录系统并与协同办公平台整合。

2008年6月，《北京市政务信息资源目录建设管理办法（试行）》发布，进一步明确政务信息资源目录的定义与分类、建设责任与管理要求，建立起全市政务信息资源目录体系的长效管理机制。

2009年11月，市信息办在总结实践经验基础上形成政务业务梳理优化和信息资源目录编制理论、方法，编辑出版《政务信息资源目录体系建设理论与实践》书籍。相关成果陆续在国家部委、解放军及其他省市推广应用。

2010年，市公安局坚持“基础工作信息化，信息工作基础化”，将基础工作对象按照“人、地、事、物、组织”进行分类，开展业务与信息资源梳理和编目工作，提出“一表化”信息采集思路，创建“核查即录入”信息采集与更新工作模式，成立情报中心统筹管理全局信息资源，建立信息采集、更新、共享、应用管理机制。

第二节　共享交换平台

一、市级共享交换平台

2004年1月，市信息办承担北京市科技计划课题“北京市电子政务信息交换共享平台关键技术研究”，完成北京市电子政务信息交换共享平台的设计，实现目录服务、导航服务和数据交换支撑服务等基础组件原型，初步搭建支撑北京市电子政务信息交换与共享的示范平台。2005年9月23日，“北京市电子政务信息交换共享平台关键技术研究”课题通过市科委组织的专家验收，专家组建议课题承担单位加强研究成果的推广应用。

2005年6月，市信息办承担北京市科技计划课题“市区两级信息资源共享交换关键技术研究及试点”，研究提出北京市区县电子政务的总体框架，并完成门户、基础支撑平台、信息资源目录体系、基础政务信息资源开发等方案设计与示范系统建设，并在6个区（县）进行试点，同时应用相对成熟的国产软件，推动国产软件在电子政务系统中的应用。7月23日，“市区两级信息资源共享交换关键技术研究及试点”课题通过市科委组织的专家验收。专家组认为该课题在共享交换平台、目录管理等关键技术的集成应用方面取得重大突破，在国内首次开展了区县级共享交换平台、目录管理系统和基础信息库的整体示范建设与应用，对于推动北京市信息资源共享交换具有良好的示范作用和推广价值，对于推动国产软件在电子政务领域的大规模应用具有重大促进作用，有利于国产软件的产业链形成。

2006年4月，国务院信息化工作办公室下发《关于在北京市开展政务信息资源共享和地区电子政务试点的复函》，正式批复将北京市列为国信办政务信息资源目录体系与交换体系建设试点。通过试点，形成北京市市级、区级（海淀区及石景山区）部门间共享信息目录，初步建立覆盖北京市及两个试点区的政务信息资源目录体系框架。2007 年 11 月，市信息办完成“政务信息资源共享与地区电子政务试点”工作内容，取得“四个一”成果，即一套市区两级目录体系技术架构、一套共享内容体系、一套共享交换服务模式和一套共享交换管理机制。

2006 年 4 月 28 日，市级共享交换平台上线运行，为各部门、各单位之间政务信息共享交换提供支撑服务。作为管理全市政务信息资源目录、支撑各部门开展政务信息资源共享交换的基础设施，北京市政务信息资源共享交换平台重点解决“有什么”“在哪里”“谁能得到”“如何得到”等资源共享的核心问题，提供目录服务、交换服务、基础信息资源服务、认证授权服务、监管服务等共性服务，实现信息资源有账可查、普遍共享、有序交换，做到安全共享、量化考核。9 月 20 日，市信息办承担北京市科技计划重点项目“电子政务系统资源共享交换关键技术研究与示范”，重点开展市区两级共享交换平台、目录系统、空间信息服务等联动关键技术的研究，在 10 个区（县）进行试点，推进市区两级共享交换平台的对接与联动，促进市区两级政务信息性资源的共享与应用。

图4—2　市级共享交换平台首页（2006年摄）

2007 年 1 月，市信息办组织召开第一次全市政务信息资源共享总结大会，介绍推广市级共享交换平台应用。5 月 22 日，国信办调研北京市信息资源管理工作时，认为北京市政务信息资源共享交换平台的建设很必要，人口、法人、空间等基础库建设和应用应该与共享交换平台紧密结合。

2008 年 6 月，《北京市政务信息资源共享交换平台管理办法（试行）》印发，市级共享交换平台管理和应用规范初步建立。9 月 27 日，“电子政务系统资源共享交换关键技术研究与示范”课题中“市区两级共享交换平台联动技术研究及示范”和“市区两级目录系统联动技术研究与示范”子课题通过专家验收。专家认为，课题在国内第一次开展了市区两级共享交换平台对接与跨层级资源共享的示范建设与应用，以及市区两级政务信息资源目录系统的整体示范建设与应用，并在人口、法人等区县迫切需求的基础信息资源跨层级共享方面实现了突破，支撑了区县在城市管理、市场监管、政法工作、公共服务等多个领域的业务工作，促进国产软件在政务信息资源共享交换、目录系统和政务信息资源管理领域中的应用，对于推动国产软件的应用具有重要作用。9月，工业和信息化部相关负责人到市信息办调研，认为“北京市的资源共享工作方向是正确的，方法是科学的，工作机制初步形成，应用效果十分明显……在全国范围内处于十分领先的地位”。

2010年，市、区两级共享交换体系基本建成，概括为“1124”，即建立一套法规制度体系，形成一套闭环工作机制，构建市区两级共享交换体系，抓实重大应用、主题共享、基础共享和结对子4个资源共享突破口的分层推进策略。截至2010年12月，北京市共享交换平台共接入76个市级部门和区县，支撑730余项跨部门、跨层级的共享交换工作，交换数据量达43409万条，为各部门90多项业务工作提供了支撑，为区县提供近5000万条数据，实现人口、法人等基础信息资源目录，应急指挥、领导决策、执法信息共享、个人信用共享等主题目录以及27个委办局部门目录的注册工作；支撑领导决策、应急指挥、城市运行监测、执法信息共享、人口数据核实、基层数据共享、法人数据共享、信用信息共享、工程建设领域诚信体系建设、行政监察现代化工程、烟花爆竹管理、小客车摇号、限购房比对、经济运行监测等工作应用。年内，市级共享交换平台获2010年北京市科学技术奖三等奖。

二、区级共享交换平台

2005年9月，西城区、宣武区、海淀区、石景山区、怀柔区、平谷区成为市区两级信息资源共享交换关键技术研究及试点区，分别开展区县门户与基础支撑平台系统示范、信息资源目录体系与基础政务信息资源建设示范、街道办/乡镇和社区/农村电子政务系统示范等研究。2006年3月11日，石景山区完成市区两级信息资源共享交换关键技术研究及试点工作，建设了石景山区政务信息资源共享交换平台示范系统，开始为实际业务提供支撑。4月30日，宣武区完成市区两级信息资源共享交换关键技术研究及试点工作，试点成果——“宣武区政务门户及企业法人涉税库系统”开始为实际的业务工作提供支撑。6月19日，西城区完成市区两级信息资源共享交换关键技术研究及试点相关工作，研究形成“寓采集于服务”的《北京市基层数据采集管理办法（社区）》讨论稿，作为试点成果的全国产化“街道办—社区综合服务与管理系统”在西城区德胜街道成功切换。7月1日，平谷区完成市区两级信息资源共享交换关键技术研究及试点工作，研究形成《北京市基层数据采集管理办法（农村）》讨论稿，建设了平谷区乡镇—农村综合服务与管理系统，奠定基层数据的采集、管理、应用基础。

2006年4月，根据国务院信息化工作办公室综合组的批复意见，石景山区和海淀区启动国家政务信息资源共享和地区电子政务试点工作。2007年11月完成国信办试点工作内容。石景山区完成医疗行业监管所涉及的区卫生局、区工商分局、区劳动和社会保障局、区质监局、区药监分局、区发展改革委6个部门的信息资源目录34条，形成部门间信息交换和共享指标 156 项，重点解决医疗机构协同监管和医疗机械定点管理的数据共享和业务协同问题，实现市、区两级政务信息资源目录管理系统的对接，完成石景山区领导决策服务系统接入市级领导决策服务系统工作，形成《石景山区政务信息资源目录系统管理办法》征求意见稿。海淀区完成规划、建设管理、税务、劳动与社会保障和教育管理等多部门信息资源共享目录，涉及房地产行业服务与监管主题的业务资源 66 项、主题指标 1669 项，解决了建筑领域农民工劳动和社会保障、房地产领域纳税管理的数据共享和业务协同问题，形成《海淀区政务信息资源共享保密协议》及《海淀区政务信息资源目录系统管理办法》。

2007 年 7 月 5 日，东城区、宣武区、密云县、崇文区、平谷区、怀柔区、房山区、海淀区、石景山区、西城区、顺义区等区县作为“电子政务系统资源共享交换关键技术研究及试点”课题的试点区县，启动基层数据采集应用及市区两级空间信息共享试点应用推广工作。

图4—3　市区两级共享交换平台对接试点工作推广会举行（2007年摄）

2008 年 9 月 27 日，11 个区县试点项目通过市科委组织的专家验收。试点期间，石景山区利用市区两级平台开展市规划委规划意见书审批信息、市规划委规划用地许可证审批信息、市规划委建设工程规划许可证信息、市建委施工许可信息、市园林绿化局树木砍伐移植许可证信息、市质监局法人信息等多项数据的跨部门共享交换工作，支撑 17 项应用；西城区利用市区两级平台开展市质监局法人组织机构代码数据等多项数据的跨部门共享交换工作，支撑 7 项应用；宣武区通过市区两级平台完成市民政社区人口数据、市质监局法人数据等数据的跨部门交换工作，共交换 300 余万条数据。

2010 年，各区县共享交换平台基本建设完成，并与市级共享交换平台实现对接。

第三节　基础数据库

一、自然资源与地理空间基础数据库

2002 年，市信息办结合政府业务应用实践，从综合遥感影像数据库系统建设入手，逐步扩展地址数据库、政务信息图层数据库等系统建设，探索出一条以遥感影像为基础，以地址数据库为桥梁，以政务信息图层建设为突破的地理空间信息基础数据库建设和服务新模式。到 2007 年 1 月，整合了遥感影像、政务电子地图、地址数据、政务信息图层等多源数据的自然资源与地理空间基础数据库，在“北京市政务地理空间信息资源共享服务平台”上对外提供基础数据服务。截至 2010 年，先后以服务接口的方式为全市 39 个部门的 65 个业务系统提供服务。

综合遥感影像数据库

2002 年 12 月，北京市综合遥感影像数据库系统开始建设。2004 年 4 月正式开始上线运行，实现北京全市域多数据源、多时相、多分辨率航空遥感影像数据和卫星遥感影像数据（ETM、SPOT、QuickBird、IKONOS 等）的入库管理和发布，为 61 个政府部门提供共享服务，成为国内首个在超大城市内实现跨部门、跨行业、跨领域，大范围共享的海量数据库系统，开创了国内海量空间信息共享应用。2006 年 9 月，该系统在中国地理信息系统协会“2006 年度中国地理信息系统优秀工程”评选活动中获金奖。

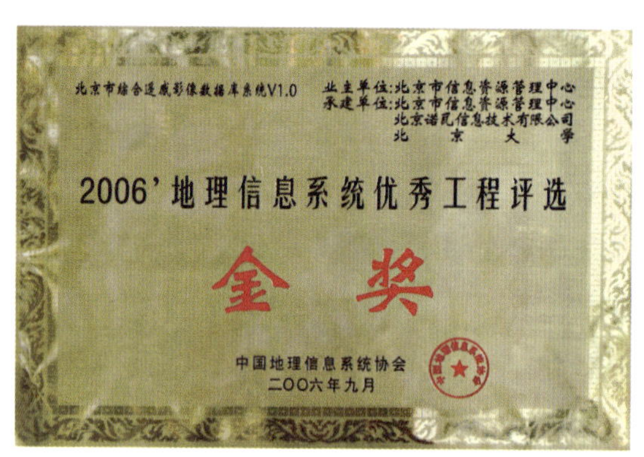

图4-4　北京市综合遥感影像数据库获2006年度中国地理信息系统优秀工程金奖

地址数据库

地理编码是建立社会经济实体与地理空间位置关联关系的重要技术手段，其中地址数据库及依托地址数据库建立的地址匹配引擎，能实现地理空间位置（如经纬度）与通用名址信息之间的双向快速检索，是地理编码相关应用中最重要的技术支撑，也是实现海量社会经济信息与地理空间信息整合的关键。北京市是全国地址数据库建设与应用的先行者，建成了全国首个具有实际服务能力的地址数据库及地址匹配引擎。2002 年，市信息办启动地址数据库建设工作，2003 年通过在中关村地区、崇文区的试点验证，进一步完善了技术路线。2004 年 1 月，北京市地址数据库原型系统设计完成，开发了第一代地址匹配引擎。2005 年 10 月，北京市地址数据库管理与应用服务系统正式上线提供服务，对外提供地址匹配服务，支撑全市各部门的政务信息图层建设。年底，市信息办开发了支撑数据采集、录入、入库流程的地址数据录入系统，升级了地址匹配引擎以及地址匹配客户端工具。2007 年 9 月 29 日，系统已对 31 个政府部门提供了地理编码技

图4-5　2007年9月29日，北京市地址数据库管理与应用服务系统验收暨鉴定会召开

术服务，完成700多个政务信息图层数据的生产，数据量约90万条，累计匹配200余万条数据，并通过专家组的验收与鉴定。该系统是国家信息资源共享应用实践的典范，具有重大的社会经济效益和推广应用价值，总体上达到国际先进、国内领先水平。2008年11月，北京市地址数据库管理与应用服务系统获2008年度中国地理信息系统优秀工程金奖。

政务信息图层数据库

2004年1月，北京市政务信息图层共享服务系统启动建设。2005年11月，北京市政务信息图层共享服务系统正式上线运行，该系统在国内率先采用“共建共享”模式建设政务信息图层，是国家信息资源共享应用实践的典范，是国内首个在超大型城市内实现网络环境下大范围、跨行业、跨领域的政务信息图层共享服务系统。2006年12月，北京市政务信息图层共享服务系统完成600层图层信息上线任务。2007年9月，北京市政务信息图层共享服务系统获2007年度中国地理信息系统优秀工程金奖。10月，该系统在2007年中国IT两会[中国IT财富（CEO）年会、中国信息主管（CIO）年会]上获2007年度中国信息化建设项目成就奖。截至2010年，该系统共上线1000多个政务信息图层，并在东城、海淀、宣武、石景山、大兴、怀柔、平谷、密云等区县推广。

图4–6　北京市政务信息图层共享服务系统获2007年度中国信息化建设项目成就奖

二、法人基础数据库

2005年5月，市委办公厅、市政府办公厅印发《关于加强数字化管理加快电子政务建设的通知》，明确提出建设北京市法人单位基础信息数据库。9月，国家下发《关于开展企业基础信息共享工作的通知》，北京市确定由市信息办牵头，会同市工商局、市国税局、市地税局、市质监局予以落实。

2006年2月，市工商局、市国税局、市地税局、市质监局、市信息办共同形成《北京市企业基础信息共享交换工作方案》。该方案确定利用全市统一建设的市共享交换平台实现企业基础信息在线实时交换，建立以市工商局企业基础信息为基础，以市质监局组织机构代码为唯一标识的企业基础信息数据库，推进北京市法人基础数据库建设。4月，市信息办会同北京市组织机构代码管理中心，首次实现组织机构代码库汇聚至市共享交换平台，并为市建委、北京市突发公共事件应急委员会办公室（以下简称市应急办）等6个政府部门和石景山区等3个区县提供了组织机构代码基础数据的共享服务。11月，市质监局召开市法人基础信息数据库项目启动工作会，确定市法人基础信息数据库牵头单位为市质监局、市信息办，承担单位为市质监局，参与单位为市工商局、市编办、市民政局、市地税局。

2007年10月，市法人基础信息数据库可行性研究报告获市发展改革委批复同意。

2008 年 12 月，市法人基础信息数据库在全市四大基础数据库中率先建成，开始试运行。

2009 年 1 月，市法人基础信息数据库竣工验收。法人单位基础信息库以组织机构代码为唯一索引标识，以法人审批登记信息为基础信息，包含 1 个管理系统（即法人基础信息数据库业务管理系统），1 个核心信息数据库（即法人核心数据库），4 个扩展信息数据库（即企业法人扩展信息库，事业法人扩展信息库，社团、民办法人扩展信息库，组织机构代码扩展信息库），2 个核心信息镜像库（即市级网上审批平台镜像库和市政务信息资源共享平台镜像库）。

2010 年年底，市法人基础信息数据库向 16 个委办局和 13 个区县提供数据共享服务。

三、人口基础数据库

2006 年 9 月，为推进全市人口数据共享和应用工作，市信息办、市公安局牵头开展北京市人口基础信息汇集核实共享工作，汇集市劳动和社会保障局、市人口计生委、市民政局、市卫生局、市建委、市农委、市工商局、市城管执法局的 2470.2 万条人口数据，并由市公安局依托户籍人口登记数据和暂住人口登记数据进行核实比对。

2006 年 10 月至 2007 年 1 月，市信息办、首都综治办组织东城区、朝阳区、丰台区、石景山区、大兴区、顺义区开展北京市流动人口综合管理信息化试点工作，为全市流动人口综合管理信息化积累了经验。

2007 年年初，北京市流动人口和出租房屋管理办公室（以下简称市流管办）启动平台一期项目建设，构建北京市流动人口和出租房屋综合管理信息平台基础系统，初步建立全市集中的流动人口和出租房屋数据采集模式，基本完成全市流动人口和出租房屋基础数据采集，初步建设市级数据中心。9 月底，北京市流动人口和出租房屋综合管理信息平台一期开发工作基本完成，并在全市 18 区县全面部署实施，采集录入约 170 万流动人口数据。

2007 年 9 月，北京市人口基础信息数据库（一期）项目正式立项启动建设，项目由市公安局牵头建设，市发展改革委、市信息办、市民政局等 13 个单位参与建设。通过建设覆盖全市实有人口的人口基础信息库，实现人口基础信息的比对、查询、核查、引用等功能，完成基本的人口数据统计服务，设计数据项包括公民身份号码、姓名、性别、民族、婚姻状况等 120 多个。12 月，市民政局社区服务中心通过市区两级政务信息资源共享交换平台，将社区人口数据提供给石景山等区县，为各区县建设区级人口基础数据库、开展辖区人口管理服务奠定了基础。

2008 年 1 月，市信息办与市公安局牵头开展第二次北京市人口基础信息汇集核实共享工作，以人口库为基准对新型农村合作医疗参合人员基础数据、社区人口基础数据进行核实。10 月，市流管办启动北京市流动人口和出租房屋综合管理信息平台二期建设，重点提升数据共享能力。

2009 年 5 月，北京市人口基础信息数据库开始通过市级共享交换平台与市流动人口和出租房屋综合管理信息平台进行数据交换，共享市公安局的暂住人口登记数据和市流管办掌握的流动人口增量数据。9月，北京市人口基础信息数据库（一期）通过初验进入试运行，为全市各区县近1130万条数据进行了核实比对服务，反馈补全数据688万余条。

2010年2月，北京市人口基础信息数据库（一期）项目通过竣工验收，入库1364万常住人口信息，857万流动人口信息，3160万暂住人口信息，76万户单位信息，1200万张照片信息，全部人口数据涉及9个部门，总计24类共125项。

四、宏观经济与社会发展基础数据库

2007年12月，北京市宏观经济与社会发展基础数据库一期项目（以下简称宏观库）建设启动，市统计局牵头，23个部门共建，设计数据指标4555个。

2009年2月26日，市统计局举行宏观库签约仪式，23个共建部门参会。会上再次明确宏观库的建设目标是服务政府管理决策、部门信息共享和社会公共服务“三个层次”的宏观数据需求。4月1日，市统计局、北京调查总队召开宏观库业务实施启动会，宏观库项目建设正式实施。7月24日，市编办印发《关于设立北京市宏观经济与社会发展基础数据库（一期）领导小组有关问题的批复》，明确由常务副市长任组长、市政府23个委办局（共建单位）为成员的领导小组负责组织项目建设工作，组织协调数据资源的整合与共享，研究解决工作中的重大问题。

截至2010年10月，宏观库数据入库量达到70%以上，完成各共建单位入库数据的审验。年底，宏观库建设基本完成，入库数据量为140万笔。宏观库建立了一套反映全市宏观经济与社会发展近4000个基础指标的宏观库指标体系，跨部门、跨行业信息采集和管理的数据库体系，和政府统一领导、各部门协同办公的资源互通、信息共享的运行机制，为不同用户提供数据查询、分析预测、知识普及、政策咨询等功能。宏观库获国家和北京市第十一届统计科学研究（信息技术应用类）优秀成果一等奖；基于宏观库撰写的《政府信息资源共享研究》课题论文获国家统计科研成果三等奖和北京市统计科研成果一等奖。

第三章　地理信息共享体系

为满足数字北京数字奥运建设要求，北京市以政务地理空间信息为切入点，开展了政务地理空间信息资源的采集更新、共享服务和应用等工作，为政府管理和服务机制的创新提供新的手段，支撑部门日常管理、协同办公、决策指挥、公众服务等方面业务应用，对整个“数字城市”建设具有示范性意义，发挥了“催化剂”的作用，推动整个城市信息化发展进程。

第一节　地理信息采集更新

一、遥感影像数据

遥感影像数据如同“照片”，可真实记录日新月异的社会发展和环境变迁。2001 年，北京市开始组织航空遥感影像年度拍摄以及卫星遥感影像定期统一采购工作。11 月，市信息办首次组织完成全市域 1∶10000 真彩色和 1∶30000 彩红外航空摄影工作。

2002 年 3 月，市信息办完成 2001 年的全市域航片数字化扫描工作。11 月完成北京市平原地区 1∶10000 比例尺真彩色航空摄影工作。12 月完成五环路内 1∶2000 比例尺的彩色数字正射影像图的制作，面积达 1120 平方公里，图幅数 1400 幅。

2003 年 2 月，市信息办完成 2002 年获取的北京平原地区航片数字化扫描工作。12 月，利用 2001 年的五环路外彩红外航空摄影资料、2002 年的真彩色航空摄影资料，完成全市域 1∶10000 的彩色数字正射影像图，是北京历史上覆盖全市域面积最大的彩色数字正射影像成果，首次真实地记录下 21 世纪初首都城市发展的变迁。完成全市域 1∶10000 真彩色和 1∶20000 真彩色航空摄影工作。

2004 年 2 月，市信息办完成 2003 年获取的全市域航片数字化扫描工作，11 月完成全市域 1∶10000 比例尺真彩色数字正射影像成果制作，完成北京市六环路内地区 1∶8000 比例尺彩红外航空摄影工作。

2005 年 5 月，市信息办利用 2004 年 10 月航摄资料，完成北京市六环路内地区的彩色数字正射影像图更新；12 月完成北京市六环范围的 1∶10000、全市域 1∶20000 的真彩色航空摄影工作。

2006 年 5 月，市信息办完成 2005 年北京市六环路范围内 1∶2000 比例尺、全市域 1∶10000 比例尺的彩色数字正射影像图制作；12 月组织完成北京市六环路范围的 1∶10000 的真彩色航空摄影工作。

2007 年 5 月，市信息办利用 2006 年的航空摄影资料完成北京市六环路范围内 1∶2000 比例尺的彩色数字正射影像图；12 月完成北京市六环路范围的 1∶10000、全市域 1∶20000 的真彩色航空摄影工作。

2008 年 5 月，市信息办完成 2007 年北京市六环路范围内 1∶2000 比例尺、全市域 1∶10000 比例尺的彩色数字正射影像图制作更新；12 月利用 2007 年的航空摄影资料完成北京市六环路范围 1∶10000 的真彩色航空摄影工作。

2009 年 5 月，市信息办利用 2008 年的航空摄影资料，完成北京市六环路范围内 1∶2000

比例尺的彩色数字正射影像图制作；12 月完成北京市六环路范围 1 : 10000 比例尺、全市域 1 : 20000 比例尺真彩色航空摄影工作。

2010 年 5 月，市信息办利用 2009 年的航空摄影资料，完成北京市六环范围内 1 : 2000 比例尺、全市域 1 : 10000 比例尺的彩色数字正射影像图；12 月完成北京市六环范围的 1 : 10000 比例尺、全市域 1 : 20000 比例尺真彩色航空摄影工作。

截至 2010 年，在中共中央办公厅、国务院办公厅、解放军总参谋部、外交部、中国民航局等单位支持下，连续组织开展 10 年的航空摄影工作，累计飞行 100 余架次，摄影面积约 15 万平方公里，拍摄航片 6 万余张，制作正射影像地图总覆盖面积 14 万余平方公里，数据总量超过 35 TB。

图4—7　2005年10月15日，国家体育场区域0.2米分辨率航拍遥感影像

在卫星遥感影像数据获取方面，2006 年统筹采购 2006—2010 年“北京一号”小卫星数据，从时空分辨率角度对航拍数据进行补充，并为水务、农业、园林等部门提供数据服务。2007 年 3 月，市信息办完成 3 期 KH（KeyHole）锁眼卫星影像数据（20 世纪 60 年代、70 年代）采购，成为北京市宝贵的历史影像资源。5 月，市信息办统一采购北京市五环路范围内的快鸟（Quick Bird）卫星影像，在奥运门户网站和北京网进行发布。截至 2010 年，市信息办每年开展卫星遥感影像数据的更新、维护工作。

二、政务电子地图

2003 年，市信息办首次提出“政务电子地图”概念，并以数字线画图为底图，基于高分辨率航空遥感影像等更新手段，综合政府业务中较基础、可共享、面向公共服务的重要信息，组织完成全市首套政务电子地图建设，为全市各政府部门业务应用提供统一基础底图服务。

2005 年，北京市政务电子地图第一版正式上线，在北京市政务信息图层共享服务系统中进行发布并向全市提供共享服务。至 2010 年，每年开展一次全市域政务电子地图更新。

图4—8　2009年7月，北京奥林匹克公园区域政务电子地图数据

2008 年北京奥运会期间，政务电子地图为全市各政府部门的应急联动指挥提供了统一的协同应用服务。

三、地址数据

2002 年 7 月，市信息办组织开展市地理编码技术预研以及总体方案设计，在国内首次提出标准地址层次关系模型。

2004 年 1 月，市信息办设计了地址数据采集获取流程，开发出第一代地址匹配引擎，开展崇文区地址数据采集试点工作。

2005 年 9 月，市信息办联合市邮政管理局，优化调整地址数据获取流程，形成多方协作的地址数据采集、录入、审核、更新标准化全流程，研究解决地址别名与地址自然语言分词处理、地址快速索引、相似度评估模型等关键技术，开发支撑数据采集、录入、入库流程的地址数据录入系统，自主研发国内首个通用、高效的地址匹配引擎。10 月，市信息办完成全市域地址数据采集工作，覆盖各类门牌、楼名、街道等 28 类标准地址数据近 60 万条，并对外提供地址匹配服务，支撑

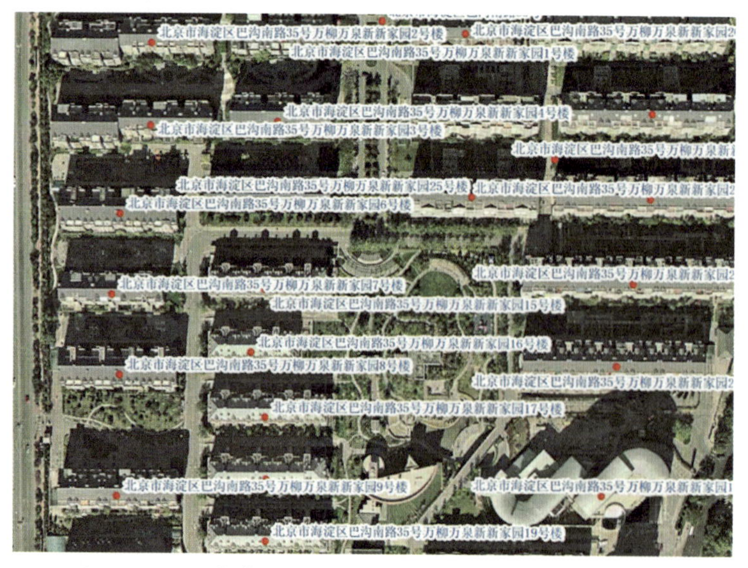

图4—9　北京市海淀区巴沟南路附近地址数据分布图（2007年）

全市各部门的政务信息图层建设。

2006 年 9 月，市信息办启动地址数据库全流程系统整合升级工作，形成《地址数据库建设技术规范》。

截至 2010 年，北京市地址数据库共有全市各类门牌、楼名、街道等标准数据 70 多万条，为工商、质监、财政、教育、卫生、交通、公安、农业等 31 个部门提供 1000 余个政务信息图层的地址匹配批量服务，支撑城市管理、应急指挥、房屋普查、奥运指挥等重大应用。

四、政务信息图层

政务信息图层是将政务属性信息与基础地理空间信息结合，并广泛应用于政府部门主流业务的一类特殊政务地理空间信息资源，广泛应用于政府部门规划、管理、决策和服务等相关业务。

2004 年 1 月，市信息办启动政务信息图层数据建设研究。2005 年 11 月，政务信息图层建设规范基本形成；12 月，市信息办发布政务信息图层建设通知，动员全市各委办局开展政务信息图层建设工作。

2006 年 12 月，市发展改革委、市教委、市科委、中关村管委会等 20 多家政府部门的 600 个政务信息图层建设完成，主要有医疗机构、科研院校、体育场馆、新闻出版、宾馆饭店、旅游景点、交通场所等信息。

截至 2010 年，市信息办共组织建设 1000 余层政务信息图层数据，制作与更新 1000 余万条记录数据，为全市节约大量数据建设资金。通过各类政务信息图层的整合和共享，支撑城市应急、城中村管理、房屋普查、卫生救援、安全生产、工商企业管理等众多应用，并在市应急办、市财政局、市住房城乡建设委、市教委、市卫生局、市安监局、市工商局等政府部门的日常管理和辅助决策中发挥信息支撑作用。

第二节　地理空间共享平台

在海量地理信息数据采集更新的基础上，为有效地利用数据价值，解决政府部门间的“信息孤岛”等问题，北京市组织建设政务地理空间信息资源共享服务平台，作为全市信息化基础共性支撑平台之一，为全市提供提供统一、高效、便捷的地理信息共享和服务。

2005 年，北京市政务地理空间信息资源共享服务平台（以下简称市地理空间共享平台）启动建设，该平台是在前期已建成的“综合遥感影像数据库系统”“地址数据库管理与应用服务系统”和“政务信息图层共享服务系统”基础上，从源代码级别进行重新设计、整合、集成和建设，按照实现功能目标的不同，分成数据管理子系统、资源展示子系统、空间信息服务子系统和运营支撑子系统，实现对政务地理空间信息资源数据库进行统一的前端资源可视化展示、共享服务接口、数据管理支撑与后台管理运维，为各部门的业务应用系统建设提供技术支撑，并进行服务的安全监控。

2006年4月，市信息办开展面向区县及中小城市的全国产化GIS解决方案研究。7月，通过多方调研、原型搭建、技术测评等优选方式，完成全国产化政务GIS系统解决方案怀柔和平谷的区县试点工作，在国内首次完成由中科红旗Linux操作系统、人大金仓KingBaseES数据库、东方通TongWeb企业版4.0中间件、超图公司SuperMap IS Java 4个软件平台组成全国产化GIS解决方案的软件体系框架，促进国产软件之间的衔接和磨合，实现集成创新，推动相关国产软件质量的提升。

2007年1月，市地理空间共享平台1.0版本上线运行，可为全市提供基础地理底图、政务信息图层等信息服务以及GIS查询、分析、定位等功能服务；提供的标准二次开发接口，可以使用户方便、快捷地获得全市政务地理空间信息数据库中所有的数据。其中，2001年以来的高分辨率航空遥感影像、政务电子地图，来自几十家政府部门的近千层政务信息图层、上千个地标性建筑的三维全景图片数据，全市几十万条地址信息等，不再需要各政府部门自行建设、管理及运维，通过一个接口即可在政务专网上实时访问、使用，节省了大量人力、物力。

2008年1月，市地理空间共享平台2.0版本正式上线发布。3月，北京市政务地理空间信息资源的共享、服务和应用初具规模，支撑25个委办局的30多个业务系统，并成为全市50个重要政务信息系统之一。

2009年11月，市地理空间共享平台3.0版本正式上线发布，增加2.5维建筑图片、POI索引、路径导航、地图标绘等功能。

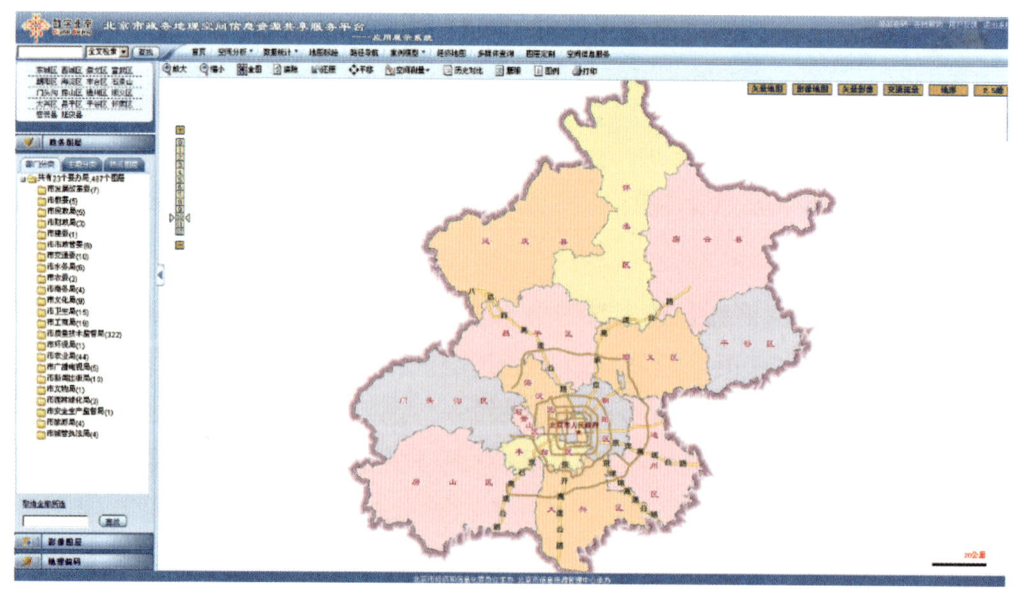

图4—10　北京市政务地理空间信息资源共享服务平台之应用展示系统（三期）主界面（2009年）

2010年3月，市信息办启动全市政府部门政务地理空间信息资源目录梳理和调研工作。全年走访41个委办局，收到30家委办局反馈，累计梳理基础共享资源627类，公众服务图层592类，需求目录810类，并在此基础上编制了《北京市政务地理空间信息资源共享管理办法》。7月21日，市信息办组织召开“北京市政务地理空间信息资源共享服务体系建设与应用”科技成果鉴定会。全国政协教科文卫体委员会、国家信息化专家咨询委员会相关专家组成的鉴定委员会专家组对该项目给予高度评价，一致认为该项目总体上达到国际领先水平，具有重大的社会经济效益和应用推广价值。10月10日，“政务地理空间信息资源共享服务体系建设及应用”项目获国家测绘科技进步奖二等奖。

图4—11　2010年7月21日，北京市政务地理空间信息资源共享服务体系建设与应用科技成果鉴定会召开

截至2010年，市地理空间共享平台日均访问量约20万次，最多时超过50万次，支撑了39个政府部门的65个业务系统。市地理空间共享平台历时5年经过3期建设，数据的应用领域由规划、建设、国土、房屋、交通、农林等传统领域逐渐扩大到城市管理、应急指挥、工商管理、社会管理、教育规划等新领域，业务应用由初级的可视化应用逐渐向业务整合应用过渡，提高了政府部门的精细管理能力和科学决策水平，在北京奥运会、国庆60周年等重大活动保障中发挥重要作用。

三维地理信息服务是市地理空间共享平台提供一类重要数据服务类型。2006年4月，市领导批示要研究建设市三维地理信息系统，在三维虚拟地球模型上实现北京市政务地理空间信息资源的网络化及三维动态可视化，为北京市电子政务提供一个三维可视化应用平台，更好地服务于各部门业务系统的实际应用和需求，全面推进北京市信息资源共享工作，提升信息资源应用价值。9月，市信息办启动北京市三维地理信息系统建设，利用北京市航空遥感数据、数字线画图、政务信息图层等数据，构建全市域范围内的三维场景，在政府专网上实现任意三维场景漫游、导航、测算、相关属性信息查询等功能，并通过提供三维信息服务接口，与各部门的其他业务系统相结合，服务于各委办局业务系统的实际应用和需求，提供真实、直观的多维数据支撑服务。2007年12月，北京市三维地理信息系统建设上线，该系统采用B/S结构，在政务外网上的浏览器环境下给用户提供三维城市场景的浏览、查询和应用服务。2008年6月，市信息办定制开发了北京市三维应急地理信息系统（应急专版），结合应急部门的业务需要，开展应急资源的管理、应急指挥标绘、危险源管理等工作，初步实现三维应急指挥电子沙盘功能；北京奥运会期间，该系统得到市委、市政府认可和肯定。

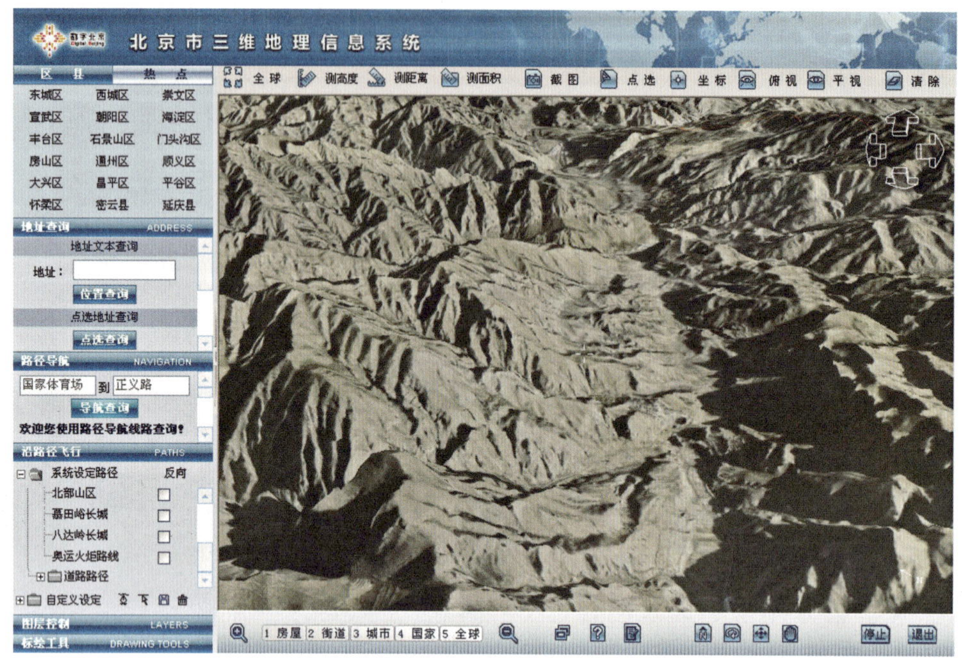

图4—12　2007年12月，北京市三维地理信息系统主界面

第三节　全球卫星定位综合服务

北京市全球卫星定位综合服务系统作为“十五”时期首都信息化发展规划确定的城市信息基础设施项目之一，是北京市城市控制网骨架网的重要组成部分，为位置服务、地理信息和遥感提供重要基础支撑。

2000 年 10 月，市信息办组织国内知名专家和有关国家部委、委办局共同研究，成立专门的课题组进行可行性论证。2001 年 9 月，市信息办向市发展计划委提交立项请示，12 月得到市发展计划委立项批复，同意组织实施该项目。2002 年 4 月，市信息办组织市规划委、市气象局、市地震局、市水利局等 8 家委办局进行需求调研，完成项目可行性研究报告并通过专家评审。10 月，市发展改革委同意实施该项目的可研报告，正式批准项目启动。

2003 年 5 月，市信息办以摸索建网经验、探讨应用的领域和推广经验为目的，先期完成由 5 个基准站、管理中心、数据传输系统、RTK 差分发播系统、用户接收系统组成的试验网建设。

2005 年 5 月，市信息办完成系统总网建设。在试验网基础上又建设 9 个基准站，覆盖北京全市域范围；管理中心将原管理 5 个站发展到管理 30 个站，建立一套虚拟参考站系统，负责整个系统监控和差分信息发播；编制一整套具有自主知识产权的系统管理、基准站远程监测和控制软件、数据采集、数据分析、数据存储和发播软件；完成测绘、气象、地震

3个分中心的建设。

图4-13 延庆县连续运行参考站室外天线墩（2007年摄）

2006年6月，北京市全球卫星定位综合服务系统经过一年调试，通过专家验收投入运行。经测试验证，系统静态平面精度优于2毫米，静态高程精度优于4毫米；动态RTK定位平面精度优于2厘米，高程精度优于4厘米，可提供毫米级、厘米级、分米级、米级等不同精度的三维定位和时间信息服务，服务不同部门的多种应用需要。

2007年10月，北京市全球卫星定位综合服务系统作为基础建设工程，实现多领域、不同层次的服务功能，是国家第一个一网多用的综合服务实用系统。本着资源共享的原则，通过集约化建设，为政府节省大量投资；通过先进的技术手段，提高工作效率，节约人力物力，在运行服务过程中得到各用户单位的认可和积极的应用，取得较为显著的社会和经济效益。该系统获国家测绘科技进步奖一等奖，在全国范围内推广系统运行和应用经验。

测绘科技进步奖

证 书

为表彰测绘科技进步奖获得者，特颁发此证书

项目名称：北京市全球卫星定位综合服务系统

奖励等级：一等奖

获奖单位：北京市信息资源管理中心 名次：序(1)

证书号：2007-01-01-05 2007年10月29日

图4-14 2007年10月29日，全球卫星定位综合服务系统获国家测绘科技进步奖一等奖

2008年年底，根据卫星定位技术和业务发展的需要，全球卫星定位综合服务系统完成GPS+GLONASS双系统改造，可在同等环境下更快速地完成搜星和定位。

截至2010年年底，北京市全球卫星定位综合服务系统通过24小时不间断实时数据发布，为市气象局、市测绘院、市地震局、市国土局、市农业局、市水利局、自来水集团、市电力公司等单位提供高精度定位数据服务，服务于首都的国土规划、基础测绘、工程建设、地籍管理、地震及地壳形变监测、气象预报、管线抢修、环境监测、智能交通等应用领域。其中，市气象局将半小时的GPS水汽测量成果纳入其准业务系统，用于短时气象预报服务；市测绘院将实时GPS高精度测量用于城市控制网及基础测绘，完成近万个控制点的作业和修测；市农业局依托系统开展相关业务工作，进行林区、农田的测量作业；市地震局依托系统提供的高精度GPS数据，开展北京市地壳变形和地面沉降监测；市国土局从2007年年初开始，将系统推广到18个区县，全面普及GPS在地籍勘查等方面的应用；市自来水集团在多次供水抢修演练、实战中使用该系统，提高了抢修效率，降低损失。该系统还为2008年北京奥运场馆的燃气管线测量提供实时高精度定位数据。

第四章　共享服务

2001年，按照共建、共享和共用的原则，北京市政府有关部门依托市级共享交换平台、市地理共享服务平台、四大基础数据库等信息化基础设施，将共享数据应用于领导决策、活动保障、应急指挥、城市管理、执法联动等各个方面。北京市通过数据共享交换、空间图层共享、基础数据库建设使用等方式，将分散在各个部门的政务信息资源进行汇总或整合，为公众、政府和公务员提供数据服务，在政府管理、公众服务、区县治理等方面发挥了重要作用。截至2010年年底，市级共享交换平台支撑53个市级政务部门近700项跨部门数据共享工作，数据交换量达3亿条。市地理空间共享平台支撑了39个政府部门的65个业务系统。利用信息化的手段解决为市民服务的关键问题，将政务信息图层用于公众服务，通过共享交换减少市民重复填报信息，北京市持续探索信息化基础设施在个人办事、企业信用、交通出行等领域的社会服务。截至2010年年底，16个区县及北京经济技术开发区全部接入市级共享交换平台、应用市地理空间共享平台；15个区县建成区级共享交换平台，开展区级数据共享；10个区县以及北京经济技术开发区通过共享市民政局社区服务中心的社区人口数据，建设了区级人口基础信息数据库。

第一节　服务政府管理

一、服务领导决策

为进一步制定政府信息资源共享相关规则，推进政府部门资源共享，“实现信息网络互联互通、信息资源彼此共享，共同构建规范统一的信息平台”，2005年起，市信息办开始组织北京市决策信息服务系统建设。该系统由北京市决策信息服务系统门户系统和各单位决策信息服务子系统两部分组成，门户系统由市信息办负责实施建设、管理和运维，各单位决策信息服务子系统由各委办局、区县政府自行建设和运维。

2005年5月，市政府专题会研究决定，由市信息办会同市政府各部门，围绕市委、市政府决策和领导需求，深入研究建设政务信息服务平台。7月，市政府批复正式启动北京市决策信息服务系统建设。9月，北京市决策信息服务系统正式上线，各级领导频繁访问系统。其中，市应急办每天从系统中摘取水、电、农产品价格等数据和城市生命线相关资源动态情况、同期对比、状态预警以及突发公共安全应急指挥等信息，为北京市主要领导提供阅览。

2006年3月，决策信息服务目录编制完成，《北京市决策信息服务系统安全管理规定》印发。

2007年1月，北京市决策信息服务系统整合51家市政府委办局的决策服务资源，接入决策信息，系统涉及500项核心业务，各部门之间的决策信息资源共享取得显著成效。23个单位的174类信息向43个市级委办局共享；38个单位的270类信息向11个决策辅助部门共享。其中，市水务局向市发展改革委共享水务决策信息；市科委、市农业局、市水务局、市建委等部门将决策类信息接入共享交换平台，向其他部门提供共享；市劳动和社会保障局通过该系统授权市财政局共享劳动和社会保障信息。9月，《北京市决策信息服务系统管理规定（试行）》印发，明确决策信息内容。

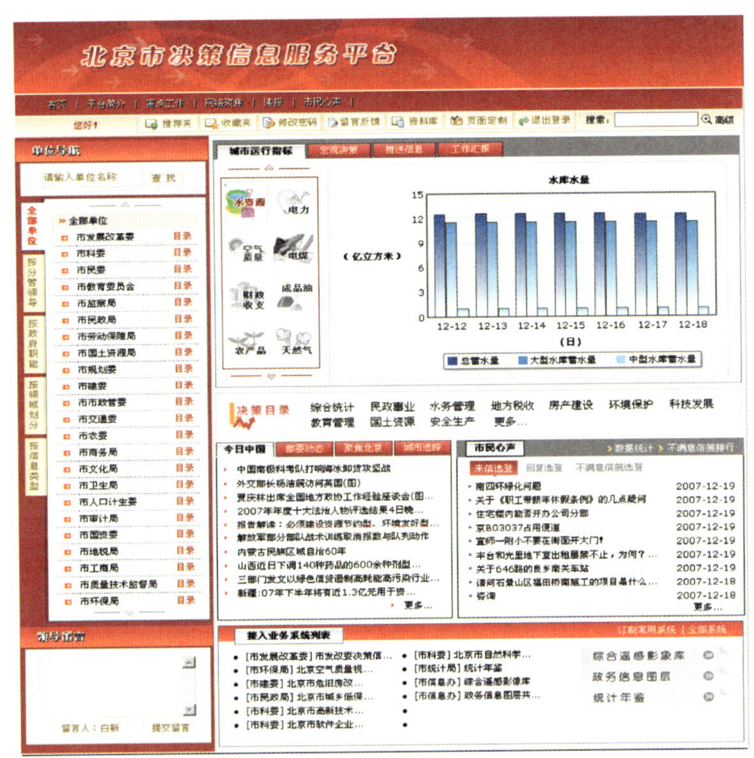

图4–15　北京市决策信息服务系统/平台首页（2007年）

2008年3月，北京市决策信息服务系统新版上线运行，新版系统根据各级领导实际需要，提供个性服务功能，为各级领导提供更优质的决策信息服务。7月，市领导通过系统中的市农业局农产品价格每日监测数据、市发展改革委宏观运行监测系统数据及市商务局相关信息，及时掌握北京居民消费价格水平变化。8月北京奥运会期间，市领导及市应急办奥运保障团队通过北京市决策信息服务系统及时掌握市气象局气象卫星云图变化数据、市发展改革委电力实时数据、市水务局雨水情数据、市环保局空气质量数据等。

2009年年底，北京市决策信息服务系统实现54个单位的信息和系统的接入工作，并扩展面向全市委办局局级领导、区县主要领导以及市委、市政府决策辅助部门等提供服务。

2010年12月，北京市决策信息服务系统累计向48位市政府副秘书长以上领导、11个决策辅助部门、52个委办局和10个区（县）等共计891位领导提供服务。

二、服务日常办公

为服务全市各部门和政务工作人员高效工作、轻松学习等需求，市信息办组织建设了北京市公务员门户（以下简称公务员门户）。该门户秉承“共建、共管、共用”的建设原则，依托北京市政务外网和政务信息资源共享交换体系，以资源共享与业务协同为导向，汇接各部门的政务应用服务系统和信息资源，为全市各级领导和政务工作人员提供资源共享、协同办公、互动交流、学习培训、信息获取等网上综合服务。

2005年7月，公务员门户原型系统上线试运行，提出建设“十万公务员网上家园”的定位。2006年4月，公务员门户第一版上线。2007年9月，公务员门户第二版上线，初步形成资源共享与业务协同、政务信息、辅助办公和网上家园四大类100余项功能服务。2008年7月，公务员门户第三版上线，新增辅助办公、新华专供信息、在线培训等服务，接入20多个政务应用系统，支撑市财政局、市政府法制办、市水务局、市园林绿化局、市人口计生委、西站地区管委会、宣武区政府、石景山区政府等8家委办局和区县单位开展外网门户建设和专版资源对接，并为北京奥运会和残奥会提供运维保障支撑。

2009年7月，市信息办组织建设公务员门户人口计生委专版，创新公务员门户服务模式。12月，公务员门户网上家园、会议辅助专题上线，支撑市政府绩效办开展2次政府绩效管理公务员网上评价调查及统计评分等工作。

2010年8月，公务员门户的网上调查栏目支撑市政府法制办开展了面向全市政府法制机构的《北京市政府法制信息化建设调查问卷》工作。12月，公务员门户移动版上线，基于无线技术为用户提供随时随地的资讯、办公类服务。

三、服务城市应急指挥

2003年4月，为实时反映北京SARS疫情，以及病人在各医院的分布情况、位置信息，及时报送状况并提供统计分析功能，北京SARS疫情病情监控决策支持系统和报送系统开始建设并投入运行。2004年10月，市应急办开始搭建市级应急指挥平台，以图像监控系统、无线指挥通信系统、有线指挥调度系统、计算机网络应用系统、移动指挥通信系统和综合保障系统“六大”技术系统为支撑，具备应急指挥“六项”功能。2006年，为支撑城市公共安全管理，全面掌控城市运行状况，实现“平安北京”的建设目标，市应急办组织“北京市城市公共安全信息平台”建设，至2010年，该平台是全市应急信息资源综合展示及应急业务系统集中管理的工作平台，为国家应急管理机构、市委市政府领导、全市各级应急管理机构和全体公务员提供应急管理方面的技术支撑服务。北京市城市公共安全信息平台依托市政务信息资源共享交换平台、市地理空间共享平台、公务员门户、决策信息服务系统等信息化基础设施，接入地理空间、决策服务、法人查询等系统提供的各种服务，通过集成“应急决策空间支撑子系统”“图像信息管理系统”以及“北京市三维地理信息系统（应急专版）”等相关内容，整合各类应急信息资源，发挥城市运行调度平台和应急指挥枢纽作

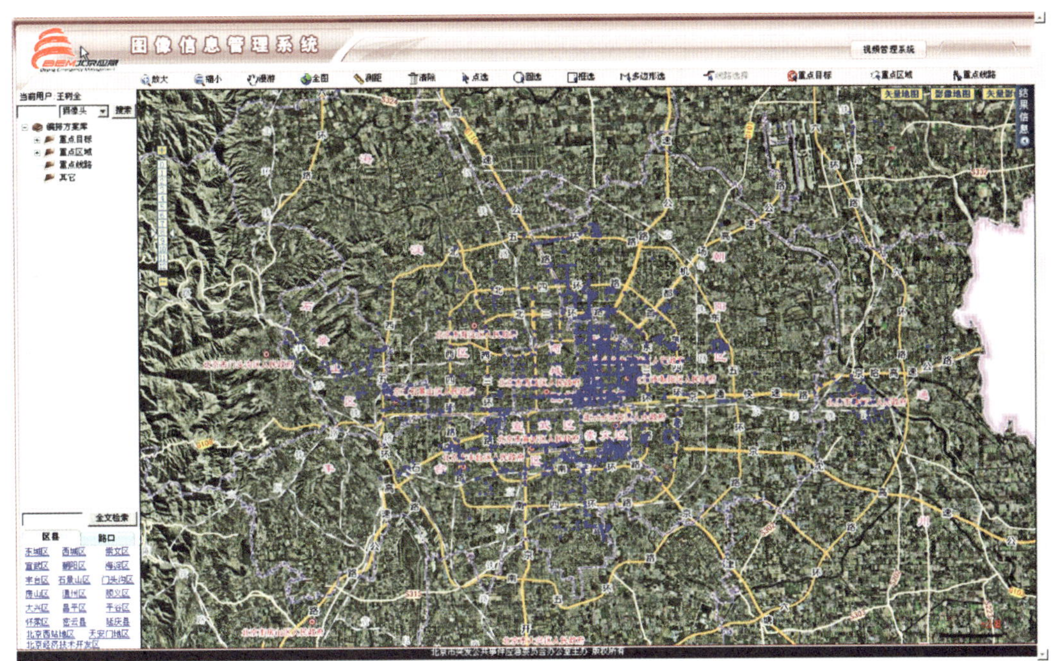

图4-16　2008年12月，北京市城市公共安全信息平台图像信息管理系统主页面

用，提高了政府部门的应急处置能力和科学决策水平。

四、服务行政监察现代化

2005 年 8 月，市属委办局网上监察系统建设工程正式启动。2009 年 6 月，市监察局实施北京市行政监察现代化一期工程，48 个委办局纳入监察系统。11 月 5 日，市监察局印发《关于开展北京市行政监察现代化工程的实施意见》，提出通过市级政务资源共享与交换平台实现各单位相关业务资源整合和数据共享，并根据行政监察的业务需要，建设相应的监察主题数据库；市级平台与各区县监察局之间利用市、区两级共享交换平台实现技术对接，开展数据共享交换工作。截至 2010 年年底，共有朝阳区、海淀区两个区县和市城管执法局、市工商局、市人力社保局、市市政市容委 4 个委办局通过市区两级政务信息资源共享交换平台，向市监察局共享 55 类共计 196 万余条的行政监察信息。

五、服务财政预算审批

2005 年，北京市开始应用“3S”技术进行财政业务管理、预算可视化审批等辅助决策支持，基于市地理空间共享平台，先后开发了“城市综合整治管理信息系统”“预算审批空间可视化管理系统”以及“北京市财政局地理信息系统”等业务系统。2004 年 10 月，北京市城市综合整治管理信息系统启动建设，2005 年 6 月上线运行。该系统利用基于市地理空间共享平台提供的二次开发接口，分析不同时间拍摄的遥感影像数据，使管理部门可以形象、直观、动态地了解重大财政投入项目的建设推进进度及成果状况，为环境综合整治、城中村整治、粮食直补、城市交通设施、环卫设施等重大财政投入项目督查提供重要数据支撑。2006年，预算审批空间可视化管理系统启动建设，围绕财政预算审批的主要环节，依托市地理空间共享平台以及市财政局现有的业务系统，将项目申报、审批、预算下达、项目监督、验收评估等环节产生的数据，结合空间位置信息，在地理信息系统中直观展现，并根据空间、时间和项目管理环节、项目分类、项目内容等进行信息管理、查询、统计、汇总和分析。该系统实现了数据的即时动态更新，重点解决了每年市财政局下拨资金支持的重大工程、基础建设、危改、环境整治等项目的管理、监督与决策分析。2010年，该系统运行中。

图4－17　2008年5月，北京市财政局预算审批空间可视化管理系统界面

六、服务地下管线综合管理

城市地下管线担负着城市内传输信息、输送物质、能量、排泄废物的工作，是保障城市运行的“生命线”。在城市建设施工过程中，挖断管线造成管道爆裂，供水、供气或通信中断等事故时有发生，由于种种原因，大量地下管线数据散落在水、电、气、热等城市公共企事业单位手里，数据的共享共建极为困难将市政府相关部门、各行业管理单位和专业公司、权属单位的各种管道整合在“一张图”上进行综合应用，是一项庞大的系统工程。2006年4月11日，市领导召开专题会议，要求结合原有城市管理市级平台，由市市政管委牵头建立一个市级地下管线综合管理信息系统，并明确在北京市从事公共服务的各地下管线权属单位，是准确提供地下管线相关数据的第一责任人，应按照市有关技术规范及行业规范加快地下管线管理信息化建设，向市市政管委提交已有地下管线数据。7月5日，市信息办与市市政管委起草并印发《北京市地下管线综合管理信息共享与交换技术规范（试行）》，明确各类地下管线数据共享和交换的相关技术标准。10月，市市政管委组织市应急委、市规划委、市住房城乡建设委、市信息办、市交通委、市路政局、市公安局交管局、市测绘院、市档案馆等有关部门，与市自来水集团、市排水集团、市电力公司、市燃气集团、市热力集团、华电（北京）热电、中国网通、中国电信、歌华有线电视、路灯管理中心、中国石化、中国石油、北京液化石油气公司等22个地下管线权属单位一起，建立沟通协调机制，依据《北京市地下管线综合管理信息共享与交换技术规范（试行）》，开展地下管线补测补绘以及地下管线数据建设、共享工作。2007年至2010年，从事公共服务的地下

管线权属单位针对本单位管道、设备信息化管理的现状，制订地下管线设施补测补绘、数据建设和报送数据计划，并陆续将相关地下管线数据向市市政管委上报。截至2010年12月，市市政管委共收集到水、电、气、热、通信、工业六大类地下管线数据4万多沟公里，并进行了统一管理。

七、服务城管执法联动

2007年5月25日，结合城管执法工作需求，依托市级共享交换平台，在市规划委、市园林绿化局、市建委、市水务局、市环保局、市城管执法局等部门之间开展信息资源共享。6月22日，市城管执法局将市规划委“一书两证”[规划意见书审批、建设用地规划许可证（含临时）、建设工程规划许可证（含临时）]数据，市园林绿化局城区古树信息和城市树木砍伐许可信息，市建委建设工程施工许可证、城市房屋拆迁单位信息，市水务局行政许可相关数据，市环保局绿化共享平台，都接入北京城管综合执法信息管理系统，并开始在城管执法业务中发挥作用。通过共享市规划委的“一书两证”数据，为城管执法人员依据《〈北京市城市规划条例〉行政处罚办法》第六条进行有关城市规划方面的行政处罚，提供资质信息支撑；通过共享市园林绿化局的古树名木数据和采伐数据，城管执法人员掌握了全市绿化管理基础情况，依据《北京市城市绿化条例》和《北京市古树名木保护管理条例》对擅自砍伐、损毁树木，破坏、侵占绿地等违法行为进行查处提供了数据支撑。2010年，该系统运行中。

八、服务重大活动

为保障2008年北京奥运会，市信息办开展奥运相关信息资源建设、共享交换支撑、地理空间服务等工作，保障了开闭幕式、日常赛事运行、奥运应急指挥等多项业务。

2007年5月，市信息办提前完成北京市平原区和郊区县城区的航空遥感影像数据处理工作，对奥运中心区和五棵松地区实施航飞补测，获取最新的航拍遥感数据，并向北京奥组委、市公安局、武警北京市总队、市应急办、市公安局交管局、天安门地区管委会等20多个相关部门免费提供，为奥运赛事、应急保障、城市管理等各类奥运保障工作提供基准影像，同时向市安监局、市公安局、市无线电管理局、市反恐怖工作协调小组办公室、北京军区空军、团市委等7个单位提供单机版遥感影像数据库系统，支撑重大危险源排查、奥运安保警务、比赛场馆无线电监控、奥运空中安保、志愿者服务综合信息平台建设等工作。

2008年6月，市信息办组织定制面向奥运会应急的三维地理信息系统，将各种危险源、视频摄像、应急保障力量及其他应急资源图层进行了直观的空间可视化管理，为奥运会应急保障工作的推演及领导决策提供支撑。市领导操作使用该系统1个多小时，并指示“要求今后所有的应急推演工作都在这个图上开展”。市政府主要领导于闭幕式前夕视察市应急办时，对该系统予以肯定。7月31日，为解决开幕式演练过程中出现的系列问题，按照市领导要求，市信息办组织开展奥运应急指挥地图的设计制作。8月5日，市信息办利用全市共享的政务地理信息资源，完成20多个部门各项应急指挥队伍的空间化，以及奥运应急指挥地图的设计制作工作。

2008年8月8日至24日，北京奥运会期间，市级共享交换平台为各部门交换数据1862129条，数据总量256632.81KB，提供安全认证5552次，支撑旅游行业监管、污染源调查、环境执法、建筑单位管理、城市执法等80余项奥运服务业务；市地理空间共享平台组织更新制作30多个部门、600个图层160万条记录的政务信息图层数据，完成面向奥运会的62个公众地理信息服务图层建设，支撑全市35个委办局45个应用系统的应用。其中，市应急办应急空间决策指挥、市安监局重大危险源管理系统、市旅游局涉奥宾馆饭店管理系统、市商务局奥运商业运行指挥系统等累计提供地理空间服务数据访问达50余万次。公务员门户向全市各级公务员提供了资源共享、办公助手、奥运信息、新华专供信息、视频信息等服务，日均点击量4万次以上，为相关工作人员累计发送奥运保障信息16269条。市决策服务信息系统每日向市领导提供专业气象信息、城市积水点实时数据、农产品价格每日监测数据、宏观运行监测数据重要信息服务，为奥运会开幕式人工增雨、城市运行保障等决策提供有效支持。

2009年6月10日，按国庆60周年北京市筹委会调度中心指示要求，市信息办开展国庆60周年应急指挥图的设计制作工作。6月20日，市信息办完成核心区保障组、群众游行指挥部、联欢活动指挥部等多个指挥部以及医疗、电力等多个部门的保障人员、车辆、设备等全要素保障力量标注及现场核对工作。9月28日完成庆祝活动系列图（8幅）和庆祝大会联欢晚会转场系列图（6幅）的制作。

2009年8月底，市信息办启动国庆活动综合保障三维演示系统开发工作。9月5日完成天安门及周边地区3.7平方公里主要建筑和庆祝活动近150个主要大型设施设备要素三维模型制作及演示系统开发工作，并部署到调度中心指挥大厅。该系统以三维建模形式直观展示庆祝大会、联欢晚会所有综合保障和应急保障力量，真实模拟国庆活动现场各类保障资源分布状态。

九、服务工商行政管理

2007年12月，市工商局建设的市场主体网格监管系统上线运行。该系统依托市地理空间共享平台，将市、区县、工商所三级工商管理干部的责任区划分为1286个网格，将全市市场主体进行地址匹配，完成空间化处理，每天为全市4000多名工商干部提供责任区内现有法人及新增、变更、注销的法人空间定位信息及其相关业务信息，每天市政务地理空间信息共享服务平台地图服务访问量2万余次，使工商日常监管工作更具全面性、准确性、及时性和有效性。在发生流通领域食品安全等突发事件时，工商管理干部根据事件情况及时设定行业风险度和地域风险度，系统可自动快速提供辖区内相应分类分级的法人总量、分布、位置及相关信息，监管人员根据信息快速制订应急处置方案，并及时发送到相应监管人员的移动执法终端上实现远程调度指挥，快速处置各类食品安全应急事件。此种以空

图4—18　市场主体网格监管系统工商所辖区周边信息查询页面（2009年7月）

间网格化监管为依托，以风险控制为指导的市场秩序监控模式，提升了首都工商部门的市场监管现代化水平。截至 2010 年，该系统实现全市 135 万多户市场主体的地址匹配，支撑 4000 多名工商干部完成全市各类检查任务 607620 项。该系统的应用，为 2008 北京奥运会市场秩序保障工作成功保驾护航，通过对市场秩序风险点和风险主体逐一进行整治、规范，实施全覆盖、全天候的巡查和监控，赛会期间无一例市场秩序恶性事件出现，实现奥运市场秩序保障目标。

十、服务税源监控管理

2007 年，市建委利用市级政务信息资源共享交换平台，在个人办理存量房权属登记时，要求买卖双方在网上签约，签约后打印合同文本的同时打印带条形码的《存量房买卖合同信息表（纳税）》，可直接持《存量房买卖合同信息表（纳税）》至地税部门缴税，无须重复填写《契税纳税申报表》并重复提交买卖合同原件，减少买卖双方和地税窗口工作人员的工作量，实现建委和地税双方数据的一致性。同时提高工作效率，平均可以节省原办理时间的 1/3。2008 年 7 月，市建委按季度通过市政务信息资源共享交换平台向市地税局提供预售登记、网上联机备案、转移登记数据、商品房销售情况统计等信息。2009 年 3 月起，数据每月更新。通过房屋数据共享，市地税局可以及时了解、掌握房地产涉税税源情况，通过对市住房城乡建设委提供房屋交易权属数据进行比对、分析，可以查找税收管理过程中的漏洞，做到“情况明”，实现动态监管房地产涉税税源，发现征管中存在的问题。

十一、服务经济社会地理管理

2007 年，为给北京市社会经济管理提供空间辅助决策支持，市发展改革委组织建设了北京市经济社会地理信息系统，该系统建设目标是实现市发展改革委和其他政府部门之间的信息资源共享和系统互联互通，建立市发展改革委统一的地理信息系统支撑体系，建立经济社会地理信息系统（又称“经济地图”）。该系统利用地图展现、空间查询与统计、空间分析等功能，为市发展改革委研究拟定首都国民经济和社会发展中长期规划、投资项目计划制订以及进度分析提供决策支持。其中，基于遥感影像等基础地理信息，可为市发展改革委绘制规划地图，对规划目标进行空间查询，并分析规划执行情况；基于区县图、街道乡镇图，对各类经济社会指标进行空间查询、空间展示分析等。2010 年，该系统运行中。

十二、服务安全生产监管

2007 年，为全面提升全市安全生产监管效率和水平，市安监局利用市地理空间共享平台，组织行业地理信息系统建设。该系统在行政许可办理上利用遥感影像，可以直接查看企业周边环境、安全距离和建筑设施，对企业申报材料真实性直接进行审查；在执法检查中利用整合在空间上的监管对象基础信息、执法历史记录、自身管理情况等各类信息，可以明确执法检查重点，确保执法检查的针对性和实效性；在应急救援指挥中利用空间分析工具，可以快速定位事发地点，直观分析周边环境、救援路线、救援力量各类情况信息，同时与事故分析模型相结合，模拟事故现场，分析事故影响区域，为及时、科学的应急救援指挥调度提供决策支撑。2010 年，该系统运行中。

图4—19 北京市安全生产监督管理局地理信息系统利用遥感影像辅助开展行政许可业务功能界面（2007年）

十三、服务奥运城市运行监测

2008 年，为确保北京奥运会和残奥会期间城市的正常运转，市市政市容委启动“奥运城市运行监测平台”建设工作。该平台通过市级共享交换平台与网格化市级城市管理系统，与全市18个区县、33个市属委办局及部分公共服务企业信息系统实现数据的互联互通，为构建城市运行监测体系奠定基础。8月，“奥运城市运行监测平台”通过市级共享交换平台，实现市环保局环保指标、市旅游局旅游指标、市气象局气象指标、市水务局防汛抗旱指标等关键城市运行体征指标的及时获取，实现实时、定时向奥运运行指挥部和奥运运行指挥调度中心报送12个方面的城市运行体征指标，在奥运会期间城市的正常运行保障过程中发挥了重要作用。北京奥运会结束后，市市政市容委在此基础上重新构建城市运行监测系统，使城市运行监测工作常态化。截至2009年年底，通过数据的及时共享，该系统实现对6个大类、92个小类城市管理部件，6个大类、69个小类城市管理事件的动态管理，为实现社会各管理要素的顺畅运转，提供高质、高效公共服务提供条件。

图4—20　2008年12月，北京市城市公共安全信息平台应急决策空间支撑系统主页面

十四、服务房屋建筑管理

2008年，市住房城乡建设委建设单体地理位置标注系统，基于市地理空间共享平台，以“单体建筑管理模式”实现对建筑工程的全生命周期管理。该系统可以对单体建筑的施工地点进行地址定位，能够展现在建项目的地理位置分布以及查看周边环境情况，实现单体建筑数据的实时更新。截至2009年，该系统共享数据库建立52000余条单体建筑数据，涉及8517个施工许可证信息、5983个规划许可证信息、6861个在建项目的信息。为配合北京市房屋普查工作，市住房城乡建设委建设了房屋普查信息系统（出图打印工具），对现有地形图数据进行出图打印，生成外业分幅调查底图。该系统通过调用地址数据服务二次开发接口，将地址数据展现在调查底图上，以方便房屋普查人员进行实地的调查。基于该系统，市住房城乡建设委在2周内全部完成约66960幅房屋普查底图的打印工作。2009年，市住房城乡建设委依托市地理空间共享平台提供的底图数据，开发了北京市房屋全生命周

期管理信息平台。该平台将全市房屋普查的数据与GIS图形挂接，对全市近18万个楼（院）的房屋进行身份登记，生成了房屋编码（即房屋身份证），实现从图形到楼、楼到户的二级显示模式。该平台还在全市范围内将建筑物用灰格子方式进行三维显示，在局部地区进行精细建模。

图4—21　北京市房屋全生命周期管理信息平台三维精细建模展示（2009年）

十五、服务特种设备安全监察

2008年，市质监局设计、开发了特种设备安全监察地理信息系统。该系统利用市地理空间共享平台提供的地址匹配服务接口，将近90万条监管设备及生产企业数据在短时间内快速空间化，解决监管对象分布复杂、种类和数量繁多、监管要求高等工作难点，实现对业务对象的精细化管理。同时通过与现有特种设备动态监督管理系统进行关联，实现各类基本设备、单位查询结果在电子地图上的显示、统计分析，提升了查询结果的可视化程度，为安全保障、应急救援等工作提供分析、决策依据。

十六、服务现代农业管理

2008年，为有效支撑北京市农业、农村管理工作，市农委利用全市基础共享的政务地理空间信息资源，结合本部门核心业务信息资源组织建设北京都市现代农业221信息平台。基于3S技术和跨部门信息资源共享建设，集中展现北京市农业的资源、市场、科技和资金支撑情况，从不同角度为农业生产者、经营者、管理者和消费者提供适用的农业信息服务。建设的北京市村庄规划管理地理信息系统是包含北京市村庄地形图、村庄规划图、村域边界图的空间信息系统，整理和展示了各类村庄规划数据、村庄现状数据和村庄社会经济数据，能够为新农村建设、管理和决策提供高质量信息服务。建设的北京市村镇建设信息系统，将郊区各中心镇和规划重点镇定期上报的各类社会经济数据与远程调用的遥感影像数据、政务电子地图数据相关联，通过叠加、统计、分析、专题图制作等功能，方便动态跟踪和分级展示全市远郊区县各村镇的主要社会经济发展成就，对首都37个中心镇经济社会发展进行空间统计和管理，为郊区县的农业基础设施建设、观光休闲走廊规划、各区县农业资源决策管理等其他业务提供数据依据和决策支持。

第二节　服务社会公众

一、服务社会信用管理

2001年12月1日，《中关村科技园区企业信用制度试点暂行办法》实施，中关村科技园区企业信用服务体系启动。通过试点，园区初步建立起以中关村企业信用信息服务中心和信用服务中介机构为主要组成部分的企业信用信息服务体系。2003年7月，北京中关村企业信用促进会成立，利用服务体系平台，将政府的政策性扶持资金、担保机构的信用保证能力和金融机构的信贷资金等资源整合在一起，向会员企业倾斜。截至2009年年底，园区信用促进会会员总数近2600家，企业累计使用信用报告8800余份，各试点银行累计为100家信用良好的企业提供了133笔43亿元的信用贷款，缓解了企业融资难问题。2002年8月，北京市住房贷款个人信用信息服务中心成立，是北京市住房资金管理中心的直属事业机构，主要职能是为住房公积金管理中心发放个人公积金贷款提供信用评估服务。截至2009年，北京市从事征信、信用评级、信用管理咨询等业务的中外信用服务机构130余家，形成一批以北京为基地、业务辐射全国、具有民族品牌的知名信用服务机构，主要开展以政府部门、行业协会、金融机构、工商企业和个人为主的企业征信、资信评级、信用保险、信用担保、信用管理咨询、应收账款管理、市场调查等服务。服务范围主要以政府部门、行业协会、金融机构、工商企业和个人为主。截至2010年，北京市建立起300余万人的住房公积金信息数据库，新增加10多万笔公积金贷款信息以及近6万笔商业贴息贷款信息。

二、服务公众地图应用

2002年年初，市信息办启动数字北京位置服务网站建设。10月22日，“数字北京位置服务网站”开通。该网站利用北京图行天下信息咨询公司（go2map）的地图建设经验，提供地图查询服务、短信服务、定位服务、遥感信息服务、老照片、英文网站示范等功能。2007年11月，市信息办首次在奥运门户网站和北京网上提供面向公众的奥运地理信息服务，是国内第一个拥有国家颁发审图号、面向公众提供地理信息服务的网站。数据包括来源于市旅游局、市卫生局等9个部门的52类政务信息图层，为公众提供权威、高质量的地图信息。2009年12月，为服务全市政府部门日益强烈的地理信息公众服务需求，市信息办组织地理空间信息公众服务平台建设。运行在政府外网上的市地理空间共享平台，为全市政府部门发布基于地理空间资源的公众服务网站，提供统一的地理空间资源接入服务。2010 年 9 月，北京市信息资源管理中心成为国家测绘局颁发的首批互联网地图服务甲级测绘资质单位。12 月，地理空间信息公众服务平台一期上线，通过首都之窗向公众提供服务，同时基于该平台，支撑市园林绿化局等 10 个部门的地图公众服务网站建设。

三、服务社保卡数据共享

2009 年 1 月，市劳动和社会保障局通过市级共享交换平台将石景山区和西城区 107 万医保参保人员数据交换到北京市人口基础信息数据库，进行数据比对。经比对，80% 以上（约 86 万人）的医保参保人员数据与北京市人口基础信息数据库一致，可直接用于社保卡管理，无须二次采集。以此为基础，市劳动和社会保障局 2009 年累计开展 800 余万人口数据的核实比对，为年底前完成发放 1000 万张社保卡奠定坚实基础。市公安局通过市级共享交换平台，向市劳动和社会保障局共享了 600 余万人的二代身份证照片信息，直接用于制作社保卡，节约大量照片采集费用，减少重复采集数字照片给市民增加的负担。

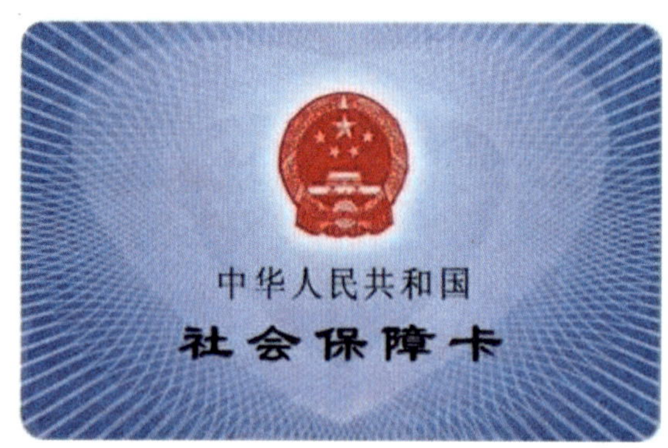

图4—22　2009年北京市发放的社会保障卡正面

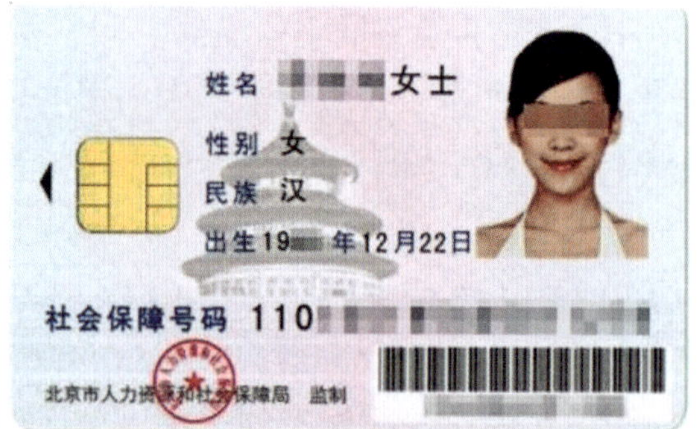

图4—23　2009年北京市发放的社会保障卡背面

四、服务流动人口数据采集

2009 年 5 月，市流管办通过市级享交换平台，共享市公安局暂住人口的数字照片数据，弥补流动人口管理中照片采集不足的缺陷，节约经费投入，缩短数据采集工作周期，提升流动人口服务与管理的质量。市公安局通过市级共享交换平台，获取到市流管办的流动人口数据。通过与派出所综合系统中暂住登记办理系统的数据比对，有助于确定流动人口中重点工作对象的活动轨迹；通过补充市公安局各派出所尚未采集到的流动人口数据，减少社会治安管理的盲区，维护了社会稳定。

五、服务小客车指标调控

2010 年 12 月 21 日，市政府印发《关于进一步推进首都交通科学发展加大力度缓解交通拥堵工作的意见》，提出“实施小客车数量调控措施”。为便于公众指标申请，减轻信息重复填报负担，让“个人少跑腿、数据多跑路”，市交通委、市经济信息化委、市公安局、市国税局、市地税局、市人力社保局、市工商局、市质监局等部门提出以系统自动比对方式开展申请信息审核的新模式。市交通委通过市级共享交换平台每天向市公安局、市国税局、市地税局、市人力社保局、市工商局、市质监局6个部门提供申请人的基本信息，各部门按照实施细则中的规定进行信息审核。市公安机关人口管理部门负责审核个人身份信息，市公安机关出入境管理部门负责审核港澳台居民、华侨、外籍人员的身份信息和在京居住信息，市公安机关交通管理部门负责审核车辆信息以及个人的驾驶证件信息，国税、地税部门负责审核纳税信息，质监部门负责审核组织机构代码信息，人力社保部门负责审核非本市户籍人员的《北京市工作居住证》信息和社会保险缴纳信息，等等。各部门审核后可通过市级共享交换平台在8日内将比对结果反馈给市交通委，市交通委将每期的摇号结果提交给相关委办局。

第三节　服务区县治理

一、服务东城区精细管理

东城区综合运用统筹学、管理学等理论和“3S”技术手段，创立“网格化城市管理新模式”，开发了东城区网格化社区卫生服务管理平台、东城区网格化政务图层共享服务平台等系统，支撑了区域城市管理和公共服务工作。

网格化城市管理新模式

2004年，东城区在国内首创提出并实施“网格化城市管理新模式”，利用万米单元网格划分的方法，采用信息技术手段，将所辖区域划分成若干个网格状单元，由城市管理监督员对所分管的网格单元实施全时段监控，明确各级地域负责人为辖区城市管理责任人，对管理空间实现分层、分级管理。此模式提高政府城市管理效率，降低管理成本，城市部件丢失和损坏的比例由开始的40%下降到8%。截至

图4—24　东城区“网格化城市管理新模式”应用场景——城市管理监督员利用“城管通”拍摄发现的问题（2008年摄）

2008年，东城区累计解决各类城市管理问题20多万件，结案率长期稳定在95%以上。“网格化城市管理新模式”获得中国人居环境范例奖、全国地理信息系统优秀工程金奖、华夏科学技术奖励一等奖，并由建设部批准分3批在全国51个城市进行试点，在近百个城市推广。

网格化社区卫生服务管理

2004年年底，为满足人民群众对社区卫生服务的需求，缓解群众“看病难、看病贵”问题，东城区提出建立新型城市社区卫生服务模式的总体框架，组织了东城区网格化社区卫生服务管理平台建设，在全国率先提出实行社区卫生服务收支“两条线”管理和药品零差率销售等8项改革措施。2006年，该平台投入运行，实现网格化布局、全科电脑应用、大屏幕指挥调度、健康卡模式建立、远程视频会诊等诸多功能，完成与医保、计划免疫等信息系统的对接，实现服务的精细化、连续性和管理的准确性、高效性，支撑了社区卫生服务管理和服务流程的创新，保障并建立了东城区以“全方位覆盖、全过程监控、信息化支撑、网格化管理、扁平化结构”为特色的新型城市社区卫生服务模式。截至2008年年底，东城区共完成41个社区卫生站和73个全科医生工作室建设，全年累计完善、更新、新建58.4万份个人健康档案，其中新建个人健康档案3.3万份，累计建设和完善、更新22.04万份家庭健康档案，并相应完善电子健康档案库。全年门诊量576568人次，总处方数288723份。

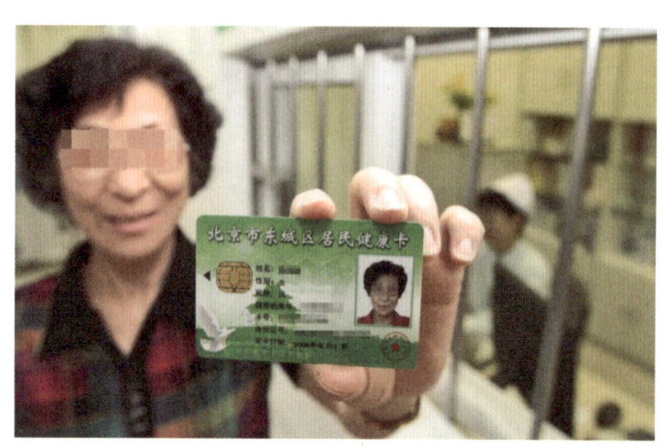

图4-25　东城区网格化社区卫生服务管理平台应用场景——社区居民持卡在卫生站享受健康服务（2008年摄）

图4-26　东城区网格化社区卫生服务管理平台应用场景——社区卫生服务远程视频会诊中心（2008年摄）

网格化政务图层共享服务

2007年，为有效整合全区地理空间信息资源，东城区实施“东城区网格化政务图层共享服务平台”建设项目。2008年，该平台共有446个政务信息图层，188.3万个资源信息，承载了区域文化资源、社区服务设施、南锣鼓巷街区、房屋资源普查、公共安全、视频监控、区域重点单位等共计15个专题应用，为区文委、区卫生局、区民政局等30余个委办局提供服务。还通过提供基于二次开发接口的共享服务模式，为网格化城市管理、社区卫生新模式、安全生产监管、应急综合指挥、环境污染源监控、区域图像监控等多个领域提供政务地理空间信息资源服务，支撑相关业务工作，取得明显应用成果。

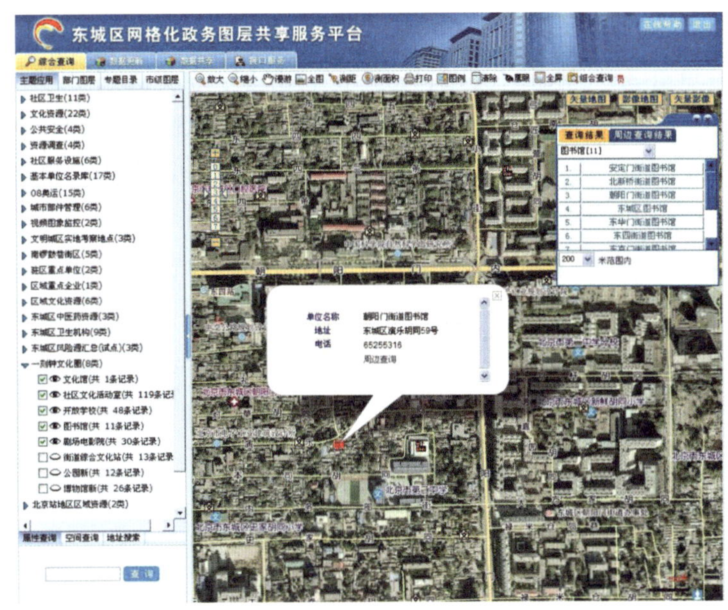

图4—27　东城区网格化政务图层共享服务平台主界面（2008年摄）

二、服务西城区税务信息共享

2008 年，西城区建设区级政务信息资源共享交换平台。在区国税局和地税局之间建立交换通道，传输企业登记信息 5 万余条。比对出登记信息中国税与地税不一致的企业户数 1347 条，地税登记信息与国税不一致的企业户数 8063 条，弥补税务业务建设中的信息缺漏，堵住纳税漏洞。利用区级共享交换平台，对城建税和教育附加税进行数值比对，2008 年 1 月查出漏、少交城建税的企业 1756 户，漏、少交教育附加税的企业 1760 户；2 月查出漏、少交城建税的企业 1760 户，漏、少交教育附加税的企业 1512 户。

三、服务海淀区数据共享

地理空间数据共享

海淀区采用统一的技术体系，挖掘、整合和利用现有空间数据资源和各种空间应用系统，建立空间数据共享中心，形成和业务紧耦合的数据采集更新机制，实现数据共享和服务共享两大共享体系，完成以城市公共设施监管和区域法人单位服务为中心的八大主题应用，建成空间数据管理、在线更新、接口服务和各个领域的专题应用。通过区级委办局横向关联业务中的数据梳理和业务梳理工作，实现全区的资源共享与业务协同的信息化和标准化。2007 年 9 月，海淀区地理信息共享平台开始建设，2008 年 8 月建成，完成数据整理、系统建设、试运行和系统验收的工作，服务 5 个委办局的自建系统应用、5000 多个注册用户 24 万次的登录使用并在此基础上开展税源建设、八大主题领域的综合应用和事权分析方面的应用。

农民工数据共享

海淀区以解决海淀房地产领域农民工劳动与社会保障问题为主要内容开展政务信息资

源共享交换工作。2007 年 11 月 27 日，海淀区通过农民工劳动和社会保障监管系统，对 434 个在建施工工地上的劳务公司进行劳动监察，涉及农民工 24984 人。解决拖欠工地农民工工资事件 15 起，涉及农民工人数 1032 人，协调为农民工发放工资共计 761 万元；为 580 人处理劳动合同问题补签劳动合同，对有违劳动条例的单位进行行政处罚。通过数据交换，改变区劳动局原有工作模式，解决劳动用工单位监察信息获取问题。由街道日常巡查发现、获取建筑工地信息，调整为通过建委数据交换系统自动获取建筑工地信息，使信息更全面、准确，信息滞后情况得以改善；由劳动监察现场检查工作，调整为通过获取的信息进行现场检查，工作方式由被动检查变为主动检查；由原来通过投诉、举报的信息进行劳动监察对违法企业进行监察处理调整为预先制订监察计划、监察过程中协调解决，有效防止用工单位的违法情况发生，降低投诉、举报及工地群体性突发事件的发生。

四、服务石景山区数据共享

人口数据共享

为解决法院执行工作面临的“人难寻”和“财产难寻”等问题，解决法院执行部门执行力量匮乏、执行压力加大和投诉上访现象突出等困难，石景山区开展市区两级人口信息共享工作。2007 年 9 月，石景山区通过市区两级共享交换平台获得市民政局社区服务中心的人口相关数据 40 多万条，建设石景山区人口基础信息库，并为石景山区法院执行庭开通了人口基础信息的在线查询服务。截至 2009 年 5 月，石景山区法院共收到 1193 件案件，涉及被执行人 968 名。其中，通过查询数据库，执行法官足不出户获取到 223 人的身份证号和家庭住址等信息，利用身份信息查找到 165 名被执行个人的存款及有价证券总计 788.56 万元，执结案件 167 件，占全部收案的 14%。通过市区两级人口信息共享，有效缓解执行难问题，改变以往单纯根据法律文书所载信息和申请人提供的线索开展执行工作的方式，使被执行人情况更加透明化；缩减执行周期，有效执结部分难案和积案。

执法数据共享

2007 年，石景山区通过市区两级共享交换平台，共享市规划局、市建委、市园林局、市水务局等多家单位的规划意见书审批信息、规划用地许可证审批信息、树木砍伐数据等共 47 项数据；与区级各城市管理部门沟通，共享区市政管委、区水务局、区建委等单位数据 162 条。 2008 年 5 月，石景山区依托目录系统建设成果，开发石景山区城市管理执法信息共享系统，为区城市管理监察大队、区城市管理监督指挥中心等单位提供执法信息查询服务。区城市管理监察大队查询 749 次，辅助其执法 238 次，减少警力出动 117 次，提高了区城市管理监察大队执法效率。

第五篇　信息技术应用

第一章　政务信息化

政务信息化是国家机关在政务活动中，全面应用现代信息技术进行办公和管理，为社会公众提供服务。

20 世纪 90 年代末，北京市承担了科技部“国家高技术研究发展计划”（以下简称 863 计划）重大项目“首都城市信息化总体框架、关键技术及其工程应用”，第一次全面系统地提出北京市信息化发展的总体目标、框架和关键技术，其中包括统一建设全市网络、统一建设政府网站群、整体外包、政府购买服务等思路和概念，奠定了北京市信息化发展的基本格局。1999 年 11 月，北京市在第一届数字大会上正式提出建设数字北京的概念和建设规划。在数字北京发展战略指引下，政府部门和社会陆续开始建设各领域的网络和信息化应用，北京先后建设了首都公共信息平台、首都之窗、社区服务网和社保网等重大工程，确立了全市统一的政务专网基本体系、统一的政府门户网站群体系、统一的电子化社区服务体系，推动了全市信息化整体统筹发展。

2001 年 7 月，北京申奥成功，信息化建设进入快速发展阶段。2002 年 10 月，北京市公布《北京奥运行动规划数字奥运建设专项规划》，描绘出未来数字奥运的发展愿景。围绕这一目标，北京在各领域、各行业开始全面应用信息技术，探索信息化条件下新的业务和管理模式。2003 年，为抗击应对非典疫情，建设了北京市应急指挥系统，开创信息化条件下的应急事件指挥新模式。2004 年，东城区提出万米网格管理方法，开创信息化条件下城市管理新模式。2005 年，首都之窗开设“北京市政风行风热线”，创造了在网络条件下的政民互动新方式。市政务建设信息化领导决策服务系统开创信息化条件下科学决策新方式。

2006 年 10 月，《北京市“十一五”时期国民经济和社会信息化发展规划》发布，提出以“信息惠民”“信息强政”“信息兴业”为中心的“三二一”行动方略。北京信息化建设成功支撑了 2008 年北京奥运会的举办、2009 年国庆 60 周年庆典活动的举行。

2008 年 1 月，市信息化办颁布《电子政务绩效考核办法》。2010 年 8 月，北京市移动电子政务管理平台开通。

2010年年底，全市共建成700余个政务行政核心业务信息系统，基本实现信息化对核心业务的全面支撑；首都之窗连续多年在中国政府网站绩效评估中位列省级第一名，政府网上服务事项总数1696个；全市共发放社保卡823万张，其中城镇职工710万张，城镇居民113万张，实现持卡就医即时结算的医疗机构1785家；全市政务信息共享交换平台共接入73个单位，开展近600项跨部门、跨层级的信息资源共享交换工作，支撑各部门90余项业务；市领导决策信息服务系统整合全市51个委办局、2个区（县）提供的500余项核心业务信息，信息化成为政府履职的基本手段。

第一节　政府上网

一、政府网站建设

1998年7月，首都之窗网站开通，初步实现北京市“政府上网”工程。网站以政务和经济信息为主，第一版共设13个栏目，包括《北京政务》《首都经济》《网上办公》《北京风貌》《便民生活》等主要频道，以及数字地图、市长信箱、法规规章及文件查询、网络翻译等功能。10月，市政府办公厅发布《北京市人民政府办公厅关于在英特网上统一建立政府网站的通知》，要求全市各级机关建立分站并链接到首都之窗网站中心。2002年年初，有135个政府机关在首都之窗建立网站。

1999年，北京市启动政府上网工程，搭建以首都之窗门户网站为龙头、以310个市级单位政务外网网站为依托的网站群。5月19日，首都之窗政府网站开通《网上北京通》（网址为http://map.beijing.gov.cn）栏目，发起“百姓网上绘北京”活动。《网上北京通》是以地理信息发布、浏览、查询为特色的专栏，包括1∶25000比例尺北京城区详图、3400多个地名路名、1400多个小区、300个旅游景点图文介绍、约1万个企事业单位信息、1000个房地产项目、400多条公交线路，有最新的火车时刻表、邮政编码及长话区号，还包括《北京纵览》《公用信息》《观光旅游》《公共交通》《京城向导》《企事业》《房地产》《用房标注》《政府公告》9个子栏目。北京市民可以方便地在网站浏览旅游景点，查询道路、小区、公交路线、立交桥、地铁、长途汽车站，查询企事业、房地产项目。“百姓网上绘北京”是利用《网上北京通》，允许人们在数字地图上标注图形、发布信息，为政府、百姓、企事业单位提供交流信息的可视化公用平台。各级国家机关、企事业单位可在平台上发布相关信息。10月，人民日报社、新华社、中央电视台和市信息化办依托首都之窗联合开办“国庆五十周年”专题网站（网址为www.prc50.gov.cn），成为中国政府部门首次在互联网上直播国家大型活动的专题网站。

2000 年 3 月 2 日，首都之窗为方便网民浏览并快速搜索到网站的相关信息，推出“中文智能搜索引擎”。“中文智能搜索引擎”对被检索的网页进行智能处理，应用人工智能和中文自然语言处理技术，自动获取网页内容所涉及的重要概念和概念之间的关系，建立相关联系，还能自动生成中文网页的关键词。相关概念能够为用户再次查询进行导航，使信息查询目标更集中、结果更准确。该项目是为首都之窗提供全面技术支持的首信公司承担的 863 计划中的一项课题。

2007 年、2008 年，在全国政府网站考核评估中，首都之窗网站均名列省级网站第一名。2009 年、2010 年，在中国软件评测中心发布的《中国政府网站绩效评估结果》中，首都之窗网站均获得省级政府网站绩效排名第一名；在中国社会科学院信息化研究中心与国脉互联政府网站评测研究中心联合发布的《中国政府网站发展研究及绩效评估结果》中，首都之窗网站均排名第一。

2009 年 12 月，首都之窗移动门户（www.beijing.gov.cn）发布，市政府电子公共服务迈进移动互联网。

2010 年年底，首都之窗网站群全年总页面浏览量超过 40 亿次，日均页面浏览量超过 1000 万次。门户网站全年总页面浏览量超过 5 亿次，日均页面浏览量超过百万次。

二、网上政民互动

2004 年，为加强与百姓沟通，降低政府与网民的沟通成本，提高网民参政意识，北京市开始建设“社情民意平台”。平台集征集、调查、投诉举报、政务直播、留言板等多个功能于一身，首都之窗依托平台开展公众参与工作。截至 2010 年年底，公众参与的在线访谈项目举办 398 期，113 个政府部门的 1300 多位政府工作人员通过该栏目及时回应社会热点问题。

2005 年 5 月 12 日，市纠风办与市信息办合作，依托北京市网络资源优势，在首都之窗开设“北京市政风行风热线”，实现政府与民众的直接交流，成为公众参与的重要渠道。热线内容主要包括《留言板与反馈栏》和《走进直播间》。《留言板与反馈栏》是以政府亲民、为百姓解决实际问题为出发点，做到网民来信“件件有着落，事事有回音”。该栏目接受群众的咨询、意见、建议、举报、投诉，由首都之窗转发到各办事单位，各单位收到信件后按照时限要求将办理结果回复到网上，供市民查阅。同时，首都之窗网站实时公示各部门接到群众的来信数，以及办结回复情况和群众满意度等结果。热线系统包括区县、各政府部门和公共服务部门等 67 个单位。《走进直播间》是以政务公开、政府与百姓面对面沟通为出发点，邀请政府部门新闻发言人和业务处室的负责人在线回答网民的问题。每周四下午固定播出一期，时间约为 1 小时，每期邀请一个部门的新闻发言人和业务处室负责人走进直播间，解读政府的方针和政策，现场回答百姓的问题和咨询，并适时插播网民关注的热点问题专访。7 月，市纠风办制定《北京市政风行风网络热线群众来信办理情况考核办法》，规定了对“政风行风热线”的 67 个参与单位进行考核，由市纠风办牵头负责组织协调，首都之窗负责有关数据的统计、分析和整理。考核包括工作效率和工作质量两个方面，工作效率主要考核及时签收、及时回复和申请延期3个方面的情况。每年6月将半年的统计情况向各单位通报，11月底进行年终考核。11月，新华社内参发表了“热线”开通、信件办理和北京市民主评议政风行风机制的文章。12月，中央电视台《新闻联播》栏目播出热线办理情况，称热线为“民心线”。媒体的监督成为推动热线发展的重要动力。2010年年底，《政风行风热线》栏目总点击量超过4.4亿次，日均点击量18万人次，共接收网民来信16.7万封，办结15.7万封，解决群众实际问题8万余件，收到感谢信3000余封，群众满意度77%。

三、网上信息公开

2005年，市监察局、市政府法制办和市信息办联合发布《北京市政府信息网上公开试行办法》，对政府信息网上公开的定义、主体、范围、时限、具体内容和监督形式等内容做了比较详细的说明。2006年，北京市开展政府政务公开现状评估，主要了解北京市政务公开（包括网络和非网络形式）的现状、公布的信息是否符合百姓需求，了解公众对北京市政务公开的满意度，获得公众的政务公开需求目录。2007年4月5日，《中华人民共和国政府信息公开条例》公布。8月28日，市政府决定成立市政府信息公开办公室，承担协调组织市政府主动公开的政府信息发布等工作。2008年4月29日，市政府举行全市政府信息公开工作启动暨市政府信息公开大厅揭牌仪式。5月1日，《中华人民共和国政府信息公开条例》实施，首都之窗门户网站增设《政府信息公开》专栏，下设《政府信息公开指南》《政府信息公开目录》《政府信息公开年报》《依申请公开》《监督投诉》等栏目，方便公众查阅全市各级行政机关主动公开的政府信息。区县政府、市政府工作部门也在各自网站设立《政府信息公开专栏》，公开各类政府信息。同日，市政府信息公开大厅及市区两级38个国家档案馆、公共图书馆查阅中心，515个公共查阅室，78个资料索取点等（共632个）各级各类政府信息公开查阅场所全部面向公众开放。为规范政府信息公开专栏的管理维护工作，发挥政府网站作为政府信息公开第一平台的作用，2008年制定并出台《北京市政府网站政府信息公开专栏管理规定（试行）》，明确信息公开专栏的管理内容和职责。2008年，全市新建或改建1282个政府信息公开申请受理场所，公布全市政府信息公开受理机构的联系方式。截至2010年9月30日，全市政府信息公开系统和专栏累计主动公开452823条政府信息。其中，市级部门主动公开127221条，区（县）主动公开325602条。受理申请公开政府信息事项5465件。2010年，全市政府信息公开申请数为6996件，内容主要涉及土地出让、拆迁补偿、城市规划、房屋产权等方面。

四、网上办事

2006年，市委办公厅、市政府办公厅发布《关于进一步加强首都之窗网站建设和管理的意见》，加快推进行政办事事项网上办理工作。2007年，市政府在直接关系群众生活方面拟办的第39件重要实事中明确提出，深化北京市行政办事事项网上办理工作，深入推进网上办事“一口受理”，方便社会公众和企业办事。2009 年 9 月 15 日，市经济信息化委发布《北京市政府网站网上办事服务建设与管理规范（试行）》《北京市区（县）政府网站基本行政办事事项参考目录》等文件，对网上办事服务的实现方式、内容组织、质量管理、辅助功能提出具体的规范性要求，对各区（县）网站提供基本办事事项的参考目录。2010 年，社会公众通过网上办理的业务总量达 880 余万件。其中，网上办税、工商登记年检的网上办理量超过百万件；社会保险网上办理企业申报交易 40 万笔、个人查询请求 100 万次；机动车网上选号受理申报业务 20 余万笔；核发外商来华邀请函、教师资格认定等业务 100% 网上办，年办理量逾万件。

五、服务北京奥运会

2007 年 3 月，eBeijing 网站外籍奥运会志愿者网上报名系统开通。8 月 23 日，为了践行申办奥运做出的“使任何人能够在任何地点、任何时间，以多种方式便捷地获取北京市政府提供丰富的、及时的、准确的资讯和服务”承诺，响应市委、市政府提出的建设“绿色北京、人文北京、科技北京”的要求，开通北京网（www.beijing.cn）。2007 年，为了通过互联网给奥运观众和中外游客提供全面、翔实的城市旅游信息，北京市实施了综合信息服务系统项目建设。11 月，北京奥组委、国家测绘局、市政府联合主办的“奥运官方网站观众服务地理信息系统”上线，成为中国第一个拥有国家测绘局颁发审图号的、面向公众服务的地理信息官方网站。2007 年年底，eBeijing 网站重新规划改版，增加了奥运频道、城市频道和文化频道，大量使用电子杂志表现形式，体现多姿多彩的中国文化专题。2008 年 3 月 31 日，外籍奥运会志愿者网上报名工作结束，来自美国、意大利、加拿大、韩国、英国等 171 个国家和地区的 21477 名外籍人士通过登录网站申请，获批成为 2008 年北京奥运会志愿者，其中在北京的外籍人士有 1830 名。2008 年 5 月，《畅游北京》栏目改版，页面扩充 60%，子栏目增加近 1 倍，奥运期间发布新闻 2000 多条。7 月 1 日，“志愿北京”成为北京志愿服务综合信息平台的重要组成部分；“12355 短信平台”上线，作为奥运会期间奥组委志愿者部的各处室、北京志愿者协会与各赛会、各城市的各类志愿者通过手机短信进行沟通互动的平台。2009 年 12 月，经过北京奥运会期间的规模应用，北京市地理信息公众服务平台正式启动建设。

第二节　政府办公信息化

一、办公自动化

办公自动化（Office Automation，以下简称 OA），是指借助技术手段，将人的部分业务转交给各种设备处理，由设备和办公人员共同完成办公业务。

办公自动化最初应用于会计部门，只具有电子数据处理的簿记功能。20 世纪 60 年代，政府主要依靠各种传统设备辅助公职人员的手工操作，包括收集信息用的各种专门报表，传输信息所使用的公文、电话、传真等。进入 70 年代，政府处理的信息迅猛增加，对信息处理数量、速度和效率的要求越来越高；各部门协作的工作越来越多，各部门各自为政、孤军作战的做法已不适应业务需要。为了解决这些问题，办公自动化应运而生。进入 90 年代，办公自动化进一步发展。办公过程由普遍使用电脑和打印机，并利用其进行文字处理、表格处理、文件排版输出以及人事财务信息管理等，发展到普遍使用网络技术，实现文件共享、网络打印共享、网络数据库管理等。1988 年年初，中关村科技园区海淀园各管理部门开始使用计算机，建立自己的数据库，解决统计、内部管理和报表等方面的计算机化问题。1998 年至 2005 年，市卫生系统办公自动化实现行政管理电子化、网络化、网上审批。2003 年，北京市机关内部信息系统建设初具规模，52 个委办局和 18 个区县建设 104 个应用系统。依托电子政务专网，建设统一的公文流转和电子邮件系统。15 个委办局提供了网上申报、在线填报审批等 58 项办公服务项目和网上联审试点应用。2005 年 1 月，市委教育工委、市教委机关办公系统升级改造完成。改造后，系统增加外单位纸质文件电子化接口，行风、政风和热线网络办理工作流程，信息报送量等统计功能。新增档案管理信息系统、案件管理系统功能模块。同年，市环保局办公自动化（OA）项目一期开发完成，包括运行系统、行政办公系统、内部管理系统、公共信息系统和资源管理系统。2005 年至 2006 年，北京环保政务网一期、二期建设工作完成，实现市环保局与异地直属单位以及全市各区县环保局的网络联通。2005 年，市体育局完成内部局域网建设，实现局机关各部门的网络互联。市政府公文传输、市人大建议和市政协提案的网上办理等。2006 年、2007 年分两期建设完成 1847 条政务专线，覆盖全市 18 个区县体育局和 23 个直属单位。截至 2009 年，市体育系统局域网建设形成覆盖全局 23 个直属单位的互联网络接入体系。

二、公文信息化

为提高公文管理质量和效率，市政府 1994 年起开展公文信息化建设工作。1998 年至 2000 年，市政府办公厅启用公文档案管理系统，并对 1979 年 12 月至 2000 年以来的纸质公文历史档案进行数字化扫描，实现公文档案入库、查询、借阅电子化管理。2003 年，市政府报国务院及国务院办公厅的公文实现网上电子传输。2004 年 1 月 1 日，市政府系统电子公文传输系统启用，以市政府办公厅为枢纽，联接各区县、各委办局的公文处理网络基本建成。全市 18 个区县政府、市政府各委办局及中关村管委会、北京经济技术开发区管理委员会（以下简称开发区管委会）等机构实现通过电子公文传输系统向市政府报送公文，公文正文和附件的生成、发送和接收均可通过电子公文传输系统完成。公文传递时间从原来的 2 ～ 3 天变为即时传送，文件交换也实现网上实时查询和记录，公文处理效率和科学化管理水平进一步提高。

三、财政信息资源系统

2000年，北京市建立部门预算、指标管理系统，初步实现预算处、国库处、采购办以及各部门预算处室之间的互联互通。2003年建设集中支付系统（兴财版），形成以部门预算编审和国库集中支付为核心的业务系统。2005年，北京市开展财政业务全面大整合，建立财政信息资源系统（FIRS）。2006年1月，财政信息资源系统一期建成运行，12月完成二期工程建设。2008年12月，财政信息资源系统基本涵盖北京市区两级财政、国库、税务、预算单位、代理银行等财政资金管理和使用单位，全面覆盖预算内和预算外、税收收入和非税收收入等所有财政资金，其中预算管理、项目库管理、指标管理等主线业务系统全部建设完成，实现业务系统和综合办公系统的无缝衔接。2010年，财政信息资源系统涉及市财政局业务处室和5000多个预算单位以及银行、税务等部门，总用户数2万多个；系统年访问量超过200万人次，日均访问量1万人次；预算管理系统覆盖市级163个一级预算部门、1400多个基层预算单位；人员管理系统涵盖全市7万余规范统发人员数据，实行动态管理。

四、行政监察信息系统

2001年，市监察局开始加强软件开发运用。2004年，北京提出网上监察理念，其后构建针对全市网上行政审批的网上监察系统，初步实现对北京市48个行政审批单位、2100多项网上行政审批行为全过程监督检查。2005年，市监察局在首都之窗网站开通“北京市政风行风热线”，建立和完善由网络热线机制、民意测评机制、评议员评议机制构成的北京市民主评议政风行风工作机制。2007年，在备战北京奥运会关键阶段，市监察局建设奥运场馆建设监督信息系统，用于对场馆的建设与审批情况进行过程监督，在廉洁奥运监督工作中发挥了重要作用。2009年，市纪委监察局提出在全市建设行政监察现代化工程，并将此列入北京市十大重点电子政务工程。截至2010年，组织在线直播241期，邀请61个政府部门、公用事业单位的992位领导走进直播间，为群众解决实际问题12.7万余件。

五、电子政务网上审批系统

2001年下半年，北京市电子政务网上审批一期试点工程启动。2002年5月31日，系统试运行，58项审批服务业务实现网上办理。9月底正式开通运行，建立起政府部门与部门之间、政府与企业和社会公众之间，以及审批部门与行政监察部门之间在线、互动的网络办公平台。市民申请补办身份证、下载出入境表格、查询办理护照信息，企业办理营业执照、投资开发项目、进行社团登记等政府业务开始在网上运行。北京市数字证书认证中心为北京市电子政务网上审批项目提供统一身份认证服务。2003年12月30日，代表电子政务网上审批二期工程建设标志性的枢纽平台——网上审批市级平台开通试运行，同时参与二期电子政务建设的23家委办局基本上与市级平台联调成功。2007年，首都之窗“办事服务频道”在电子政务在线服务平台基础上建立。2010年年底，电子政务网上审批市级平台向社会提供48个市属政府部门1919项政府办事公共服务目录，以及35个市属委办局及2个区（县）的932项网上办事服务，全年页面访问量达420万次。2001年至2010年，市政府折子工程中，有8年包含行政审批制度改革和网上审批相关的内容，共计37条。

六、应急指挥系统

2003年6月初，市委、市政府启动北京市应急指挥系统研究工作，成立课题领导小组和工作小组，17个委办局参与此项研究工作。2005年4月，北京市成立北京市突发事件应急委员会，统一领导北京市突发事件预防和应对工作。10月，北京市应急指挥系统建成并投入使用，17个委办局的应急指挥子系统实现全市统一汇总。2006年，为提高防范和处理突发事件的能力，北京市筹建统一应急指挥系统、制定各类应急预案等七大措施，印发《北京市应急指挥系统平台建设指导意见》，指导全市各区县、各专线应急指挥部和相关单位应急指挥平台建设。2009年5月，“国庆首都阅兵指挥控制三维模拟推演系统”开始研发。8月，该系统通过验收，实现对阅兵场景全过程全要素的模拟推演，提供了各方面高质量辅助决策支持，保证阅兵当天实现精准“零误差”。

七、在线审计信息管理系统

2005年4月，《北京市审计局2005至2007年审计信息化发展规划》上报市政府获得批准。11月，审计信息管理系统开始建设。2005年下半年，市审计局开始编制《业务需求书》，组织40多名审计专业人员，集中审核梳理出52个问题。2006年10月开始按照审核确认的系统架构方案、审计事项表系统设计方案、业务标准进行开发。11月开始编写测试用例200多条，对审计业务及门户、公文系统1500多个点测试，组织18名专家进行评审。2007年5月，审计信息管理系统试运行。2008年，在市审计局审计信息管理系统基础上开发了区（县）适用系统。8月分别在大兴、丰台、石景山、房山4个区审计局进行部署，在11个审计项目中试点运行。2009年12月，审计信息管理系统建设完成。

图5-1　2007年7月，审计人员利用审计信息管理系统开展专项资金审计调查

八、干部在线学习系统

2005年4月，北京市启动干部在线学习系统的开发建设工作。2006年7月3日，市委组织部、市人事局联合召开在线学习工作部署会，对全市干部在线学习工作进行动员和部署。2009年11月，北京市干部在线学习系统二期建设项目通过验收，全市累计共有3.5万人参加在线学习，其中参加年终考核的局级干部2263人、处级干部24293人。2010年，北京市干部在线学习系统继续扩大应用范围，拓宽沟通渠道，支持单点登录，建成集干部在线学习、培训电子档案管理、互动交流平台、短信平台、师资管理、运行监控和课件测试于一体的综合应用平台。

九、电子政务管理服务系统

2005年5月，北京市将信息化水平列入年终委办局考核单项指标，61家市级政府部门首次开展电子政务绩效考评工作。12月，绩效考核工作结束，考核优秀单位20家；提出2006年要逐步实现电子政务考核“一票否决制”。2005年9月，“北京电子政务管理服务系统”V1.0版本开始建设，搭建面向全市政府机构的电子政务管理和服务框架。11月，根据《北京市人民政府办公厅关于加强本市国家行政机关基础工作的通知》提出的“职责清、情况明、数字准、素质高”的工作部署和要求，北京市开展业务流程和协同工作清、网上服务清、信息资源清、实现路径清和统一平台、统一网络的“四清两统一”，对政务管理工作提出新要求。2006年7月，该系统上线；11月完成升级，接入市领导决策平台；12月完成22个项目的申报审批工作。

十、能源运行监测调度系统

2006年，为应对首都能源供需紧张局面，经市政府领导批准，市发展改革委建成涵盖电力、成品油、煤炭、运输、燃气、热力等多个领域信息的能源与经济运行监测调度系统，即北京市能源运行监测调度系统。该系统集调度指挥、运行监测和信息发布于一体，实现指挥调度、信息采集、预测预警、综合分析、信息发布五大功能。该系统共有不同频度监测指标500余个、多角度分析模型90余个、主要信息采集单位20余家。截至2010年，该系统累积采集数据信息2亿条，每年平均以3000万条的速度增长。

十一、经济社会管理信息系统

2009年，为支撑全市经济形势分析工作，提高对宏观经济走势的分析预测能力，建成北京市经济社会管理信息系统。系统整合了市统计局、中国经济信息网、中宏网和聚源网等多种来源数据，建立北京市经济社会发展综合指标体系，共积累宏观经济数据1100万条、文献数据500万条和空间数据2200层。经济社会地理信息子系统中的形势分析业务子系统具有数据查询、文献检索、主题分析、景气预警和预测模拟等业务功能，实现了统一的地理信息资源管理和空间数据综合应用功能。

第二章　经济信息化

1990年，北京市经济信息中心成立，承担提供经济信息、经济形势分析预测等工作任务。20世纪90年代，北京市服务业领域开展“金卡工程”，推广POS机、ATM等应用。90年代中期实施首都电子商务工程。90年代末期，一批知名电子商务网站涌现，北京电子商务快速发展。

进入21世纪，北京地区的工业化与信息化融合速度加快，两化融合赋予企业崭新的活力。北京企业利用信息技术改造传统产业，降低企业在生产、研发、销售、采购等经营活动中的成本并提高效率；构建电子网络商务环境，建立现代物流支撑体系，利用国际和国内两个市场配置资源，以信息流降低材料和能源的消耗，推动企业增长方式向高技术转变。

截至2010年，全市大多数企业制定中长期信息化发展规划，北京的大中型工业企业建立内部局域网，国有重点骨干企业和规模以上企业的信息化普及率达到96.7%。部分企业建立远程商务平台、可视电话会议、电脑辅助设计等系统，运用宽带网络平台，以PDM资源为依托，以CAD/CAM为工具，做到从概念设计、变形设计到分图生成、任务分配，以及执行监控的一体化。经济信息化促进了企业生产水平和效益利润的提高，提升了企业的现代化管理水平与核心竞争力。

第一节　企业信息化

20世纪80年代中期，北京市开始企业管理信息系统（MIS）建设。市工业系统总计完成430项计算机软件的应用。其中，计算机辅助管理软件192项，占44.65%；生产过程控制软件39项，占9.06%；计算机辅助设计软件38项，占8.83%。

1990年，北京第一机床厂开始全面实施计算机集成制造系统（CIMS）应用工程，1995年获得美国制造工师学会（SME）授予的“工业领先奖”。据1991年调查，北京地区开发各类数据库411个，占全国总数的一半。1993年，北京地区数据库拥有量592个。1996年，北京地区的电子信息网达到70个，网络用户上万。部分传统企业在企业管理和决策环节运用了信息技术，实现生产过程控制的自动化、产品设计和制造的计算机化。少数高新技术企业在资源规划（ERP）、客户关系管理（CRM）、供应链管理（SCM）等系统实现信息流、资金流和物流的高度集成化和智能化。61% 的企业建立了自己的网页，70% 的企业开通了专用邮箱，74.6% 的企业内部建设计算机网络，绝大多数企业成立了 IT 部门。多数企业制定了企业信息化发展规划，近 1/3 的大中型企业建设了企业信息系统。

进入 21 世纪，在全市 142 家名牌企业中，85%的企业建设了内部局域网，每百人拥有计算机 20 台（国内制造业企业平均百人计算机拥有量 14.4 台），其中电子信息、生物医药、机械、建材、石油化工行业中 80%的企业制定了企业信息化发展规划。“九五”期间，通州区属企业平均每家企业信息化投入 45.9 万元；“十五”期间，平均每家企业信息化投入增加到 88.8 万元（按有投入的 135 家企业计算）。

2005 年，北京市名牌产品生产企业全部实现初级信息化，69% 的企业达到中级企业信息化水平，2.8% 的企业达到高级企业信息化水平。83.2% 的中小企业达到信息化初级水平，32.2% 的中小企业达到信息化中级水平。大型商业企业、连锁百货、超级市场、专卖店等 MIS 普及率达到 100%，单品管理达到 80%；建设了北京商业服务网，为中小商业企业的信息化发展提供平台支持与保障。企业资源规划（ERP）系统、办公自动化（OA）系统普及率提高，半数企业开始实施资产管理（EAM）系统、客户关系管理（CRM）系统、供应链管理（SCM）系统、产品数据管理（PDM）系统。

2007 年，中共十七大提出“发展现代产业体系，大力推进信息化与工业化融合，促进工业由大变强”。2008 年，全市工业和服务业信息化总投入约 192 亿元，占主营业务收入总额的 0.3%。许多企业通过开展两化融合提升了经济效益。北京地铁车辆装备有限公司打造数字化研发制造基地，具备年修、造车 400 辆的综合生产能力，截至 2008 年 6 月，累计修车 800 多辆，位居全国第一；累计造车超过 600 辆，位居全国第二。铜牛集团建立了以集团品牌运营中心供需链管理系统（SCM）、北京铜牛股份公司生产基地以 ERP/MES 系统、产品研发 PDM 系统、服装 CAD/CAPP 系统等为核心内容的企业网络化经营与制造运行平台，提高了企业对市场的快速反应能力，因交货紧迫导致的外贸产品空运率由 1% 降低到 0.5%，每年节省 100 多万元，订单周期缩短 30%，客户满意度达到 90% 以上。北京第一机床厂建立“时间—成本”双主线控制的 ERP 系统 EMIS，以市场为导向，以满足客户需求为中心，贯串时间、成本两条主线，优化排产，实现“一单到底”的生产进度及成本核算管理和大规模定制生产。北京天宇朗通运用计算机辅助设计（CAD）系统、计算机辅助测试系统、网络化计算机辅助开发环境、模型库管理与模型效验系统等，实现全程信息可分享、可追溯、可复制、可转换，可与生产环节流畅衔接，研发周期从最初的 6 个月提高至最快 45 天开发一款新产品，产品设计周期缩短到 45 天，使“天语”成为国产手机第一品牌，2009 年第一季度销量进入中国市场份额前三甲。

2009 年，全市工业和服务业企业的总投入约 200 亿元，增加门户网站近 4 万个，上网率达到 58.3%，平均互联网带宽为 3.5Mbps；规模以上企业上网率达 100%，平均互联网带宽为 18.4Mbps。

2010 年年底，北京经济发展坚持保增长与调结构相结合，形成“三二一”的产业发展格局，以金融、信息服务和软件等为代表的现代服务业迅速发展。北京信息技术应用水平不断提高，具备推进两化融合深入发展的良好条件。北京企业的宽带用户约有 10 万户，企业网站数量 8.4 万个；开展电子商务的企业超过 30%，大型骨干企业超过 40%。大中型制造业企业研发设计覆盖率 62%，办公自动化覆盖率 65%，ERP 覆盖率 45%，财务管理软件覆盖率 86%。

第二节 电子商务

一、金卡工程

1993 年，国家启动“金卡工程”，北京是“金卡工程”6 个国家级试点城市之一。北京市“金卡工程”主要内容为普及金融卡（按照全国 10 年 3 亿人持卡的规划，北京市年发卡量应在 50 万张以上）。10 年内在全市 2 万家大中型商场及连锁店、高档消费商店、大型超市、星级饭店和有条件的小商店中，普及金融卡实时转账消费，在小型商店中普及使用现金收款机，同步推广商业企业的计算机信息管理系统，建设现代化商业体系。扩大 ATM 装机量，10 年内达到 1000 台，开展“自助银行”“电话银行”服务，基本满足市区和郊区县居民持卡存取款的需要；在全市大中型企业、事业单位全部实现职工工资、养老金的自动转账；开展对水、电、气、电话、房租等公共费用以及股民股息红利等自动转账业务；在全市市区和郊区县实现金融卡联网通存通兑，在全国“金卡工程”统一规划下开通异地持卡存取款及消费业务；将金融—商业—消费者三者有机结合，逐步采用 IC 卡（智能卡），在医疗保健、邮电、公共交通、保安、户籍等领域推广。

1994 年，中国人民银行、中国工商银行、中国农业银行、中国银行、中国建设银行、中国交通银行等银行的北京分行联合出资成立北京金卡网络有限责任公司，负责北京银行卡网络的建设，目的是实现北京市 POS/ATM 机的共享和银行卡联网通用。握奇数据将当时国际尚在摸索的 PKI（Public Key Infrastructures，公开密钥密码）基础设施运用于中国银行“长城信用卡网络授权系统”，该系统获 1997 年中国人民银行科技进步奖一等奖。

1995 年 5 月底，由全国 13 家单位组成的华旭金卡有限责任公司与清华大学微电子研究所、清华大学计算机系组成的联合攻关小组研制成功逻辑加密存储卡芯片 HX768。之后，华旭金卡公司联合太极计算机公司、天津环球磁卡公司、上海长丰智能卡公司、黑龙江省先行金卡公司完成卡用芯片模块制作、IC 卡印刷、后道封装和最后测试，研制出第一张全部国产化的 IC 卡——中华 IC 卡，攻克了可电擦、可编程存储器等技术难关，打破 IC

卡用芯片依赖国外加工生产和进口的局面，为“金卡工程”的实施提供了关键性基础条件。1995 年，北京市发行金融卡每百人不足 1.5 张，各行卡不能通用，特约商户 800 个。

1996 年，握奇数据开发中国第一个具有自主知识产权的智能卡操作系统 TimeCOS，1998 年通过中国人民银行“PBOC 银行卡”检测，进入智能卡行业。

1997 年 8 月 29 日，北京银行卡网络开通运行。北京市 16 家发卡单位先后加入银行卡网络，实现全市银行卡联网通用。

1998 年，北京市“金卡工程”通过验收，信用卡跨行授权应用范围进一步扩大。

1999 年，中国海关总署在“中国口岸电子执法系统”项目中部署握奇数据自主研发的“PKI 智能卡”。

2001 年，国家要求改善银行卡受理环境、提高通用效果，改变银行受理点少、群众用卡不方便的局面，重点推进北京市银行卡联网通用，全面实现各类银行卡的跨行通用。中国人民银行把北京市作为重点地区，加强银行卡联网通用工作。市委、市政府主要领导对北京市银行卡应用提出“刷卡消费无障碍”的要求。

2002 年 3 月，中国银联在合并原有 19 个银行卡信息交换中心的基础上成立，北京金卡网络公司转制为中国银联北京分公司，作为中国银联在北京地区的分支机构，负责北京银行卡网络的建设、运营和管理，开通的业务种类有银行卡跨行交易转达和资金清算，包括跨行 POS 消费、ATM 取款、查询、转账等。2002 年全市银行交易 13212 万笔 3160 亿元，其中 POS 消费 1688 万笔计 121 亿元，高于全国交易量，占当年社会商品零售总额的 4.2%。

2003 年 6 月底，北京市 16 家商业银行发卡 3350 万张，其中银联标识卡 1120 万张。北京不断完善和开发银行卡用途，推进银行卡电费缴费、网上和 ATM 跨行转账、外卡收单、信息亭支付、移动 POS 以及银税共享等功能。

2004 年，北京市各发卡银行的全部近 2500 台 ATM 和 21000 多台 POS 机均与银联网络联网，使用任意一张银行卡都可在任意一台机具上完成与发卡行相同的业务。

2005 年，握奇数据提出“OCL 技术”，构造“基于用户可参与性的安全网络交易体系”，成为安全认证领域的一大突破与创新，引起一场网银安全技术革命。OCL 技术成为几乎每个主流商业银行“高端 USBKey”的招标要求，成为中国密码管理行业标准《智能密码钥匙应用接口规范》的一部分，承担了工业和信息化部电子信息产业化基金项目“基于 OCL 技术的电子签名设备和系统”。

二、首都电子商务工程

1996 年 2 月，中国银行在国际互联网上开通自己的主页，成为中国第一家在互联网上向全球发布信息的银行。之后，国际收支申报、信用卡交易查询、集团客户服务等网上银行服务系统陆续开发并投入使用。

1997 年 1 月 1 日，西单商场在推行信息化 6 年之后，彻底甩掉手工记账，以机代账，实现计算机管理。年底，西单商场成为首都零售企业销售冠军，在全国名列前茅。同年，西单商场开始使用网络广告。

1998 年 4 月 7 日，北京海星凯卓计算机公司和陕西华星进出口公司在中国商品交易系统进行首单电子交易。4 月 13 日，装载价值 166 万元 Compaq 电脑的货柜车从西安抵达北京。4 月 15 日，中国银行与首信公司签署战略合作协议书，中国银行将为北京公用信息平台发展电子商务提供网上交易支付认证与授权。7 月 1 日，外经贸部“中国商品交易市场”开通，客户可以在网上寻找信息，在网上加密的谈判室进行业务谈判、签订合同。8 月，西单商场网上购物中心（www.xdsc.com.cn）启用。年底，北京市西单商场股份有限公司互联网络购物中心开通，成为首家开办互联网上购物系统的大型零售商业企业。8 月 18 日，城乡华懋网上商城上网运营，成为京城第一家通过互联网实现网上定购的大型商厦。

1998 年 7 月 24 日，市政府召开首都电子商务工程第一次领导小组会议，市政府与中国人民银行、国家内贸局、国家税务总局、海关总署等单位联合开展首都电子商务工程试点工作，成立以北京市常务副市长任组长的领导小组，成员由北京市政府、中国人民银行、国家税务总局、中国邮电邮政总局、中国银行、中国工商银行、海关总署、北京海关、北京电信管理局、中国民航总局等部门有关负责人组成。首都电子商务工程的重点是建设电子商务的运行平台——首都电子商城。该商城是依托首都公用信息平台建设的重要应用系统，由诸多虚拟的电子商厦、电子商场以及一批中介代理、服务机构组成，首信公司为其提供安全认证体系、安全支付结算体系等基础服务。首都电子商城分 3 个层次，即电子商场、电子商厦和电子商城。11 月 12 日，首都电子商务工程框架出台。11 月，中国电子商务发展战略国际研讨会（E–Commerce CHINA’98）在北京举办，会议研究了中国电子商务发展战略和中国发展电子商务配套体制等问题，宣布首都电子商务工程启动。

1999 年 3 月 9 日，北京图书大厦网上书店开业。3 月 19 日和 6 月 28 日，城乡华懋网上商城分别通过全面技术测试，正式开通网上在线结算，成为北京首家实现网上结算的大型商场。作为首都电子商务工程的首批试点企业，城乡华懋网上商城入驻首都电子商城。5 月 18 日，中国第一家在线销售软件图书的 B to C 8848 网站建成。9 月 2 日，西单商场率先实现 POS 一机多用。同时，西单商场和中国工商银行北京分行联合开发的银行卡跨行结算商业 MIS 系统开通。持有北京市金卡服务中心会员行发行的银行卡及各种外币卡，均可通过西单商场的 POS 机进行消费结算，该 MIS 系统为国内银行卡业务联合提供了新的解决方案。西单商场银行卡跨行结算商业 MIS 系统的核心是将商业 MIS 系统、银行 POS 系统与北京市银行卡服务中心进行联网，在一台 POS 机上可以受理工商银行、农业银行、中国银行、建设银行、交通银行等商业银行的银行卡，为持卡人提供快捷服务。9 月 2 日，中关村 11 家高新技术企业开展 B to B 模式电子商务，联想、方正等 11 家中关村高新技术企业成为首批参与首都电子商城实施 B to B 模式电子商务的企业。9 月 6 日，中国国际电子商务应用博览会在北京举行，是中国第一次全面推出的电子商务技术与应用成果大型汇报会。11 月，中国第一家网上书店“当当网”创建。12 月，建设银行在京宣布推出网上支付业务，成为国内首家开通网银的国有银行。同年，中国网库推出“中国网络黄页”，并在全国各地开通地方 114 网，并以各地 114 网为基础，为企业提供网络信息化应用等全套服务。方正科技实施“先内后外”策略，开始运行电子订单系统；联想神州数码交易平台 E-BRIDGE 为厂商和代理商搭建智能化在线交易平台。截至 1999 年年底，首都电子商城先后有西单图书大厦网上书店、北京珠穆朗玛电子商务公司、首都电子商城玫瑰花坊、重庆电子报、英特集团、中国旅游电子商务网、中国国际航空公司、西单商场、世都百货、城乡华懋、燕莎购物中心等 30 余家商户和企业入驻，1.3 余万注册消费者，近千万次访问。首都电子商城作为支付中介服务的提供者，支持多种银行卡和其他支付手段。通过与中国银行合作，首都电子商城在 12 个省市联网基础上，以借记卡为支付工具，实施安全电子交易协议（SET），将跨省扣款时间从 10 天左右变为实时完成。首都电子商城建立了物流配送体系，入驻的专业物流配送公司包括世联配送中心、伊速（e-speed）、邮政 EMS、时空网（红叶集团）。

2000 年 6 月 21 日，中国电子商务协会在北京成立。12 月 12 日，北京时代珠峰科技发展有限公司成立，主营 B to C 电子商务。年内，网民人数成倍增长，北京、上海、广州三大城市网民参与网上购物的比例达到 10%，全年网上消费额超过 3 亿元。

2001 年 2 月，北京数字证书认证中心成立，是市政府批准、市信息办等部门指导下由国有资产管理公司、首信公司等投资，依托首都公用信息平台建立第三方认证机构，为从事电子商务、电子政务、网上金融、网上证券、网上办公的政府机关、企事业单位、个人和网站签发数字证书，提供基于数字证书的信息安全解决方案，保障网上交易和网上行政作业的安全，为电子政务、电子商务和其他网络应用（包括公网和专网）建设安全、可信、可靠的作业环境。9 月，卓越网成为国内首家实现赢利的电子商务企业。同年，中国石化、联想集团以及神州数码的 B to B 交易形成较大电子化供应链，带动一大批企业将其业务搬上网。

2002 年，全球电子商务交易额持续增长。9 月，实华开单笔跨国网上采购额突破千万元人民币，刷新亚洲网上开放式纯电子商务采购纪录，为采购方节省百余万元人民币，节省比例达 10.72%。同月，6688 电子商务网站创立。10 月 22 日，北京青年报网站（YNET）宣布建立基于“团购”的电子商务平台“Tuangou.com 商务中心”。同年，亿龙网、携程网宣布赢利。

2003 年，卓越网在非典时期实现 5 天销售额突破 1500 万元。2004 年，国际风险投资开始对中国 B to B 行业大力注资。1 月 8 日，8848 转型专注做“中国电子商务引擎”。8 月，亚马逊以 7500 万美元协议收购卓越网，并将其更名为卓越亚马逊。

2006 年 3 月，第一届中小企业电子商务应用发展大会在北京举行。5 月，环球资源收购慧聪国际 10% 已发行股本，组成“中国最大 B to B 战略联盟”，直至 2007 年 12 月撤资。10 月，慧聪网与分众无线联手推出国内首个无线 B to B 平台。

2007 年 7 月，京东商城建成北京、上海、广州三大物流体系。8 月，京东赢得国际著名风险投资基金今日资本的首批融资 1000 万美元，开启国内家电 3C 网购时代。10 月，凡客诚品（Vancl）上线，成为当时中国最大的互联网服装销售品牌。

2008 年，中国网络购物交易规模突破千亿元，达到 1281.8 亿元，其中淘宝网一家实现交易 999.6 亿元。7 月，市工商局公布《关于贯彻落实〈北京市信息化促进条例〉加强电子商务监督管理的意见》，规定 8 月 1 日起，北京地区的网店经营者从事买卖前必须先注册营业执照，否则将被工商部门查处，是全国首部针对网店的地方性法规。12 月 25 日，国内首款电子商务公共搜索平台“生意搜”（so.toocle.com）创建，标志“电子商务 + 搜索引擎”大融合到来。同年，以 Vancl、BONO、衣服网、李宁为行业代表的各类服装网购平台兴起，其在线直销模式引发传统服装销售渠道变革。

2009 年 1 月，今日资本、雄牛资本等向京东商城联合注资 2100 万美元，引发国内家电 B to C 领域投资热。5 月 3 日，当当网宣布实现赢利，平均毛利率达 20%，成为国内首家实现全面赢利的网上购物企业。卓越亚马逊进入汽车、海外品牌商品领域。6 月，视频网站土豆网、优酷网先后启动，将视频技术与淘宝的网购平台相结合，推出“视频电子商务”应用技术，提升用户网络购物的真实体验。同月，银联支付与当当网签订合作协议，首度进入电子商务支付领域，与支付宝形成正面竞争。上半年，传统企业的电子商务发展迅猛，联想等传统品牌的直营店单店在淘宝网的月销售额超过 100 万元。8 月，百度宣布以“X to C”为核心的电子商务战略，并公布“凤鸣计划”。年底，国内垂直行业 B to B 网站 1200 多个。细分行业门户走入电子商务市场。在绝大多数垂直行业里，都有几个甚至几十个网站，很多垂直行业又被再次细分。在五金领域，有全球五金网、今日五金网、东方五金网、中国五金网等，还有细分的锁网、模具网、螺丝网、泵阀网、工具网、轴承网等。2009 年，北京电子商务交易额近 3200 亿元，涌现出一批全国知名的电子商务专业企业和服务企业。工业领域从单项应用向研发、制造和管理的集成应用过渡，服务业领域逐步向网络化服务和精细化管理迈进。

2010 年，京东商城获得老虎环球基金领投的总金额超过 1.5 亿美元的第三轮融资；3 月 11 日，京东收购 SK 电讯旗下的电子商务公司千寻网。在 B to C 市场上，卓越亚马逊开始朝百货商城进发，同时当当网、红孩子从垂直向综合转型，传统家电卖场苏宁的 B to C 易购开始销售化妆品和家纺等百货商品。5 月 19 日，凡客诚品宣布旗下新购物网站“V+”（vjia.com）上线，首批上线 Nike、Adidas、Lee、G-star、马克华菲、IZZUE、KAPPA、NewBalance、爱慕等 60 余家合作品牌。6 月 23 日，C to B 网络团购新形式在争议中稳步增长。糯米网推出 40 元双人电影套餐（电影票 2 张 + 可乐 2 杯 + 爆米花 1 份 + 哈根达斯冰激凌球 1 个），一天时间吸引逾 15 万人参与团购。此后，多家团购网站推出类似的电影套餐团购活动。9 月 15 日，京东商城开放平台上线测试，部分品牌商和供应商可以通过该平台在京东商城出售商品。11 月，国美以 4800 万元收购家电 B to C 网站库巴网 80% 股份。12 月 9 日，当当网在美国纽约证券交易所挂牌上市。年内，麦考林、当当网成为第一批中国概念的 B to C 电子商务上市企业。

第三节　经济运行信息化

一、工商登记管理信息化

金网工程

1993年,市工商局通过建设“九三工程”实现远程名称查重和营业执照打印。1994年，市工商系统的信息化建设提出“金网”工程构想。1995年，北京市率先在全国工商系统建成企业登记管理计算机应用系统，实现企业登记业务环节的计算机化。1996年，《北京市工商局管理信息系统总体方案设计》制定,明确了1996年至2000年信息化建设的战略目标。11月，将“九五”信息化规划的实施定名为“金网”工程。1997年，“金网”系统的核心服务器平台开始建设。2000年,市工商局组织开发各类应用系统,各分局开始自行开发“金网”辅助程序。2004年，市工商局启动“金网二期”工程，着重解决应用趋势的系统改造和升级、系统间的数据共享和挖掘、安全体系建设，以实现业务整合、各类需求总体融会、技术选择统一、信息系统开发组织协调一致。2009年3月，新登记系统和数据中心上线，北京工商信息化基本形成以“一个中心”“两个平台”“三类应用”为核心的总体应用体系。

“北京工商”网站

2000年4月，互联网公众服务平台“北京工商”（红盾315网站）开通。2004年，网站全部设备托管于中国联通北京分公司的骨干机房，提高了外网应用系统和设备的稳定性和安全性。2000年至2007年，市工商局外网门户访问量名列市各委办局前茅。2007年，市工商局开始新版网站招标工作。2008年6月，新网站上线；2009年度页面总浏览量突破2.5亿次，在全市委办局网站中位居前列。“网上登记注册”“企业信用信息查询”等服务项目月度访问量均突破700万次，在首都之窗定期发布的“最受市民欢迎的政府服务”排名中始终位列前五名。

二、税务信息化

2001年，市地税局筹划对原有系统进行集中改造，建设北京地方税务综合服务管理信息系统，包含网站、税收征管系统、发票税控系统等功能。2002年8月1日，市地税局开通全国首家省级税务热线电话——北京地税“12366”纳税服务热线，提供纳税咨询、发票真伪查询、个人所得税明细申报的申报结果和审核状态查询服务，受理对涉税违法违规行为的举报、对税务机关及其工作人员廉洁从政、依法办事、工作作风、服务态度等方面的投诉。

2002 年 5 月，税务综合服务管理信息系统开始建设。10 月，市地税局推出重点纳税人管理信息系统，初步构建面向纳税人的明细申报系统，为全市 30 余万重点纳税人建立电子档案。2003 年，市地税局开发建设“个人所得税服务管理信息系统”。2004 年 1 月 1 日，个人所得税服务管理信息系统上线运行，解决了数十万扣缴单位集中填写申报数据系统所造成的资源瓶颈问题。

2004 年 1 月 1 日，核心征管系统在海淀区、崇文区（含涉外）、西站局试运行。4 月 1 日，核心征管系统在全市推广运行。用电子化服务纳税人所有涉税需求，实现 24 小时 ×365 天的不受地域、时间限制的连续服务，包括税务登记、发票购买、网上申报、减免缓退等涉税事项均可在网上办理。2005 年年底，国家税务总局发布全员全额扣缴申报办法，开始对个人所得税服务管理信息系统进行升级改造。12 月 1 日，北京地税“12366”纳税服务热线接入线路由 120 条增加到 210 条。

2006 年下半年，在全国换发税务登记证期间，市地税局与市国税局共同搭建了国税、地税信息实时共享平台，在全国范围内率先实现国税、地税“一证、一号、两章、一家受理、信息共享”的税务登记新格局。同年，个人所得税服务管理信息系统升级改造，以服务于年所得 12 万元以上纳税人自行申报的需要。开通纳税人网上纳税信息查询系统及完税证明全城通开系统，引入二代身份证阅读器对纳税人身份进行验证，全面提升面向纳税个人的税收服务及管理水平。核心征管业务数字签名和加密项目实施，成为国内实践《电子签名法》的第一家。

2007 年 7 月 1 日，北京地税以基于 IE 浏览器的内网行政办公系统在全市地税系统上线运行。2008 年 12 月 1 日，整合北京地税内网一期和二期的统一内网行政办公系统在全市地税系统上线运行。

截至 2010 年 6 月，拨打北京地税“12366”纳税服务热线的超过 800 万人次，热线共计处理话务 570 余万件。其中，中心座席共受理咨询、投诉、举报 1621117 件，远程座席受理咨询约 1529941 件，自动 IVR 呼叫量 2585056 万件。

三、企业信用监管信息化

2001 年 10 月，市工商局依据市政府 106 号令《北京市行政机关归集和公布企业信用信息管理办法》，开始筹建“北京市企业信用信息系统”，初步搭建企业信用信息系统的总体框架。

2002 年，市工商局受市政府委托，承接“北京市企业信用信息系统”的研发工作，开发“北京市工商行政管理局企业信用监管系统”。5 月 23 日，市工商局开始建设“北京市企业信用信息系统”（第一期）。7 月 1 日，“北京市企业信用信息系统”（第一期）程序的开发工作完成。11 月，参与北京市企业信用信息系统的 42 个委办局进行系统使用培训，系统正式投入使用。

2003年3月27日，市政府办公厅发布《北京市企业信用信息系统实施方案》，推广实施企业信用系统。12月，北京市企业信用信息系统累计为14个政府部门提供29次3000余万条数据服务。

2004年6月底，北京市企业信用信息系统汇集信息262万多条。其中，良好信息4780条，提示信息14506条，警示信息77189条。法定代表人信息667195条，其中有61712条法定代表人的警示信息被录入“企业不良行为警示系统”。

2006年3月，纳入北京市企业信用信息的委办局增加近50个，录入数据299万余条。其中，良好信息9439条，提示信息90184条，警示147991条，身份信息（专项审批、年检）2747199条。

2009年，市工商局企业信用监管系统升级改造完成，实现与局内数据中心的互联互通。

四、安全生产监管信息化

2004年，市安全监管局开始建设办事大厅系统和内网办公系统；建设市安全监管局政务门户网站和首都安全生产信息网，初步实现行政许可事项网上申报、查询和政务信息发布、通知公告、收文办理、值班管理等基本功能；开始搭建对外信息发布、查询和网上办事的平台。

2007年，北京市安全生产信息中心设立，统筹管理市安全监管局信息化建设。

2008年4月至9月底，通过涉及奥运会企业执法综合管理系统，直观展现检查工作动态情况，并对奥运会周边的6008家生产经营单位的检查情况进行汇总分析，为检查工作安排提供了有力的数据支撑，共计完成12674次检查。2008年涉及奥运会企业执法综合管理系统建设完成，将全市214家涉及奥运会场馆周边共计6008家企业图层化，支撑对6008家企业的重点监管。

2009年，市安全监管局制定安全生产信息化总体规划，提出“432”信息化总体框架；制定业务系统整合改造工作方案，建设北京市安全监管信息平台和4个核心业务系统。

五、北京市招投标管理信息化

2005年6月1日，市发展改革委负责建设的北京市招投标信息平台推出，成为北京市依法必须招标项目招标公告发布指定的网络媒介。平台宗旨是发布招投标法律、法规、规章及其他有关重要规定和监督执法信息；发布市政府投资项目招标事项核准、依法必须招标项目的招标公告、中标结果等信息，实现政府投资项目招投标全过程信息公开；同时提供北京市评标专家库评标专家网上在线服务功能。

2006年7月，北京市评标专家库试运行，11月22日正式开通。该系统提供了专家随机抽取、语音自动通知、专家在线管理等服务。其宗旨是为政府投融资项目和政府采购提供质量较高、数量充足、客观公正的评标专家资源，从源头上规范评标活动。

2010年，北京市招投标信息平台平均每月访问量为18万人次，165万个页面。标讯每月1400余条。其中，招标公告700条左右，中标结果400条左右，中标候选人公示300条左右。系统拥有1万名有效专家，开通44个终端，分布在市发展改革委、市规划委、市住房城乡建设委、市财政局、市路政局、市水务局等12个委办局和除海淀区、东城区以外的所有区县。自开通以来共抽取3万余个项目，抽取专家12.8万人次。

六、政府采购信息化

2005年，市财政局开发的北京市政府采购网上线。网站以公开北京市政府采购项目标讯信息为核心，开设政府采购最新动态、会议定点、政府采购投诉受理、政策法规、办事指南等信息公开栏目，重点开设政府采购公告栏目，包括招标公告、成交结果公告、其他公告和通知通告等内容，实时公开政府采购项目采购过程信息。同年，市财政局开始建设政府采购管理系统。2006年，政府采购管理系统正式投入使用。

2007年，北京市政府采购网新增政府采购代理机构行政许可审批系统，实现政府采购代理机构资格认定和行政许可事项审批业务的在线申报、审批、查询和监管，将所有政府采购代理机构集中管理，实现政府采购公告全流程网上运作。

截至2010年12月，北京市政府采购网发布北京市招标公告、中标公告和其他公告等标讯信息共计58647条。其中，2010年发布采购公告11543条，为1402个供应商和50个政府采购代理机构提供了便捷服务。

七、食品药品追溯信息化

2008年6月，食用农产品质量追溯系统建成。应用ISO 9000认证、GMP（良好操作规范）、SSOP（卫生标准操作程序）、HACCP（危害分析和关键点分析系统）等办法，实现农产品生产、包装、储运和销售全过程的信息跟踪。2009年，按照市政府折子工程要求和“数字药监”发展规划，完善了药品追溯系统和现场检查系统。

第三章　城市建设信息化

20世纪90年代，北京城市建设信息化工作发展加快，开始从经验型向科学型转变，从粗放型向集约型转变，从劳动密集型向科技密集型转变，从单纯管理型向管理服务型转变。1990年，房屋土地管理局建成房屋产权产籍登记管理系统、土地测绘系统、房地产交易信息系统以及房屋管理系统。1995年，市城市规划管理局启动规划管理审批信息化建设。

1996 年，市环保局建成局域网络。1997 年，北京公安交通管理部门启动现代化的交通指挥中心、机动车驾驶员信息管理系统、市中心道路交通电视监控系统、长安街智能化控制系统和交通警用车卫星定位系统五大科技工程。1998 年启动土地信息管理系统建设。

进入 21 世纪，北京城市建设以举办奥运会为契机，在市政府提出的数字奥运、数字北京口号引领下，各单位、各部门都做出信息化发展规划，实施信息化建设工程。2000 年，市城管执法局启动“96310 城管热线”社会监督举报系统建设，市水务部门建成水文地质信息系统、市平原区地下水评价系统、北京市地下水管理模型等数据库。2002 年，“数字市政”一期工程启动，主要完成 1 个中心、6 个分系统和 3 个示范基地建设。2003 年，海淀区人防办建设卫星通信地球站，并投入使用。2004 年，市环保局完成网络改造，实现核心交换机对局机关所有用户的交换控制。东城区“网格化”城市管理信息应用平台及应用系统项目启动，2005 年被国家命名为“数字化城市管理新模式”在全国推广。2008 年 5 月，市水务应急指挥平台投入运行，采取“1+1+7+N”模式，建设 1 个中心平台（应急办）、1 个协同中心平台（防汛办）、在内城河湖和重点涉奥保障部门建设 7 个分中心平台，系统覆盖部分局属单位和区（县）水务局。2008 年，北京城市的信息化建设为北京奥运会的圆满成功提供了有力保障。

2010 年，北京城市建设部门都建立了局域网，实现与上级单位、职能部门、所属单位、有关单位的信息互通互用，部分单位建成了网络平台。其中，市规划委建成市、区集中式协同办公，覆盖规划管理业务、地名管理业务和日常办公事务，GIS、MIS、OA 一体化的规划管理信息系统。国土和房屋建设管理部门建成用地审批系统、矿产资源管理应用系统、综合管理系统，基本实现国土资源管理主流程在空间信息系统框架内的业务操作和管理，实现以行政审批“带图作业”为核心的“以图管地”“以图管矿”的国土资源管理新模式。民防部门建成比较完善的预警报知系统，警报统控率 100 %。气象部门通过卫星接收中国气象局下发的有关数据，每天为北京地区公众提供各种天气预报、生活气象指数和气象资讯等信息服务。北京初步建成 3 个地震监测台网，即数字化地震遥测台网、数字化地震前兆观测台网和数字化强震观测台网。建成高速公路 365 条不停车收费车道，5 个车流集中地主线站均设置至少两条 ETC 通道，全市 ETC 标签用户百余万，公交一卡通发行量 2000 万张。

北京在城市建设管理信息化工作中，不断探索路径、寻求办法、创新模式，推进了特大城市发展、首都社会稳定和城乡人民生活环境。

第一节　规划信息化

一、规划管理信息化

1995 年，北京市城市规划管理局启动规划管理审批信息化建设。2000 年，市规划委成立信息化工作领导小组。2001 年 5 月 8 日，规划管理审批系统完成升级正式上线。2002 年，规划监督信息化建设开始，市规划委与总参谋部二部合作，开发一套利用资源二号卫星进行违法建设查处的综合应用系统。

2003 年 9 月，市规划委规划管理审批系统与区县和开发区的 19 个分局联通，分局规划管理审批系统上线。市规划委的规划管理审批系统可在统一标准下受理、办理行政许可及公共服务和技术审查等事项。

2004 年 1 月，规划管理审批系统中增加地名系统。6 月 30 日完成规划管理审批系统流程改造。

2005 年 4 月，市规划委对未实施规划监督联网办公的 6 个分局安装调试相关软件，规划监督管理的计算机达到 90 台，全部实现规划监督联网运行。5 月，市规划委将大量市政项目规划审批工作下移至各区县分局，市规划委在规划管理审批系统中开发了市政交通规划审批管理模块，实现规划意见书（市政）、项目综合图、设计综合图的计算机管理。6 月，在规划管理审批系统中建立信访办理系统，实现信访工作和其他规划审批图的共享。同年，市规划委与北京市城市建设档案馆共同将已扫描电子档案数据纳入规划管理审批系统，实现审批数据与档案数据对接。完成档案查询系统开发，提供多种查询方式，包括通过档案号直接查询和通过项目发文号、建设单位、项目名称等信息查询，以及根据项目所在空间位置图进行检索查询。

2006 年 3 月，行政许可事项借助规划政务平台全部纳入网上监察，并提供各环节的监察数据。市规划委以规划编制成果信息、基础地理信息、市政管线工程信息整合为重点，开展信息资源的共享和整合工作，逐步建立规划审批、规划编制、规划监督、空间基础、市政工程（规划）的数据交接机制、电子文件校核机制和工作流程，为实现从“前期规划”“审批管理”到“批后监督”及“档案管理”的系统化管理提供技术支撑。6 月，市规划委对规划管理审批系统进行修改和调整，在建设工程规划许可证阶段增加住宅项目“总套型、总套数，90 平方米以下套型、套数”等模块内容。同年建立信息化运行和维护工作运行机制，以保障内部审批网、政务内网、政务外网和外部互联网 4 套网络系统正常运行。

2007 年 3 月，市规划委完善网络设施建设信息化，在服务器前端部署了防火墙和 VPN

加密设备，客户端通过 VPN 的方式访问系统。4 月在规划管理审批系统中增加“过程档案借阅管理模块”。6 月设立“分局信访业务办理模块”，实现市规划委机关和分局的信访业务联网办理。市规划委完善中心城控规成果的动态跟踪管理，建立规划管理系统内有关处室、分局等部门所需的控规成果管理、查询、统计分析等功能，实现对中心城控规的动态更新。9 月，规划管理审批系统与市监察局网上监察系统正式联通运行，市规划委每日的行政许可事项全部上传至市监察局的网上监察系统中，并提供各环节的监察数据，案卷范围包括全委和各分局各项审批事项的每一个案卷。同年，规划管理系统中“红绿灯”督查功能改进，增加了快到期案卷开机主动提示和预警主动提示功能。

2008 年 2 月，为确保奥运会举办期间的信息安全和网络安全，市规划委组织人员、力量，对全委重要信息系统和网站进行风险评估、综合整改和安全加固。扩充“应征机构”查询功能，通过“应征机构”查询模块建设，把在北京市进行规划设计、建筑设计相关单位的信息按照“基本情况、资质情况、业绩情况、注册人员情况、企业信誉”等进行分类整理，汇总入库，加强设计市场行业监管。增加“昨日市情”查询功能，便于各部门及时获取相关信息；扩充绿色审批通道功能模块，保证重点项目的审批进度。

2009 年 1 月，市规划委采用最新技术，组织人员对电子地图系统进行升级改造，扩充规划管理审批系统功能，增加基于空间模型的统计分析模块，实现城市规划管理的综合分析功能。6 月，市规划委在《北京市城乡规划条例》获得市人大常委会审议通过后，开始研究规划管理信息系统改造方案，完成建设项目选址意见书（城镇建筑工程）、建设项目选址意见书（市政工程）、建设项目征求意见函等 14 项行政许可事项和行政服务事项内容的数据库设计、规划管理系统内容及功能开发，并在 10 月 1 日《北京市城乡规划条例》正式实施前完成。

2010 年，市规划委开展规划管理审批系统升级的开发工作，建成市、区集中式协同办公，覆盖规划管理业务、地名管理业务和日常办公事务，GIS、MIS、OA 一体化的规划管理信息系统。机关审批项目的受理与核发移至中环办公楼北京市固定资产投资项目行政审批综合服务大厅，完成北京市固定资产投资项目行政审批综合服务大厅网络和系统的对接工作及条码扫描设备的安装。2010 年年底，市规划委实现机关内部及与各分局、市有关部门的规划监督信息化联接。

二、规划编制信息化

2001 年，市规划委开始探索规划基础数据整理和建库工作，2004 年收集整理基础数据，服务城市研究和城市总体规划编制。截至 2005 年，基础数据建设积累了包括自然地理、现状专题、规划汇总、社会经济、历史沿革、城市影像等基础数据。基础数据的框架设计包括基础平台数据库、现状平台数据库、规划平台数据库、法规文献数据库和三维仿真数据库五大类。

2004 年，市规划委组织制作土地使用功能现状图 2003 年总体规划版，对主要公路、水系、山形等骨架性内容进行校核，形成第一版市域土地使用功能现状图，在2004年版总规编制工作中应用。同年着手开发“控规”汇总管理系统软件，建立“控规”空间数据库，服务北京中心城“控规”的用地规划设计与汇总。

2005年，规划信息发布系统、信息整合共享平台、办公自动化平台起步建设，组织研发“市规划院规划信息发布系统”，对规划信息管理中多源、多尺度空间数据的数据组织、数据整合、海量数据管理、数据表现和基于WebGIS的开发应用进行探索，通过该系统可查阅市规划委大部分审批项目的数据。

2006年，城市规划设计、汇总、发布管理系统研发，建立规划信息空间数据库，实现局域网的空间数据浏览及跨平台的数据应用，实现城市规划设计和成果信息的电子化管理。推进“办公自动化平台”建设。

2007年，中心城控规和新城规划的成果进行汇总，对已实施的规划道路红线进行更新，形成2006年版土地使用功能现状图，主要应用于2008年北京奥运会举办前后的重大规划项目。同年研究面向城市规划设计的城市级三维仿真构建方法和城市级三维规划辅助设计方法，建立北京市域16410平方公里的规划三维仿真数据库。办公自动化平台建设完成内网门户、即时通信、综合办公（收发文管理）、档案管理（第一阶段）、经营计划管理（合同管理）等模块的开发及基础资料的整理和电子化等工作，开始全面运行。

2008年，“新城控规实施进行实时评估和优化维护”项目启动。该系统在市规划委、规划分局和规划编制单位之间实现控规编制、审批管理、成果维护的全程可控，确立新城控规编制、审批管理、成果动态更新的“三位一体”平台应用模式。

2009年年初，照片管理系统筹建，具有照片资料搜集、整理、查询、借阅等功能。2010年4月投入使用。2009年，办公自动化二期建设开始，内容包括以市政所为试点的项目管理、经营计划管理升级、图档管理升级、科研管理、重点任务项目管理等。2010年10月完成。同年，土地使用功能现状图（2006年版）进行更新，主要应用于2010年总体规划实施评估工作。

2010年，综合数据库总体框架确定，明确空间数据管理相关规范，包括规划信息资源符号规范、元数据标准、数据更新规范、数据制作规范、数据流转要求等。开展市政、交通、工程综合等多个子数据库的建设。

三、测绘管理信息化

2002年6月，北京市规划道路数据库建设完成，实现测绘规划道路数据资料查询调阅。

2003年7月，国家空间基础设施项目市测绘院单位工程完成，通过国家测绘局组织的专家验收。10月，“北京市基础地理信息地图系统”完成。12月，全市1∶500基本比例尺地形图数据库建设完成。2个系统建成后，每年进行数据库更新工作。

2004年3月，全市库存纸质地形图6万余张的数字化扫描完成，初步实现历史地形图档案的数字化管理。12月，北京市地下管线数据库建成，并实现动态更新。2004年至

2010 年共完成 1∶500 地形图数据加工入库 35139 幅，1∶10000 地形图数据加工入库 850 幅，1∶2000 地形图数据加工入库 8994 幅。市测绘院综合测绘信息查询系统建设完成并正式开通，实现测绘数据资料在全院的共享和在线服务。

2005 年 5 月，市测绘院开发“数字地形图图形分发与管理系统”，用于管理、分发历史地形图和现状地形图成果。

2006 年 1 月，数字地形图图形分发与管理系统启用，采用奥西柯式印刷白图替代蓝晒图，结束向社会提供蓝图的历史，实现数字地形图网络化分发服务。同月，市规划委组织市测绘院制作了 1∶10000 和 1∶2000 政务版电子地形图，免费提供给全市各级政府机关使用，内容包括 1∶10000 政务版电子地形图 933 幅，1∶2000 政务版电子地形图 3376 幅。9 月，市测绘院与市属相关部门组织实施全市 GPS 网络连接，建立测绘院基站和北京市全球卫星定位测绘服务系统。12 月，新农村测绘和管理信息系统开展建设，完成 6 个区县 106 个村镇的新农村测绘工作，完成海淀区、朝阳区二期城市部件调查，完成全市 1∶10000 数字高程模型（DEM）制作。12 月，“北京市综合地下管线信息系统”完成。截至 2010 年，该系统累计完成 3.8 万公里地下管线数据入库。

2008 年 12 月，六环范围 1∶2000 和全市域 1∶10000 的政务版电子地形图数据更新工作全部完成，为通过审批的 38 家单位免费提供；完成“北京市施工图审查管理信息系统（建筑、勘察类）”“北京市市政交通管理系统”“北京市勘察设计招投标管理信息系统”“北京市注册师管理信息系统”“北京市房屋管理信息平台”等项目的开发建设。

2009 年 7 月，市测绘院承担的“面向公众的地理信息服务与管理”通过专家验收，该项目成果呈现方式为北京地图网站（www.bjmap.gov.cn）；完成“北京市新农村规划数字化系统”“北京市施工图管理信息系统建设”“北京市控制测量数据库管理系统”“北京市朝阳区民防局人防工程信息管理系统”“温榆河生态走廊管理信息平台系统”等项目的开发建设，为四川地震灾区什邡市开发建设了“什邡市规划管理信息系统”。

2010 年，市测绘院数字线划图（DLG）数据库、数字正射影像图（DOM）数据库建设完成。市测绘院与市规划委合作，进行“建设用地综合利用决策分析平台”建设；与市规划院合作，进行地理信息数据加工、数字正射影像图数据制作。国家测绘局批准通州区、西城区、东城区成为北京地区数字城市地理空间框架建设试点，开始数字城市建设。市测绘院建立覆盖全市域的三维地形模型和六环范围的城市简体模型，开展基于外业测绘的 1∶500 地形图和结合航测技术开展中心城区精细模型建设工作，研发了三维应用服务平台。

第二节　国土与房屋建设信息化

一、国土资源信息化

国土管理信息化系统

1998 年，北京市土地信息管理系统建设工作起步。大兴县土地管理局建立的土地详查/耕地保护信息系统,集图形与属性数据管理为一体,实现土地详查图件与数据的电子化、土地利用变更的日常业务工作计算机化,数据准确性在国内同类研究领域中达到领先水平。

1999 年，市房屋土地管理局建立北京市土地估价辅助系统，以土地估价流程管理任务为目标，将土地（宗地）估价的各个环节与日常管理相结合，完成常用估价方法的应用和成果制作，其自动生成图文并茂的估价成果报告初稿属国内首创。

2003 年 6 月，市国土资源和房屋管理局建立北京市土地有偿使用管理信息系统，试行对土地有偿使用实行计算机管理。7 月，建立窗口办文与网上审批系统，实现网上业务收件和发证工作，以及网上进行业务初审、复审、审核、审定等工作。

2004 年 8 月，市国土资源局建成北京市矿产资源规划管理信息系统，收录《北京市矿产资源总体规划（2000—2010 年)》的全部信息，包括规划图、规划附表和规划文档等数据内容。

2005 年，市国土局初步建成“北京市国土资源政务管理信息系统”平台，基本形成国土资源信息化整体建设框架。审批系统与矿产资源管理（9 类 24 项业务）、用地审批（8 类 11 项业务)、土地权属登记和土地执法相连接。查处土地违法案件信息系统建成，开发土地利用变更调查数据更新及管理系统，以图斑为基本单元，采用图属一体化数据库，覆盖土地利用管理主要业务，形成“天上看、地上查、网上管”的管理体系。

2006 年，市国土局进行“北京市国土资源政务管理信息系统”一期建设，建成后实现划拨、出让、权属登记等审批业务网上运行。建成地质资料管理与服务目录检索系统，收录地质资料 2665 档，实现通过门户网站向社会提供地质资料管理目录公开查询服务。开始建设土地利用规划管理信息系统和地籍管理信息系统、矿产资源开发状况遥感动态监测系统。开通与北京市经济信息中心相连接的网上监察系统，为市监察局对各政府职能部门实行行政效能监察提供实时信息。

2007 年基本实现市国土局和区县分局所有行政许可事项和行政服务事项网上审批。

2008 年 1 月协助执行信息共享系统在局内网开通，对协助执行事项实行统一管理、分级负责。12 月实现与市财政局土地利用查询系统的互联互通。同年，市国土资源局实现行政许可和行政服务事项网上审批，在审批事项中开始试行“带图作业”。

2009 年，北京市国土资源政务管理信息系统实现建设项目用地预审、征地、国有土地使用权出让和划拨、执法监督检查等业务的关联和“带图作业”。每块地块的土地利用现状、规划、地籍、历史影像等数据可以自动比对，生成分析报告。土地登记实现业务流程一体化关联办公。

2010 年，市国土局开始进行“一张图”信息系统和土地批后监管系统的建设。北京市国土资源政务管理信息系统升级为北京市国土资源综合监管平台。北京市国土资源综合监管平台在西城区、石景山区、昌平区、延庆县、平谷区、通州区、门头沟区、密云县、怀柔区、北京经济技术开发区等分局上线运行，实现市国土资源局和分局同步使用。2010 年年底建成的用地审批系统和矿产资源管理应用系统，涉及土地审批事项 8 类 20 项，土地权属登记涉及 16 类 20 项，矿产资源审批 9 类 20 项；综合管理系统包括土地、矿产资源和地质灾害业务，基本实现国土资源管理主流程在空间信息系统框架内的业务操作和管理，实现以行政审批“带图作业”为核心的“以图管地”“以图管矿”的国土资源管理新模式。

国土资源数据库建设

2000 年，北京市建有大中型矿产地数据库、北京市水文地质信息系统、北京市平原区地下水评价系统、北京市地下水管理模型等数据库、城镇国有土地调查数据库。

2001 年，市国土资源和房屋管理局建立土地利用规划数据库，有 14 个区县的土地利用规划数据（不包括东城区、西城区、宣武区和崇文区）；建立土地出让数据库，整合全市国有土地使用权出让的相关数据。

2003 年，1∶500 城镇地籍数据库建立。2004 年下半年，矿产资源规划数据库、土地利用现状数据库建成（不包括东城区、西城区、宣武区和崇文区）。

2005 年，市国土局进行北京市空间基础数据整合入库和北京市 1∶500 城镇地籍调查数据整合入库。其中，北京市空间基础数据库包括北京市矢量基础空间数据库、北京市数字正射影像数据库；城镇地籍调查数据库涵盖全市 18 个区县和北京经济技术开发区，面积 1175 平方公里。对 2000 年以来协议出让国有土地使用权的 4800 余件审批数据整合到空间数据库，并应用于审批业务。年底，国土资源和房屋管理信息化“十五”规划确定的基础空间数据库、业务管理数据库、成果地质图文资料数据库、矿产资源储量空间数据库、地质资料目录数据库等一批基础数据库相继建成，初步实现国土资源数据的共享和信息系统的互联互通。

2006 年，集体土地地籍调查成果数据库、基础空间数据库、土地管理数据库、协助执行数据库建成。14 个郊区（县）的 254 个乡镇（含街道办事处）15 万宗地籍调查数据入库，形成多种比例尺地籍图和土地利用现状图共 6.3 万幅。在集体土地地籍调查数据库建设基础上，整合原城镇地籍调查的 4 万余宗国有土地地籍数据。基础空间数据库包括六环路以内 1 : 500/1 : 2000 矢量基础空间数据库和 1 : 10000 全市域基本地形图数据库、2002 年至 2003 年正射影像数据库、2004 年五环路以外平原区正射影像数据库、2004 年第四季度全市域卫星遥感影像数据库和 2005 年全市域卫星遥感影像数据库。土地管理数据库包括 1100 多平方公里 1 : 500 城镇地籍初始登记调查成果数据库、2001 年至 2004 年土地利用现状数据库、1996 年至 2010 年土地利用规划数据库、2000 年至 2004 年国有土地使用权协议出让数据库等带有空间坐标的数据库、2005 年国有土地使用权协议出让数据库和土地权属登记发证数据库。协助执行数据库实现市局和各个区县分局协助执行信息的互联互通、数据共享。建设土地管理历史资料数据库，包括 11 万卷土地权属登记档案数字化，2003 年以前 1 万卷土地业务档案数字化和空间化上图，以及大兴区、通州区、顺义区 2004 年以前近 2 万卷土地审批业务数据信息提取和空间化上图。

2008 年，市国土局制定数据分类标准，建立数据库统一管理系统，建成包含数据共享展示平台、数据交换、数据管理、元数据管理、运维和地图打印 6 个子系统的数据交换管理系统。

2009 年，市国土局将 2001 年至 2008 年土地利用现状数据、2003 年全市 1 : 100000 及区县 1 : 10000 土地开发整理数据、2004 年全市 1 : 10000 及县级 1 : 500000 省级农用地分等数据和基准地价及土地等级空间数据、新版农用地分等定级数据、储备耕地及后备耕地数据，全部整合并纳入政务管理信息系统，为政务系统各项“带图作业”提供数据支撑。此外，从市经济信息化委共享 421 个委办局图层和 20 套北京市历年遥感影像数据。

2010 年，市国土局完善数据管理制度，推动数据汇交和共享。建立健全空间数据接收质量检查、坐标转换、数据使用、数据资源共享制度。各专项、专题数据以及坐标或格式转换后的成果数据共计 326.90G，向市各委办局、相关项目承担单位提供数据共享服务共计 363.40G。整合土地利用现状、土地利用规划、基本农田、土地开发整理规划、农用地分等定级、矿产资源规划、矿产资源储量计 7 类数据库，建成标准统一的基础数据库。

国土资源网络、网站建设

2001 年，市国土资源和房屋管理局门户网站建立。2004 年 7 月，市国土资源局门户网站建立。

2006 年 11 月，市国土资源局更新服务器，提高网站浏览速度。网页改版，在网页发布政务信息和行政许可、行政服务类事项办理规范、建设项目用地预审、国有土地使用权出让、土地变更登记等审批结果；提供 24 小时在线服务，可以随时浏览、查阅相关政策法规、办事指南、办事流程等规定，下载所需文件、表格，查询事项办理进度和结果。同年，市国土资源局和区县分局一体化的政务网站群开通，市国土资源局网站群发布信息 4266 篇，公开政府信息 7309 条。

2006 年，市国土局依托北京市政务外网，建立覆盖北京市国土资源系统的纵向 VPN 网络系统，实现政务管理信息系统网上运行。同年，通过纵向 VPN 网络，实现与国土资源部互联互通。

2009 年 9 月，北京市地质资料管理与服务网站、北京市土地整理储备中心网站纳入市国土资源局网站群。同年，市国土局进行网站内容和功能优化，增加国有土地使用权划拨审批事前公示和审批结果公示；提供国土资源业务办理事项、办事程序及办事结果查询；提供各类行政审批事项的表格及样表下载服务；提供北京市饮用天然矿泉水源、水质检验合格品牌查询服务；设立手机网站、土地交易信息查询、地质资料管理与服务、国土资源信息订阅等服务。网站群发布信息 4285 篇，公开政府信息 3652 条。土地交易信息查询服务被评为“2009 年度中国政府网站优秀网上服务项目”。

2010 年 9 月，市国土局新版门户主站上线，外网门户优化信息组织和展现方式，整合相关栏目，按照业务类别（土地、矿产、地质）、服务群体（个人、企业、其他）、行政类别（行政服务、行政许可）、办理单位（市局、分局）提供多维度组合条件查询和分类引导及办事事项的关键字检索；设立办事大厅栏目，包括市局和区县分局共 90 项办理事项介绍和快速查找、155 个办事事项表格下载等内容。同年，市国土局网站群发布信息 4479 篇，行政许可和行政服务类事项办事指南总访问量 472050 人次，办事事项表格下载总量 10592 人次，通过网站办事结果查询和信息公示栏目向社会公众反馈办事结果 22332 件，受理咨询投诉 1684 条并逐一答复，便民服务栏目总访问量 286104 人次，网站群总访问量 2378705 人次。办事大厅栏目获“2010 年中国政府网站在线服务精品栏目”奖。2010 年，市政府在中环办公楼搭建北京市固定资产投资项目行政审批综合服务大厅，市国土资源局将网上审批系统终端接入审批综合服务大厅，实现市国土资源局行政审批事项在市审批综合服务大厅窗口收件。依托北京市电子政务专网和互联网，形成市局和区县分局国土资源纵向 VPN 网络，形成统一的国土资源政务网络基础环境。为保障地质灾害预警预报及应急指挥系统运行，在北京市无线政务专网上建立连接灾害现场和数据中心的移动网络平台。

二、房屋土地管理信息化

1990 年，房屋土地管理建有房屋产权产籍登记管理系统、土地测绘系统、房地产交易信息系统以及房屋管理系统，主要在市房地产管理局内设部门应用。

1999 年，北京市建设信息中心成立，市建委开始使用办公软件。2001 年搭建企业网上资质审批系统。2003 年，办公软件升级。

2004 年 3 月，“北京住房公积金网”面向公众开通。2006 年 8 月，市住房城乡建设委开通“存量房网上签约系统”，中介机构居间代理成交的二手房买卖必须通过该系统进行网上签约。

2007 年 8 月，市建委开通“房屋租赁合同网上备案系统”，对于中介机构代理居间的住宅代理租赁合同、非住宅租赁合同及自行成交的非住宅租赁合同进行网上备案，并登记各中介机构的租金收支明细。为适应两级建委分工的行政审批系统，市建委和 18 个区县建委和北京经济技术开发区建委共同使用统一的应用平台。截至 2010 年，在系统中共登记外单位来文 25.8 万条。

2008年10月15日，市建委全面推行存量房网上签约，各区县建立网上签约服务窗口，为自行成交的二手房买卖双方提供免费的网上签约代理填写服务，将全市全部的二手房买卖纳入系统，存量房网上签约系统与交易权属系统通过数据接口实现无缝衔接，存量房网上签约系统调用交易权属系统中的房屋物理信息及其权证信息用于签约，并在签约完成后将相关数据及时返回交易权属系统，用于稍后的转移登记业务；存量房网上签约系统可打印包含二维码的纳税信息表，税务部门可通过扫描技术将二维码中的存量房网上签约信息自动写入税务信息系统。按照统一规划、整合应用的原则，开发网上办事大厅，升级建筑业企业资质审批事项，实现企业统一管理。

2009年，建筑工程事故应急指挥平台搭建，包括应急值守、事故预警、预案管理、指挥调度、空间辅助决策、应急保障、统计分析等功能，实现建筑工程事故应急处置的指挥统一、反应灵敏、协调有序、成功高效。建立住房保障的综合数据库，搭建市、区、街三级住房保障信息平台，实现住房保障信息的资源共享和互联互通。

截至2010年年底，北京市建筑业企业各项申报事项办结9257件，正在申报3547件，正在办理665件；房地产开发企业申报事项办结2446件，正在申报695件，正在办理200件；外地进京企业备案办结1875件，正在申报1230件，正在办理1139件。

第三节　环境保护信息化

一、信息公开系统建设

1999年6月5日，市环保局门户网站第一版上线运行。2001年进行设计更新和结构调整，增加中英文版面、空气质量日报数据公开、有关数据的查询和网站信息检索等功能，形成第二版网站。2004年增加电子地图、个性化定制等功能。2005年调整完善网站功能分区，划分网上办事区、信息发布区与生活指导区，形成第三版网站。

2006年，经过第四版网站的改版，单独设立了政务公开、网上办事、公众参与频道，整合了6项网上申报服务，实现网上申报、网上受理、网上办事的无纸化，并提供空气质量、尾气超标、环评单位等数据的查询功能，开设12369信访系统，投诉举报、典型回复、网上论坛等功能。

2010年，对第四版网站改造完善，按照信息公开、网上办事、政民互动三大政府门户网站功能定位，分别设置相应的功能区域，主动公开55类环保信息，实现25项办事事项的网上申报与结果查询，建立在线投诉、建言献策、网上调查等政民互动栏目，实现每日空气质量数据自动发布更新。网站设立"曝光台""空气质量查询""环评单位查询""超标车辆查询"等栏目以及"北京市环境保护局网上公开信息目录"，涉及公开信息9类33项，涵盖局机关各处室和直属单位相关工作。网站以业务应用系统为基础，实现“外网申报—内网办公—外网公示”的工作机制，服务13项行政许可事项的网上受理，占业务量99%的许可事项实现全流程网上办理。政务网站开通“网上12369投诉举报咨询”频道，成为北京市环境信访、环保有奖举报和市局依申请信息公开的网络办公平台。

二、应用平台建设

2004年，市环保局建成综合信息平台，集中内部办公、领导决策、信息发布、文档及数据资料查询、通知公告、电子邮件以及个人信息管理等功能，整合了环境信息资源和应用系统，用户可以方便地通过平台获得信息。同年，市环保局改进局机关和18个区县、北京经济技术开发区的排污申报、排污费征收管理系统，方便每个月对辖区的污染源进行排污量核定，计算排污费，打印核定通知书、缴费通知书、限期缴纳通知书以及对账等工作。该系统2006年正式使用。各区县把排污申报和排污收费的业务数据上传到市局，市局进行统计查询，分析数据，统计季报、年报数据等工作。2009年，市环保局建立申报登记污染源数据库，对《国控重点污染源基础数据库系统》和《排污费征收管理系统》定制分类污染物排放量统计查询，按污染源导出基本信息、动态信息、专项查询、核定数据、自动校验和数据会审等，为管理者提供基本参考信息服务，为各区县核定排放量提供会审功能。

2005年7月，市环保局建设符合规定排放标准的机动车车型认定系统，9月投入运行，分为外网申报和内部审批两部分。外网申报部分包括7种车型的新车申报、视同车型申报、企业更名及增补配置、用户管理；内网审批包括审批流程管理、统计查询、生成车型目录审批结果文件、企业管理等。2006年10月起，除欧4标准车型和发动机的申报维持纸质文件审批外，其他审批件全部实行网上办理。市环保局开发投诉、举报和咨询系统投入使用，全天运行，最多可开通30条电话线路，同时支持人工接听、留言、自动语音、传真等多项服务，可实现监听、插话、电话会议等功能；与外网信箱对接，可自动接收投诉举报和咨询，并在网站设立的《热点问答》《典型回复》等栏目解答群众关心的问题，回复投诉举报的办理结果，实现政务信息公开。该系统与市局综合办公平台对接，内部信息可以通过网络互联互通，转办件可利用网络进行提醒和督办，实现全程无纸化办公。

2006年1月1日，建设项目管理系统试运行，4月27日通过验收，实现从项目登记、申请、受理、审批、“三同时”检查、监督、项目验收等全过程管理。该系统由外网申报与公示、内网受理与审批两部分组成，全部审批和验收项目实现网上运行，全部数据进入数据库，与其他业务系统、决策支持系统相关联，可实现从项目登记、申请、受理、审批、“三同时”检查、监督、项目验收等进行全过程管理以及监控。2007年，建设项目综合管理系统功能扩展升级，实现市区两级联网审批功能。2008年1月，建设项目综合管理系统在朝阳、海淀、丰台、石景山4个区使用；6月，全部区县均实现建设项目网上审批。

2006年建成危废物管理系统，实现对危废产生单位及处置利用单位相关信息的电子化管理以及通过网络办理危废转移联单等功能。建成排污申报、排污费征收管理系统，实现区县环保局上传排污申报和排污收费业务数据，市环保局进行统计查询、分析数据、统计季报和年报数据等功能，支撑完成环境保护部要求的排污量、排污费季报、年报的统计上报和会审等工作。同年，市环保局建成综合档案管理系统，进行档案的收集、管理和利用工作。2010 年，档案管理系统升级，实现一站式登录、用户同步集成。完成档案系统与 OA 系统、建设项目审批系统和综合平台的接口，实现公文系统的收发文自动将电子版文档归档到档案系统、建设项目审批系统的最终批复文件的自动归档。2010 年，系统内的档案数据有案卷级、文件级目录近 35 万条。

2007 年，全程代办事项登记系统建成。环境监察管理系统建成，并与市监察局网上监察管理系统接口，有“监察内部管理系统”和“移动监察管理系统”两个独立项目，为环保监察队的业务管理和执法中的信息查询及数据传输等工作提供信息化支撑，部分业务数据实现与北京市城管执法大队共享。

2008 年年初，市环保局网上办理的行政许可审批申报项目为 6 项，有建设项目环境保护审批、建设项目环保设施验收、符合规定排放标准的机动车车型认定、环保专项资金申报、固体废物产生单位网上申报和固体废物处置利用单位网上申报，均可实现外网申报—内网受理—外网公示的业务工作模式。2008 年，实现全市区县环保局的网上审批和市区两级联网审批功能。同年建成辐射安全许可证管理系统，实现辐射安全许可证审批和转让放射性同位素审批 2 项行政许可证事项，以及放射性同位素备案 5 项行政办事事项的网上审批。至 2010 年，经系统升级改造，由 7 项在线办理业务扩展到 5 类 14 项在线办理业务，全面实现北京市辐射安全管理业务在线办理。

2010 年 4 月，市环保局开发完成企业环保信息系统，主要功能是将企业环境违法信息、企业建设项目环评信息、企业建设项目环境保护设施竣工验收信息、实施强制性清洁生产审核的企业信息和环境信息删除记录等信息采集、汇总，并进行统计与查询，根据要求定期生成报送表格。5 月，系统培训工作完成并上线试运行。6 月开始正式接收各有关单位报送的信息和数据，采用数据接口与数据填报相结合的信息采集模式。截至年底，系统接收有关单位上报数据 40 余条。

第四节　市政管理信息化

2000 年 9 月，市城管执法局启动“96310”城管热线社会监督举报系统建设。2001 年 1 月 18 日正式开通，成为北京市城市管理综合行政执法局设立的一条专门受理群众举报、投诉、咨询和建议的综合性热线，并列入 2001 年市政府为市民办的 60 件实事之一。

2001 年，市市政管委贯彻《北京市人民政府关于加快政务信息化建设的意见》中重点建设城市运行监控等一批关系全市经济与社会发展的信息化应用项目的指示，落实建设部关于建立“数字城市”中的“数字城市管理服务系统”的要求，组织实施大型城市综合管理信息系统，以建成的电子政务系统和在建设的网上审批系统为基础，整合供水、燃气、供热、道路、桥梁、排水、环卫等方面资源，构建以地理信息系统为平台的综合管理信息系统，同时向上兼容市政府正在筹建的北京紧急救助系统、应急指挥系统、首都信息资源服务呼叫中心、奥运会监控系统等。

2002 年，“数字市政”一期工程建设启动。主要完成 2 个中心、6 个分系统和 3 个示范基地的建设工作，即市政监控管理中心系统、城管监察信息系统（城管监控指挥中心）、资源整合系统、夜景照明管理系统、环卫管理信息系统、道桥排水管理信息系统、停车设施管理系统、道桥泵站可视远程监控系统示范基地、亚运村街道电子监控网络系统示范基地、宣武区管委综合网络信息系统作为示范基地等。同年，非法小广告警示系统建立。通过 24 小时不间断循环拨打非法小广告上面的电话，使非法小广告张贴单位和个人受到警告，无法正常运作，迫使其停止违法行为。该系统提供了录音取证、图片取证、自动拨打、自动播放语音（“你非法张贴小广告的行为，违反了北京市市容管理条例，请你 3 日内到当地城管部门接受调查。”）、分类、统计、查询等功能。

2003 年进行电子监控系统建设，利用视频电子监控手段提高城市管理水平，有 5 个区进行尝试，安装 1100 多个电子探头。朝阳区各城管分队在本辖区内建立了电子监控点。

2004 年年初，东城区委、区政府提出“依托数字技术创建城市管理新模式”的城市管理构想，主要思路是运用“数字城市”相关理论和思想方法，依托信息技术，结合东城区城市管理的实际需求，细化城市管理单元，理顺工作机制，建立精确的控制网络和通畅的信息沟通渠道，对辖区进行及时、主动、高效的管理。5 月，东城区“网格化城市管理信息平台及应用系统”项目启动，9 月完成项目开发，11 月在全区推广应用。东城区共设有 400 多名监督员，利用基于手机开发的信息采集器“城管通”，随时向城市管理监督中心传递信息。“城管通”具有现场拍照、图片上传、录音上报、表单填写、位置定位等功能，包括单元网格管理法、城市部件管理法、开发“城管通”、构建综合信息平台、创建指挥和监督“双轴化”管理体制、建立监督评价体系六大创新点。2004 年，市城管执法局建立全市城管执法队伍执法人员资格管理系统，支撑对执法人员的管理、培训、考核、监督等工作。市城管执法局着手市、区两级纵向政务专网的建设，实现与 18 个区县城管大队、天安门分局的互联互通。年内，解决区、街两级无网络覆盖的问题。

2004 年，北京首家城市管理信息系统“北京市石景山区城市建设管理信息系统”通过专家鉴定。该系统是建设部“数字城市”第一批 4 个示范项目之一、国家“十五”科技攻关计划——城市数字化工程技术示范与研究示范项目、建设部 2003 年科学技术攻关项目，入选北京市优秀电子政务项目，被市市政管委列为数字市政示范基地。该系统是以城市建设管理空间数据为核心、WebGIS 技术为支撑、城市建设管理各业务应用和决策支持为目标的信息化系统，对市政、规划、房屋、土地信息进行提取、融合和集中管理。

2005 年，北京东城区网格化城市管理信息系统被建设部命名为“数字化城市管理新模式”。7 月 14 日，建设部发布《关于推广北京市东城区数字化城市管理模式的意见》，要求全国学习和推广东城区的经验。7 月 18 日至 19 日，建设部在东城区召开数字化城市管理现场会，总结推广东城区数字化城市管理的经验和做法。同年，“北京东城区网格化城市管理信息系统”获中国地理信息系统协会授予的地理信息系统优秀工程金奖。

2005 年 8 月 1 日，北京市城市管理综合行政执法局对“96310 城管热线”进行改造后投入试运行。新的热线系统由原来的市、区分别受理的模式转变为热线中心集中受理的模式，可受理百姓通过电话、语音留言、电子邮件等多种途径反映的问题。11 月，海淀区在上地地区的 1000 个地井内安装一种可以识别井盖身份的电子标签，一旦井盖丢失，只需对设置在井内的电子标签进行扫描，立刻就能找出产权单位，方便在最短时间内补装井盖。2005 年，市城管执法局搭建完成 VPN 的虚拟专网，初步形成城管执法市、区、街三级网络的互联互通。12 月，市城管执法局依托城管纵向专网开发的北京城管综合执法信息管理系统（即基础台账管理系统）一期投入使用，记录城市管理工作中 13 个方面近 300 项执法案由的基础资料和处罚数据，实现“一点采集，全网使用”的信息共享模式。同年，北京市市级信息化城市管理平台建成。该平台与 8 个区级平台、相关的委办局、公共服务企业实现对接，围绕城市管理公共部件、事件处置的完整闭环，实现专业管理网络化。

2006 年 3 月，市市政管委和市城市管理指挥中心在海淀区市政管委召开城八区井盖标识现场会，在全市推广地井电子身份证。4 月 8 日，国内首个可实时数据更新的信息化城市管理系统“北京市信息化城市管理系统”开通。该系统的市级平台集成市扫雪铲冰作业监控系统、市地下管线综合管理信息系统（一期）、“城中村”数据库、供热锅炉房数据库 4 个日常与应急指挥系统及数据库，初步实现城市公共设施台账数字化、整合化管理。通过划分网格，对网格内部件进行普查、登记造册、建库整合，实现对城市建成区的网格化、编码化、数字化动态管理，使网格化区域内的公共设施部件的状态及各类事件的发生处置均处于动态监控与掌握中；为北京市市属各相关委办局和行业单位提供接口，加强日常和应急指挥能力；整合了扫雪铲冰作业监控系统和地下管线综合管理信息系统等日常和应急指挥系统。截至 2006 年年底，该系统与东城、西城、崇文、宣武、朝阳、海淀、丰台、石景山 8 个城区和 32 家委办局、事业单位，20 家公共服务企业对接，覆盖全市约 840.3 平方公里的 112 个街道 1652 个社区；共划分城市管理网格 21743 个、城市部件 231 万个。11 月，在 2006 信息北京十大应用成果评选活动中，经过 40 多万市民网络和短信投票以及国内权威专家评定，东城区网格化城市管理系统获得第二名。同年，市城管执法局被评为北京市便民电话工作优秀单位，在服务质量、制度建设、信息分析、值班专报办理、信息报送和硬件建设等方面综合考评中，总分排名第一。

2006 年，北京市地下管线综合管理信息系统（一期）整合来自 18 家公共服务企业的 12 种地下管线数据，可对四环路内大部分区域的地下管线分布进行查询和抢修、抢险指挥。实现自来水、电力、燃气、热力、歌华有线的政务专网联通，建立从权属单位自动抓取管线数据并实时更新的信息通道，完成地下管线管理、抢修预案管理、法律法规、数据更新、系统管理等子系统，为日常的业务处理提供地下综合管线及其附属设施的各项查询分析信息支持，为事故抢险提供事发现场的地下管线的高程、垂直、水平方向的断面图，可提供事故相关的预案图档、事故抢修过程相关的图档信息以及历史相关的事故抢修信息，整合事故记录、预案等业务数据，实现管线及其事故的历史管理。开发了隐患、维修、新建、报废以及应急预案演练等业务应用系统。

2007 年 3 月，崇文区环卫服务中心将百余辆作业车全部安装 GPS 全球卫星定位系统，把崇文区公厕、密闭式清洁站、中水点等 400 余个环卫设施纳入 GPS 监控之中。通过数字化手段随时调动距离突发事件地点最近的车辆，第一时间进行应急处理，无主渣土、积雨积雪、道路遗撒等路面突发事件的应急处理时间由过去的平均 2 小时变为 50 分钟，平均缩短 1 小时以上。2007 年，“东城区网格化城市管理系统”被住建部评为国家建设行业“华夏科技进步一等奖”。汇集北京燃气、供热、供水、雨水、污水、电力、输油、照明、通信等 12 类地下管网情况的北京地下管网数据库的信息收集基本完成，3 万公里地下管线数据收入数据库。

2008 年，市市政市容委研制开发奥运城市运行保障系统，实现与城市运行相关的水、电、气、热等相关部门的数据对接。北京奥运会结束后，在奥运城市运行系统的基础上，构建了城市运行监测系统，使城市运行监测工作变成常态运行。市市政市容委组织华北电网、北京电力、市燃气集团、市热力集团、华北电科院开展“北京市热电气联调联供及优化运行研究课题”项目，建立“北京市热电气联调联供监控平台”，实时监控查看城市热力、发电和天然气设施的运行参数，掌握主要供热、发电能耗情况和城市天然气管网运行工况，为合理分配能源、优化运行方式、下达联调联供指令提供科学依据，为天气温度突降、燃气热电机组非正常停机和天然气供需紧张等突发问题制定预案执行流程。

2009 年 2 月，北京首家环卫实时监控系统在西城区试运行。可实时监控西二环、西长安街等 76 条大街，监控面积达 216 万平方米，全面实现道路清扫保洁远程监控。2009 年，东城区获住房城乡建设部颁发的“2009 数字城市建设杰出贡献奖”，首创的万米单元网格化城市管理模式在全国 25 个省（区、市）的 51 个城市推广。借助“北京一号”小卫星环境监测，共发现大型垃圾渣土无序堆放点 547 个，面积约 528.41 万平方米，整治大型垃圾渣土无序堆放点 396 个，面积 419.11 万平方米。制定《北京市城管执法系统 2010 年—2012 年信息化发展规划》，打造“资源整合，科学决策，精确管理，敏捷反应，社会协同”的城管信息化体系。

2010 年 1 月 8 日，市城市管理综合行政执法局再次对“96310”城管热线系统全面升级改造，增加了电话回访、群众举报实时分析统计、电子地图等服务功能，开通了城管热线市、区、街，即市局、大队（分局）、分队三级受理、转办、反馈功能。

第五节　交通信息化

1997年，北京市公安交通管理部门做出“向科技要警力，向科技要战斗力”的战略决策，启动现代化的交通指挥中心，机动车驾驶员信息管理系统，以二、三环路为主的市中心道路交通电视监控系统，长安街智能化控制系统和交通警用车卫星定位系统五大科技工程，推动交通管理“从经验型向科学型转变、从粗放型向集约型转变、从劳动密集型向科技密集型转变、从单纯管理型向管理服务型转变”。1月22日，市公安局成立专门处理交通事故及道路紧急危险求助的报警平台“122”。同年，在70个红绿灯点建立违章监控系统，实现从黑白照片到彩色照片的过渡。

1998年，市交通局在二、三环路上建立96个电视监控点，2000年增建23个，四环路开通后新增160个电视监控点。

1999年，北京市以建立二、三环路城市快速路的交通监控系统为契机，对原有交通控制中心进行改造，新建现代化交通指挥中心，将区域交通实时控制系统、动态可变标志系统（VMS)、警车GPS定位系统、交通事故报警和救援系统以及交通违章监测与信息管理系统等集成在一起，奠定了智能交通基础。9月28日，北京地铁第一张磁卡在复八线应用。

2000年，国家确定北京、上海、青岛等10个城市为首批智能交通示范工程试点城市。5月，“北京交通管理网站”（www.bjjtgl.gov.cn）开通，可以提供车辆管理、驾驶员管理、警务公开、网上预约、网上应答等服务，首次在国内城市交通领域使用互联网技术为广大群众服务。年内，北京交通管理地理信息系统建设启动，目标是以专业化、综合性、可视化的基础地理信息为基础，综合集成现有系统，将监控视频、交通控制信号、“122”接处警、警车定位、交通违章监测等实时动态信息以及警力分布、交通标志、停车场位置及容量等各种数据采集起来进行集中管理与分析，为各支队、局领导等提供实时的城市各主要道路的交通流量、车速、交通密度、事故发生情况等可视化初级辅助决策信息，以便交通管理人员做出快速响应；可将部分信息通过网络主动发布到交通诱导屏、交通信息台甚至互联网，向公众提供交通信息服务。

2001年年初，北京市制定《北京市道路交通管理现代化建设三年（2001—2003）规划及北京智能交通管理系统体系结构》。6月28日，北京市政交通一卡通项目开始在北京巴士股份有限公司的3条线路共40余辆车上试运行，首批投放市场的5万张卡片在该项目指定主办银行——中信实业银行的16家支行和45家邮政储蓄网点开始发卡和办理充值。7月，科技部和市政府联合教育部、国防科工委、国家体育总局、中科院、中国工程院、中国科协、国家自然科学基金委等有关部门，共同组织实施“奥运科技（2008）行动计划”。北京市被列为全国智能交通系统示范城市，启动北京“科技奥运”智能交通系统技术开发与应用项目，开展奥运智能交通系统规划，建设北京市智能交通管理系统、先进的公共交通系统、智能停车诱导系统和综合信息平台等示范工程。12月，北京出租车GPS调度系统投入运行，首批使用该系统的有5000辆出租车，使北京乘客可在足不出户的情况下拨打预约叫车电话，调度中心在最短的时间内将出租车调至乘客要求的地点，降低了出租车空驶率，使乘客在车载显示屏上显示的市区地图、行车轨迹和行车速度的导向下，更快捷地到达目的地。GPS调度系统具有反劫和防盗功能，当出租车发生紧急情况时，会发出报警信号至调度中心，中心及时掌握被盗车辆情况，采取措施，制止和预防犯罪行为。2001年，《北京市“十五”时期交通行业发展规划纲要》发布，提出推进信息化进程，提高交通行业现代化管理水平，加快以智能公共交通系统为目标的信息化建设，建立公共交通信息平台。在轨道交通、公共电汽车、小公共汽车和出租车等客运方式上推广使用IC卡。以智能交通系统（ITS）的研究为框架，加强对网络环境下的不停车收费、道路运输应急系统、出行信息服务系统、车辆调度和行车路线信息系统等关键技术的研究，把科研成果应用于交通行业管理，促进北京市交通行业整体进步。

2003年，市政府将北京市政交通一卡通列入2003年市政府为市民办的60件实事之一。12月31日，北京市政交通一卡通正式开通试运行，乘坐北京巴士公司121条线路和地铁13号线（城铁）的乘客可以刷卡乘车。北京市一卡通出租汽车项目启动，出租车可以刷卡付费，首批安装一卡通的出租车有2.1万辆。

2004年2月14日，北京北广传媒移动电视公司使用“北京移动电视”的呼号在公交、地铁、轻轨、出租车等交通工具上和公共场所试行开办移动电视节目。5月28日，48条公交线路1000辆公交车上开始试播，内容以新闻直播为主，公益宣传、服务信息为辅，配以MTV、幽默小品等娱乐节目。

2005年12月，以交通信息为主线的新闻发布平台在移动电视公司逐步建立，在恶劣气候等突发性事件出现时，通过字幕和主持人播报等方式及时发布应急信息。

2006年4月6日，北京公众出行网（www.bjjt.cn、www.trafficview.cn）开通试运行，是北京市第一个面对社会公众提供综合出行信息服务的网站，由北京市交通信息中心运营。该网站通过互联网、呼叫中心、手机、PDA等移动终端和交通广播、路侧广播、图文电视、车载终端、可变情报板、警示标志、车载滚动显示屏、分布在公共场所内的大屏幕、触摸屏等显示装置，为出行者提供公路出行信息服务，3个月网站访问量1500多万人次。4月，北京市交通信息中心和北京航空航天大学完成北京浮动汽车动态交通信息采集处理系统的研发，利用出租车运营回传的实时GPS监控信息，首次实时展现北京市路网双向交通态势和拥堵状况，路况信息每5分钟全面更新一次，覆盖北京市五环路以内支路以上的几乎所有道路。在国内首次通过互联网发布全路网实时路况信息，并具备面向手机、车载导航仪发布实时路况信息的功能。开通一周内，网站日访问量40万人次。地铁1号线、2号线复兴门、西单等41个地铁站口的ATM机和自助缴费机启用，自助机具设在地铁非收费区，方便乘客存取和缴费。在公交换乘点和繁华商业网点设立一卡通充值点。5月1日，北京市一卡通IC卡替代公交、地铁纸质月票，5月10日，北京市民开始正式刷卡乘车，享受新开通“一卡通”功能的线路刷卡乘车和在月票无效线路上打折优惠功能。市民拿着电子卡可以乘坐地铁、公共汽车、出租车，结束北京市长达38年使用纸质月票的历史。2006年，北京市在高速公路上试验性开通10余条ETC车道。同年，实现五环路内出现重大交通事故和大堵车情况时市民可以在3分钟内通过移动电视了解信息，从而选择出行路线。11月21日，《北京市“十一五”时期交通发展规划》发布，提出到2010年初步实现智能化交通系统管理。2006年，北京市交通应急指挥中心一期工程建成，整合了北京市交通行业的视频资源，可监测公交、地铁、省际长途、高速公路、城市道路、郊区公路、铁路道口、交通执法、治超、民航等实时信息，并与市应急指挥中心和其他12个市级专项应急指挥部实现信息资源的互联互通。同期建设完成移动指挥通信车，可利用卫星通信、800M数字集群等通信手段，提供现场图像、话音、传真、数据等信息，提高了快速反应、统一指挥、协同作战能力。

2007年5月，中国第一套国标ETC系统在北京市启动建设。6月，由市交通委统筹，首发集团控股联合北京市首都高速公路发展有限公司、北京首创股份有限公司、华北高速公路股份有限公司联合出资组建高速公路电子收费业务的专业运营公司，负责北京市高速公路全路网电子收费系统的规划、建设、运营、管理、维护和服务。北京市政交通一卡通发行量突破1000万张，日刷卡交易量最高时接近1300万笔。北京平均每天有890万人刷卡，市区公交刷卡量达84%，“9”字头公交刷卡量接近70%，地铁刷卡比例接近70%。

2008年4月，北京市推出具有自主知识产权的动态车载导航仪，在奥运会期间安装在志愿者运输车辆、非注册媒体运输车辆、新能源车辆等奥运车辆上。6月9日，北京市地铁全线启用自动售检票系统（AFC系统），乘客进出地铁站使用单程磁卡票或市政交通一卡通，已有38年历史的地铁纸票退出历史舞台。7月13日，北京奥运会智能交通管理系统的十大系统全面启用。其中，现代化的交通指挥调度系统建立由现代化的奥运交通指挥中心、仰山桥交通勤务指挥中心和38个场馆群交通指挥所组成的三级奥运交通指挥科技体系；交通事件的自动检测报警系统，可在第一时间发现交通事故、路面积水等各种意外事件，自动报警并对事件过程全程录像；自动识别“单双号”的交通综合监测系统，24小时自动准确采集路面交通流量、流速、占有率等运行数据；数字高清的奥运中心区综合监测系统，对进出中心区车辆全时空、全方位监测；闭环管理的数字化交通执法系统，对闯红灯、超速等9种路面违法行为进行24小时自动监测，并上传中心数据库；智能化的区域交通信号系统，对路口交通信号进行实时优化；灵活管控的快速路交通控制系统，世界上最大规模、智能化的快速路交通控制系统，根据流量变化自动关闭和开启出入口；公交优先的交通信号控制系统，建设了126个具有公交优先控制的信号灯路口；连续诱导的大型路侧可变情报信息板，以红、黄、绿3种颜色分别表示拥堵、缓行和畅通的实时路况信息；交通实时路况预测预报系统，对交通检测设备采集来的全市路网交通流数据，进行深层次挖掘分析，利用互联网站、手机 WAP 网站和各种媒体，为广大民众提供及时和准确的个性化交通信息服务。8 月 1 日，市交通委组织建设的北京交通服务热线开通，采用“96166”号码统一接入，建设 1 个总中心、5 个分中心（地面公交、地铁、高速公路、一卡通、长途客运），设有 50 个座席台，可承载日话务量 10 万个。热线提供的服务信息包括公交和地铁最新的线路信息、运营信息和换乘查询（含奥运公交专线的线路和车次信息），一卡通充值网点位置信息，北京各条高速公路最新路况信息及行车指南，以及北京长途客运站位置及长途客运线路、票务信息等。奥运会期间，热线共投入座席 90 人，每班组投入座席 35 人。从开通至 9 月 20 日残奥会结束，热线接入电话总量 981975 次。12 月，北京市高速公路 ETC 系统进入试运行，累计完成 412 条 ETC 车道、1300 条人工刷卡车道建设，ETC 车道覆盖北京市所有收费站点，成为全国首个开通国标 ETC 的城市。

2008 年，北京市数字集群无线政务网实现对地铁 1 号线、2 号线、5 号线、10 号线（包括奥运支线）及机场快线的覆盖，形成覆盖整个北京地面和地铁空间的有机网络，应急响应中心可以在整个网络上统一指挥和调度，为北京市的城市安全、地铁抢险救灾等提供通信保障。北京市 8 条城市轨道交通线路开通运营自动售检票（AFC）系统，为世界上一次开通路线最多、车站最多、终端设备最多的 AFC 系统。2010 年基本建成以交通管理数据中心、指挥调度平台、综合业务平台、信息发布平台为基本框架，涵盖八大基础百余个应用子系统的“城市智能交通管理指挥控制系统”。

2009 年，视频式交通智能控制系统在长安街永安里路口至南礼士路口的 13 个路口正式启用，外形类似“探头”，具有视频“计数”功能，可自动测算路口交通流量并“遥控”红绿灯变化。

2010 年 1 月 21 日，首都交管部门自主研发的城市智能交通管理指挥控制系统获 2009 年度国家科学技术进步奖一等奖。该套控制系统高度集成 171 个子系统，具有指挥调度、交通控制、综合监测、信息服务四大功能群。9 月 28 日，“京津冀区域高速公路联网电子不停车收费系统”开通，实现京、津、冀两市一省高速公路电子不停车收费用户的跨省（市）通行。12 月，京津冀区域联网电子收费管理委员会成立。截至 2010 年年底，北京市高速公路已建成 365 条不停车收费车道，5 个车流集中地主线站均设置至少两条 ETC 通道。全市 ETC 标签用户超过百万，公交一卡通发行量 2000 万张。

第六节 水务信息化

1992 年，京密引水系统光纤、微波骨干传输系统开始建设，是中国和芬兰合作的“京密供水系统技术改造”工程组成部分。市水利局开始在地表水供水系统建设骨干通信网络，建成京密引水渠和永定河引水渠等地表水供水调度系统和全市雨水情遥测系统。北京市水质监测自动化系统建成，包括 1 个中心站（设在水文总站）和 1 个遥测站（团城湖测站），实现水质监测参量的自动采集和实时处理。该系统在国内水利系统属首次应用。

1993 年，京密供水系统技术改造项目通过验收投入运行。该项目在京密供水系统和永定河引水渠沿线的重要水闸、供水口建设 24 个自动水情监测站和 1 个气象自动观测站，监测项目包括水位、闸门开度、流量、水温、雨量及气象要素，通过以太网构建分布式计算机网络，对监测数据进行实时处理、分析演算，实现供水优化调度。1994 年 10 月 10 日在芬兰签订验收协议。系统采用荷兰 NOKIA 公司的微波通信设备（1.5G，PDH），实现市水利局与潮白河管理处、京密引水管理处、密云水库管理处的连接。

1995 年至 1997 年，以超短波为通信方式的全市雨水情遥测系统建成。系统以北京市防汛办公室为中心，以各区县防汛办公室、市属水务管理单位为分中心，以自报式工作体制为主，实现雨水情数据自动采集、传输、存储。1995 年 7 月引潮入城工程自动化监控系统建成。1997 年，市水利局官厅水库管理处卫星通信系统工程建设改造完成，为防洪调度提供了通信保证。

1998 年，市水利局完成信息管理系统一期工程，建成网络通信系统、网络硬件和网络操作系统，网络中心初步形成。

1999 年至 2000 年，盖达卫星雨情遥测系统在官厅山峡地区及官厅水库上游建设，官厅水库流域遥测雨量站达到 47 个（含市级站 22 个、境外站 25 个），雨量监测站点覆盖官厅水库流域上游地区。2000 年，配合海河水利委员会（以下简称海委）的水利部微波通信系统建设，建设了市水利局—海委、市水利局—永定河管理处微波通信链路，实现宽带连接。

2001 年，根据市政府关于建设电子政务系统的部署，市水利局机关基于 Lotus Notes 平台搭建办公自动化系统，在市水利局机关开始使用。

2002 年，市水务局围绕《北京水利信息化建设三年计划（2003—2005）》开展信息化建设，对原有微波通信系统进行升级改造，采用 8G、SDH/ 微波通信设备，实现中央电视台—潮白河管理处—京密引水管理处—官厅水库管理处的宽带连接。建设北运河管理处—潮白河向阳闸的 1.5G 小容量微波链路。市水利局直属主要管理单位通过骨干网络与市水利局实现联接，全局互联网统一出口，宽带为 30M。北京市农田水利基本建设及水利富民信息管理系统建成，实现区县农田水利建设动态、领导讲话、文档往来等信息上报、发布和查询，以及报表管理、意见建议上传与查询等功能。同年，市水利水电技术中心启动北京市郊区县土壤墒情实时监测系统建设，实现北京墒情数据采集、接收处理、墒情分析、旱情预测、网络发布、业务报表等功能。12 月，基于 3S 技术的北京市水土保持生态环境管理信息系统建成。

2003 年，北京市农田水利、水土保持管理系统，土壤墒情监测系统、五大水系地表水和地下水水质监测系统陆续建成。北京市水体环境水质自动监测评价系统的开发与示范研究项目完成，建成覆盖全市五大水系地表水和地下水水质的自动监测系统。

2003 年至 2005 年，官厅水库、密云水库、十三陵水库、东水西调、水文总站、城市河湖、凉水河等7个市水利（务）局直属单位以及朝阳、海淀、通州、大兴、怀柔、密云、平谷、昌平、延庆、房山共10个区县水务局分中心的建设先后完成，项目主要包括计算机局域网、会商室、指挥调度室及网络机房。截至2005年年底，建成以市水务局为中心，上连水利部（国家防总）、海委、市政府，横连市政府有关委办局，下连市自来水集团、市京燕水利管理公司、13个区县水务局、10个市水务局直属水管单位、6个具有政府职能延伸的事业单位以及海子水库、雁翅水文站两个重点单干通信网络。在市水务局网络中心开展水文、水资源、水环境、供水、水土保持、水利工程、灾情等业务数据网络建设，基于Oracle数据库管理软件，在局网络中心搭建全局综合数据库框架；开展分中心数据库建设，形成以市水务局为中心、以局属单位及区县水务局为分中心的数据库管理格局。对水文、水资源、环境、水旱灾害、农田水利、水土保持及水利工程等业务基础静态数据及历史数据展开梳理和入库工作；对市级站点的实时雨水情、地下水位、地下水水质、供水等信息接收存储。

2004年，北京市水土保持监测数据管理系统建成。系统包括市水保总站监测中心、区县水保站和测站客户端，实现数据网上传输、自动计算、查询、统计和分析等功能，减少了计算错误率。

2005年9月，北京市雨水情自动测报系统通过验收并投入运行。工程采用800M网、GSM短信、海事、盖达卫星为主信道，有线PSTN为备用信道的混合组网方式，以及自报和应答两种传输体制，使121个报汛站达到数据统一、标准统一、资源共享，确保雨水情数据20分钟内传到中心，实现防汛、水文遥测网的“二网合一”，洪水预报时间比系统建设前提前2～5个小时，为首都防汛抗旱和水资源可持续利用提供了技术保障。2005年，市水务局建设水务信息平台，实现应用系统统一单点登录。全局初步形成两级建设格局，投入运行的应用系统总数34个，对全市61个水文自动测站、1000眼遥测机井、143眼地下水监测井的监测信息进行管理。同年，北京市郊区机井远程抄表管理系统建成，实现对全市14个区县遥测机井基础信息及用水量的监测管理。原水利局办公自动化系统进行改造，应用范围覆盖市水务局机关、28个局属单位和14个区县水务局。系统集行政许可、内网门户、办公化系统“三合一”。北京市旱情监测系统建成，实现全市38个旱情固定监测站及60个巡视站土壤墒情信息的集中管理。

2006年9月，市水务局新改版的外网正式上线，增加政务公开、在线服务等模块，以及行政许可、政风行风、便民热线等公众服务栏目。提供城区大中型水库水情、水质、积水点等实时成果发布数据。2006年，北京市防汛抗旱及水资源指挥调度中心建成，具备远程监测、图像监视、网络传输、大屏幕显示、异地会商、应急通信、信息服务七大功能，实现北京市防汛抗旱及水资源指挥调度的现代化和信息化。北京市节水管理信息系统建成并投入使用，建立全市用水单位基本信息和表信息台账，搭建区县护理部门与市节水中心的数据传输通道，为北京市水资源管理信息系统提供数据支持。对中心数据库升级改造，优化数据库表结构，规范数据存储内容；利用水务信息共享交换平台，规范各局属单位和局网络中心之间的数据交换接口及访问方式，搭建中心和分中心之间的数据交换通道，实现上、下两级之间的贯通。同年，北京市降雨产流测报系统建成，通过市科委成果鉴定和项目验收。该项目以区域降雨产流测报为核心，对水情信息进行汇集、存储、整合、运算，得出北京市场次降雨的产流量、蒸发量、入渗补给量等，实现基础地理信息、区域河网水系和水利工程信息、实测水文信息、水文信息的各类分析成果、径流预报成果、部分水资源信息的查询，为技术人员分析降雨产流提供依据。

2007年6月，北京市地下水自动监测系统投入运行，由156个浅层地下水位自动监测站、14个监测管理分中心、1个监测管理中心组成，为国内第一个数据采集和传输自动化的地下水监测系统。

2008年5月，“北京市水务应急指挥平台”投入运行，采取“1+1+7+N”模式，建设1个中心平台（应急办）和1个协同中心平台（防汛办），在内城河湖和重点涉奥保障部门建设7个分中心平台，共配发PDA手机313部，系统覆盖部分局属单位和区（县）水务局。建设以数字证书为基础的统一身份认证安全系统，通过数字证书，对市水务局办公自动化系统领导决策信息、水务信息实时通、市水务局人力资源、市水务局项目管理、市水务局电子政务、北京水务信息平台、市水务局网站七大水务应用系统实现用户单点登录、多点漫游。11月，城市重要水源及影响区域污染预警系统开始建设。

2009年，市水务局启动北京市水资源管理系统二期工程建设。同年，北京排水集团建成排水管网GIS及运行管理系统并完成初验，系统包括排水管网设施管理、管网巡查与养护、排水管网运行监视、户线报装、排水管网客户服务等内容，为管网巡查检测、维护管理提供统一工作与展示的平台，实现北京市地下管线信息资源的整合与共享。

2010年，内城河湖管网水位流量监测系统开工建设。该系统具有内城河道重点雨水入河口、重点闸站水位、流量等信息的自动采集、统一管理和统计分析等功能，首次利用物联网技术实现数据的综合感知和共享，以及防汛应急抢险协同处置工作的可视化调度。11月，市水务局图像信息管理系统一期工程项目验收完成。系统整合了官厅水库、凉水河、东水西调、北运河、永定河、密云水库等10个管理单位共计205路图像，形成市水务局中心平台和市属管理单位分平台构成的两级图像资源平台。北京市水资源配置管理系统建成，系统将全市水资源管理分为市、区两级平台，从数据采集、审核、上报到汇总、统计、分析，实现全流程信息化管理，为水资源规划、水资源管理、水量配置等宏观决策提供动态数据支撑。同年，北京城市重要水源及影响区域污染预警系统建成并投入试运行。该系统是在重要供水水源及影响区的水口之外建立广谱预警系统，形成水源外、水厂外两道预警防线，以定时监测、移动监测、化验室监测3种监测方式，以属地、自来水集团和水文总站、市水务局三级预警管理组成的城市水源地水质监测和水源影响区域生态环境监测预警体系。

第七节　气象与地震信息化

一、气象信息化

气象信息专网

1996 年3月，市气象局开始建设以 DEC ALPHA 2100 服务器、HUB 900 交换机为中心的气象局域网，并将各区县气象局通信业务切换到市气象局 BJTNOVELL 服务器上运行，区县气象局通过有线拨号方式接入该服务器进行数据通信。年内，市气象局至中国气象局的光缆通信传输升级，光缆通信速率从原来 64kbps 提升到 2Mbps。

1997 年 3 月，延庆、平谷、密云、房山等远郊气象局试验 400M 话传网，组建全市气象系统 400M 无线话务通信网，提高了原 100M 话传网通信质量。5 月，全市 14 个区县气象局计算机主要用于编报、发报、制作报表、通信传输等业务。

1998 年 4 月，市气象局至区县气象局无线数传网络经升级改造后恢复业务使用，传输速率由 2400bps 提高到 4800bps，网络性能稳定，软件界面全部汉化。

1999 年，市气象局增添 4 套 PC−VSAT（9210 气象数据卫星传输系统）卫星单向广播接收系统。其中，市气象台安装一套，延庆、密云、房山 3 个区县气象局各安装气象卫星接收 PC−VSAT 小站，通过卫星接收中国气象局下发的有关数据。办公自动化系统投入业务使用，可通过浏览器访问局内办公信息系统，浏览各类天气预报信息交互系统及服务信息。

2000 年 5 月至 9 月，区县气象局（站）远程通信网络进行改造升级，建成以专用 NT 服务器、CISCO 2511 路由器、16 口 MODEM 池为核心的有线拨号网，使市气象局至各区县气象局传输速率由 14.4kbps 升级到 56kbps。随着中国气象局卫星通信系统（9210）工程完成并投入使用，市气象局和中国气象局之间数据传输业务由原来的通路切换到 9210 系统，进一步稳定了数据传输通信质量。

2001 年调整市气象局与中国气象局之间的光缆线路，通过专用光缆实现与国家气象中心的连接，并通过光端机及路由器实现双方局域网互联，传输速率为 2Mbps。6 月，市气象局首次通过 9210 工程的卫星电话系统参加全国汛期气象服务电视电话会议。

2002 年 4 月，市气象局停用 BJTNOVELL 通信服务器，由新的远程 Windows NT 服务器替代其传输报文数据。6 个高山站和观象台的地面、高空业务通信系统升级，新的服务器担负起全市所有区县气象站的通信及部分资料处理和交换任务。

2003 年 1 月，区县气象局决策服务系统首先在怀柔区推广运用，通过拨号路由器对服务用户提供ISDN拨号接入，通过服务器以网站页面方式对特定用户提供气象服务，通过登录市气象局决策服务器获取资料。10月，使用光纤实现了互联网接入，专线带宽为1Mbps。

2004年10月，市气象局进行业务楼装修工程，实施通信网络结构化布线。安装防火墙认证系统、网络入侵检测（IDS）等设备进行网络安全防护。年内，初步建成全市气象部门新一代计算机网络通信系统，完成市气象局至区县气象局宽带网建设，市气象局与区县气象局均配备华为专用路由器，通过2M SDH专线实现市气象局与各区县局的广域宽带网络互联。

2007年，华北地区气象通信技术人员开展合作，完成华北区域气象中心宽带网系统建设。该宽带网由北京—天津、北京—河北、北京—山西、北京—内蒙古4条省际宽带线路组成，通过租用2M SDH专线实现区域内各省局互联，实现区域气象资料的共享及视频会商功能。夏季，奥运气象服务专网建设完成，该专网以市气象局为中心，通过专线为北京奥组委、数字北京大厦（PDC）、奥运大厦（SCC）、顺义水上公园等提供奥运气象服务。新建奥运举办城市间气象宽带通信系统，由北京、青岛、天津、上海、秦皇岛、沈阳、香港7个城市通信节点组成，以保证各举办城市间及时有效地共享气象信息。

2008年春季，市气象信息保障人员结合奥运气象服务系统建设和奥运气象服务保障的需求，使用MPLS VPN机制确保信息传输安全，完成奥运气象服务网络安全保障系统建设。夏季，市气象局与中国气象局之间进行MPLS VPN系统网络备份演练，在奥运气象服务保障期间，双方MPLS VPN线路接入速率临时从2Mbps提升到20Mbps，作为千兆光缆主线路的应急备份线路。

2009年，市气象局局域网核心交换机及各配线间接入交换机完成升级切换，主干网带宽从千兆升级到万兆。市气象局与各区县气象局的宽带网带宽从2M升级到8M。完成人工影响天气作业点通信宽带网系统建设，建成“指挥中心—分指挥中心—作业点”三级结构的人影数据通信网，提升了人工影响天气指挥部门的通信能力。

2010年3月起，新一代国内气象通信系统在全市气象部门进行本地化运行。陆续调整了市气象局与朝阳、丰台、石景山、大兴、通州、怀柔、顺义7个区县局的宽带网线路，撤销使用6年的线路及路由器，增加防火墙设备。8月，市气象局安装新一代卫星广播系统（CMACast）省级站硬件设备代替VSAT接收系统，开通数据通道，新一代国内气象通信系统网络传输正常，软件运行稳定，保证了北京及华北区域气象部门气象通信畅通传输各种气象资料数据，气象通信工作基本实现现代化和自动化。

公众气象服务

1996年，手机短信成为北京地区气象部门向社会公众提供暴雨、雷暴、冰雹、寒潮、大风等灾害性天气预报和预警信息的手段。1997年，市气象部门在全国率先推出生活气象指数服务，服务市民的多元化需求。

2006年5月18日，中国气象频道正式开播，扩大了气象信息的传播面。2008年7月，中国天气网上线，最大日点击量超过600万人次。

截至2010年，北京地区气象部门已经开通电视、广播、报纸、电话、手机短信、网站、社区显示屏、公交显示屏、气象信息预警塔等多种现代化公共气象信息发布渠道，市气象部门每天为北京地区公众提供各种天气预报、生活气象指数和气象资讯等信息服务。

市气象电视会商系统

2002年4月，市气象局建立与中国气象局的基于IP网络的H.323协议标准电视会商系统及电视会议系统，系统采用银河755视频终端，基于开放式PC平台，两端设备通过光缆实现网络互联，实现视频终端点对点呼叫方式进行电视天气会商。

2003年，市气象局建立与市防汛办的电视会商系统及电视会议系统，系统利用市防汛办与市气象局的光缆，采用音视频光端机双向互传，实现与市环保局、市交管局等有关单位的图像会商联系。

2004年12月，市气象局与各区县气象局的电视会商系统及电视会议系统建成并投入试运行，系统采用POLYCOM MGC−50作为多点控制单元（MCU），支持双流信号传输。市气象局与区县气象局间的网络采用SDH专线，带宽为2Mbps，配套建设了媒体服务器，实现每天进行电视天气会商业务及视频点播和实时转播。

2005年，市气象局与中国气象局之间的电视会商方式由点对点拨叫方式调整为由市气象局MCU呼叫中国气象局视频终端的方式。同年，市应急办通过市政府政务外网，建立与市气象局连接的电视会议系统。

2006年1月，市气象局建设了会商室大屏幕显示系统及配套的音视频系统，实现气象会商业务工作的整体图像化、可视化。7月，市气象局与中国气象局之间电视会商的通信方式由IP网络方式调整为光缆直连方式。通过音视频光端机和VGA光端机直接实现音视频信号、计算机信号的双向互传，提高了显示屏幕图像的质量和稳定性。

2007年，市气象局利用2Mbps区域宽带网网络，通过市气象局MCU进行组会，与华北区域中心4省区市（天津、河北、山西、内蒙古）气象局建立电视会商系统。4月28日，市气象台首次通过电视会商系统与华北区域各省级气象台进行区域天气会商。6月26日，市气候中心首次与华北区域各省级气候中心进行华北区域气候会商。此后，华北区域各气象局的电视会商连线进入日常工作状态。年内，市气象局与北京奥组委、市地震局地质研究所开通电视会商系统及电视会议系统。

2008年北京奥运会期间，市气象局开通与奥运协办城市沈阳市、秦皇岛市气象局的电视会商系统及电视会议系统。实现市气象局与市应急办视频线路及终端设备的双线通信，提高了应对通信故障能力。

2009年6月，通过与市公安局交管局间的音视频光端机，实现市气象局对市公安局交管局的道路交通监控视频信息的实时查看功能；9月实现全市各个区县气象局天气实景视频信号在市气象局的实时显示，给预报员提供了天气变化及实际场景，促进了气象精细化预报及灾害天气预警等工作的时效和准确性。

2010年，电视会商系统每天在全市气象部门中应用。

二、地震信息化

1930年，李善邦在北京鹫峰建立中国第一个地震台站。1949年以后，北京地震工作逐步纳入政府议事日程。1966年，邢台发生强烈地震，地震的巨大危害很快引起党和政府的高度重视。3月23日至30日，北京地区一周内突击建成有线传输地震台网，8个台站通过邮电线路把地震信号传到北京进行集中记录，这是北京、也是中国第一个地震区域地震台网。1967年，京津石地区强震观测台网开始建设，群众性地震测报工作得到发展。

1976年，国家采取一系列加强地震监视和预防措施，增设前兆观测台网，充实北京电信传输台网；加密重力、地形变、地磁等流动观测；开展深部探测工作，加强孕震环境研究；深入宣传防震抗震知识；扩大群众测报网点，提高监测水平。7月28日，河北省唐山市发生7.8级地震。地震波及北京，数万间房屋倒塌、毁坏，199名市民丧生。12月，中共北京市委、北京市革命委员会决定成立北京地震地质会战办公室，由市地质局牵头，办公室设在市地质局，日常工作由市地质局领导负责。

1987年，国家地震局地球物理研究所与美国地质调查局有关单位合作建成“中国数字地震台网”，由分布在全国的11个子台组成（北京有白家疃台），总体设计和仪器设备配置达到当时世界先进水平。

2010年，北京初步建成3个地震监测台网，即数字化地震遥测台网、数字化地震前兆观测台网和数字化强震观测台网。

第八节　民防信息化

一、警报系统建设

1981年1月1日起，由解放军卫戍区负责维护管理的市人防指挥通信警报设施移交市人防办后，市人防办组建人防通信站，部分城区、近郊区人防部门也陆续组建人防通信站，人防通信和信息化工作由单纯应对战争转向平战结合。

1992年6月，由市人防办与市经委、市外经贸委共同建设无线寻呼台，作为人防警报通信网的补充。该台以市经委银波台为主台，除一般寻呼功能外，增设31条防空防灾专用代码、12条公共信息。

1993年11月，人防警报有线、无线遥控系统安装完毕，于1994年12月28日通过验收，防空警报器的控制从单一有线控制转变为有线、无线双重控制。原有的有线警报遥控设备及 6 个警报中间站设备全部拆除。

1998 年，警报安装开始由市中心向外辐射。2000 年，三环路以内城区警报音响覆盖率 90% 以上，三环路至四环路覆盖率 70 %以上，全市警报统控率约 15%。

2000 年，随通信警报车建设，安装 21 套车载警报器。2003 年，北京市第一次安装固定式电声警报器，共计 12 台。2003 年年底，全市警报统控率约 20%。

2004 年年底完成市人防警报控制中心的建设任务，2005 年完成 4 个人防警报控制分中心建设任务，完成市人防警报控制备用中心建设任务。短波通信网实现市、区（县）两级的覆盖。2006 年完成 5 个人防警报控制分中心建设任务，对近 40% 警报器控制终端从人工控制更新为遥控控制，全市警报统控率提升至 84%。

2006 年 6 月 22 日，市人防办更名为市民防局后，北京民防由单一防空的人防体制向防空防灾相结合的民防体制转变。固定指挥信息平台在市、区（县）两级补充完善基础上，开始向街道（乡镇）延伸；在既有警报通信车基础上，完成市、区（县）两级机动指挥信息平台建设；基本完成能够融入市应急体系的人防卫星通信网建设；形成利用固定和机动式防空警报、广播电视等渠道发放空情的警报网；市民防局门户网站（北京市防空防灾信息网）上线运行。年内组织相关企业研制广播电台、电视台发放防空警报的控制设备。2007 年通过相关标准国家检测；12 月，市民防局与市广播电视局签署《关于在北京电台、电视台广播电视播出机房安装发放防空警报信号设备的备忘录》，战时利用市属广播电台和电视台发放防空警报信号。

2007 年完成所有警报器控制终端的更新工作，全市警报统控率达到 100%。2008 年，按照国家人防办有关要求，对全市近 50% 的警报器由电动警报器更新为电声警报器，全市电声警报器所占比例超过 60%。2009 年完成 2 个人防警报控制分中心建设任务。

2008 年 5 月 19 日 14 时 28 分，按照国务院公告和国家人防办《关于认真组织全国哀悼日人民防空警报发放的通知》要求，北京市统一组织全域范围内的防空警报鸣响，哀悼汶川地震遇难同胞。

2008 年至 2009 年，随 19 台 815D 中型指挥通信车的建设，完成车载警报控制中心建设。

2010 年，警报统控率 100 %，五环路以内、郊区（县）政府所在地和重要城镇警报音响覆盖率达 98 %，均能够通过市属广播电台和电视台发放防空警报信号，构成比较完善的预警报知系统。

二、指挥信息平台

固定指挥信息平台

1982 年 5 月 4 日，市人防办下发指导各级人防指挥所的建设和使用相关问题的文件，要求在 1985 年前，区（县）初步建成符合标准的人防指挥所，市属各局有条件的，要结合基本建设修建人防指挥所。1995 年，北京市开始规划市级人防通信枢纽建设，1998 年完成。

至2000年，全市基本建成人防通信枢纽，市网与区网、区网与区网接口联通自成体系、地下与地上相结合的城区人防有线电指挥通信网络，覆盖市和18区（县）人防的传真网络和移动通信网络。2000年建成全国第一个人防指挥自动化系统。2004年，按照国家人防标准规范要求，印发区（县）人防指挥信息系统配置要求，统筹指导区（县）指挥信息系统建设。2005年，市人防指挥信息系统改造，扩充了综合布线、音视频矩阵等系统容量。2006年依托市政府电子政务内网，自建光缆40余公里，建成连通18个区（县）的人防指挥专网，实现人防固定指挥信息平台间视频、数据、语音的互联互通。2007年，市民防局制定印发《区县民防信息系统运行维护管理规定》，印发《关于街道（乡镇）民防应急指挥中心建设的意见》，开始推进街道（乡镇）指挥信息平台建设。同年完成10余个街道（乡镇）指挥所建设。截至2010年，初步构建市、区（县）、街道（乡镇）三级人防指挥信息体系框架。

机动指挥信息平台

1990年，市人防办利用中型面包车改装成人防通信指挥车1台，后因车辆报废停止使用。1999年，装配1台丰田3400型越野无线综合指挥通信车，装备短波、超短波电台和车载防空警报器。2000年9月，经国家人防办核准，市人防办和所属18个区（县）人防办配备人防通信警报车（北京切诺基小型越野车）20辆。2006年建成重型卡车底盘的扩展方舱式大型指挥通信车，可承载26名指挥、通信作业人员，可与人防固定和机动指挥信息平台联通。2008年，市民防局建设并投入使用一台悍马H2底盘的小型信息采集车，可承载4名通信作业人员，配备“动中通”VSAT、超短波等通信手段，可与人防固定和机动指挥信息平台联通，支持人防图像、语音、数据业务。2008年，经市政府同意，由市民防局建设15台进口奔驰815D底盘的人防（应急）中型指挥通信车，为北京市和除东城、西城、崇文、宣武外的14区（县）进行配属，由民防系统运维管理，战时用于防空，平时用于应急，各区（县）政府不再另行建设。该车可承载6～8名指挥、通信作业人员，可与人防固定和机动指挥信息平台、市应急系统联通。2008年奥运会期间，组织担负应急保障和安全值守的相关人员24小时在岗值守，先后出动指挥通信车124台次670余人次，完成了奥运会和残奥会开闭幕式及彩排、焰火燃放、火炬传递、自行车比赛、马拉松比赛等重大活动的现场应急值勤和图像采集、传输任务。2009年，为满足中华人民共和国成立60周年庆典应急指挥和安保工作需要，东城、西城、崇文、宣武4个区配备了人防（应急）中型指挥通信车。国庆期间，全市21台大、中、小型人防指挥通信车全部参加值守应急工作，共计出动87台次311人次。截至2010年，完成大、中、小型配套，覆盖市、区（县）两级的机动指挥信息平台。固定与机动指挥信息平台共同构成市、区（县）、街道（乡镇）三级，固定与机动相结合、有线与无线互为补充备份的人民防空指挥和城市突发事件应急“两防一体化”的民防指挥信息平台。

三、通信网络

通信网络主要分为有线通信和无线通信网络。2000年基本建立基于有线电缆、覆盖18

区（县）的电话和传真网络，覆盖市区两级的机动短波通信网。2000 年以后，随着指挥信息平台的建设，以联通市、区（县）、街道（乡镇）指挥信息平台，支撑人防指挥业务为目标，重点开展短波通信网、卫星通信网、有线通信网的建设。截至 2010 年，基本建成联通市、区（县）两级人防指挥信息平台，以光纤网为主的有线通信网；以短波通信、卫星通信为主，以超短波通信为补充的无线通信网。有线与无线通信网互为补充和备份，具有较强抗毁伤和抗干扰能力。

有线通信网

1981 年 1 月 1 日，市人防业务由卫戍区移交市人防办后，重新筹划、建设市、区（县）两级人防有线指挥通信网。1987 年前建成至东单电话局、西单电话局、厂甸电话局、市公安局、卫戍区等铠装电话电缆。1987 年 1 月，市人防办公室为东城、西城、崇文、宣武、朝阳、海淀、丰台、石景山区和市人防通信站安装 SYFAX—402 型传真机 12 部。截至 1989 年年底，市人防通信站及东城、西城、崇文、宣武、朝阳、海淀、门头沟、通县 8 个区（县）共安装电话交换机 14 部、总容量 3572 门（线）、用户分机 1751 部，东城、西城、崇文、宣武、海淀、门头沟 6 区的有线通信设备主要是联接各区区委、区政府及所属局、处、公司、街道办事处、人防专业队、街道人防部门，构成区域性有线通信网。各区交换机既是区政府总机，又是区人防通信站总机。1990 年 7 月，门头沟、房山、通州、顺义、大兴、昌平、平谷、怀柔、密云、延庆 10 个区（县）安装 UF—200 型传真机。1995 年 8 月，东城、西城、崇文、宣武、朝阳、海淀、丰台、石景山 8 个区更新为 UF—200、UF—210 型传真机，升级了传真网。1994 年 4 月建成市人防 200 对铠装电话电缆一条。1995 年年初，市人防新建瑞典爱立信 MD110 程控交换机，用户容量 600 门。市人防办交换机和市委、市政府、北京卫戍区、市公安局、4 个区人防办、3 个市电信汇接局的交换机间建立中继线路，初步组成多方向、多路由、多信道保障的有线电话通信网络。1998 年 7 月，建成市人防 24 芯专用干线单模光缆一条。2000 年，全市人防系统程控交换机总容量 3128 门（线），铺设不同型号电缆 139.9 公里，基本建成市人防通信枢纽，市网与区网、区网与区网接口联通自成体系，地下与地上相结合的城区人防有线电指挥通信网络。2003 年，建成市人防 24 芯通信光缆一条。2006 年，依托市与区人防之间的人防指挥专网，利用 IP 语音网关技术构建人防有线指挥调度系统，为区（县）人防配备调度电话终端、市级程控交换机电话用户、市级 IP 电话用户、军用电话用户。2007 年 6 月，市民防局建设 24 芯备份光缆一条。2010 年完成市人防到东单电话局部分自然老化的音频战备电缆的更换工作，完成市民防局与中央国家机关人防办音视频互通对接。

无线通信网——超短波通信网

1986 年 9 月开始组建大区制超短波无线指挥通信网。1987 年上半年开始建设 9 座天线塔、铺设电缆、安装设备，采用大区制陆上移动通信方式，多信道大区制网络结构，与市人防办、市委、市政府、北京卫戍区有线电话交换机联通，设1个基地台，工作方式为双工和半双工2种。市有关领导和市人防办、10个城区和近郊区（县）配备了车载、便携和手持台，8个远郊区（县）安装了固定台，组成了人防超短波通信网。2002年，市民防局通信站对其进行数字化改造，规模收缩为市及城八区，为城八区配备了超短波数字电台，作为每年防汛应急指挥通信网，以弥补近距离短波通信网的盲区。2008年，依托北京市无线政务专网，组建联通市、区（县）两级的民防数字集群指挥通信网，主要配置市、区（县）两级人防驻地、指挥通信车和相关业务人员。

无线通信网——短波通信网

1987年，购置有4台国产MS-8000 125瓦短波电台，作为备用通信装备。1999年8月，北京市人防系统开始建设短波单边带电台网，先后购买澳大利亚CODAN-9680车载短波单边带电台21部和CODAN-NGTsr型短波单边带电台10部，分别组成全市车载式短波电台网和10个远郊区（县）固定式短波单边带电台网。2006年1月，为提升人防短波电台网通信保障能力，对国内短波电台进行市场调研，采购9套国产短波单边带数字化电台成套设备。2007年3月，市民防局采购11套国产短波单边带数字化电台成套设备，完成全市人防新型短波通信网的建设。2007年6月，市民防局以1999年购置的21台CODAN-9680型短波电台置换21台CODAN-NGT cr型短波新概念电台主机，并对原有21部车载电台的天调、天线、馈线进行检测和维修，保证升级后系统正常工作。2008年、2009年分别采购15套和4套国产短波单边带数字化电台及相应配套设施，用于中型指挥通信车车载短波通信，完善短波电台通信网。2008年11月，市民防局将10台CODAN-NGTsr型固定式短波电台置换成CODAN-NGTcr型短波新概念电台，安装在10个郊区(县)人防。2010年3月，市民防局购买CODAN-NGTcr型新概念短波电台及相应配套设施8套，配备到城八区，构成覆盖全市的固定式和车载式相结合的CODAN-NGTcr型短波单边带电台网。2010年，全市固定电台配备数据传输系统，城区配备短波背负式数字化抗干扰电台，完成全市短波通信的网络优化。

无线通信网——卫星通信网

2003年11月，海淀区人防办建设的卫星通信地球站投入使用。2006年4月，大型指挥通信车交付使用，车载卫星通信系统采用人防卫星通信体制。为大型指挥通信车在市人防配套建设了固定卫星地面站，作为主站使用。2008年，15台815D中型指挥通信车交付使用，车载卫星通信系统采用市应急卫星通信体制。为满足应急和奥运保障要求，市信息办租用卫星地面站作为通信节点，沟通中型指挥通信车与市应急办的通信联络。在房山、密云、延庆3个区（县）民防局建设3个市应急卫星通信体制地面站，以满足区域通信要求。市民防局起草下发了区（县）人民防空通信系统卫星地面站建设的意见，指导配备指挥通信车的区（县），展开卫星电面站建设。同年，小型信息采集车交付使用，车载卫星通信系统采用市应急卫星通信体制，搭载 TracStar 动中通天线系统。市人防配套建设采用市应急卫星通信体制的固定卫星地面站。伴随小型信息采集车建设，市民防局采购一套采用人防卫星通信体制的可搬移卫星地球站。2009 年，随 4 台 815D 中型指挥通信车交付，建设采用市应急卫星通信体制的车载卫星通信系统，天线口径 1.2 米。同年，市民防局按照人民防空应急准备“建设两种以上无线通信手段”要求，以资金补助、区（县）民防局为建设主体的形式，完成朝阳、海淀、石景山、门头沟、顺义、大兴、昌平、平谷、怀柔 9 个区（县）卫星地面站建设，服务各区独立执行应急任务时指挥通信车信息直接传送到本级人防和区（县）政府的要求。2010 年完成通州区人防卫星地面站建设。市民防系统建成覆盖市、区（县）两级，由固定、车载和便携式卫星地面站组成的人防卫星通信网。

四、软件系统建设

人防指挥自动化软件

2000 年 8 月，市人防办部署国家人防办统一研制配发的指挥自动化软件 1.0 版，市人防指挥自动化系统建成开通。2006 年，随着固定指挥信息平台联通，市、区（县）人防系统指挥自动化软件升级更新为 1.8 版，实现市、区（县）两级指挥自动化软件的互联互通。截至 2010 年，该系统运行、使用中。

办公信息系统软件

2003 年 4 月，市民防局对机关和有关事业单位的业务工作和办公需求开展需求调研和业务梳理，进行基本功能模块开发，2004 年 4 月经各处室对软件功能和模块的最终确认，组织开发“市人防内网办公信息系统”，软件模块主要有内部通知、信息动态、公文管理、人事管理、财务管理、文档资料管理等基本功能，共 96 个模块，年底通过验收。2003 年非典期间，利用本系统基本功能模块实现文件网上传阅。2005 年，模块数量从 96 个增加到 105 个，主要增加了区（县）人防与市人防文件信息传递等功能模块。2006 年组织各部门围绕日常业务工作与核心业务的信息化支撑要求，梳理业务流程，分析整理软件需求，形成包括 18 个栏目 107 个功能模块的民防局办公自动化软件。修改完善后的软件采用数字身份证书、电子签章，在系统中嵌入数字身份识别和数字签名，使 OA 系统中的电子文档符合电子签名法的要求，该软件开发任务全部完成并正式上线运行。该软件由“市民防局内网办公信息系统”和“区县民防局内网办公信息系统”两个相互关联协同的软件系统组成，采用的“浏览器 / 服务器”（B/S）技术架构，在全市率先采用 BJCA 数字身份证书，符合国家颁发的《中华人民共和国电子签名法》。2009 年进一步提升全市民防系统信息化水平、推进政务应用和信息资源共享，完成民防办公信息系统的区（县）分系统，为区（县）民防制作配发政务数字证书。

人防工程信息管理软件

2004年，市民防局与市测绘研究院合作开发基于GIS技术的“人防工程信息管理系统”软件。2005年实施“人防工程信息管理系统”项目二期。截至2010年,该系统一直在运行、使用。

北京市防空防灾信息网

2001年，信息中心对2000年前完成的北京市人防办首都之窗静态网页进行全新改版开发，主要包括单位简介、主要职能、领导简介、机构设置、人防工作信息、人防知识等内容，并形成常态化的信息发布及更新机制。2006年7月，北京市人民防空办公室子网站正式更名为“北京防空防灾信息网”，丰富了法律法规等内容，增设主任信箱、群众来信、审批表格下载、审批结果查询等交互功能。8月，《北京市人民防空办公室关于北京防空防灾信息网网站填充管理办法》印发，进一步规范信息发布的审核管理流程。截至2010年，该系统一直在运行、使用。

五、应用系统建设

2000年,8路公安交管监控图像引入人防指挥中心。2003年从同时传送8路扩容到24路，实现市人防办对摄像头的选择和控制。2008年，按照市图像信息管理系统的建设要求，完成市民防局与市公安局图像双向传输系统的建设工作，送8路，收24路，双向互控，实现与市图像信息管理平台的图像信息双向共享。

2004年，随着市与18个区（县）人防办公室的政务网络联通，建成基于政务外网的人防IP视频会议系统。2006年，随着人防指挥专网联通，将原基于政务外网的人防IP视频会议系统迁移到人防指挥专网，提供可视化指挥环境并在演习中应用。

2006年，在中环办公区建设市应急指挥系统视频会议人防办终端，2007年10月回迁至槐柏树街北里8号。

2008年，按照市应急委的要求，完成市民防视频会议备份系统建设，实现市民防局对市应急委视频会议系统的双系统、双路由保障。

第四章　公共服务信息化

20世纪70年代，北京公共服务领域出现计算机应用。1975年，北京市图书馆使用计算机从事管理工作。80年代，北京图书馆应用计算机从事外文处理。90年代，信息化开始在北京公共服务领域普遍应用。1997年，北京超星技术发展有限责任公司创建超星数字图书馆，为国内首家以图像存储为主的数字图书馆。1998 年，“中国数字图书馆工程”在北京图书馆实施。同年，全市行政村广播电视“村村通”工程启动。1999 年，市卫生局网站开通集中式网络预约挂号服务，市卫生局信息网络管理中心、同仁医院和密云县医院之间的线路实现连通。市劳动保障局、市人事局网站开通，面向全市劳动者和用人单位发布各类政策信息、法律法规等内容。北京电化教育信息网建成，主页设有电教概况、电教法规、电教研究、教材制作、教材资源、动态信息 6 个栏目。2000 年，北京教育网络和信息中心成立。

进入 21 世纪，在市政府提出的“奥运北京”数字北京号召引领下，北京公共服务领域的信息化建设步伐加快，信息化建设成为市政府每年为民办实事的重要内容。2001 年 1 月，市医保信息系统投入试运行，社会保障卡投入使用。年底，首都图书馆（以下简称首图）建成的 300 余台 PC 工作站在线应用，业务自动化处理实现中等规模的计算机应用水平。2002 年，北京市公共图书馆开始建设计算机信息服务网络系统，实现市、区县、街道（乡镇）图书馆三级网络内的资源共知、共建和共享。2004 年，北京市公共图书馆推出图书“一卡通”服务，读者只需办理一张联合读者卡，就可以享受所有成员馆的服务。同年，市劳动保障局建立劳动保障宏观决策系统。市卫生局启动综合指挥调度信息平台建设，建立北京市公共卫生中心数据库以及全市公共卫生信息交换平台，监控公共卫生各类事件的反应、报告以及公共卫生状态。2005 年，北京市新型农村合作医疗管理信息系统启动建设。2006 年，农村养老保险信息系统建设工作启动，公费医疗照顾人员费用报销信息系统和全市退休人员统一补充医疗保险系统运行，医保信息系统入选“信息北京十大应用成果”。参照国际奥委会相关标准，北京市在 25 家奥运定点医院（除急救中心和部队医院）建立就诊管理系统，对奥运大家庭成员、媒体人员和观众的就诊情况进行规范完整的记录。北京“12320”呼叫中心成立。2007 年，“12320”网站开通，成为电话、短信、网站、邮件等多种通信方式为一体的综合性呼叫中心。2008 年，北京市劳动力市场信息系统通过验收并投入使用，共有失业人员管理、优惠政策管理、农村劳动力管理、境外劳动力管理、资金管理、机构管理、政策咨询、劳动人事代理、职业指导、职业介绍、职业技能培训、职业技能鉴定考核、创业指导 13 个子系统。市人事局还完成“公务员管理信息系统”“引进人才综合评价系统”“引进人才管理系统”“留学人员引进管理系统”等多个系统软件开发并部署运行。2009 年，门诊费用实时结算系统完成并上线运行。“北京市城乡居民养老保险信息系统”功能点达到 400 个，用户范围覆盖各区（县），操作人员 400 余名。2010 年研制出第二代社会保障卡。全市 1800 多家医疗机构完成信息系统接口改造工作，其中 1779 家医疗机构实现医保患者看病刷卡实时报销结算。北京市医疗保险信息系统容纳参保人员 1000 余万人，共制作发放社保卡 1000 余万张，有参保单位 20 余万家、定点医疗机构 1800 余家、社保所 350 余家、经办代办机构 27 家。全市基层医疗卫生机构基本实现药物统一招标、统一配送、同城同价。

北京公共服务领域的信息化建设推进了城市管理和服务的改革，为北京的城乡人民生活带来极大方便。

第一节 教育信息化

“八五”期间，北京电教馆电教总投资2.87亿元。1995年，电教经费1.11亿元，其中用于购置电教设备9753.86万元，占87.9%；用于电教教材763.92万元，占6.9%；用于电教培训100.98万元，占0.9%；用于电教教研等其他方面493.72万元，占4.4%。市基教系统有投影仪及幻灯机41754台、录音机38304台、录像机5738台、电视机14992台、计算机20302台、语言实验室697个、卫星接收装置71套、有线电视286套、具有电视教材制作能力的单位42个。电教设备配备达到国家教委（1992年）规定标准的学校3140所，占全市学校总数的99.9%。其中，达到一类标准的621校，占19.8%；达到二类标准的1414所，占45%。

1997年5月，由北京电教馆自行设计、安装、施工、调试的多媒体网络教室建成，具有多媒体网络展示、多媒体课件研究开发和多媒体技术培训功能。

1998年5月14日，市教委在北京市十一学校召开首批“全国现代教育技术实验学校”挂牌仪式暨实验学校工作（现场）会，向北京市29所首批全国中小学现代教育技术实验学校颁发证书。

1999年5月，北京电化教育信息网建成，附属于市教委教育信息网站，主页设有电教概况、电教法规、电教研究、教材制作、教材资源、动态信息6个栏目。北京电化教育馆主页网上信息量达到8万字。7月8日，由教科院信息中心负责承建的北京教育科研网正式开通，主页设有高教、基教、成教、职教等各类教育栏目内容。

2000年7月3日，北京教育网络和信息中心成立。依据市编办批复，教科院所属教育信息中心与北京电教馆合并，组建北京教育网络和信息中心，保留北京电化教育馆的牌子。该中心为市教委直属，主要职能是面向全市教育系统，开展现代教育技术的研究、宣传、指导和推进工作，承担全市教育系统的网络建设和教育教学信息资源库群建设的组织、实施和管理工作。8月，教育网络和信息中心完成北京教育网站网页调整工作。调整后，该网站实现内部网站和外部网站分离，内网主要用于市教委大楼内各业务职能部门信息化办公及管理工作；外网将市教委各业务处室、各区县教委（教育局）及委直属单位按照统一域名，建成各自主页，范围涵盖全市各级各类教育。改版后外网内容更新，从每周5次增加到每周7次，服务内容有首都教育、教委介绍、教育法规、教委政务、对外交流与合作、资料中心、招生与考试等。9月24日，北京市中小学信息技术教育传播中心开通。该信息传播中心由19个区县（单位）中心组成，承担开设信息技术教育课程、培训教师、丰富学生业余生活、为周边社区居民服务和培养高级信息人才5项职能，每个信息传播中心均配有不少于200台奔腾3以上主流机型计算机，拥有4个网络教室、1个电子阅览室以及必备软件、影视和光盘等资料。

2001 年启动中小学“校校通”工程，2004 年基本完成。2002 年 4 月，教育网络和信息中心完成区域信息资源站点建设工作（以东城、西城、宣武和海淀 4 个区为实验区），该项目旨在探索区域信息资源建设途径，加快北京教育资源库群建设、开发和应用。5 月，为完成由北京教育网络和信息中心、中国科学院计算技术研究所和北京软件产业促进中心参与实施的“网络计算机（NC）应用于网络教育重大示范应用”国家 863 课题，北京举办“网络计算机（NC）应用于网络教育重大示范应用”测试工作。北京 11 所中小学校参加测试，共有 11 个多媒体网络教室、8 个数字图书阅览室和 6 个电子备课室。9 月，市教委在“方舟”CPU 实验学校进行使用测试。

2003 年春，非典疫情暴发，部分学校学生不到校学习。4 月 17 日，市教委筹备开通“课堂在线”，最初面向小部分不能到校学习的学生，由北京教育网络和信息中心提供网络环境，教科院负责教学形式、内容及相关组织工作。4 月 24 日是北京中小学生全面停课的第一天，“课堂在线”开通 16 个学科的网络教学，各学科教研员上线答疑，广大中小学生通过网络在家学习。5 月 26 日，北京教育网络和信息中心开通“北京教育在线”和“北京数字校园”网站。北京教育在线提供“空中课堂”播出的课程表、教学视频和教师教案，学生进入“北京数字学习环境”可自主选择课程、浏览课程内容。“北京数字校园”作为北京市中小学数字校园的总门户，为全市所有中小学的校园网站提供导航和链接。9 月 1 日，市教委免费开通 10 万个中小学生电子信箱。为配合信箱开通，市教委制定了因特网地址分配规则、学校域名定义和学生邮件命名规则等文件，规范信箱使用；同时要求各区县做好信箱地址保密、安全工作。截至年底，市教委建成远郊区县中小学网络计算机教室 100 个。其中，密云县 33 所、延庆县 27 所、平谷区 10 所、怀柔区 10 所、房山区 10 所、通州区 10 所。建设这批教室是市政府年度 60 件实事之一，4 月 10 日立项建设，市财政总投资。至此，北京远郊区县农村、小学以上学校全部实现计算机联网。

2004 年 5 月，市教委召开中小学管理信息系统（MIS）和学生卡（IC 卡）推广会议。会议听取东城利用校园管理信息系统（CMIS）完成中小学基础数据录入和应用专项测试汇报。会议布置实施中小学管理信息系统和学生卡工作，要求各区县选取 1 所中学、1 所小学试点，推动区县推广工作。截至年底，全市中小学完成基础数据录入工作，使用系统报送学籍报表，实现中考报名网络化，逐步发放学生卡。

2005 年 4 月，北京教育资源网完成改版试运行。改版后网站增加《我的门户》《资源工作室》《资源门户》《结算平台》4 个栏目。9 月，教育网络和信息中心完成市教委门户网站第五次改版。改版后网站设立教育信息、政务公开、教育服务、教育社区和用户登录 5 个频道，开辟《综合新闻》《图片新闻》《视频新闻》等栏目，公开政务信息全部上网。12 月 28 日，北京市中小学资源平台开通。该平台由教育网络和信息中心建设，拥有教育、教学资源信息 30 万条，采用市场运营和竞争机制，面向社会提供教育教学资源。同日，北京市中小学数字图书馆开通。该图书馆设有小学、中学、教师和通用 4 个频道，利用 IP

认证和身份认证，免费面向全市学生开放。数字图书馆收藏300多家出版社的5万余种70余万册正版数字图书，是全国最大的中小学数字图书馆。“十五”期间，北京市中小学信息化建设总投入20亿元，其中市级投入8亿元、区县投入12亿元。

2006年3月至11月，北京教育资源网进行百次优化和调整，包括负载均衡的优化、用户响应的加速、购买流程的简化、学生身份绑定的优化等。截至年底，正式注册用户40余万人，其中绑定北京市中小学教师身份的88456人、学生170533人。网站涵盖30余家资源提供方的条目类资源37万余条；服务频道10个，包含各类资源120余万条；教育教学软件17类。网站日均访问量超过万人次。

2007年4月6日，北京教师研修网开通。该网站整合新课改相关机构专业服务，向全市各级各类中小学及教研机构提供新课程数字化课程资源，帮助教师专业成长；提供针对教师个体研修的个性化服务，为教师群体提供跨学校、跨学科、跨区域的交流服务平台。截至12月底，有6000名教师参与平台互动。平台设立覆盖中小学18个学科专题讨论区，开展数千个专题讨论；设立专家、名师和个人博客1273个。开展网上教研活动20余次。9月，教育网络和信息中心统一开发全市普通高中新课程管理系统，建立市、区（县）级管理系统，供全市教育管理部门使用。该系统帮助各级教育管理部门准确掌握各高中学校课改进展情况，为各级管理部门评估与决策提供数据支撑与依据，帮助高中学校进入新课程改革、建立新的教学管理制度和教学工作程序、实现教学教务管理电子化。截至12月底，86%的高中学校完成平台安装，258所学校将课程、学分等管理数据上报到市区（县）级平台。全市初步建立起市、区县、学校三级的中小学管理信息系统（CMIS），结合“家校互动”短信，开展电子考勤和平安校园试验。借助互联网及中国移动通信资源，实现互联网和手机短信多渠道沟通。学校可借助“家校互动”短信，随时发送学生的操行、成绩、学校通知、教育资讯、突发事件等信息，实现家长与教师的及时沟通。全市统一发放学生卡130万张，覆盖北京市所有中小学（含打工子弟学校）。在全市推行电子化学籍管理应用，于小升初和普通高中入学依托CMIS和学生卡实现入学资格认定、电子学籍档案建立、电子学籍注册及电子学籍信息转移。全市中、高考报名实现与CMIS系统数据对接。截至12月底，市教委实现为每一名中小学教师在网上自主选择资源建立开放平台，平台拥有条目类资源435258条、服务频道12个、资源总数近200万条。网站实名用户424715人，其中教师100795人、学生171922人。拥有6万种80多万册数字图书的中小学数字图书馆、涵盖500余种主流教育教学期刊的期刊库和220万种文献资料的文献传递系统，全部免费向中小学师生开放。

2009年5月至10月，北京市依靠CMIS系统和学生卡完成小升初、普通高中入学学生的资格认定、电子学籍档案建立、电子学籍注册、电子学籍信息转移等工作。在入学注册数据基础上，利用现代化手段分析汇总非正常入学和流动学生情况，提供分析数据。8月24日，教育网络信息中心为各区县（单位）配发SONUG500视频工作站，用于课堂实录、活动纪实及远程教学等多方面，对于提高各区县教育视频摄制质量起到促进作用。10月22

日，市教委举行“北京教育IC卡”教育应用密钥生成仪式，该工程是实现学校、教育行政部门办公自动化的基础工程。10月至12月，北京市国家学生体质健康标准服务网完成，主要用于上报、查询、分析《国家学生体质健康标准》测试数据，市、区县、学校、学生和家长拥有不同的网络权限，可以通过服务网浏览学生体质健康相关数据，以及各种分析报告。11月27日，北京—什邡远程教育培训资源网开通，该网站由市教委主办，教育网络信息中心负责建设维护。网站采取远程信息资源共享方式，发挥首都教育网络信息资源优势，开发建设北京—什邡远程教育培训平台，利用现代计算机网络信息技术开展远程教育培训，克服时空限制，异地培训什邡市教育管理干部和骨干教师。

2010年12月，北京教育资源网（北京市中小学资源平台）拥有条目类资源642929条、服务频道18个、资源总数360万条。资源网月均下载资源1.5T。截至年底，图书期刊类资源累计访问量182.6万人次。

第二节　人力资源与社会保障信息化

一、人力资源管理信息化

1999年7月，市劳动保障局、市人事局网站开通，面向全市劳动者和用人单位发布各类政策信息、法律法规等内容。2000年至2008年，市劳动保障局网站多次改版，重点突出《政务公开》《网上办公》等栏目，增加百姓心声、在线解答、多媒体播放、信息订阅、信息留言板、主题论坛等功能，并对法规库3000多条劳动保障法规内容进行认定和整理。开辟《创业项目征集与查询》专栏，推出“技能人才信息管理系统”，实现职业技能鉴定考试成绩查询、职业技能鉴定证书查询。2009年，网站内容改版，整合原劳动保障局和原人事局的网上服务内容，涵盖包括人才引进、职称评审、社会保险、就业管理、劳动关系、公务员招考、事业单位招聘等方面内容。2010年，社会保险网上服务平台上线，可实现企业网上申报和个人信息查询功能。

2004年，市劳动保障局建立劳动保障宏观决策系统。2005年至2010年，市劳动保障局陆续完成社会、医疗、工伤、失业、生育保险和失业人员管理、职业技能培训、职业介绍、电话咨询、劳动人事仲裁和劳动人事信访等子系统的宏观决策软件开发，实现劳动保障宏观系统与市决策信息服务平台进行对接。

2005年至2008年，市人事局完成“北京市公务员管理信息系统”“北京市引进人才综合评价系统”“北京市引进人才管理系统”“北京市留学人员引进管理系统”等多个系统软件开发和部署运行。

2008年，北京市劳动力市场信息系统通过验收并投入使用。该系统共有失业人员管理、优惠政策管理、农村劳动力管理、境外劳动力管理、资金管理、机构管理、政策咨询、劳动人事代理、职业指导、职业介绍、职业技能培训、职业技能鉴定考核、创业指导13个子系统。2009年，技能鉴定全国统考人员网上报名系统上线运行，涉及业务涵盖从鉴定公告发布到考生取得证书的所有阶段。

2010年，市劳动力市场信息系统更名为市人力资源市场信息系统。系统覆盖全市市、区（县）、街、居4级业务经办单位，连接业务经办机构1884家近7000名操作员。每日上网操作接近6000人次。子系统扩展到25个。系统服务于全市所有城镇和农村人员、外埠人员以及在京就业的外国人，覆盖劳动力市场的全部被服务对象，成为支撑全市劳动就业服务、优惠政策落实、宏观决策、为民服务的重要大型政务系统。

二、社会保障信息化

医疗保险信息系统

1999年，市政府着手医疗保险改革和信息系统建设准备工作，将医疗保险信息系统确定为《首都信息化1998—2010年发展规划（纲要）》的四大重点应用工程之一。2000年3月，市政府决定北京市医疗保险信息系统实行“总体统筹负责制”。市经委负责项目组织协调工作，首信公司统筹负责本市重大信息应用工程的投资、设计、建设、运营和维护工作。8月，首信公司与市经委、市劳动保障局签订《北京市重大信息应用工程总体统筹负责制协议》和《北京社会保障信息系统医疗保险信息子系统总体统筹负责制协议》，投资建设市医疗保险信息子系统。10月，市政府决定在医保信息系统中使用IC卡。2001年1月1日，医保信息系统投入试运行。2002年，医保信息系统主机从双机热备方式改为双机并行处理方式，医保支付软件由原来的两层软件结构改为三层结构。同年开通“96102”医保咨询服务电话，参保人可以通过电话查询其医保待遇的状态。2003年，医保系统的运行中心由中央电视塔医保机房切换到市劳动保障局机房。离休人员医疗统筹业务、医保信息系统统计查询与决策支持系统上线运行。2004年，医保系统按信息安全等级三级的要求进行改造，医保信息系统容灾中心启用运行。2005年，医保信息系统启用安全证书并通过第三方软件测评。2006年，公费医疗照顾人员费用报销信息系统和全市退休人员统一补充医疗保险系统运行。医保信息系统的控制中心由市劳动保障局机房切换至中央电视塔机房。同年，医保信息系统入选“信息北京十大应用成果”。2009年，门诊费用实时结算系统完成并上线运行。2010年，市经济信息化委将医保信息系统管理移交给市人力社保局。市人力社保局全面负责医保信息系统建设、运行、管理和维护工作。全市信息系统涵盖医疗保险定点医院1800多家，参保人数1000多万人。

社会保障信息系统

2000年8月，北京市医疗保险信息系统工程启动建设，市劳动保障局成立社会保障卡业务需求小组，完成实施方案、资金预算评估、项目批复和注册工作。与北京银行签订《北京市社会保障卡系统建设协议书》，与首信公司签署《北京市社会保障卡系统应用集成服务项目合同书》，与61195部队科技成果交流中心签署《北京市社会保障卡系统安全集成服务项目合同书》。2001年1月，该系统投入试运行，在西城区、宣武区试点发行2万张卡。2008年，在社会保障信息系统中，市劳动局信息中心“社会保障网络”中有23个局域网，站点近350个，社保中心与各区县、各局（总公司）实现远程联网。2009年4月16日，北京市启动社保卡民心工程。市劳动和社会保障局利用市公安局提供身份证数字照片完成第一代社会保障卡的制作，首先在石景山区、西城区、东城区、宣武区、崇文区试点，共计发放100多万张社会保障卡。参保人持卡在定点医院就医即时结算，只需支付个人承担部分，医保卡具有从企业参保、基金征缴、账户分配到医院交易、费用分解、审核、结算、汇总、支付等功能。2010年7月5日，市人力社保局宣布北京市第14批130家医疗保险定点医疗机构开通“持卡就医、实时结算”功能。2010年，研制出第二代社会保障卡，全市共发放800余万张，参保人可在1700多家定点医疗机构持卡就医即时结算。市社会保障卡系统入选“2010年信息北京十大应用成果”。截至2010年年底，北京市共制作发放北京社保卡1000余万张；有参保单位20余万家、定点医疗机构1800余家、社保所350余家、经办代办机构27家。

社会救助系统

2005年7月，西城区作为北京市区县级社会救助信息系统建设的首家试点，开始建设综合救助信息平台。2006年，市民政局围绕北京市社会救助体系建设的核心工作内容，启动北京市“数字民政”一期建设项目，以建设跨部门、跨区域的全市社会救助综合信息平台为主要内容，将原有的城乡最低生活保障系统拓展为涉及17个政府部门、市区（县）两级共70余项救助业务信息管理的综合业务管理平台。2007年9月，该系统在7个街道推广应用。2010年6月，采集贫困家庭基础数据30506户，救助项目97个，194798名困难人员获得救助。

新型农村合作医疗管理信息系统

2005年12月，北京市新型农村合作医疗管理信息系统启动建设。2007年5月，全市13个涉农区县全面应用北京市新型农村合作医疗管理信息系统，采集272多万农业人口信息及医疗医药信息。截至2010年，该系统共采集278.53万农业人口参加新农合相关信息。

就业服务系统

2005年，市民政局借助财政资金开始在全市实现优抚安置、军队离退休人员、征地超转人员、流浪乞讨人员等业务工作的信息化管理。2008年11月12日，“城乡统筹一体化，就业服务村村通，暨北京市劳动力市场信息系统村级网络开通仪式”在通州区举行。通州区作为“村村通工程”试点区之一，首批开通11个乡镇25个行政村的就业服务网络，可为1万多名农村劳动力提供就业服务。12月24日，北京市劳动力市场信息系统进社区网络开通，北新桥街道的6个社区作为北京市第一批市、区、街、社区信息网络4级通试点社区率先使用。“就业服务信息进社区”将人力资源信息服务延伸到最基层的社区（村）一级行政单位，使有就业愿望的失业人员和就业困难人员就近获取就业信息。

居民养老保险系统

2006年，农村养老保险信息系统建设工作启动，2008年上线运行。2008年，北京市职工养老保险个人账号子系统建成。建成西城区试点的退休人员数据库。2009年，系统正式更名为“北京市城乡居民养老保险信息系统”，功能点达到400个，用户覆盖18个区县和北京经济技术开发区，操作人员400余名。北京市的无社会保险市民全部纳入养老保障范围并录入系统，打破过去市民养老保障按城镇和农村分类的两线格局，形成企业职工基本养老保险、城乡居民养老保险、机关事业单位退休金制度和老年保障制度的新格局。2009年至2010年，随着城乡居民养老保险政策多次调整，农村社会养老保险信息系统先后升级为市新型农村社会养老保险信息系统、北京市城乡居民养老保险信息系统。

第三节　医疗卫生信息化

一、医疗信息化

20世纪70年代至80年代，北京市各医院根据医务管理、统计、物资管理等方面需求，开始建设信息系统。90年代，北京地区部分医院成立计算机室，进行病案统计与数据分析的系统开发。

1998年，市政府《首都信息化1998—2010年发展规划（纲要）》中提出，通过信息化手段实现预约挂号要求。1999年9月16日，市卫生局网站开通集中式的网络预约挂号服务。12月25日，市卫生局信息网络管理中心、同仁医院和密云县医院三点之间的线路实现连通。之后实现同仁医院、北京肿瘤医院、首都儿科研究所与密云县医院、平谷县医院、怀柔县第一医院的联通。

21世纪初，一体化医院信息系统建设并投入应用。基于大型数据库、全院局域网络、C/S结构的众邦系统、“军字一号”工程等具有代表性的信息系统建成并推广应用。2003年以后，医院的检验、检查与PACS、监护、手术麻醉应用需求增加，临床信息系统的医嘱处理、电子病历等应用加速发展，医院信息化由基础管理信息系统向临床系统转变。

2006年，应奥组委在2008年北京奥运会时应用奥运医疗数据统计信息系统的要求，参照国际奥委会相关标准，在25家奥运定点医院（除急救中心和部队医院）建立就诊管理系统，对奥运大家庭成员、媒体人员和观众的就诊情况进行规范完整的记录。2008 年 7 月，信息中心组织专家进行就诊管理系统项目总体验收，系统稳定运行。紧急医疗救援系统正式启用，利用医保网和政务网建立 120 急救中心与北京市 42 家三级医院、10 家远郊区县医院互联互通的急救管理信息系统，作为开放的医疗救助数据采集处理应用系统，可实现紧急救援系统共享，形成对急救病人救治过程的闭环管理。

2007 年，市卫生局与市科委合作开展远程医疗课题研究，该项目由市卫生局信息网络管理中心、市科委、北京邮电大学共同承担。远程医疗系统采用广域网 TCP/IP 传输方式，实现网络通道与其他服务的共享，可以支持实时、非实时、点对点和一点对多点等多种访问。

2008 年 2 月，《北京地区医院信息系统基础设施建设指南》和《北京地区医院信息系统运行与管理规范》发布。2009 年，卫生部颁布《电子病历基本架构与数据标准》。2010 年 12 月 16 日，首都医药卫生协调委员会第二次全体会议决定，从 2011 年 1 月 1 日起，人民医院、北医三院、同仁医院、天坛医院、北京医院、中日友好医院、阜外医院、顺义区医院和大兴区人民医院 9 家医院启动电子病历试点工作。

2010 年，全市 1800 多家医疗机构完成信息系统接口改造工作，其中 1779 家医疗机构实现医保患者看病刷卡实时报销结算，在全市基层医疗卫生机构实现基本药物统一招标、统一配送、同城同价。

二、急救与呼叫中心信息化

2001 年，急救 120 系统改造，从用计算机发送派车发展到调度系统采用网络化管理与发送日常急救任务。2003 年抗击非典期间，调度座席由 6 个扩充到 10 个，并具备在非常时期按需求增加分流座席的能力，以缓解 120 指挥系统所承担的呼叫受理压力。2007 年增设分流座席，对呼入 120 的电话进行筛查，提升了接警速度。2008 年，系统全面升级，系统功能拓展，引入手机定位功能和自动导航功能。2008 年北京奥运会期间，系统增设奥运座席，引入奥运外语服务志愿者以外语接警处置。2010 年与外国语学院合作，实现 8 种语言服务，提高了外语呼救受理能力；救护车辆引入 3G 技术，增加车载视频，拉近前方和调度间距离，使指挥中心能及时掌握前方情况；系统增加了视频会议系统。

2006 年，北京“12320”呼叫中心成立。2007 年，“12320”网站开通。“12320”成为集电话、短信、网站、邮件等多种通信方式于一体的综合性呼叫中心。2010 年 4 月，电话接入线路由一条 30B+D 扩展为两条 30B+D 共 60 条线路，座席数由 11 个近端座席、4 个远端座席扩展至 20 个接听席、4 个管理席、10 个应急座席。交换机增加接入接出的板卡数量，录音服务器及 IVR 服务器进行了线路扩充，更新了应用服务器、H3C 三层交换机，整体网络进行重新规划，调整了 H3C 路由器、天融信防火墙、趋势防病毒墙等网络设备。

三、卫生服务信息化

疾病预防控制信息化

2000年至2003年，市卫生局自主开发传染病报告系统、计划免疫接种情况报告系统等单机版报告系统。2004年建设北京市卫生防病监测信息资源整合分析平台、北京市肠道门诊早期监测预警系统、北京市公共卫生从业人员健康体检及培训管理系统、北京市免疫规划信息管理系统、北京市医院传染病监测预警系统、北京职业病网上直报信息管理系统等多个信息系统。2004年至2008年，信息系统主要采集各医疗单位及疾病控制机构的疾病控制类业务数据，信息系统基本建设为网络系统，采用B/S架构，实现重要疾控数据的网络采集、集中存储与利用，提高报告的及时性与准确性。2009年提出消除信息孤岛、建立整合平台，开始打造北京市疾病预防控制信息体系，建设“一个中心”，即全市疾控系统数据中心；构建“两个平台”，即内部管理平台、全市业务平台；完善“三个体系”，即数据上报体系、质量管理体系、应急指挥体系；整合“四类资源”，即数据资源、人力资源、物资资源、社会资源。

妇幼保健信息化

2004年10月，妇幼保健信息管理系统一期项目启动。2005年9月上线试运行。2007年11月完成系统终验，实现覆盖以北京妇幼保健院为中心的全市18个区县妇幼保健院的数据中心；实现妇幼报表数据的网络化管理；建立以妇女健康体检管理、婚前保健服务管理、计划生育服务管理、围产保健管理、儿童保健管理为核心功能的数据上报系统。2008年，妇幼保健信息管理系统二期项目筹划建设。2009年，妇女儿童保健信息库建立。2010年年底，妇幼保健信息管理系统二期项目建设方案通过市经济信息化委审批。

社区卫生服务信息化

2004年，市卫生局筹建社区卫生服务综合管理信息系统（以下简称社区系统）。2005年10月，社区系统建设方案通过市信息化办的审核。2006年3月，社区系统一期建设启动。8月在月坛社区卫生服务中心木樨地社区卫生站完成部署与试点运行。11月，全市36家社区卫生服务机构上线，建立单机版电子健康档案系统、市级数据中心和数据分析管理系统、精神卫生疾病直报系统、社区卫生服务门户网站和自动化办公系统。2008年10月，信息系统二期建设项目启动。2010年1月完成产品开发，以及市平台、3个试点区县平台及所属9个社区卫生服务中心、45个社区卫生服务站系统的部署和实施。6月在全市16个区县350多家社区卫生服务中心、2900多个社区卫生服务站全面推广应用。9月，社区系统建设项目通过验收。

综合指挥调度信息平台

2004 年，市卫生局启动综合指挥调度信息平台建设，建立北京市公共卫生中心数据库以及全市公共卫生信息交换平台，主要针对公共卫生各类事件的反应和报告，以及公共卫生状态的监控。2007 年，平台与卫生统计、卫生监督、妇幼保健子系统建立数据传输接口，整合相关信息资源；与卫生部传染病网络直报系统及突发公共卫生事件直报系统建立数据接口，实现北京属地有关传染病、突发公共卫生事件相关数据的信息共享。2009 年 4 月，市卫生局与市统计局签订数据共享协议，市卫生局向市统计局提供全市医院和村卫生室基本情况、全市居民前 10 位死因顺位、死亡率及构成，全市婴儿及新生儿死亡率，新型农村合作医疗情况等信息，市统计局通过领导决策平台与市卫生局共享信息。

血液管理信息系统

2006 年 3 月，市卫生局启动血液管理信息系统建设，年底初步验收。2008 年 4 月 28 日，全市 4 家采供血机构上线试运行，采用联网订血业务的医院 125 家，对献血者信息、检验信息、临床输血信息实行网络化、信息化管理，建立全市统一的血液管理信息平台，实现血液管理信息资源的全面整合。

免疫规划管理信息系统

2006 年年底，市卫生局免疫规划管理信息系统启动。2007 年年底完成系统开发与初验。2008 年 1 月，系统开始试运行，年底完成终验。2009 年 1 月 1 日，系统上线试运行。北京市所有免疫规划相关的卫生行政部门、疾控机构和 586 家接种门诊应用，形成免疫规划业务的全市统一信息化管理格局，可实现数据实时采集、分析自动生成、效果及时评价的全程信息化管理和全市的数据共享。2010 年 1 月，系统在册 383.8 万人，免疫记录 3478 万人次。

居民健康档案管理信息化

2007 年 10 月，市卫生局提出建设居民健康档案。2008 年，北京市社区卫生工作领导小组发布《北京市居民健康档案建立工作方案》，北京市居民健康档案信息系统建设开始进行试点，截至 2008 年 3 月，东城区为所有慢性病患者和高危人群建立电子健康档案共 82768 份。截至 2008 年年底，海淀区共有 250.4 万人建立个人电子健康档案，65.7 万户建立家庭电子健康档案；西城区建立 45 万余份居民电子健康档案和 19 万余份家庭电子健康档案。截至 2010 年 7 月，东城区建立个人电子健康档案 58.4 万份，基本覆盖全区人口。

第四节　文化体育信息化

一、文化信息化

公共图书馆信息化

1975年，北京市图书馆开始计算机化工作。1980年，北京图书馆（以下简称北图，中国国家图书馆前身）引进美国国会图书馆机读目录LC MARC磁带，建立具有识读、建库、检索等功能的模拟系统，进行国内图书馆西文图书采访、编目等工作。1984年，北图引进日立公司的M－150H计算机系统。1987年，北图从美国引进CLSI系统。该系统是在PDP 11/73计算机上运行的流通管理系统，用于北图30万册中文图书开架外借库的流通管理，当年投入使用。同年，首都图书馆（以下简称首图）购买一台由北方电脑公司研制的可处理汉字的BF－386型计算机，着手进行图书馆计算机应用的研究工作。1989年，北图引进2套日本NEC制造的ACOS－630大型计算机系统，分别用于中文、日文和西文、俄文的处理。1990年，崇文区图书馆采用计算机管理，成为本市首家全面使用计算机管理的公共图书馆。1991年，北图引进法国LAS－ERNET负责软硬件总成的光盘存储检索系统。该套系统配有CD－ROM、WORM和可擦式光盘，用于善本等珍贵文献资料的全文存储。1993年，市文化局拨专款为全市20家区县公共图书馆配备AST－386型计算机及打印设备。截至1998年12月，北京市公共图书馆共拥有计算机309台、终端90台。其中，奔腾处理器电脑240台，占总量的77.7%；服务器25台，占8.1%。电脑主要应用于与文化部图书馆集成管理系统（ILAS）的联网，其中联网用服务器23台、计算机66台、终端90台。其他的电脑主要应用于电子阅览室、办公自动化和联入互联网等。18家图书馆采用ILAS软件系统进行管理（西城区图书馆于1998年12月购入ILAS Ⅱ，将其计算在内为19家），占总数的82%，主要开通采访、编目和流通3个子系统，开通连续出版物子系统的7家，占32%；开通检索子系统的6家，占27%；开通参考咨询子系统的5家，占23%；9家图书馆开辟了电子阅览室，占41%，提供电子出版物的借阅服务，收藏数据库软件。其中，《中国学术期刊（光盘版）》一级检索站1个、二级检索站4个、三级检索站3个。6家图书馆联入互联网，为读者提供网上服务，其中首图建立“北京文化热线”首都图书馆电子网站。1999年，北图更名为中国国家图书馆（以下简称国图）。2000年，首图的“北京地方文献报刊索引数据库系统”建成，转换了从业者的观念，提高了管理水平和工作效率，促进图书馆业务改革，加速了业务标准化、规范化的进程。实行计算机管理的图书馆，每本书的平均查阅时间较实行计算机管理前减少 50% ~ 80%，图书的利用率大为提高。读者办理借书手续由 10 分钟减少至 10 秒钟，效率提高 60 倍。使用计算机管理后读者人数增加 1.7 倍，图书流通册次提高 3.8 倍。

2001 年年底，首图建成 300 余台 PC 工作站在线应用，首图的业务自动化处理实现中等规模的计算机应用。

2002 年，作为市政府为市民办的 60 件实事之一，北京市公共图书馆开始建设计算机信息服务网络系统，打破了原来图书馆条块分割的局面，利用先进的技术手段重新整合信息，实现了市、区县、街道（乡镇）图书馆三级网络内的资源共知、共建和共享。4 月“全国文化信息资源共享工程”启动。8 月，全国文化信息资源共享工程北京市分中心成立。2004 年 5 月，北京市公共图书馆推出以计算机信息服务网络为基础的图书“一卡通”服务。读者只需办理一张联合读者卡，就可以享受所有成员馆的服务。读者可以通过登录北京市公共图书馆计算机信息服务网络网站（http://www.bj-publib.net.cn）进行联合书目检索，查询某一种图书在各成员馆的收藏及借阅情况，在家上网检索图书，就能知道自己想看的书在哪家图书馆，打个电话或上网就可办理图书借阅。

2007 年 5 月，首图，东城、西城、崇文、朝阳 4 个区级图书馆，及其社区图书馆的 18 家公共图书馆开展图书通还服务。11 月，通还图书馆增至 54 家，包括首图以及东城、西城、朝阳、海淀、石景山、丰台 6 个区图书馆及部分联网街道馆。北京市公共图书馆系统还开通了统一续借电话。读者在北京市公共图书馆的 131 家“一卡通”成员馆续借书，除亲自到所借书的图书馆现场办理相关手续外，可登录北京市公共图书馆计算机信息服务网络进行网上续借，还可拨打 24 小时全市“一卡通”成员馆统一续借电话，完成续借。北京市公共图书馆基本建立起市、区（县）、街道（乡镇）图书馆三级“一卡通”信息网络服务体系。截至 2007 年 12 月，登录该网站可检索到 11 家市属公共图书馆的 161 万余条书目数据，其中联机编目达到 78 万余条，持图书“一卡通”可以在所有成员馆进行图书借阅，登录北京市公共图书馆计算机信息服务网可免费使用全国文化信息资源共享工程共享资源，可以阅览各类电子图书和电子报刊，检索各类数字文献资源数据库。首图作为北京市公共图书馆总数据中心，购置了各类电子期刊和数据库供所有成员馆的读者免费共享，共享资源包含电子期刊杂志 1500 余种、数据库电子文献 2000 余万篇、电子图书 2 万余册。

2010 年，北京市基本形成首图，区（县）文化馆、图书馆，街道（乡镇）文化站和社区（村）文化室 4 级公共文化设施服务体系和网络。

数字图书馆

1996 年，在北京召开的第 62 届国际图联（IFLA）大会上，数字图书馆成为该会议的讨论专题，并由此开始国内数字图书馆建设的研究开发工作。同年，中科院计算所与北图合作开发基于特征的多媒体信息检索系统，项目列入 1996 年国家 863 攻关计划项目。

1997 年 7 月，“中国试验型数字式图书馆项目”由文化部向国家计委立项，由北图、上海图书馆等6家公共图书馆共同参与，项目以中国博士论文影像数据库为切入点，通过建立多极索引和多库连接实现检索，能够在网上提供服务，是国内最早的数字图书馆建设前瞻性研究。首次较全面地对数字图书馆涉及的各个方面，特别是在分布式环境下资源加工、存储、发布、资源调度以及相关的规范标准等方面进行研究和试验，项目成果具有创新性。根据项目成果完成数字图书馆试验演示系统，对国内数字图书馆建设产生巨大的推动作用，标志国内开始数字图书馆建设工作。同年，北图现代文津信息技术研究中心与北京大学计算机研究所合作开发标准通用指标语言SGML（SGML是国际标准化组织ISO发布的信息处理标准，中国于1994年将其定为国家标准）的图书馆应用项目。12月，北京超星技术发展有限责任公司创建国内首家以图像存储为主的数字图书馆——超星数字图书馆，该数字图书馆于2000年6月被评为国家863计划中国数字图书馆示范工程。

1998年10月2日，北图向文化部提出立项申请，“中国数字图书馆工程”开始实施。7月，北图向文化部递交关于中国国家数字图书馆工程（以下简称国家数字图书馆工程）的立项申请。同年，在科技部的支持和协调下，国家863计划智能计算机系统主题专家组设立数字图书馆重点项目——国图示范工程，工程于1999年启动，首图成为国家数字图书馆工程首家示范单位。1999年年初，国图完成中国试验型数字式图书馆试验演示系统的开发。2000年4月，由中宣部出版局、国家计委等21个中央、地方部门或所属单位参加的国家数字图书馆工程建设联席会议第一次会议在国图召开。国家数字图书馆工程是国内第一个国家级的数字图书馆工程，列为国家“十五”重点建设项目，其总体建设目标是建设支撑数字资源生命周期管理的软件平台与硬件平台，采集、建设和保存中文数字资源，建设世界上最大的中文数字信息保存基地；利用先进的技术和传播手段，通过国家骨干通信网，向全国和全球提供高质量的以中文数字信息为主的服务，建设世界上最大的中文数字信息服务基地；构建以国图为服务中心，以国内各大图书馆为服务节点的数字资源传递和服务体系，为其他行业性、地区性数字图书馆系统提供服务支撑。2000年年底，文化部在海南省召开“中国数字图书馆工程资源建设”工作会议，推荐使用资源加工的标准规范。2001年11月27日，国家计委下发文件《印发国家计委关于审批国家图书馆二期工程暨国家数字图书馆基础工程项目建议书的请示的通知》，标志国家数字图书馆工程项目正式立项。2003年1月27日，国家发展改革委批准《国家图书馆二期工程暨国家数字图书馆工程可行性研究报告》。2005年10月11日，国家发展改革委审批通过《国家数字图书馆工程初步设计方案》，国家数字图书馆工程开始建设。工程采取“边建设、边服务”的策略，所建设项目均已投入服务。国家数字图书馆工程依据数字资源生产、组织、保存以及发布服务的生命周期构建国家数字图书馆总体架构，确立技术、资源、服务、标准4个重要建设方向，将所有工程子项目分为技术支撑环境建设、资源建设、服务体系建设和标准规范建设4类。国家数字图书馆工程的建设扩展了传统图书馆的功能，打破了传统图书馆服务的局限性，推动国家图书馆在信息化时代的转型升级，使国家图书馆成为信息化时代中国知识传播与信息服务的重要渠道。国家数字图书馆工程的建设还带动了全国各级各类图书馆的数字化转型与升级，其建设理念、技术、标准和成果等已通过国家数字图书馆推广工程在全国各级公共图书馆进行推广应用，促进了国内公共图书馆事业的快速发展。

1999年6月，由清华大学、清华同方发起建设中国知网（以下简称CNKI），建成当时世界上全文信息量规模最大的CNKI数字图书馆，并启动建设《中国知识资源总库》及CNKI网格资源共享平台，通过产业化运作，为全社会知识资源高效共享提供知识信息资源和知识传播与数字化学习平台。

2001年年初，国家计委批准立项全国高校系统数字图书馆建设计划，总投资1.9亿元。北京大学、东北师范大学等院校相继成立数字图书馆研究所。5月23日，国家重点科技项目中国试验型数字式图书馆通过专家技术鉴定。中国数字图书馆进入初步实用阶段，中国的数字图书馆研究、建设初具规模。

2003年12月，中国第一个镇级数字图书馆——北京市海淀区上庄镇数字图书馆成立。2004年，国家安监总局信息研究院（煤炭信息研究院）开始建设煤炭数字图书馆暨安全生产数字图书馆，信息资源涵盖煤炭、安全生产两大专业，集中于2类7个数据库。

2008年10月，中国人民大学书报资料中心网数字出版平台正式建成。

电子期刊

20世纪90年代初，中国的电子期刊开始起步。1995年以后进入迅速发展阶段。1999年，中信所万方数据公司网站在北京成立，成为中国最大的电子期刊提供站点。2001年，中国进入世界著名检索系统SCI的期刊已达67种，2004年增加至25995种。2008年2月，第一届中国出版政府奖评选结果揭晓，其中《百年经典》等音像制品、《盛世钟韵》等电子出版物、《工具书在线》等网络出版物获得音像、电子和网络出版物奖。

二、体育信息化

1997年，全国第一次信息化工作会议后，北京市体育信息化建设进入快速发展期。1998年，市体委率先在“首都之窗”网站平台上建立“北京体育”网站（静态），域名为www.bjsports.gov.cn。之后，网站3次升级改版，北京体育信息网构建成服务市民的网上综合平台。网站注重栏目设置的大众化，增强网上的互动和服务功能，在采用视频、Flash动画等多种新的技术展示手段的同时，还开设体育博物馆、电子地图、常见问题解答、赛事预报等多个特色栏目和专家在线等互动栏目。市民通过网站，既能够观看健身教学和精彩赛事，又能轻松找到身边的健身场馆，还能及时查询北京市体育项目经营单位的安全信息，以及在线接受北京市国民体质监测中心专家的健身指导。2008年，北京体育网站开设《北京奥运会》栏目，奥运会前发布有关奥运会筹备的各类信息近700条，以Flash动画演示手段，图文并茂地介绍奥运会28个运动项目知识，及北京籍运动员参赛情况。2008年，网站页面总浏览量17752234人次，日点击量1106951人次，2009年网站页面总浏览量20447967人次，2010年网站页面总浏览量16433326人次。

2007年，北京体育网站综合管理平台建成裁判员登记、体育场所信息查询、全民健身、体育法规、体育竞赛、体育人才、竞技体育7个主要数据库。其中，体育场所信息查询系统对外为社会公众提供全市1000多家体育经营性场所完整、详细的查询服务，对内实现经营性场所的网上管理，形成市、区（县）两级联动的管理模式。裁判员登记系统的开通，为各级裁判组织开展裁判员的注册管理、业务培训和派出使用等提供了便利。全民健身数据库提供科学健身指导和健身工程网点等数据。体育竞赛数据库收集了在北京市举办的各类比赛活动信息。

第五节　广播电视信息化

一、广播信息化

音频制播系统

1994年2月，北京电台和四川成都科技大学音频实验室（后来的英夫美迪公司）合作，根据节目制作、播出现状和特点，研发磁光盘录音机及音频工作站系统，开始试验音频工作站应用，音频制播网承担音频节目采集、编审、播出、存储等业务，对外完全物理隔离。1997年2月，第一代节目制作播出音频工作站系统正式上线。1998年，正式使用音频制播系统，系统包括在网络环境下运行的音频工作站、服务器和磁盘阵列。通过音频工作站可以在任何地点对音频文件进行非线性的编辑工作和后期加工，可以对播出的节目灵活编排和插播，可以使用一台音频工作站同时播出多套节目。2001年7月，北京电台实现音频资源共享。利用音频压缩技术，将常用音乐资料输入和存储在音频网的磁盘阵列中，使采编播人员直接在音频网上获得音乐资料。2009年4月，北京电台录制音频工作站由Windows 98系统下的A3音频编辑器软件全部更换为Windows XP系统下S版的DAW编辑器软件，原来的A3音频编辑器停止使用。2010年，北京电台音频制作系统部署指纹认证系统。

北京电台网站

2001年6月18日，北京电台内联网开通使用，在Intranet基础上使用Web浏览器，由信息中心、部门信息、公用数据、资料库、网站服务、网上采编、邮件系统7部分组成。8月22日，北京电台建设官方网站“北京广播在线”，拥有3台服务器和10M带宽。北京电台七套广播实现在线直播。2002年3月6日设立“下载中心”，为音频特色网站。10月25日至31日发布第一次调查问卷，是北京广播在线依靠数据分析的尝试。

2003年2月，北京广播在线论坛系统上线。7月21日，北京广播在线的服务器从惠普大厦移出，迁至西单联通 IDC（互联网数据中心）机房，北京广播在线从此有了独立的 IDC 机房。9 月 16 日，北京广播在线开展移动增值业务，为各系列台提供短信互动服务。

2004 年 3 月 18 日，“北京广播在线”改版，更名为“北京广播网”，同时推出当时国内最大的音频节目平台“听吧”。该平台汇聚北京电台 7 个专业电台的优秀栏目音频资源，并提供在线录制和下载功能。北京广播网在硬件上拥有 100M 独享带宽、19 台服务器和 2TB DELL SAN 系统；软件系统有龙讯发布系统、音频实时在线收听、视频直播、新闻实时抓取系统、论坛系统、聊天室、电子地图、听吧系统和彩信。4 月 5 日，北京广播网正式开展视频直播业务，配合 BBC 中文网以及千龙网完成“道路安全与都市交通”节目的网上视频直播任务。4 月 12 日，首次独立完成音视频直播“2004 年北京国际接力马拉松赛”任务。6 月 22 日开始“音视频共做”，对电台日常的广播节目进行视频直播。8 月 17 日，首次独立承担网上报道任务，独家报道北京市人大成立 50 周年座谈会。9 月 2 日，会同北京电台、香港电台普通话台首次实现跨地区直播。

2005 年 3 月 12 日，北京广播网增设视频频道。全年，北京广播网共拍摄访谈类节目总计超过 400 小时，完成 2 次大型的主持人访谈和台长访谈、4 场市长系列访谈，参与多次大型视频直播和明星访谈，共计 30 多场。

2006 年 6 月 16 日，共青团北京市委员会与北京广播网共同创办国内第一家以大学生群体为主要受众的网络电台——青檬网络电台。同年，北京广播网完成 8 路有线调频广播的上线，开通 2 条点对点专线，视频频道上线，并配合城市管理广播开展魅力社区评选短信投票等工作。

2007 年 5 月，北京广播网建立天津世纪互联机房，独享 500M 带宽，并采用世纪互联的 BGP 机房服务。在天津机房第一次尝试核心交换系统、负载均衡系统、NAS 存储系统、上网行为管理的专线网络等，提高稳定性和安全性。8 月 16 日，北京广播网推出 16 套广播节目的在线点播，提供所有广播节目 3 个月内的音频回放。8 月 22 日，北京广播网推出博客和播客服务。同年，短信四网合一工作完成，北京广播网推出新的短信网关以及主持人短信平台。

2008 年 3 月，以 Web 2.0 为概念的音视频系统、播播视频和新的听吧系统上线。4 月，北京广播网与北京移动合作建立移动采编系统，前方记者可以通过手机在第一时间将文字、图片、视频发布到北京广播网。8 月 6 日，北京广播网新版网站上线。8 月 6 日至 25 日，北京广播网推出自制视频访谈节目《我与奥运共辉煌》。

2009 年 1 月 1 日，北京广播网开始使用 Webtrends 网站统计分析系统，为网站决策运营提供专业的数据支持。2 月 23 日，北京广播网域名由 bjradio.com.cn 转换为 rbc.cn，共转换域名 128 个，历时 1 个月，对网站发布系统、服务器配置、系统代码进行全面调整。6 月 26 日，北京广播网正式将天津机房迁移至廊坊网通机房。同年，建立北京广播网广州和教育网两个镜像机房，并与原来核心机房组成 CDN 网络，北京广播网带宽增加 1 倍达 2.3G，IDC 机房达到 4 个，服务器增加到 150 余台，网站承载能力扩大 1 倍，大幅优化了南方电信和教育网用户的访问效果，网站数据实现异地全镜像。

2010年，北京广播网完成播视频和听吧频道数据库升级工作，建立电台至核心机房的备份数据专线。10月启动“电台网络多媒体发布及播送平台项目”，整合北京广播网前台内容资源与后台发布系统，全面优化北京广播网核心机房网络结构，升级替换网络硬件。项目包括菠萝电台建设、跨平台多媒体内容管理及发布系统建设等。

二、电视信息化

电视制播信息化

1983年12月，为解决电视字幕问题，北京电视台与北京计算机技术研究所合作研制开发“微电脑字幕图形处理系统BCT”，通过计算机系统的应用改变手工书写工序复杂、效率低、成本高的落后状况。1984年10月进入成果转化阶段，首批生产50台，率先在制作机房和播出机房投入使用，并向全国推广。

1996年6月，北京电视台引进的第一个计算机非线编辑设备投入使用。设备操作简便，制作功能强大，组成当时功能最完备的计算机视音频特技制作系统。2000年5月，北京电视台第一个非线性新闻网络制播系统建成。该系统用于体育新闻节目的制作和播出，由6个工作站点组成，采用FC光纤网为主干、以太网为辅助的双网结构，采用双服务器、双硬盘塔、双播出机结构。2002年10月完成3个机房和新闻办公室在内的新闻制作系统的改造、扩容，建成整个新闻中心后期制作平台，包括用于视频、音频编辑的有卡精编站点26个，用于文稿处理和审看、粗编控制的无卡站点68个，做到新闻中心共享。2004年10月，北京电视台新台址网络化节目制播体系项目启动，2007年11月进场施工，2008年12月完成系统安装调试，2009年1月、4月分两个阶段投入试运行。业务范围包括主干支撑平台和新闻制播网、体育制播网、普通编辑网、深度编辑网、包装合成网、演播共享系统、总编室/广告编播系统、媒体资产管理系统、收录系统等应用业务系统。

2008年开始，北京电视台在网络化节目制播体系建设的同时，结合管理信息化建设，建成全国电视媒体首家制播、办公、新媒体一体化全台网，建设信息点1万余个、计算服务节点2000余个，信息系统近50套，首次实现电视节目全网络化制作、播出，办公管理全面信息化。

2009年，北京电视台配合北京市广播电视局建成北京市广播影视媒体资产管理共享交换平台，通过与传输交换平台和中心共享平台的数据交互完成与各区县媒资节点进行资料交换和调用，显著提升了北京地区广电机构内容共享能力。

2010年9月30日，三网融合IPTV集成播控北京分平台与中央总平台对接成功，具备广播电视服务和增值业务服务功能，能够服务三网融合试点业务需要，为三网融合IPTV业务的开通打下基础。北京分平台与中央总平台连接成功，实现节目内容统一集成和播出控制、电子节目指南（EPG）的管理、用户管理、鉴权认证计费等主要业务功能。12月29日，北京电视台350平方米高清新闻演播室暨新闻高清非线制播系统启用。

广告信息系统

1994年，北京电视台广告部自行设计开发的广告业务计算机管理系统上线运行，该系统基于Novell网络下的同轴电缆环形网络构架，数据库系统采用FoxBase，是国内领先的利用信息化技术承载电视广告的业务签订及播出管理的计算机网络系统。1995年，北京电视台采用计算机收视率调查系统，广告监播开始相对独立。1996年6月，北京电视台与北京大恒音视频技术公司合作开发国家重点科研项目“硬盘多通道新闻、广告自动播出系统”，实现广告播出流程网络化、自动化、数字化。该系统是国内首次采用计算机控制的硬盘节目播出系统，先后在湖南经济电视台、天津电视台、吉林电视台推广使用，并获广播电影电视部科技进步奖。1999年，北京电视台电视广告管理信息系统逐步IP化、CS化；以VB为代表的开发平台成为新的平台，广告管理初具互联网架构模式，先后试验了远程签订和远程管理的业务模式。2009年，北京电视台广告管理信息系统成功代换升级上线，实现BS化、小机化；广告管理实现开闸抢购等新功能。2010年，北京电视台广告系统改造，推进高新技术应用。

北京电视台网站

1997年，北京电视台建立www.btv.org网站（当时www.btv.com已被抢注）。1998年9月，北京电视台第一个互联网视频网站www.btv-5.com上线运行。1999年2月15日（农历大年初一），第一次进行“BTV春晚”网络视频直播。在长达4个多小时的网络直播中，来自美国、韩国、英国、印度、日本、瑞典、德国等30多个国家和地区的网友通过网络收看北京电视台的春节晚会。BTV网络电视（又称第五频道）是北京电视台步入互联网时代推出的首家可在网上自动进行网络直播和点播的大型综合性视音节目站点，面向世界范围的网络用户，提供www网络浏览、视音节目的直播、点播和网络广告等服务。2000年6月，北京电视台国际互联网Internet接入与服务系统建成。该系统通过专线方式接入国际互联网，实现北京电视台用户通过局域网接入Internet，并向上网用户提供www浏览、E-mail收发、Telnet和FTP等服务，向北京电视台拨号用户提供拨号计费管理系统以及局域网计费管理系统，提供视频信号国际互联网上播出。2001年5月11日，北京电视台计算机网络系统建成。该网络采用IBM6类综合布线、CISCO高端交换设备，系统性能在国际国内处于先进水平。10月，北京电视台网络电视开播。2001年，北京电视台网站网址变更为www.btv.com.cn。2008年3月10日，北京电视台全新打造的网络视频平台“BTV在线”上线，为网民和受众提供网络电视直播、点播和互动服务。同年，开通全新形态手机电视服务。2010年6月，南非世界杯开幕式前，北京电视台在为世界杯量身打造的新媒体栏目《足球100分特别节目》中，首次使用网络视频连线技术，将网友连线互动形式引入直播节目中，首次实现32路网友同时在线参与节目，为国内体育节目甚至整个电视节目首创。12月，北京电视台综合运用互联网、文本挖掘及处理、统计分析技术建设新型舆情系统，通过对互联网海量信息自动获取、提取、分类、聚类、主题监测、专题聚焦、事件预警、辅助生成舆情报告，服务北京电视台宣传报道对网络舆情监测、受众人群研究、广告客户互联网口碑分析、热点事件专题追踪及突发事件迅速响应等需求，开始在广电行业使用“人工智能”技术进行节目生产。

三、广播电视监测信息化

2006年，模拟广播电视监测系统建设，对北京市广播电台、电视台及有线电视网络的播出、传送及运行情况全天24小时不间断监测。监测范围包括北京人民广播电台所有中波、调频广播节目，北京电视台所有模拟节目，14个区广电中心广播和电视节目及远郊区5个高山无线转播站广播电视节目，歌华有线电视网络传输的中央、北京及外省市模拟电视节目。

2007年，互联网站视听节目监管系统建设，对互联网网站视听节目传播情况进行监测，实现视听节目传播的科学、高效监管。建立可视指挥调度系统，承担广播电视节目安全播出调度指令的发布、安全信息预警以及广播电视节目传播突发事件处置的技术保障工作。利用视频会议系统可与国家广电总局、北京电台、电视台、歌华有线电视网络公司、各区县文委、广电中心等单位进行可视指挥调度。建设数字多媒体广播（DAB）监测系统，实时监测北京人民广播电台在11频道播出的4个载波频点的DAB信号的情况，包括播出信号质量、各发射机实际空中信号节目内容与预定发射节目内容的比对、音视频内容查看等。

2009年，宾馆饭店视频点播监督管理系统建设。利用宾馆饭店视频点播监管平台，远程监听监看各宾馆饭店视频点播节目内容。设立无线转播站信号回传监测监控系统，主要负责延庆县、密云县、怀柔区、平谷区、房山区5个高山无线转播站广播电视安全播出监测，实时保障转播站的安全播出。

2010年，WAP网站视听节目传播监管系统建设。在监测中心“互联网视听节目传播监管平台”基础上，实现WAP网站视听节目传播监管，能搜索北京市辖区内传播手机视听节目的WAP网站，采集网站上的视听节目信息，对传播手机视听节目的重点WAP网站、重点手机视听节目的传播进行监控，跟踪最新和热点的视听节目信息变化，发现最新上传的音视频节目，掌握网上视听节目传播趋势与动态。

2010年，高清及鼎视平台电视监测系统建设，实现对鼎视数字付费电视平台的播出、卫星下行接收和有线电视网传输的数字电视节目信号的安全监测，对北京电视台播出、有线电视网传输的数字电视节目信号进行监测。

四、有线电视信息化

模拟电视用户管理系统

1999年，歌华有线启动北京城八区模拟电视用户管理系统建设。2000年，模拟电视用户管理系统上线，完成20万用户信息入库工作，实现第一次银行托收、支持用户信息查询及修改功能。2001年，模拟电视用户管理系统增加支持收视用户的各类变更处理能力，增加CM用户、集团用户的管理；增加各类统计功能。2002年完成平台数据库从SQL Server到Oracle的迁移工作，以及操作系统从Windows NT到Solaris的迁移工作。2002年至2006年，模拟电视用户管理系统实现客户信息全流程管理、完善查询统计功能，支持可寻址用户的管理。2006年，为配合模拟电视用户向数字电视用户的逐步转化，用户管理系统完成模拟电视用户向数字电视用户的过渡工作。2006年至2007年，歌华有线自主研发个人宽带管理系统，主要用于支持个人客户宽带业务和数据业务的运营与管理，系统包括客户管理、个人资料管理、宽带报装管理、安装管理、计费管理、报表统计、设备管理、标准地址管理、宽带授权管理、银行自助缴费等功能。

客服呼叫中心系统

2001年4月，歌华有线客服中心系统正式对外提供16个座席、中继60路，实现7×24小时服务。客服中心为全北京市模拟用户提供业务咨询、业务受理、故障申告、费用查询、用户投诉与建议、费用催缴等人工及自动化服务。2001年至2006年，随着业务发展，客服中心系统座席数量扩容到96个。支持业务范围在模拟电视业务的基础上，扩展支持数字业务及宽带业务。2007年，客服中心系统完成模拟业务、数字业务、宽带业务的整合工作。2008年，客服中心系统实现IP化。座席数量扩容到112个，中继数量扩容到180路。2010年，座席数量扩容到300个，中继数量扩容到360路。客服中心系统新增排班管理与绩效考核、集团用户管理功能。

电视传输信息化

2001年，歌华有线开始建设第一个数字电视前端，结束北京市民只可以观看模拟电视的历史。相比模拟电视，数字电视传输节目多、质量优，可以给观者更好的体验。数字电视单频点传输节目是模拟节目8倍以上，数字电视前端开播时使用机顶盒的用户可以收看64套以上标清数字电视、收听16套数字立体声广播。2005年，歌华有线开始在全市大量推广标清机顶盒，2005年年底播出数字节目达到98套，收听16套数字立体声广播。2006年6月22日，有线电视数字化整体转换试点工作在海淀区静淑苑小区正式启动。市委、市政府给予政策和资金支持，歌华有线开始在全市大量推广标清机顶盒，用户可收听收看原来能看到的所有模拟电视节目、新增加的15套数字电视节目、16套数字广播节目、北京政务信息、生活服务信息等，另有40余套数字付费频道、2套数字高清付费频道和2套准视频点播节目在免费收看3个月后，由用户自愿选择是否订购。没有加装数字机顶盒的用户可收看中央、北京及部分外省市电视节目共40套。2008年1月，CCTV-1高清入网传输，标志数字电视从标清向高清转化。2008年年底，歌华有线播出数字节目共计147套，其中4套为高清节目，收听16套数字立体声广播。2008年，歌华有线为保障奥运会建设，实现卫星信号源防非法信号自动切换、视音频节目来源和播出环节自动监视监测、故障信号和设备自动切换、异态信息自动记录的全面自动化的高效运维体系。2009年，北京市开始实施高清交互数字电视应用工程，市委、市政府提供政策和资金支持，投入大量资金进行高清交互机数字电视用户推广。工程由市广电局组织实施，歌华有线具体实施，在全市进行有线电视双向网改造，免费向歌华有线电视用户配置高清交互数字电视机顶盒。通过歌华高清交互数字电视平台，用户可接收数字电视节目共计161套，其中高清节目14套，收听16套数字立体声广播节目。2010年年底，全市有线电视双向网开通220万户，在用数字电视机顶盒达270万个，其中高清机顶盒累计133万个。高清交互数字电视机顶盒推广被列入北京市2010年市政府为民办实事工程。

网络设计管理信息化

2001年，歌华有线启动GIS（地理信息系统）一期建设，实现HFC电缆网辅助设计及相关管理功能。2002年至2003年，歌华有线启动GIS二期建设工作，实现HFC光缆网辅助设计、管网信息管理等功能。2005年8月，GIS系统经国家广电总局以及北京市广播电视局评审，获国家广电总局科技创新三等奖、北京市科技创新一等奖。2008年6月，歌华有线对GIS系统进行整体升级改造。新版GIS系统移植老版GIS系统的全部功能，实现有线电视网络的规划设计、网络建设、运行维护和资源信息管理等工作流程的信息流转。截至2010年年初，GIS系统中有光缆网1.1万公里、电缆网用户终端盒182.4万个、管道近1500沟公里。

网络运维管理信息化

2001年，随着歌华有线数据网及业务发展需求，除IP骨干网建设时采购的华为N2000系统、传输系统建设时采购的华为T2000/U2000系统，还建立SYSLOG告警日志、TMS线路流量监控系统，实现网络的在线监控、性能采集、告警监控。2001年，歌华有线自行开发“网络综合信息管理系统”，具有对公司各数据网络平台的设备管理、互联链路管理、集团数据用户接入及配置信息管理、数据网络及数据业务用户故障受理及故障处理等功能。2006年至2007年，歌华有线专门定制开发CMTS/CM综合监控系统。CMTS/CM综合监控系统对CMTS设备、Cable Modem用户终端设备的各种信号数据进行采集、处理和界面呈现，基于CMTS上下行通道及CM运行参数对HFC网络的传输质量进行数据统计和分析，网络运维管理人员可以实时监控设备及网络运行情况，并对历史数据进行查询、分析。2010年，歌华有线成立网管中心，加强网络运维，及时有效处理网络故障，确保数据网、CMTS等系统设备的安全稳定运行。

第六节　文物信息化

一、藏品管理系统

2000 年，市文物局开发出“精宝”藏品管理软件，共两期。一期用于传统文物类，二期用于科技自然类，在文物局所属博物馆配置试用。2001 年，部分市级博物馆完成三级以上馆藏文物档案录入。

2003 年至 2005 年对“精宝藏品管理软件”功能升级，开发出“易宝藏品管理系统”。2005 年，“易宝藏品管理系统”V5.0 版正式推出。该版本独创藏品多层管理概念，使易宝藏品管理系统成为可以自定义的多层藏品管理系统。考虑到藏品管理者的实用性及藏品的安全性，该系统集信息查询、账务统计、库房管理、陈列展览以及藏品征集、鉴定、照相、装裱等业务管理于一体，查询结果可以任意选择需要输出的藏品记录和藏品指标，选择后的结果可以直接批量打印或输出到其他相关软件中进行二次处理，方便快捷检索，提高了保管工作效能，减少了频繁提用对馆藏文物带来的伤害。截至 2010 年，北京市博物馆和部分外省市博物馆保管部门仍在使用。

2006 年，市文物局申请北京市财政拨款为 17 家局属博物馆配置计算机及易宝藏品管理系统，解决了局属单位藏品信息数字化问题，扩展了藏品信息数据容量，便利藏品信息的查询检索和交流、研究、展示。

二、资源信息共享

2001 年，为摸清全国馆藏文物家底，财政部和国家文物局联合启动“文物调查及数据库管理系统建设”项目。市文物局首先在局属单位范围内开展馆藏珍贵文物的数据采集、合成录入工作，其中首都博物馆和市文物局图书资料中心完成二级以上文物数据采集，合计需完成的珍贵文物数据为 9049 条。市文物局成立以局长为组长，副局长、巡视员为副组长的项目实施领导小组，由市文物局信息中心及博物馆处具体负责项目实施，研究制定整体工作方案并上报国家文物局获得批准。

2009 年 7 月 2 日，在首都博物馆召开工作项目布置会。市文物局在参加国家文物局培训班基础上，聘请专家针对计算机软件使用、文物影像拍摄、藏品数据采集 3 项内容，举办专业人员工作培训班。首都博物馆、大钟寺古钟博物馆、北京艺术博物馆等 19 家单位的 50 余位保管业务人员参加培训。7 月，市文物局陆续开展珍贵文物的数据采集及影像拍摄工作。市文物局将国家文物局下拨的 2009 年“文物调查及数据库管理系统建设”项目经费

50万元，分别转拨至各单位，用于人员培训、数据监管和数据报送工作。为解决各单位计算机、照相机、存贮器、摄影器材等硬件设施不足问题，市文物局利用2009年追加资金项目123.5万元，为各单位安排了开展工作所需的硬件设备采购。2009年12月至2010年4月26日，市文物局分3批下发照相机及摄影器材、台式电脑、扫描仪、电子台秤、电子天平等硬件设备，并规定此设备为博物馆藏品保管部门进行文物数据采集工作的专用设备，促进了数据库建设。

2010年1月19日和2月25日，市文物局分别下发《关于加快推进文物调查及数据库管理系统建设项目工作的通知》和《关于"文物调查及数据库管理系统建设"数据报送工作相关事宜的紧急通知》，提出具体工作要求及项目完成时间表。3月9日召开由各馆馆长参加的专题工作会议，再次重申市文物局"文物调查及数据库建设项目"的重要性，明确提出各馆法人应承担相应的工作责任。截至2010年3月初，各单位基本完成馆藏一、二级文物28项数据指标项及藏品数码影像照片的采集（首都博物馆及市文物局资料信息中心上报一级文物），并报送纸制文本供市文物局审核。截至2010年6月初，各单位基本完成三级文物数据的采集工作并报送纸制文本供市文物局审核（首都博物馆及市文物局资料信息中心上报二级文物）。7月15日，市文物局审核专家组分批完成各单位上报的9000余件珍贵文物数据及照片数据的审核。8月20日，首都博物馆、徐悲鸿纪念馆、北京艺术博物馆、孔庙和国子监博物馆等单位，基本完成馆藏珍贵文物的数据采集及合成报送工作。8月31日，市文物局完成其系统各单位（博物馆及资料中心）数据库建设的数据采集、合成、报送，共上报文物数据9341条，其中一级文物480条、二级文物5115条、三级文物3746条；照片数据65136张；数据总量约70GB。

三、数字博物馆

2003年，首都博物馆新馆启动"数字博物馆综合信息系统建设"。借鉴国内外博物馆数字化建设经验，该系统的架构涵盖博物馆业务工作的完整流程，从信息采集、加工、存储，到分级分类应用，以及支撑、协调业务工作运行的行政管理、楼宇和设备实施管理，包含"信息采集管理系统""文化遗产信息管理系统"等11个子系统，是全国文博界的第一例。2005年12月，首都博物馆开馆试运行，该系统成为全国文博单位开展数字化建设的观摩对象。

2003年，市中医管理局和市科协主办开通"北京中医药网上博物馆"（后改为北京中医药数字博物馆）。2004年，市科协与北京大学信息管理系合作，开通"科学与艺术数字博物馆"。2005年，市科协与中国传媒大学动画学院、北京民俗博物馆合作，开通"北京民俗数字博物馆"。

2005年12月，市文物局与市科协、市信息办制定并推出"首都数字博物馆"建设行动纲要。同年，市文物局与市科协、市信息办首次举办北京数字博物馆研讨会，是国内举办的第一个跨科学技术、文物博物馆和科普领域的学术研讨会，来自法国、意大利、日本、澳大利亚等国家和中国北京、上海、福建、湖北、台湾的几十位专家、学者和北京地区各博物馆代表共120人参加会议。会议主题是"数字博物馆的建设与发展"。此后每两年举办一次。

2006 年，市科协与市信息化办共同出资支持北京地区 14 个中小博物馆建立数字博物馆或数字博览专题。9 月 25 日，由市科协、市文物局、市信息办主办的“北京数字博物馆”网站正式开通。“北京数字博物馆”依托门户网站“首都之窗”，汇集、链接北京 121 家有实体的科普场馆的互联网网站，搭建首都地区数字博物馆平台。该平台把博物馆分为虚拟博物馆、自然科学馆、社会科学馆、综合博物馆、趣味动漫馆等五大门类，并与中国科技馆、北京现代文学馆、故宫博物院等博物馆网站链接。“北京数字博物馆”的突出特色是开放了采用计算机多媒体技术手段，在网上创建非实体的“虚拟博物馆”。

2007 年，北京数字博物馆研讨会在北京科技活动中心举行，中外近 100 名有关人士参加会议。主要议题是博物馆资源数字化开发与共享利用、数字博物馆的艺术表现与文化创意、数字博物馆展示平台与技术实现。会议共收到数字博物馆论文 40 余篇。同年，市科协支持北京动物学会开通“动物数字博物馆”。2008 年，市信息办主办开通“北京’08 数字博物馆”。

2009 年，北京数字博物馆研讨会在北京科技活动中心召开，150 余位专家学者参加。研讨会以“数字博物馆的科学发展与实践”为主题，围绕数字博物馆发展的新趋势、新动向，做前瞻性的交流研讨。组委会编辑出版了《数字博物馆研究与实践 2009》一书。

截止 2010 年年底，北京地区有 60 余家博物馆建立了独立的博物馆网站。

第七节 科技信息化

一、数据库资源

20 世纪 90 年代，随着计算机技术、网络技术等现代信息技术的快速发展，北京开始建设以数字化、网络化为特点的现代科技信息资源。纸质图书、期刊等文献资源逐步被数据库代替。

1991 年，中科院提出科学数据库及其信息系统的建设项目，建成第一批科学数据库。1993 年，中国科技信息研究所（以下简称中信所）成立北京万方数据公司，创建万方数据资源系统。2001 年 6 月，该公司推出企业知识信息共享系统，用以服务不同行业企业的个性化需求。2002 年 4 月，万方数据股份有限公司开发万方智能知识服务系统，专门用于网络资源采集和服务，并推出医药、通信、电力行业竞争情报系统。2007 年 1 月，万方数据成为 DOI（Digital Object Indentifier，数字对象标识的英文简称，是科技信息资源整合与互联的重要标准）的唯一中文代理注册机构。

1997 年 9 月，科技部在《关于“九五”期间文献信息资源建设和发展的若干意见》

中指出，重点支持若干文献信息资源中心，实现资源合理布局。国家文献信息系统包括科技信息系统、科学院系统等。其中，科技信息系统在国家科委的统一领导下，由中信所牵头联合有关部委相关部门组建国家科技信息中心，包括工程技术文献信息中心、医药文献信息中心等4个分中心，重点收集工程技术、医药等方面的期刊、图书、资料，以及国内外标准文献信息资源，并向全国提供信息服务。在中科院的统一领导下组建国家基础科学文献信息中心，重点收集基础科学方面的期刊、图书、资料，并向全国提供信息服务。

2000年6月，国家科技图书文献中心（NSTL）成立，成员单位包括中科院文献情报中心、工程技术图书馆（中国科学技术信息研究所、机械工业信息研究院、冶金工业信息标准研究院、中国化工信息中心）、中国农科院图书馆、中国医科院图书馆等7家单位，网上共建单位包括中国标准化研究院和中国计量科学研究院。12月，国家科技图书文献中心网络服务系统开通。该中心订购的学科范围覆盖自然科学、工程技术等领域的100多个学科或专业。截至2000年，北京地区的28家科学技术信息与文献机构共拥有数据库1000个，其中引进国外数据库243个、国内数据库439个、自建数据库318个；按收录文献的类型分类，其中书目文摘型291个、全文文献型204个、数值型77个、多媒体型428个。北京地区高等院校自建的特色数据库5个，即清华大学图书馆的全国高校图书馆信息参考服务大全和中国工程技术史料数据库、北京邮电大学图书馆的邮电通信文献数据库机检系统、中国农大图书馆的棉花文摘数据库、北京大学图书馆的北京大学学位论文数据库、中国人民大学图书馆的报刊资料索引数据库。

2005年3月，市委组织部、市科委等单位共同开发建设的北京高级专家数据库一期项目通过验收，进入数据库的首批专家包括两院院士、享受国家特殊津贴专家等9000余位专业人员。

2006年，市农科院农业科技信息研究所、市农业局信息中心等单位承担的农村数字信息资源中心及市场信息服务系统建设项目通过市科委验收，标志着北京市建成第一个大型农业数据库群。北京农村数字信息资源中心收集与整合具有北京地域特色的农业、农村信息，构建由12类拥有15万余条信息数据的近百个数据库。中心的系统平台能够根据各行业不同单位的需求，构建面向用户、可定制的数据库前台发布系统、后台管理系统和数据挖掘系统；以农产品商品标准数据库和农产品市场行情分析数据库为基础，建成本市蔬菜行情报警系统，初步建立起一套行情警情分析指标体系，并根据警情大小提出解决预案。

2009年5月，北京重大疾病临床数据和样本资源库建设项目启动，是国内首个由政府出资建设的具有国际规范化、管理标准化、信息电子化为特征的重大疾病临床数据和样本资源库。2010年年底，该项目仍在建设中。

二、科技网站

1996年2月，中科院决定正式将以中关村地区教育与科研示范网络为基础发展起来的中科院院网命名为中国科技网。

1997 年 10 月，中国公用计算机互联网实现与中国科技网、中国教育和科研计算机网、中国金桥信息的互联互通。11 月，北京科技信息网正式开通，是在北京通信基础设施、首都公用信息平台、信息网络建设的基础上产生和发展起来的信息网，由市科委和北京电信联合创办，北京市科学技术情报研究所和亚信公司共同承建。同年，北京市新技术产业开发试验区网站（www.bez.gov.cn）正式开通，由北京市新技术产业开发试验区管委会管理和维护，启明星辰提供技术支持，主要向公众介绍试验区发展的基本情况和扶持政策。

1999 年 2 月，首都科技网开通。5 月，科技部门户网站中文版开通，同年底该门户网站的英文版开通。9 月，北京科教信息网开通，全网与中国公用计算机互联网实现 2M 互联，与中国教育和科研计算机网实现 100M 互联。市科协“北京科普之窗”网站开通。同年，中科院中国科普博览网站开通。

2005 年 1 月，中国互联网协会行业自律工作委员会网络版权联盟在北京成立。9 月，北京市第一个爱农信息驿站——怀柔区北房镇爱农信息驿站揭牌，标志着市科委的信息助农综合服务网络建设工程启动。

2007 年 10 月，中国专利技术交易市场联盟成立仪式在北京产权交易所举行，并开通联盟网站、中国专利周网站。11 月，全国区域大型科学仪器协作共用网在北京开通，该网以 1997 年建设的八省市协作共用网为基础，采取国家、区域、省市三级科技资源开放服务的模式，建有涵盖中国内地 31 个省市自治区的协作共用平台，成为国家科技基础条件平台建设的重要组成部分。

2009 年，中国科技资源共享网暨首都科技条件平台网开通，市科委投入 5800 万元资金和 76.3 亿元科技条件资源，促进 264 个国家（北京市）重点实验室和工程中心，13112 台（套）10 万元以上大型仪器设备向全社会开放。2010 年，该平台网整合 100 亿元可供开放的科技条件资源，全面服务于创新型城市建设，依托各基地向社会开放科技条件资源。

第五章　区域信息化

中关村地区是北京乃至全国最早开展信息化的区域，聚集着国内很多名牌大学和科研单位。20 世纪后期，中关村在互联网科技和应用方面创造了许多第一。1998 年，《首都信息化 1998—2010 年发展规划（纲要）》提出，在中关村国家科技创新示范区、北辰集团（亚运村）小区展开试验，培育 2 ～ 3 个面向 21 世纪的信息化试验示范小区，建成准高速宽带多媒体的试验网，开展典型的多媒体交互式信息服务，使小区具备明显的信息化社会的基本特征，为在21世纪的全市信息化建设探索道路、培养人才、积累经验。2000年，《北京市信息化建设“十五”发展规划》提出中关村科技园区信息化工程，建设一体化网络，宽带接入率70%以上；建设北京网络交换中心、超级计算中心和国际信息技术交流中心3个中心；实施园区运行监控、数字图书馆群、中关村电子商厦、信息化社区、远程高技术教育、网络协同研究平台6项工程。21世纪初期，中关村的许多大专院校、科研单位和企业，都制定了信息发展规划，提出了工作目标和任务。2002年，中科院启动“资源规划项目”，清华大学完成《数字校园建设“十五”规划》。2004年，北京大学启动校园网建设。截至2010年，中关村地区的大专院校、科研单位和企业，基本都建有互联网网络，部分单位建有信息网络平台，建有数据库并实现共享。中关村作为“国家自主创新示范区”，有高新技术企业2万家，形成国家优势产业集群，成为世界瞩目的高端产业功能区。

北京的区县信息化建设是应用和普及的重点区域。20世纪90年代，主要是计算机的应用和普及、地区和单位的局域网建设、办公系统的建立运行、部分网站的开通。进入21世纪，北京区县的信息化应用范围迅速扩大，网民迅速增加。市政府提出的数字北京建设，让信息技术普及各个行业、企业、单位和千家万户。各区县对自己的信息网站进行改版、改造、提升。网站的设计更加规范，网站的功能更加强大，网站的维护更加方便，网站的安全更有保证。各区县都建成自己的网络平台，网上办公项目越来越多，涉及的内容和范围越来越广。2003年，东城区“数字东城”分站点达58个，区属17个职能部门面向社会的报批表格有176张可网上办理。2006年，西城区接入政务网络的区属单位130家，通过区政务网交换信息成为各单位日常办公的重要手段与途径。朝阳区政务专网新增专线15条、专网节点226个，数量居18区县之首。2010年，海淀区完善“一个平台、两套体系、三大领域”的信息化建设总体框架，信息基础设施综合水平、信息化整体水平在全国居于领先地位。2010年，北京各区县的信息化建设在政务领域、社会领域、经济领域都发挥着关键作用，不断改善着人们的工作、生活方式。

第一节　中关村地区信息化

一、教育科研院校信息化

1965年，中科院计算机所研制出中国第一台大型晶体管计算机109乙机。1976年，清华大学计算中心成立。1981年引进日本富士通M-150F计算机系统，是全国教育系统第一台大型计算机。1984年引进美国Honeywell公司DPS-8/52计算机系统，提高了学校科研、教学工作效率。1987 年 1 月引进世界先进的并行多处理器小巨型机——美国 ELXSI Y6400 计算机系统，将学校科学计算带入新高度。1987 年，计算中心完成主楼高速网建设，处于国内领先地位。

20 世纪 80 年代，北京大学开始引进国外先进技术和设备。1982 年，北京大学等 14 所高校用首批世界银行贷款，购买了美国 Honeywell 公司的 DPS8 系列中型计算机。1985 年，北京大学计算中心整合、扩充，定位为面向全校教学、科研服务的大型实验室。

1987 年，清华大学计算中心成立网络信息室，负责校园网筹备工作和计算机网络及大型数据库的研究开发；10 月承担第十一届亚运会计算机网络的建设和办公自动化系统的开发与实施。1990 年 9 月，该系统投入使用，1991 年获得北京市科学进步奖特等奖，国际 CWSA 提名奖；11 月，教务管理系统开发完成投入使用。同年，与北京大学、第二炮兵指挥中心合作，将 DPS8/52 升级为 DPS8/70，获中国人民解放军科学技术进步奖三等奖。1989 年，承担国家科委 863 CIMS 项目（成都飞机制造公司 CIMS 工程项目）的计算机网络与数据库设计部分获 1996 年中国航空工业总公司部级科学技术进步奖一等奖和 1997 年国家科学技术进步奖二等奖；同年开始建设国内第一个以 100M FDDI 为主干网的校园网，1993 年 1 月通过国家计委验收。1994 年参与中关村教育科研示范网 NSFnet 与国际互联网连接，是中国第一个与国际互联网相连的局域网；12 月选课系统、办公信息系统、计算机基础教学 CAI 课件通过国家教委鉴定。1995 年建立清华大学主页，成为国内高校中第一个信息服务网站。

1989 年 8 月，中国科学院、北京大学和清华大学三方合作建设“中关村地区教育与科研示范网”（NCFC）。中科院成立网络信息中心实施主干网与中科院网的建设工作，实现中关村地区 30 多个研究所和单位的数百台计算机的互联，并与国际互联网互联。NCFC 与北大、清华校园网互联，为国内一些单位的计算机提供了国际互联网的接入服务。

1992 年，北京大学开始规划建设国内最早的校园网环境下的管理信息系统，制定《北京大学管理信息系统建设规划和总体方案》。1993 年，北京大学管理信息中心成立，负责领导和组织学校管理信息系统建设。

1994 年 5 月 15 日，中国科学院高能物理研究所设立国内第一个 Web 服务器，推出中国第一套网页，内容除介绍中国高科技发展外，还设有栏目叫“Tour in China”。此后，该栏目开始提供包括新闻、经济、文化、商贸等图文并茂的信息，并改名为“中国之窗”。同月，国家智能计算机研究开发中心开通曙光 BBS 站，是中国大陆的第一个 BBS 站。11 月，国家计委投资，教委主持，由清华大学、北京大学等全国八大地区 10 所高校共同承担建设的“中国教育和科研计算机网络示范工程”（CERNET）开始实施。北京大学作为 CERNET 华北地区主节点之一，负责河北、天津的高校及北京部分高校与 CERNET 的连接，北京大学计算中心参加示范工程的具体工作。

1995 年 4 月，中科院启动京外单位联网工程，简称“百所联网”工程。8 月召开“百所联网”工程总体组工作会议。截至 1996 年年底，将分布在 24 个城市的中科院主要研究所和单位的计算机实现广域互联。其中，直接通过虚拟专用网 CHINAPAC 互联的单位（主节点）有 35 个，通过区域网（分院网）再接入 CHINAPAC 的单位有 53 个，通过电话网（PSTN）接入主节点的单位有 40 个。中科院系统有 128 个单位实现计算机网络互联。

1995 年 10 月，北京大学网络中心成立，挂靠在计算中心，负责北京大学校园网的规划、设计、施工、运行和管理。北京大学科学计算、信息管理和网络建设三位一体的信息化推进组织体系基本成型，为学校的计算机教学和科研计算提供环境，还为学校的教学、科研和行政管理提供信息网络基础设施的规划、建设、技术支持和信息服务。

1996 年，北京大学启动“211 工程”和“985 工程”的信息网络建设项目，对校园网升级改造和扩容，网络规模扩大。校园网主干采用千兆以太网技术，出口带宽为千兆，全校的教学、科研和行政管理单位，全部学生宿舍楼和 1/2 的教员宿舍楼都连入校园网，具有 250 个点的无线局域网覆盖全校，网络信息点总数 4 万多个，联网计算机 3 万多台。

1996 年，清华大学“211 工程”一期启动，计算中心承担“信息与网络应用”“计算机基础教学改革与建设”和“CAI 公共基地建设”三大项目。4 月，计算机开放实验室建成，是国内第一个大型的联网计算机实验室。1999 年 10 月，自主开发的网络教育支持系统——清华网络学堂上线运行，提供网上多媒体教学、课件点播、师生交流、学生自习、做作业、考试和评估等多项功能，成为重要的教学支撑环境。2000 年 12 月，“高校综合教务系统”“综合信息服务系统”“基于 Lotus Domino 平台的通用办公自动化系统”“校园网通用计费系统”通过国家教委鉴定。2001 年 12 月，“教学资源网络信息化建设与应用”项目获国家级教学成果一等奖，“计算机系列课程教学内容和课程体系改革研究与实践”获国家级优秀教学成果二等奖。

2001 年 8 月，中科院“十五”信息化发展规划中明确，总体目标是结合知识创新工程全面推进阶段的各方面工作，广泛深入地开发和应用信息技术，促进科技创新、体制创新及两者的结合，增强中国科学院的综合实力。其框架可概括为建设以科研活动信息化（e-Science）和科研活动管理信息化（ARP）为支柱的数字化科学院。

2002 年 6 月，清华大学完成《清华大学数字校园建设“十五”规划》。2004 年 7 月，网络教学系统通过国家 CELTS 标准认证。2008 年 5 月完成《清华大学信息化公共服务体系“十一五”规划》。2009 年 4 月，“985 工程”二期专项“现代化教学支撑平台”整体上线成功。9 月，校园卡二期工程交付使用，为全校师生员工提供集成度更高、个性化更强、主动式、高效的信息服务。10 月，新版信息门户投入使用，完成 26 个应用的上线部署。2010 年 6 月承担教育部《教育管理信息标准》研制任务。

2002 年 9 月，中国科学院启动“中国科学院资源规划项目”（Academia Resource Planning，以下简称 ARP），核心任务是管理信息资源的规划与开发，推进信息化在科研管理中的应用，包括科研计划与执行管理、人力资源管理、综合财务管理、科研条件管理、电子政务、教育资源管理、评估评价 7 个应用系统。截至 2006 年 3 月，全院 108 个单位的 ARP 所级系统上线运行。

2003 年，北京大学在学校“985 工程”与“211 工程”专项经费和基建工程项目经费支持下，完成网络新建、改建，共涉及信息点近 5 万个，新增交换机近 2200 台，新增无线设备近 1900 个，实现家属区、学生宿舍、办公区的网络全覆盖。2004 年年初，北京大学启动 IPv6 校园网建设，截至 2010 年，覆盖率达到 99%，出口使用带宽 600 ～ 800M。

2007 年 9 月，中科院“十一五”信息化工作部署启动，确定未来数字化的远景蓝图为优化超级计算机环境、互联网络环境、数据应用环境三大环境；构建网络化科学传播平台、网络化信息发布平台、网络化科学研究平台、网络化教育培训平台、网络化运行管理平台五大平台；完善信息化支撑服务体系、信息化安全保障体系、信息化制度规范体系三大体系。信息化支撑中科院科技创新活动作用凸显，数字化中科院的雏形基本形成。其中，数据资源网格与超级计算网格基本形成，资源整合度显著提升，计算网格的聚合计算能力达到 150 万亿次左右；网络环境进一步优化，带宽与覆盖面明显改善，60 余个重点野外台站以及重大科研设施全部实现联网；e–Science 建设取得突破，网络化协同工作环境基本成形，3 ～ 5 个 e–Science 示范项目取得明显成效，信息化促推“科技创新基地建设不走传统行政管理老路”的作用开始显现；ARP 成为中科院运行管理的基本平台，功能日趋完善，态势分析与监控能力提升，应用效果日益明显。

2010 年，中科院基本完成“十一五”信息化发展、建设项目的预定目标，数字化中科院初步建成。中国科技网 6 条骨干信道扩容至 2.5G，国内总带宽达 8G，覆盖全院 138 个单位和 100 多家国家级科研机构，完成 53 个大科学工程和野外台站联网，形成高效、稳定、安全的网络环境。国际公共互联网出口带宽 1630M，科研流量国际出口带宽 14G。中科院参与建设的高级应用开发全球环网（GLORIAD）项目，线路升级为 10G，大幅度提升了中国与美国以及北欧地区的网络带宽。中国科技网承担的下一代互联网（CNGI）核心网建设项目通过国家验收。中科院结合学科与地域分布，建成由超级计算“总中心、分中心及所级中心”构成的 3 层网格架构超级计算环境，聚合 CPU 通用计算能力超过 300 万亿次、聚合 CPU 计算能力近 3000 万亿次，计算能力达国际先进水平，实现稳定、高效、低成本的超级计算应用。作为国家网格运行中心和主节点之一，中科院超级计算系统已吸引中外近百个科研机构申请使用。年底，中科院基本建成海量数据存储、管理以及数据共享与应用的基础设施环境，联合超算环境、网络环境协同服务科研信息化。建成存储容量达 6.42PB 的数据资源中心，形成共享数据达 148TB 共 538 个数据库，包括化学、材料、空间、天文、遥感、人地系统、动物、微生物 8 个主题库，聚变、青海湖、冰雪冻土、生态功能区划 4 个专题库，化合物和植物物种 2 个参考型库，另有土壤、海洋、地球化学、指纹、光学、基因组、蛋白组等 37 个专业库。系统引进和整合国际数据资源，集中提供服务，包括“e–Science 虚拟科研平台研究与开发”“青海湖区域重要野生鸟类资源及疫病监测与风险评估研究 e–Science 应用”“地学 e–Science 应用示范研究——东北亚联合科学考察和合作研究平台构建”等 14 个科研信息化示范项目，研发出基于先进科研信息化基础设施的虚拟科研平台软件，并在多学科领域开展信息化环境下新型科研方法的探索与实践。

二、园区信息化

1988年年初，中关村科技园区海淀园各管理部门开始使用计算机建立自己的数据库，解决统计、内部管理和报表等方面的计算机化问题。1995年，园区要求企业应用计算机财务软件，用计算机编制统计报表，采用报盘方式向园区统计中心进行报表申报，实现园区内企业全面报盘，统计、税务、工商的申报工作报盘。1997年，园区开始推动政府上网工作。12月注册网址，加强内部各MIS系统的建设。

1998年1月，园区网络基础设施开始建设，完成综合布线、设备安装。6月，园区网站建立，开始发布和接收信息。8月，中关村创新资源网（专家顾问网、仪器设备网、科技成果网）开通。年底，园区建立了自己的网站“中关村”（zhongguancun.com.cn），实现政府上网，并通过互联网完成统计报表传送的功能；开通中关村创新资源网和企业协会助新网，将中关村的人才、科研成果和科研仪器等资源搬上互联网。人才网集合了科技、经济、管理、法律、金融等领域数百个专业5000余名专家、学者；成果网筛选了分别来自周边科研院所、大专院校及市科委的5000余项最新科研成果；科研仪器网汇聚中关村地区的科研仪器3532台，总价值30亿元。

2000年4月，“数字园区”工程启动，目标是在网上提供交互式的管理和服务系统，建立虚拟政府环境。“数字园区”是运用现代网络信息技术，基于互联网平台、面向公众、开放的交互式电子政务系统，是北京电子政务试点项目之一，由海淀园采用政府提倡的资源外包方式完成。“数字园区”是数字北京的组成部分，也是数字北京工程建立电子政府方面的实践。上半年，园区开始在网上提供非交互式办公业务，所有管理部门的流程、制度进一步简化、优化、整合，并进行相应机构调整，对网站进行改造，把存在于各业务部门的独立系统整合，开通网上办公系统，实现业务数据的整合和共享。海淀园建立以网上快速解答为核心的办事流程，进一步定岗、定责，实现制度上网，制作企业办事指南，以供查询。7月28日，“数字园区”一期工程完成，在内部网建立交互式办公系统。实现园区办公全面上网，并开展企业入园的交互式审批工作。12月20日，中关村科技园重点工程中关村软件园奠基。同年，园区对开通的信息管理系统和内部办公系统进行改进，对管理和服务项目进行规范、优化、简化流程，完成网络基础设施建设。

2009年3月，国务院正式批复建设“中关村国家自主创新示范区”，要求把中关村建设成为具有全球影响力的科技创新中心。2010年，中关村国家自主创新示范区发布首批“十百千工程”企业名单。

2010年中关村国家自主创新示范区“十百千工程”首批企业一览表

5–1表

所属领域	序号	企业名称	所属领域	序号	企业名称
千亿元级重点培育企业(共4家)	1	联想集团有限公司	五十亿元级重点培育企业(共39家)	33	甲骨文（中国）软件系统有限公司
	2	诺基亚通信有限公司		34	华旗资讯数码科技有限公司
	3	北大方正集团有限公司		35	德信智能手机技术（北京）有限公司
	4	神州数码控股有限公司		36	北京四方继保自动化股份有限公司
五百亿元级重点培育企业(共3家)	5	中国普天信息产业股份有限公司		37	卓望信息技术（北京）有限公司
	6	同方股份有限公司		38	北京诺华制药有限公司
	7	华锐风电科技有限公司		39	用友软件股份有限公司
百亿元级重点培育企业(共22家)	8	大唐电信科技产业集团		40	北京完美时空网络技术有限公司
	9	华为数字技术有限公司		41	北京方大炭素科技有限公司
	10	航天信息股份有限公司		42	通标标准技术服务有限公司
	11	鼎桥通信技术有限公司		43	北京科文书业信息技术有限公司
	12	中国路桥工程有限责任公司		44	中国民航信息网络股份有限公司
	13	拜耳医药保健有限公司		45	腾讯科技（北京）有限公司
	14	京东方科技集团股份有限公司		46	北京和利时系统工程股份有限公司
	15	北京金风科创风电设备有限公司		47	新浪网技术（中国）有限公司
	16	中国惠普有限公司		48	北京东华软件股份公司
	17	北京双鹤药业股份有限公司		49	中牧实业股份公司
	18	中冶京诚工程技术有限公司		50	北京全路通信信号研究设计院
	19	中国华电工程（集团）有限公司		51	中芯国际集成电路制造（北京）有限公司
	20	北京搜狐互联网信息服务有限公司		52	北京德尔福万源发动机管理系统有限公司
	21	百度在线网络技术（北京）有限公司		53	思爱普（北京）软件系统有限公司
	22	微软（中国）有限公司		54	中国电力科学研究院
	23	北京京东世纪贸易有限公司		55	北京有色金属研究总院
	24	蓝星化工新材料股份有限公司		56	航天东方红卫星有限公司
	25	北京百纳威尔科技有限公司		57	中国移动通信集团设计院有限公司
	26	中国钢研科技集团公司		58	SMC（中国）有限公司
	27	北京华胜天成科技股份有限公司		59	北京北大青鸟国际软件技术有限公司
	28	中国大恒（集团）有限公司		60	北京仁创科技集团有限公司
	29	悦康药业集团有限公司		61	北京国电龙源环保工程有限公司
五十亿元级重点培育企业(共39家)	30	中国恩菲工程技术有限公司		62	北京博奇电力科技有限公司
	31	北京ABB电气传动系统有限公司		63	中国电信集团系统集成有限责任公司
	32	国能风力发电有限公司			

（续表）

所属领域	序号	企业名称	所属领域	序号	企业名称
五十亿元级重点培育企业(共39家)	64	北京市三一重机有限公司	十亿元级重点培育企业(共55家)	94	北京以岭药业有限公司
	65	瑞斯康达科技发展股份有限公司		95	北京当升材料科技有限公司
	66	紫光股份有限公司		96	北京视博数字电视科技有限公司
	67	太极计算机股份有限公司		97	北京中星微电子有限公司
	68	文思创新软件技术有限公司		98	北京科兴生物制品有限公司
十亿元级重点培育企业(共55家)	69	北京纳通投资有限公司		99	北京佰能电气技术有限公司
	70	北京软通动力信息技术有限公司		100	北京东方信联科技有限公司
	71	摩托罗拉（中国）技术有限公司		101	北京科锐配电自动化股份有限公司
	72	北京源德生物医学工程有限公司		102	北京千方科技集团有限公司
	73	亚信科技（中国）有限公司		103	汉王科技股份有限公司
	74	中材科技风电叶片股份有限公司		104	北京天坛生物制品股份有限公司
	75	北京汉铭信通科技有限公司		105	安东石油技术（集团）有限公司
	76	北京首钢自动化信息技术有限公司		106	北京数码视讯科技股份有限公司
	77	网之易信息技术（北京）有限公司		107	北京水晶石数字科技有限公司
	78	联动优势科技有限公司		108	北京中科信电子装备有限公司
	79	赛尔网络有限公司		109	北京碧水源科技股份有限公司
	80	天地科技股份有限公司		110	北京双鹭药业股份有限公司
	81	北京神雾热能技术有限公司		111	北京中科大洋科技发展股份有限公司
	82	北京国电富通科技发展有限责任公司		112	北京七星华创电子股份有限公司
	83	北京神州泰岳软件股份有限公司		113	康辰医药股份有限公司
	84	北京握奇数据系统有限公司		114	中联绿盟信息技术（北京）有限公司
	85	北京大北农科技集团股份有限公司		115	北京机电院高技术股份有限公司
	86	北京康拓科技开发总公司		116	北京宇信易诚科技有限公司
	87	中科软科技股份有限公司		117	北京北广科技股份有限公司
	88	联通系统集成有限公司		118	北京时代科技股份有限公司
	89	北京伟嘉人生物技术有限公司		119	北京绿色金可生物技术股份有限公司
	90	北京利德华福电气技术有限公司		120	北京天融信网络安全技术有限公司
	91	北京空中信使信息技术有限公司		121	北京北大维信生物科技有限公司
	92	乐普（北京）医疗器械股份有限公司		122	北大先行科技产业有限公司
	93	中兵光电科技股份有限公司		123	曙光信息产业（北京）有限公司

附注：资料摘自中关村国家自主创新示范区领导小组《关于印发中关村国家自主创新示范区“十百千工程”首批企业名单的通知》（中示区组发〔2010〕8号）。

第二节　区县信息化

1998年，东城区信息中心完成区委、区政府机关大院249个办公室计算机综合布线。1999年完成机关大院局域网改造，开设多媒体培训教室，为40个委办局提供网络技术培训和计算机技术服务；东城区政府网站和王府井商业街网站开通。西城区政务办公系统运行。

图5-2　建设数字化石景山教育网络“班班通”新闻发布会举行（2001年摄）

2001年，东城区信息网站全面改版，6月11日上网开通。12月，朝阳区投资服务大厅网上咨询审批系统投入使用，方便企业和投资者办理审批手续，实现“一站式、交互式”办公，有12家单位的143项审批业务进入该系统。12月17日，“数字密云”工程启动，建立宽带网络，开展电子商务和社区服务。年内，石景山区在北京市率先建成宽带城域网，实现区政府机关与政府各委办局及街道办事处的宽带网络联通，完成区中心机房建设，初步搭建起本区公用信息平台；完成“教育信息系统工程”，区属65所中、小学全部实现宽带连接，每间教室都配备电脑和大屏幕电视。通州区完成区委、区人大常委会、区政府、区政协机关院内光缆铺设和办公楼1000余个信息点的综合布线，连通政府信息平台。门头沟区有18家政府机关通过光纤实现与区政府信息网联通，60多家企业成为信息网的远程用户。平谷县按照“全县一个平台、一个出口”的原则，依托县有线电视网，建成覆盖全县的宽带多媒体综合信息网络平台，开展电子政务、教育、农业等信息化工作，初步完成“宽带城域网”建设。

2002年，东城区初步实现全区职能部门与区委、区政府及市、区政务专网宽带连接，教育信息化完成“校校通”工程，76所学校完成校园网建设，完成“东城区社区服务信息网络”市级科技项目。崇文区区政府45个行政部门在互联网上建立网站，开通区政务办公系统，搭建区党政机关办公自动化应用平台，建立部门刊物数据库43个、文件数据库32个。朝阳区实施朝阳政务专用光缆网络工程，完成一期、二期建设，为全区109家单位接入专用光缆；投资服务大厅网上咨询审批系统完成，17个委办局的64项审批事项都能在网上办理。石景山区实施区—街道—居委会3级联网工程，全区9个街道办事处都建立内部局域网和办公系统，实现与区机关及委办局宽带连接。大兴区建成300余平方米的信息交换机房，开通互联网和电子政务外网，完成政府大楼内部的无纸化办公系统建设，101家单位使用政府办公自动化系统。

图5-3 2004年10月5日，东城区网格化管理监控呼叫中心工作场景

2003年，“数字东城”分站点达58个，区属17个职能部门面向社会的176张企业和个人网上申请、上报和审批表格均实现在“数字东城”网站下载，初步完成网上信访系统开发，群众来信、办理进程与结果均可在线查询。大兴区人大常委会、区科委、区旅游局、区土地局等单位接入区电子政务网。

2004年，东城区启动公共卫生信息平台建设、刷卡无障碍工程和以网格化城市管理信息平台为依托的“数字城管”工程，社区服务信息网络基本建成。朝阳区对区政府网站进行重新设计和开发，实现全面升级改版，设置《市民》《投资》《企业》《旅游》等专栏，加强门户网站同政府其他部门网站信息交换，拓宽政府信息网上公开渠道；依托朝阳政务专网，建成朝阳区以区政府为中心，覆盖全区42个街道、地区的H.323数字视频会议系统。

2005年3月，平谷区电子政务办公平台上线，之后4次重新规划改版。5月，在第十七届大兴西瓜节开幕前夕，中国西瓜网上线，主要功能有网上销售、宣传/推广、为农户提供信息（如新技术、新产品、病程害防治）、发布供求信息等。7月，朝阳区作为国家建设部确定的首批数字化城市管理试点工作的10家城市（城区）之一，启动城市网格化管理平台建设。石景山区启动以“信息共享、资源整合”为目标的信息资源中心建设，初步形成共享基础库、区级数据交换平台和应用支撑平台。大兴区开通企业信用信息系统与全市系统互联互通，17个镇（街道）接入区电子政务外网平台，与市级政务网络联通，完成大兴区全程代办公众服务网建设，实现“一站式”办公。2005年，“数字东城”网站突出政务公开和公共服务。经市委推荐，国务院信息办将东城区“依托数字城市技术创建城市管理新模式”项目列为国家信息化示范项目向全国推广。同年，宣武区政府机关内部办公基本实现网络化，全区100多个单位2439人通过电子政务平台实现网上办公，42个委办局构建了内部办公系统；“北京宣武”网站实施改版，更具可读性、实用性、交互性和公开性。

2006年，东城区完成区电子政务网络总体规划，启动126个社区宽带接入工程，“东城区网上服务大厅”“全程办事代理制”应用系统投入试运行。崇文区建成区国家机关协同办公系统一期工程，推广崇文门外街道西区无线宽带试验网应用方案，实现崇文门外街道，区行政服务中心，区机关大楼三层、四层等场所无线覆盖。西城区接入区政务网络的区属单位达到130家，通过区政务网交换信息成为各单位日常办公的重要手段和途径，区统计局、区人事局、区规划局、区社保局等20个单位与市对口部门实现网络互联、系统互通。朝阳区政务专网新增专线15条，专网节点总计226个，数量居全市18区县之首，覆盖所有委办局、43个街道和地区办事处及区直企业事业单位。石景山区完成区域电子政务网络平台升级改造，基本完成对政务部门业务目录和共享数据指标项目录梳理，对政务信息资源目录系统进行功能改进和数据更新，对法人库、人口库和空间库进行数据收集整理，推广法人库应用。顺义区启动集电子政务、有线广播、有线电视和远程教育于一体的“四网合一”“村村通”光缆网工程。大兴区完成“镇、街道综合行政服务中心信息网络服务系统”接入政务网，14个镇、3个街道办事处业务流程实现网上办理。昌平区共有50个单位建立自己的网站，并与政府门户网站实现链接。平谷区研发安全电子公文交换系统，并与电子政务办公平台有效集成，实现全区公文交换的大循环；在平台上增加网上行政审批系统，实现各单位网上办事的互联互通。怀柔区地理信息系统建成并投入使用，建立环境保护信息系统。

2007年6月，西城区启动区政务信息共享交换平台建设；11月共享交换平台上线试运行，实现与市级平台对接及区民政局社区综合管理信息系统等10个业务系统接入。宣武区有线和无线网络平台整合覆盖全区，信息安全综合防范体系逐步建立，信息资源整合利用水平提高，“北京宣武”网站群对41个委办局5008项政务公开目录进行维护和更新。朝阳区在全区范围内部署流管站420个，采集流动人口数据100万，其中采用VPN专网方式开通站点340个，“村村通”工程开通120个节点。石景山区启动区城管大队分指挥中心建设，完成全部9个街道的综合指挥服务分中心建设，全区129个社区居委会实现2M宽带光纤接入电子政务网络，分两批建设60个社区公共服务站。顺义区接入电子政务外网的单位达到733家，共有27家单位依托电子政务外网实现与市级业务系统对接，完成赵全营、李遂等镇163个行政村的电子政务外网铺设与接入工作，全区共有15个镇330个村完成“村村通”工程。大兴区整合区属机关、企事业单位、群团组织等95家单位的网站，建立区级网站群，实现网站的统一管理和各子网站之间数据的互联互通，网站群的“云”管理模式初步建立。“北京昌平”网站从用户角度出发，打造人性化的昌平区区域综合信息平台，整合50多个部门网站，提供个性化的政务信息公开目录、公共服务目录、公开档案目录服务功能，提供1730项公共服务项目。2007年，东城区完成126个社区联网工程，全区政务外网实现市、区、街道及委办局、社区居委会四级互联互通，覆盖173个节点、250个单位。崇文区电子政务网络接入节点达314家，其中党政机关事业单位160家，实现全覆盖。

2008年，西城区政务网加强网站建设，推进网上政务公开工作，工作重点放在信息公开、在线服务、公众参与和网站管理4个方面。宣武区门户网站“北京宣武”的子站点达到114个，年访问量逾6000万人次，开展网上办事“一口受理”试点工作，绿色通道整合提供11类182件在线办理事项。朝阳区完成网上监察平台（二期）前期工作，推广网上审批系统（二期）

应用，实现网上审批系统（二期）与街乡全程代办系统对接，开展数字电视电子政务平台建设，6月初启动公共区信息化建设，确定人流密度实时监测系统等多个信息系统。石景山区建成区电子政务集中运维管理平台，电子政务第二机房搭建基础网络结构和远程带外管理系统，区政务信息共享交换平台累计交换数据234.88万条。顺义区接入区内电子政务外网的单位798家，实现全区392个行政村村村通光缆，全区三级联网。大兴区建设全区有线电视、有线广播、政务网络“村村通”工程，完成区电子政务“村村通”工程的网络架设工作，全区光缆网络总长度达到1400余公里，526个行政村多个业务应用系统接入政务网络。

2009年5月，朝阳区在全市各区县中率先在区政府门户网站显著位置开设帮扶企业专栏，开发网上政企互动平台，开展“千家网站、万个邮箱”活动，建立区内IT企业台账，帮扶企业应对国际金融危机。丰台区共建立45个信息化应用系统，包括就业、教育、医疗、住房等方面。石景山区政务信息共享交换平台累计交换数据230万条，制作卫生监督图层8个，含2783个信息点，制作包括区界、街道和道路的民防地图，建成石景山区空间服务平台。门头沟区建设完成面向区行政机关和事业单位的公务员门户系统，搭建面向政务工作的“一站式”办公平台，整合区内OA、邮件等系统，实现统一用户管理和单点登录，提供政务信息、电子期刊等内容。通州区政务专网覆盖区属工作部门54家，支持市、区多种综合业务。大兴区完成社区服务平台延伸，部分街道建设了智能监控系统、办公自动化系统。昌平区在原有的区级四大部门与区内各委、办、局和镇（街道）的互联互通的二级网络基础上，进一步延伸到各行政村和社区的三级网络。平谷区48家政府核心部门共有核心业务系统60余个，实现核心业务全部信息化。9月，东城区启动网上监察系统建设，公共安全信息管理平台上线试运行，12月“东城区新一代协同办公平台”上线运行。崇文区启动居家养老服务社区无线网络建设项目，改进社区网络条件，提升信息系统服务深度，拓展信息化支撑领域和内容。宣武区依托已有政务门户平台、数据交换平台、信息资源目录系统建设成果，形成领导决策服务目录框架，建立面向不同区级领导的“一站式”领导信息平台，为领导决策提供辅助服务。

2010年1月，国家测绘局批准东城区为国家数字城市地理空间框架建设试点城市，6月启动东城区物联网应用项目电梯运行安全管理系统试点工作。9月，前门3D购物街信息系统上线运行，年内开展网格化社会管理体系建设。朝阳区推进无线通信技术在电子政务和城市管理中的应用，实现移动办公、移动执法、移动视频、移动监测、移动公众服务5类电子政务应用。海淀区完善“一个平台、两套体系、三大领域”的区信息化总体框架，信息化整体水平在全国居于领先地位。门头沟区通过互联网进行产品信息的发布、销售，加快产品市场开拓，区经济信息化委有针对性地引入区外电子商务平台，推动区内农加工企业开展电子商务，共享交换平台接入委办局13家，建成共享交换平台、资源目录系统、法人库、人口库等系统，实现市区两级交换平台对接，实现和市里的人口、法人数据的交换，与市公安人口信息进行了农业人口信息的比对。通州区建成核心千兆、主干百兆、光纤专线直连的区政务专网，部署防火墙、入侵检测、安全审计、流量控制等网络安全设备，以及网管、漏洞扫描、网络版防病毒、终端安全管理等信息安全监管系统。大兴区政务办公平台以云计算技术为基础，整合信息报送、应急管理、提案办理、档案等应用系统，共享政务办公数据，形成全区统一的政务办公平台。

第三节　农业、农村信息化

1978 年，市农林科学院引进遥感技术开展农业资源调查，开启北京市农业信息化先河。1978 年起，采用航空遥感技术开展农业资源调查、土地利用调查和冬小麦估产。其中，“京津冀统一网络冬小麦遥感估产的方法与技术的研究”获 1986 年市科委二等奖，“北京航空遥感综合调查应用”获 1987 年国家科学技术进步奖一等奖。

20 世纪 90 年代初期，北京农业领域的计算机专项信息系统、数据库开始出现，计算机信息联网在远程市场信息数据采集中开始应用。1990 年，北京市蔬菜产销开发服务站购置了农业局第一台 286 计算机；市农科院农业科技情报所以自建和引进相结合方式，建立北京市首个农业科技专题数据库——农业科技成果和实用技术数据库。1991 年，北京市蔬菜产销开发服务站应用 DEBASE 开发市场行情采集数据库系统，应用远程拨号技术建立郊区蔬菜批发市场计算机网络，实现与大钟寺、岳各庄、新发地三大批发市场的计算机联网，进行市场信息远程采集和系统化加工处理，同时将网络并入农业部全国 10 个大中城市批发市场计算机网络。北京市蔬菜产销开发服务站与市气象局合作，利用气象局的气象接收机为各区县蔬菜管理部门发布市场价格信息；寻呼机（BP 机）开始出现，服务站与华讯公司合作，为郊区县蔬菜管理人员配备了数字寻呼机。1993 年为郊区县蔬菜管理人员配备汉字寻呼机，利用寻呼机向郊区发布市场信息。

1991 年，农村经济审计基本情况的统计分析实行电算化。1993 年，农产品成本核算采用电算化管理。1994 年，全市乡镇企业动态监测工作采用计算机管理。1996 年，区县级统计数据采用拨号上网方式上报市经管站。2000 年，市经管站按照农业部《关于逐步推广农经电算化工作的意见》，确定朝阳区太阳宫乡、门头沟区永定镇、昌平区北七家镇、房山区城关镇和良乡镇等试点单位。同年，朝阳区、房山区被农业部列为全国农村经营管理电算化试点。截至 2001 年年底，全市 10 个区县 37 个乡镇 329 个村实现农村会计电算化。

1993 年，市农科院作物所小麦研究室开发的小麦管理计算机专家系统在北京郊区 8 个区县 55 个乡镇联网运行，实现了以计算机和网络为载体的信息技术在郊区农业生产中应用。

1994 年 8 月 13 日，市城乡经济信息中心成立。年内，市城乡经济信息中心利用 NOVEWW 技术实现与区县农业信息中心和部分市属农口单位的计算机联网。截至年底，农口信息网络系统网员单位 25 家。市城乡经济信息中心与农业部信息中心、市经济信息中心联网，每天从网上接收经济信息，并通过网络传输到各区县。

1995年，按照国家和首都信息化总体部署，市城乡经济信息中心开始进行农业农村信息化建设，引进中国政策法规库、中国科技成果库和中航信息库3个大型数据库，自行组织开发建设北京农村经济动态信息库、统计数据库、农口高级人才数据库和农村实用技术数据库等。

1996年，北京市城乡经济信息网建成，实现上与农业部中国农业信息网，下与15家市级涉农单位、13个郊区县农业信息中心联网。1997年，市农业局与中国农业大学、清华大学、市城乡经济信息中心等单位合作，在农业田间管理、病虫害控制、农机检测、土壤肥力监测等方面推广地理信息系统（GIS）、遥感技术（RS）、全球卫星定位系统（GPS）等“3S”技术应用，建立全国第一个省市大比例尺基本农田管理信息系统（BAGIS）。利用空间卫星定位技术、遥感技术、计算机技术等与农业专家系统相结合，开发了精细农业田间管理示范系统，用于对农业田间作物的现代化、科学化管理。利用遥感技术开展京郊种植业调整监测和农情获取，利用空间卫星定位技术开展小麦蚜虫飞防的应用。

1998年，市政府出台《首都信息化1998—2010年发展规划（纲要）》，将积极稳步推进京郊各区县的信息化作为首都信息化建设的基本任务之一。计算机逐步在农业相关部门普及，OA办公系统、互联网站开始出现。农业信息服务体系初步形成，市农业局信息网、北京城乡经济信息网、北京农业信息网上线运行。年内，全市行政村广播电视“村村通”工程启动。

截至1999年年底，北京市已有8个区县7个农口局建设了局域网，一级网络用户110家、二级网络用户466家。

2000年5月，在中共北京市第九次党代会上，市委明确提出要加强农业信息化建设，农业信息化被纳入全市信息化发展规划。同月，市农委发布《北京市农口信息2000—2010年发展规划（纲要）》，对农业信息化的发展任务与目标以及相关的发展政策提出了具体发展方案。

2001年，市农业局制定《北京市农业局信息化五年发展规划》，旨在通过构建农业信息网络体系，加强农业信息技术的应用与推广，大力推进农业信息化建设。市农业局承担2001年市政府为民众兴办的第60件实事，即“建立农产品交易信息网络，使20个农产品综合批发市场和专业批发市场当日行情及时与郊区广大群众见面”。同时，市农业局在远郊区县组织建立信息服务站，开展农村信息员培训。年内，市农科院启动北京农民远程教育工程，该工程在2002年、2003年、2005年被列入市政府为市民兴办的重大实事。

2001年，北京市农村管理信息化工作启动。2002年，市经管站制定下发《北京市农村管理信息化管理办法》《北京市农村管理信息化管理员、操作员、审核员岗位职责规范》《北京市农村会计电算化管理办法》，截至2003年年底，全市有12个区县65个乡镇的会计服务中心使用北京农村管理信息系统进行村级日常办公和村级管理工作。

2002年7月，北京农业科技“110”服务热线开通。热线以专家接听和手机短信回复为主要服务方式，主要提供新品种新良种、科学种养知识等科技服务，其中科技信息 7 万余条。11 月，《关于北京农村管理信息化工作的实施意见》发布，明确到 2006 年，100% 的乡镇、90% 以上的村实行农村管理信息化，并实现市、区县、乡镇、村农经数据网络传输。截至 2004 年年底,郊区共有 2260 个村（绝大部分是实行村账委托乡镇代管的村）运用“村管系统”实行财务会计工作电算化，占总村数的 56%；154 个村运用“村管系统”实行村级经济、社会事务管理信息化，占总村数的 4%；2 个乡镇建成农村数据处理站，占乡镇总数的 1%，6 个区县初步建成农经数据处理分中心，占区县总数的 38%。同年，市农委、市信息办联合印发《关于建设农口综合信息平台的意见》，提出农口综合信息平台是根据首都信息化的总体要求，在农口各单位信息化建设的基础之上，通过信息网络互通互联、信息资源共建共享而形成的为农口各项工作服务的综合统一的信息网络系统，具有政务公开、信息查询、信息发布、远程教育等总体功能。

2003 年，市信息办、市农委、市科委、市发展改革委、市教委共同组织实施郊区信息化专项工程“燎原”行动计划。

2004 年，北京市开始加强完善农产品产销信息平台，建设市级农业资源管理决策系统，到 2009 年，整合 105 个大类 490 项 20 多个 G 的数据资源，实现 5000 亿农村集体资产网上实时运营监管。截至 2010 年年底，通过“12316”农业服务热线共受理各类来电 12 万多人次。

2005 年，市农业局信息中心承担建设“3S”（地理信息系统 GIS、遥感技术 RS、全球卫星定位系统 GPS）农业宏观决策支持系统项目，该项目在设施农业、畜牧业、环境监测、土壤肥力等方面提供可视化的决策分析。2007 年，应用“3S”技术摸清了 8 个区县 12 条主干道两侧 1 公里的土地利用现状，总长 123 公里，土地面积 324 万亩，为走廊建设政策的制定提供支撑。同年，应用 GIS、GPS 技术，结合地面采样监测北京市平原区重金属污染（包括镉、汞、铬、铅），获取了重金属含量空间分布信息。2009 年，“3S”技术获北京市科学技术奖二等奖。

2006 年 11 月，市农业局制定出台《关于推进农业信息化工作的意见》，要求从领导决策、管理基础、郊区服务三大信息平台出发，围绕社会主义新农村建设目标，全面推进农业信息化建设。市农委（城乡）信息中心开展信息化支撑社会主义新农村建设的试点工作，分别在市级新农村建设试点村，围绕“五个一”（即接通一条宽带网络、建设一个村级信息服务点、建立一个网站、组织一批信息资源、制定一套信息化工作机制）目标开展“农村数字家园”建设,每个“农村数字家园”配备 5 台计算机和必要的组网设备。截至 2009 年，全市共建“农村数字家园”824 个,其中由市级资助建设 419 个,区县自筹资金建设 405 个，覆盖全市 20.8% 的行政村。

2007 年 3 月，北京市贯彻落实《市委办公厅、市政府办公厅关于动员和引导社会力量参与社会主义新农村建设的意见》，市农委、市信息办携手中国移动通信集团北京有限公司全面启动“北京移动农网”建设项目。截至 2010 年年底，“北京移动农网”共有信息机

187 台、农信机 4867 台，年发布短信数量在 1000 万条以上，服务群体涵盖北京郊区各区县、乡镇、村级等政府机关工作人员、农民专业合作组织以及区县农户，总人数达 38 万人。

2008 年，市农委、市信息办印发《北京市农村信息化 2008—2010 年实施规划》，提出以完善农村信息设施建设为基础，以提高农民信息获取能力为目标，以农村信息资源有序建设和整合共享为重点，到 2010 年基本实现宽带网络进村入户；农村综合信息服务体系进一步完善；农民信息能力有较大提高，信息在农民生产生活中发挥影响和作用的程度显著提高。市教委在原有 152 个乡镇建立的可供农民个性化学习的数字化多媒体远程综合教育培训基地基础上，投资 1190 万元，在 7 个区县建成数字化多媒体交互式广播电视教育系统，实现与本区域内的所有乡镇成人学校远程教育站点并网直播。2008 年，为配合市新农村试点村建设，市教委投资 2000 万元，新建 200 个村级数字化卫星或宽带多媒体接收站点，使北京市村级远程教育接收站点达到 500 个。市科委组织开发“爱农信息驿站农产品配送支撑系统”“农企和农协信息服务系统”“爱农驿站科技信息综合网络服务系统”等，包含远程职业技能培训网络管理系统、宽带科普娱乐点播系统、双向咨询诊断系统等功能模块，对音视频节目、用户信息统一进行管理和发布，对用户信息资源使用进行跟踪、统计和分析，制定、改进和完善业务结构、模式和市场策略。

截至 2010 年年底，北京市已建起比较完善的农村信息网络。农村光纤网络“村村通”覆盖率 95% 以上；建成市级农村“数字家园”站点 419 个、区县级自建站点 405 个；郊区各类农村信息服务站点（包括农村党员干部现代远程教育站点等）10681 个；“金农”工程一期项目完成项目竣工验收。政府网站普遍建立，涉农电子政务信息服务更加便利。

一、城乡经济信息网

1995 年，北京市城乡经济信息网联网运行。该网是经市政府批准，由市城乡经济信息中心为主开发建设的计算机信息网络系统。1996 年，网络体系覆盖北京市 14 个郊区县及市农口局（总公司），网员单位包括国家经济信息网、中国农业信息网、北京经济信息网等。局端主要设备包括两台路由器、一台交换机、25 套 586 微机，共有 4 条电话线供农口各单位拨号上网，主机使用从市经济信息中心租借的 ALPHA 小型机（主频 233Hz、内存 128M、硬盘 12G），网络操作系统是 Windows NT。1996 年至 1999 年，城乡经济信息网按照“公里网格法”的原理，建设运行北京市农村资源、农产品产销、农村经济动态监测系统，累计布设 16490 个监测点。其中，固定监测点 15987 个、行业监测点 503 个。截至 1999 年共运行 27 次，涉及 4 万多个点次，提取 100 多万个数据信息。2000 年以后，随着信息化技术水平的提高，信息获取方式的多样化，通过动态监测系统获取信息既费时费力又费资金，该系统逐步停止运行。

1996 年至 2005 年，市城乡经济信息中心和市农业局粮油处联合开发运行北京市基本农田管理信息系统。该系统是在基本农田划定工作的基础上建立的单机版的省市级基本农田管理信息系统，有 7 万幅斑图，对应 7 万条属性数据库，每一条数据库包含 10 多个字段，比例尺1∶10000，是市农业行政主管部门用地审核的依据。2005年以后，随着土地管理体制变化，该系统逐渐停止运行。

2008年，北京城乡经济信息网主机房正式建成并投入使用，总投资600万元，总面积220平方米。其中，综合机房140平方米，监控区域80平方米。

2010年，北京城乡经济信息网成为支持全市农村信息化的网络中心、综合平台和数据中心，为农村管理信息平台、"221信息平台"、新农村规划管理信息平台等为农服务的信息系统，提供7天×24小时不间断的网络化、数字化、智能化办公与运行支持。

二、"221行动计划"信息平台

2003年，市政府提出"221行动计划"，即摸清市场需求和农业资源两张底牌，搞好科技和资金两个支撑，搭建一个信息平台。2003年，市信息办、市农委、市科委、市发展改革委、市教委共同组织实施郊区信息化专项工程"燎原"行动计划。2004年3月，"221行动计划"开始实施。基本要求是资源交换共享，实现信息在交换中增量、在共享中增值；服务对象包括消费者、生产者、经营者和管理者4个方面。

2006年8月17日，大兴区农委的大兴农业信息网、大兴农村管理信息系统和大兴农业资源管理决策系统"三网"统筹的建设运行模式取得初步应用效果。

2008年，市级"221信息平台"进入全面推进的建设阶段。市农委、市经委、市科委、市国土局、市地勘局、市规划局、市财政局、市农业局、市园林绿化局、市水务局、市气象局、市农研中心、市农科院等15家市属单位组成领导小组，成立由15个市属委办局和13个郊区县共同参加的"221信息平台"工作小组，由市农委信息中心（市城乡经济信息中心）作为项目主承单位，市农科院农业信息技术研究中心全面负责软件开发和技术支持。截至2009年6月，整合市级15家共建共享单位相关资源数据66类238项，涵盖土壤、气象、水、地貌等自然资源条件和人口、劳动力、种养殖业发展、综合经济状况等社会经济条件；13个区县的农业资源和生产状况数据共39类252项，涵盖了种植业、养殖业、林业、相关第二和第三产业。数据资源总共105类490项20多个G，数据资源总量相当于藏书量10万册规模的图书馆。初步建成包含资源底牌、市场底牌、科技支撑、资金支撑的四大模块。重点以种植业资源底牌查询、"三品"基地决策分析为主。形成138个专题240个图层以及100多个非图形数据层，研发可查询、可分析、可决策的功能430个。

截至2010年年底，该平台为市科委提供了全市农田环境质量监测点的情况以及北京农产品产地安全现状分析，为"科技北京行动计划""科技进步促进区县发展"主题的立项和市农委编制《北京市都市型现代农业基础建设及综合开发规划》提供了依据。

第四节　社区信息化

20世纪90年代末，北京市开始酝酿筹备城市社区信息化建设。社区服务信息化由市民政局主管，具体工作由北京市社区服务中心负责，实行统一规划、统一标准、集中建设、集中运维、统一管理模式。

2000年，北京市社区服务中心建成500平方米的信息化机房，网络采用DDN与FR方式，互联网出口带宽为10Mbps，与区街网络连接为100Mbps。城八区社区服务中心带宽256Kbps、远郊区县社区服务中心带宽128Kbps；街道社区服务中心带宽64Kbps；部分没有DDN或FR资源的社区服务中心均采用拨号回拨的方式实现专网连接。6月，市政府便民电话中心正式开通，原“市长热线”“65128080”更换为“12345”。8月，市政府按照总体统筹负责制原则，由首信公司开始统一建设北京市社区服务信息系统工程。信息网建设依托首都公用信息平台（CPIP），由网络系统、网站系统、热线呼叫系统（特服号“96156”）组成，在市区、街乡有169个网站和150套呼叫系统，形成覆盖全市社区服务信息网站群。

2001年8月23日，北京市印发《“十五”时期首都信息化发展规划》，明确提出要推进社区信息化，建成联结市、区（县）、街道、社区（居委会）的全市4级社区服务信息网络及其支撑体系，完成全市信息化示范小区工程的建设，普及推广信息化社区。2001年年底，联结市、区、街3级社区服务信息网络中心全部建成，北京市社区服务信息网开通运行。

2002年12月26日，北京市社区服务呼叫热线“96156”开通。该热线是2002年市政府为民兴办的实事项目之一，是北京市社区服务信息网的重要组成部分。热线实行24小时服务，以市、区（县）、街、社区4级社区服务体系为支撑，设有市呼叫中心和街道座席近500个，增加CTI、IVR、语音交换等呼叫业务服务器，日接听量万余个，提供咨询服务、家政服务、综合修理、为老服务、租赁服务、配送服务等八大类200余项社区服务。服务时间365天×24小时全时制，服务范围覆盖全市。截至2010年7月，热线共提供服务382万人次，服务响应率95%以上。

2004年，市政府启动实施百万家庭上网工程，该工程是当年市政府为民办实事的第56件。市信息办联合市妇联、市科协、首都精神文明办、市民政局、团市委等单位向全市17个区（县）的83个符合条件的社区电脑室授予“数字家园”称号，市民可以在“数字家园”上网，同时对中老年人和妇女等信息化弱势群体开展计算机培训，使其初步掌握计算机操作、上网浏览和查询的能力。为配合“数字家园”的市民培训工作，将社区服务“96156”热线设为市民上网热线，向市民提供24小时培训咨询、计算机基础操作知识答疑等服务。

2006年，北京市社区服务网互联网出口带宽升级为20Mbps，区街中心网络均改为光纤，带宽升级为10Mbps。2008年，随着业务增长，北京市社区服务信息网互联网出口带宽升级为60Mbps，街道中心带宽由2Mbps改为4Mbps。呼叫中心改造升级。

2009年，市社区服务中心的工作重心从“社区服务信息化”转变到“拓展社区服务业务”，依托“96156”平台，推进社区服务社会化，发挥社会组织、市场主体、社区居民等在社区服务中的重要作用，“96156”平台逐步成为市民服务的供需平台和社会管理的基础平台。

截至2010年，各区县街道网站共发展3300多家服务单位入网；发展社区便民服务网点近9000个，从业人员27744人，注册登记志愿者近30万人，开设的政务公开栏目囊括市、区、街道政府机构的职责任务和办事程序，成为市政府为民服务的窗口和办事指南。社区服务信息网突破原有的社区服务模式，居民既可通过浏览系统在线申请服务，也可通过拨打街道社区便民热线电话获取服务。全市社区建立122家“数字家园”，共有上万名中老年人、妇女、儿童接受了该项目提供的免费电脑培训，初步掌握了电脑基本操作。

第六章　数字北京重点工程

20世纪90年代，随着首都城市功能定位的发展，北京信息化建设步伐越来越快。北京每年实施的“办实事”工程，都把信息化建设作为重要内容，列出重点项目，予以落实。

1997年至1998年，首都公用信息平台（CPIP）建立，是首都信息基础设施的重要组成部分，被列入首都信息化建设工作要点，具有跨基础运营商的中立性和能够对各类网络实现互联互通的开放性、亲善性和非排他性，能够最大限度地利用既有网络资源，促进专通结合，发挥网络转换中心和信息交换中心的作用。1998年，《首都信息化1998—2010年发展规划（纲要）》提出，在2000年以前实现北京公交、地铁等部门的统一IC卡自动收费管理。同年，首都电子商务工程首批试点单位启用，西单商场网上购物中心成为全市首家开办互联网购物系统的大型零售商。1999年，首都电子商城正式开业，北京市首条IC卡公交线路试运行。

进入21世纪，北京市围绕2008年在北京举办奥运会，围绕北京城市建设发展的总体规划，提出建设数字奥运、数字北京目标，先后实施一系列重点工程。2000年，中关村科技园海淀园“数字园区”工程启用，政府对企业的管理工作可以全部通过网络实现。2000年，市政府便民电话中心设立，成为市政府联系市民的重要渠道和方法。2001年，“海淀区数字园区建设与政府管理模式转型”项目获北京市科学技术奖二等奖。至2002年，首都电子商城入驻中外企业、网站3500家，被国家计委评为高技术产业优秀示范工程。2002年年初，北京数字信息亭工程启用。2002年10月，北京奥组委公布《北京奥运行动规划数字奥运建设专项规划》，总体目标是保障北京2008年奥运会举办，建立以人为本、个性化、符合国际惯例、体现中国特色的综合信息服务体系，加速数字北京建设，带动产业发展，展示中国信息化水平和成就。2007年11月，数字北京大厦作为北京奥林匹克中心第一个奥运竣工项目通过验收并投入使用。2003年，“北京一号”小卫星研制工程启动，2006年正式运行。

截至2010年，北京先后实施几十项信息化重点工程、专项工程，在北京的信息化建设中起到举足轻重的作用，带动和推动了北京信息化建设的迅速发展。

第一节 首都信息呼叫中心

1987年，北京市设立第一部“市长电话”“65128080”开通。到1988年，“市长电话”成为沟通市民与政府信息的重要渠道。全年收到群众电话8939次，除5559次给予答复，其余电话转有关部门处理，促进了政府部门转变作风。为更好地接受广大市民的监督，物价、房管、工商、财税等许多部门设立了“群众监督电话”。1990年，在继续办好“市长电话”“区（县）长电话”的基础上，供电、粮食、教育、工商行政管理等12个同市民生活关系密切的部门设立了市民呼声电话，形成覆盖全市的市民呼声电话网络。其中“市长电话”全年接听群众电话24400余个，直接解决市民提出的问题8680余个。

2000年6月19日，市政府便民电话中心成立，开通电话号码“12345”，由一套10部人工线路和50条自动声讯服务电话受理系统组成。年内，北京市非紧急救助服务中心开通各区县政府和与市民生活密切相关的部门、公司的便民电话。

2001年7月18日，首都信息呼叫中心“CAPINFO呼叫中心”签约建设。呼叫中心是北京市电子社区以及医疗保障等系统的重要环节，采用基于互联网架构建立的第四代呼叫中心的CTI体系结构，支持语音、传真、E-mail、Web、VoIP、信函等。北京市非紧急救助服务中心开通多种交互方式，建成一个使用简单、维护方便的系统，为北京市民、企业、商业机构、政府机构等提供服务。2001年，“96102”北京市医保软件技术支持服务热线以及首都之窗政风行风服务热线开通，并与

图5-4 2001年7月18日，首都信息呼叫中心工作场景

政风行风热线平台实现了信息互传。

2002 年 12 月 26 日，“96156”北京市社区服务热线电话开通，是针对老年人的心理疏导服务，由北京市老龄协会、北京市慈善协会、北京社会工作者协会和北京市社区服务中心共同发起设立。

2003 年 11 月，“62357575”供暖服务热线开通，每天将所有问题进行分类统计，用 E-mail、传真等方式发给供热办，完成大容量的供热热线服务以及众多基础数据的统计和汇总。

2005 年 10 月，“12355”北京市青少年法律与心理咨询热线开通。“12355”热线由首都社会治安综合治理委员会预防青少年违法犯罪工作领导小组、市未成年人保护委员会、团市委联合创办，为全市青少年搭建答疑解惑的交流平台。

2006 年 3 月，“12319”北京市城市管理服务热线开通。城市管理服务热线采用政务—业务流程外包服务（G–BPO）模式，一线、二线座席分工合作。一线由首信座席提供前端“12319”热线电话的政务流程外包服务，将投诉问题直接发至 18 个区县，并负责跟踪、催办等业务；二线由市市政市容委专家座席负责协调、处理一线座席无法处理的事件、诉求，处理一线座席无法解答的问题。市民可以通过拨打热线反映违法建设、广告牌匾、小广告、黑车、占路棚亭阁、垃圾堆积等环境问题，反映的问题会进行分类，通过各新闻媒体定期向社会公布，各区县定期公布解决问题的情况，以便社会监督。2006 年，信息化城市管理系统呼叫中心投入使用，整合已经运行的市市政管委热线、冬季供暖监督热线、井盖服务热线，统一为“12319”服务热线，24 小时集中受理用户对城市管理服务的需求，实现水电气热维修“一线通”。

为解决因电话号码繁多、信息不能共享、公众在电话求助时无所适从、部门相互推诿的现象，北京市非紧急救助服务中心建立，纳入当年市政府为群众办的 58 件实事。2007 年 5 月 15 日，北京市非紧急救助服务中心开始运转。中心拥有 200 个座席，在统一号码“12345”下，整合原有各区县及各相关职能部门的政府服务热线和公益性服务热线，实现对全市除紧急报警之外的一切公众咨询、求助的统一受理。公众获得“拨一个号码解决问题”的快捷求助途径。北京市非紧急救助服务中心开通后，北京市形成两类热线电话受理系统，即“110”“119”“122”“120”等紧急报警服务系统和“12345”非紧急救助服务系统。市非紧急救助服务系统承担 2008 年北京奥运会城市管理信息服务，为中外游客提供多语种服务。6 月，“96156”北京市社区服务热线与北京金象大药房

图5–5　2007年5月15日，北京市非紧急救助服务中心开通

医药连锁有限责任公司合作推出电话购药服务，是北京市“千家药店进社区”项目的试点服务。7月，“82011234”北京市住房贷款担保中心客户服务热线开通，采用座席租用外包模式，座席标准化语音服务保证每一个订单实时融入企业ERP、CRM系统中，通过企业ERP系统可以全程跟踪订单的进程；用户可以随时打电话进行查询，订单结果以短信方式发送到用户的手机上。

图5-6　2008年7月1日，北京奥运观众呼叫中心开通

2008年7月1日，北京奥运观众呼叫中心投入运营，“12308”热线开始面向北京奥运会和残奥会观众开展服务。7月1日至9月25日，北京奥运观众呼叫中心为国内外观众提供观赛信息咨询，陆续开通多个语种服务。北京奥运观众呼叫中心的信息数据库涵盖关于奥运会和残奥会的各类信息，包括奥运交通信息、奥运场馆信息、赛事信息、入场与安检须知、场馆设施服务、观赛规则等方面。

第二节　首都公用信息平台

首都公用信息平台（CPIP）是首都信息化“九五”规划和1998年至2010年发展规划（纲要）中确定的北京信息化建设基本任务之一。

1997年至1998年，首都公用信息平台（CPIP）列入首都信息化建设工作要点。该项工作由市政府、邮电部、广电部和国家金融部门共同发起、联合组建，采用股份制企业的模式进行经营运作。首都公用信息平台是首都信息基础设施的重要组成部分，是依托公用电信网、有线电视网、计算机互联网所代表的网络平台上建设，与国内各大专网、公用网实现连接，与CHINANET、CHINAGBN、CERNET、CSTNET、CNCNET、UNINET、CEINET等实现高

图5-7　首都公用信息平台ATM/FR骨干交换机（1998年摄）

速互联。CPIP 具有跨基础运营商的中立性和能够对各类网络实现互联互通的开放性、亲善性和非排他性，与各部门的网络，无论其是公用网或专用网、宽带网或窄带网，均可实行互联，能够最大限度地利用既有网络资源，促进专通结合，发挥网络转换中心和信息交换中心的作用。

1998 年 8 月 16 日，首都公用信息平台的两个网络高速交换节点分别在中央电视塔和北京电报局两处建成，完成与 CHINANET 的对接，投入试运行。

1999 年，《首都信息化 1998—2010 年发展规划（纲要）》提出，建成首都公用信息平台，营造中文信息应用服务环境，在电信、广电、计算机 3 个信息传输基干网的基础上，继续建设宽带（高速）主干网，实现各种公、专网络的互联和转换；基本实现全市各委、办、局的信息应用系统和数据库联网。

2000 年 5 月 6 日，首都公用信息平台中关村节点开通，为中关村科技园区内高新技术企业、科研院所、大专院校、政府机关、企事业单位及个人提供全方位的网络服务，包括提供专线接入、服务器托管、虚拟主机等多项基础服务，以及电子商务、信息加工等增值服务。

2001 年，《北京市信息化建设“十五”发展规划》发布，提出继续建设和完善首都公用信息平台，建成扩展到中关村园区和 18 个区县的平台汇聚节点，形成覆盖全市的网络互联、信息交换的基础设施，促进各种公用、专用网络与首都公用信息平台的互联互通，实现信息资源共享；依托平台，推进首都电子政务、电子商务、社保社区、科技教育、空间信息系统等工程的建设。

2003 年，首都公用信息平台被评为信息产业部“国家计算机应用倍增计划优秀项目”。

2010 年年底，首都公用信息平台成为北京信息集散的枢纽、各种应用系统交流信息的接口，以及与国内和国际进行信息交换的出入口。首都信息化中的电子政务、数字图书馆、超级计算中心等重大应用工程在此平台上建立。其中，依托此平台建设的北京电子政务专网实现对全市各部门分散建设的电子政务基础网络的全面统筹，各部门电子政务应用建设全面依托全市电子政务专网，各种应用系统依托此平台，采用虚拟网和各种接入网技术进行建设，避免了分散重复建网。

第三节　首都电子商务工程

1998 年 5 月，市信息办邀请中国人民银行支付与科技司、中国工商银行科技部、中国银行科技部、首信公司、北京多媒体实验室的专家教授研究首都电子商务发展战略。7 月，北京市与中央有关部委共同组成首都电子商务工程领导小组，由北京市常务副市长任组长，中国人民银行副行长、信息产业部副部长、北京市分管副市长以及国家内贸局等有关领导任副组长，领导小组成员由北京市政府、中国人民银行、国家税务总局、中国邮电电信总局、中国银行、中国工商银行、海关总署、北京海关、北京电信管理局、中国民航总局等部门有关负责人组成，陆首群任顾问，开展以建设首都电子商城为重点的电子商务工程，建设首都电子商务工程 / 首都电子商城。在首都电子商务领导小组下扩大了执行小组，中国邮电电信总局、北京海关、北京电信管理局、中国民航总局开展试点工作。以中央电视塔（首信机房）和海龙大厦为重点建设首都电子商城基础设施，以图书大厦作为 B to C 的试点，以西单商场作为网上购物中心试点，研究并解决电子商务发展中遇到的交易平台、支付手段、网络通信、物流配送、CA 认证、安全保障、法律环境等瓶颈问题。

1999 年 3 月，市信息办、市新闻出版局、中国银行、浦东发展银行、首信公司和美国康柏电脑公司联合举行北京图书大厦网上书店及跨境网上销售开业典礼，标志首都电子商城开业。首都电子商城依托首都公用信息平台建设，以首信公司为主体企业，联合、汇聚、整合金融机构、管理部门、相关产业等方面力量和优势，通过与金融机构合作，建立金融 CA 认证中心，是全国第一个获得银行授予权限的支付平台；自主开发高强度加密算法，在实际应用中提高支付安全性；建立一批重要企业参加的物流配送体系；采用会员制方式，以会员共同遵守的《首都电子商城电子商务规则》作为仲裁依据，建立相关法律环境；在北京电信支持下，建立互联网络环境，建立协同工作体系和相关基础设施。首都电子商城为在网上开展商务活动的虚拟空间建立保障商务顺利运营的管理环境框架结构，为依托首都电子商城的国内外企业、商户开展面向全国、面向全球的电子商务提供支撑，实施了 B to C 模式的网上购物、网上交易，对基于企业商业联盟的价值链管理也做了试点。首都电子商城试点中，网上购物企业有西单商城、燕莎商城、世都百货等；网上订票有中国国际航空公司、东方航空公司、南方航空公司的售票业务，以及与英特尔公司和 CITIBANK 合作的 500 家星级饭店的订票业务；特色商务企业有北京图书大厦、生活·读书·新知三联书店、朝阳区和丰台区的相关花卉企业、北京医药经济技术经营公司等，跨国公司在华业务公司有 CISCO、Motorola 等。后续加盟首都电子商城的有联想、方正、四通、清华同方、长城、希望、用友、桑达、华为、珠穆朗玛（8848）、新浪网、263 首都在线、网易、玫瑰花坊等企业，全国 6 家旅游中介企业，新华社电子商务新闻中心和深圳、上海、广州、福建、广西、海南、重庆、安徽、湖北等地网站、物流企业，东莞 1800 家信息产品制造出口企业，国际知名 IT 企业 HP、SUN、Compaq、Microsoft、Oracle、BroadVision、IBM、Viewlocity 等，都在首都电子商城分别建立了电子商务解决方案应用示范中心、研发推广中心、新创企业孵化中心等；美洲银行、花旗银行、汇丰银行等境外金融机构与首都电子商城签约开展电子商务和网上银行业务。8 月 7 日，首都电子商务工程领导小组召开第三次会议。会议决定启动政府网上采购工程，推进企业间网上交易（B to B）模式的电子商务发展；电子商务纳入中关村科技园区规划；颁布《电子商务规则》，建立首都电子商城会员制组织，采用仲裁机制为首都电子商务建设初步的法律环境。9 月 2 日，联合共建首都电子商城、共创首都电子商务北京市政府上网工程国产路由器采购签字仪式暨新闻发布会召开，首都电子商城的主体企业首信与联想、方正、清华同方、四通、长城、希望、用友、桑达、华为等在会上签署共建首都电子商城协议，举办北京市政府上网工程采购国产路由器的签字仪式。

2000年，根据国家计委《关于首都信息发展股份有限公司首都电子商务平台研究与建设项目可行性研究报告的批复》，首都电子商务平台研究与建设项目被列入2000年国家高技术产业发展项目计划。2001年项目开始建设，2002年建成。首都电子商务平台由电子商务基础设施、电子商务软件与系统集成环境、电子商务文化内涵、电子商务营销规则4部分组成。运营的在线安全支付平台可提供给用户、公司与银行间的安全信息通道，为开展网上销售业务的公司以及使用网上支付手段购买产品与服务的用户提供服务，其中用于B to C交易的支付服务可以提供基于12家银行、数十种信用卡和借记卡及其他支付工具的在线安全支付业务。首信作为第三方中介企业，在硬件建设以外，还开发相应的电子商务软件产品，有B to B电子商务直销软件、网上支付系统、采购软件等，建设了CA认证体系、北京市民卡制卡中心等电子商务支撑系统。

2002年，首都电子商城成立3年，入驻商城或使用商城服务功能的中外企业、网站达3500余家。首都电子商务平台被国家发展计划委评为高技术产业优秀示范工程，在中国科学技术部委托开发的电子商务与现代物流区域试点项目中被评为在线支付及信用系统示范工程。

截至2004年，首都电子商务平台先后与北京大学、清华大学、中国政法大学、北京外国语大学、西安交通大学、北京教育考试院开展了全国研究生考试报名网上支付、公共英语考试报名收费、成人教育考试网上报名支付、校友网上捐赠等项目合作。与新东方在线、洪恩在线、中华会计网校等商业性教育培训机构在电子商务方面进行合作。与中国人民财产保险公司（PICC）进行网上支付合作，为PICC的18个省级公司的44个城市开展网上销售短期意外健康险、意外伤害财产综合险、家庭财产保险等在线支付服务。分别与太平洋保险、中国人寿、新华人寿等国内多家保险机构进行网上支付合作，为上述保险机构提供在线支付服务。

2005年1月，首信公司实施改建“易支付”电子商务交易支付平台项目，扩展首信“易支付”第三方电子商务支付与交易服务平台系统，被列入国家发展改革委2005年电子商务专项项目计划。2007年12月改建结束，平台推出支持企业间电子商务活动的B to B支付业务，开展公共事业收费、企业分账服务、会员增值服务等新型业务。

2005年，“首信支付平台”推出4.0版本，提供服务的国内银行卡覆盖全国，卡种有60余种，涉及国内19家银行，并提供4种国际信用卡服务。支持人民网、新华社、凤凰网、新浪、搜狐、网易、Tom、中华网、263、盛大、易趣、卓越、当当、3721、8848、慧聪、联众、中国万网、北京图书大厦等数百家企事业单位进行在线支付，交易量持续高速增长。

2006年7月6日，北京市公共缴费服务联盟成立，由中国网通旗下的北京恒信通电信服务有限公司和北京银联、北京东方海达、北京首通万维、首信、北京贝多、北京银联商务等公司组成。数字北京缴费通向北京市民提供电话费、有线电视费等7类共计44项代缴费服务。数字北京缴费通有3种缴费方式：电话缴费，拨打电话“96199”服务热线，按“5”键进入电话缴费；自助终端和服务网点缴费，北京城乡设有缴费服务网点2300余家，包括快客连锁店、物美连锁店、麦当劳、社区服务中心、图片社、彩扩部、二商食品连锁、金象大药房、北京网通营业厅、加油站、爱农信息驿站、德威治大药房、东方帮得彩票专卖店等场所均设有网点，在网站“www.96199.com.cn”的缴费网点查询栏中输入地点关键字或邮政编码，使用银行卡就可以在服务网点缴费；网上缴费，登录网站www.beijing.com.cn，点击《公共支付》栏目即可缴费。8月22日，北京市首批挂牌运营的190家缴费网点正式开通，网点包括118家物美超市、41家金象大药房和31家北京二商食品店。2006年年底，缴费通服务网点增加到4000家。

2008年12月，市委、市政府《关于促进首都金融业发展的意见》要求，进一步推动北京市公共事业缴费一卡通、一网通、一费通工程建设，解决居民缴费难问题。市发展改革委同中国人民银行营业管理部、北京银监局制定了《北京市公共事业缴费“三通”工程的实施意见》。

2009年12月，北京燃气集团与银联、数字北京缴费通实现缴费信息平台实时互联，天然气缴费正式纳入市公共事业缴费“三通”工程，市民可在写字楼、商场甚至社区服务中心或便利店，通过数字北京缴费通自助终端、银联缴费易自助终端、银联智能电话自助缴费终端3种方式缴费。

2010年，根据首信易支付平台与中粮网和煤炭网签署的合作协议，粮食、煤炭每年通过首都电子商务平台进行网上采购，实现网上缴税。政府网上采购由首信负责实施，并成为平台B to B交易的重点。北京市公共缴费服务联盟（数字北京缴费通）应用中，可以缴纳固话、小灵通、手机、宽带等44项费用，可以购买IP卡、充值卡以及电影票、话剧票等。数字北京缴费通在北京地区拥有自助缴费终端和缴费网点（POS机）超过2300家，网点分布在城八区，覆盖平谷、怀柔、大兴等京郊地区，方便了北京市民生活。

2010年，改建后的首都电子商务平台在教育行业与新东方合作的费用流量6000万元以上，产品收益数十万元。与北京教育考试院合作，创下22天处理150万次研究生考试交易费用的纪录。在公益事业方面，首信易支付先后与希望工程北京捐助中心、北京市接受救灾捐赠事务管理中心、中国青少年发展基金会、中国红十字基金会、北京市慈善协会、清华校友总会等公益事业单位建立合作关系，扩大公益事业捐款渠道，方便更多的人为公益事业奉献爱心，还为众多交易服务平台提供第三方支付服务，包括国际水协会第五届世界大会、中国可再生能源论坛、IEE国际网络协议大会ICNP 2007会议、第九届亚洲计算机视觉学术会议、亚太风险与保险学会2009（北京）年会、第四届亚太地区宽禁带半导体国际会议、MPEG 82会议、IEEE802.16宽带无线接入标准第55次大会等国家大型会议。

电子商务平台建成后，采取窄带接入、宽带接入、居民呼叫器、数字北京信息亭等多种方式，相继建成北京市社区服务信息网络的多套系统，给市民日常购物带来方便。社区电子商务通过社区服务站和在线商店两种方式实现。社区服务站作为社区居民和商品在线提供者之间的桥梁，为社区居民提供“一站式”服务，即所谓的 B to B to C，接入方式，通过电脑、电话、借记卡或书面委托，以信用卡或现金方式支付；在线商店方式，即商品直接进行在线销售和在线支付。

电子商务平台建设创造两个主要成果，一是“易支付”的 EBPP，即电子账单处理及支付系统，其普及程度成为衡量一个地区信息化程度和电子商务发展水平的标准之一。该系统包括互联网、电话、传真、专用网络等电子处理方式。普通家庭或个人使用 EBPP 服务，可以通过互联网定时接收自己的水电费、电话费或其他账单，可以通过网络支付。企业和银行使用 EBPP 服务，可以提高效率、降低成本，做到即时信息沟通。二是 BJCA，即北京数字证书认证中心。BJCA 能实现与其他区域认证中心（如上海、重庆等）和行业认证中心（如金融认证中心、外经贸部认证中心等）之间的交叉认证，从而保证首都电子商城认证体系的开放性和权威性。

截至 2010 年年底，首信易支付平台注册用户 1000 万以上，入驻商家 3500 户以上，客户细分为 20 多个行业领域。

第四节　数字中关村工程

1998 年，《首都信息化 1998—2010 年发展规划（纲要）》提出，在中关村国家科技创新示范区、北辰集团（亚运村）小区展开试验，培育 2 ~ 3 个面向 21 世纪的信息化试验示范小区，建成准高速宽带多媒体的试验网，开展典型的多媒体交互式信息服务，使小区具备明显的信息化社会的基本特征，为 21 世纪的全市信息化建设探索道路培养人才，取得经验。

2000 年，《北京市信息化建设“十五”发展规划》提出中关村科技园区信息化工程，建设一体化网络，宽带接入率 70% 以上；建设北京网络交换中心、超级计算中心和国际信息技术交流中心 3 个中心；实施园区运行监控、数字图书馆群、中关村电子商厦、信息化社区、远程高技术教育、网络协同研究平台 6 项工程。

2000 年 7 月，中关村科技园区海淀园“数字园区”工程启用，政府对企业的管理工作可以全部通过网络实现，政府管理“一表式”“一网式”的“数字园区”，为政府工作方式的转换开阔了新思路。政府建立自己的网页，可在网上开展非交互式业务，向企业提供交互式的管理与服务。“数字园区”覆盖 12 个部门，可以提供入园申请、登记注册、日常管理、咨询服务、党工团管理等 64 项网上服务。

2001 年 2 月，海淀园数字园区建设与政府管理模式转型项目通过专家评审，获北京市科学技术奖二等奖，成为全国第一个具有国际水平的开放交互网上电子政务系统。

2002 年，《数字中关村 2002—2005 年规划》制定，采取由政府直接推动、政府主导及政府引导社会广泛参与的方式。提出重点建设5项工程，即建设中关村科技园区“数字园区平台”，建设中关村一体化宽带多媒体信息网络及完善其软硬件平台设施；依托首都电子商城，建设中关村电子商厦（虚拟网上商城），推进高新技术企业采用电子商务进行运营；建设中关村数字图书馆群，开发利用信息资源，为科技创新、高新技术企业发展和民众服务；建设“数字中关村”，基于空间数据基础设施，建设中关村科技园区的规划、建设、监控、运行管理信息系统；建设若干信息化社区，为中关村科技园区的科研人员、企业职工、师生及百姓提供实在的信息服务。

2003年，《中关村科技园区五年上台阶行动纲要》将信息化纳入园区建设重要工作，提出“数字中关村”工程建设目标，作为数字北京和数字奥运的示范工程。到2005年，初步建成科技园区的数字化基础设施园，实现“3个100%”，即高新技术企业上网率、无线接入网覆盖率、专业园和新建社区宽带网接入率均达到100%；试点建设智能交通系统、信用信息系统、税控信息系统等具有典型示范作用的电子政务系统；建设中关村数字图书馆群、中关村地理信息系统、中关村导航系统、首都信息大厦（数字北京大厦）、中关村远程继续教育系统等先进的园区数字化设施。中关村管委会网站成为一区五园的政府门户，部分园区实现网上交互式企业入驻审批、网上报送统计报表、网上纳税初始登记等功能。

2006年开展信息化建设的顶层设计工作，按照“职责清、情况明、数字准”的要求，对业务内容、业务流程、信息资源等进行梳理，编制部门业务目录，形成73项业务，提炼出48项信息资源目录，形成普惠政策类资金、产业与技术创新资金、组织创新资金等3类业务创新的支撑平台。

2007年搭建统一、开放的信息化工作、服务平台，实现业务的全面信息化，业务全部上网，促进中关村管委会与各园区、园区企业、机构等相关组织的互动交流。

2009年启动信息资源管理评估与优化工作，推出《中关村管委会信息资源目录管理办法》，探索通过系统将资源目录与资源管理结合起来成为一套科学体系，信息资源管理系统功能架构包含信息采集平台、信息资源管理平台、信息资源展示平台、信息资源使用评估平台4部分内容。

截至2010年，中关村管委会完成北京市“十五”和“十一五”信息化规划目标，园区信息化从最初海淀园创建中国第一个数字园区到一区十园的数字式服务与核心业务数字式管理，中关村数字园区建设推动了园区产业经济，带动地区经济快速发展。

第五节 市民卡工程

2000年，《北京市信息化建设“十五”发展规划》发布，提出实施北京市民卡工程，为市民提供社会保障和社会服务的识别认证支持，最终实现社会保障和社会公共服务一卡通。

10 月 11 日，市政府专题会议决定，根据《北京社会保障信息系统建设总体方案》的要求及方便市民、一卡通用和一卡多用的原则，发行北京市民卡。市民卡涵盖市政府有关部门为市民提供的多项服务内容，包括社会保障、劳动就业、社会福利、社会救济、优抚安置、卫生健康、社区服务等，首先实现医疗保险功能。

2001 年 2 月 23 日，市民卡管理中心成立，取代之前负责具体实施的市民卡公司，负责制定北京市民卡的管理规范和技术规范及有关日常管理工作。市民卡工程建设模式由市信息办总体规划、统筹管理，市民卡管理中心负责市民卡的发行、日常管理、技术规范、安全管理及工程的组织协调。首信公司以特许经营权的方式，总体负责市民卡的设计、建设、运行和维护。北京银行负责提供项目建设资金，其他单位通过招投标方式参与建设。市劳动和社会保障局、市卫生局、市民政局、市公安局等作为应用单位提出需求，参与共建。5 月 8 日，北京市民卡工程多应用系统关键技术与产品研发项目通过市科委的技术评审，正式立项。2001 年，市民卡开始发放给部分市民，同时开始医保试点应用。在宣武、西城 2 个区的 65 个企业中发放市民卡 2 万余张，在全市范围内安放医院专用 POS 机 800 台，社保、医保专用 POS 机约 80 台，市民可持卡在全市 421 家医院就医，基本实现病人持卡就诊、市民卡充值、收费数据分割上传、医保审核、财务结算等业务功能在系统网络上封闭运行。

2003 年 7 月 25 日，受市信息办委托，市民卡中心与市卫生局签署“北京市医院就诊卡项目试点阶段建设合并协议”。9 月，《市民卡规范　第 1 部分 FIC 卡（卡片）》《市民卡规范第 2 部分 F 应用》和《市民卡规范　第 3 部分 F 终端》发布，并于 12 月 1 日实施。

2004 年 3 月，在北医三院、同仁医院、北京第六医院、健宫医院相继发放北京市民实名就诊卡。6 月，《市民基础信息规范》以北京市地方标准形式颁布，为市民卡多应用数据交换与共享提供支撑。

2008 年 11 月，市劳动保障局与北京银行签订社保卡出资建设协议，启动社保卡民心工程，参保人只需携一张卡片，就能在全市 1700 多家医保定点医院就医，实时结算。

2009 年，社会保障卡工程纳入市政府直接关系群众生活方面拟办的重要实事内容。7 月，石景山区率先开展社保卡“持卡就医、实时结算”测试。截至 12 月 30 日，北京市在西城区和石景山区发放社保卡 80 万张，在东城区、崇文区和宣武区发放 40 万张。总计有 120 万居民实现持卡就医、实时结算。至 2010 年第一季度，北京社保卡就医覆盖城八区。

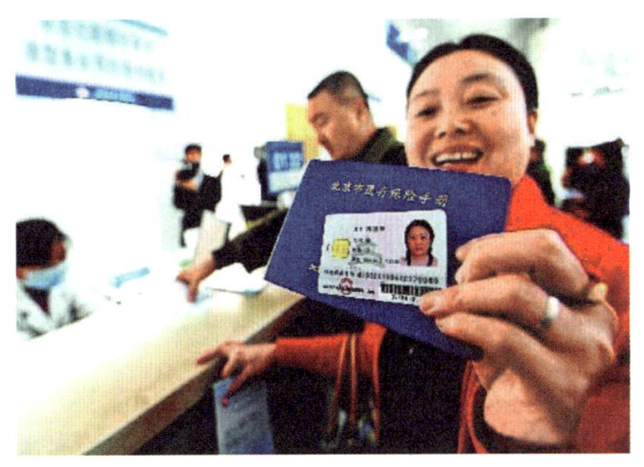

图5−8　从前需要1个月的医药费结算，使用社保卡后缩短至几十秒（2009年摄）

2010 年年底，北京市住院启用社保卡结算功能，取代以往就医携带医保“蓝本”。截至 2010 年年底，全市共发放社保卡 710 万张，1779 家定点医疗机构实现持卡就医。

第六节　数字北京信息亭

2002年年初，北京市数字北京信息亭工程（以下简称信息亭）启动，市信息办负责规划信息亭的建设和服务。1月，北京首通万维信息技术发展有限公司成立，为信息亭的运营商。该公司由市国资公司和首信公司共同投资组建，按照“政府引导、企业运作”的模式运营。

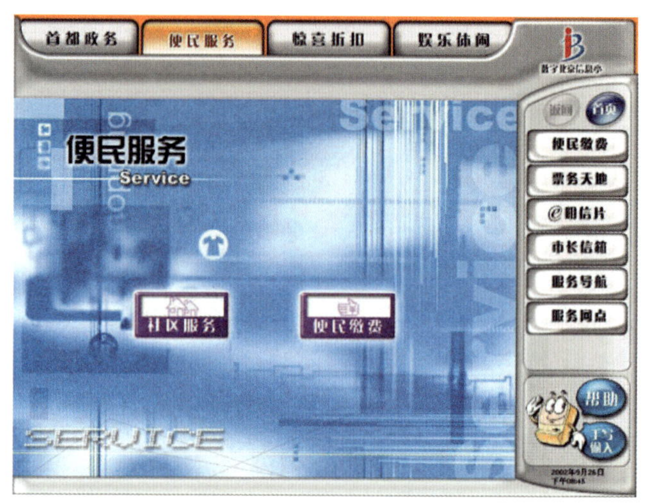

图5-9　2002年9月26日，数字北京信息亭网站页面

2003年1月，信息亭作为数字北京和数字奥运的重点示范工程、市政府为老百姓办的60件实事之一在全市推广。北京市成立数字信息亭工作领导小组，城八区设有相应的工作小组负责。当年，300多台数字北京信息亭设置在北京街头。

2004年1月15日，崇文区金鱼池小区举办数字北京信息亭开通仪式。同年，市政府办公厅《北京市2004年在直接关系群众生活方面拟办重要实事的通知》要求，年内完成新设置300台数字北京信息亭。截至年底，全年新增设置信息亭305台，其中户外亭293台、户内亭12台，全市信息亭设置总量达到632台。信息亭能够提供包括电子地图、公交线路查询、政策法规、市民学外语、奥运动态、京城楼市、家居装饰、看电影等总计40余项便民信息服务。信息亭与首都之窗网站《市长信箱》栏目建立实时链接，市民提出的建议、意见和情况反映可以实时传送到首都之窗，统一转交市信访办处理，市信访办根据内容转有关部门办理并答复当事人。8月，市信息办印发《数字北京信息亭运营与使用管理办法（试行）》的通知。10月，市政协提案委通过媒体向社会征集提案线索，1400件提案线索当中有432件来自信息亭。截至年底，信息亭已开通首都政务和首都指南两大频道，共50余个常设栏目，全年数字北京信息亭总点击量超过1.8亿人次。

2006年7月，信息亭月点击量突破2000万人次。其中，电子地图点击量达15万人次/天；交通违法点击量达到491219人次。9月6日，市委常委会明确提出“要加快城市信息亭的建设，为广大市民和来京游客提供公共服务信息，提高城市的现代化水平”。12月21日，数字北京信息亭英文版开通仪式暨新闻发布会举行。截至年底，信息亭开通求医问药、北京旅游、体育健身、餐饮、文化娱乐等频道。

2007 年，数字北京信息亭项目在市信息办和市委宣传部联合主办的 2006 信息北京十大应用成果评选活动中获 2006 信息北京十大应用成果奖。

2008 年，北京奥运会期间，奥运多语言信息系统通过设在奥运竞赛场馆及机场的 62 个观众服务信息亭等渠道，向观众提供 11 个语种 200 万条的奥运和城市信息。在 16 天的北京奥运会比赛期间，奥运场馆观众服务信息亭的信息查询系统共接收 68.8 万人次访问点击量。

图5—10　2006年12月21日，数字北京信息亭英文版开通

截至 2010 年年底，北京市有信息亭 615 台，主要分布于城区主要街道，其中 450 台位于室外（室外信息亭的设计使用寿命为 6 年）。信息亭在服务北京市民的同时，成为外地来京人员了解北京的一个窗口，电子地图功能的月均访问量在 1000 万人次左右。

第七节　数字奥运专项工程

2002 年 10 月，根据《北京奥运行动规划》提出的目标和任务，结合北京城市信息化的发展战略，北京奥组委公布《北京奥运行动规划数字奥运建设专项规划》。总体目标是保障北京 2008 年奥运会的出色举办，建立以人为本、个性化、符合国际惯例、体现中国特色的综合信息服务体系，加速数字北京建设，带动产业发展，展示中国信息化水平和成就。为快速有效地落实“承诺”和“行动规划”中的具体任务，除在管理规范的条件下提供支撑、协助奥运会合作伙伴完成相关任务，组织完成奥运会场馆建设外，为推进“科技奥运、人文奥运、绿色奥运”三大主题做了许多前期准备工作，包括提高奥运会期间与场外参与人员的有效互动沟通、建立数码北京大厦和奥运呼叫中心等项目。市科委立项，首信公司牵头，联合中科院、清华大学等有关单位，共同开展“面向奥运的多语言智能信息服务网络系统”课题研究；科技部、市科委、北京奥组委还推动与德国 DFKI 人工智能研究所合作开展同名课题“面向奥运的多语言综合信息服务系统”研究。

2005 年 6 月 19 日，数字北京大厦工程破土动工。2006 年 7 月 30 日主体结构封顶。

2007 年 11 月 3 日，数字北京大厦作为北京奥林匹克中心第一个奥运竣工项目通过验收并投入使用。数字北京大厦是奥运场馆中心区的重要工程，是仅次于奥运主场馆“鸟巢”的科技含量最高的 3 个项目之一。大厦整合奥林匹克中心区内各类信息的基础设施，集成与奥运相关的信息应用、信息保障、应急指挥等功能，是保障 2008 年奥运会顺利召开的综合通信工程。奥运会期间，为奥运会新闻发布、信息交换、信息安全监控、综合指挥提供技术支持和服务。奥运会结束后，数字北京大厦作为首都信息化基础设施的核心工程之一，成为北京市信息化建设的中心枢纽和数据管理中心。基础设施主要包括数字北京数据中心公共机房、数字北京公共档案室、信息资源管理中心、北京市信息安全基础设施机房、首都之窗运行管理中心、北京市政务内网管理中心、北京市超级计算中心、北京市民卡管理中心、数字奥运虚拟博物馆和信息化会议中心等。数字北京大厦由4座片状建筑组合而成，外形似一片集成电路或放大的芯片。东立面玻璃幕墙与嵌入的LED照明，可表达“0”与“1”最简单元素的重复以及奥运相关图像及口号；西立面灰褐色封闭式石墙形似印刷电路纹理，给人以信息时代的美学视觉感受。整个建筑东侧为办公区，具有良好的采光和视野，可看到“鸟巢”和“水立方”全貌。中间和西侧为数字机房，4座片状建筑通过入口首层的网络桥搭接与共享大厅连接。

第八节　“北京一号”小卫星

2003年7月，第一颗专门为北京市服务的“北京一号”小卫星研制工作启动。“北京一号”小卫星系统是“北京数字工程”的重大项目、“奥运科技（2008）”行动计划的重大专项项目之一，是科技部领导、北京市科委主持、国家“十五”科技攻关和863计划联合支持的重大科技成果，由中国与英国的萨里卫星技术有限公司合作设计制造，项目总经费约2亿元，卫星设计寿命5年。作为北京市遥感应用数据库的重要组成部分，“北京一号”小卫星为北京市城市规划生态环境监测、重大工程监测、土地利用监测提供服务。“北京一号”小卫星的研制、发射和运行，采用市场机制组织和运作。市科委负责项目的组织实施。

2005年10月27日，“北京一号”小卫星在俄罗斯普列谢斯克卫星发射场成功发射，是中国唯一由科技部支持，自主控制的民用在轨遥感小卫星，也是北京市第一颗拥有控制权，能定期提供覆盖全市的遥感影像小卫星。应用和服务于多个部门和领域，取得多项自主创新成果。

2006年6月8日，“北京一号”小卫星开始运行，对外提供遥感数据服务。经过几个月的在轨测试和试运行，卫星系统、测控系统和地面系统各项功能正常、性能良好、运行稳定。有关部门运用“北京一号”小卫星的数据，在土地利用、地质调查、流域水资源调查、洪涝灾害、冬小麦播种面积监测、森林类型识别、城市规划监测和考古等方面开展应用研究。

2008年5月12日，四川省汶川发生8级特大地震，“北京一号”小卫星启动最高级别应急预案，为国务院办公厅电子政务中心、民政部减灾中心、国家地震局、国土资源部以及中科院和北京大学等单位提供大量地震灾区的中分辨率多光谱和高分辨率全色卫星影像存档数据，为抗震救灾提供空间信息支撑。

2009 年 2 月 26 日,“北京一号”小卫星遥感信息系统获 2008 信息北京十大应用成果奖。2009 年，英国政府首席科学顾问约翰 · 柏丁顿来访时高度肯定“北京一号”小卫星系统是“中英创新科技工程合作并使其成果成功商业化的典范”。

2010 年 4 月 14 日，青海省玉树地震发生后，“北京一号”小卫星启动应急响应机制，为抗震救灾提供空间信息支撑。5 月 1 日，“北京一号”小卫星入选市政府科技创新成果典范，在第四十一届上海世界博览会上展示。截至 2010 年，“北京一号”小卫星对地观测系统一直高效稳定运行。3 ～ 5 天飞过北京上空一次,累计获取全球 8.03 亿平方公里遥感数据，广泛应用于国土资源管理、农业调查统计、环境及灾害监测、城市精细化管理等重要领域和国务院空间信息系统、全国土地调查等近 400 个项目。持续为国务院办公厅电子政务办公室提供“全国沙漠化土地动态监测”等服务。为北京城市发展提供全方位服务，农业部门依托“北京一号”小卫星在全国首创农业资源统计“遥感调查为主、地面调查为辅”新型模式；国土资源管理部门依托卫星信息实现“月清季累”的土地利用动态监测，在全国相关业务系统中处于领先水平；市市政市容委等有关部门在庆祝中华人民共和国成立 60 周年期间，通过小卫星对北京的重点水系、公园、工地等进行监测，及时“举报”面积在 600 平方米以上的非法垃圾填埋点，使本市在创新政府公共事务管理方面取得全国领先优势。多年来，“北京一号”小卫星作为科技部的国际科技合作基地，以及全球首个由多国共建的遥感小卫星灾害监测星座（DMC）的成员，积极与国际遥感卫星领域的组织、机构和企业开展合作,参与欧空局的“龙计划”项目、亚太空间合作组织的遥感卫星规划论证等，以及为国际防灾减灾提供遥感信息服务，并在中国首次实现连续 5 年向美、英、法、德等 43 个国家提供境外遥感数据的商业化服务，应用于农业和环境、灾害监测等领域。2010 年，“北京一号”小卫星完成 5 年设计寿命期内各项任务，各项功能正常。据卫星硬件数据显示，可继续稳定运行 2 年以上。

第六篇　信息产品与互联网大众普及

第一章　电信产品普及

中华人民共和国成立后，北京的电报、电话及长途通信传输业务迅速发展，载波、步进制自动交换等技术广泛应用，微波、卫星通信从无到有。20 世纪 80 年代之前，市民的主要通信方式是信函，利用信息产品和服务进行交往并不普遍。市内电话大多属于公共服务项目，个人装机用户极少；电报和长途电话通信费用较高，市民往往在紧急情况下才会使用。进入 80 年代，随着改革开放不断深入，市民社会交往日益频繁，生活水平提高，北京住宅固定电话市场开始兴起。1985 年起，北京从无到有，逐步建成寻呼通信网络和移动电话通信网络。90 年代，随着信息通信技术的演进，移动通信市场快速发展，大众应用逐步普及，模拟式移动电话被 2G、3G 数字移动电话所代替，电报、寻呼机、“小灵通”等基本退出市场，安装固定电话不再需要排队等候，移动电话几乎人手一部，成为市民日常生活和工作的重要用具，深刻影响和改变着民众的生活方式。2007 年以后，受智能手机功能多样、款式时尚的吸引，众多用户以智能手机替换功能手机。2010 年，北京固定电话用户 885.6 万户，比 2009 年减少 7.5 万户；移动电话用户 2129.8 万户，比 2009 年增加 304.3 万户。北京移动电话普及率每百人 121.4 部，居全国第二位。北京智能手机市场仍处于快速上升期。

第一节 电 报

清光绪八年（1884 年），北京电报通信开始建设，“安设双线，由通州展至京城，以一端引入署中，专递官信，以一端择地安置用便商民”。8 月 5 日，电报线路开始建设。8 月 22 日，位于崇文门外大街喜鹊胡同的外城商用电报局开业。1950 年 2 月，以电报为主的全国长途电信网建立，形成以北京为中心覆盖全国的电报通信网。同年，实行“邮电合一”体制，北京各邮政支局相继改为邮电支局，兼办电报业务。1958 年 9 月 30 日，北京电报大楼建成并开始营业。1959 年，电报交换量升至 1356 万份。1963 年至 1967 年的 5 年间，年电报业务量稳定在 1100 万~1200 万份之间。

20 世纪 70 年代初期，北京个人电报业务量最多时每月 300 余万份。去电信部门打电报时，要在专用的电报单上标明收报人住址和姓名，“电报内容”一栏共 50 个格，按照“一字一格”来填写，字间不留空格，不加标点符号。随后交由工作人员在电报机上输入，打印出一张电报校样，返回用户核对信息并签名，根据字数缴费，再由报务人员正式拍发。电报资费从最初的每个字 3 分 5 厘涨到 1 角 3 分 5 厘，加急则资费加倍，相比当时平信邮资 8 分钱，一般职工月收入数十元的情况，也是需要斟酌的开支。对于信息内容比较复杂的电文，用户往往先打草稿，字斟句酌，以图节省资费。虽然电报属于当时比较快捷的通信方式，即使在大城市之间，普通电报仍要经过 6 个小时才能送达，最快的加急电报也需 4 个小时。

1978 年改革开放后，社会各界的电报需求迅速增长，业务量以年均 10% 的速度递增。20 世纪 80 年代是电报业务最繁忙时期。1988 年，电报大楼增加礼仪电报业务，有庆贺电报和吊唁电报，后陆续开办请柬电报、慰问电报和鲜花电报业务。1990 年电报业务量 4440 万份，比 1949 年增长 40 余倍。

1991 年开始，随着程控电话逐步普及、三类传真机的应用及数据业务的发展，传统电报业务受到冲击，公众电报、用户电报业务量持续下降。进入 21 世纪，通信手段更加丰富和方便，公众电报、用户电报业务量急剧下降，各郊区县局陆续停办电报业务。到 2010 年，社会公众拍发的电报只有 200 余份。

图6−1 2010年年底，电报大楼仅保留一个窗口受理电报业务

第二节　固定电话

北京电话起源于19世纪90年代丹麦商人开始经营的业务。中华人民共和国成立时，北京市内电话用户有1.73万户，其中很多是私人电话，公用电话仅有40部且多数装在大栅栏、西单的商店和大饭庄里，打电话须通过接线员叫号。1951年，北京在国内首创“传呼公用电话”服务模式。北京大街小巷开始看到“公用电话”的招牌，传呼公用电话属于其中的一种，邮电部将其推广到上海、广州、天津、沈阳等大城市。初期，传呼公用电话通过派出所、居委会批准，安装到政治可靠、服务热心的市民家中，且军烈属优先，被称为“代办户”。“代办户”负责在其服务所覆盖的区域内替居民接听、传达电话，只要知道门牌号和姓名就能联系上对方。若电话传递的信息内容简单，“代办户”到居民家中口头转述即可；若无法代为转达，则通知居民亲赴话机处接听；若居民住家稍远，为节省话费，先记下对方电话号码后挂机，然后通知居民回拨。“代办户”方便了群众生活，很受居民欢迎。有的公用电话“代办户”是在临街的墙上开一个窗口，用木板或布帘遮挡，也有采用推拉或旋转式活门的。平时电话机放在室内，用户使用时将电话机放到室外加宽的窗台上。在公用电话“代办户”家中，除装有拨盘式电话机，还提供电话局配发的电话簿供查阅，有的“代办户”还设一块小黑板，公示未能通知到的来电信息，备铅笔头和纸片，方便用户记录电话号码之类的信息。

到1953年年底，市区和南苑、西苑、门头沟等郊区共有514部传呼公用电话，其中市区平均每3条胡同有1部传呼公用电话。1957年9月19日，北京有线电厂建成投产，研制成功步进制电话交换机，成为国内首家生产自动电话交换机的企业。1958年，北京市远郊电话网移交北京邮局，形成市内电话网和远郊通信网。1976年，北京长途电话大楼建成并投入运营。1978年，北京电话用户6.7万户，其中公用电话1286部，多为传呼公用电话。1980年，北京市内公用电话1598部，其中传呼公用电话1000多部，覆盖北京3000余条胡同。

20世纪50年代中期，北京公用电话每通话需4分钱，传送一次电话白天3分钱、晚上5分钱。1958年1月1日，邮电部调整邮电资费，通话费由每次4分钱调整为5分钱。1990年后调整为每3分钟1角钱。当时没有自带通话计时器的电话机，全凭“代办户”看着钟表掌握时间。

20世纪80年代之前，电话局没有自动交换机，国际国内的长途电话都是人工接续，需要通过电话局由话务员接转拨打郊区和长途电话。打电话时先拨打人工长途台（113）或半自动长途台（173），告诉话务员要通话地区的电话号码，此后需要挂机等待，直到对方线路接通且接听者赶来应答后，长途台再呼叫用户接听，正式开始通话。社会公众打长途电话，需到电报大楼、较大的邮电局或长途电话大楼去办理。在长途电话大楼，每天会有数百人甚至千人来打长途电话。办理长途电话业务，先填写挂号单、交押金，然后排队等候通知。话务员呼叫对方，若没有空闲电路必须等待。如果对方应答了，会马上通知“某某，到几号电话机接电话”，同时开始计算通话时间。如果对方位于比较偏远地区，要经过当地几级接力方可通达，等上几个小时电话才能接通是常事。有时通话质量差，周围环境嘈杂，对话时双方扯着嗓子喊，照样听不清楚。

图6–2　20世纪70年代，采用脉冲拨号方式的拨盘式电话机

长途电话和电报一样，分加急和普通两种。电话线路有限，加急电话可以获得对方优先接通。此外还有“叫号服务”和“叫人服务”，叫人服务价格稍贵，与接听者通话开始收费，否则只收 1 角钱销号费；叫号电话是拨通就开始计算收费时间。国内长途自动电话费率共 12 种，人工电话话费包括加急费、转接费等，平均 1 分钟需要 1 元左右。20 世纪 90 年代初期，随着自动电话交换机的应用和用户电话的普及，到营业厅办理长途电话业务的顾客逐渐稀少。2005 年 9 月 1 日，北京长途电话大楼国内长途电话人工台关闭。

图6–3　市民在电报大楼排队等候拨打长途电话（1993年摄）

图6–4　1993年除夕夜，市民在电报大楼通过长途电话向外地亲友拜年

1980 年，市区电话普及率 4.22 部 / 百人，与 1949 年相比，电话增长率为工业增长速度的 1/50。电话需求增加，电话待装户激增，出现装电话难现象。1980 年 12 月，市财政局、市物价局、市电信局联合发出通知，对新装机用户收取初装费。同时，为缓解电话资源紧张，改善居民通信状况，开始大力发展城市公用电话。

1981 年，北京电话普及率达到平均 5 部 / 百人的水平，公用电话增加到 1898 部。

1982 年 9 月 22 日，北京在全国率先安装第一座投币式公用电话亭，地点在西单北大街，24 小时提供服务，无人值守，电话计次收费，打一个市内公用电话不分时长只需 5 分钱。

11 月底，东西长安街上的 10 座投币式公用电话亭开通使用。

1983 年，北京无线电三厂分别从中国香港地区和日本引进 BXD−201 型、NTAP−1000 型脉冲按键式电话机散件进行组装。在此基础上开发出明星牌 BXD−201 型按键电话机，至 1986 年共生产 30099 部。研制成功 HA−10 型全电子脉冲式按键电话机，1985 年 5 月通过部级鉴定投入批量生产，至 1990 年共生产 68344 部。1987 年至 1990 年，该厂共生产 V4 系列高档电话机 5 万余部，全部出口日本。1988 年 10 月，该厂自行设计的 HA−10GTF 型双音多频电话机，达到国际 20 世纪 80 年代中期水平，至 1989 年共生产 12627 部。20 世纪 80 年代末，该厂先后研制出 FP−1000 型多功能电话机、T−902 型扬声电话机以及 HA−18、HA−18A、HA−39、HA−40 型 PIT（脉冲 / 音频）兼容式系列按键电话机，至 1995 年累计生产 5 万多部。1989 年，北京东风无线电厂推出 902 型和 903 型袖珍无线电话机，工作频率 144~174MHz，3 个波道，可用单频单工或异频单工进行通话。

1984 年 4 月，北京第一家集体经营的总机式住宅电话站在朝阳区农丰里居委会开业，成为公用电话事业的新型经营模式。附近凡是安装分机的住户都可由总机转接电话，每户月租费 6 元、10 元不等。6 月，为解决计次式公用电话被个别人长时间占用问题，第一批限时式投币公用电话亭启用。同年，北京引进的第一部存储程序控制数字电话自动交换机投入运营。北京东风无线电厂引进组装具有国际 20 世纪 70 年代末期水平的 TR−2500 型通信电台以及 701S 基地电台、SF−2 快速充电器、功率接续器及各种车载电台、鞭状天线等产品。

1985 年，北京限时投币公用电话占全部投币电话八成以上，基本消除用户长时间占用公用电话现象。3 月 10 日，全市第一家个体经营的总机式住宅电话站在朝阳区左家庄新源里开业。

1986 年，北京市电子技术发展公司开始研制生产 HA639P 脉冲式电话机，至 1992 年共生产 1 万余部。

1988 年 11 月 15 日，北京市区与郊区县双向直拨自动电话开通使用。同年，市话用户中住宅用户比例上升到用户总数的 23.6%。

1989 年 9 月 23 日，114 台半自动查号系统投入使用，改变人工查号方式。11 月 9 日，北京市从日本引进第一批磁卡式公用电话，安装在各大涉外饭店及首都机场、电报大楼、长话大楼等处。20 世纪 80 年代后期，北京各种制式、各种服务方式的公用电话达到 5421 部。

1990 年 7 月 31 日，北京调整电话初装费和月租费，普通程控电话初装费上涨为 5000 元 / 部，机电制电话初装费上涨为 3000 元 / 部，计次通话费增至每次 0.125 元。当时，装一部固定电话算是给家里添置了个“大件儿”，是人们心目中的“小康”标志、身份象征。装电话往往要托关系、批条子，给安装师傅送礼请吃饭，还要排个把月队才能轮到安装。1990 年，北京市内公用电话总数 6086 部，其中传呼公用电话 3478 部、投币电话 487 部。

1991 年，北京公用电话总数为 7373 部。北京继续发展投币公用电话，开始发行电话磁卡，推广磁卡公用电话业务。同年，北京东风无线电厂研制生产 H6、C150 等多种型号对讲机 1158 部。

1992 年，北京开始在各繁华街道设置有人值守的具有国内、国际长途直拨功能的公用电话亭，将火车站、医院、商业网点、旅游景点、大专院校、新建住宅小区及邮电营业网点等公共场所，作为公用电话的发展重点。同年，从巴西引进的无人值守“黄帽子”电话亭亮相北京街头。北京东风无线电厂生产无线寻呼系统设备 1021 部。

1993 年 8 月 18 日，北京 168 自动声讯服务台开通，为同期国内容量最大、存储信息最多的声讯台。同年，北京公用电话达到 8200 部，其中投币式公用电话 100 部。

1994 年 5 月 16 日，166 语音信箱业务开通。7 月 8 日，北京城区电话公众网交换设备全部实现程控化。年底，北京国内长途电话全部实现程控电话直拨。同年，北京在多家四星级宾馆、饭店启用 50 部 IC 卡公用电话，为全国第一个使用 IC 卡公用电话的城市。北京完成全部电话局所的程控数字化技术改造，建成全市范围的程控数字电话网，不再分为市内电话和郊区电话，统一为本地电话。

1995 年 10 月，北京投入使用国内首批带有国际通用无障碍标志的公用电话亭。同年，北京首次在地铁车站安装磁卡式、投币式公用电话。开始实行市话、无线业务一地受理。北京公众电话网用户突破 100 万户。

1996 年 5 月 8 日，北京电话号码从 7 位升至 8 位，成为继巴黎、东京、香港、上海后，世界上第 5 个电话号码升至 8 位的城市。北京电话号码从 2 位升 6 位经过 25 年（1940 年至 1965 年），6 位升 7 位经过 29 年（1965 年至 1994 年），7 位升 8 位不到 2 年（1994 年 7 月至 1996 年 5 月）。9 月 10 日，实现市内电话各区局通信障碍“112 台”集中受理。截至 1996 年年底，全市公用电话 33928 部，其中，传呼公用电话 13166 部、投币式公用电话 2012 部、磁卡式公用电话 932 部。

1997 年 3 月 10 日，北京开始实行电话月租费跨区收费。10 月，北京 N-ISDN 业务开通试运行。12 月，北京公众电话网电话用户突破 200 万户。1995 年到 1997 年，北京新增用户 100 万户。1997 年年底，北京公用电话 4.5 万部，其中 IC 卡公用电话 3900 部、投币式电话 6200 部。

1998 年 5 月 12 日，北京电信市区查号台、郊区查号台数据库合并。5 月 17 日，112 障碍受理台实现全市联网。6 月 30 日，201 电话业务卡（校园卡）启用。年底，北京公用电话 53579 部，有人值守公用电话占绝大多数，其他为磁卡式 1122 部、投币式 6894 部、IC 卡式 4906 部。

截至 1999 年年底，北京公众电话网电话用户 288 万户；公用电话 6 万部，其中磁卡式 992 部、投币式 6653 部、IC 卡式 9884 部；ISDN 用户数 0.9 万户。新装 201 卡电话 9.5 万部。

2000 年 1 月，信息产业部发放 IP 电话业务经营许可证。3 月 10 日，北京代收电话费的邮局网点从 13 个增加到 101 个，北京电信营业厅延长 1 小时营业时间，为白天上班的用户缴纳电话费提供方便。3 月 28 日，北京电话用户 300 万户。在此前 27 个月的时间里，用户数以平均日装机 1200 部的速度发展。随着市话网络规模、通信能力的提高，针对不同层次的服务对象推出了集团用户网、无线接入、光纤接入、ISDN 等新业务。2000 年以后，由于家用电话和手机的普及，传呼公用电话和设在商店、居委会中的公用电话逐步撤销，街面上公共电话亭的使用率不断下降。

2001 年 7 月 1 日，北京电信取消实行 20 年的电话初装费。10 月，北京固定电话用户突破 500 万户。同年，北京在西客站附近安装 200 部多媒体 IC 卡公用电话。

2002 年 10 月 11 日，北京网通开通 IP 公用电话业务，在接入互联网的“电话超市”可打 IP 长途电话。12 月 31 日，北京地区停止使用磁卡公用电话，磁卡电话退网，磁卡中的话费余额可以通过电信营业厅转存到 IC 卡中。同年，中国移动、中国联通实现短信互通互发，中国移动通信 GPRS 业务、彩信（MMS）业务投入商用。

2003 年，北京网通开通“来电显示”业务。

2005 年，全市固定电话用户达到 943.7 万户的峰值，此后缓慢下降；电话主线普及率为 61.3 线 / 百人，达到发达国家水平。9 月 1 日，北京网通长话大楼“95113”人工长途电话业务挂号台关闭，由程控电话长途直拨取代。

2006 年 12 月 20 日，北京电信面向住宅用户推出“我的 e 家”业务品牌，对固定电话、宽带、视频业务等实施捆绑销售，是固定网业务首次以组合“套餐”方式销售。

2007 年 3 月 15 日，北京网通面向住宅用户推出“亲情 1+”业务品牌，以固定电话为基础，对固定电话、ADSL 宽带、“小灵通”进行业务捆绑，有不同组合和档次的套餐资费供用户选择。

2008 年，北京网通推出近 5 万部既能打电话，又能缴纳水电费、车船费，兼容北京市政公交“一卡通”的新型公用电话，替换插卡式公用电话，市民使用随身携带的市政公交一卡通即可拨打。“一卡通”公用电话市话通话费“前 3 分钟 0.2 元、之后每分钟 0.1 元，国内长途每分钟 0.2 元”，相比“前 3 分钟 0.5 元、之后每分钟 0.2 元，国内长途每分钟 0.3 元”的 IC 电话卡资费降低 60%，拨打“114”查询地址、电话等信息免费，使用率明显高于 IC 卡电话。为了与国际接轨，北京网通在首都机场开通国际信用卡打公用电话的服务，免去旅客购买电话卡的麻烦。

公用电话亭是城市重要的基础设施，依据北京市城市道路公共服务设施设置规范，一般道路人行道上电话亭同侧设施间隔不小于 500 米，临近火车站、商业区、长途汽车站、医院、学校等流动人口聚集区，在人行道上适当增加公用电话亭的密度。北

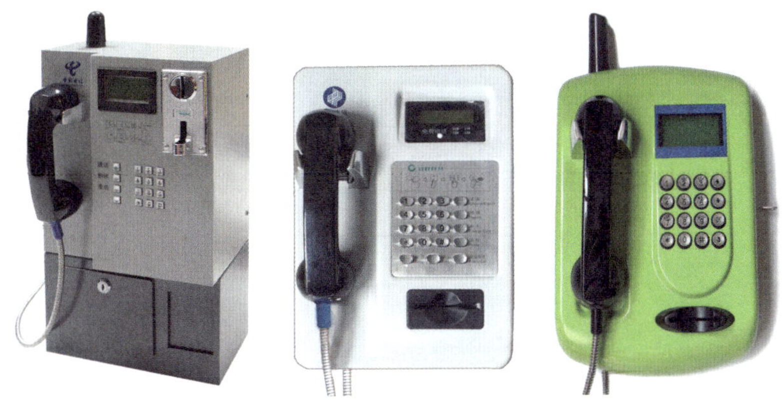

图6–5　1982—2010年，北京街头先后使用的无人值守公用电话（从左至右依次为投币电话、磁卡电话、IC卡电话）

京街头常见的无人值守电话亭共有 6 种样式，包括北京第一批 IC 卡电话“黄帽子”亭，后来建设的“圆筒亭”“飞燕亭”,2008 年北京奥运会时在奥运场馆周边设置的“奥运亭”，2009 年中华人民共和国成立 60 周年在长安街上设置的“中国结”亭，以及为残疾人提供服务的无障碍亭。火车站、长途客运站等人流密集地区的公用电话亭使用率比较高，打电话的多是来京务工人员和老年人。

图6–6　21世纪初期，北京街头常见的几种无人值守电话亭

21 世纪初期，伴随着手机的应用普及，公用电话亭使用率开始下降。因公用电话亭的设置有重要的应急功能，可以免费拨打“110”“119”，因此在街头继续提供服务。2010 年 6 月，北京联通将公用电话亭的通话费从每分钟 0.2 元下调到每分钟 0.1 元，长途电话通话费为每分钟 0.1 元，至年底，公用电话亭使用率出现增长，平均每天每部电话的通话时长达 16.31 分钟。

2010 年，北京固定电话用户 885.6 万户，同比减少 7.5 万户，固定电话普及率 50.5 部 / 百人，居全国首位。北京联通 IC 卡公用电话 45732 部，投币式无人值守公用电话 142 部、有人值守普通公用电话 8002 部，公用电话超市 3123 部，有人值守智能公用电话 84977 部，智能网接入终端 646545 部，多媒体信息公用电话 4599 部，IP 公用电话 36700 部。

1998—2010年北京固定电话用户数统计表

6–1表　　　　单位：万户

年份	1998年	1999年	2000年	2001年	2002年	2003年	2004年
户数	313.3	376	451	525.7	585.6	683.7	847.5
年份	2005年	2006年	2007年	2008年	2009年	2010年	
户数	943.7	905.2	914.3	884.9	893.1	885.6	

第三节　寻呼机

1985年，北京引进移动通信设备，开始筹建北京寻呼通信网络。11月1日，“126”人工寻呼台在北京开业，首批开通1000个用户。寻呼机又称BP机，是单方向的移动通信工具，只能接收信号，不能发送信号。想给寻呼机入网用户发送消息时，用电话拨打寻呼台，告知话务员寻呼机号码、自己的电话号码和信息内容，寻呼机收到信息后会产生振动和“哔哔”的提示音，信息同时显示在屏幕上。数字型寻呼机收到的信息只以数字和英文字母方式显示，一屏可显示11位数字，除7位来电电话号码外，后面4位用不同的数字组合方式，以代码形式表示所收到信息的含意，对照代码本才能了解信息内容，例如“20”是速回家、“21”是速回电话等。此后，汉字显示寻呼机上市，屏幕上可以直接显示信息内容，随之以寻呼机进行节日问候、喜庆祝贺等一时成为时尚。服务内容和实用功能也逐步充实，比如每天早晨发送天气预报、设定寻呼机静默时间等。

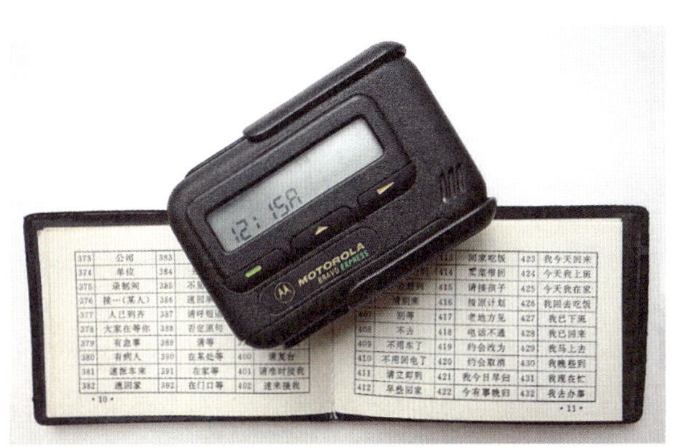

图6–7　20世纪80年代，风靡一时的数字式寻呼机及其代码对照本

“126”台开通初期，购机及入网费用4000～5000元，个人购买者少，当年用户仅有68户。继“126”台之后成立“127”“128”自动寻呼台，人工/自动兼容并实现全国联网，发信息不必经过话务员，直接输入对方寻呼机号码和代码即可。到1990年，用户数增到3.1万户。需求的急速发展使寻呼机成为紧俏商品。与此同时，社会开放经营的寻呼台70余家，用户总数与公众寻呼网相当。20世纪90年代以后，北京的寻呼台数量快速增长，到1997年最高峰时达到140余家。

图6–8　1985年，北京“126”寻呼台开业初期的工作场景

1987年10月，中外合资北京京新电子有限公司成立，专门从事无线寻呼系统产品的开发和生产。从

美国摩托罗拉公司引进BPR-2000型寻呼机，引进了中国台湾三光寻呼机和日本大井614、617、618等型号的BP机。1989年，该公司从英国引进PC-135等型号的手持电话。至1998年，该公司累计生产各种寻呼机14万部。

20世纪90年代初期，出现屏幕上能够显示汉字的寻呼机，信息内容一目了然，不用对照查找译码本。一部汉显寻呼机价格2000～3000元。相比随后开通服务的模拟蜂窝式移动电话，寻呼机的价格低廉，成为市民通信设备的首选。此后，价格一再降低，到20世纪90年代后期，寻呼机成为一种普及化的通信工具。到2000年，受快速增长的GSM移动电话市场冲击，寻呼机用户增至300万人左右后，季度增长幅度锐减，寻呼台数量开始走低。2002年北京无线寻呼用户数降至15.4万户，2003年为7.0万户，到2004年仅剩1.2万户。2007年3月，中国联通向信息产业部申请停止经营无线传呼服务，寻呼机结束运营，寻呼台销声匿迹。

第四节　移动电话

1985年，北京移动电话网开始筹建。1988年，北京开通模拟蜂窝式移动电话业务，为用户提供更为便捷的通信手段。话机价格高达2万～3万元，一块电池的单价也要7000多元，再加上6000元的入网费和每分钟0.5元的通话双向收费和高价漫游费，手机一度成为身份与财富的象征，被冠以“大哥大”代称，用户大多是企事业单位的领导和少数收入较高的人士。开通的第一个A波段模拟蜂窝移动电话网年底用户仅为825户，1990年年底增至2955户。1990年北京新建B波段模拟蜂窝移动电话网，10月放号，年底用户达415户。用户可以在两网之间进行翻网漫游。当时，“大哥大”一机难求，购机入户或办理业务要排长队，程序复杂，需要提交申请报告、盖章。供不应求的行情使一部手机被炒到6万～7万元，和一辆“面包车”价格相当。由于基站比较少，网络容量不足，等拨号音的时间长，被民间调侃为“打电话不如骑自行车快”。北京的“大哥大”开始只能在北京三环路内使用，后来可在天津、河北、上海等地漫游。

图6-9　21世纪初，北京市场上不同制式的移动电话（从左至右依次为模拟蜂窝电话、GSM数字移动电话、智能手机）

1995年，北京开通全球移动通信系统（GSM）数字移动电话运营，移动电话市场迅速成长。同年，北京电信推出英文或拼音的短信业务。1996 年，移动电话实现全国联网和自动漫游。到 1998 年，北京移动电话在网用户突破 100 万户。1999 年，北京移动开发了中文短信平台，厂家推出支持收发中文短信的手机终端，短信业务快速发展。

20 世纪 90 年代后期，北京电话单机、集团电话机、传真机等传统有线通信终端产品继续维持开发生产；移动电话手机等新兴终端产品的研制生产能力快速提升，相应的产业基地形成。首信、爱立信、诺基亚、松下等品牌的手机市场占有率较高，以 GSM、CDMA 手机为主。

2000 年，北京手机产量 1549.6 万部，同比增长 1.8 倍。移动电话的普及程度基本达到人手一机。2001 年 7 月 1 日，北京市移动电话入网费取消。同年，北京模拟蜂窝式移动电话网退出运营。

2002 年 6 月 26 日，联想品牌手机面世，主打产品为双屏折叠手机联想 G808。同年，智能手机产品“手机商务通 9058”面世。

2003 年 5 月 17 日，北京网通“小灵通”移动电话率先在远郊区开通放号，与 GSM 手机相比，小灵通具有待机时间长、电磁辐射小、通话成本低、小巧便携的优点。2003 年，联想、紫光、恒基伟业、首信等品牌彩屏手机先后面市。此后，手机的功能趋于多样化，具有语音报时功能的手机、电脑手机，为女性定制的香水手机、拍照手机等先后面市，GPRS、蓝牙、闪存、收发彩信、可视通话、数码照相、上网、英汉互译等功能越来越多地被集成到手机上。手机体积越来越小，成本越来越低。

2004 年 3 月 4 日开始，用户可在北京移动营业厅自主查阅并打印自己的话费详单，不用付任何费用。

2005 年 2 月，德信无线研发的首款全触摸屏卡片式手机开始量产，4 月投向市场。10 月，德信无线率先推出面向国际市场的 3G 手机。

2006 年以后，北京手机厂商逐步将研发资源和重点转向 3G。北京企业生产的基于 TD-SCDMA、WCDMA 的手机陆续上市，并走向欧洲和日本市场。

2007 年之前，手机一直采用实体按键，款式则以直板式逐渐发展为翻盖式、滑盖式，外观结构形式多种多样。新一代苹果智能手机 iPhone 将实体按键改为触摸屏，颠覆了传统功能手机的外观设计与操作模式。随后，各品牌智能手机纷纷面世，逐渐取代功能手机成为市场主流。2007 年 3 月 16 日，联想移动携手微软发布首款 Windows Mobile 6 中文版智能手机 ET600。5 月 10 日，恒基伟业发布首部光能手机“昶”，机身表面覆盖太阳能电池板，可为锂电池充电，拥有 10 项核心专利技术。

2008 年 1 月，联想移动的 TD800 手机成为国内首批取得入网许可证的 3G 产品。2 月，UT 斯达康推出 G50 和 G60 两款双模“小灵通”手机新品，支持一机双卡。由于存在信号质量差、无法漫游等问题，“小灵通”的用户数由最高时的 250 万户左右跌至 2008 年的 70 万户，整体退市难以避免。2008 年，宏达国际电子股份有限公司（HTC）推出全球首部安卓智能手机。

2009 年 1 月 7 日，工业和信息化部发放第三代移动通信（3G）牌照。年内，北京移动、北京联通、北京电信三大电信运营商 3G 业务放号，无线宽带业务上市。年底，全市 3G 移动通信用户 76.8 万户。

2009 年 4 月，琦基联合中国联通推出国内首款 WCDMA/GSM 双模双待 3G 手机 QIGI WG1。恒基伟业信息安全手机、光能手机被认定为北京市自主创新产品。5 月 11 日，天宇朗通联合高通、微软共同发布支持中国电信 EVDO 标准的 3G 智能手机天语 E61。7 月 10 日，联想移动推出首款支持 VoIP 网络电话功能的闪联手机，经手机的蓝牙传输，通过联想的闪联笔记本电脑，可实现网络电话功能。9 月，华旗资讯自主研制的 aigo a100 手机上市，具有无线车载 MP3 功能，支持语音点歌、直插式 U 盘。9 月 16 日，联想移动发布首款 3G OPhone 手机 O1。11 月 18 日，联想移动推出业内首款高清视频手机 i61。12 月 15 日，联想移动推出首款淘宝网定制手机 i61 灵素版。

2010 年 4 月，华旗资讯推出首款透明音乐手机 aigo a56，通过透明屏幕可以看到后面的景物。5 月初，联想启动移动互联网战略，推出第一代移动互联网终端产品——智能手机“乐 Phone”（LePhone）。5 月 21 日，华旗资讯发布爱国者运动游戏手机新品牌“Wee”，推出 5 款 Wee 手机。6 月 23 日，天宇朗通推出 Windows Mobile 6.5 智能手机 K-Touch W366，进军 WCDMA 市场。12 月 22 日。中国联通和华旗资讯共同发布定制 3G 筋斗云手机，其采用 Android 2.1 操作系统。2010 年，市场上手机品牌主要有诺基亚、HTC、三星、摩托罗拉、索尼爱立信等，占市场份额 70% 以上，国产品牌手机中联想销量最高。同年，清华紫光推出紫光 788 老人专用手机，具有大按键、大字体、大音量、超低辐射、紧急呼叫、一键助听等功能，中国老龄产业协会理事会将其作为发展老龄产业的推荐产品。

2010 年，北京移动电话用户总数 2129.8 万户，其中 3G 用户数 289.1 万户，占总用户数的 13.6%；TD 用户数占 3G 用户数的 54%。移动电话普及率 121.4 部/百人，居全国第二位。

1991—2010年北京移动电话用户数和城镇居民家庭每百户拥有量统计表

6-2表

年份	1991年	1992年	1993年	1994年	1995年	1996年	1997年
移动电话用户数（万户）	0.8	1.3	3.1	7.9	16.9	31	66
每百户拥有量（部）	—	—	—	—	—	—	1
年份	**1998年**	**1999年**	**2000年**	**2001年**	**2002年**	**2003年**	**2004年**
移动电话用户数（万户）	124	184	344	617	919	1108	1340
每百户拥有量（部）	3	13	28	62	94	134	165
年份	**2005年**	**2006年**	**2007年**	**2008年**	**2009年**	**2010年**	
移动电话用户数（万户）	1459	1541	1598	1616	1817	2129	
每百户拥有量（部）	190	206	207	191	213	221	

说明：“—”表示缺少相关数据资料。

第二章　计算机普及

20 世纪 80 年代，Apple II 开启个人计算机（PC）时代，但拥有计算机的北京市民家庭凤毛麟角。1985 年，长城 0520 个人计算机试制成功，其他国产兼容机也开始走向市场。1992 年年初，联想公司提出“家庭电脑”概念，推出联想“1+1”电脑和适合家庭需要的系列软件，计算机开始演变为融入民众生活的电子产品。计算机在家庭的应用从娱乐和教育起步，随着互联网兴起，逐渐成为市民获取和处理信息的重要工具。继联想之后，方正、同方、紫光等公司先后生产和销售家用电脑产品，电脑商店也如雨后春笋般在中关村电子一条街涌现。此后，随着电脑软件种类的日益丰富，硬件的不断升级，配置快速提升，价格持续下降。电脑市场规模不断扩大，多家小公司加入生产兼容机行列，个人组装电脑开始盛行，电脑逐渐普及，被公众广泛使用。2010 年，北京城镇居民家庭每百户电脑拥有量 104 台，利用电脑上网成为大众生活中的重要内容。

第一节　家用电脑应用

20 世纪 80 年代初期，公众普遍认为电脑是一种新型计算工具，且颇具几分神秘色彩，当时个人电脑被称为“PC 机”或“微机”。20 世纪 80 年代中期，IBM PC 现身中关村市场，很快成为销售热点产品。一些企事业单位开始重视电脑的应用，购置电脑用于财务记账、打印报表等，以键盘和打印机代替手写，以软件代替算盘和计算器，工作效率大为提高。计算机在企事业单位被当作精密仪器，往往设有专门的计算机房，装备空调和防静电地板，人员入室要换拖鞋，计算机只允许专人操作。此后，随着电脑性能的不断提升，价格不断降低，应用软件不断丰富，市场开始进入高速增长期。1983 年，北京地区微型计算机的产量 3000 台，到 1995 年达到 19.2 万台。自此，个人电脑除了在政府、企业办公自动化、工程设计、财务管理等领域广泛应用外，开始为社会公众所接受，逐步进入家庭。

20 世纪 80 年代中期到 90 年代初期，流行的电脑操作系统是 DOS，应用软件主要是国外产品，其中一些进行了汉化处理。在 DOS 用户界面里面，任何操作都要通过键盘输入不同的命令完成，使用并不便捷。要查看 B 盘目录的内容，就要输入“dir b：/”，再按回车键；

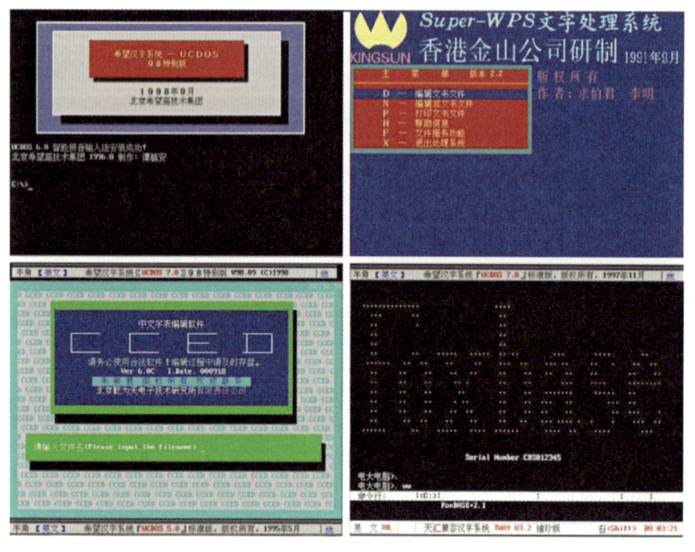

图6-10　20世纪80年代、90年代，几款常用电脑软件的主界面

要从B盘复制文件名为“abc”的文件到D盘，就要输入“copy b：/abc d：/”。各类命令主要包括目录操作类、磁盘操作类、文件操作类和其他命令，常用的命令有十几个，磁盘格式化、分区、文件改名、删除文件、创建目录、改变当前目录、删除子目录等，需要熟记。根据操作内容的不同，在命令中有时还要加入一些参数，往往一段时间不用就想不起来，只好在基本命令后面敲入“？”，调出“帮助”来查看。当时的计算机中文输入法只有拼音一种，功能较差，效率低下——字序固定，不支持词组和整句输入，文字不能和编码一起显示，输入过程中常常要翻很多页才能找到需要的汉字。以后输入功能不断改善，推出了自然码、五笔字型之类结合汉字结构的输入法。当时，在流行的DOS中文平台，例如UCDOS上，常用的文字处理软件为WordStar、PE Ⅱ和WPS，图表制作大多使用CCED，数据库则是dBASE或FoxBASE，还有工具软件，例如PCTOOLS、HD-COPY，用于硬盘管理的DM和压缩磁盘文件的LHA和ARJ，用于检测计算机系统功能的QAPLUS，等等。在电脑上可以玩一些简单游戏，例如打潜艇、挖地洞、抓小偷、CAT之类，内容简单、画面不精，但不少人仍然玩得废寝忘食。

20世纪90年代初的电脑，即便是采用8088处理器、配置最低的兼容机，售价也均在2万元以上，非一般工薪家庭所能承受。另外，相对于家电产品，电脑操作需要更多专门知识，加上适合家庭使用的软件很少，因此电脑个人用户有限，多数是为了满足专业需要，例如用于设计、写作之类，并不具备进入家庭普及使用的基础条件。为了使更多的人能够学习使用电脑，国内厂商研发了不少具有基本硬件配置的初级产品，以接近千元的售价拉近电脑与大众的距离，其中具有代表性的是面向学生及家庭使用的各类电脑“学习机”。学

图6-11　20世纪80年代后期，国内厂商开发的CEC-Ⅰ型中华学习机

习机是在游戏机的基础上发展而来，由电视游戏机、计算机键盘和游戏卡、学习卡组成，知名品牌有小霸王、小博士、挑战者和裕兴等。普及程度比较高的有“中华学习机”，与Apple Ⅱ兼容，内部固化汉字系统。厂商开发的学习机软件有中英文打字、中英文词典、BASIC语言、WPS编辑、LOGO绘图等。学习机的功能比较单一，品牌之间的软件不兼容，无法升级或扩充硬件。中华学习机为了压低成本，采用射频和音频信号接口，以电视机作为显示终端，以录音磁带作为存储介质。受限于电视机的分辨率，满屏仅能显示170个汉字；存取数据时，调节录音机的音量需要一定的技巧——模拟信号太强或太弱都不能被转换为电脑能够识别的数字信号。尽管如此，将电视机和录音机作为计算机的输出输入设备，成为学习机走进百姓家庭的重要优势。随着市场的扩大，学习机系列产品不断升级，开始配有软盘驱动器接口、打印机接口和显示器接口，软件品种更加丰富。

1992年，微软发布Windows 3.1，电脑操作系统开始有了较为美观的图形化界面，用户操作方式从用键盘敲命令改为用鼠标点选菜单和图标，用户体验提高。虽然Windows 3.1的界面和功能没有提供开始菜单、任务栏，系统自带的应用软件屈指可数（仅有IE2浏览器等），但奠定了Windows系统的发展基调，是具有里程碑意义的软件产品。同时，Windows 3.1是第一款需要使用CD-ROM光盘驱动器安装的操作系统。自此以后，微软的桌面操作系统持续升级，间隔几年就推出一个新版本，从Windows 95、Windows 98、Windows ME、Windows 2000、Windows XP、Windows Vista到2009年10月发布的Windows 7中文版，功能不断充实，性能持续提升。

图6-12　1992—2009年，版本不断升级的Windows家族

计算机技术快速发展，各类软件层出不穷，版本不断升级；硬件产品更新频繁，CPU从20世纪80年代初的8088、286、386、486、奔腾到酷睿，不断推陈出新，内存、显卡、硬盘等配件随之升级换代。电脑配件更新频率不断加快，存储装置逐渐脱胎换骨。硬盘是电脑主要的外存储器，早期硬盘容量10～20MB，体积相当于2个普通光驱摞起来。另一类外存储器是8英寸的软盘，能存储1.2MB的数据。到电脑进入国内市场时候，主流软盘改为尺寸缩小的5.25英寸规格。一张软盘能够存储360KB（低密）或1.2MB（高密）的数据。当时，多数电脑不配备硬盘，开机进入和装入DOS操作系统依靠软盘，由于存储容量有限，系统往往分别装在几张软盘上，操作时要根据屏幕的提示顺序往软盘驱动器内抽插换

盘。软盘的存储介质暴露在外，没有任何抗弯折性，盘片上一点点划伤或沾污就会破坏数据。20 世纪 90 年代初期，3.5 英寸软盘面市，存储容量提升为 720KB（低密）或 1.44MB（高密），软盘驱动器体积也随之缩小。3.5 英寸软盘便于携带，活门密封装置的设计使磁盘受损情况减少，采用具有一定刚性的塑料壳体，使可靠性提高。对于重要文件，为安全起见，电脑用户需要分别拷贝到几张软盘中备份，以免损坏丢失。此后，出现 MD 磁光盘等外存贮装置，可靠性大幅度提高，单一盘片的存储容量达到几百 MB。同时期，性价比相对占优的移动硬盘开始登场，除了在需要频繁递交文件的行业（如排版印刷、广告设计）以外，应用并不广泛。21 世纪初期，3.5 英寸软盘慢慢退出市场。不过，软盘在存储媒介演进过程中的痕迹仍然依稀可见，在不少软件表示“保存”功能的图形菜单上所标示的“”，即软盘的外形。作为新一代存储部件，U 盘出现，初期容量几 MB，售价高得惊人。此后几年，U 盘容量急速攀升，价格不断下降，除了便携性外，性价比开始凸显，在移动存储领域逐渐与移动硬盘平分秋色。

20 世纪 90 年代初期，CD 光盘在市场上露面，能够容纳几百 MB 的数据，远超当时市场主流硬盘的容量。随着发展，光盘类型不断进化，从只读发展到能够刻录，从一次性刻录延伸出多次刻录，从 CD 过渡到 DVD。同时，光盘驱动器随之升级，从 CD−ROM、CD−RW、DVD−ROM、COMBO 到 DVD−RW。

早期家用电脑外部接口只配有 1 个并行口(LPT)、2 个串行口(COM)和 1 个 VGA 接口，并行口连接打印机，串行口连接键盘、鼠标等。之后，电脑主板开始配备 PS/2 接口，分担串行口的工作负担。20 世纪 90 年代，随着电脑添加多媒体功能，声卡、视频解压卡被添加到电脑之中，音视频接口成为必不可少的部件，用来连接游戏摇杆或游戏棒的 MIDI/ 游戏端口、以进行视频采集的 IEEE1394 接口流行一时。20 世纪 90 年代中期，USB 接口开始替代电脑大多数接口的功能。同时，从局域网发展到互联网，电脑的网络连接功能变得必不可少，网卡、调制解调器卡陆续加入电脑板卡，RJ45 网络接口得到越来越多的应用。到 2010 年，电脑一般保留有 PS/2、USB、VGA、RJ45、音频等接口和 DVI、HDMI 显示接口。

随着接口形式的演变，与电脑相连的输入设备也持续变革。早期电脑键盘都是机械的，分量重，手感比较硬。很快，薄膜键盘成为市场主流，且价格便宜。在 DOS 界面下鼠标使用较少，进入 Windows 时代后鼠标不可或缺。早期的鼠标是滚球式的，与操作面直接接触，使用一段时间后要拆开清洁球体表面的污物。20 世纪 90 年代中期，出现光电式鼠标，价格较贵，只能在摆放端正的栅格反射板上操作。经过技术改进，光电鼠标抛开反射板，体现出分辨率较高、对外界条件要求不苛刻的优点，逐渐成为主流。2000 年以后，采用遥控技术的无线键盘和鼠标出现在市场，使用环境的宽容度提高。其他输入设备中，轨迹球、手写板等曾被不少人使用，但市场生命力最强的还是键盘和鼠标。

早期的显示部件采用阴极射线管（CRT），机体厚重，分辨率低。屏幕尺寸从 8 英寸发展到 15 英寸和 17 英寸，分辨率提高。显示器技术持续进步，采用平面直角显像管、具有数控屏幕菜单等功能的显示器逐渐成为市场主流。2000 年前后，15 英寸的液晶显示器（LCD）在市场露面，以后几年，价格从上市之初的 3000 余元快速降低，而屏幕尺寸不断增大，性能指标显著提升。到 2006 年，LCD 显示器占到显示器市场 60% 左右。到 2010 年，CRT 显示器除了在特殊行业继续应用，市场上很难见到。

1997—2010年北京城镇居民家庭每百户计算机拥有量统计表

6-3表 单位：台

年份	1997年	1998年	1999年	2000年	2001年	2002年	2003年
拥有量	12	15	24	32	45	56	68
年份	2004年	2005年	2006年	2007年	2008年	2009年	2010年
拥有量	79	89	96	92	86	97	104

第二节 家用电脑产品与市场

一、家用电脑产品

20 世纪 90 年代初，中国计算机市场几乎被外国品牌垄断。IBM、AST、Compaq、DEC、Dell、NEC、Apple、IPC、HP 等国外公司以雄厚的资金与技术实力，占领了中关村电子一条街的中高端产品市场。普通家庭拥有电脑很少，无品牌兼容机以较低的价位满足着大部分个人用户的需求。夹在进口电脑和兼容机之间的国产品牌电脑尚处于成长阶段，联想、长城等的市场占有率不足 10%。

1992 年，联想以 Intel 公司 286 处理器为基础平台，打开“联想 1+1”电脑市场。1993 年采用 386 处理器的电脑开始成为市场主流。11 月，联想集团推出中国第一台采用奔腾处理器的台式电脑，以领先的技术优势推动电脑市场发展。

1993 年至 1995 年，国产品牌电脑快速发展，在与进口品牌电脑和兼容机的竞争中逐渐确立优势。用户在电脑选型时由单纯注重价格，转移到关注产品质量和服务。

1995 年年初，联想推出“家用电脑 1+1”概念，全力开发家用电脑市场。10 月底，方正推出方正电脑，当年销量 5000 台。同年，随着多媒体市场的火爆，家用电脑的多功能化成为时尚，集电视、音响、视盘、游戏、传真、自动应答电话等功能于一身，民众希望电脑不仅具有通常意义上的计算机功能，还能作为家庭娱乐、教育和通信工具。

在开发台式电脑的同时，北京企业开始研发笔记本电脑。1996 年 8 月 28 日，联想集团推出第一台国产笔记本电脑“昭阳”。同年，联想推出“万元奔腾电脑普及风暴”，以价格和品牌的双重优势，掀起家用电脑发展的高潮。联想取得国内个人电脑销量第一的位置。

图6-13　20世纪80年代，北京计算机技术研究所研制的BCM微型计算机

图6-14　1985年，长城0520CH个人计算机研制成功

图6-15　1985年，联想集团研制成功联想式汉字微型机系统LX-PC

图6-16　1990年，联想集团开发出ELSA486-50微机及测试系统

1997 年 6 月，同方全系列电脑上市。至此，国内主要电脑品牌先后进入家用电脑领域。同年，联想推出天琴系列电脑，外观首次采用双色设计，并采用不同颜色区分各种接口，便于用户识别和安装。1997 年，以联想为代表的国产电脑改变主流产品滞后于国外的状况，达到与世界先进水平同步，最先进的计算机产品从北京研发生产辐射到全国。

1998 年，联想（北京）有限公司开始进行因特网（Internet）电脑天禧系列的研究，引用业界新的设计标准（EasyPC、PC99 等），至 1999 年完成开发，以“电脑就是网络门户”的理念，为家庭用户打开通向网络之门。

1999 年，方正集团推出第一款超薄光盘 / 软盘驱动器互换的笔记本电脑 4100/4200 系列。20 世纪 90 年代后期，电脑市场进入品牌竞争时代，国产电脑的质量问题基本解决。

2000 年 3 月 20 日，方正电脑公司推出国内第一款预装中文版 Windows 2000 操作系统的方正商祺 6100 电脑。4 月 26 日，方正集团发布国内第一款采用 Intel 公司奔腾Ⅲ处理器、基于ISDN宽带技术的卓越3000和基于ADSL宽带技术的卓越6000家用电脑。9月15日，清华同方笔记本电脑超锐F2系列上市，采用奔腾Ⅲ 800 CPU。11月28日，联想集团推出新一代绿色安全家用电脑——家庭数码港天麒、天麟。同年，恒基伟业公司推出具有手机通信功能的“商务通”掌上电脑9058。联想（北京）有限公司研制完成掌上电脑。

2002年2月1日，方正集团推出国内第一款采用奔腾Ⅳ处理器的笔记本电脑颐和e3000。3月，方正集团与Intel公司共同发布首款采用15英寸屏幕的颐和A8系列笔记本电脑。4月，方正科技与Intel公司联合发布第一台集成GPRS无线通信模块的笔记本电脑S2000。10月，恒基伟业公司的“商务通”8888、8839、8118、HC2210上市，其中HC2210是第一款使用WINCE 4.0系统的掌上电脑。11月4日，神舟数码（中国）有限公司发布网络电脑（Network Computer，NC）及解决方案，作为拥有自主知识产权的产品，该网络计算机采用北京中芯微系统有限公司自主研制的方舟芯片。11月12日，京东方科技集团股份有限公司宣布基于国产CPU“方舟1号”和自行研发的Linux嵌入式操作系统的京东方龙腾系列网络电脑下线，标志国产网络电脑产品进入批量生产时期。

2003年，方正集团发布第一台万元迅驰处理器笔记本电脑T3500。2004年6月1日，紫光集团推出首个采用AMD公司64位CPU的高端笔记本电脑——紫光之星。10月，清华同方的超锐F5000笔记本电脑上市，该电脑采用Intel公司的迅驰1.3GHz处理器。11月1日，联想集团推出天骄宽带关联电脑，针对当时最热门的视频通信、互动影视、网上支付等宽带应用加以一体化设计。11月10日，联想集团推出第一款13.1英寸的宽屏笔记本电脑——天逸Y200。同年，联想推出为乡镇家庭用户设计的圆梦系列电脑，以发展中国乡镇电脑消费市场。方正集团发布当时唯一具有电视功能的笔记本电脑——佳和H800。

2005年1月，方正科技推出全球首款成人/儿童双模式电脑“鼠米”。联想集团推出首款奥运金标笔记本电脑天逸Y200。6月，清华同方推出采用迅驰2处理器的全内置笔记本超锐F5600S。7月21日，作为全球第一台主动远程管理的电脑，方正君逸系列问世。8月31日，清华同方计算机系统本部推出超锐T、超锐A、超锐V和灵迅M四大系列10款笔记本电脑，涵盖主流商务应用、时尚个人消费以及大众经济款等机型。8月，紫光集团推出网游笔记本紫光T310R。9月，紫光集团推出第一款软硬件相结合的专用教学笔记本电脑“传宝T816R”，该电脑配备紫光传宝多媒体易教易学系统及相关外设，可以实现数码摄像、视频剪辑、课件制作、手写标注等多种功能的同步处理，帮助教师一次性完成需要后期处理的复杂工作。10月，清华同方推出国内最小的家用台式电脑imini，主机体积1.36升，相当于1部辞典大小。紫光推出家用电脑新视线K系列，外观设计大胆突破，造型时尚高雅。11月29日，联想集团笔记本全线宽屏产品首次集体亮相，其中天逸F20采用12英寸宽屏，具有1.4千克的带电池重量、长达8.5小时使用时间等特点。同年，方正集团推出国内首款定位于主流机型的Intel Sonoma平台笔记本产品方正颐和E220。

2006年3月16日，方正笔记本取消“颐和”“佳和”两个子品牌，分为S、T、A、R四大系列。方正科技推出国内首款具备人脸识别功能的笔记本电脑S620，为用户提供新的加密模式。7 月 27 日，方正基于酷睿 2 处理器的君逸、风云、天瀑系列电脑产品亮相，同时推出基于酷睿 2 处理器的“卓越”台式机、T550N 笔记本电脑，方正科技成为全球唯一首发 5 款基于酷睿 2 处理器电脑产品，并涵盖家用、商用三大产品系列的厂商。7 月，同方公司推出国内首款 64 位双核笔记本电脑。11 月，汉王科技首款 UMPC——手写电脑掌控系列 T700 亮相。

2007 年 1 月 5 日，联想集团在北京发布“实时多媒体协同技术”，实现 PC 人机交互与计算的分离，用户能使用其他终端设备如电视机、投影仪、手机完成 PC 的实时输入输出。1 月 9 日，联想推出 Windows Vista PC 全线产品，发布包括天骄、锋行、家悦、扬天、天逸、ThinkPad、ThinkCentre 及联想外设等在内的八大系列 10 余款新品，产品均采用联想的 LXT 技术平台与 Windows Vista 系统进行充分融合。方正科技发布针对中小企业需求研发，具有“商务安全一键通”功能的商祺 N500 台式电脑。5 月 9 日，方正科技发布两款 Intel SantaRosa 平台笔记本——主流 14 英寸宽屏笔记本电脑 R610R 及 15 英寸大屏影音独显笔记本电脑 S550R。6 月，同方公司推出时尚舒适型电脑“CoCo”和炫酷游戏型电脑“火影二”。8 月 8 日，同方公司在上海推出安全芯片电脑，同时推出安全解决方案“TST 平台”。同方 TST 安全技术平台以同方安全芯片为基础和核心，集成指纹识别、文件加密、个人密盘、授权密网、加密备份、木马防护、系统急救、在线杀毒等 10 余项安全功能。

2008 年 1 月，联想集团在全球推出 IdeaPad 笔记本电脑和 IdeaCentre 台式电脑系列产品，宣布进军全球消费 PC 市场。3 月，联想发布 13 英寸全功能超轻薄笔记本电脑 ThinkPad X300，集成数十项先进技术，最薄处为 18.6 毫米，重量为 1.33 千克。6 月，方正科技推出飞越 A600、卓越 I500、R680、R620G、S230 和 BiG1 6 款新品。9 月 9 日，方正科技推出融合安全性、可管理性、易用性于一体的方正君逸 M580、君逸 M530 系列新品。9 月 10 日，方正科技推出首款采用 TCM 安全芯片的商用电脑君逸 M580，该电脑实现数据安全、系统安全与资产安全的全程安全管理。9 月，同方公司推出 8 款超扬 S 系列商用电脑新品。10

图6—17　2008年，联想推出的IdeaCentre A600一体机电脑

图6—18　2008年，同方推出的Chicaloca系列imini笔记本电脑

月，同方公司推出“真爱”“黑钻”系列家用台式电脑，产品具备全高清解决方案。11月，同方公司创新性推出imini彩壳定制服务，成为国内唯一可以自由定制外观的时尚笔记本。12月20日，联想集团推出ThinkPad W700ds，为国内首个配置两个LCD屏幕的笔记本电脑，主屏17英寸，副屏10.6英寸。同方公司推出教师笔记本——天铎互动教学多媒体系统，将手写笔记本电脑、超声波感触式多功能教学笔、多媒体电视播放设备、多功能课件制作软件、全国优秀教学课件资源库和移动电子白板等众多产品融于一体，提供移动式多媒体互动教学解决方案。2008年，上网笔记本电脑（简称上网本，Netbook）成为迅速风靡的时尚产品。上网本屏幕以7英寸为主，硬件配置低且小巧轻便，具备上网、收发电子邮件以及即时通信（IM）等功能，并可以播放流媒体和音乐，多用于移动上网。

2009年3月，方正科技推出基于Intel四核处理器的PC产品，包含3个系列7款产品。4月，方正科技发布采用Intel G3处理器的上网本产品颐和E100和BiG2。5月，同方公司发布全球首批、中国内地首款上市的Intel CULV平台产品超轻薄笔记本电脑锋锐S30。8月26日，联想集团发布昭阳K23台式电脑，是首款预装由联想研究院研发的网络安全技术“急冻卫士”的产品。9月，方正科技5款主打轻薄、安全、易用特色的时尚笔记本电脑新品集中亮相。电信运营商推行定制上网笔记本电脑，带动计算机企业上网本生产快速成长。同年，联想公司推出智能上网本Skylight、双模笔记本电脑IdeaPad U1，全面实施移动互联网战略。

2010年9月17日，华旗资讯推出爱国者8英寸高清电影本DPF882DM Pad，具有1280×768的屏幕分辨率，支持主流格式的视频播放和外挂字幕，兼容32GB SDHC存储卡。10月12日，联想推出扬天S系列一体机电脑，将轻薄的液晶屏幕、多点触按、人性化设计融入产品中，并能在远端实现对终端IT系统的管理和维护。12月，同方公司携手英伟达，推出普及型3D高端台式机真爱V9800，引领家庭3D应用。

2010年，随着新型电脑产品的不断推出，打破多年来台式机和笔记本电脑垄断市场的局面。众多品牌的平板电脑上市，笔记本电脑市场开始萎缩。同时，一体机电脑凭借精巧时尚的外观、触控技术、23英寸大屏幕、酷睿i3/i5平台和独立显卡，以及接近台式电脑的价位，逐渐被消费者所接受。

二、中关村电脑市场

中关村电子一条街

20世纪70年代初期，北京西郊的中关村只是白颐路旁的普通村落，尽管在此驻有中科院的一些研究机构，在市民印象中，中关村是从城里去颐和园、香山旅游道路上的一个公交车站名，远不如沿线魏公村、农科院和一些高校的知名度高。20世纪70年代，中关村道路改造后只有10米宽，没有道牙、步道，各类车辆混行，在上下行两股车道中间和路边是排泄雨水的明沟，路两旁是大片的田野，种植着庄稼和蔬菜。作为北京开通的首条郊区公交线路，白颐路上通往市区的公交线路只有公交车332路一条。1982年和1997年，北京市对白颐路进行两次大规模扩建，原来的乡村公路被拓展为城市主干道，白颐路名称改为“中关村大街”。

20世纪80年代初期，中关村附近科研院所的科技人员开始走向市场。1983年4月，陈春先领导成立华夏新技术开发研究所。1984年发展起以“两通”“两海”为代表的40家技术型企业，逐渐构成电子一条街雏形。

1985年，以出租柜台方式经营的四海市场在中关村黄金地段开业，成为中国第一个电子卖场。1991年12月，中关村电子配套市场开张营业，从经营花鸟鱼虫转行销售电子、电脑产品。随着电子信息产业的发展，特别是电脑应用的快速升温，中关村一带形成了以经营电脑部件、电脑外设、应用软件及电子元器件为特征的商业集聚区。1999年，硅谷电脑城、太平洋数码大厦、海龙电子城先后建成开业，电子市场的经营场所从平房升格为拥有现代化设施的商厦，中关村电子市场从草创进入专业市场发展时期，电子一条街的繁华拉开序幕，随着知名度不断攀升，进而成为华北乃至全国最大的计算机和电子产品集散地。

图6-19　20世纪80年代后期的白颐路

20世纪90年代初期，随着市场发展，除电子元器件之类传统电子产品外，电脑配件开始成为卖场销售的热门商品，国内外厂商开发的新产品被送上经销商的柜台。中关村逐渐取代或超越传统扎堆经营电子产品的西四等地段，成为电子、电脑爱好者淘宝的圣地。与此同时，民间买配件拼装电脑的“DIY”方式逐渐兴起。当时，品牌电脑整机的价格与自攒电脑之间的差价较大，以同样的价格，拼装电脑能够实现比品牌机更高的配置。加之组装电脑可以根据自己的需求灵活选择中意的配件，对于追求性价比的消费者具有较大吸引力。与攒机相呼应的是，各类介绍配件性能、指导装机调试的广告、电脑书籍和报刊纷纷面世，中关村成为业界信息的源头，“配置”“超频”等话题成为电脑爱好者圈内重要内容。在中关村核心地带，车流络绎不绝，道路时常堵塞。进入卖场，更是人潮涌动，叫卖声此起彼伏。在街头，打着“面的”或蹬着“小三轮”往家里搬运电脑显示器、机箱的市民随处可见。

2000年，笔记本电脑开始降价，品牌台式电脑与组装电脑之间的价差越来越小，使兼容机组装和电脑配件市场的竞争越发激烈。

2008年，数码产品和手机的普遍应用逐渐填补电脑销售的颓势，中关村电子市场年销售额高达213亿元。科贸电子城、鼎好电子城、e世界电子城等近10家大型卖场林立，总面积达到32万平方米，相当于44个足球场大小；经营商户大约8000家，从业人员5万左右；鼎盛时期，电子一条街每天人流量高达20万。在电脑、手机等电子产品普及后，同质化的竞争让很多作坊式经营的商家难以为继，不顾商誉、损害消费者权益的事件频发。随着电子商务的兴起，网络购物所具有的方便快捷、价格公开透明、售后服务有保障的优点被更多人认可，实体电子卖场被削弱，市场日渐萧条，经营方式、经营内容的转型势在必行。

2009年，《国务院关于同意支持中关村科技园区建设国家自主创新示范区的批复》《北京市人民政府关于同意加快建设中关村国家自主创新示范区核心区的批复》相继发布实施，中关村西区的功能定位不再鼓励发展电子卖场等业态，电子一条街转型为创新创业一条街。依托巨大的本土消费市场和高度密集的智力资源，中关村开始告别电子一条街时期低端仿制和技术追随的发展模式，以更多前沿科技企业的发展壮大，抢占全球产业链分工的价值高地。

图6-20　中关村电子一条街（2010年摄）

中关村电脑节

1998年5月8日至12日，首届中关村电脑节在“面向21世纪的中关村”的主题下举办，中关村南北大街沿路装饰了彩旗、横幅和气球，电脑节免费大轿车从首都体育馆到中关园设有十几个站点。友谊宾馆是电脑节的主会场，开展了软件精品展、主题报告会、科普咨询、让利销售、游戏大赛等活动。由于参加电脑节的大多是家庭用户，商家在电脑节期间普遍以降价吸引用户关注。

首届电脑节之后，每年举办一届中关村电脑节成为惯例。

第二届中关村电脑节的宗旨是“发展知识经济，推进中国信息化”，立意不再单纯着眼于中关村形象的宣传和推广，更希望唤起人们对信息化和知识经济的关注。电脑节设立了电脑与教育、电脑与网络、电脑与健康3个主题，针对用户感兴趣的问题，进行电脑知识普及教育。电脑节期间，在当代商城广场举办电脑知识宣传咨询，北京展览馆举办电脑展，联想电脑商城举办促销，利康旧货交易中心进行二手电脑拍卖。参观科研院所计算机机房的科技旅游、联想电脑商城的“DIY”超市和大恒集团的自助式模拟PC生产线等，也为电脑爱好者提供了学习技能的机会。历时5天的电脑节，日客流量20万人次。

图6—21　1998年5月8日至12日，首届中关村电脑节举办

第三届中关村电脑节主题是“让世界了解中关村，让中关村走向世界”，首次将网络放在突出的位置来宣传，推出的许多活动都与Internet相关，许多网站在电脑节设展，介绍网络给人们生活带来的种种便利。举办了“中关村之路”大型图片展览和专项旅游活动、南北企业家对话会、人才招聘会、消费者喜爱的电脑品牌和中文网站社会调查、国际IT产业主题报告会、信息技术及产品演示会、IT创新产品评选、知识产权活动周，以及计算机网络暨应用技术展览交易会等活动。第三届电脑节期间，中关村信息产品的销售额比平时增长240%。

2001年5月举办的第四届中关村电脑节以“面向时代——21世纪IT产业创新与发展”为主题。前三届电脑节的参与者主要是国内或合资IT企业，第四届汇聚不少国外大型IT企业参展，显示出越来越浓的国际化色彩。电脑节的重点内容为中关村主题报告会、中关村会议、国际风险投资融资大会、中国蓝牙技术发展国际论坛、CMM国际论坛、网络时代与数字生活展览交易会、IT创新产品推介、2001年中关村国际电脑音乐潮及大型“数字广场”商务系列活动。

截至2008年，中关村电脑节连续举办11届。第十一届电脑节主题是“追溯创新之源、迈向全球创新中心”。随着产业升级，中关村电脑节的内容逐渐从向公众展示中关村、促进销售，转向聚焦科技创新和区域合作。与此同时，中关村电脑节的市民参与程度逐渐下降。

2009年，国务院批复建设中关村国家自主创新示范区后，作为中关村电脑节的延续，中关村电脑节改为“创新中关村活动”，突出“创新”主题则直指中关村发展的目标。2009年12月4日至6日，“创新中关村2009主题活动”在海淀区展览馆举行，口号是“创意、创新、创造”，内容包括中关村创新展、中关村创新产品（技术）发布、中国创意大赛等。2010年10月20日至22日，第二届创新中关村活动举行，主题是“提升自主创新能力，培育战略新兴产业”。开展的系列活动有重大项目签约、“中关村 Top100”企业发布、中关村创新展、中关村创意大赛、中国企业创意大会、中国创意指数发布、全球创新技术发布、支持企业创新政策发布、科技金融论坛、产学研合作成果展、产学研协同创新洽谈会、海淀园创新企业国际化模式推介等。

第三章　家庭信息电器普及

20 世纪 60 年代，北京拥有电视机家庭很少，市民能够接触到的信息电器产品主要是收音机。20 世纪 70 年代初，北京企业开始研发电视机并将产品推向市场，小屏幕的晶体管黑白电视机首次展示在大商场的柜台。随着企业从国外引进彩色电视机生产线并实现国产化，到 20 世纪 80 年代中期，电视机取消凭票供应的限制，逐步实现家庭应用的普及。与此同时，伴随着音视频技术的发展，收录机、录像机、DVD 播放机等在内的多种电器产品，都曾经由于市民争相购买而流行于一时，成为大众取得各类信息的媒介。截至 2010 年年底，北京城镇居民家庭每百户彩色电视机拥有量 140 台，有线电视入户率达到 90%，数字电视用户 439.9 万户。大屏幕、液晶显示成为大众关注的重点，市场仍在高速成长。

第一节　家庭信息电器应用

电视机应用

1958 年 5 月 1 日，中央电视台开始在北京试播电视节目。当时只有极少数家庭拥有苏联或国内生产的电子管黑白电视机。企事业单位电视用户也不多，往往是将电视机安放在会议室或饭厅，锁在带支架的木箱里，箱子上面挖个孔将天线伸出来，并由专人负责管理，在固定时间打开供大家收看。遇有精彩的文艺节目时，很早就有人去占座，后来者只能站着看。20 世纪 70 年代初，黑白电视机开始在大商场销售，显像管（阴极射线管，CRT）屏幕的尺寸仅有 9 英寸，采用的是晶体管电路，机械式调谐器具有 12 个 UHF 频道，价格在 400 元左右，相当于一般职工半年多的工资。20 世纪 70 年代中期，12 英寸的黑白电视机开始推向市场，并逐渐采用集成电路结构。改革开放之后，国外品牌的电视机纷纷进入国内市场销售。随着人民生活水平的提高，电视机开始供不应求，成为紧俏商品。在计划经济时代，电视机属于统购统销商品，由政府有关部门下达指标，生产后由市交电公司统一收购，再批发给交电分支机构及百货商场，消费者要凭有关部门逐级下发的少量“电视票”，才能在指定日期内到指定商店购买限定品牌和规格的电视机。1973 年 5 月 1 日，中央电视台面向北京地区的第二套节目实现彩色试播，市民开始收看到彩色电视节目。20 世纪 70 年代后期，国产彩色电视机开始登上商场的货架。随着电视市场的发展，电视机显示屏的尺寸从早期的 9 英寸或 12 英寸发展到 14 英寸、17 英寸、19 英寸、20 英寸。显像管技术也在逐步演进，从 21 英寸开始发展到 25 英寸、29 英寸、34 英寸，平面直角显示器成为主流。随着尺寸的增大，显像管电视机进一步增加屏幕尺寸的可能性很小，CRT 背投影电视开始上市。背投电视突出优点是显示尺寸可以做得比较大，43 英寸到 65 英寸都有产品销售；缺点是售价昂贵、机体笨重，难于普及应用，很快淡出人们的视野。2000 年，小尺寸的平板电视在市场上出现。2004 年之后，中、大尺寸的平板电视产品越来越多，呈现出等离子电视和液晶电视平分天下的态势。随着市场和技术的发展，液晶电视逐渐成为主流。平板电视价格不断下降，显像管电视逐渐被边缘化、淡出市场。2009 年之后，液晶电视普及，市场占有率高速增长。

电视机市场刚刚兴起时，拥有电视机的家庭很少，谁家有台电视机，往往能引来左邻右舍一起观看，尤其是在播放热门节目时，经常把电视机搬到室外，大伙儿坐在院子里，围着小小的电视机边看边议，直到屏幕上出现“再见”两字。当时，电视台只在晚间发送一两个频道的节目，开播之前，电视台会先发送一段时间的图像测试卡，方便用户矫正电视画面，调节显示效果。收视时，由于通过无线方式传输的电视信号弱，加上建筑物遮挡、行驶车辆等造成的干扰，仅靠电视机本身的拉杆天线，接收效果不好，电视机出现伴着杂音的满屏噪点“雪花”，图像随着扭曲。居民因陋就简自制室外天线，各类条状金属甚至易拉罐、破笊篱派上用场，一段时间居民区内形形色色的天线林立。由于不同电视发射台的位置不同，换频道后经常需要去室外调整天线指向，厂商专门生产了电动线控旋转的天线部件。为了改善收视效果，市场上曾经销售一种带支架的螺纹透镜，放在电视屏幕前起到图像放大作用。为了让图像能显示色彩，市场上出售一种从上到下分别涂有蓝、黄、绿 3 种颜色的塑料胶片，贴在黑白电视机屏幕上，能够在电视画面上叠加不同的色彩，分别对应图像上部蓝色的天空、中间黄色的人脸、下面绿色的土地，颜色搭配很不协调，显示清晰度也受到影响，但仍然风靡一时。20 世纪 80 年代后期，社区内的居民楼开始集中安装公用天线，电视信号通过电缆传输到各家各户，楼房住户的电视接收效果得以改善。早期的电视机都不具备遥控功能，转换频道时要起身到电视机前拨动旋钮，到 90 年代，为电视机加装遥控器的做法开始流行，针对不同的电视机型，厂商开发出对应的遥控器套件，有一定动手能力的用户甚至可以自己完成改装。90 年代后期，北京开始进行有线广播电视双向网络建设，数字机顶盒走入千家万户，电视频道数量从十几个增加到百余个，实现高清播放，收视质量明显提高。

至 2010 年，北京电视机市场走过几十个年头，电视品种从黑白到彩色，显示方式从显像管、背投到液晶，电路结构从电子管、晶体管到大规模集成电路，信号处理和传递方式从模拟到数字，接收方式从固定接收到移动接收。电视机屏幕的尺寸越来越大，外形越来越薄，影像的播放色彩愈加丰富细腻，细节与动态更为真实。北京城镇居民家庭每百户彩色电视机拥有量达到 140 台，收看电视节目是大众主要的休闲方式。

收录机应用

20 世纪 60 年代中期，在民用音频信息产品领域，收音机是市民接触到的主要电子设备，其电路结构逐渐从电子管进化为晶体管。20 世纪 70 年代中期，磁带录音机开始进入国内市场，在娱乐之余成为学习外语的工具。最早进入市场的是被称为“半头砖”的初级产品，多数由日本、中国香港等地企业生产。随着收录机功能的提升，产生了具备双卡、双声道立体声功能的收录机和性能更完备的组合音响。体积小巧的磁带“随身听”“WalkMan”开始流行。20 世纪 80 年代后期，作为音频记录媒介，CD 光盘开始代替磁带，光盘播放器随之在市场走红。20 世纪 90 年代，体积更加小巧的 MD 磁光盘播放器面世，尽管性能出色，高企的价格却未能获得大众的青睐。20 世纪 90 年代末，以集成电路作为存储器的 MP3 推出，体积小巧、资料存取方便成为市场主流。此后，随着手机的发展，除了基本的通信功能外，其多媒体功能愈加丰富，进而逐渐成为大众化的便携式音视频播放器。

录像机应用

20 世纪 80 年代初期，作为新型家用视频播放设备，磁带录放像机逐渐流行。以录像带为存储媒介，人们可以互相传递视频内容，能够将感兴趣的电视节目录制下来重复观看，破解了视频信息来源局限于电视的状况。在录像机市场初期，日本、韩国产品比较畅销，国内企业仅做组装代工。随着录像机拥有量的提升，社会上派生出经营录像带出租、转录业务的门店。20 世纪 90 年代中期，VCD 影碟机开始取代录像机，占领民用视频播放设备市场，可模拟信号转变为数字信号并压制到光盘上播放。VCD 影碟机上市初期售价 4000 余元，多由日本、韩国企业生产。很快，国内企业蜂拥上马，VCD 机品牌林立，最火时，同一天在中央电视台第一套节目中播放广告的企业达十几家，竞争之下，VCD 机价格跌落到不足 1000 元。20 世纪 90 年代后期，DVD 影碟机进入市场。相比 VCD 机 352×240 的显示分辨率，DVD 机的分辨率提高 1 倍，达到 720×576，甚至超过当时模拟式电视机的播放清晰度，受到消费者的青睐。几年后，蓝光影碟机传入国内，刷新视频播放设备分辨率的纪录，但囿于其较高的售价和有限的节目源，市场并未普及。此后，随着互联网网速的攀升，网络流媒体逐渐成为大众主要的资讯来源和娱乐载体。

第二节 家庭信息电器产品

20 世纪 40 年代，北京开始生产电子管收音机。中华人民共和国成立后，北京企业生产的多款收音机产品投放市场。1958 年 5 月，北京市电器工业公司中心实验室（7 月组建成北京市电工研究所）用国产元件和日本产晶体管试制出北京第一台晶体管收音机。7 月，北京市电工研究所用自制的小型元件组装出全部采用国产元器件的晶体管收音机。1958 年 11 月 6 日，北京无线电器材厂试制成功 7 晶体管超外差式收音机。1962 年 3 月，北京电子仪器厂开始小批量试生产牡丹牌 2401 型 2 晶体管单波段高放再生来复式简易收音机，该机是北京第一款批量投产的晶体管收音机。1963 年，北京电子仪器厂推出牡丹牌 3401 型 3 晶体管收音机，北京无线电仪器厂试制生产百灵牌 2−62−1 型 2 晶体管收音机和 4−62−1 型 4 晶体管收音机。

1957 年，国家开始创建电视事业，电子工业主管部门——第二机械工业部第十局把研制电视发射设备的任务交给了北京广播器材厂，把研制电视接收机的任务交给了国营天津无线电厂。1958 年 3 月 17 日 19 点，中国电视中心在北京试播电视节目，电视机播放出清晰的图像和洪亮的声音，样机通过考核，中国第一台黑白电视机研制成功。1959 年 3 月，北京电子仪器厂（前身为北京无线电器材厂）开始研制大屏幕投影电视机，1960 年做出样机。1961 年，北京电子仪器厂为人民大会堂生产一台牡丹牌 6101 型收音、录音、电视、电唱大型组合机，其中电视机为电子管式 31 厘米黑白机，是北京生产的第一台电视机。

1959 年，中央广播事业局广播设备制造厂开始研制广播专用录音机和专用磁带（6.3 毫米宽的开盘磁带），20 世纪 60 年代初试制成功，投入批量生产。

1963 年 12 月，市委工业工作会议上提出组织半导体收音机大会战，参照夏普 BX−327 样机试制国产化牡丹牌 8402 型 8 晶体管袖珍式中短波收音机，以及为其配套的 26 种元件，而且要形成批量生产能力。北京市无线电联合厂所属北京电子仪器厂负责样机测试、总体设计和试制生产任务，所属各电子元件厂和无线电研究所承担小型、新型元件的试制生产任务。参加会战的有中央直属企业 10 个，以及中央及市、区属研究所、工厂等 61 个单位。1962 年 10 月 1 日前投放市场 1700 台牡丹牌 8402 型收音机，每台试销价 155 元。

1964 年，中央广播事业局广播科学技术研究所参照国外样机试制成功供记者采访用的 G4501 型便携式开盘录音机，交西城区丰盛录音器材厂生产。1970 年 3 月，该厂试制成功长城牌 DBL−1 型开盘式录音机。1971 年和 1972 年先后试制成功 DBL−2 和 DBL−2A 型录音机。1973 年研制的 DBL−2B 型录音机有全磁迹和半磁迹两种规格，技术指标达到国家二级机标准。1974 年试制成功 DTL 型电影同步录音机，具有全逻辑编码控制功能，技术性能达到国家一级机标准。1975 年试制成功有扩音功能的普及型 LK–10 型录音机。

1970 年，北京东方红无线电二厂（北京东风电视机厂前身）开始研制晶体管黑白电视机。1971 年 4 月生产出第一批 J201 型 9 英寸电视机。

图6–22　1964年，北京无线电厂研制的牡丹牌8402型半导体收音机

1973 年，北京无线电厂参加全国第一次晶体管黑白电视机联合设计，承担 40 厘米黑白电视机设计、试制工作。1974 年 5 月试制出牡丹牌 4031 型 40 厘米黑白电视机样机，6 月参加全国电视机联合设计样机鉴定和方案论证。年底，该厂生产电视机的车间并入北京电视机厂。

1973 年 11 月 5 日，市政府批准设立北京电视机厂（牡丹集团前身）。从 1973 年起，北京东风电视机厂根据日立公司的彩色电视机，通过测试、分析，用国产元器件代换试验成功，北京开始生产彩色电视机。

1974 年，北京东风电视机厂在全国联合设计技术协调会上提出生产 23 厘米黑白电视机方案。1975 年 10 月，昆仑牌 BSH23–1 型黑白电视机设计定型，1976 年 3 月生产定型。

1974 年，北京东风电视机厂和北京无线电实验厂承担为北京饭店配备彩色电视机任务。在北京无线电厂的配合下，采用牡丹牌 941 型收音机机芯作为两用机的收音机部分，制成一批收音、彩色电视两用机，提供北京饭店客房使用。

图6–23　20世纪70年代，北京东风电视机厂生产的昆仑牌9英寸黑白电视机

1975 年，北京无线电厂开始研制盒式磁带录音机。5 月，牡丹牌 SL–1 型单声道盒式录音机投入批量生产。1980 年，北京无线电厂与荷兰飞利浦公司合作，生产飞利浦牌 AR107、AR108 型单声道盒式磁带收录机，同时为日本三洋公司生产三洋牌 M2511 型放音机、为香港亚洲公司生产 AIE2000 型高档立体声收录机。1982 年至 1986 年，北京无线电厂生产 SL–2A 和 SL–2B 型收录机系列产品。1984 年 3 月，牡

丹牌 MT205、MT215 型调频调幅集成电路双卡立体声台式收录机设计定型。MT215 型机采取分离式音箱设计，是该厂生产的第一款双卡收录机。1985 年 10 月和 12 月，牡丹牌 MB214 型双卡分离音箱立体声便携式收录机设计、生产定型，其性能达到同期国外同类产品技术水平，其中 15 曲自动选曲功能在国内领先，1986 年，该机在第三届全国收录机评比中获总分第一。截至 1990 年，北京无线电厂生产的收录机共有 65 个品种。1991 年后，北京无线电厂开发生产 MB237 系列型袖珍式放音机、MB268 型调频调幅便携式收录机等十几种型号的产品。1991 年至 1998 年，北京无线电厂生产的牡丹牌收录机在全国各届收录机评比中多次获奖，成为著名品牌。

1976 年，北京电视机厂接受生产 31 厘米黑白电视接收机任务。1977 年开始研制，至 1984 年先后设计、生产定型 31H1 型、31H2 型、31H3 型、31H4 型、31H5 型、31H8 型、31H8A 型、31H8B 型和 31H8C 型等黑白电视接收机。

图6－24　20世纪80年代，北京无线电厂生产的牡丹牌便携式收录机

1976 年至 1977 年，北京电视机厂试生产北京无线电技术研究所研制的全国产化 731 型、741 型 51 厘米晶体管彩色电视机 118 台。1976 年至 1987 年，以散件组装方式生产日本胜利公司 JVC 型，东芝公司 2021ZB 型，松下公司 201P 型、201D 型、217P 型，德国德律风根公司 5000 型、5016 型、5216 型、1310 型等 51 厘米彩色电视机。

1979 年 11 月，北京显像管厂生产的 31 厘米黑白显像管在全国第二届黑白显像管质量评比中获第一名。同年，北京电视机厂与日本胜利公司合作组装 JVC 彩电获成功。

1979 年，北京东风电视机厂在引进日本三洋牌 12−T280U1 型机的基础上，研制出 B3110 型机，采用 3 块集成电路。

1981 年 2 月，北京东风电视机厂研制出 35 厘米 B351 型黑白电视接收机。1983 年通过技术鉴定。此后研制出 B351−1 型、B351−2 型、B351−3 型、B353 型、B355 型、B356 型、B357 型、3358 型、B3510 型和 B3510A 型等黑白电视机。其中 B352−2 型获得全国第四届黑白电视机评比一等奖。1981 年 7 月 22 日，牡丹电视机厂与日本松下电器公司合作的彩色电视机生产线开工，生产牡丹牌 14 英寸彩色电视机。

1982 年，牡丹电视机厂引进日本松下公司彩电生产技术，通过消化、吸收逐步实现国产化，开始进行 37C483P 型 37 厘米彩色电视机的试制。该机在 1987 年全国首届彩色电视机质量评比中获国家金质奖。

1982 年，北京录音机厂除批量生产飞达牌袖珍半导体收音机和录音机机芯外，也少量生产飞达牌收录音机和磁带放音机。

1983 年后，北京东风电视机厂分别开发出 B441、B442 型 44 厘米黑白电视机，并于 1984 年和 1986 年先后通过技术鉴定。1987 年，B441 型获全国第五届黑白电视机评比一等奖。

1984 年，北京电视机厂“牡丹”牌、北京东风电视机厂的“昆仑”牌被评为北京市著名商标。1984 年至 1990 年，北京电视机厂先后开发出 44H1 型、44H2 型、44H3 型、44H4 型和 44H5 型黑白电视机。44H1 型获全国第五届黑白电视机评比一等奖。

图6–25　牡丹牌14英寸彩色电视机（1985年摄）

1985 年，北京东风电视机厂通过引进日本三洋公司技术，研制成功 S471 型 47 厘米彩色电视机，10 月通过技术鉴定。后又研制成功 S472 型机，1988 年 10 月通过技术鉴定。以上两机型至 1990 年共生产 33.2 万台。1988 年，S471 型获国家银质奖和全国第二届彩色电视机评比一等奖。

1985 年，北京电视机厂引入的彩色电视机生产线开工，开始研制 47 厘米彩色电视机。1986 年设计、生产定型，投入批量生产。先后生产 47C3、47C3A、47C3P/S、47C4、47C4A、47C6、47C7 等多种型号产品。1987 年，该厂开始研制 51C2 型 51 厘米彩色电视机，1989 年设计、生产定型，1990 年被列为第十一届北京亚运会指定产品。1989 年，该厂设计出 54 厘米彩色电视机，当年完成设计、生产定型。

1987 年 1 月 25 日，北京朝阳无线电厂（北京百灵无线电总厂前身）开始研制 BX222 型袖珍式立体声放音机。6 月 8 日研制成功 BX323 袖珍式立体声收放机。1988 年 3 月 8 日研制出 BX231 型袖珍式立体声收放机。1989 年 2 月 16 日研制成功 BX224 型袖珍式立体声放音机。

1987 年，北京电视机厂生产的 37C–483P 型 37 厘米彩色电视机获国家金质奖。同年，北京东风电视机厂利用专利技术试制出昆仑 47 厘米普通、立体两用彩色电视机。中外合资企业北京飞利浦有限公司开始生产收录放机，有单卡、双卡、单声道、双声道、台式、便携式等品种。

1989 年 3 月，北京东风电视机厂率先推出 21 英寸平面直角立式遥控彩色电视机。

1990 年至 1991 年，北京电视机厂先后与北京电子显示设备厂和北京东风电视机厂合并，成立北京牡丹电子集团有限公司。1995 年，牡丹集团整合北京市无线电元件三厂，成为以彩色电视机生产经营为主的跨地区、跨行业的企业集团。1991 年至 1998 年，牡丹集团相继开发投产 44C1、47C10、47C11、49C1、49C5、51C5A、5IC6、51C8、51C9、54C3、54C3A、54C4、54C4A、54C9、54C10、54C10A、54C20、CH2505、CL2903 等 30 余种型号的彩色电视机，均采用优选机芯，配备遥控系统，达到国内先进水平。当时牡丹牌电视在北京市场占有率超过75%，在全国市场的占有率达到30%，占据东北、华北和西北地区50%的市场份额。1990年前后，每年从北京电视机厂进入市场的彩电将近80万台，供不应求。

1992年至1995年，牡丹牌彩电连续获全国最畅销国产品牌商品金桥奖，29英寸“牡丹画王”获中华名牌彩电称号。

1993年，牡丹集团研制出64厘米彩色电视机。9月17日，“牡丹王”74厘米彩色电视机投产。同年，牡丹牌彩电被评为全国用户信得过产品。

1996年3月，市政府第80次常务会议批准建设北京有线广播电视网。1997年7月，北京兆维电子集团京视电子分公司率先使用国内自主设计研制的高亮度、高分辨率投影管，开始自行设计、自主研制彩色投影电视机。1998年11月研制成功，当年生产3000台，屏幕尺寸为43英寸和48英寸。该产品具有九画面“画中画”等多种功能，可以接收图文广播，电路采用I^2C总线控制，部分功能积木化，可以根据用户要求进行增减。

1999年，牡丹集团研制开发高清晰数字电视接收机。在中华人民共和国成立50周年庆典期间，3台牡丹32英寸16∶9高清晰度彩色电视机、11台牡丹34英寸16∶9高清晰度彩色电视机被分别摆放在天安门城楼上，作为观看国庆庆典转播实况的监视系统使用。之后，牡丹HDTV 32英寸16∶9高清晰度数字电视机参加了中华人民共和国成立50周年成就展，2000年获北京市科学技术进步奖三等奖。同年，牡丹电子、北京邮电大学联合研制的HDTV电视墙，实现用普通背投式电视机组合成超大屏幕，显示全数字HDTV信号，填补了国内的技术空白，2000年获北京市科学技术进步奖二等奖。清华同方着手基于数字电视增值业务有条件接收系统（CAS）的研制工作，于2000年年底通过市科委组织的技术鉴定。1999年，北京停止生产黑白电视机。

2000年3月1日，北京阜国数字技术有限公司承担国家重点技术创新项目“新一代高密度数字激光视盘系统（EVD）技术开发专项”的技术开发工作。年底，牡丹集团研制出采用多种新技术、新功能的29英寸全数字处理多媒体电视机。2000年，牡丹集团开发研制的“牡丹高清晰度数字电视墙”、HD3201型32英寸16∶9高清晰度电视机、CV2968型29英寸100Hz逐行扫描彩色电视机、壁挂式液晶彩色电视机等产品先后参加在美国拉斯维加斯举办的2000年国际消费类电子产品博览会（CES）、在意大利米兰举办的第三十七届米兰国际信息通信技术展览会、在中国香港举办的香港第十九届电子产品展。2000年，北京生产彩色显像管534.42万只，彩色电视机5630台。

图6-26　2000年，北京牡丹电子集团公司研制的高清晰度电视墙

21世纪初期，牡丹集团逐步停止电视机生产，退出电视机生产制造领域，转型成为信息科技服务提供商和科技园区、

科技孵化业务运营商。

2002 年，北京华旗资讯数码科技公司推出第一款爱国者 MP3 音频播放器产品，与韩国 MP3 相比，爱国者 MP3 在技术上进行创新，无须安装驱动与管理软件，简化了 MP3 的使用。此后，华旗资讯相继推出全球首款 OLED 彩屏技术 MP3 播放器、可连续播放 25 小时的节能型 MP3、手表 MP3、眼镜 MP3 等产品。

2003 年年初，纽曼伟业科技有限公司推出纽曼闪盘 MP3。2005 年 6 月推出纽曼影音王 M360 彩屏 MP3。9 月推出大彩屏 MP3 纽曼 M560。

2006 年 5 月，魅族科技有限公司发布旗下首款 2.4 英寸大屏幕触摸式 MP3 “miniplayer”，支持视频、图片、电子书、音乐等功能。

1981—2010年北京城镇居民家庭每百户彩电拥有量统计表

6–4表　　　　单位：台

年份	1981年	1982年	1983年	1984年	1985年	1986年	1987年	1988年	1989年	1990年
拥有量	2	2	4	8	32	51	58	70	81	91
年份	1991年	1992年	1993年	1994年	1995年	1996年	1997年	1998年	1999年	2000年
拥有量	97	101	107	112	114	119	124	133	141	146
年份	2001年	2002年	2003年	2004年	2005年	2006年	2007年	2008年	2009年	2010年
拥有量	149	148	147	151	153	155	147	134	138	140

2006—2010年北京有线电视和数字电视统计表

6–5表

年份	2006年	2007年	2008年	2009年	2010年
有线电视入户率（%）	70.75	74.43	81	85.90	90
数字电视用户数（万户）	20	121.2	192	238.52	439.9

第四章　互联网普及

北京作为互联网发展的中心城市，互联网的普及率一直在全国领先。20 世纪 90 年代中期，通过北京电信提供的窄带电话拨号接入方式，互联网开始进入民众生活领域。2001 年，北京电信开始提供采用 ADSL、LAN 技术的宽带接入。2003 年至 2010 年，互联网快速发展，先后提供 WLAN/PWLAN、EPON 宽带用户接入，网络传输速率不断提升。2005 年开始，互联网专线接入用户明显增加，光纤接入走向商用，以ADSL为代表的兆级宽带接入服务用户“最后一公里”的带宽需求。2009年，北京联通实现2M宽带全覆盖。随着带宽的提升和网络内容的充实，互联网以新型的信息通信手段逐渐替代或改变着传统的人际沟通方式。2010年，北京初步建成国内最好的3G网络、20M宽带覆盖最广的信息网络，以及用户最多的高清交互式数字电视网络，基本实现地铁手机信号全覆盖，用于移动视频传输的无线宽带专网建设初具规模，互联网出口带宽、网络设备、光缆线路等资源丰富，业务提供能力与世界先进国家同步。北京互联网宽带接入用户数545.6万户，上网人数1218万人，普及率69.4%，基本实现全民上网。

第一节　家庭上网

1994年4月20日，中国正式接入互联网，成为具备互联网全部功能的第77个国家。1994年至1996年，互联网在国内开始进入公众生活，并得到迅速发展，北京互联网应用居领先地位。互联网开通之初，是用调制解调器通过电话线路拨号上网，上网时无法拨打或接听电话，网速很慢，打开一帧网页往往要一行一行地往下显现，下载速率只有几kbps，时常掉线，夜间网速稍快。上网对于电脑硬件的要求不高，一台具有英特尔486 CPU的电脑，4MB以上内存，再配上一块MODEM卡或传真卡，即具备上网基本条件。使用大于8MB内存的奔腾75以上主机，装上28.8K的FAX/MODEM，会加快响应和处理速度，节省电话费和网费，属于豪华配置。

20世纪90年代中期，北京互联网用户开始增多。到2000年前后，上网成为许多人业余生活的重要内容。

1995年，北京瀛海威科技有限公司（以下简称瀛海威）成立，命名取意于“Information high way”（信息高速公路）的谐音，是中国第一个互联网接入服务商，其创始人张树新被誉为中国“第一代织网人”。张树新率先提出“全中文互联网”的概念，并花费巨资宣传。在通往中关村的白颐路南口附近，竖起一块硕大的广告牌，写着“中国人离信息高速公路还有多远？向北一千五百米”，引起路过者好奇和迷惑，实指坐落在那里的瀛海威网络科教馆。在中国首家民营科教馆的瀛海威网络科教馆里，借助瀛海威开发的全中文多媒体网络系统，人们可以免费使用瀛海威网络，学习互联网知识。同时，瀛海威在各大新闻媒体开设专栏，普及网络知识，传播网络文化。在电脑、通信类展会上，瀛海威广布展区，一排排的小椅子面对展台，犹如将课堂引入展馆。“坐地日行八万里，纵横时空瀛海威”的广告词诠释着瀛海威致力于互联网发展的宏图大志。9月30日，瀛海威创办的上网客户端“瀛海威时空”试运营，是北京最早开展的民用互联网信息传输服务。瀛海威时空服务器最多可以同时存在65535个咖啡桌（会场）。通过瀛海威时空，人们可以交换各种信息，在咖啡厅中交谈。瀛海威论坛中可以讨论问题，瀛海威邮局可以和地球上任何地方的人交换电子邮件，瀛海威在线购物是国内最早开发的网络购物模式。瀛海威资源中心，客户可以交换文件；市场调查界面，客户可以进行网上调查，收集网上民意测验及查看市场调查结果。1997年，瀛海威“新闻夜总汇”项目汇集当天各大报纸的新闻，其形式类似门户网站。瀛海威发行了中国最早的网络虚拟货币“信用点”，用作网上交易。“瀛海威时空”用户须缴纳的费用为终身注册费320元，可使用INTERNET及WWW全部功能；通道占用费6元/小时，为本地使用费（网上货币单位是信用点，每位用户入网时获赠500信用点，1个信用点等于0.1元，每分钟消耗1个信用点）；漫游附加费6元/小时，享受国内国际漫游。截至1996年8月，瀛海威时空在北京拥有6000多名客户。

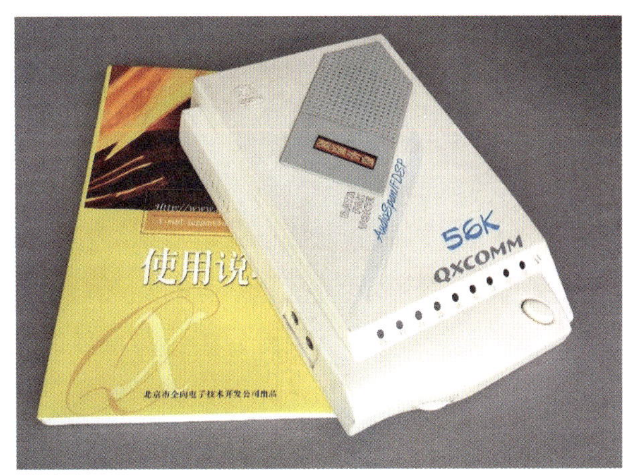

图6-27　20世纪90年代，拨号上网使用的56K外置式调制解调器

1996年1月，北京电信向公众开放互联网接入业务，启用“163”作为电话拨号接入号码。上网速度快且稳定，但需要去电报大楼进行用户注册，并缴纳100元开户费。上网费8点至23点为4元/小时，23点至8点及节假双休日为2元/小时。

1997年2月开始，历时3个月，瀛海威全国大网在北京、上海、广州、福州、深圳、西安、沈阳、哈尔滨8个城市节点建成并开通，用户可以在这几个城市间漫游。瀛海威成为中国最早也是最大的民营互联网接入提供商（ISP）与互联网内容提供商（ICP），拥有3.7万家客户。5月，中国电信在互联网领域启动“中国公众多媒体信息网”建设，开放以中文为主的信息平台接入业务，启用“169”作为电话拨号接入号码，上网仅限于访问国内网络站点。169上网有两种方式：一种是用户注册，缴纳100元开户费，上网费0.03元/分钟，每月100元封顶；另一种无须注册，上网费0.07元/分钟；半价时段与163相同。169相对低廉的上网费用，成为多数个人用户的首选，而163则更偏重服务于企事业单位。1997年，随着互联网业务的逐渐普及，普通电话拨号上网已不能满足用户需求。为解决上网速率低和上网时不能打电话问题，1998年5月，窄带综合业务数字网（N-ISDN）在北京正式开通，定名为“一线通”，可承载话音、图像、数据等多种业务。

2001年2月，中国电信开通互联网国际漫游业务。4月，北京电信推出ADSL宽带接入业务。瀛海威开始裁员并逐渐淡出公众视野。11月22日，共青团中央、教育部、文化部、国务院新闻办公室、全国青联、全国学联、全国少工委、中国青少年网络协会向社会推出《全国青少年网络文明公约》。12月20日，信息产业部、科技部、文化部、全国妇联、共青团中央主办的“家庭上网工程”启动。中国十大骨干互联网签署互联互通协议，用户可以更方便、通畅地进行跨地区访问。到年底，北京上网用户330.3万人，占全国总数的9.8%，每个用户平均每周上网 9.9 小时，收发邮件数分别为 12.4 个、9.1 个，其中 48.6% 的用户上网是为了获取信息，网民的结构从以年轻人为主逐渐过渡到涵盖各年龄段，互联网成为大众平台。

2002年以后，受ADSL宽带上网业务的替代影响，ISDN业务量明显下降。2003年8月11日，名为“冲击波”的电脑蠕虫病毒从境外传入国内，影响到全国绝大部分地区的用户，北京网民深受其害，在病毒流行最猖獗的几天，每天早晨在中关村海龙大厦门口，人们排着长长的队伍，等待着领取北京瑞星公司免费发放的紧急救助光盘。同年，北京网通推出流媒体业务平台，服务于 ADSL、LAN 等宽带接入用户的异地间视频监控、视频会议、远程医疗、网络教学、网络游戏等多媒体信息应用。年底，北京上网用户增长到 398 万人，占全国上网用户总人数的 5%，为北京总人口的 28%。

2004 年，为提高北京市民的信息化水平，带动和支撑北京市全面小康社会建设及向世界化大都市迈进，市政府启动实施“百万家庭上网工程”，并列入北京市 2004 年直接关系群众生活拟办的重要实事之一。“百万家庭上网工程”针对北京市民进行信息化培训，组织各种公益活动，宣传信息化技术，普及信息技术知识，引导市民了解新技术及产品，促进市民对数字产品与服务的消费，倡导市民积极健康的生活方式，让市民享受到信息化带来的便利和实惠。

2005 年年底，北京上网人数 428 万人，占全市总人口的 28.7%，比例位居全国第一位，城市和农村的上网人数占比分别为 35.8% 和 7.5%。

2006 年 3 月 30 日，信息产业部颁布施行《互联网电子邮件服务管理办法》。年底，北京上网用户 468 万人，占全市总人口的比例为 30.4%，是全国唯一普及率超过 30% 的省级行政区。

2008 年 6 月 30 日，中国网民总数达到 2.53 亿人，首次跃居世界第一。2009 年 5 月 19 日，工业和信息化部下发《关于计算机预装绿色上网过滤软件的通知》。同年，中国开始提供 3G 网络服务，网民中逐渐流行采用手机等移动终端上网。

2010 年年底，北京地区上网用户超过 1218 万人，互联网普及率达 69.4%，居全国首位，其中宽带用户 545.6 万人。网民每周平均上网时长为 23.6 个小时。使用移动终端上网的用户多达 1042 万人，并有超过电脑上网用户的趋势。

2010 年，北京互联网国内、国际出口带宽、网络设备、光缆线路等资源丰富，业务提供能力与世界先进国家同步。北京作为首都，在国内互联网的发展变革中始终处于领跑者位置，在技术创新突破、普及应用推广方面，位于互联网演进的第一线。

1998—2010年北京互联网上网用户统计表

6–6表

年份	1998年	1999年	2000年	2001年	2002年	2003年	2004年
宽带接入用户数（万）	—	—	—	—	—	—	—
上网人数（万人）	50.25	189.04	278.78	330.26	390.06	398.00	402.00
占本地人口比例（%）	—	—	—	—	—	28.00	27.60
年份	2005年	2006年	2007年	2008年	2009年	2010年	
宽带接入用户数（万）	228.8	281.2	351.8	409.3	451.7	545.6	
上网人数（万人）	428.00	468.00	737.00	980.00	1103.00	1218.00	
占本地人口比例（%）	28.7	30.4	46.6	60.00	65.10	69.40	

说明：“—”表示缺少相关数据资料。

第二节　网吧上网

“吧”为外来语，是具有特定功能的小型休闲场所的代名词。网吧是指拥有上网功能的小型休闲场所，即对于通过计算机与公众信息网络联结，向消费者提供上机学习、信息查询和交流等服务的经营性场所的俗称。20世纪90年代中期，北京有对社会公众开放、被称作“电脑室”的经营场所，提供学习电脑知识和休闲娱乐服务，部分具有通过局域网联机玩游戏的功能，成为网吧的雏形。

1996年11月15日，北京实华开电子商务有限公司在首都体育馆西侧白颐路旁设立的网络咖啡屋开业，提供互联网接入服务，开创北京网吧行业先河。实华开网络咖啡屋营业面积不大，一边是咖啡屋区域，另一边是上网区域。一些公司或机关团体在实华开网络咖啡屋包场，举办联谊会、研讨会。由于邻近国家图书馆及高校，网络咖啡屋独特的“亚小资”风格迅速得到年轻文化人的认可，一时间“泡网咖”成为时尚。实华开的网络咖啡屋配备11台电脑，有自己的ISP站点，开始是64K专线，后来提速到128K，成为沟通世界的信息高速公路。实华开

图6–28　北京实华开电子商务有限公司设立的首家网络咖啡屋（1996年摄）

网络咖啡屋除为顾客提供上网服务，还具备基本的商务服务和餐饮服务等功能。服务收费，上网一小时收费30元，买优惠卡可以打七折，且不记名，其他人也可使用；上网者若要下载文件需要另外付费，按照1MB数据或一张3.5英寸软盘（1.44MB容量）10元收取。实华开网络咖啡屋在首体店开业以后，以其独特的经营理念和经营方式，通过饮食文化与高科技的交融，迅速占领市场。截至2000年年初，实华开在北京、上海、天津等地拥有10多家分店，成为当时全国知名的网络咖啡屋连锁机构。

1997年，“飞宇网吧”创办人王跃胜携80多万元到中关村创业。当时北京城区只有两家网吧，均由大学生创办。王跃胜利用北京大学南门外一套128平方米的房屋开办一家网吧。购进25台配置奔腾166 CPU的电脑，开张前3天免费，第4天开始收费，每小时20元标准，由于当时网络普及率低和收费标准偏高，平均每天客户不足10人。王跃胜从培养网民着手，办起飞宇网校。每天上午7点至9点，飞宇网吧免费提供上网以及培训上网知识，前来上网的人逐渐增多。半年后生意火爆，收费时间出现排队上网局面，飞宇网校培养了1000多名网民。此后，通过开新店和兼并周边店铺，飞宇网吧的营业面积增至1万多平方米，电脑达1800台，每天上网用户超过2万人。飞宇网吧18家分店的屋顶广告牌连成一体，在地下相互通达。到2001年，北京大学南门所在的海淀路形成网吧一条街。王跃胜成为飞宇集团总裁，以“中国最大网吧CEO”的身份名噪中关村，并当选第九、十、十一届全国人大代表。

20世纪90年代后期，大多数家庭尚不具备购买电脑和装置网络的经济条件，网吧的出现提供了公众上网所需的环境。但缺少规范化要求，管理水平欠缺，不少经营单位是从游戏厅转型而来，沿用“给钱就能上机”的简单管理方式，对于信息产品特有的安全属性缺少认知。往往一间出租屋，几台电脑，几个工作人员就能开个小网吧，业内软件盗版习以为常，低俗内容充斥；网吧内部光线昏暗，烟雾缭绕，治安案件时有发生，使得网吧几乎成为“脏、乱、差”的代名词。根据所在地理位置、周边环境和硬件配置水平，在网吧上网一小时收费从十几元到20元不等。到2000年左右，网吧经营场所遍布全市，上网价格逐渐降低。网吧行业无序发展的混乱状态引起政府有关部门的重视，2000年3月14日，市公安局、市电信局、市文化局、市工商局联合发布《关于加强北京地区“网吧”安全管理通告》，对于网吧的经营资质、登记注册、安全管理等做出明确规定，并规定网吧不得经营电脑游戏。

2001年4月3日，信息产业部、公安部、文化部、工商总局联合发布《互联网上网服务营业场所管理办法》。北京开展对网吧的专项治理行动，到年底共检查网吧937家次，取缔有违法违规经营行为的网吧148家。

2002年1月，市政府指定北京电信通电信工程公司实施“绿色网吧”工程，北京市所有网吧接入互联网由电信通实施，完成900余家网吧的接入，并统一划分IP。5月10日，文化部发布《关于加强网络文化市场管理的通知》，提出对网吧等互联网上网服务营业场所要从严审核、控制总量、合理布局、优化结构，加强宏观管理和调控力度，反对盲目发展。

直辖市、省会城市和计划单列市的每一场所的计算机设备总数不得少于60台，且每台占地面积不得少于2平方米；不得在中小学校周边直线距离200米内开设网吧等互联网上网服务营业场所；不得设立集中经营场所或集中经营街区。6月11日，北京市再次开展网吧等上网服务场所的专项治理行动，重点是整治网吧中出现的危害国家安全和影响社会稳定等有害信息内容，打击经营不健康内容的电脑游戏，查处容留未成年人在非规定时间进入网吧的违法经营活动。

2002年6月16日凌晨，位于海淀区学院路20号的“蓝极速”网吧被烧毁，25人死亡。蓝极速网吧火灾发生后，北京市紧急动员，6月16日至7月31日，分3个阶段对网吧及其他文化娱乐服务场所进行专项治理，先后出动执法人员104589人次，检查网吧34559家次，取缔2033家黑网吧，没收电脑设备2086台，暂扣8757台，罚款711505元。专项治理办公室建立了全市网吧的基本台账，要求从6月16日起，所有网吧停业整顿。7月18日在与市、区县专项清理整治工作办公室签订经营管理协议书后，首批30家证照齐全的网吧恢复营业。9月29日，国务院公布《互联网上网服务营业场所管理条例》，把未成年人禁入网吧作为重点工作。

图6-29 “海淀公共安全馆”展示的蓝极速网吧火灾复原现场（2005年摄）

2003年6月5日，文化部发出《关于全国性互联网上网服务营业场所连锁经营单位审批情况的通告》，批准10家单位筹建全国性互联网上网服务营业场所连锁经营。网吧连锁经营可以凭借大企业的品牌和服务优势提升管理水平，改变网吧“散、乱、差、小”的局面，解决网吧管理不规范问题。到年底，北京网吧行业向规模化、主题化、连锁化方向发展，市场渐趋繁荣，经营秩序明显好转。

2005年4月12日，文化部、国家工商总局、公安部、信息产业部、教育部、财政部、国务院法制办公室、中央文明办、共青团中央联合印发《关于进一步深化网吧管理工作的通知》，对接纳未成年人进入网吧提出严格的惩戒措施。同年，北京市启动安装网吧监管系统。上网者首次进入网吧，须在“北京市网吧上网登记设备”的摄像头前拍照，对其身份证进行扫描，两项信息同时传递至北京市文化执法总队的监控平台进行存档。日后上网者进入网吧时，只需提供身份证号，工作人员核对系统存档信息即可进入。在文化执法总队的监控平台上，工作人员可以实时对所有网吧的任意机位进行监控，上网者的信息能快速查阅。到2008年年底，全市所有网吧均已安装监管系统并投入使用。

2006年5月10日，北京市“扫黄打非”工作领导小组和网吧管理长效机制试点工作领导小组在全市范围开展为期90天的集中整治网吧专项行动和完善网吧管理长效机制工作。对发现有违法违规行为的网吧从严从重处罚，对网吧接纳未成年人进入的处罚实行量化标准；加强对网吧经营场所上网消费者身份证等有效身份证件登记规定的检查；向社会公布违法网吧及黑网吧名单；开通24小时举报电话12318，发动群众及社会各界广泛参与举报违法网吧及黑网吧。11月28日，北京市互联网上网服务营业场所协会与宽域启航科技发展（北京）有限公司合作建立的“北京网吧从业人员培训基地”在昌平区挂牌成立。通过推行网吧管理人员、技术人员和服务人员岗前培训和持证上岗制度、上岗备案制度，提高网吧从业人员素质，推动网吧行业健康发展。

2007年2月15日，文化部等14部委联合下发《关于进一步加强网吧及网络游戏管理工作的通知》，首次对网络游戏中的虚拟货币交易进行规范。

2008年4月23日，东城区、西城区、朝阳区人民法院分别对10起涉网吧侵犯著作权案件做出一审宣判，北京网游驿站、鑫苹果等10家公司因未经授权在其网吧的局域网上传播电影，被判令立即停止侵害影业公司放映权、复制权、信息网络传播权的行为，并赔偿影业公司6000~23000元的经济损失及诉讼费用。

2010年，市政府在第14期政府公报中发布《关于推进网吧连锁化经营有关事宜的通知》。按照《通知》的要求，2010年北京市网吧总量布局规划控制在1927家以内，总量布局规划指标全部用于网吧连锁企业的直营门店布点。其中，朝阳区辖内的网吧规划数量为各区之首，总量控制在350家以内；其次为海淀区，总数量300家；其余城区，网吧总量基本控制在100余家。

随着宽带建设和家用电脑的普及，到网吧上网的人越来越少。到2010年，上网价格普遍回落到10元以下，甚至低到两三元。随着电脑硬件价格和专线、宽带的费用逐年下降，网吧设备配置更新且使用频繁，网吧房屋租金和员工工资不断增长，运营成本上涨，网吧业经营步入微利时代。为改善微利或亏损局面，部分网吧转型升级为“网咖”复合型业态，打造包括网校、餐饮、娱乐、商务等为一体的会所式综合服务机构，功能向满足休闲娱乐、社交聚会的方向延伸，目标人群为有一定消费能力的青年人和商务人士。网咖对内部空间进行细分，划分出影音、电竞、聚会、娱乐等不同的区域，并设置符合相应主题的装修效果、环境氛围和硬件设备，以提供不同的服务。部分网吧针对所在地区的环境特点提供差异化服务，例如，在韩国人聚集的区域，安装韩文版计算机操作系统和软件；专业化主题网吧专注于游戏业务来吸引特定用户，能够帮助用户解决相关问题甚至参与陪玩服务；定期举办比赛、交流、交易等贴近玩家的活动；联系游戏厂商现场推介新游戏来吸引玩家等。

第五章　互联网应用

20世纪90年代至21世纪初期，随着互联网的发展，应用门槛不断降低，互联网走进千家万户，成为市民之间常用的交流工具和与外界沟通的新渠道，为人们工作、学习和娱乐提供了便捷方式。市民可以随时随地接入无线宽带网络，获取就业信息和服务，甚至可以在家里办公；数字消费普及，“三网融合”业务进入家庭，网上图书馆、虚拟博物馆、文化娱乐内容丰富多彩，市民通过手机、交互有线电视，享受娱乐和学习等各类数字化服务；网络化旅游服务普及，游客通过网络可方便地获取信息，体验三维虚拟旅游和互动信息服务；置身智慧社区，实现社区安防、能源管理、停车管理和社区服务智能化；居民可以在线办理各类事项，感受网上寻医问诊等数字生活带来的方便，居家老人通过智能终端得以享受各类助老照顾，残疾、病患者通过智能化设备获得服务。市民通过博客、微博、QQ、电子邮箱等途径发表文章，参与评论，展示自我，转发文件。还可以购物、订票订餐、炒股、聊天交友、玩游戏、观赏视频，享受信息化带来的便捷生活。

北京很多互联网上市公司和著名网站具有重要的互联网新媒体功能。在综合门户网站方面，新浪、网易、搜狐的影响力辐射全国乃至全球；在信息搜索方面，百度引领行业，以搜索引擎为基础开辟多元化服务；在新闻网站方面，人民网、新华网、央视网、千龙网、中华网、凤凰新媒体等有着覆盖全国的用户群；在专业门户网站方面，携程网、搜房网、慧聪网、中房集团网等细分市场占据着优势；在视频网站方面，优酷网、乐视传媒、华视传媒竞争着蓬勃兴起的市场；在社交互联网方面，人人网、世纪佳缘网等向该领域的综合门户方面发展，功能日趋多样。

2009年，中国开始提供3G网络服务，随着网民对网络应用便捷性的要求日益提升，以及移动网络环境的逐渐改善和移动终端设备的日渐普及，各种互联网应用纷纷将发展移动端市场作为关注重点。手机相对其他移动设备具有普及程度高的优势，成为移动互联网市场的核心发展方向。

2010年，北京地区共有网站37.2万个；互联网企业29.8万家，占全国互联网企业总数的16.3%，其中12家企业进入全球知名网站前100名行列；上市的互联网公司有29家，总市值6000多亿元。在居民生活中，网络社交、游戏娱乐、购物已成常态。许多机关、企事业单位实现网上办公、无纸化办公。

第一节 信息服务

一、门户网站建设

门户网站打开了网民通往互联网世界的大门，成为网民获取资讯、娱乐和沟通互动的平台。互联网发展初期，门户只是网站链接的集合，通过免费咨询、热点新闻服务浏览者，利用高点击率吸引企业投放广告，成为互联网最主要的商业模式之一。随着互联网覆盖范围迅速扩大，电子杂志、BBS（论坛）、电子邮件、搜索引擎、网络视频等互联网应用不断改变着人们的生活和工作方式。

1995年9月30日，瀛海威创办的“瀛海威时空”信息内容服务网站开始试运营。瀛海威时空建有瀛海威邮局、瀛海威论坛、瀛海威咖啡厅、资源中心、档案查询、市场调查、户籍管理、在线购物、相识瀛海威九大内容服务系统。1998年，瀛海威发展成拥有37000家客户的全国知名ISP公司和除邮电系统之外中国最大的电信网络公司，建立了中国第一个公司网和电子商务。瀛海威开发了一些领先的原创产品，例如“呼叫功能”与QQ等采用的系统类似，“讨论组”与SNS相似。

1996年8月，爱特信信息技术有限公司在北京成立，并建立爱特信网站，其中部分内容是分类搜索，称作“爱特信指南针”。因为与搜索相关，改名为“搜乎”。考虑到在中国文化中狐狸象征着机敏、灵活和聪慧，特质符合搜索引擎服务的特点，因此又将“搜乎”改名为“搜狐”。1998年2月，爱特信更名为搜狐公司，中国首家大型分类查询搜索引擎问世，搜狐品牌由此诞生。搜狐公司是互联网媒体、搜索、在线游戏企业，为用户提供网络服务。1999年3月，在分类搜索的基础上，搜狐发展成为综合性网络门户，推出丰富的特色频道，提供多种网络服务。同年，搜狐推出新闻及内容频道，奠定了综合门户网站的雏形。2000年7月12日，搜狐公司在美国纳斯达克挂牌上市。2002年借助短信、彩铃、网络游戏等收费业务，搜狐开始盈利。2010年，搜狐总收入6.128亿美元。

1998年12月1日，四通利方宣布并购海外最大的华人网站公司华渊资讯，成立新浪网。新浪是一家服务于全球华人社群的在线媒体及移动增值服务提供商，拥有多家地区性网站，通过旗下五大业务主线，即提供网络新闻及内容服务的新浪网、提供移动增值服务的新浪无线、提供Web 2.0服务及游戏的新浪互动社区、提供搜索及企业服务的新浪企业服务以及提供网络购物服务的新浪电子商务，向广大用户提供包括地区性门户网站、移动增值服务、社交网站（SNS）、博客、影音流媒体、相册、网络游戏、电子邮件、搜索、分类信息、收费服务、电子商务和企业电子解决方案等在内的一系列服务，凭借信息的快速、准确、全面，发展成为中国主要门户网站之一。2000 年 4 月 13 日，新浪网宣布首次公开发行股票。4 月，新浪在纳斯达克上市。5 月 17 日，新浪网推出 WAP 网站。6 月 30 日，新浪网在中文网站 100 强中排名第一。2001 年 1 月，新浪成为中国首家获得电信与信息服务业务经营许可证的公司。2002 年，借助短信、彩铃、网络游戏等收费业务，新浪开始盈利。2010 年，新浪营业收入 8500.10 万美元，主要收入来自网络广告和移动增值服务，部分来自搜索及其他收费服务。

2000 年 1 月 1 日，百度公司在北京成立，推出独立搜索门户。百度为用户提供互联网搜索产品及服务，包括以网络搜索为主的功能性搜索，以贴吧为主的社区搜索，以及针对各区域、行业所需的垂直搜索。2005 年，百度在纳斯达克上市。2010 年 8 月，百度移动互联网事业部成立，相继推出手机输入法、手机浏览器、掌上百度、百度搜索等产品。同年，百度公司被确定为互联网首个国家创新型试点企业，总营业收入为 79.15 亿元。

二、综合信息服务

1998 年 12 月 1 日，新浪网推出提供旅游服务的栏目《新旅人》。12 月 23 日，新浪网推出“速递电子杂志”。

1999 年 4 月 12 日，新浪网改版，实现中国大陆、中国台湾、北美三地的整合。7 月 13 日，新浪网科技频道推出在线扫毒免费试用版。8 月 2 日，新浪推出财经测试版。8 月 23 日，新浪网科技频道软件下载中心发布。9 月 13 日，新浪网生活空间推出全国酒店预订服务。9 月 16 日，新浪网生活频道推出全国电子地图查询服务。9 月 20 日，北京 114 台在全国首先开通网上查号。9 月 22 日，新浪网新闻中心推出地方新闻栏目。

2000 年 4 月 3 日，新浪网推出“都市生活”。4 月 6 日，新浪网汽车、时尚俱乐部面世。4 月 7 日，新浪网、中华英才网联合推出求职栏目。4 月 12 日，新浪生活空间改版为影音娱乐、生活情感、文化教育 3 个频道。9 月 12 日，新浪网和搜房网合作推出房产家居栏目。11 月，市通管局开始办理互联网内容提供商（ICP）经营许可证。年内，北京电信开通的电子商务服务平台与银行、证券公司等网络互联，开始提供电子证券服务（网上开户、缴费等）。随着宽带接入的发展，多媒体信息开始在网站普遍应用。2001 年 8 月 16 日，新浪个人家园推出。2003 年 1 月 13 日，摩托罗拉与新浪战略合作，向用户提供无线网站服务。11 月 12 日，新浪推出青少频道（Y–ZONE）。

2005 年 3 月，赶集网创立，网站通过电脑端及移动互联网的全平台覆盖，为用户提供招聘求职、房屋租售、车辆买卖、二手物品买卖、宠物、票务、教育培训等生活及商务服务类信息，帮助用户解决问题。5 月 19 日，新浪与中华英才网战略合作，共建招聘频道。12 月，58 同城创立，作为生活服务平台，业务覆盖招聘、房产、汽车、二手、本地生活服务及金融等方面。

2006 年，百度百科上线，成为全球最大中文百科全书网站。2007 年 5 月，千龙、新浪、搜狐、网易、Tom、中华等 11 家网站举办“网上大讲堂”活动，以网络视频授课、文字实录以及与网民互动交流等方式，传播科学文化知识。截至12月底，共举办330多期讲座，累计点击量突破1亿人次。12月24日，财政部、民政部、国家体育总局联合下发《关于彩票机构利用互联网销售彩票有关问题的通知》，禁止利用互联网发行销售彩票，快速增长的彩票网络销售被紧急叫停。

2009年5月，赶集网手机版上线。同年，百度推出开放平台，帮助第三方开发者利用互联网平台自主创新、自主创业。

2010年，百度输入法上线。

三、信息搜索

互联网的一个重要应用是通过搜索引擎进行信息检索。搜索引擎服务大幅提高了信息检索的效率，成为人们从网络资源中获取信息的主要手段。“九五”期间，北京大学的天网搜索引擎、清华大学的网络指南针搜索引擎等在中英文网页全文检索及主题分类查询技术方面取得突破，开启国内研究搜索引擎的先河。

1999年2月2日，新浪网推出新一代中文搜索引擎“新浪搜索”测试版。10月9日，新浪搜索推出高级搜索功能。2000年11月1日，新浪搜索推出国内第一个综合搜索引擎。5月，百度开发出首个中文搜索引擎，可以搜索500万个网页。

2001年，百度推出独立搜索引擎。2003年，百度发布图片搜索、新闻搜索。2003年年底至2004年年初，搜索引擎成为国内互联网市场上新的竞争热点。雅虎收购占实名搜索90%市场份额的3721公司，随后推出搜索品牌“一搜”，把搜索的焦点定位在MP3，号称要做“中国最大的娱乐音乐搜索”工具。

2004年8月3日，搜狐推出第三代互动式中文搜索引擎“搜狗”。8月，新浪推出“全方位”搜索平台。同年，百度推出WAP搜索，在手机上能够使用百度的搜索功能。

2005年6月30日，新浪推出自主研发的搜索引擎“爱问”。同年，百度推出“百度知道”。“百度知道”的特点在于和搜索引擎相结合，针对用户提出的问题，通过积分奖励机制鼓励其他用户共同解答。2006年，百度首页从“百度搜索”改为“百度一下”。

2008年11月至12月，中央电视台连续曝光搜索引擎竞价排名商业模式的弊端，成为社会舆论关注的热点，引发网民对搜索引擎的信任危机。

2010年3月23日，谷歌公司宣布将在中国的搜索服务由中国内地转至中国香港地区。同年，百度在中国的搜索份额接近80%，成为全球最大的中文搜索网站。

四、电子邮箱

电子邮箱是多数网民的必备工具，其中个人免费电子邮箱为市场主流。经过多年的发展，个人邮箱的应用范围已经从部分中高端用户的商务需求，扩大至广大网民的基础性沟通需求，在各种网络应用中普及程度较高。

1998年12月8日，新浪邮件空间升级为50MB，支持POP3和SMTP功能。2001年

8 月 3 日，继网易、263、21CN 之后，新浪开始发售收费邮箱，同时将拥有 2200 多万用户的 50MB 容量免费邮箱降到 5MB。由于个人免费邮箱除用于邮件收发外，还具有文件存储和网站注册功能，此举引发业界的争议和用户不满。

2002 年 3 月，拥有 2000 多万用户的 263 宣布取消免费邮箱，推行收费邮箱，随后两个月其用户数锐减至 59 万人。7 月 17 日，新浪网推出新型“任你邮”收费邮箱，每月最低只需 2 元。9 月，网易推出 200MB 收费邮箱，并继续提供 25MB 的免费邮箱。10 月 16 日，263 网络公司推出“阳光邮件”“彩虹邮件”“风度邮件”“钻石邮件”四大个性化电子邮件系列产品。11 月 1 日，中国互联网协会、263 网络集团和新浪共同发起，中国互联网协会反垃圾邮件协调小组在北京成立，旨在保护中国互联网用户和电子邮件服务商的正当利益，公平使用互联网资源，规范中国电子邮件服务秩序。

2004 年 6 月 14 日，新浪免费邮箱全面扩容。9 月至 11 月，网易 126 免费邮箱和 163 免费邮箱先后扩容至 1GB、1.5GB，以国内近 50% 的免费邮箱市场占有率取得绝对优势，自此免费邮箱成为行业趋势。

2005 年 3 月，腾讯为了弥补其电子邮箱短板而收购 Foxmail，以其过亿的 QQ 用户为基础捆绑推出 QQ 邮箱，拥有上亿邮箱用户。

2006 年 5 月，雅虎推出 3.5GB 带 20MB 附件的邮箱。6 月，网易邮箱扩容至 3GB 带 20MB 附件。

2007 年 9 月，网易推出无限容量的免费邮箱，引发行业震动。12 月，QQ 免费邮箱扩容至 2GB。

2008 年 7 月，网易推出邮箱新版本极速 3.0。拥有 2.5 亿用户的网易邮箱，集合生活百宝箱、音乐盒、理财易等信息服务，提出“一箱多能”的发展方向，打造全方位网络信息平台。

第二节　网络社交

社交网络是人们通过朋友、血缘、交易、兴趣、链接等关系建立起来的社会网络结构，以青少年为主要使用人群，以日志、相册、分享、小游戏为主要内容，建立起社会性网络的互联网应用，是互联网的重要应用之一。

BBS 是互联网重要应用之一。1994 年 5 月，中国国家智能计算机研究开发中心开通曙光 BBS 站，是中国内地的第一个 BBS 站。随后陆续开通清华大学的“水木清华”和南京大学的“小百合”等高校论坛，聚集了越来越高的人气。天涯论坛、强国论坛等主题论坛凭借其特色的主题细分吸引众多网民的关注。BBS/ 论坛成为网民表达个人情感、观点和诉求的重要平台，涵盖生活的各个方面，每个人都可以找到自己感兴趣或者需要了解的专题性论坛。综合性门户网站或各类功能性专题网站开设自己的论坛，以促进网友之间的交流，增加互动性和丰富网站内容。

即时通信是另外一个重要的网络通信应用，是网民们相互交流的首选方式。即时通信工具包括QQ、MSN、SKYPE等，可以让远隔重洋的人们通过文字、语音或者视频进行实时交流，相比电话等传统通信工具，即时通信工具有方便、多样化等优势。即时通信软件的应用普及程度以腾讯QQ领先，其次是阿里旺旺、飞信和MSN。腾讯QQ用户的交流对象主要是朋友、同学、同事等，商业客户之间交流相对较少；阿里旺旺是买卖交易双方洽谈的主要工具，使用范围逐步向其他交流圈内渗透；飞信用户的主要交流对象是生活中的朋友、同学、同事及工作伙伴。随着技术的进步，即时通信软件的功能从最初简单的文字聊天，发展到语音聊天及视频聊天，支持用户之间的文件传输，多人以及群组聊天，多人的语音聊天，增添聊天趣味性的表情符号，等等。

1998年12月23日，新浪网推出电子贺卡。1999年2月，腾讯公司网络即时通信服务工具QQ开通，可与无线寻呼、GSM短信息、IP电话网互联，通过QQ传递信息、文件，共享音乐和游戏，给人们提供便捷的沟通平台，深刻影响和改变着网民的沟通方式和生活习惯。

2000年11月17日，新浪聊天站改版。12月，搜狐推出无线互联网定制收费服务“搜狐手机短信（SMS）”。同年，搜狐收购中国领先的年轻人社区ChinaRen校友录。

2001年1月17日，搜狐宣布推出短信服务。5月22日，新浪推出短信息服务。2002年春节期间，新浪在网上推荐的一条拜年短信发送量超过500万条。

2003年12月，百度推出“百度贴吧”。百度贴吧是基于关键词的主题交流社区，与搜索紧密结合，后来发展成为全球最大中文网络社区。

2005年5月，美国微软公司在互联网推出微软网络服务（MSN）门户。6月，腾讯开始提供QQ空间服务。9月，新浪成为国内第一家发布博客（Blog）服务的门户网站。博客是继E-mail、BBS、ICQ之后出现的第四种网络交流方式。12月，几位大学生创办了校内网。

2007年5月，中国第一家带有微博（MicroBlog）色彩的社交网站“饭否”网上线。8月13日，腾讯微博“滔滔”上线。8月21日，中国互联网协会颁布《博客服务自律公约》，鼓励博客服务提供者对用户实名注册，并为实名博客提供个性化服务；鼓励社会公众对博客服务提供者进行监督。10余家知名博客服务提供商签署该公约。2007年，美国苹果公司推出全球首部智能手机iPhone。此后，智能手机、平板电脑的功能持续提升，用户数量不断增加，凭借便携性和成本优势，逐渐成为社交网络的主要工具，社交网络开始突破网站的范畴，向移动设备和众多应用程序扩展。与电脑相比，手机具有更为灵活的即时通信功能。

2008年1月，搜狐博客3.1版上线，搜狐博客开放平台开通。随着论坛、博客、SNS、微博客等社交类网络应用快速发展，互联网的交互性、自媒体属性愈加凸显。网民更具自主性、互动性，不再是被动接收信息的媒体受众，而是积极地参与到网络中，成为信息的制作者、发布者、传播者和分享者。2月，北京开心人信息技术有限公司创办开心网。开心网为网民提供一个互动平台，让用户与朋友、同学、同事、家人保持联系，了解动态，通过轻松的在线互动传递快乐。开心网提供的产品和服务包括照片、日记、书评、影评等信息分享平台，短消息、留言、评论等沟通手段，事务管理、网络硬盘、收藏等个人工具，投票、答题、真心话、转帖等互动话题，以及朋友买卖、争车位、买房子、钓鱼、吸乐无穷等互动组件。截至2009年12月初，开心网注册用户接近7000万人，页面浏览量超过20亿人次，每天登录用户超过2000万人。2008年，社交网站在国内兴起并快速发展，开心网、校内网等的社交网络服务SNS网站迅速传播，成为互联网热门应用之一。

2009年4月，中文在线以“助力全民阅读，迎接全媒体阅读新时代”为主旨，搭建在线全民阅读网。7月，中文在线承办第三届中国数字出版博览会。中文在线旗下的17K网站与“长篇小说选刊”联手承办网络文学10年盘点活动，产生10部网络最佳作品和10部网络最佳人气作品。参与作品审读和点评的专家、文学期刊资深编辑50余人，网络读者推荐作品约1700部，参与投票海选的读者50万人。盘点活动囊括10年来网络创作的活跃人群，填补了网络文学缺失文学评论及文学话题讨论的空白。

2009年7月，饭否、腾讯滔滔等微博停止运营。8月，新浪推出微博内测版。随后，搜狐、网易、人民网等门户网站纷纷开启或测试微博功能。微博开始进入上网主流人群视野，吸引了众多网民加入，社会名人也以微博为平台，在网络世界里聚集人气，微博成为互联网热点应用之一。随着微博的日益火热，在微博中出现的各种网络热词迅速流行。8月4日，校内网改称人人网，跨越校园范围。人人网实名制社交网络平台所提供的SNS社交网站搭建了用户交流互动平台，具有发布日志、保存相册、音乐视频资源分享等功能，并可玩在线游戏、听音乐、参与团购等。人人网的“家庭空间”为父母和子女提供了沟通平台，网友可以记录生活点滴和分享照片，存储对家庭的记忆。

2010年10月9日20点50分，腾讯QQ同时在线人数超过1.22亿人，刷新历史纪录。2010年年底，新浪微博的注册用户总数超过1亿。同年，北京网络社区企业主要有人人网、开心网、新浪微博等。开放平台战略成为北京网络社区企业的主要选择，通过与大量的第三方网络公司、编程爱好者合作，开发网页版应用小程序和网页版游戏，为用户之间的互动提供更丰富的途径。

第三节　网络游戏与娱乐

在家庭电脑的应用中，玩游戏占有相当大的比重。很多电脑用户通过玩游戏逐渐积累电脑和网络知识，并结交网友。另一方面，厂商根据用户需求开发游戏功能进而形成游戏产业，对互联网的应用和发展起到一定的推动作用。

20 世纪 90 年代中期，比较流行的电脑游戏是单机版，即使在网吧也是局域网游戏。单机版游戏的情节比较简单，玩一段时间后会发现固定的套路，缺少新意。同时期，北京游戏产业开始兴起，单机版游戏产品纷纷上市，厂商主要靠出售光盘获利。1994 年，以编辑出版 CD−ROM 出版物为主业的北京金盘电子有限公司出品的《神鹰突击队》成为中国内地第一款自主研发的原创游戏。当时，互联网应用开始萌芽，电话线拨号上网费用较高，个人用户难以承受长时间联网消费。早期出现一款名叫“MUD”的网络游戏，受限于操作系统和网络带宽，游戏场景主要利用文字叙述的方式呈现。

20 世纪 90 年代后期，随着互联网的发展和 Windows 操作系统图形化界面的出现，网络游戏开始进入大众视野。与单机版游戏不同，网络游戏玩家所面对的不再是呆板的电脑，而是与自己不断互动的人，游戏情节的发展无法预知，增加了游戏魅力。此后，网速提升，资费下降，厂商开发的各类网络游戏层出不穷。凭借形象逼真的 3D 画面，华丽震撼的音响效果，离奇曲折的故事情节，增强了用户的感官体验，产生强烈的游戏代入感，使上网玩游戏逐渐成为大众的新型娱乐方式。1998 年，北京企业开始引进、开发和运营网络游戏，随着用户规模的扩大和游戏厂家的不断探索，网络游戏的运营机制逐渐形成。网络游戏厂商的盈利模式从最初收费游戏的点卡销售、包月销售，到运行以出售道具和增值服务为主的免费游戏。

1994 年，北京金山软件公司（以下简称金山软件）成立。1995 年，金山软件开始开发游戏产品，其名下“西山居”是知名的游戏制作室。1997 年，金山软件发行的《剑侠情缘》系列产品，为具有代表性的国产角色扮演类游戏。2003 年 7 月 26 日，金山软件推出首款 2D+3D 网络游戏《剑侠情缘网络版》。2004 年 12 月，金山软件推出第二款网络游戏《封神榜》，在线用户曾达到 10 万人。2006 年推出《封神榜 2》等。2007 年，金山软件公司在香港证交所上市。到 2010 年，金山软件的传统产品线稳中有降。

1995 年，目标软件（北京）有限公司（以下简称目标软件）成立，1998 年成立“奥世工作室”。1998 年 4 月，目标软件开发的游戏《铁甲风暴》上市，成为当月软件销售排行榜的第一名。2000 年，目标软件制作的《傲世三国》在美国 E3 大展上展出，是中国游戏第一次出现在“电子娱乐奥斯卡”盛会上。2001 年，目标软件的《傲世三国》进入全美游戏排行榜GLOBAL100，并有英、法、日、德、意、韩等16种语言版本在全球发售。2002年，目标软件制作完成网络游戏《天骄——秦殇世界》，2003年制作完成网络游戏《天骄——霸王传说》，2004年，网络游戏《天骄》登陆韩国和东南亚市场。2006年2月，《傲世三国Online》同玩家见面；7月，目标软件出品2D游戏收山之作《凤舞天骄》。2007年9月，目标软件的经典网络游戏《天骄Ⅱ》推出改版作品《天骄Ⅱ活力魔宠版》。同年，目标软件研发推出《天骄3》《MKZ》《龙腾世界》《天地》《楚汉OL》5款产品。2010年5月，目标软件推出中华神话战争网游《龙腾世界》。

1998年，北京联众电脑技术有限责任公司（以下简称联众公司）成立，主要向网络用户提供在线娱乐服务。3月推出“联众世界”网站，提供网络休闲游戏及信息内容服务，成为国内首家专营网络游戏的门户网站。到2004年，“联众世界”陆续推出30余种在线棋牌类游戏项目，包括竞技类（围棋、象棋、国际象棋、桥牌等）、娱乐类（升级、四国军旗、拼图等）、休闲类（飞行棋、俄罗斯方块、台球等）等，并拥有网友喜闻乐见的对战类游戏。截至2005年，“联众世界”拥有1.6亿注册用户，在线用户超过70万人。2006年2月，联众公司将无线增值业务外包给Tom，将相关商品如游戏装备、道具、联众币等外包给卓越网运营，全面启动雅虎搜索及雅虎邮箱，并开放“联众世界”平台与其他网络游戏开发商合作。2010年，联众公司共运营30余款游戏，自主研发的产品主要以休闲游戏为主，其他类游戏以代理或联合方式运营。

1998年12月23日，新浪网推出网络游戏。2000年2月19日，新浪推出基于浏览器方式的在线游戏。6月13日，新浪网游戏频道访问量突破百万。10月26日，新浪游戏世界开通收费网络围棋服务。2003年1月8日，新浪联手韩国NCsoft公司推出《天堂》。11月28日，新浪宣布代理网络游戏《天堂Ⅱ》。2004年2月20日，新浪携手韩国网络游戏公司Plenus，在中国启动游戏门户服务。2007年9月20日，新浪游戏携八大厂商推出游戏资料库，提供基于数据库平台的游戏资料查询搜索服务。

1999年，北京光宇华夏科技有限责任公司（以下简称光宇游戏）成立。2004年建立光宇游戏平台，自主研发全3D大型网络游戏产品。2006年，光宇游戏以免费模式推出2D回合制网络游戏《问道》。2007年，光宇游戏北京研发中心成立。2009年，《问道》在线用户突破100万人，光宇游戏成为全国五大百万在线平台之一。2010年，光宇游戏以产品集群化方式布局十几款游戏，涵盖FPS、音乐舞蹈、横版格斗、回合制等主流类型。

2000年，网络游戏市场迅猛发展，带动了整个游戏出版产业。2001年，中国游戏出版市场规模约5亿元，其中网络游戏占3.1亿元，首次超过单机版游戏电子游戏出版物市场规模。同年，随着韩国网络游戏《热血传奇》的商业化运营，游戏最高在线用户超过70万人，该款游戏开启了网络游戏商业模式的创新：以网吧为节点推广销售，在游戏过程中“游戏免费、增值服务付费”，并通过点卡进行收费。之后，腾讯、完美世界、畅游等公司陆续加入其中，将网络游戏产业继续做大。2002年下半年开始，中国网络游戏出版市场空前火爆、竞争激烈，游戏出版产业快速发展。

数字技术、网络技术、信息技术的广泛应用，使广播电视领域衍生出一种新媒体——网络广播和网络电视。2001年，北京人民广播电台开办北京广播网站，提供电台9套开路广播和8套有线广播的网络实时收听。2004年5月，北京网通为网络电视播送提供网络环境，实现中国第一家网络电视即中央电视台网络电视开播，使互联网宽带用户能收看中央电视台发布的电视内容。2005年至2006年，北京人民广播电台相继开办"北京广播青檬网络电台"和"DAB数字多媒体广播"。北京电视新媒体的发展从1999年北京电视台建立"BTV网站"开始，建立初期以新闻资讯为主要发布内容，逐步扩展到节目预告、栏目信息、内容查询以及部分新闻节目的视频点播等。此后，北京电视台的新媒体建设逐步台网融合、相互促进、共同发展。在北京广播电视新媒体家族中，还有移动电视、楼宇电视、手机电视、地铁电视、数字电视等重要成员。新兴媒体的诞生使电视机走出家庭，让人们随时看、随处看、随身看。

2003年2月，搜狐宣布进军网络游戏领域，同时发布3D网络游戏《骑士Online》。2004年6月，搜狐发布大型网络游戏《刀剑》。8月27日，新闻出版总署发布《关于在游戏出版物中登载〈健康游戏忠告〉的通知》，规定在电子游戏出版物中设置必要的程序，在游戏开始前全文登载《健康游戏忠告》。同月，腾讯公司推出"QQ游戏"。网络游戏玩家李宏晨在朝阳区人民法院对网络游戏《红月》的运营商北京北极冰科技发展有限公司提起诉讼，是中国首例游戏玩家因虚拟装备丢失向游戏公司提起诉讼的案件，从法律角度引出网络中虚拟财产的界定问题。11月18日，国家体育总局批准电子竞技成为中国开展的第99个体育项目。

2004年，北京完美时空网络技术有限公司（以下简称完美时空）成立。公司以自主研发的Angelica 3D游戏引擎、Cube引擎以及Eparch 2D引擎为平台开发各类网络游戏，陆续推出《完美世界》《武林外传》《完美世界国际版》《诛仙》《赤壁》《热舞派对》《口袋西游》《神鬼传奇》《梦幻诛仙》《降龙之剑》《神魔大陆》《神鬼世界》等网络游戏产品，并出口到100余个国家和地区。完美时空在美国、日本、荷兰及中国台湾设有全资子公司。2007年，完美时空在美国纳斯达克上市。2010年，完美时空发展旗下文学网站"纵横中文网"，转型为文化传媒集团，并为打造网络游戏提供上游内容资源。

2004年，北京软件企业共推出12款拥有自主知识产权的游戏产品，初步扭转了国外产品垄断中国游戏市场的局面。

2005年7月12日，文化部、信息产业部发布《关于网络游戏发展和管理的若干意见》，首次提出国家关于网络游戏的管理政策。2006年11月，北京市组织首次优秀游戏出版物评选活动，17款北京研发运营单位选送的游戏获2006年度北京优秀游戏出版物奖。2006年，北京的网络游戏产业规模达8.08亿元，手机游戏产业规模达2.39亿元。2007年1月19日，公安部、信息产业部、文化部、新闻出版总署发布《关于规范网络游戏经营秩序查禁利用网络游戏赌博的通知》。2月，搜狐联手央视全球首次网络视频同步直播春晚。4月15日，新闻出版总署、教育部、公安部、信息产业部等联合发布《关于保护未成年人身心健康实施网络游戏防沉迷系统的通知》。6月12日，新闻出版总署下发《关于进一步做好网络游戏防沉迷系统实施工作的通知》和《网络游戏防沉迷系统开发标准》，要求在网络游戏中推行防沉迷系统，以保护未成年人身心健康。

2007年3月，蓝港在线（北京）科技有限公司（以下简称蓝港在线）成立。公司为网络游戏研发与运营的互动娱乐企业，有5个独立的游戏工作室，在全国15个城市常设分支机构，在珠海设有游戏研发子公司。蓝港在线曾获得美国国际数据集团（IDG）、北极光和全美教师协会（NEA）等国家风险资本3500万美元投资，被评为2007年度十大新锐游戏企业，2008、2009年度十大网络游戏开发商，清科中国最具投资价值企业50强。公司开发的《倚天剑与屠龙刀》《问鼎》《佣兵天下》《西游记》等产品被评为2008年度最受期待网络游戏、玩家最喜爱的十大网络游戏，在国内与欧洲、美国、越南及东南亚国家同步上市发行。2010年，蓝港在线运营3款自主研发的游戏《西游记》《佣兵天下》《东邪西毒》，拥有《开心大陆》《飞天西游》等自主研发项目。其中，《西游记》出口欧洲、北美、东南亚及中国港澳台等22个国家和地区，《佣兵天下》登陆欧洲国家和北美地区。

2007年7月7日，北京麒麟网文化股份有限公司成立。公司以网络游戏研发和运营为核心业务，开发的《成吉思汗》系列、《梦幻聊斋》等游戏多次获奖，并出口海外多个国家和地区。12月18日，国际奥委会与中国中央电视台共同签署2008年北京奥运会中国地区互联网和移动平台传播权协议，是奥运史上首次将互联网、手机等新媒体作为独立转播平台列入奥运会的转播体系。12月29日，国家广播电影电视总局、信息产业部联合发布《互联网视听节目服务管理规定》。12月，在线游戏开发和运营商北京畅游时代数码技术有限公司（以下简称搜狐畅游）成立，拥有包括先进的图形引擎、游戏开发平台、反作弊和反黑客技术、跨网络技术和数据保护技术等自主研发技术平台。主要代表作品是网络游戏《天龙八部》。2009年4月，搜狐畅游在纳斯达克全球精选市场上市。2010年，搜狐畅游营业收入3.271亿美元。

2007年，《天龙八部》被IDC评为中国最受欢迎网络游戏第三名和中国本土开发最受欢迎网络游戏第二名。2009年和2010年，《天龙八部》连续获“金翎奖”玩家最喜爱的十大网络游戏称号；2010年4月推出《天龙八部2》。

2008年9月28日，国家税务总局批复，个人通过网络收购玩家的虚拟货币加价后向他人出售取得收入，应按照“财产转让所得”项目缴纳20%的个人所得税。2008年，北京网络游戏产业海外销售额3572.8万美元，占全国游戏海外销售总额的50.4%；北京与动漫游戏相关的企业500余家。2009年6月26日，文化部、商务部联合下发《关于网络游戏虚拟货币交易管理工作》的通知，规定同一企业不能同时经营虚拟货币的发行与交易，并且虚拟货币不得用于购买实物。

2009年2月，搜狐“高清影视剧”频道上线，独家首播千余影视剧。随着“三网融合”政策的部署和实施，互联网成为大众获取电影、电视、视频等数字内容的重要媒介。12月初，广播电影电视总局在清理整顿违法、违规视听节目网站的过程中，关闭BT中国联盟在内的530多家BT（BitTorrent）网站。2009年，北京网络游戏产业海外销售额7715万美元，占全国游戏海外销售总额的70.78%。2009年以后，随着移动网络渗透率的提升和智能移动终端的应用，网页游戏和移动游戏的应用开始增长。移动游戏顺应用户对碎片化时间和移动化场所的娱乐需求，成为网络游戏行业发展的驱动力。

2010年5月，市政府出台《北京市关于支持互联网游戏产业发展的实施办法》，依据条件对网络游戏企业自主开发，购置、租赁服务器，知识产权保护、开发海外市场择优给予资助、补贴或奖励。4月22日，百度创办的视频网站“爱奇艺”上线。6月3日，文化部颁布《网络游戏管理暂行办法》，是中国第一部针对网络游戏进行管理的部门规章，以规范网络游戏经营秩序，维护网络游戏行业的健康发展。9月，搜狐视频的独播剧15天播放总量超过2亿，成为中国网络视频历史上首部进入2亿播放量的电视剧。同年，北京汇集一批国内领军的视频网站，乐视网、优酷网率先在国内或国外上市。北京试点开展了网络游戏适龄提示工程，指导未成年人及其监护人正确选择适合其年龄的游戏产品，以提高休闲娱乐的健康性。中国电信股份有限公司游戏运营中心成立，依托中国电信的网络、用户和渠道资源，联合业界游戏及终端厂商推出“爱游戏”平台。

2010年，北京游戏产业规模达130亿元，从事网络游戏开发运营的企业200余家，规模上亿元的企业16家，网络游戏出版的整体规模居全国第二。北京网络游戏产业海外销售额1.2亿美元，占全国游戏海外销售总额的52.17%。2010年，北京成为全国网络游戏产业的研发中心、技术支持和产业链高端服务的提供地，形成由引进国外游戏做代理运营商转为开发商、运营商和渠道商一体的发展模式。

第四节　网络购物

1999年5月，国内第一家B to C电子商务网站8848在北京诞生。之后，搜狐、新浪等互联网企业纷纷开设购物网站，传统企业阳光三和、国美电器等开始与网络公司合作，开展网上交易。11月1日，新浪电子商城开业。同月，当当网开通。同年，北京共成立60余家电子商务网站。

北京市民最早接触的购物网站为“e国”，2000年在北京推出的“e国1小时”活动受到关注，许多人尝试在网上订购商品，即便只买一罐可乐，只要在四环路内，e国的配送员承诺在1小时内送到，价格与超市相当，且不收配送费，采取一手交钱一手交货付款方式。另外，顾客也可打电话在e国订货。e国在四环路内设置20余个库存网点，网站的500余名员工中有400人是配送员，穿红马甲、骑自行车的e国配送员穿行在北京大街小巷。e国推出1小时免费配送广告，吸引人们购买高价商品，由于处在网络购物萌芽期，参与消费的市民比较少，e国的月销售收入仅有几百万元，该网站逐渐销声匿迹。

2000年3月8日，新浪与易趣联手拓展电子商务市场。4月17日，新浪网商城开通

E315 消费通频道。4 月 18 日，新浪网商城开通打折信息频道。4 月 30 日，新浪商城推出邮局方案。9 月 5 日，新浪商城与卓越网推出新浪卓越音像商城。同年，金山公司及联想公司共同投资组建卓越网，网站上线之初主营音像、图书、软件、游戏、礼品等时尚文化用品，注册用户超过 520 万人，一度成为中国访问量最大、营业额最高的零售网站。

2000 年，伴随着现代信息互联技术的迅猛发展，网络餐饮服务成为餐饮行业的新生事物，越来越多的餐饮企业尝试借助信息化手段开展网上订餐、网络营销等服务，餐饮服务业呈现出线上线下融合发展之势。

2001 年 6 月，当当网开通网上音像店。11 月，搜狐公司面向个人消费用户推出网络购物平台“搜狐商城”。同年，市商委系统各局、社、集团公司及大型企业涉足网络零售业务，建有 24 个网站或网页。

2003 年，非典疫情流行期间，北京市民认识到“网上订货、送货上门”的方便，开始尝试网络购物。9 月，中国百胜餐饮集团首创“必胜宅急送”北京首家门店开业。同年，北京成立中国第一家免费提供餐厅预订服务和餐饮优惠折扣服务的在线餐饮综合服务企业——饭统网。

2004 年 1 月，京东多媒体网在北京开通，京东商城开始涉足电子商务，逐步发展为中国 B to C 市场最大的计算机、通信和消费电子产品网购平台。同年，大众点评网北京分站上线，丽华快餐在北京推出网上订餐服务。

2006 年，随着网络发展和网民数量的快速增长，电子商务环境中交易可信度和支付等方面的瓶颈被逐步打破，当当、淘宝等主流购物网站，以及仓储中心、异地批量运输、本地快速单件递送在内的物流体系趋于成熟。

2007 年 6 月，互联网凡客诚品创办，产品涵盖男装、女装、童装、鞋、家居、配饰和化妆品七大类，支持全国 1100 个城市货到付款、当面试穿、30 天无条件退换货。10 月，京东在北京、上海、广州启用移动 POS 上门刷卡服务。同年，全聚德、仿膳饭庄等老字号餐饮企业开始尝试网络营销。

2008 年 6 月，京东开始经营电视、空调、冰箱、洗衣机等家电产品，完成计算机、通信和消费电子产品的全线搭建。同年，俏江南、全聚德、小肥羊、张生记等餐饮业知名品牌续签网络推广平台。7 月 2 日，市工商局印发《加强电子商务市场秩序监督管理意见》，规定自 8 月 1 日起，营利性网上商店必须到工商部门办理营业执照。

2009 年 2 月，京东获得商务部发放的“家电下乡”零售商牌照，成为国内首个承担家电下乡任务的电子商务企业。4 月，市商务委发布《关于促进网上零售业发展的意见》。5 月 31 日，市政府推动的“老字号网店”开通，首日访问量突破 500 万次，成为国内首个专卖北京百年特色产品的网站，开辟了老字号特色商品销售新渠道。9 月，手机当当网升级并推出手机购买功能，为国内 B to C 电子商务领域的首例。截至 2009 年年底，北京电子商务企业网站达到 8.4 万个，其中 B to C 企业网站 4067 家，占 4.8%。全市实现网上销售额 164.7 亿元。27 家限额以上 B to C 企业实现零售额 58.9 亿元。

2010年3月，团购网站逐渐兴起并迅速发展，具有折扣多、小额支付的优势。互相不认识的消费者可以通过网络联合起来竞价，购买商品或服务，价格更便宜。继首家团购网站“美团”之后，出现了团宝、F团、酷团、团美、58团、爱帮团等一批团购餐饮企业。从开始的火锅团购到各种业态形式的美食团购，再到中秋节、国庆节食品、酒、餐饮等多种形式的团购，逐渐走向多元化。4月，“到家美食会”成立，为家庭用户提供知名特色餐厅的外卖订餐服务。截至年底，完成超过10个服务区域的建设，用户规模突破3万人。11月，京东图书产品上架销售，实现从计算机、通信和消费电子产品网络零售商向综合型网络零售商的转型。12月8日，当当网在纽约证券交易所挂牌上市，成为中国第一家在美国上市、基于线上业务的B to C网上商城。同年，北京全聚德仿膳食品有限责任公司开通月饼销售网站，网络销售额占到10%。大众点评网北京地区团购上线，美食占到全年交易额的49%。净雅、俏江南、四川饭店等知名餐饮企业纷纷加入团购大军。B to C是北京电子商务增速和增幅最大的模式，截至2010年上半年，全国排名前10位的互联网零售企业中，北京企业有6家，销售额占比在60%以上。京东商城和凡客诚品销售额年增长率超过300%。2010年，北京网民互联网商务应用的普及率领先全国，在互联网购物和旅行预订的使用率分别高出全国平均水平9.7%和10.5%，并呈现逐年上升态势。

第七篇　信息安全

第一章　信息安全管理

20世纪90年代，随着互联网技术的发展应用，计算机病毒、网络黑客攻击事件层出不穷。为维护与加强网络安全，北京市按照“积极防御、综合防范”的基本方针，坚持“以安全保发展，在发展中求安全”的原则，加强信息安全组织领导、制度建设和督导检查，促进了全市信息安全工作快速发展。截至2010年，北京市在等级保护、风险评估、信任体系、应急处理、产业促进等方面相继出台管理规定和技术标准，信息安全责任机制和保障体系初步建立，保障有线、无线政务专网和重要信息系统的安全稳定运行。

第一节　规章制度

1994年，市政府批准发布《北京市计算机信息系统病毒预防和控制管理办法》，提出在北京市行政区域内从事计算机信息系统（包括硬件、软件）研究、生产、销售、维修、出租、使用的单位和个人，都要严格遵守本办法。使用计算机的单位应当建立健全计算机信息系统病毒预防和控制的安全管理制度，负责本单位的计算机病毒预防和控制工作。

2001年1月，市政府发布《北京市政务与公共服务信息化工程建设管理办法》，明确信息化工程建设应当遵循安全保密的原则。市信息办对重大项目的质量进行监督检查。建设单位在组织重大项目的竣工验收时，应当有市信息办参加。未经验收或者经验收不合格的重大项目不得投入使用。11月，市委办公厅、市政府办公厅联合下发《北京市党政机关计算机网络与信息安全管理办法》。确定由市信息办、市科委、市公安局、市安全局、市质监局、市国家保密局、市委办公厅机要局、市政府新闻办等单位共同组成市信息安全工作组，负责组织协调本市计算机网络与信息安全的管理工作。市信息安全工作组下设办公室，负责日常工作。

2002年9月，市信息办、市发展计划委、市财政局、市质监局联合下发《北京市政务与公共服务信息化工程建设管理办法实施细则》。明确市信息办是北京市信息化工作的主管部门，负责信息化工程建设的统筹规划、综合协调和监督管理；进行信息化工程建设时，应当同时进行安全系统的方案设计和建设，安全系统的方案设计和建设应当能够满足信息系统安全运行的需要，并保证安全建设投入不低于工程项目投资总额的15%；重大项目的交付验收，必须有信息化主管部门、质量技术监督部门推荐的专家参与评审；重大项目在验收前应当通过北京信息安全测评中心的测评认证，未经测评认证的不予验收。

2004年，北京市相继出台《关于本市各级党政机关网络与信息系统开展安全等级保护工作的通知》《北京市党政机关网络与信息系统安全定级指南（试行）》《北京市电子政务信息体系建设规划》《北京市政务数字证书认证业务规划》《北京市政务数字证书使用管理办法》《北京市国家机关重大信息安全事件报告制度（试行）》《北京市国家机关重大信息安全事件调查处理办法（试行）》7个规范性文件。

2005年3月，市信息办、北京市国家密码管理委员会办公室、市国家保密局联合制定下发《北京市政务数字证书使用管理办法（试行）》，规范了电子政务活动和政务数字证书定义，提出本市各级国家机关电子政务活动应当采用统一的政务数字证书，由依法设立的电子认证服务机构承担本市政务数字证书服务系统的运营、维护等工作。明确市信息办负责本市基于政务数字证书的电子认证服务体系的统筹规划和监管；北京市国家密码管理委员会办公室负责本市政务数字证书服务体系中的密码管理工作；市国家保密局负责本市政务数字证书服务体系中涉及国家秘密信息保护工作的监督、指导。同月，北京市网络与信息安全协调小组印发《关于落实信息安全责任制及印发〈市网络与信息安全协调小组和各成员单位信息安全监管（管理）职责〉的通知》。将信息安全责任分为主体、领导、管理、监管、综合监管等5类责任；指出各区县、各部门、各行业、各单位的主要负责人是信息安全工作的第一责任人，对信息安全工作负总责；强调市网络与信息安全协调小组各成员单位要依据职责分工协同配合，履行信息安全监管（管理）职责；市网络与信息安全协调小组要加强对本市信息安全责任制及信息安全监管（管理）职责落实情况的督促检查和综合协调。5月，市委办公厅、市政府办公厅联合下发《关于加强数字化管理加快电子政务建设的通知》。明确在信息网络安全及基础设施建设方面，进一步完善电子政务专网建设，由市信息办牵头，推进无线指挥调度系统在公安、城管等部门的应用，启动有线和无线政务专网监控系统建设，完善专网建设外包制度和专网管理责任；建设全市统一的容灾备份中心和信息安全应急保障体系，强化信息安全薄弱环节，由市信息办牵头建设备份中心；加快应急指挥中心建设，由市应急办、市信息办负责应急指挥体系建设的信息技术标准。

2006年1月，北京市发布施行《北京市公共服务网络与信息系统安全管理规定》。明确市和区县信息化主管部门对本行政区域内的网络与信息系统安全工作负责综合协调和监督管理；公安、国家安全和质量技术监督等政府有关部门，按照各自职责分工，依法对网络与信息系统安全相关工作实施监督管理；运营单位应当加强对本单位网络与信息系统的安全管理。对网络与信息系统实行安全5个级别的等级保护。网络与信息系统安全等级确定为第三级、第四级、第五级的，运营单位应当将安全等级确定情况报送备案。其中，涉及电子政务的网络与信息系统运营单位，应当报市信息化主管部门备案；其他的运营单位应当报市公安部门备案。同年，制定出台《北京市信息安全等级保护工作实施细则》，对信息安全等级保护的工作流程、信息安全等级保护职责、相关处罚等内容进行了细化。10月，市信息办和市发展改革委联合下发《北京市“十一五”时期国民经济和社会信息化发展规划》，把信息安全保障体系建设工作列为“二大基础工作”之一，提出“完善信息安全组织管理体系，建立长效机制，加强监督指导，保障安全投入；加快信息安全基础设施建设，建设一批信息安全设施，提升信息安全技术研发和服务水平”的规划路径。市信息安全协调小组办公室下发《〈关于加强我市电子政务信息系统灾难恢复工作的意见〉的通知》，明确提出北京市将建设由政府专管专控的信息安全灾难恢复基础设施，面向全市重要政务信息系统中涉密及三级以上（含三级）系统的灾难恢复系统建设，集中提供场地、机房条件和通信信道、供电、消防、监控、安防等附属配套资源与设施，并针对不同等级的灾难恢复需求，提出灾难恢复技术解决方案列表，为各需求单位不同等级和类型灾难恢复系统的建设提供技术咨询和技术服务，实现有限资源共享。

2007年7月，北京市信息化工作领导小组印发《关于加强北京市重要政务信息系统信息安全管理的意见》。提出北京市重要政务信息系统信息安全管理总体要求是按照“积极防御、综合防范”的方针，以应用安全需求为导向，坚持管理与技术并重，统筹兼顾，突出重点，做好重要系统安全保障工作。工作目标是通过落实信息安全等级保护制度，加强全生命周期的安全管理，完善信息安全管理体系和技术体系，提高信息安全应急处置能力，确保市重要系统安全稳定运行。主要任务是落实信息安全等级保护制度，定期发布《北京市重要政务信息系统目录》；加强重要系统全生命周期管理，建立信息安全方案专项审查制度、信息安全测评制度；落实信息安全责任制，推进和建立信息安全管理体系；建立和完善信息安全技术体系；依托市信息基础设施进行建设和管理；提高信息安全应急处置能力。保障措施：加强人员培训和管理；建立完善监督考评机制；加大安全检查工作力度；加强组织协作和资金保障。同月，市信息办、市国家保密局印发《北京市党政机关计算机信息系统安全和保密管理暂行规定》，明确党政机关计算机信息系统安全和保密管理“谁主管谁负责、谁运行谁负责、谁使用谁负责”的原则。做出各单位应健全安全与保密责任人制度，明确使用人员的安全和保密责任，与重点岗位人员签订安全和保密责任书；计算机信息系统存储和处理的信息应当按照国家秘密、工作秘密和公开信息进行分类管理；涉密信息只能在涉密信息系统中存储、处理、传输，非涉密信息系统不得存储、处理、传输涉密信息；涉密电子文档的使用、复制、存档等应严格按照同等密级的纸质文件管理规定进行管理，对秘密文件起草过程中形成的中间文稿，要按照正式文件的保密管理要求进行管理；严禁在涉密计算机上联结互联网和计算机之间交叉使用存储介质，严禁外部人员使用涉密计算机和涉密存储介质，严禁涉密计算机使用无线网卡、无线键盘、无线鼠标及其他具有无线互联功能的设备（模块），严禁涉密信息系统使用具有无线互联功能的网络交换机等网络设备；禁止将绝密级秘密载体携带出境，确因工作需要携带机密级、秘密级载体出境的，应当按照有关保密规定办理批准和携带手续等。8月，市信息办印发《北京市政务外网管理办法》，对政务外网的职责分工、接入管理、网络地址和域名管理、网络运维管理、接入政务外网的局域网运维管理、应急保障、费用管理、奖惩等进行细化明确。市信息办负责全市电子政务传输网的统一规划；政务外网相关制度、标准、规范的制定；市级政务外网的接入审核与监督管理；区县级电子政务传输网的规划、建设和管理工作进行指导，对区县级政务外网的管理工作进行指导；本市政务外网与国家政务外网间的互联互通。

2008年5月，为做好北京奥运会、残奥会通信和信息安全保障工作，强化全市网络与信息安全应急管理，北京市正式成立第14个专项应急指挥部——北京市通信保障和信息安全应急指挥部。指挥部办公室设在市信息办。指挥部总指挥由市委常委、市委秘书长担任，分管副市长任第一副总指挥，市委、市政府分管副秘书长、市信息办主任、市广电局局长、市通信管理局局长及市公安局副局长担任副总指挥，市委、市政府相关部门、18个区县等34家单位为指挥部成员。为保证奥运期间网络信息安全，北京市建立值守应急和信息报告工作制度，并形成长效机制。

2009年4月1日，北京市下发《关于做好新中国成立60周年庆祝活动期间无线电、政务专网、首都之窗风险评估与控制工作的通知》，要求无线电、政务专网、首都之窗做好风险评估与控制工作，成立风险评估与控制工作组织机构，风险评估与控制工作在全市正式启动。8月，市无线电管理局、市政务网管中心完成无线电、800M无线政务网、电子政务网络风险控制和动态更新工作。国庆期间，市通信保障和信息安全应急指挥部办公室全面启动应急机制，实行24小时领导带班、双岗值班和备班制度，坚持每日信息报送机制。

2010年9月，市公安局、市经济信息化委、市国家保密局、市密码管理局联合下发《关于印发〈北京市开展信息安全等级保护安全建设整改工作实施方案〉的通知》，指导全市各行业、各部门、各单位开展已定级信息系统安全建设整改工作。在市网络与信息安全协调小组领导下，由北京市信息安全等级保护办公室统筹规划，由市公安局牵头，会同市经济信息化委、市国家保密局、市密码管理局等职能部门以及各相关行业主管部门按照各自职责展开实施。市经济信息化委负责组织、指导市属政务信息系统的等级保护安全建设整改工作的宣传教育、培训和汇总情况。11月，北京市网络与信息安全协调小组办公室向市委、市政府各部委办局和有关单位印发《北京市重要政务信息系统目录（2010年）》。要求各单位进一步落实各项信息安全管理制度，加强信息系统全生命周期的安全管理，完善信息安全管理体系和技术防护体系，提高信息安全应急处置能力，确保全市重要政务信息系统安全稳定运行，为全市经济社会又好又快发展创造良好的信息安全环境。

第二节　督导检查

2001年，北京市加大网络系统安全风险管理力度，确定通信、广播电视、银行、电力、铁路、民航、证券、保险、海关、供水、供气、供热及重要新闻网站、商业网站为全市社会信息安全防护的重点，对其开展风险评估、测评定级，以提高防护水平。要求各网络与信息系统一旦发现结构与功能变化，要重新进行风险评估、安全定级和检测，避免出现风险隐患。对党政机关从事信息安全工作的人员，进行安全定级专业培训，提高业务水平和识别能力，以适应排除风险的技术需要。

2002年6月4日，市政府对新浪、搜狐、网易、FM365、焦点、Tom、中华网、首都在线和瀛海威时空9家社会网站进行联合执法检查，针对检查发现的电子公告栏、留言板、聊天室、个人主页和FTP服务等网上服务栏目中的有害信息，监督、指导建立健全安全制度和安全措施。FM365、新浪、Tom部分栏目中因含有有害信息链接，其栏目被停机整顿并予以行政处罚；网易、焦点、首都在线等单位因部分管理出现漏洞被限期整改。

2003年7月7日至10月27日，由市信息办牵头，市国家安全局、市国家保密局、市质监局、市委办公厅机要局组成信息网络安全联合检查组，对北京市31家单位的信息网络安全状况进行检查，发现9家单位没有设置信息中心机构而由相关职能部门代管；部分单位没有进行风险评估，对信息网络安全需求及风险底数不清、安全投入不够；多数单位网络验收未经安全测评，信息网络面临安全威胁；部分单位OA系统无审计功能或维护人员，无法有效监控内部用户在系统上的非法操作；部分单位没有建立健全安全通报制度、应急协调机制和完善的处理方案；部分单位应急队伍建设不够完备。针对检查发现的信息网络安全问题，检查组提出具体改进建议。

2004年，市信息办、市国家安全局、市国家保密局及市质监局和市委办公厅机要局组成的联合检查工作组，对市水务局信息安全保障工作进行检查。重点检查了信息化建设概况、网络覆盖范围以及网络和信息安全方面采取的技术手段、管理措施、宣传教育和人才培养等内容。同年，对全市50余个信息系统开展风险评估，按照重点保障基础信息网络和重要信息系统安全的基本要求，确定20个网络和信息系统为重要信息网络和信息系统，专门进行安全风险测评。

2005年，全市加大风险评估与控制工作，在大型活动之前组织风险评估与控制工作，督促各单位制定完善的应急预案，做到“一风险一预案”，并根据预案进行演练，加强监控与监测，有效避免了重大信息安全事件的发生。坚持对重要信息系统管理部门进行技术检测和安全检查，督促各单位开展安全测评和整改，落实风险控制的各项措施，降低风险威胁，维护信息系统正常运行。

2006年10月至12月，市信息办会同市国家安全局、市国家保密局、市质监局、市委办公厅机要局组成联合检查工作组，对党政机关的信息安全保障工作进行检查。北京市建立信息安全日历制度，在节假日和敏感时期加大网络与信息安全监控预警力度，提高网络与信息安全事件的防范和应急处理能力。11月，中非合作论坛北京峰会期间，市无线电管理局对论坛拟用频点实施保护性监测，避免了可能干扰论坛用户的情况发生。组织“两会”、田径世青赛、北京奥运会首次测试赛、铁人三项世界杯赛等重要会议与赛事网络通信和无线电管理保障工作。

2007年，市信息办系统奥运期间风险评估工作领导小组成立，组织开展无线电管理、政务外网、800M无线政务网的风险评估工作，先后完成《北京市奥运期间无线电管理风险评估与对策报告》《北京市政务外网风险评估与对策报告》《北京市无线政务网风险评估与对策报告》，对无线电管理、政务外网、无线政务网在奥运期间可能存在的各种风险进行识别，对风险发生的概率和可能产生的后果进行分析，确定风险级别，为管理、运维单位进行整改提供了依据。

2008年，市信息办、市通信管理局开展北京奥运会期间的通信网络、无线电管理风险评估工作，制定并落实风险控制与应急准备工作方案。市信息办对全市政务网站开展全面检测。全年对政务外网8个监控节点、覆盖的70余个委办局和2个区县进行网络病毒、黑客入侵和网络异常行为为7天×8小时实时监控和报警，对首都之窗及89个重要政务网站运行状态7天×8小时实时监控和报警，与3家信息安全专业企业签订外包服务合同，提供每周2天的值班运维和数据统计分析服务。

2009年3月至9月，市网络与信息安全协调小组组织开展全市网络与信息安全检查。7月24日，市网络与信息安全协调小组召开协调小组第八次会议暨市通信保障和信息安全应急指挥部第三次会议，部署下半年工作以及中华人民共和国成立60周年庆祝活动网络与信息安全保障工作。北京市与国家信息安全权威机构建立联系，在专家咨询、技术检测、应急支援方面开展了合作。

2010年，市网络与信息安全协调小组组织开展2010年度全市网络与信息安全检查工作，由市密码管理局、市国家保密局、市经济信息化委、市公安局牵头，分4个组对20家重要信息系统管理部门进行技术检测和安全检查。

第二章　信息安全服务

20 世纪 90 年代，随着信息化发展，信息系统安全日益受到人们关注，人们的生产、生活以及城市运行等越来越依赖于基础网络与重要信息系统的支撑。为抵御、防范网络外来的入侵与干扰，北京市开始组建专门机构，制定专门措施，从事信息安全服务。一批从事信息安全的企业先后成立，生产、开发出一批信息安全产品。2000 年，北京市信息安全测评中心成立，为全市信息系统提供安全监管与安全技术服务。2001 年，北京数字证书认证中心成立，面向有关机构、单位、产品和设备提供数字证书服务。2003 年 3 月 6 日，北京市信息安全测评中心加挂北京信息安全服务中心牌子，为全市信息系统提供安全监管与安全技术服务。2010 年，北京信息安全产业实现业务收入 47.36 亿元，占全国市场规模的 45%，部分产品达到国际先进水平。北京基本形成以咨询服务、技术交流、市场竞标、投融资、专业孵化、专业培训等为内容的信息安全行业服务体系。

第一节　安全测评

2000 年 7 月，为保障北京市信息化建设的健康发展，满足政府和社会对信息安全测评认证的需求，经市编办批准，市信息办与中国国家信息安全产品测评认证中心、市国家安全局、市技术监督局等单位共同筹备成立北京信息安全测评中心。北京信息安全测评中心隶属于市信息办，业务范围包括信息安全产品检测、信息系统安全性评估、信息安全服务能力评审和质量体系审核；对信息系统管理人员进行安全培训；为信息系统安全方案的设计提供咨询；承办主管部门委托的相关业务等。同年，依据《北京市党政机关信息系统安全测评规范》和国家保密局发布的《涉及国家秘密的计算机信息系统保密技术要求》，对北京市部分党政机关的信息系统开展安全测评，对质量体系与安全保障能力加以全面审核；对政务网络及各部门的信息系统逐步进行安全性评估，并向评估单位提供信息系统安全管理和信息系统安全方案的设计与咨询服务。

2002 年，北京信息安全测评中心牵头完成《北京市党政机关信息系统安全测评规范》调研、起草工作，并作为北京市地方标准发布，是全国第一个信息化安全测评规范。同年，北京信息化测评业务全面启动，完成市委组织部等4个重要部门网络信息管理系统的安全管理评估和技术测试工作；完成围绕首都电子政务建设进行的信息及安全产品测试111项，内容有防病毒、防火墙、网络安全、漏洞扫描、入侵检测、非法外联监控、文件恢复系统等，涵盖了大部分国内信息安全产品种类。

2003年3月6日，经市编办批准，北京信息安全测评中心加挂北京信息安全服务中心牌子，主要业务是为全市信息系统提供安全监管与安全技术服务。7月10日，北京市信息安全服务资质认证启动，信息安全服务资质认证工作进入书面初审。10月24日，北京信息安全测评中心通过市质监局的计量认证，获计量认证合格证书。信息安全测评中心所提供的测试数据可作为司法审判的证据使用。10月28日，信息安全测评中心通过中国实验室国家认可委员会的实验室认可，获实验室认可证书，标志北京信息安全测评中心的管理体系和技术能力达到国际标准。年底，北京信息安全测评中心相继通过中国合格评定国家认可委员会（CNAS）的实验室认可（NO.CNAS L0768）、检查机构认可（NO.CNAS IB0009）和市质监局的计量认证（NO.2003量认京字I0424），成为中国IT领域首家通过中国合格评定国家认可委员会认可的检查机构，也是中国首家同时获得实验室和检查机构认可的信息安全测评机构。同年，北京信息安全测评中心对石景山区信息中心、北京社区服务中心、市信息办、北京数字证书认证中心（BJCA）等单位的信息系统进行安全测评，对有线政务专网进行全面的安全测评，有线政务专网达到3级安全等级。

2004年8月20日，北京信息安全测评中心与金山毒霸联合发布“萨露丝”蠕虫病毒预警，提醒各网络系统及时采取措施，防止了病毒蔓延。

2005年4月18日，经国家保密局涉密信息系统安全保密测评中心和市国家保密局审批和授权，北京信息安全测评中心正式成立国家保密局涉密信息系统安全保密测评中心系统测评（北京市）分中心，从事北京地区涉密信息系统的安全保密测评工作。分中心受国家保密局涉密信息系统安全保密测评中心和市国家保密局的双重领导，负责完成市国家保密局下达的涉密系统测评任务，为市国家保密局对涉密信息系统的审批和管理提供服务；配合国家保密局涉密信息系统安全保密测评中心完成全国广域网涉密信息系统安全保密测评的相关任务。

2006年，北京信息安全测评中心共完成对北京市医疗保险信息系统、朝阳区信息化城市管理系统、东城区信息化城市管理系统、市编办数据库系统、市民政局低保信息系统、首都之窗主站等29个重要信息系统的等级测评和风险评估。同年，信息安全测评中心在等级保护支撑平台一期工程的基础上进行二期工程开发，年底二期完成评审和验收，并投入试用。

2007年上半年，北京信息安全测评中心对北京市政务网站和政务专网进行渗透性测试，在抽测的18个委办局局域网中发现有4个委办局的12个应用系统存在安全漏洞，在测试的155家政务网站中发现有129家单位网站存在306个安全漏洞，及时组织系统升级，避免了信息安全事件发生。8月，北京信息安全测评中心对政务专网安全监控系统进行改造，监控能力得到提高。

2008年年初，北京信息安全测评中心成为中国国家认证认可监督管理委员会指定的信息安全产品强制认证的第一批检测实验室之一。6月14日，中国互联网协会在第七次全体会议上成立反恶意软件认定委员会，北京信息安全测评中心被中国互联网协会指定为反恶意软件的测评机构。

2010年，为加强党政机关信息技术外包服务安全管理，北京市对信息技术外包服务机构制定《申请信息安全管理体系认证安全审查程序》。信息技术服务主要包括信息系统的设计与开发、信息系统集成、监理与测试、运行维护、数据处理、数据备份与灾难恢复、应急技术支持、安全测评、信息系统托管等。规定市经济信息化委负责全市安全审查管理工作，包括发布审查程序、制定审查标准、组织开展审查、发布审查结果等。

第二节　安全产业与数字证书

一、信息安全产业

20世纪90年代，北京互联网安全产业开始起步，各类自主互联网安全产品不断面市。1995年11月，北京天融信网络安全技术有限公司（以下简称天融信）在中关村成立。1996年6月，启明星辰成立。同年，北京北信源软件股份有限公司（以下简称北信源）成立。1998年，北京瑞星信息技术有限公司（以下简称瑞星）成立。随着企业的成立，各类安全产品逐步上市。1996年6月，天融信成功研制出中国第一套自主版权的防火墙系统；1998年，瑞星杀毒软件成功上市，并在同年8月发现并解决CIH病毒问题。

进入21世纪，北京市互联网安全企业数量大量增加。2003年5月，北京神州绿盟信息安全科技股份有限公司（以下简称绿盟科技）在海淀区成立。2005年9月，奇虎360在朝阳区成立。2007年，网擎科技（北京）股份有限公司在海淀区成立。

2003年10月10日，北京市信息安全产业基地启用。该基地由市科委联合市信息办、中科院研究生院和石景山区政府合力组建，旨在吸引国内外信息安全类企业和研发中心落户，建成后成为中国信息安全产业的孵化地。入驻基地的安全企业享受科技部、市政府、市科委及石景山区政府科技项目基金支持和技术支持。年内，北京市信息资源网安全子系统一期工程建设完成，其网络安全设备包括防火墙、入侵检测系统、漏洞扫描系统、物理隔离网闸和短信报警系统，实现了电子政务的安全保障；信息安全设备包括VPN和审计系统，保证了信息传输的合法性和秘密性；病毒防范系统包括邮件防毒网和针对中心服务器平台Linux和AIX系统的病毒查杀软件。

2006年，北京信息安全产业基地汇聚天融信、启明星辰、联想、瑞星、江民科技等在全国有重要影响的信息企业，自主研发了通信保密、身份认证、防病毒、防火墙、入侵检测、安全操作系统等在国内占据领先地位的科技产品，其中部分产品形成一定产业规模。年内，北京市信息安全保障体系初步建成，比全国提前两年。其中，电子认证体系基本建立，政府公共服务领域1.2万名公务员使用数字证书进行网上办公。

2007年，北京市的信息安全产业链基本构造完整，信息安全产品的市场规模为全国第一。主要产品为安全硬件、安全服务和安全软件。

2009年，北京市信息安全产业实现业务收入44.6亿元，安全硬件、安全服务和安全软件分别以54.0%、36.4%、8.6%的比例占据市场。

2010年，全国信息安全产品市场规模110亿元，其中北京的信息安全产业实现业务收入47.36亿元，产业平均利润率为16.8%，占全国市场规模的45%。奇虎360、瑞星、金山、江民科技、启明星辰、北信源软件、中联绿盟等企业都推出了云安全解决方案。北京市信息化安全在系统和网络防护技术（包括隔离技术、网闸技术、防火墙技术）、抗病毒防护技术方面取得显著进步，中低端防火墙产品基本实现国产化，高端防火墙技术研发取得重要进展；系统和网络资源可用性技术（信道备份、系统备份、系统恢复、抗拒绝服务攻击技术等）得到普遍应用；在入侵检测方面达到千兆水平，防火墙、漏洞扫描、入侵检测、网络防病毒、网络加密和服务器安全模块等从软件形式产品向嵌入式硬件板式、IC卡式和芯片式的方向前进，部分产品性能超过国外同类产品，在数据加密和加密设备研究方面具有世界先进水平。

“十一五”期间，北京市信息安全业务收入年平均复合增长率为14%。北京市信息安全产业以杀毒软件和防火墙为主，总计占据70%的市场份额。信息安全产业平均利润率为16.3%。

二、数字证书服务

2001年2月，北京数字证书认证中心在海淀区成立。该中心遵循国际标准，采用国内自主知识产权的高强度密码技术和其他相关安全技术，为用户提供数字认证书申请、审核、生成、颁发、查询、储存、废止等数字证书服务。

2004年9月，北京数字证书认证中心在市民政局、市卫生局、市地税局、东城区和朝阳区5家单位进行了政务数字证书应用试点工作。截至2005年年底，北京市数字证书认证中心先后为市地税局网上纳税、北京市商业银行网上银行等电子政务和电子商务活动提供了数字证书服务。截至2009年9月，有20余个市属委办局和近10个区县的几十个电子政务系统使用数字证书，面向政府内部人员、机构和设备累计发放数字证书10万余个。

2010年，政务数字证书在线服务平台投入应用。北京市通过政务数字证书在线服务平台为党政机关提供证书的申请、更新、注销、解锁等服务，对外公共服务数字证书发放累计20余万张，党政机关及事业单位有2万余名工作人员使用数字证书在线服务平台。

第三章　信息安全保障

20 世纪 90 年代，随着网络技术与信息化技术的应用推广，信息安全风险与隐患日益增多，北京市组织人员和力量，采取多种方式进行防范。进入 21 世纪，北京市加强信息安全保障工作，推进信息安全保障体系和保障能力建设，建立应急通信安全保护系统、政务信息安全保障系统，设立应急通信安全保护组织、政务信息安全保障组织，制定应急通信安全保护制度、政务信息安全保障制度。在服务北京奥运会、服务国际会议和国家重大会议、服务节日庆祝等重大活动中，发挥了信息安全保障作用；承担抵御事故灾难、确保北京市重要信息系统和数据安全、保障社会经济稳定的职能，促进了信息化安全工作持续稳步推进。

第一节　应急通信安全保障

2001 年 8 月，市无线电管理局承担第二十一届世界大学生运动会无线电管理和指挥调度通信保障任务，成立大运会通信保障领导小组，组织技术人员近百人次，抽调车辆 8 台，组织协调 6 家通信企业、公司筹集通信设备近千台，提供频率 86 个，对 30 个大运会比赛场馆进行 500 小时的电磁环境测试，保障大运会期间无线电通信指挥系统顺畅。

2004 年，市信息办推动组建政务信息安全应急处置中心，加强全市信息安全应急处置力量建设；市公安局成立城市信息安全应急响应与处置中心，为社会信息安全提供应急支持和救援。

2006 年 8 月 27 日至 9 月 5 日，在北京举办第十一届世界女子垒球锦标赛期间，市无线电管理局制定《第十一届女子垒球锦标赛工作方案》，成立指挥中心、频率组、监测组、检测组、法规组、信息组和后勤组，监测垒球赛使用频率和备频信道，完成第十一届世界女子垒球锦标赛测试赛无线电管理保障任务。11 月 1 日至 7 日，在中非合作论坛北京峰会期间，市无线电管理局再次成立专门机构，制定会议期间《无线电管理工作实施方案》，修订《中非论坛无线电管理应急保障预案》，建立国家、军队和北京市 3 家联动的无线电管理应急机制，对北京市使用无线电设备的主要单位和会议涉及的主要区县无线电管理部门提出工作要求，向设台单位下发关于加强台站管理工作通知，对会议保障可能使用的主要频段进行保护性监测，保障峰会期间无线电通信安全畅通。

2007年8月，为做好“好运北京”综合测试赛的无线电保障工作，市无线电管理局调集在信息产业部无线电管理局、国家无线电监测中心、全军频管办和山东、广西、内蒙古、北京等9个省区市的180余名人员，启动国家和北京固定监测站，调用监测和检测车辆，投入监测检测设备，对北京奥运会9个竞赛区域的电磁环境进行测试，对奥运会倒计时一周年烟花燃放区、北京奥运气象专用雷达站和场馆周边进行电磁环境测试，对已指配给场馆使用的重要频率进行保护性监测，查处30余起干扰源，为2007年“好运北京”系列赛和2008年北京奥运会的频率指配提供了参考依据。

2008年6月12日，北京市通信保障和信息安全应急指挥部向成员单位印发《关于加强本指挥部及办公室建设有关工作的通知》，明确“统一指挥、分级负责、专业处置”和“资源共享、互联互通、密切协同、重点保障”的工作原则，明确应急处置范围、指挥部职责专家顾问组设置及职责，明确信息安全应急抢险救援队伍和应急通信保障队伍及职责。2008年北京奥运会举办之前，信息办投入监控设备30余台（套），构建独立的安全监控系统，形成对电子政务网络近10个汇聚节点安全事件、80余个重要政务网站运行状态以及首都之窗主站和虚拟主机安全事件的综合监控能力。北京奥运会期间，部署50余名技术人员、多台应急保障车辆，分组实施7天×24小时的安全监控与应急值守；运用800M无线政务网，完成奥运会安全保卫、交通调度、赛事组织、应急指挥等指挥调度通信保障任务，成为奥运史上第一个大规模成功使用的数字集群网络；运用无线政务网，实现奥运场馆、签约酒店、机场地铁等相关设施的全面信号覆盖，保持不间断安全可靠运行；实施无线电管制，保障赛事的进行和民航飞行、指挥调度、奥运安保等重要部门的用频安全；科学配置频率资源，保障赛场内约3.5万台无线电设备的安全使用和应急视频会议系统不间断运行。无线电保障实现零投诉，没有出现对赛事有影响的有害干扰。

2009年9月，北京市突发公共事件应急委员会印发《北京市网络与信息安全事件应急预案》，明确处置网络与信息安全事件处置原则；明确市通信保障和信息安全应急指挥部总指挥、第一副总指挥、副总指挥和成员单位主管领导组成及主要职责、办公机构及职责、成员单位及职责；明确成立专家顾问组及其职责；明确现场指挥部及其组成；明确监测预警、应急响应、信息管理、后期处置、保障措施、宣传培训和演练等内容。2009年，为做好国庆60周年无线电保障工作，市无线电管理局先后制定《国庆环境整治指挥部后勤保障组关于国庆活动群众游行联欢晚会“829”演练核心区无线电通讯保障工作方案》《北京市无线电管理局首都国庆60周年庆祝活动期间安全保障工作方案》《北京市无线电管理局首都国庆60周年庆祝活动无线电管控综合保障工作方案》《国庆60周年无线电安全保障监测定位组工作方案》等文件，完成30余家260余份近千个频率信道（频点、频段）审批；与工业和信息化部无线电管理局等单位一起，动用无线电管理专业技术人员200余名、多座监测站、10余辆无线电监测车和20余套便携式监测设备，对多个频段和中央电视台、新华社等重点使用单位的频率进行保护性监测，排查不明信号和可疑干扰50余起；动员东城区、西城区、朝阳区、崇文区、宣武区5个区的无线电管理部门以及人民武装部力量，组成执法管制组，全程参与管制和宣传工作，保证国庆阅兵、群众游行、联欢晚会及媒体转播、指挥调度、安全保卫等无线电业务的正常运行，没有出现对国庆活动有影响的有害干扰。

第二节　政务信息安全保障

1999年4月，市政府办公厅转发市信息办《关于抓紧解决计算机2000年问题意见的通知》提出，提高认识、加强领导，实行行政领导负责制，签订责任书；主动寻求技术支持和咨询服务，从原供应商处寻求解决方案，制订应急计划，开展应急演练；加强部门与地区间组织协调，联合行动、密切配合、相互支持等具体工作要求，聚力解决计算机2000年问题。“北京市计算机2000年问题办公室”同部分市政协委员、专家，对全市的水、热、电、气、医疗、电信、银行、消防、交通等涉及国计民生的重点行业进行一次大检查。结果表明，北京市水、电、气、暖等与老百姓生活密切相关的行业，都有较好的准备与应急措施，确保了2000年过渡前后未出现大的问题。

2004年年底，全市实行“年度信息安全日历”工作制度，各单位根据节假日、重大事件日、重大活动日、业务开展高峰期等特殊时段的网络与信息系统运营情况，建立本单位的“年度信息安全日历”，制定相应的监控和防范措施，防止病毒和不法分子在节假日及特定时期的攻击和破坏。

2007年，北京市为保证奥运会通信安全，对政务网站进行安全测试，组织150余家政府网站的安全性渗透测试演练，并根据测试结果向120余家单位发放整改通知。

2008年5月，经市政府批准，北京市政务信息安全应急处置中心成立。同月，北京信息安全测评中心通过招标选定江民科技、启明星辰、神州绿盟、飞客瑞康、瑞星等9家公司作为外部合作单位。7月，市政务信息安全应急处置中心组建安全监控值守团队，成立由26名技术人员组成的应急队伍和由国家信息技术安全研究中心、信息安全共性技术国家工程研究中心、北京邮电大学信息安全中心3家信息安全专业机构和14家安全企业组成的“奥运政务信息安全应急支援保障团队”，建立病毒处置、拒绝服务攻击处置、数据与系统恢复、网络攻击事件处置4个专业保障组，实现信息安全事件的及时发现处置，在奥运会保障期间发挥了重要作用，9月被市委、市政府、北京奥组委表彰为“北京市奥运会残奥会先进集体”。12月，按照市信息办的要求，市政务信息安全应急处置中心正式挂牌运行，并与测评中心合署办公。

2008年，北京市通信保障和信息安全应急管理专家顾问组成立。同年，全市的应急队伍建设初具规模，市政务网络管理中心、北京正通网络通信有限公司和首信公司应急通信保障队伍负责政务网络应急通信保障工作，3个基础电信运营企业的应急通信保障队伍负责公用电信网应急通信保障工作。成立北京网络行业协会信息安全应急响应和处置中心，负责社会领域信息安全事件的应急救援。

图7-1 2008年北京奥运会期间，北京市政务信息安全应急处置中心安全监控值守人员进行安全监控

2009年3月10日，信息安全灾难恢复中心建设项目可行性研究报告获批。10月30日在密云县工业开发区四区（密云县西田各庄镇大辛庄村）奠基开工。规划用地面积2.27万平方米，建筑面积9200平方米。9月，北京市政务信息安全应急处置中心参与《北京市网络与信息安全事件应急预案》的编制、发布和宣传贯彻工作。10月，参与60周年国庆政务信息安全应急保障工作，被市网络与信息安全协调小组评为国庆60周年网络与信息安全保障先进单位，被国庆社会治安与安全警卫指挥部、北京市“国庆平安行动”指挥协调小组评为国庆安保工作先进集体。

2010年9月，北京市信息安全灾难恢复中心建成投入试运行，对政务网站等开始提供服务。12月1日，市信息办将信息安全灾难恢复中心移交至北京市政务信息安全应急处置中心正式投入使用，承担抵御事故灾难、确保北京市重要信息系统和数据安全、保障社会经济稳定职能。2010年，北京市政务信息安全应急处置中心在国家专业技术队伍支持下，组织了针对首都之窗的安全渗透、DDoS攻击的防范演练。根据市应急委统一部署，建立网络与信息安全风险评估长效机制，与在京安全机构和企业初步建立监测工作机制，指导信息系统运营使用单位防范安全事件的发生。编制《网络与信息安全态势》通报9期，预警通报6期。与中国信息安全测评中心、国家信息技术安全研究中心、国家计算机网络应急技术处理协调中心等3个国家信息安全权威机构开展合作；利用技术手段实时监控，对北京市重要政务信息系统和政务网站开展外围监控。

第三节　重大活动无线电保障

第十一届亚运会

1990年，第十一届亚运会在北京举行，是中国第一次举办综合性国际体育大赛，也是亚运会诞生以来第一次由中国承办。市无线电管理委员会为第十一届亚运会技术部无线处的组成单位之一，承担亚运会期间无线电监测和无线电设备检测任务，完成亚运会无线电通信的保障工作。

中华人民共和国成立50周年庆典活动

1999 年 9 月，北京市依法对与中华人民共和国成立 50 周年庆典活动有关的地区实施无线电管制，成立由信息产业部无线电管理局、解放军无线电管理委员会、市无线电管理局共同组成的无线电管理领导小组，制定《国庆 50 周年庆典活动期间无线电管制方案》，以市政府和北京卫戍区名义联合发布《国庆 50 周年庆典活动期间无线电管制通告》，设立由 8 个监测点组成的监测系统。10 月 1 日，对北京市辖区及天津市、河北省部分地区的各类无线电台站进行管制，被管制电台总计 11 万余台，完成 50 周年国庆庆典期间无线电通信的保障工作。

中非论坛北京峰会

2006 年 11 月，中非论坛北京峰会在北京举行，按照国家无线电管理委员会的要求，北京提前近 1 个月对全市电磁环境进行监测分析，共检测国内外无线电通信设备 9 批 78 部。会议期间，对会议的通信干扰进行 4 次查找，排除了干扰源，完成中非论坛北京峰会期间无线电通信的安全保障任务。

2008年北京奥运会

在北京举办的第二十九届奥运会涉及的无线电设备、场所规模、频率数量创历届之最。2007 年，市无线电管理局先后完成《2007 年北京奥运测试赛无线电管理工作总体方案》《北京奥运会及其筹备期间无线电管理暂行规定》《北京奥运会无线电管理工作规则》《北京奥组委无线电设备使用管理规定》《北京奥运会无线电管理风险评估工作方案》《北京奥运会及残奥会无线电管理总体工作计划》等文件的起草工作。12 月 5 日，市无线电管理局召开第四次北京奥运会无线电管理联席会议，审议通过《北京奥运会及残奥会无线电管理总体工作计划》。2008 年 2 月，市政府办公厅下发《关于做好 2008 年北京奥运会无线电管理工作的意见》，对区县和相关行业做好无线电管理工作提出具体要求，对奥运会期间的无线电管理工作做出相关规定。7 月，市无线电管理局、市建委发布《关于加强行业内部无线电对讲机管理的通知》，规定各施工企业和小区物业管理单位，要主动配合市无线电管理局和区县无线电管理部门做好无线电对讲机的各项管理工作，按照市无线电管理局的有关规定，及时申报对讲机使用资料，办理电台执照，使本单位内部无线电对讲机符合管理要求；施工企业所属建筑工地和实施物业管理的小区物业服务机构要明确无线电管理工作负责人，组织人员认真学习有关无线电管理的法律、法规和规定，明确无线电管理相关事宜，及时办理设台手续，按时年检和缴纳费用；在北京奥运会、残奥会期间要认真执行奥运会无线电管理的相关规定，如遇与奥运会相关部门频率冲突，请主动避让并配合做好无线电管理工作。8 月 1 日，国务院、中央军委批准《关于北京奥运会期间在北京市部分区域实施局部无线电管制的请示》，并且授权市政府发布管制通告。8 月 4 日，市政府发布《北京市人民政府关于北京奥运会残奥会期间在部分区域实施局部无线电管制的通告》，北京市在 8 月 8 日至 9 月 18 日，对管制区域的各类无线电台站进行无线电管制。市无线电管理局动员有北京奥运会、残奥会比赛任务的 7 区 136 个乡镇或街道的 2.73 万余人进行无线电管制的宣传，印发宣传资料 1.5 万余份。在市政府和社会各界的支持和配合下，按照管制通告要求，设台单位或个人关闭了业余无线电台、车载电台、公众对讲机等相关无线电发射设备。北京奥运会举办期间，针对最复杂的无线电保障需求，建立国家、军队和相关省区市的无线电管理机构参与的举国体制，投入 20 余个固定监测站、23 辆移动监测车进行无线电监测，实现对 10 余万台各类无线电发射设备动态监测和有效的无线电管理，维护良好的电波秩序，完成数千个频率的分配使用，保障 3 万余台赛事组织、新闻广播、通信调度、安保、交通等方面的无线电设备正常使用。按照国际一流标准全面改造升级城市有线数字电视网、计算机网、固定电话网、移动电话网，建成全球最大的 800M 无线集群网，形成广播、卫星电视、GPS 定位系统等从地下、地面到空中的三位一体的无缝通信网络和各类基础设施，保障了北京奥运会通信畅通。为保障北京奥运会、残奥会无线电通信安全，成立北京奥运会无线电管理联席会议及其办公室，统一指挥和承办奥运会、残奥会无线电管理的具体工作。联席会议办公室下设综合组、场馆组、频率组、监测组、检测组和执法组，以及直接负责竞赛场馆、开闭幕式、首都机场、贵宾接待、火炬接力、奥林匹克大家庭饭店等重点区域的 16 个无线电安全保障团队。建立工作制度和工作规范，采用时间复用和空间复用的方法，指配奥运频率，发放频率使用许可证，满足 360 余家境内外用户的频率需求，为整个奥运会无线电管理任务的完成奠定了基础。对已审批频率进行保护性监测，保障无线电设备顺畅运行。北京奥运会及残奥会期间，先后动用军地无线电管理专业技术人员，组织安保、志愿者及街道、社区和楼宇无线电安全协管人员参与无线电管理工作，消除各类无线电干扰隐患，保障了竞赛场馆及特定区域的无线电安全，无线电安全保障工作实现了零投诉，没有出现对赛事有影响的有害干扰。

中华人民共和国60周年国庆活动

2009 年 9 月 15 日，市政府发布《北京市人民政府关于首都国庆 60 周年庆祝活动期间在部分区域实施局部无线电管制的通告》（以下简称《管制通告》）。9 月 18 日，市无线电管理局召开国庆期间无线电管制新闻发布会，邀请中央电视台、电台，北京电视台、电台及各报纸、互联网等 17 家媒体参加，通报《管制通告》的发布情况。9 月 23 日，市无线电管理局召开无线电管制贯彻落实工作会，向各区县政府无线电管理机构和相关设台单位下发《关于加强国庆活动期间无线电管理工作的意见》。市无线电管理局动员管制区域内的 5 个相关区无线电管理部门，对长安街沿线楼宇及可直视长安街的建筑物进行统计，并建立联系人机制。《管制通告》发布后，及时联系市委宣传部，在驻京重要媒体及网站上刊发了《管制通告》。下发《北京市无线电管理局致首都市民的一封信》和《管制通告》各26万余份，同时印制大张《管制通告》1.2万余张。在60周年国庆活动安全保卫领导小组下设立无线电管控组，成立60周年国庆北京市无线电安全保障调度中心，以及时做好无线电安全保障的指导和沟通协调工作。国庆前夕召开无线电管制贯彻落实工作会，向区（县）政府无线电管理机构和相关设台单位下发《关于加强国庆活动期间无线电管理工作的意见》。在10月1日0时至24时的无线电管制期间，共动用200余名无线电管理专业技术人员，17座固定无线电监测站、4座可搬移监测站，16辆无线电监测车和24套便携式监测设备参与无线电安全保障。有效避免和消除了各类无线电干扰隐患，保证国庆阅兵、群众游行、联欢晚会及媒体转播、指挥调度、安全保卫等无线电业务的正常运行。

第四节　信息安全事件

2001年4月26日，CIH病毒第三次大范围暴发，北京超过6000台电脑遭CIH破坏。8月初，“红色代码”病毒在国内大规模蔓延，北京等信息化程度较高地区，受灾情况严重。8月22日，市信息办、市公安局转发信息产业部、公安部《关于采取有效措施制止红色代码恶性病毒在我国计算机网络中传播感染的紧急通知》，通过各方协同防治，有效遏制了病毒传播蔓延。

2002年7月23日11时15分至12时30分，在航班密集时段，北京首都国际机场信息系统出现故障，出港旅客无法办理登机手续，造成194个航班延误，受影响的乘客约2万人。民航总局调查后的结论是离港系统前端电脑软件发生内部文件冲突。

2003年7月7日至10月27日，由市信息办牵头，市国家安全局、市国家保密局、市质监局、市委办公厅机要局组成信息网络安全联合检查组，对北京市31家单位的信息网络安全状况进行检查，发现21家单位的信息网络遭受过黑客攻击和病毒侵扰事件，占受检单位总数的67.7%。8月12日，“冲击波病毒”全球暴发。市政府接到有关“冲击波病毒”暴发的通知以后，立即召集北京市有关专家与几大反病毒商共同研究对策；采取紧急播报形式，利用电视台、报社以及网站等各种新闻媒体公布病毒疫情；建立紧急应急小组，有效遏制了病毒的发作。

2004年6月、7月和国庆节前夕，市信息安全协调小组办公室分别就应对中国台湾地区黑客、韩国黑客攻击中国政府网站和保障节日期间信息安全，召开紧急会议并下发紧急通知，要求各单位做好网站与信息系统的防护工作，对出现的重大信息安全事件要按照有关要求进行报告，并建立24小时值班制度。

2005年，某公司深圳分公司原软件研发工程师程某因侵入北京移动公司充值中心数据库，盗窃价值百万元充值卡密码被起诉。2006年7月，北京市第二中级人民法院以盗窃罪判处程某有期徒刑12年，并处罚金5万元，是当时全国最大网上盗窃通信资费案。

2006年，北京信息安全测评中心依托计算机病毒预警与应急处理平台对安全防护重要系统进行严密监视，5月、8月和11月对监视发现的第九届科博会期间市贸促会官方网站遭受拒绝服务攻击、市水务局发生的局域网蠕虫病毒和防病毒系统的恶意破坏、东城区信息中心发生的存储系统故障等信息安全事件及时报告，为事发单位提供了有效的应急支援服务。

2006年11月2日，中非合作论坛北京峰会期间，因地面塌陷造成有线政务专网光缆中断，应急通信车和有线政务专网保障人员立即赶到现场抢修，及时恢复光缆线路。11月3日，人民大会堂西侧区域无线政务专网信号不稳定，部分用户无法接通，市信息办迅速启动应急预案，采取扩容和紧急开通移动基站措施，恢复了无线政务专网正常通信。同年组织启动电子政务外网安全监控系统试点建设，对监控发现的大量在外网上存在病毒、网络攻击事件及时进行了处理。

2007年5月，市公安局网监处接到国内某网络游戏运营商的报案，称该公司托管在北京市、上海市、石家庄市的多台服务器遭到不同程度的大流量DDoS拒绝服务攻击长达1个月，造成服务器瘫痪。6月16日，北京警方将涉案嫌疑人员抓捕，侦破首例DDoS攻击案。

2009年9月，北京市突发公共事件应急委员会下发《北京市网络与信息安全事件应急预案》，明确网络与信息安全事件的分类为有害程序事件、网络攻击事件、信息破坏事件、信息内容安全事件、设备设施故障和灾害性事件等；网络与信息安全事件分为特别重大（Ⅰ级）、重大（Ⅱ级）、较大（Ⅲ级）、一般（Ⅳ级）4级，预警级别分为蓝色预警、黄色预警、橙色预警、红色预警及各级别的预警响应。

截至2010年年底，北京市政务信息安全应急处置中心共监控到120起信息安全事件，涉及网页窜改、拒绝服务、网页挂马、僵尸网络、网络攻击、蠕虫病毒、SQL注入等多种类型。

第八篇　信息化管理

第一章　机　构

20 世纪 90 年代，面对全球信息技术突飞猛进发展的形势，北京市把发展信息产业、普及计算机技术、促进信息化在国民经济各领域的有效应用作为经济与社会发展的主要目标。1996 年，北京市成立信息化工作领导小组，组织指导全市的信息化建设工作。1997 年，北京电子振兴领导小组办公室更名为北京市信息化工作办公室，是负责全市信息化和无线电行业管理工作的市政府工作部门。之后，市政府和市属各委办局，各区县和开发区陆续成立或完善信息化建设的工作机构和服务部门。一批信息化团体和联盟也应运而生，并不断完善。2009 年，北京市在机构改革中设立北京市经济和信息化委员会，作为全市软件与信息服务业发展、信息化工作的市政府管理部门。截至 2010 年，北京市形成了组织领导、专家咨询、工作推进、专业服务、产业支撑、安全管理、政策法规等构成的信息化工作体系。

第一节　市级信息化领导、协调机构与顾问专家组织

一、市级信息化领导、协调机构

北京电子振兴领导小组

1985 年 4 月 20 日，国务院批准成立北京电子振兴领导小组和北京电子振兴领导小组办公室（以下简称振兴办）。北京市市长任领导小组组长，副市长及有关各部常务副部长任副组长，段君毅、张彭任顾问，陆首群任振兴办主任。领导小组成员包括国家科委、中

国科学院、教育部、电子工业部、邮电部、国防科工委及北京市计委、市科委、市经委、市外经贸委等部门负责人。北京电子振兴领导小组是在国务院电子振兴领导小组的领导下，对北京地区的电子和信息产业实行统一领导和决策的机构。其主要任务是统筹制定发展方针和规划，审定重点项目，协调各部门之间的分工合作，促进联合和组织重大项目的联合攻关等。为振兴中国电子信息产业和建设北方电子信息产业基地，并统筹规划、指导北京地区（北京市和中央各部、科学院在京单位）电子信息产业和应用发展工作。

1985 年 10 月 17 日，北京电子振兴领导小组召开第一次会议，审议《北京地区电子振兴纲要》。国务院副总理、国务院电子振兴领导小组组长和各部委负责人出席，明确北京地区发展电子信息产业在全国“同等优先”。《北京地区电子振兴纲要》获国家计委、国家经委、国家科委、国防科工委、电子工业部、中国科学院、机械工业部、邮电部、国务院电子振兴领导小组办公室和北京市人民政府会签同意。

1986 年，市政府在合并市计算机工业总公司、市广播电视工业总公司和电子部下放电子企业（小电子办）基础上成立北京市电子工业办公室，统一领导、管理北京市电子工业发展、生产工作。

1988 年 2 月 23 日，为了理顺北京市电子工业管理体制，加速电子工业的发展，按照党的十三大关于经济体制改革和党政分开、政企分开的精神，市委、市政府决定撤销原市电子工业办公室、市计算机工业总公司和市广播电视工业总公司建制，成立北京市人民政府电子工业办公室（为正局级单位），作为市政府领导和管理全市电子工业的职能部门，归口市经委。北京电子振兴领导小组办公室作为北京电子振兴领导小组的办公机构，仍予保留，与新成立的北京市人民政府电子工业办公室实行一套班子、两块牌子工作机制。

图8-1　北京电子振兴领导小组办公室成员（1993年摄）

1997 年 1 月，北京电子振兴领导小组办公室划归市科委，同时更名为北京市信息化工作办公室。

1985—1996年北京电子振兴领导小组办公室、北京市人民政府电子工业办公室主要领导一览表

8-1表

单位	姓名	籍贯	职务	任职时间
北京电子振兴领导小组办公室	陆首群	江苏省	主任	1985年4月—1992年
北京市人民政府电子工业办公室	陆首群	江苏省	主任	1986年—1992年
	张仲文	不详	主任	1993年—1996年11月

北京市信息化工作领导小组

1996 年 11 月 19 日，市政府批准成立北京市信息化工作领导小组。1997 年 1 月，市政府办公厅下发《关于成立北京市信息化工作领导小组的通知》，信息化工作领导小组由北京市常务副市长任组长、两位副市长任副组长。领导小组是市政府负责全市信息化工作的议事协调机构。主要职责是组织研究制订北京市信息化工作的方针、政策，组织协调北京市有关法规、规章草案和技术标准的制定工作，负责国家及北京市有关政策、法规、规范、技术标准的宣传、贯彻工作；组织研究制定北京市信息化的发展战略、总体规划以及分阶段实施方案，并负责监督、检查规划、方案的实施；组织协调跨部门、跨地区、关系国民经济和社会发展的重大信息工程项目的建设，指导重点信息化建设工作，在统筹规划下，对重大信息工程项目的立项、可行性研究和开工建设提出意见。1999 年、2004 年、2007 年，根据市政府和相关部门领导变动情况和工作需要，分别对北京市信息化工作领导小组成员进行了调整。

1997—2007年北京市信息化工作领导小组主要领导一览表

8-2表

姓名	籍贯	职务	任职时间
金人庆	江苏省	组长	1997年1月—1998年12月
刘　淇	江苏省	组长	1999年1月—2004年3月
王岐山	山西省	组长	2004年4月—
胡昭广	江苏省	副组长	1997年1月—1998年12月
阳安江	湖南省	副组长	1997年1月—1998年12月
范远谋	湖北省	副组长	1997年1月—1998年12月
郑一军	山东省	副组长	1997年1月—1998年12月
袁振宇	江苏省	副组长	1997年1月—1998年12月
邹祖烨	不详	副组长	1997年1月—1998年12月
杜德印	北京市	副组长	1999年1月—2004年3月
林文漪（女）	台湾省	副组长	1999年1月—2004年3月
刘海燕	陕西省	副组长	1999年1月—2004年3月
刘志华	辽宁省	副组长	2000年6月—2004年3月
孙政才	山东省	副组长	2004年4月—2007年4月
范伯元	天津市	副组长	2004年4月—2007年4月
陆　昊	上海市	副组长	2004年4月—
李士祥	北京市	副组长	2007年5月—
赵凤桐	辽宁省	副组长	2007年5月—

北京市信息安全工作组

2001年6月，北京市成立信息安全工作组，领导全市开展网络信息安全工作。领导小组组长由一位市委常委、秘书长担任，副组长由主管信息化工作的副市长担任，成员单位包括市信息办、市公安局、市国家安全局、市国家保密局、市机要局、市广电局、市科委、市新闻办、市质监局等单位。市信息安全工作组办公室设在市信息办。6月29日，市信息安全工作组召开第一次会议，明确提出构建北京市信息网络安全保障体系。体系主要包括建立健全北京市信息安全保障体系的组织体系；建立健全信息安全基础设施；加强信息安全的法制化建设；建立和推行信息安全的技术规则；重视安全风险分析评估；优化利用和促进开发信息安全基础技术；推广应用信息安全的专用产品；政府部门应有针对性地加强管理职能；全面加强信息安全服务市场的强制性管理；全面提高用户管理水平和加强信息安全专门人才的教育培养10个方面内容。7月25日，北京市信息化工作领导小组下发《关于北京市信息安全工作组工作职责、组成人员和成员单位职责分工的意见》，明确规定市信息安全工作组及成员单位的职责是负责全市网络与信息安全保障体系建设的规划、协调和监督并对有关重大事项做出决定。市信息安全工作组下设办公室（以下简称市信安办），为市信息安全工作组的办事机构。主要职责是组织拟定北京市网络与信息安全战略和总体规划，组织和协调相关部门起草网络与信息安全地方性法规、规章和规范性文件，组织和协调北京市网络与信息安全技术标准和网络安全等级标准的起草工作，组织和协调北京市网络与信息安全保障体系建设的具体实施和监督检查，组织和协调北京市网络与信息安全的应急救援和测评工作。11月，市信息安全工作组召开第二次会议，原则通过市信息安全工作组办公室提出的《关于构建我市信息网络安全应急工作体系的设想》。北京市信息网络安全应急工作体系的基本思路是，成立市信息安全应急工作办公室，建设“一心一网一库”。“一心”是北京市信息安全应急中心。该中心在市信息安全应急工作办公室的组织协调和市公安局的具体管理下，以建设成为国内领先，并与国际水平接轨的信息安全应急中心为总体目标，依托社会信息安全专业技术机构的技术优势，利用公安系统现有的管理体系，侧重为北京市重要部门的信息安全提供快速、准确、全方位的入侵信息预警、保护、监测、恢复、反击等服务；保障信息系统关键功能遭到破坏控制在跨时短、频率小、可控、可隔离的程度上；以呼叫调度中心为实施主体，各区、县分中心为辅助实施主体开展工作。“一网”是北京市信息安全应急社会网络。市信息安全应急社会网络成员包括部分科研院所高等院校和有实力的、经过国家权威部门认可的信息安全企业，网络成员单位在市信息安全办公室制订的相关规则下实施信息安全应急服务；凡是加入该网络的成员都要经过资格审查，在市信安办的统一组织下，按照相关工作规则，对管片范围内所出现的信息安全事件进行响应；建立北京市信息安全应急社会网络的基本原则是政府主导，社会参与，面向全市，积极预防，及时发现，反应迅速，确保恢复。“一库”是建立北京市信息安全应急资源数据库，有针对性地准备应急处理预案，提高处理突发事件的效率。

北京市网络与信息安全协调小组

2003年11月，北京市信息化工作领导小组决定成立北京市网络与信息安全协调小组，同时撤销北京市信息安全工作组。协调小组在北京市信息化工作领导小组领导下，负责全市网络与信息安全工作的议事协调机构。主要职责是研究制定北京市网络与信息安全的方针、政策；组织协调北京市有关法规、规章草案和技术标准的制定工作；负责国家及北京市有关政策、法规、技术标准的宣传贯彻工作；组织研究制定北京市网络与信息安全的发展战略、总体规划以及分阶段实施方案，并负责监督检查规划、方案的实施；统筹规划、集中建设北京市网络与信息安全重大基础设施；推动北京市信息安全等级保护制度的实施工作。协调小组组长由一位市委常委担任，副组长由一位副市长担任，成员单位包括市信息办、市发展改革委、市教委、市科委、市公安局、市国家安全局、市财政局、市交通委、市国资委、市质监局、市广电局、市金融工委、市通信管理局、市新闻办、市国家保密局、市委办公厅机要局、市公安局交管局等单位。2004年4月，根据北京市信息化工作领导小组《关于成立北京市网络与信息安全协调小组的通知》中的有关规定，市网络与信息安全协调小组下设办公室，协调小组办公室设在市信息办，办公室主任由市信息办主任兼任。办公室是市网络与信息安全协调小组的办事机构。主要职责是负责汇总协调小组成员单位提出或领导批示上会讨论的议题，并组织对议题的征求意见和会议材料的准备；负责协调小组决定事项落实情况的督办；负责组织信息安全的联合检查和北京市重大信息安全事件的调查、通报和协调事件应急处理的具体工作；负责汇总有关信息安全的信息，编制信息安全简报。办公室主任由市信息办主任担任，副主任由市信息办副主任、市公安局副局长、市国家安全局副局长、市委办公厅机要局局长、市国家保密局局长担任，成员单位包括市信息办信息安全处、市发展改革委综合计划处、市教委办公室、市科委信息技术处、市公安局网络监察处、市国家安全局技术保卫办公室、市财政局教科文处、市交通委信息中心、市国资委办公室、市质监局标准处、市广电局社会管理处、市委金融工委办公室、市通信管理局市场监管处、市新闻办、市国家保密局技术处、市委办公厅机要局科技处、市委办公厅机要局商密处、市公安局交管局信息通信处等。市信息办信息安全处负责承担协调小组办公室的具体工作。2007年11月，根据市和相关部门领导工作分工调整情况，对北京市网络与信息安全协调小组成员进行了调整。

北京市通信保障和信息安全应急指挥部

2008年5月，为做好2008年北京奥运会、残奥会通信和信息安全保障工作，强化全市网络与信息安全应急管理，北京市正式成立第14个专项应急指挥部——北京市通信保障和信息安全应急指挥部。6月2日，市委办公厅、市政府办公厅发文对市通信保障和信息安全应急指挥部成立相关事项进行明确。指挥部总指挥由市委常委担任，分管副市长任第一副总指挥，市委、市政府分管副秘书长和市信息办主任、市广电局局长、市通信管理局局长及市公安局副局长担任副总指挥，市委、市政府相关部门和18个区县的34家单位的主管领导为指挥部成员。指挥部办公室设在市信息办。6月12日，市通信保障和信息安全应急指挥部办公室印发《关于加强本指挥部及办公室建设有关工作的通知》，完善指挥部及其办公室的工作体系，细化指挥部办公室职责和社会领域信息安全、公用电信网通信保障和网络安全工作任务和责任主体，明确各成员单位的职责和专家顾问组、应急队伍工作职责，对指挥部职责范围内的信息报送、应急准备和指挥系统建设提出了具体要求。

二、市级信息化顾问专家组织

北京市人民政府专家顾问团信息化顾问组

2000年12月28日，第八届市政府专家顾问团信息化顾问组成立，成员11人，挂靠在市信息办。顾问组由行业专家组成，辅助市领导科学决策，发挥在京中央单位、科研院所、信息化专家作用，主要围绕北京市信息化建设的重大理论和实践问题出谋划策。

2000年第八届北京市人民政府专家顾问团信息化顾问组成员一览表

8−3表

姓名	单位	职务
庄梓新	北京网络多媒体实验室	副主任
曲成义	航空航天科技集团	总工程师
陆首群	首都信息发展公司	总裁
王安耕	中国国际信托投资公司	总工程师
陈德泉	中国科学院政策与管理科学研究所	所长
陈　静	中国人民银行支付与科技司	司长
王建章	信息产业部综合规划司	副司长
陈晓宁	中国广电信息网络中心	主任
李　琦（女）	北京大学遥感与GIS所	教授
高　文	中国科学院研究生院	副院长
李　明	国务院发展研究中心情报中心	副主任

北京市信息化专家咨询委员会

2006年9月23日，在市政府专家顾问团信息化顾问组的基础上，成立北京市信息化专家咨询委员会(以下简称专家委)。专家委是北京市信息化工作领导小组的决策咨询机构，由社会、经济、技术等领域的16位高层次专家和权威人士担任委员。专家委的主要职责是对北京市信息化发展战略、政策和规划提出意见和建议，为制订北京市信息化发展战略和规划提供支撑；为北京市电子政务建设重大技术决策提供咨询；就北京市信息化发展建设中的重大问题提出建议和咨询意见；对信息社会发展、城市信息化建设等重大课题进行跟踪和超前性研究。专家委设立秘书处，承担专家委日常事务。秘书处设在市信息办发展计划处，主要职责是为专家委活动做好服务和保障，为各位委员开展工作提供便利条件，建立以专家委为核心的首都信息化专家服务平台，为各部门提供服务。

2006年第一届北京市信息化专家咨询委员会委员一览表

8-4表

姓名	单位	职务	专家委职务
杨学山	国务院信息化工作办公室	副主任	主任
周宏仁	国家信息化专家咨询委员会	常务副主任	副主任
方滨兴	信息产业部互联网应急处理协调办公室	主任、工程院院士	委员
王安耕	中信集团公司	总工程师	委员
牛文元	中科院政策研究所	研究员	委员
曲成义	中国航天工程咨询中心科技委员会	常务副主任	委员
怀进鹏	北京航空航天大学	常务副校长	委员
李国平	北京大学政府管理学院	副院长	委员
李　明	国务院研究发展中心信息中心	副主任	委员
吴　江	人事部人事科学研究院	院长	委员
杨开忠	北京市经济与社会发展研究所	所长	委员
汪玉凯	国家行政学院	教授	委员
金元浦	中国人民大学人文奥运中心	主任	委员
周汉华	中国社会科学院法学研究所	教授	委员
高新民	中国互联网协会	常务副理事长	委员
薛　澜	清华大学政府管理学院	副院长	委员

第二节　市级信息化机构

一、市级信息化管理机构

北京市信息化工作办公室

为了推动北京市信息化工作，1997年1月14日，市委、市政府批准同意北京电子振兴领导小组办公室划归市科委，同时更名为北京市信息化工作办公室，正局级机构，编制10人。市信息办主要职责是研究提出北京市信息化工作的方针、政策及法规、规章，拟定北京市信息化的发展战略、总体规划及方案的实施，组织协调对关系北京市国民经济和社会发展的重大信息工程项目建议书和可行性研究报告提出意见，负责北京地区电子信息系统的应用推广工作，会同有关部门对全市信息工程的安全进行管理及监督工作。2000 年 8 月 28 日，市政府办公厅下发通知，对市信息办定位为既是北京市信息化工作领导小组的办事机构，又是负责全市信息化和无线电行业管理工作的市政府工作部门。人员编制 20 人，内设 5 个处室，分别是秘书处、综合处、发展规划处、系统建设处、政策法规与行业管理处。同时将市政府办公厅代管的市无线电管理局的职能划入市信息办；将市广电局承担的广播电视传送网（包括无线和有线电视网）的统筹规划与行业管理的职能，以及组织制订广播电视传送网络的技术体制与标准的职能划入市信息办。调整之后的市信息办的主要职责是贯彻执行国家信息化工作的方针、政策和法律、法规，研究起草北京市信息化工作方面的地方性法规、规章草案，起草制定信息化的发展规划、总体规划和年度计划；审核各部门、各区县、各行业的信息化发展规划及实施计划，并督促实施；负责审核北京市重大信息化建设工程项目并监督实施；统筹规划北京市公用通信网、广播电视网和部门专用通信网，联系与国家通信主干网、军工部门及其他部门专用通信网方面的工作；研究提出北京市有关信息化建设技术标准意见；负责组织北京市重大信息化建设工程技术论证、评估验收工作；负责北京市电子信息技术的推广应用工作；组织协调北京市信息资源的开发利用；负责电子信息技术推广应用的贷款和信息化建设专项资金的管理、监督工作；负责北京市信息行业的执法监督；负责基于网络的信息服务行业和信息系统集成单位的资质认证；负责北京市国家机关在国际互联网上注册域名的审核工作；组织建立北京市计算机信息网络系统的安全认证体系；负责北京市信息化领域软课题的立项和验收；指导北京市信息化人才的教育培训和信息化宣传工作；负责北京市信息化对外交流和合作工作；负责北京市无线电管理工作；承担北京市信息化工作领导小组的具体工作。

2003 年，市信息办内设机构由原来的 5 个处调整为 7 个处，分别为综合处（人事处）、发展计划处、法规与标准处、信息安全处、网络建设与管理处、推广应用处、电子政务与信息资源处。2004 年 11 月，为加强内部的纪律监察，市信息办增设纪检组、监察处，负责纪检、监察工作。2005 年，市信息办内设机构再次进行调整，增设公共信息管理处，主要职责是负责组织、协调和指导北京市电子政务公共服务工作，制订公共服务信息的专业标准和规范；组织、协调重大公共服务信息化工程项目的技术论证、评估以及竣工验收工作。同时，将网络建设与管理处、信息安全处合并为网络安全管理处，主要职责是负责北京市电子政务网与信息安全的管理工作，制订网络与信息安全有关规划、计划、政策和技术标准，并组织实施、组织、协调、指导网络与信息安全体系建设和运行的相关工作。调整后的内部机构仍为 7 个。2007 年，根据工作需要，市信息办发展计划处加挂法规处牌子，负责起草北京市信息化建设的地方性法规、规章草案及政策；负责有关信息化行政执法监督工作；承办市信息办机关的行政复议、行政赔偿案件和行政诉讼的应诉代理工作。法规与标准处更名为技术与标准管理处，更名后的主要职责调整为负责北京市信息化建设方面的技术与标准的管理工作；负责组织制订和修订信息化建设方面的总体架构和技术标准，并组织实施；研究提出信息通信新技术应用的政策建议；负责组织重大信息化工程项目的技术论证、验收评估以及相关的技术监督工作。截至 2009 年 2 月，内设机构仍为 7 个。

2000—2009年北京市信息化工作办公室领导一览表

8-5表

姓名	籍贯	职务	任职时间
华平澜	江苏省	主任	2000年1月—2002年3月
朱　炎	上海市	主任	2002年3月—2009年3月
杜敬明	山西省	副主任	2000年1月—2004年12月
白　新	重庆市	副主任	2000年9月—2009年3月
梁　眉	四川省	助理巡视员	2001年7月—2001年12 月
邹　彤（女）	吉林省	副巡视员	2002年3月—2009年3月
李　洪	四川省	副主任	2003年9月 —2009年3月
俞慈声（女）	浙江省	副主任	2004年12月—2009年3月
阎冠和	吉林省	副主任	2005年2月—不详
姜毅群（女）	河北省	副巡视员	2006年3月—2009年 3 月

北京市经济和信息化委员会

2009 年 2 月 20 日，为加快推进信息化工作发展，市政府对主管信息化工作的管理机构进行调整。设立北京市经济和信息化委员会，将市信息办成建制划入市经济信息化委，作为北京市软件与信息服务业发展、信息化工作的市政府管理部门。其信息化管理方面主要职能是贯彻执行国家关于软件与信息服务业、信息化方面的法律、法规、规章和政策，研究拟订并组织实施北京市软件与信息服务业、信息化发展规划和产业政策，推进产业布局调整和产业结构优化升级；监测分析软件与信息服务业、信息化的运行态势，统计并发布相关信息；指导软件与信息服务业、信息化技术创新和技术进步；组织实施国家及北京市软件与信息服务业、信息化科技重大专项；拟订软件与信息服务业、信息化和新兴产业中重点领域的发展规划、实施方案、配套政策及行业标准，并组织实施；开展北京市软件与信息服务业、信息化领域对外合作与交流；负责软件与信息服务业、信息化领域人力资源的合理配置，会同有关部门拟订人才队伍建设规划和有关政策措施，组织相关人才培训。2009 年至 2010 年，市经济信息化委内设 5 个信息化相关处室，分别为软件与信息服务业处、电子政务与信息资源处、社会信息化处（信用管理处）、经济信息化处、网络安全处（信息化基础设施处）。

2009—2010年北京市经济和信息化委员会领导一览表

8-6表

姓名	籍贯	职务（职级）	任职时间	备注
朱　炎	上海市	主任	2009年3月—	
李　平	北京市	副主任	2009年3月—	
梁　胜	湖南省	副主任	2009年3月—	
姜贵平（女）	湖南省	副主任	2009年3月—	
白　新	重庆市	副主任	2009年3月—	
李　洪	四川省	副主任	2009年3月—	
俞慈声（女）	浙江省	副主任	2009年3月—	
阎冠和	吉林省	副主任	2009年3月—	
王学军	河南省	副主任	2009年3月—	
万新恒	湖北省	副主任	2010年8月—	
王惠民	北京市	委员	2009年3月—	正局级
齐霖霖	河北省	局长	2009年3月—	市无线电管理局、副局级
常　青（女）	河北省	委员	2009年3月—2009年12月	正局级
杨旭明	北京市	委员	2009年3月—	
樊　健	浙江省	委员	2009年3月—	
邹　彤（女）	吉林省	副巡视员	2009年3月—	
姜毅群（女）	河北省	副巡视员	2009年3月—	
张兰青（女）	北京市	副巡视员	2009年3月—	
陈志峰	河北省	副局级	2009年3月—	
汪进军	北京市	副局级	2009年3月—	
王颖光	北京市	副局级	2009年3月—	

北京市无线电管理局

中国的无线电管理工作最早始于军队。1934年年初，中央红军成立通信联络局（军委三局），负责无线电通信工作。1950年，军委三局升格为军委通信部，后改称中国人民解放军通信兵部，负责管理全军军事通信任务。1951年，中共中央、政务院、中央军委在北京召开无线电控制和管理会议，成立天空控制组，对无线电台实行军事管制，进行全国性电台登记。1962年，中共中央成立中央无线电管理委员会，统一管理全国无线电频率的划分和使用，审定固定无线电台建设的布局，实施无线电管制。“文化大革命”期间，无线电管理实行军队管理，机构设在中国人民解放军通信兵部（后改称总参通信部）。1971年，国务院、中央军委下发《关于恢复和成立无线电管理委员会的通知》，正式恢复国务院、中央军委及各省、市、自治区无线电管理委员会，成立各大军区无线电管理委员会。根据各地实际情况，设立地区、省辖市无线电管理机构。同年，北京市无线电管理委员会成立，其办事机构为市无线电管理委员会办事组，办公室设在北京卫戍区通信处。

1977 年，市无线电管理委员会办事组改为市无线电管理委员会办公室。1984 年，市无线电管理委员会办公室由军队移交市政府办公厅代管。

1985 年，市政府和北京卫戍区联合印发《关于调整、加强各级无线电管理机构的通知》，决定市无线电管理委员会为市政府实施无线电管理的职能机构，市无线电管理委员会由市政府、北京卫戍区和有关部门的负责人组成。主要任务是贯彻执行国家无线电管理的方针、政策和法规，制定北京市无线电管理的有关规定；统一管理北京市无线电频率的划分和使用；审批各类无线电台（站）的设置、使用和固定无线电台（站）的布局定点；监督和管理各类无线电台（站）的设置使用，组织、指导各部门无线电管理工作；会同有关部门监督、检查和抑制非电信设备的电磁干扰；组织、领导无线电监测工作，协调处理无线电干扰事宜，维护首都无线电波秩序；检查、指导无线电通信保密；负责审核各类无线电设备科研、生产（含国外引进）所需的频率和频段，会同有关部门审定无线电台的销售和进口以及无线电涉外事宜。市无线电管理委员会办公室设在市政府办公厅，作为管理无线电日常工作的常设机构，由政府和军队联合办公。市无线电管理委员会办公室下辖北京市无线电监测站。市无线电监测站是实施无线电管理的技术监督执行机构，主要任务是负责频谱工程的技术分析论证、审核和频率计算；承办固定无线电台（站）布局定点的电磁环境技术测量和电磁兼容性分析；检测各类无线电发射设备和非电信设备电磁辐射技术指标并组织技术鉴定；监测空中无线电信号，纠察无线电违章违纪和通信失密、泄密；开展有关无线电管理的科研和技术咨询服务工作；执行国家电波监测计划，完成上级交办的其他监测任务。

1991 年 2 月，市无线电管理委员会印发《关于加强无线电管理工作归口管理的通知》。区县和设置无线电台较多的局、总公司建立无线电管理领导小组，确定无线电管理工作的归口部门，指定专人或兼职人员处理日常业务工作。归口管理部门的职责是归口审核本地区各种无线电设备的设置、使用、报废的申请；监督检查无线电设备的设置、使用情况；负责登记、管理本地区各种无线电设备，通知督促缴纳频率资源占用费和安排设备检测、人员培训工作等。12 月印发《无线电归口管理单位主要职责》的通知，明确无线电归口管理单位的具体工作职责。

1993 年，北京市成立北京市无线电管理局，保留市无线电管理委员会办公室的牌子。市无线电管理局为副局级事业单位，内设办公室、业务一处、业务二处、业务三处，北京市无线电监测站加挂业务四处的牌子。市无线电管理局继续承担市政府赋予的无线电管理职能和负责实施全行业管理的任务。1994 年，区县的无线电管理归口管理部门统一设在保密局，理顺了工作关系。

2000 年，市无线电管理局的职能划归市信息办。2003 年，市无线电监测站加挂北京市无线电设备检测中心牌子，负责无线电设备主要技术指标的检测工作。

2006 年，经市编办批准，市无线电管理局增设业务四处，主要负责无线电台（站）及频率的监督管理工作。

2009 年，无线电管理工作划归市经济信息化委管理，设有办公室（人事处）、业务一处、业务二处、业务三处和业务四处。北京市无线电监测站为市无线电管理局下属的全额拨款事业单位，对外挂北京市无线电发射设备检测中心牌子。

1993—2010年北京市无线电管理局主要领导一览表

8-7表

姓名	籍贯	职务	任职时间
储传高	江苏省	局长	1993—1996年
冯力生	湖北省	局长	1997—2000年
齐霖霖	河北省	局长	2000年8月—2010年11月

二、市级信息化服务机构

首都之窗运行管理中心

1998 年 7 月 1 日，首都之窗网站开通。由市政府主办，市信息化工作领导小组领导，市信息办承办。网站由首信公司进行日常维护和运作，并成立首都之窗运行服务中心，具体负责运行管理。2000 年 6 月，首都之窗运行服务中心更名为首都之窗运行管理中心，以突出管理职能，具体负责首都之窗的建设、运行和维护。2003 年 4 月 15 日，经市编办批复，市信息办正式成立首都之窗运行管理中心，为差额拨款事业单位。2007 年 10 月，首信公司成为首都之窗整体外包服务提供商。2009 年，首都之窗运行管理中心为市经济信息化委的直属单位，负责首都之窗网站的日常管理工作，办公地址在朝阳区北辰西路 12 号数字北京大厦 A 座。

北京信息安全测评中心（北京信息安全服务中心）

2000 年 7 月，市信息办与中国国家信息安全产品测评认证中心、市国家安全局、市技术监督局等单位共同筹备成立北京信息安全测评中心，主要负责对信息安全产品进行检测，对质量体系与安全保障能力进行审核；对信息系统进行安全性评估；负责信息系统安全管理人员的培训；提供信息系统安全管理和信息系统安全解决方案设计的咨询服务，承担全市信息安全应急响应和容灾备份体系建设、运行等事务性、技术性工作。2003 年 3 月 6 日加挂北京信息安全服务中心牌子，年内成为中国首家同时获得实验室认可和检查机构认可的信息安全测评机构。2008 年 6 月 14 日被中国互联网协会指定为反恶意软件的测评机构。年内被中国国家认证认可监督管理委员会指定为国家信息安全产品认证检测厂家实验室之一。2009 年为市经济信息化委事业单位，办公地址在朝阳区北辰西路 12 号数字北京大厦 A 座。

北京软件与信息服务业促进中心

前身是市科委信息中心，2000年9月更名为北京软件产业促进中心（以下简称软促中心），隶属市科委，全民所有制事业单位，是软件企业、软件行业和软件相关政府部门服务的非营利中介机构，北京火炬软件基地管理机构、北京市软件产业发展协调会议日常办事机构，承担北京市双软认定办公室工作。2002年11月，软促中心获ISO 9001:2000国际质量管理体系认证证书。12月被科技部认定为国家示范生产力促进中心。2005年更名为北京软件与信息服务业促进中心。2009年为市经济信息化委直属事业单位。2010年，软促中心的主要工作有调查掌握北京软件人力资源信息，规划和组织软件蓝领培训基地和社会化软件培训机构，协助提供教材，组织研究教学模式、成立实习基地，帮助培训机构同软件企业建立联系。软促中心参与策划、组织、协调和实施的项目有北京软件产业基地公共技术支撑体系、北京信息安全产业基地、Linux桌面操作系统攻关计划——扬帆工程、北大青鸟软件复用中心、北京市科委电子政务示范工程总体方案、顺义区后沙峪镇人民政府办公自动化系统总体方案、大用软件工厂、人大金仓数据库开发基地、虚拟专有应用系统支撑平台——北京区域中心示范系统等。建立有软件专家库、项目库、信息情报库，面向企业定期出版《北京软件快讯》，面向政府不定期出版《北京软件产业要报》，建有北京软件网。服务企业2000余家、联系企业400余家，与美国、日本、韩国、印度、爱尔兰等国家的软件企业和组织建立了合作关系。2010年，软促中心有员工65人，其中业务人员均为本科以上学历，实行全员合同制和公司化管理，办公地址在海淀区海淀南路21号中关村知识产权大厦A座。

北京市民卡管理中心（北京市公共信息服务中心）

2001年2月23日，市编办批准成立北京市民卡管理中心，取代之前负责具体实施的市民卡公司，为正处级差额拨款事业单位。主要负责承办市信息办交办的公共信息服务的支撑工作；负责推进社会信息化，推动社会信息服务体系的建设与应用；负责推进农村信息化和社区信息化，推动基层公共信息服务体系的建设与应用；负责医保系统应用及市民卡应用协调工作；负责数字北京大厦的日常管理与协调工作，以及数字北京大厦市民体验中心的服务与运维工作。主要职责是负责制定北京市民卡的发行、管理与协调工作，制定相关的管理规范和技术规范，建立北京市民卡的安全及密钥管理体系，并对市民基础信息进行有效管理。2006年8月25日加挂北京市公共信息服务中心牌子，增加承担市信息办交办的推进北京市公共服务信息化的技术支撑工作。2009年为市经济信息化委直属事业单位，办公地址在丰台区西三环南路1号北京市政务服务中心9层。

北京市信息资源管理中心

2001年3月16日成立，为差额拨款事业单位。主要职责是负责研究提出全市信息资源开发和利用的规划方案建议并具体组织实施；负责北京市信息资源共享、交换和整合工作；负责研究拟定信息资源的管理规范和技术标准；负责集中管理北京市重要的信息资源，为党政机关和社会提供信息咨询服务。2002 年 10 月 25 日，经市编办批复，市信息资源管理中心编制增至 38 人。2009 年为市经济信息化委直属事业单位，办公地址在朝阳区北辰西路 12 号数字北京大厦 A 座。

北京软件产品质量检测检验中心

2002 年 7 月，市编办批准，市科委和市质监局联合成立北京软件产品质量检测检验中心（BSTQAC），是北京市规范软件产品市场秩序、提高软件产品质量、帮助企业提高软件开发能力和质量保证能力、加速软件产品进入国际软件市场的工作机构，是科技部火炬中心软件基地的测试平台。拥有 1200 余平方米的测试线和完善的软硬件测试平台，严格的测试规程，国际先进的测试工具，掌握现代测试技术的骨干测试力量。该中心按照 ISO/IEC17025，建立严格的质量控制体系，开展软件测试技术研究、测试工具开发、软件测试规范和标准制定等业务，为企业提供软件测试、咨询与培训服务，包括对软件产品的质量评测和对企业的测试外包服务。

北京市政务网络管理中心

2003 年 4 月 23 日，市编办批准成立北京市政务网络管理中心，为市信息办下属差额拨款事业单位，主要负责北京市有线政务专网、北京市无线政务专网与中环办公楼政府数据中心的运行管理及其相关的技术咨询。主要职责是负责北京市政务网络的管理，按政务网络发展规划落实集中购买政务网络服务；负责北京市政务网络运行情况的监督，协调政务网络的应急抢修；负责应急情况下的网络调度，保证政务网络的安全、可靠运行；负责政务网络建设管理；负责落实各委办局政务专网的接入任务；负责维护中环办公楼的局域网系统，管理政府数据中心；配合市信息办进行电子政务业务的开展和推广；负责管理区（县）网络规划和建设，指导区（县）级政务网络的维护工作。2009 年为市经济信息化委直属事业单位，办公地址在西城区枣林前街 70 号 B 座。

北京市信息安全灾难恢复中心

2006 年 12 月 8 日，北京市信息安全灾难恢复中心建设项目在市发展改革委立项。2009 年 3 月 10 日，市发展改革委完成项目可行性研究执行批复。10 月 30 日，项目主体工程奠基。2010 年年底完成工程验收，投入使用。中心位于密云县工业开发区四区，占地面积 2.27 万平方米，建筑面积 9200 平方米。面向全市重要政务信息系统集中提供机房场地及配套设备设施、系统托管等灾难恢复建设资源和服务，主要承担抵御事故灾难、确保北京市重要信息系统和数据安全、保障社会经济稳定的职能。

北京市政务信息安全应急处置中心

2008年5月20日，市编办批准成立北京市政务信息安全应急处置中心，为全额拨款事业单位。主要职责是承担北京市政务信息安全技术方面的应急处置工作；承担北京市电子政务网和信息系统的安全监控和安全预警工作；承担各单位政务信息安全应急预案制订和演练的技术保障工作。中心成立后，北京信息安全测评中心不再承担全市信息安全应急处置事务性、技术性工作职责。2009年为市经济信息化委直属事业单位。

三、市级部门信息化工作机构

1986年，北京市医学信息中心成立。1988年，市医学信息中心更名为北京市医院管理研究所。1989年，北京市医学情报所成立。1998年，北京市卫生局计算机领导小组成立。2002年，北京市医学情报所更名为北京市卫生局信息中心。2005年，北京市卫生局计算机领导小组更名为北京市卫生系统信息化工作领导小组。北京市医院管理研究所与北京市卫生局信息中心合并，更名为北京市公共卫生信息中心，加挂北京市医院管理研究所牌子，为全额拨款事业单位，定编45人。主要职责是负责北京市公共卫生信息系统建设规划的组织实施，落实北京地区卫生信息资源整合的具体工作；负责有关公共卫生信息数据统计及分析，开展公共卫生管理和服务等相关研究工作；承担公共卫生网络平台、中心数据库和应用系统的组织建设及运行维护；负责北京市卫生局机关电子政务、网络运行的技术保障；指导区、县及各医疗机构的公共卫生信息系统建设。

1990年10月，市委、市政府批准成立北京市经济信息中心，隶属于市发展改革委，为全额拨款行政事业单位。主要职责是负责全市经济信息系统建设的规划和组织，统一管理信息网络的开发和利用；向市委、市政府及综合部门提供经济信息、经济形势分析预测；为各部门采用先进手段开展业务和处理事务提供技术和信息支持，开展公众信息咨询服务和国内外的信息交流。2010年内设11个部室，分别是办公室、人事处、财务部、总工办、经济研究和咨询部、信息服务部、网络资源部、数据服务部、电子政务部、信息技术开发部、网络运行管理部。

1991年，市民政局成立计算机室，主要工作是为财务电算化提供技术支持与服务。1996年，市民政局信息中心的主要职责转变为维护市民政局机关的局域网、计算机及打印设备、内部邮件系统、北京民政信息网站，人员配置2人。2001年以后，随着业务系统规模的不断增大，人员配置增至8人，全部具有信息化工程相关专业本科以上学历。

1993年4月8日，北京电子信息应用教育中心成立。1999年8月23日更名为北京电子信息应用教育培训中心。2003年1月30日，北京电子信息应用教育培训中心加挂北京市信息化促进中心牌子，增加面向机关及社会提供信息化解决方案及咨询服务职责。2003年5月21日更名为北京信息化教育培训中心，是具有独立法人资格的全民所有制自收自支事业单位。主要职责是完成面向全社会开展信息化建设推进工作，配合北京市信息化工作办公室，推动社会信息化发展、区域信息化（郊区、城区）发展、企业信息化发展、电子商务与信息服务业促进、信息化人才培训及引进与对外交流等重点任务，是北京市信息化工作办公室具体工作的实施机构。2005 年，根据《关于华讯集团、北京市华通无线电技术服务中心及电子信息应用教育培训中心脱钩的批复》要求，北京信息化教育培训中心与市信息办脱钩，2005 年 7 月变更为北京国际技术合作中心。

1994 年 7 月，根据市政府办公厅发布的《关于成立市城乡经济信息中心的通知》，原市政府农办将农村经济信息咨询服务中心与市农研中心信息室合并，成立北京市城乡经济信息中心。主要职责是负责市农口信息网络的规划、建设和管理；农口综合经济信息的采集、存贮、管理和开发利用；沟通市农口与北京市、中央有关部门、外埠及国际有关信息机构的联系，进行信息交流；制定农口经济信息技术标准，开展信息技术培训；为市委、市政府和农口有关部门宏观决策提供信息服务，为基层和社会提供信息咨询服务。2003 年，为进一步统筹农口信息化建设，更好地推进农口信息资源整合和共建共享，根据市编办批复，市农委信息中心设在市城乡经济信息中心，中心增加受市农委委托，组织指导和统筹协调有关单位涉农信息化建设的职能。市农委信息中心（市城乡经济信息中心）为全额拨款事业单位，人员配置 40 人，内设 5 个处室。

1994 年 12 月 23 日，市审计局成立计算机中心。1995 年 8 月 22 日，市编办批准成立市审计局计算机中心，为正处级全额拨款事业单位，编制 15 人。2008 年 3 月 26 日，计算机中心内设机构有综合管理办公室、网络管理科、计算机审计科、系统运行和技术推广科。

1995 年，市地税局成立信息中心，为正处级全额拨款事业单位，主要负责全系统计算机税务管理工作规划的制定与实施；建立、管理和维护全系统计算机网络；负责硬件配置、软件开发、推广应用和技术培训以及与有关部门的联网和信息交换；收集处理和管理重要税收信息资料。核定事业编制 20 人。2004 年，信息中心加挂信息系统安全保障中心的牌子，主要负责本系统信息化建设的管理工作，负责地税信息系统安全保障和备份工作，负责有关税务信息收集、分类、加工、整理和综合利用工作。信息中心调整后，核定事业编制 22 人。同时成立信息中心所属副处级自收自支事业单位——信息系统运营维护中心，主要负责市地税信息系统的运营管理和技术维护工作，组织相关的技术开发、推广应用和业务培训工作，核定事业编制 10 人。2007 年成立职能处室科技信息处，主要负责拟订本系统信息化建设和发展的总体规划、年度计划，并组织实施；组织实施本系统信息化项目的立项、论证及一般性信息化项目的开发、评估和验收工作；负责本系统科技信息、网络安全管理工作；拟订税务信息系统各类技术标准及市、区县两级信息化培训，并组织实施；负责本系统计算机设备的管理工作。该处核定行政编制 23 人。2009 年成立信息系统安全保障中心，为正处级全额拨款事业单位，主要承担地税系统网络安全和运行保障工作；承担信息系统数据的备份管理工作；指导各区（县）地税局、直属分局、所属事业单位等信息系统安全保障工作。核定事业编制 12 人。信息中心不再加挂信息系统安全保障中心牌子。

1997 年，市人大常委会信息中心成立，是市人大常委会的信息化主管部门，前身是市人大常委会办公厅机要技术处。2002 年 3 月机构改革，成立市人大常委会信息技术中心，主要负责市人代会、常委会等会议的技术保障工作和市人大常委会计算机网络建设、维护和技术培训工作。随着信息化技术的迅速发展，民主法制建设步伐的加快，市人大常委会信息技术中心在市人大常委会工作中发挥的作用越来越突出，承担的任务越来越繁重。2005 年 2 月 25 日，市人大常委会成立信息化建设领导小组，领导小组下设办公室。2007 年 7 月，市人大常委会信息技术中心更名为市人大常委会信息中心，为市人大常委会办公厅所属正处级事业单位。

1998 年 1 月，北京市水利信息化建设领导小组成立，统一协调全市水利信息网的建设和管理工作，领导小组下设办公室，负责日常工作。2003 年 5 月，为了更好地统一规划和协调全市水利信息化建设和管理工作，市水利局信息化建设领导小组更名为市水利局信息化工作领导小组，并对领导小组和办公室成员进行调整。2005 年，市水利局撤销，成立市水务局。为了强化全市水务信息化管理，以北京市水利自动化研究所为主体，成立北京市水务信息管理中心。作为市水务局政府职能延伸的事业单位，市水务信息管理中心负责落实市水务局水务信息化发展规划，组织水务信息化项目建设；负责水务信息资源整合、交换和共享相关工作；负责水务共用信息平台和网络系统的管理和维护。

1998 年 3 月，市财政局信息中心成立。主要职责是制定北京市财政系统信息化建设规划；负责建设和管理局机关局域网，指导全市财政系统广域网建设；承担财政业务应用计算机系统的开发；承担信息资源开发、数据库建设和信息服务；负责局内办公自动化系统建设和计算机网络系统的安全保密等工作。为确保财政信息化建设工作的统一领导、整体规划，成立北京市财政局信息化建设领导小组，负责财政信息化建设的重要决策。局长任组长，主管信息化建设的副局长任副组长，成员为信息中心、办公室、预算处、综合处等主要处室负责人。领导小组下设信息化建设领导小组办公室，办公室主任任信息中心主任，成员有办公室、预算处、国库处、综合处等主要处室主管信息化工作的副处长，主要负责协调解决信息化建设中的具体问题及实际工作。随着财政改革及财政业务的推进，以及财政机构、职能的调整，2002 年，上述两个机构名称变更为北京市财政局金财工程建设领导小组及金财工程建设领导小组办公室，成员相应调整。2007 年，上述两个机构名称变更为北京市财政局信息化工作领导小组和北京市财政局信息化工作领导小组办公室，成员范围扩大为局属各主要业务处室负责人及主管信息化工作的副处长。

1998 年，北京市科技信息中心成立，是市科委直属事业法人单位。2000 年，北京市科委信息中心更名为北京软件产业促进中心，2005 年更名为北京软件与信息服务业促进中心，形成全委联动、共建核心业务系统的格局。2010 年，经过资源整合，北京软件产业促进中心更名为北京市科技信息中心，协调市科委信息化工作，并采用市场机制，引入中介机构，承担系统的开发维护工作。

1998 年，市教委成立由市教委主任任组长的信息化工作领导小组，下设办公室。信息化办公室设在市教委科学技术与研究生工作处，负责日常工作。2005 年 9 月，为加强电子政务工作，增设市教委电子政务工作小组、电子政务安全工作小组以及信息化建设专家顾问团，加强对信息化工作的整体规划和统一领导。2008 年 4 月，为整体推进北京市教育信息化发展，重新调整北京市教育信息化领导小组成员，增设北京市教育信息化专家委员会。

1998 年，市文化局成立网络中心，由宣传处负责管理，负责维护管理全局的网络计算机，同时承担网络规划和“文化热线”网站建设。2002 年 6 月划归市文化局机关事务管理服务中心管理，2003 年 1 月与《音乐周报》社合并，2004 年 11 月正式独立，成立市文化局信息中心，成为隶属于市文化局的正处级全额拨款的事业单位，编制 10 人。2007 年 11 月，市文化局信息中心机构撤销，再次合并到市文化局机关事务管理服务中心。

2000 年，市乡镇企业局信息中心成立。2001 年组建市乡镇企业局信息化工作领导小组，下设信息化工作办公室。2005 年，市乡镇企业局成立网络与信息安全管理机构。2009 年，市乡镇企业局信息化工作机构并入市经济信息化委信息中心。

2001 年，市经委信息中心成立。2003 年，市经委撤销，成立市工业促进局，市经委信息中心更名为北京市工业促进局信息中心。主要职能是对内负责网站、自动化办公系统的建设与运维，办公网络与环境的建设以及办公设备的维护工作；对外协助综合处完成北京市工业企业信息化推广与宣传培训工作。2009 年，市工业促进局撤销，成立市经济信息化委，市工业促进局信息中心更名为北京市经济和信息化委员会信息中心。

2001 年，由市经委牵头，与市信息办、市科委联合成立北京市企业信息化工作领导小组，作为市经委主管的行业组织，建立了领导小组办公室定期联席会议制度。2002 年、2004 年，市企业信息化工作领导小组成员进行调整和补充，先后由市经委、市工业促进局牵头，市发展改革委、市科委、市商务局、市国资委、市信息办组成，加强企业信息化方面的信息沟通、资源共享、整体推进、协调发展工作。

2001 年，北京市国土资源和房屋管理局宣教信息中心成立。2005 年 4 月更名为北京市国土资源局信息中心，负责北京市国土资源系统信息化建设工作，负责国土资源信息系统运行的技术支持和保障。根据国土资源部门垂直管理的要求，基于国土资源信息化“五统一”的指导思想，市国土局从组织机构着手，建立整合的信息化组织机构。逐步使原来各部门分散建设、各区（县）独立建设的信息化发展模式，转变成为由局信息化领导小组统一指导、局信息化办公室统一管理、信息中心统筹负责的组织框架。局信息化工作领导小组统一组织领导全局信息化工作，负责审定全局信息化中长期规划、年度计划和年度经费预算，监督管理项目的实施情况，考核全局信息化应用工作。信息化工作办公室负责全局各系统建设项目的技术论证、立项、审核，并负责项目的招标采购、组织实施和验收工作；财务处负责信息化项目经费预算报表审核、上报和款项支付申报，组织对项目的审计工作；纪检监察处全程参与负责信息化项目招投标建设过程、项目验收等过程，对过程的合法性、合规性进行监督检查。信息中心执行局信息化工作办公室的各项具体工作，并负责全局信息化维护工作。市国土资源局各区（县）国土分局、局机关各处室、直属事业单位和国土所参与需求调研及项目实施。

2002年1月，市文物局信息中心成立，位于东城区府学胡同36号市文物局机关院内。注册资本20万元，为北京市全额拨款副处级事业单位，负责市文物局局机关办公信息化自动化的工作，以及文物信息的采集、处理、加工、制作等工作。编制4人，其中处级领导职数1人。2005年6月编制扩至10人，增加“负责本市文博信息网络的建设和维护工作，指导数字博物馆建设”职责。2007年4月信息中心再次扩编至20人。

2003年，市交通委成立信息化建设规划领导小组，是信息化项目建设与运行的领导机构，负责确定信息化建设规划和目标，审查信息化项目建设方案，组织和领导项目的建设工作。市交通委副主任任领导小组组长，主管科技信息化的委员任副组长，科技信息处主管信息化工作的领导和交通委信息中心主管领导担任成员。信息化工程项目领导组负责组织信息化工程项目的立项工作；组织审核信息化工程项目的可行性研究报告和技术设计方案；组织协调有关部门和专业机构，配合市发展改革委等部门进行项目可行性论证和技术评估等工作；负责组织协调和调度工作；负责项目的经费申请和计划管理；负责落实信息化规划领导组交办的工作。信息化工程工作组的主要职责是接受信息化领导小组的领导及其工作安排；编写立项报告和方案设计，组织制订系统总体设计方案；编制建设任务书、年度任务计划等草案；制定信息化建设的各项规范化、标准化文件，信息化管理制度，安全管理制度；负责考核并调研项目的咨询、监理和项目承建单位等合作伙伴技术、信誉及工程实力；负责项目招投标的组织工作，负责组织、协调咨询机构、监理机构、开发商、系统集成商在项目开发期间的各项工作；负责系统建设各个阶段的人员培训工作；负责项目的建设实施工作；负责项目建设过程中市交通委内部各个部门之间的具体协调工作。随着信息化工作的逐步推进，以及市交通委组织机构的调整，信息化工作组织机构进行了调整，设置领导小组和工作组，领导小组组长由市交通委主管信息化建设的领导担任，工作组成员由市交通委科技处、信息中心主要领导以及信息化主管部门技术骨干组成。成立路网中心、装备信息中心等机构，领导由各单位主管信息化建设的领导担任，成员包括信息化部门和业务处室的主要领导和技术骨干。

2004年10月31日，市公安局信息中心成立，负责市公安局网络正常运行。另外，局属总队、局、处及区县局设有信息中心，为本部和下属单位提供运行保障。

2009年，市经济信息化委成立，市乡镇企业局和市工业促进局撤销。市乡镇企业局和市工业促进局信息化工作机构并入市经济信息化委信息化工作机构。2010年，市经济信息化委设有信息化安全领导小组及办公室和信息中心。信息化安全领导小组办公室成员包括主管信息化工作的委领导、办公室有关人员、相关处室负责人。信息中心主要职能是对内负责网站、自动化办公系统的建设与运维，办公网络与环境的建设以及办公设备的维护工作；对外协助综合处完成北京市工业企业信息化推广与宣传培训工作。

2010年，北京市各委办局都建有信息化工作机构，并配备专门工作人员。

第三节　区县、开发区机构

一、区县信息化工作机构

1990 年 7 月，东城区计划经济委员会计算中心成立。1997 年 12 月更名为东城区信息中心。2001 年 3 月，区信息中心加挂东城区信息化工作办公室牌子（以下简称区信息办），作为区信息化工作领导小组办事机构，负有全区信息化工作管理职能，并由原来的差额拨款变为全额拨款。2002 年 3 月，区计划经济委员会撤销，设立区发展计划委员会，区信息办改设在区发展计划委员会，增加行政编制 5 人。2004 年 8 月，区发展计划委员会改组为区发展改革委，区信息办设在区发展改革委。2009 年 1 月，区信息办行政隶属关系改为区政府办公室，原区发展改革委信息化管理科同时划转，原隶属区发展改革委的区信息中心调整为区信息办下属单位。2010 年 6 月，区信息办行政编制 8 人，内设综合管理科、应用推广科。7 月，因行政区划调整，组建东城区信息化工作办公室。东城区信息化工作办公室既是区信息化工作领导小组的办事机构，又是负责区信息化工作的政府工作部门。内设综合管理科、应用推广科、电子政务科，机关行政编制 11 人。下设东城区信息中心和东城区信息资源管理服务中心 2 个科级事业单位，事业编制 41 人。

1992 年，西城区开始电子政务建设工作。2001 年 12 月 6 日设置北京市西城区信息化工作办公室（以下简称西城区信息办）。原区政府办公室承担的区电子政务办公室职能以及原区科学技术委员会的区信息化工作小组办公室职能划入西城区信息办。西城区信息办既是西城区信息化工作领导小组的办事机构，又是负责西城区信息化管理工作的区政府工作部门。区政府信息办下设综合科（监察科）、信息化推进科 2 个内设机构，行政编制 9 人。西城区信息中心是西城区人民政府信息化工作办公室所属事业单位，主要负责区政务网络和信息系统的建设和日常管理工作；负责区政务网络和信息系统的安全保障工作；负责与市政务专网的互联工作，保证政务网络和信息系统的正常运行；负责区邮件系统的日常管理工作；负责西城区政府网站的建设和管理工作，为区各部门提供技术支持。2008 年 3 月，西城区成立由区委常委、区委办公室主任及副区长为正、副组长的西城区网络与信息安全协调小组，协调小组办公室设在西城区信息办。

1994 年 11 月 26 日，海淀区科技信息中心成立。1997 年 2 月，海淀区科委综合科与信息中心合署办公，承担海淀区政府及科委信息化建设工作。2002 年 9 月，海淀区信息化工作办公室成立，隶属于海淀区政府办公室，副处级单位，由区政府办公室副主任兼任信息办主任，编制 5 人。主要职责是制订海淀区信息化工作方案，向区信息化工作领导小组汇报，并组织实施。2003年，海淀区信息中心成立，为正科级全额拨款事业单位，协助信息办为区信息化工程规划、设计提供技术支持，编制15人。2010年1月8日，区域信息化工作职责交给区经济和信息化办公室，并指导区政府信息办工作。区政府信息办承担海淀区机关、事业单位信息化工作，编制5人。

1995年10月，顺义县成立信息中心，人员编制10人，为副处级全民所有制事业单位，挂靠在县政府办公室，由县财政全额拨款。主要职能是负责全县政务、经济信息的收集、整理和发送以及信息网络建设。2000年5月，顺义区信息中心成立，事业编制增加至13人，内设网络部、开发部、运行维护部、信息部和综合部等机构。2001年5月，顺义区信息化工作领导小组成立，区长任组长，负责研究制定全区信息化发展战略及方针、政策，协调解决信息化建设中出现的各种问题。2009年9月，顺义区工业局、顺义区乡镇企业局合并成立顺义区经济和信息化委员会，负责全区信息化发展工作。同时成立顺义区信息化促进中心，为顺义区经济和信息化委员会所属事业单位，统筹协调顺义区信息资源开发利用、社会信息化和信息化公共服务、经济领域信息化推进和智能卡推广应用工作等。

1995年，房山区成立城乡经济信息中心。1998年8月，区城乡经济信息中心更名为房山区人民政府信息中心，由区政府办公室管理。2000年8月，区政府信息中心改为区委区政府信息中心，为区政府直属事业单位。2000年，房山区成立信息化工作领导小组，组长由区长担任，副组长和成员单位由主管区长、区委区政府相关各部门主要领导担任。区信息化领导小组下设办公室，办公室设在区信息中心，办公室主任由区信息中心主任兼任。2003年5月，房山区政府信息化工作办公室成立，设在区政府办公室。区信息化工作领导小组办公室职能改由区信息办担任。2009年8月，区政府信息化工作办公室职能划转至区经济和信息化委员会。

1997年，通县信息中心成立，为县属副局级全额拨款事业单位，归县计划委员会管理。2002年更名为通州区信息中心，挂区信息化工作办公室牌子，改属区政府办公室管理。2002年，通州区信息化工作领导小组成立，为区政府负责信息化工作的议事协调机构。领导小组下设办公室，负责领导小组的日常工作，设在通州区信息中心。2008年，通州区信息化工作办公室成立，设在区政府办公室。2009年，通州区设立经济和信息化委员会，为负责通州区信息化工作的区政府工作部门。信息中心整建制划转至通州区经济和信息化委员会，主要承担全区政务专网、政务信息应用系统和政府网站的管理、运维和安全保障工作。

1998年8月7日，怀柔县政府信息中心成立，负责信息化具体管理运行等事务。1999年4月19日，怀柔区信息化工作领导小组成立，区长任组长，并建立区、镇乡/街道、村三级信息化组织架构，建立信息化联席会议制度，协调解决重大问题。2005年7月成立怀柔区信息化工作管理办公室，设在区政府办公室，负责怀柔区无线电管理工作，承担区信息化工作领导小组部署的各项工作。12月13日，怀柔区政府信息中心改为区政府直属副处级事业单位。2009年9月1日，成立怀柔区经济和信息化委员会。怀柔区信息化工作办公室职责划入区经济信息化委，负责信息化管理和无线电管理事务。

1998 年 11 月，平谷县信息中心成立，为正处级事业单位，编制 18 人，主要负责平谷县信息化建设的整体规划、建设实施、管理和服务等工作。2004 年，平谷区信息化工作领导小组成立，区委书记任组长，统筹全区信息化工作。2006 年 6 月，平谷区信息化工作办公室成立，为正处级行政单位，编制 6 人。2008 年 6 月，平谷区无线电管理委员会成立。2009 年 9 月，平谷区信息化工作办公室撤销，职能转入平谷区经济和信息化委员会。保留区信息中心，负责组织推进、建设实施信息化工作。

1998 年，大兴县信息中心成立，隶属于大兴县科委。1999 年，大兴县综合信息中心成立，隶属于大兴县发展改革委。2001 年，上述两个信息中心合并组建为大兴区信息中心。2003 年，大兴区信息化工作领导小组成立，对全区信息化工作进行领导和总体协调，下设信息化工作办公室。区信息办既是信息化工作领导小组的办事机构又是负责大兴区信息化管理工作的政府工作部门，对大兴信息网的规划、建设和运行进行监督管理，研究制定全区信息化发展规划、工作计划，起草信息化管理的有关规定、制度。大兴区信息中心为区信息办下属机构，具体负责大兴信息网建设、运行、维护与管理，承担各单位信息化工作实施方案的审查，在业务上对各单位信息员进行管理。信息中心下属公司以企业行为对电子政务与公共服务信息化的网络环境进行全面技术支持。2004 年 7 月，大兴区信息办设在区政府办公室，负责全区信息化建设的统筹规划、综合协调，项目的技术论证指导和审查等工作，下设信息化管理科，并将信息中心由区发展改革委划转到区政府办公室管理。2009 年 12 月，区信息办与区工业局合并，成立大兴区经济和信息化委员会，信息化职能转至区经济信息化委，信息中心划转至区经济信息化委管理。

1999 年 3 月，宣武区信息化工作领导小组成立，下设办公室。1999 年 5 月成立区政府信息中心，设在宣武区政府办公室，为正科级全额拨款事业单位，编制 5 人。领导小组成员单位为区委办、区政府办、区科委、区计委、区外经委、区外办、区统计局、区人事局、区财政局、区委宣传部、区国税局、区地税局、区国资局、区保密局、区物价局、区工商局共 16 个单位。2001 年 11 月成立宣武区信息化工作办公室，设在宣武区政府办公室，为副处级单位，行政编制 4 人。2004 年 6 月，宣武区信息化工作领导小组办公室调整为宣武区信息办，成员单位调整为 29 个单位。2007 年 6 月，宣武区信息化工作领导小组、宣武区信息化城市管理系统建设工作领导小组、宣武区图像信息管理系统建设工作领导小组，合并组建宣武区信息化工作领导小组，办公室设在宣武区信息办，成员单位 15 个。11 月成立宣武区网络与信息安全协调小组，下设办公室，设在宣武区信息办。成员单位为区信息办、区保密局、区委办、区委宣传部、区委 610 办、区发展改革委、区教委、区科委、公安分局、安全分局、区财政局、区交通支队、区国资委、区质监局、区文委共 15 个单位。2009 年 9 月，宣武区信息办成为宣武区政府工作部门，是正处级单位，行政编制 8 人，内设综合科和信息化科。

1999 年 4 月，延庆县政务网络建设筹备小组成立，筹备全县网络建设。2002 年 2 月，延庆县信息化工作办公室成立，负责全县信息化的规划、管理和建设等工作。3月成立延庆县信息中心，负责全县政务信息化的统筹、规划、建设、应用和维护工作。2008年，延庆县网络与信息安全领导小组成立，常务副县长任组长，小组办公室设在县信息中心，负责统筹管理全县的网络与信息安全工作。2009年10月成立延庆县经济和信息化委员会，信息化工作办公室职能并入县经济和信息化工作委员会；延庆县信息中心职能、机构和人员整建制划入县经济和信息化委员会，仍为县属副局级全额拨款事业单位。

1999年7月，门头沟区信息中心成立，隶属门头沟区计划委员会，负责全区信息网络安全和信息平台的管理及维护，开展全区电子政务建设。2004年7月，区信息中心划转至门头沟区政府办公室管理。2005年3月，门头沟区信息化工作办公室成立，隶属于门头沟区政府办公室，是区政府负责信息化管理工作的职能部门，与门头沟区信息中心共同加强推进区信息化建设和区信息安全工作。2009年9月，门头沟区信息化办公室与门头沟区工业局合并，成立门头沟区经济和信息化委员会，负责全区信息化工作。

1999年，丰台区政府信息中心组建。2001年正式成立，为区政府办正科级全额拨款事业单位，事业编制11人。主要负责区行政管理信息网络系统（含区委、区人大、区政府、区政协）建设的具体协调工作，负责区政府信息化日常工作，负责区行政管理信息网络系统的运行与维护，负责首都之窗丰台区网站网页的编制发布及区政府“数据库”的建设，负责区直属机关各单位上网培训管理等项工作。2002年成立丰台区信息化工作领导小组，由区长任组长，区内各单位主管领导为成员，下设丰台区信息化工作办公室，行政编制4人，为副处级行政单位，主任由区政府办公室主任兼任。2009年9月，区政府机构改革，成立丰台区经济和信息化委员会，区信息办职能划入区经济信息化委，内设信息化建设与管理科，主要负责拟订并组织实施丰台区信息化方面的发展规划及实施计划，负责审核并监督实施重大信息工程项目等。2010年，信息化工作领导小组人员调整，由区长担任组长，常务副区长、区委办主任和主管信息化工作的副区长担任副组长，成员由各单位负责人担任。调整后的小组成员单位包括16个委办局和21个街道、乡镇。

2001年7月，石景山区成立由区政府办公室管理的信息网络中心，主要负责全区信息网络和信息平台的管理与维护，组织实施全区电子政务建设。10月，石景山区信息化工作办公室成立，是区政府负责信息化管理工作的职能部门，负责指导、组织和实施石景山区信息化建设。同时成立石景山区信息化工作领导小组，办公室设在区信息办。12月，原隶属区政府办公室的区信息网络中心调整为隶属石景山区信息办。2004年3月，石景山区网络与信息安全协调小组成立，协调小组办公室设在区信息办。2006年5月成立石景山区信息资源中心，隶属区信息办。2009年10月组建石景山区经济和信息化委员会，将原区信息办职责划入区经济信息化委。设有办公室、信息化科（区无线电管理委员会办公室）等内设机构，下辖信息网络中心、信息资源中心等事业单位。

2001年10月，昌平区信息化工作办公室成立，负责全区信息化建设与管理工作，为正处级行政单位，设在区政府办公室，行政编制5人。2002年，昌平区信息化工作领导小组成立，组织领导全区信息化建设与发展事项。2005年组建昌平区信息中心，隶属区信息办，为全额拨款正科级事业单位，编制10人。2007年，区信息中心下设应用软件部、基础网络部，负责网络具体管理运行等事务。2009年，区信息办电子政务职能划转至区综合行政服务中心，并成立电子政务科，同时将区信息中心划转为综合行政服务中心下属事业单位。2009年12月，昌平区经济和信息化委员会成立，原昌平区发展改革委负责的信息化工作，以及区政府信息化工作办公室（电子政务除外）的职责、区政府办公室承担的无线电管理有关职责划入区经济信息化委，成立信息化科，负责推进昌平区信息化建设工作。

2001年，崇文区信息化工作办公室成立，区综合信息中心为其下属正科级全额拨款事业单位。共有编制17人，其中行政编制5人、事业编制12人。2009年，崇文区信息化工作办公室既是区信息化工作领导小组的办事机构，又是负责区信息化工作的政府工作部门。主要职责是统筹规划、综合协调、监督管理全区的信息化工作，组织实施“数字崇文”工程；全面推进电子政务、电子商务、电子社区建设和信息资源开发利用；组织有关信息化工作的行业管理、宣传、培训、技术服务和国内外交流合作。同年，职能增加负责崇文区无线电子政务专网管理和负责崇文区无线电管理2项工作。

2002年4月12日，朝阳区信息化工作办公室成立，下设系统建设科、信息化推进科和信息网络中心，行政编制8人、事业编制12人。2008年，在信息网络中心下设信息安全部，专门负责全区信息安全管理工作。2010年4月16日，朝阳区信息化工作办公室机构调整，下设综合管理科、电子政务与社会信息化科、软件与信息服务业科和信息网络中心，行政编制12人，事业编制12人。2010年年底，朝阳区信息化工作办公室是全区信息化主管部门，负责指导、组织和实施辖区内信息化建设。

2002年4月，密云县信息化工作领导小组成立，县长任组长，县发展改革委、县宣传部、县教委等27个单位为成员。下设县信息化工作办公室作为办事机构，与县政府办公室合署办公，负责制定发展规划，统筹政府专网建设，组织开展电子政务和信息资源的开发利用，指导和推行办公自动化，开展培训、宣传、交流与合作活动等工作。同时在县政府办内部成立信息化工作科，行政编制3人。同年成立县信息中心，与县区划办合署办公，负责为全县电子政务应用提供技术平台支撑、统筹信息资源管理、促进电子信息资源应用等工作。2010年政府机构改革中，将信息办职责与经委职责整合划入县经济信息化委，县信息中心编制人员划入县经济信息化委管理。

二、开发区、科技园区信息化工作机构

1992年，北京经济技术开发区建立，信息化的建设与管理职能由开发区管委会办公室承担。2006年12月成立开发区信息中心，是信息化工作专门机构。2007年8月，开发区管委会信息化工作办公室成立，负责开发区的信息化建设与管理工作。截至2010年年底，开发区信息化工作机构未变化。

1999年6月5日，国务院批准成立中关村科技园区。2001年，市政府将海淀园管理

委员会并入中关村管委会。2001 年 12 月成立中关村科技园区海淀园“数字园区”管理服务中心。2006 年，中关村管委会设有信息办公室，主要职责是组织研究提出园区信息化建设规划并协调推进实施，负责园区信息化管理与服务，管理园区的网站建设电子政务和数字化园区建设等。2010 年，海淀区区委、区政府对海淀园管委会机构进行调整，设有 5 个职能处室和企业家咨询委员会、专家顾问委员会。其中，企业发展促进处同时为区经济和信息化办公室，为园区的信息化管理工作机构。

第四节　协会、联盟与实验室

一、信息化协会

北京软件行业协会

1986 年 10 月，北京软件行业协会成立。主要任务是对软件行业的中长期发展规划提出咨询建议；制定软件行业的行规行约，提高行业自律性，提倡公平竞争，维护行业利益。开展会员之间、行业内外之间的技术交流、咨询与培训工作；争取国家和社会对行业发展的政策和资金的支持，促进软件产品的研制、调试、评测、认证的标准化工作，努力实现软件开发工程化、软件产品商品化、软件管理科学化和软件经营企业化。1993 年 7 月，北京软件行业协会国际合作委员会成立。委员会围绕国外市场调查、市场开拓等开展国际交流活动。2010 年，北京软件行业协会下设金融软件及信息产品分会、过程改进分会、益智与娱乐软件分会、医药软件分会、中关村软件园分会、数字内容及信息服务分会、长风开放标准平台软件分会、丰台园分会、归国软件人员联络会、测试工作委员会、软件进出口工作委员会和投融资委员会 12 家分支机构，为 2000 余家软件信息服务企业提供服务，会员总数 520 家。

图8-2　2010年8月，北京软件行业协会第六届理事会成员

北京通信信息协会

1987 年成立，是一家涵盖通信、信息两大领域的行业协会，中国社会组织评估

AAAAA 等级资质。协会服务宗旨是服务会员、服务行业、服务政府；成为企业之家，助力企业发展。协会会员涵盖大批业界知名企业、科研院所和高等院校，历届领导均由通信信息领域的知名专家和企业家担任，协会的专家智库云集德高望重学者和年富力强专家。协会面向国家战略需求，紧跟通信信息产业发展动态，支撑政府信息化建设，承担行业软课题研究及综合调研，组织产业创新政策宣讲，推进新技术和新产品应用，为 2008 年北京奥运会期间政府采用通信制式与系统设备等起到参谋作用。编辑、出版《通信信息术语 600 条》，普及和提高大众的通信意识和知识水平；2002 年至 2010 年发行电子会刊数千期。助力业内中小创新企业和新业态企业发展，组织专家到企业调查、会诊；聚合各方资源；促进地区产业发展，帮助企业争取政府支持，例如 TD-SCDMA 的芯片开发项目等。组织会员单位连续多年参加北京市企业诚信创建活动，数十家会员企业获北京市诚信创建企业称号。2010 年，协会分支机构有光电与光通信专业委员会、IPv6 专业委员会、3G 产业联盟、中日物联网推进联盟、移动电子政务产业联盟。

北京信息化协会

2003 年 7 月 28 日，北京信息化协会第一届会员代表大会召开。10 月 16 日，由市信息办牵头组建，北京信息化协会正式成立。协会是由信息化相关的企业、事业和社团单位自愿联合，经北京市社会团体管理办公室核准登记的非营利性社会团体法人。协会会员主要由驻京信息系统集成商、监理公司、信息安全企业、信息服务业企业及相关外企、科研院所、区（县）信息中心等各单位构成，以制定信息化行规行约，建立行业自律和监督机制，协助政府部门规范信息化服务市场和推动信息化企业、事业及社团单位之间的合作与横向联合为主要任务，对外提供信息化咨询服务，对信息化相关产品、活动进行宣传展览以及组织行内各成员单位之间及行外的各种交流活动。在合作交流、行业自律、研究咨询、宣传展览、培训考察等方面开展活动，并接受政府和其他单位的委托从事相关工作。2010 年，北京信息化协会由市社会团体管理办公室领导，市经济信息化委业务指导，承担专家委秘书处的日常工作。

图8-3　2003年7月28日，北京信息化协会第一届会员代表大会召开

北京市闪联信息产业协会

2003 年 7 月，联想、TCL、康佳、长城、海信 5 家大型计算机和家用电器企业在北京联合发起成立闪联标准工作组（Intelligent Grouping and Resource Sharing，以下简称 IGRS）。2005 年 5 月 17 日，在闪联标准工作组基础上，北京市闪联信息产业协会（以下简

图8—4　2003年7月，闪联标准工作组成立

称闪联协会）成立，是由中关村科技园区第一家高新技术企业自主发起，联合大学、科研院所开展技术创新、标准制订和产业推进的创新型协会组织，是市民政局核准登记的非营利性社会团体法人，中关村管委会为其业务主管单位。闪联协会秉承“以企业为主体，产学研相结合，智能互联，资源共享，协同服务”的宗旨，致力于电子信息、互联网、物联网领域里电子终端产品和家用电器产品互联互通标准（闪联 IGRS）的制定、推广和产业化应用。2005 年 6 月，闪联协会制定的信息设备资源共享协同服务协议 IGRS1.0 系列标准正式获批成为国家行业标准，是中国第一个《计算机、通信、消费类电子协同产业技术标准》（即 Computer、Communication、Consumer Electronics，以下简称 3C）。12 月 30 日，闪联协会入选《人民日报》2005 年自主创新八大新闻事件。2009 年，在国家发展改革委支持下，闪联协会的核心会员联想、TCL、创维、长城、长虹、海信、康佳、中和威等企业，牵头承建国家级重大专项“电子信息产品协同互联（闪联）国家工程实验室”，联合推进标准的产业化落地。2010 年 2 月，闪联协会代表中国主导制定的《信息设备资源共享协同服务协议》IGRS 1.0 系列标准由国际标准组织 ISO 中央秘书处正式发布，成为全球 3C 协同领域的第一个国际标准。截至 2010 年年底，闪联协会代表中国制定的并由国际标准组织 ISO 中央秘书处正式发布的国际标准 2 项，分别为“信息设备资源共享协同服务（IGRS/ 闪联）基础协议”“信息设备资源共享协同服务（IGRS/ 闪联）文件交互使用框架”。国家标准 1 项，为“建筑及居住区数字化技术应用　第 1 部分：系统通用要求”。行业标准 2 项，分别为“信息设备资源共享协同服务　第 1 部分：基础协议”“信息设备资源共享协同服务　第 4 部分：设备验证”；获国家质量监督检验检疫总局和中国国家标准化管理委员会联合颁发的首届中国标准创新贡献奖一等奖等荣誉。截至 2010 年年底共有会员单位 120 家。闪联协会成员单位总计拥有国际发明专利 48 项、国家发明专利 240 项、软件著作权 280 项，获国家信息产业部颁发的信息产业重大技术发明奖等奖项。闪联协会成员企业有台式电脑、笔记本电脑、高清电视、智能手机、高清网络播放机、下载盒、无线连接器、智能网关等 30 余种基于“闪联”标准的产品上市销售，销量超过 500 万台，产值 30 亿元。闪联协会坚持“公平、开放和兼容”的合作模式，与国际标准化组（International Organization for Standardization）、国际电工委员会（International Electro technical Commission）和电气和电子工程师协会（Institute of Electrical and Electronics Engineers）等国际组织以及跨国公司建立合作关系，共同开展标准的制订和推广工作，还与日本、韩国规模最大、最具影响力的标准组织——日本家庭节约能源委员

会（Energy Conservation and Homecare Network）和韩国家庭网络委员会（Home Network Forum of Korea）签署协议，联合成立亚洲第一个跨地区的家庭网络标准组织——亚洲家庭网络标准委员会（Asia Home Network Council）。

二、信息化联盟

长风联盟

长风联盟是在国家及地方政府的支持下，致力于自主知识产权的软件与信息服务企业、科研院所以及第三方机构于2005年联合发起成立的。长风联盟是科技部首批产业技术创新联盟试点，并被科技部等6部委联合认定为首批A级产业技术创新联盟，被市民政局评为北京市5A级社会组织，被市经济信息化委认定为北京市中小企业公共服务平台，被中关村管委会认定为中关村A级产业技术联盟、首批示范型社会组织、中关村示范区标准试点单位。长风联盟作为国家标准化管理委员会首批团体标准试点单位之一，连续多年入选市科委支持联盟名单。会员类别从传统软件领域向互联网领域延伸。2010年，长风联盟致力于探究产业前沿技术，市场需求对接、产业链资源聚集，搭建IT全产业链创新资源平台。长风联盟汇集全国最优秀的产业资源，发挥产学研用的创新服务链机制，围绕标准研制与推广、项目咨询、国际化、人才、培训、区域合作与对接、新技术新产品推广等多方面开展服务。长风联盟会员数百家，涵盖核心基础软硬件、应用软件、人工智能、大数据、云计算、物联网、智慧城市、互联网及创新创业机构等，吸纳京东、东华软件、软通动力、用友、博彦科技、华宇软件等国内2/3的基础软件和应用软件产品龙头企业，覆盖软件与信息服务产业链各个环节。

3G产业联盟

2009年9月9日成立。3G产业联盟是根据市经济信息化委推进北京地区3G产业发展的战略部署，由北京通信信息协会携手北京地区3G运营商，由北京及京外从事3G通信网络运营，增值服务及3G技术设备，终端产品的研究、开发、生产、制造的骨干龙头企业，科研院所和服务机构等联合发起组建的社会团体。3G产业联盟主要服务于第三代网络通信建设，以“推广创新、资源整合、市场运作、互动共赢”为理念，本着“自愿、平等、互利、共赢”的原则，围绕3G产业链相关技术、产品、系统、解决方案、运营和服务开展研发、应用、标准化、产业化等工作的行业性、非营利性组织。3G产业联盟发起单位有工业和信息化部电信研究院、中国电子信息产业发展研究院、中电华通通信有限公司、中兴通讯股份有限公司、中国电信集团北京公司、中国移动通信集团北京有限公司、中国普天信息产业股份有限公司、中国联合网络通信有限公司北京市分公司、北京邮电大学、北京通信信息协会、华为技术有限公司、微软（中国）有限公司等22家。

三、北京网络多媒体实验室

1998年10月成立，是市科委领导下，依托于首信公司成立的创新型高技术重点实验室。作为一家开放性实验室，联合中央在京的科技力量，与北京邮电大学、清华大学、北京工业大学、银河集团、中科院研究生院合作，成立联合实验室或实验室分室，加强科研项目的联合攻关和技术集成创新。实验室以企业为主体，市场为导向，承接一批国家863项目、国家科技攻关项目、国家发展改革委和北京市的重点科研开发项目。主实验室拥有研究与咨询专家近百人，其中院士6人，教授16人、研究员5人，高级工程师5人；博士19人，硕士30人，80%以上的专业人员具有硕士以上的学历，拥有计算机、信息技术、信息安全、工程技术、经济、金融、工商管理、营销、贸易等专业背景。实验室跟踪国际网络多媒体技术的发展，解决互联网应用中自然语言理解、智能搜索引擎、信息安全机制、计算机支持协同工作、宽带网络、空间信息、异构平台信息交换与功能交互、信息内容开发，现代管理和服务业的研究、咨询等一系列前瞻性、前沿性的关键应用技术，为首都或全国其他城市信息化的建设，电子商务、电子政务、社会保障和社区服务信息系统以及空间信息系统等数字北京"数字城市""科技奥运"重大信息化应用工程的实施提供技术支撑，使上网用户能够安全、方便、快捷、高效地获取网络和信息服务，推动网络多媒体技术的应用。同时，实验室加强国际合作，与 Carnegie Mellon University、University of Karlsruhe、Voice Insight、IBM、Cisco、Nortel Networks、HP、Sun Microsystems、Oracle、DELL，Microsoft、Canon、Samsung、AVAYA、NEC、CitiGroup（CitiBank）、Gartner、Entrust、GE、OSDL 等开展技术交流与合作。2010年，实验室内设机构主要有总体规划研究部、网络智能信息处理研究部、宽带网络技术研究部、公共服务研究部、IT咨询研究部。

2010年北京网络多媒体实验室学术委员会成员一览表

8-8表

姓名	委员会职务	单位、职务
陆首群	主任	首都信息发展股份有限公司名誉董事长，北京网络多媒体实验室主任、教授，中国开发源代码软件推进联盟主席，开放源代码开发实验室（OSDL）全球特别顾问
李三立	副主任 首席科学家	中国工程院院士，国家攀登计划首席科学家、教授，清华大学计算机科学与工程研究所所长，上海大学计算机学院院长
周宏仁	副主任 首席科学家	国家信息化专家咨询委员会常务副主任、联合国信息与通讯技术工作组顾问团高级顾问，曾任上海市信息化专家委员会主任、上海市互联网经济咨询中心主任
李国杰	副主任	中国工程院院士，中国科学院计算技术研究所所长、教授
庄梓新	副主任	北京网络多媒体实验室常务副主任、研究员
陈信祥	副主任	首都信息发展股份有限公司名誉董事长，北京网络多媒体实验室副主任、博士、教授，北京市计算机用户协会副理事长，世界创新研究院常务副院长

（续表）

姓名	委员会职务	单位、职务
高新民	委员	中国互联网协会常务副理事长、中国信息协会副会长、国家信息化专家咨询委员会委员
倪光南	委员	中国工程院院士、中国中文信息学会理事长、中国科学院计算技术研究所研究员
孙家广	委员	中国工程院院士，国家自然科学基金委员会副主任，清华大学信息学院院长，清华大学软件学院院长、教授
何德全	委员	中国工程院院士，国家信息化专家咨询委员会副主任，上海交通大学信息安全工程学院院长、研究员
何新贵	委员	中国工程院院士，北京大学信息科学技术学院第一任院长、教授，北京计算机学会理事长，中国计算机学会抗恶劣环境计算机专业委员会主任委员、研究员
宋　玲	委员	工业和信息化部通信科技委员会常委，中国电子商务协会理事长、教授
邓寿鹏	委员	国务院发展研究中心原局长，国家信息化办公室专家委员会副主任、研究员
曲成义	委员	航天科技集团710所原总工程师，国家信息化专家咨询委员会委员、研究员
华平澜	委员	北京软件行业协会会长，中国计算机学会常务理事、教授
王安耕	委员	国家信息化专家咨询委员会委员、研究员，中国国际信托投资公司原总工程师
马如山	委员	首都信息发展股份有限公司高级顾问、北京通信信息协会常务理事
钟义信	委员	北京邮电大学教授、博士生导师，中国人工智能学会理事长
张书杰	委员	北京工业大学计算机学院院长、教授、博士生导师
高　文	委员	教授、博士生导师，中国图象图形学会副理事长、中国软件行业协会副理事长、中国计算机学会常务理事，曾任中国科学院研究生院常务副院长
史美林	委员	清华大学计算机系计算机网络与协同工作CSCW研究实验室主任，清华大学网络工程中心专家委员会委员，清华大学COMPAQ培训与开发中心主任、教授、博士生导师
柴跃廷	委员	清华大学自动化系系统集成研究所副所长，国家CIMS工程技术研究中心副总工程师，国家信息化专家咨询委员会委员、教授
朱明远	委员	北京科银京成技术有限公司总经理、研究员
汪　旭	委员	首都信息发展股份有限公司总裁，北京网络多媒体实验室副主任、博士
詹榜华	委员	北京数字证书认证中心总经理、博士，国务院信息化工作办公室网络与信息安全组专家
林文漪	特邀委员	第十一届全国政协副主席，全国人大常委会副秘书长，台盟中央主席，清华大学教授、博士生导师
何栋材	特邀委员	原广播电影电视部副部长、技术委员会主任，国家信息化专家咨询委员会委员、教授、高级工程师
张　琪	特邀委员	中国信息产业商会会长，中国RFID产业联盟理事长，信息产业部原电子信息产品管理司司长，信息产业部电子科技委副主任、研究员级高级工程师

第五节　研究咨询机构

工业和信息化部电子科学技术情报研究所

1959年成立（以下简称电子情报所），是新中国第一批成立的中央级专业科技情报研究机构之一，也是国防科技工业技术基础六大领域（核、航天、航空、船舶、兵器、电子）情报研究所的重要组成部分。伴随中国电子信息产业、国防科技工业的发展，以及中国工业化和信息化的融合进程，电子情报所成为中国工业和信息化、国防军事电子领域的情报研究咨询与决策支撑机构。主要从事情报研究和信息咨询服务工作，服务对象遍及工业和信息化部、国务院信息化工作办公室、国防科工委、解放军总装备部等政府和军队领导机关及相关科研院所、生产企业、高等院校，在电子信息行业内颇具实力和影响力。编辑出版有《世界军事电子装备与技术发展年度报告》《世界电子信息产业发展年度报告》等系列研究报告和《世界军事电子装备与技术发展研究》《信息技术与产业发展研究》等内部刊物，以及《中国信息产业年鉴》（电子卷）等公开出版物。以"世界信息技术与产品水平数据库""中国电子元器件产品数据库""电子科技期刊全文数据库""信息技术领域专利数据库""中国信息产业图片数据库"为代表的数值型、事实型、文献型、图片型信息资源受到广泛关注。受工业和信息化部委托，电子情报所代部行使情报、成果、期刊、知识产权、电子工业档案等行业管理职能，并提供媒体出版、声像制作、文献检索、软件开发、系统集成、数据库建设等多元化服务。电子情报所是中国电子学会情报分会以及国防科技声像服务中心、中国信息产业商会等社团组织的挂靠单位。2010年，电子情报所有职工800余人，其中专业技术人员占85%以上；有国家级突出贡献专家2人、部级突出贡献专家3人、享受政府特殊津贴人员19人。建有26TB的存储系统，可有效保障信息资源存储的安全性和可靠性。

中国电子信息产业发展研究院

1970年1月1日成立（以下简称赛迪），是由中国电子工业发展规划研究院、信息产业部计算机与微电子发展研究中心（中国软件评测中心）、信息产业部电子信息中心、中国电子报社4个事业单位合并运作组成。主要从事产业政策、经济形势等软科学研究，媒体出版，顾问咨询，评测认证等业务，形成"传媒与网络服务，咨询与外包服务，评测与认证服务，软件开发与技术服务"四业并举的业务格局。研究院控股赛迪传媒、赛迪顾问2个上市公司，培育了赛迪评测、赛迪时代、赛迪呼叫、赛迪数据、赛迪监理等一批企业，形成具有一定品牌影响力的企业集团即赛迪集团（CCID）。2001年至2010年，国内IT咨询服务市场占有率第一，咨询业务走向国际化，产品行销亚太、日本市场，并进入美国、欧洲市场。其中，赛迪网成立于2000年，是赛迪集团旗下最大且最具影响力的网络服务平台。赛迪网开设新闻中心、产业和信息化中心、产品和技术中心、IT博客、IT技术社区等媒体平台，承接电子信息产业、产业生态文明、中小企业信息化、国家网络信息安全等国家级公共服务平台。中国软件评测中心是国内最大的软件与系统集成评测认证机构之一，是通过国家实验室认可和国家计量认证的软件检测机构，参与众多国家重点行业信息化项目、软件产品测试、863重点攻关等项目。2010年，研究院有员工2000人。其中，软科学研究人员200余人、博士60余人。研究院设立5个专业研究所，3个研究中心，为政府和行业提供服务，业务涉及产业经济、行业规划、政策法规研究等重大课题。专业的咨询顾问公司是国内首家在香港上市的咨询企业。研究院主办有《中国计算机报》《中国电子报》《通信产业报》等6报10刊，是国内最大的IT业平面媒体群，全面宣传报道产业动态，受众覆盖产业各阶层；赛迪网是国内最大的IT专业门户网站；赛迪电子出版社数字化多媒体出版，多方位的IT专业媒体宣传具有广泛的影响力。

国务院发展研究中心信息中心

1980年成立。主要职责是负责中心信息化建设组织与管理、政策研究数据信息服务与保障、中心品牌塑造与成果宣介等工作。包括编辑报送国务院发展研究中心内部研究成果，整合管理各类数据信息资料，组织管理国务院发展研究中心信息化建设，开展智库信息交流和研究、国家信息化发展战略课题研究等。内设办公室，负责信息中心日常事务服务保障，包括行政、人事、文秘、档案、外事等方面的日常工作。综合信息处，编辑报送内部政策研究成果，包括国务院发展研究中心《调查研究报告》《调查研究报告择要》《专题研究报告》等，编辑、出版*China Development Review*等。数据信息处，整合管理数据信息资料，包括DRC数字图书馆和DRC Database等数据支撑平台建设、管理与维护；收集管理中外文图书报刊、中央和地方政府内部信息资料等。信息化管理处，组织管理信息化建设，包括管理维护国务院发展研究中心中英文门户网、研究工作网和工作内网；保障中心网络与信息系统安全等。研究一处，开展国家信息化战略与政策研究，包括信息化与中国经济转型升级、电子政务与国家治理现代化等国家信息化领域全局性、综合性问题调查研究。研究二处，开展中外智库信息研究与交流，包括建设管理中国智库网，组织协调全国政策咨询信息交流协作机制日常工作，加强国务院发展研究中心和各类智库的信息交流，编译《国外智库观察》，分析研究国内外智库研究动态。资产管理部，负责信息中心资产和财务管理，包括编制信息中心年度预决算，监督执行资产管理和财务管理相关制度，以及税务申报、年度审计等日常工作。《经济要参》杂志社，编辑发行《经济要参》杂志，包括《经济要参》栏目策划、组稿，按期出版发行杂志等，依托中心专家队伍，开展相关政策咨询服务工作。

中国互联网络信息中心

经国家主管部门批准，于 1997 年 6 月 3 日组建的管理和服务机构，为中央网络安全和信息化委员会办公室（国家互联网信息办公室）直属事业单位，行使国家互联网络信息中心职责，是中国信息社会重要的基础设施建设者、运行者和管理者。其中，作为国家网络基础资源的运行管理和服务机构，中国互联网信息中心（以下简称 CNNIC）是中国域名注册管理机构和域名根服务器运行机构，负责运行和管理国家顶级域名 .CN、中文域名系统，以专业技术为全球用户提供不间断的域名注册、域名解析和 WHOIS 查询等服务。CNNIC 是亚太互联网络信息中心（APNIC）的国家级 IP 地址注册机构成员（NIR）。以 CNNIC 为召集单位的 IP 地址分配联盟，负责为中国的网络服务提供商（ISP）和网络用户提供 IP 地址和 AS 号码的分配管理服务，推动中国向以 IPv6 为代表的下一代互联网发展过渡。作为国家网络基础资源的技术研发和安全中心，CNNIC 是构建全球领先、服务高效、安全稳定的互联网基础资源服务平台，支撑多层次、多模式公益的互联网基础资源服务，寻求国家网络基础资源核心能力和自主工具的突破，从根本上提高国家网络基础资源体系的可信、安全和稳定。作为互联网发展研究和咨询服务力量，CNNIC 负责开展中国互联网络发展状况等多项互联网络统计调查工作，描绘中国互联网络的宏观发展状况，忠实记录其发展脉络。作为互联网开放合作和技术交流平台，CNNIC 跟踪互联网政策和技术的最新发展，与相关国际组织以及其他国家和地区的互联网络信息中心进行业务协调与合作，承办国际重要的互联网会议与活动，构建开放、共享的研究环境和国际交流平台，促进科研成果转化和孵化，服务中国互联网事业发展。

北京市电子科技情报研究所

1979 年成立（以下简称情报所），是北京市唯一市属专业从事电子科技情报研究的科研院所，被市政府主管部门确认为北京市电子信息行业软科学研究中心、信息开发传递中心、交流培训中心和展览服务中心。主要业务是研究国内外经济环境、市场宏观环境、最新科技动态对电子信息产业的影响；研究国家电子信息产业方针政策，帮助区域电子信息产业及时、准确地预测产业发展前景，抓住有利商机；有针对性地研究国内各个省、市、地区在电子信息产业方面的信息情报；研究区域电子信息产业的发展战略和对策，论证和建议区域电子信息产业的发展规划；研究和推动区域电子信息产业发展的政策法规和软环境建设，论证和建议地方性的法规、条例等；研究电子信息产业科技发展前景和预测电子产品的市场需求和竞争能力；研究电子信息技术向国民经济各部门的渗透和应用，论证和建议电子信息技术的应用发展规划与重点项目；为区域电子信息产业企业提供情报、专利信息、知识产权咨询与培训。情报所重点从事北京市电子信息产业发展战略、行业发展规划及用电子信息技术提升传统产业和拉动首都经济发展的对策设想等“战略情报”研究；同时承担市场调查任务，进行竞争情报研究。利用自身的优势和丰富的资源，并与相关的企事业单位、研究机构联合开展电子信息领域重点产业一系列的专题研究，并做长期的跟踪探索，对所涉及产业的发展状况和趋势做有价值的分析和判断。情报所成立后，先后承担并完成包括国家级、部级、市级在内的各类各级软课题调研任务 200 余个，获各种成果奖 50 余项。其中，获部市级科技进步二等奖 3 项、部市级科学技术进步三等奖 15 项、情报成果奖近 50 项。课题研究内容涉及工艺类研究、专业领域情报研究、专利分析研究、政策研究以及其他信息调研与咨询服务项目。情报所重点产业研究领域包括集成电路、半导体显示、高端电子工艺、高效储能电池、智能装备、传感器、物联网、移动互联网及软件产业。2010 年，情报所主要设有产业研究室、媒体与市场部、网络信息中心、培训与展览交流部、信息咨询服务中心、计划财务部、综合办公室。80% 以上的员工是专业技术人员，具有中级和高级技术职称、高学历员工人数超过 90%。

北京国际工程咨询公司

1985 年 1 月注册成立，是国内第一批成立的工程咨询单位之一。2010 年成为国家甲级工程咨询单位、中国工程咨询协会常务理事单位、北京市工程咨询协会副会长单位、国际咨询工程师联合会（FIDIC）会员。业务领域涵盖电子信息、通信、软件、集成电路、机电设备、汽车、机械、医药、纺织、食品、冶金、化工、城建、市政、建材、环保、节能等。客户范围包括市发展改革委、市经济信息化委、市财政局、市科委、各区政府、开发区管委会、中关村管委会、银行以及企业等。业务单元发展为“三业并举”的项目咨询、专题咨询、规划咨询的多元化经营业务格局。其间，该公司作为北京市企业信息化领导小组办公室成员单位和北京市制造业信息化工程咨询服务支撑体系成员单位，先后完成《“十五”时期北京工业企业信息化发展规划》《通州区工业企业信息化发展规划》的编制以及北京名牌企业信息化调查、通州区中小企业信息化调查、2002 年和 2003 年北京制造业信息化指数统计等工作。

北京市长城企业战略研究所

1993 年 8 月成立（以下简称长城战略咨询）。2010 年，公司有专职咨询师 300 余名，均来自国内外重点大学和优秀企业。设有北京市长城企业战略研究所、北京智识企业管理咨询有限公司、中国知识管理网三大实体，面向商业组织和公共组织提供战略规划、管理咨询以及知识管理咨询等服务，业务涵盖企业战略、运营管理、组织设计、人力资源管理、创业管理、营销管理、区域战略、产业战略、科技管理、IT 顾问式服务、系统实施等 16 项内容。其间，长城战略咨询曾承担市经济信息化委《北京市电子政务“十二五”发展规划研究》《世界城市信息化创新应用与北京市加快信息化发展研究》《北京市重点企业信息化现状调研》《北京市政务与公共服务信息工程全流程管理研究》《2010 年北京市电子政务管理服务子系统运维》等项目；承担中关村管委会《中关村下一代互联网产业促进会筹建技术服务合同》《中关村下一代互联网产业发展报告 2007》《下一代互联网商业模式与投融资调查研究》《中关村园区下一代互联网试用推进策略研究》等项目。

第二章　规划、政策法规规章与标准

“九五”期间，北京市推动政务领域信息化，制定了《首都信息化 1998—2010 年发展规划（纲要)》。2001 年至 2010 年，根据国家经济和社会发展五年规划，市信息办等有关部门制定相应的北京市“十五”及“十一五”时期信息化发展五年规划。3 个规划均提出不同时间阶段的信息化工作指导原则、发展目标、保障措施，以推进首都信息化建设。

20 世纪 90 年代，伴随现代信息技术的普遍应用和互联网的普及，信息化工作的规范化、法制化逐渐引起相关部门高度重视，北京市将信息化立法作为法制建设的工作重心之一，针对不同时期的信息化工作内容，相继制定印发一批规范性文件。进入 21 世纪，相关部门与专业人员对信息化建设、信息化安全、信息化的开发利用等信息法制化问题开展专项研究。2007 年 12 月，《北京市信息化促进条例》开始施行。截至 2010 年年底，北京市基本形成法律、法规、规章和规范性文件比较完善的信息化工作体系。

21 世纪，随着信息化快速普及，北京市信息化标准化工作提上日程。北京市针对信息化普及过程中所具有的普遍性或重复出现的技术问题，逐步在全市开展信息化标准化编制工作，制定统一的准则与标准，指导、规范全市信息化作业流程、作业方法与作业条件。

第一节　规　划

“九五”期间，北京市为推动政务领域信息化，制定了《首都信息化 1998—2010 年发展规划（纲要)》(以下简称《纲要》)。目标是加强信息基础设施建设，成为全国的信息中心和网络枢纽中心；大力发展信息产业，为首都经济的发展提供新的增长源，使之成为首都经济最大的支柱产业，成为全国信息产业的重要基地；适应建成现代化国际大都市的需要，实现经济和社会信息化。《纲要》将规划目标分为 3 个阶段：1998 年至 2000 年是近期目标、2001 年至 2005 年是中期目标、2006 年至 2010 年是远景目标。目标具体内容包括信息化的指标、首都公用信息平台、信息产业化、部署一批信息技术实验室、信息化的环境建设等。《纲要》的指导原则是在《北京城市总体规划》的指导下，遵循全国信息化工作会议确定的“统筹规划、国家主导，统一标准、联合建设、互联互通、资源共享”24 字方针，抓好联合共建、条块结合。充分调动各部门、各单位的积极性，搞好首都信息化建设。《纲要》要求，1998 年至 2000 年，重点抓好 5 项系统工程和产业发展的任务：建设首都公用信息平台；4 项重点信息应用工程；建立和发展首都软件产业基地；大力发展信息产业，扶持 2 ～ 3 个大信息产业集团进入世界信息产业 100 强行列；培育 2 ～ 3 个面向 21 世纪的信息化试验示范小区。《纲要》要求，大力开发、利用信息资源，全面推进全市的信息化建设；继续加强信息网络建设，实现网络的互联、互通；大力开发信息技术，发展信息产业；培养信息化人才；加强信息化政策、法规、标准建设。《纲要》还包括首都信息化投资估算及信息化建设的主要措施。

2001 年 4 月，首都信息化“十五”发展规划工作组发布《北京市“十五”时期信息化发展规划》指出，通过“九五”期间的建设，首都信息化已经取得重要的建设成就。“十五”将在“九五”的基础上，进一步发挥优势，抓住机遇，迎接挑战，实现跨越式的发展，推动首都信息化向着更深、更广、更高的方向发展，朝着建设数字北京的目标迈进，继续保持首都在全国信息化的领先地位。“十五”时期的发展指导思想是遵照《中华人民共和国国民经济和社会发展第十个五年计划纲要》的精神，根据市委、市政府的战略部署，遵循国家确立的信息化建设指导方针，围绕首都现代化建设的全局和迫切需求，以网络为基础，信息资源开发利用为核心，信息化软环境为保障，大力促进信息技术在国民经济和社会发展各个领域的应用，发展首都经济，提高人民的生活质量，为北京率先实现现代化作出贡献。发展目标是初步实现国民经济和社会发展的信息化，构建起数字北京的基本框架。信息化总体水平继续保持全国的领先地位，进入国际一流的信息化城市行列。宽带网骨干人口覆盖率在规划市区达到 100%，郊区大于 90%；宽带接入的家庭普及率全市总体达到 50% 以上，中关村科技园区达到 70% 以上。有线电视网家庭接通率达到 90% 以上；高清晰度数字电视、数字广播开始向全市播出。计算机的普及率达到每百户 50 台；固定电话用户 780 万，普及率达到 70%；移动电话用户达到 860 万户，普及率达到 77%；互联网网民 664 万人，比例达到 60% 以上。国家机关行政管理实现电子化、网络化，全面开展网上交互式办公。成为全国电子商务、金融信息化的中心，90% 以上的企业进入电子商务。建成全市统一的社区服务信息网络及其服务支撑体系。建立信息技术的创新体系和产业孵化体系，形成关键信息技术的自主研发能力。在信息技术的一些重点领域如软件、集成电路、光通信取得突破，达到或接近国际先进水平。强化信息产业在国民经济中的第一支柱产业地位，成为中国和世界重要的信息产业基地。信息产业的增加值年增长率达到 30% 以上。将中关村建成国际一流水平的信息化科技园区。

2006 年 12 月 26 日，市信息办印发《北京市“十一五”时期国民经济和社会信息化发展规划》，指导原则是以科学发展观为指导，坚持以信息化带动工业化、以工业化促进信息化的基本方针，切实将信息化作为首都现代化建设的基本战略，加快首都信息社会建设，全面建设数字北京，以信息化带动城市服务和管理水平的提高，带动经济结构调整和增长方式转变，服务好社会主义新农村建设，为落实“新北京、新奥运”战略构想、构建社会主义和谐社会首善之区提供有力保障。到2010年，北京市信息化发展的目标是政府率先实现信息化，城市管理和公共服务信息化达到现代国际城市的水平，信息产业对首都经济增长的贡献率进一步提高，信息化带动自主创新的能力显著增强，带动经济结构调整和增长方式转变取得明显成效，数字奥运各项任务全面完成，数字北京初步建成，为迈向信息社会奠定基础。主要任务是围绕加快首都信息社会建设、全面建设数字北京的战略目标，服务首都经济社会发展大局，实施“三二一”（三大应用计划、二大基础工作、一大专项工程）信息化推进方略。三大应用计划是以支撑构建社会主义和谐社会首善之区为目标的“信息惠民”计划；以促进政府更好地履行职能、提高城市服务和管理水平为目标的“信息强政”计划；以促进经济结构调整、实现增长方式转变为目标的“信息兴业”计划。二大基础工作是信息安全保障体系建设工作，信息基础设施完善工作。一大专项工程是加速推进数字奥运专项工程的实施。

第二节 政策 法规 规章

1993年4月17日，市政府印发《北京市无线电台设置使用管理规定》。1995年8月1日，市无线电管理局制定发布《北京市研制、生产、进口无线电发射设备管理规定》。

2000年12月19日，市政府第31次常务会议审议通过《北京市政务与公共服务信息化工程建设管理办法》，自2001年1月1日起施行。该办法对计算机、通信、广播电视以及其他以现代信息技术为主要手段的信息网络建设、信息应用系统建设和信息资源开发等相关工程，从规划、建设和管理都做了明确规定。并明确指出信息化工程建设应当遵循统筹规划、互联互通、资源共享和安全保密的原则，防止盲目投资和重复建设。该办法全面系统地确定了信息化工程的内涵与外延，明确使用财政资金建设的政务与公共服务信息化工程建设的基本制度，相关一些规定在2007年被收入《北京市信息化促进条例》之中。

2001年1月16日，《北京市人民政府关于加快政务信息化建设的意见》出台。北京市政务信息化建设的指导思想是坚持统筹规划、统一标准、条块协调、整合发展、互联互通、资源共享的原则，在政务工作的各个领域和各个环节广泛采用现代信息技术，以网络为基础、应用为重点、信息资源开发利用为核心，推动职能转变和政务公开，提高工作效率和服务水平，为政务管理现代化奠定基础。总体目标是力争用两年时间，到2002年年底初步实现面向社会的行政审批、管理和服务业务上网进行，行政机关内部办公初步实现电子化和网络化；在此基础上，再利用3年的时间，到2005年年底建成体系完整、结构合理、高速宽带、互联互通的电子政务网络系统，建成北京市政务系统共建共享的信息资源库，全面开展网上交互式办公。

2001年11月15日，市委办公厅、市政府办公厅下发《北京市党政机关计算机网络与信息安全管理办法》，12月1日施行，以加强党政机关计算机网络与信息安全管理。该办法对信息化安全的组织领导、安全管理与技术保障等都做出规定，对国家机关的信息安全管理提出全面要求，特别是对信息化工程建设过程，要求在信息安全方面必须同步建设，且资金投入不得低于一定比重。

2002年，市信息办会同市政府法制办、市公安局、市国家保密局、市国家安全局、市委办公厅机要局等部门联合开展立法专题研究，并将《北京市公共服务网络与信息系统安全管理规定》纳入市政府立法工作，为此专门成立立法工作小组，进行研究起草工作。经过多次调研和讨论，对初稿广泛征求国内信息安全知名专家、信息企业、政府部门、区县信息办以及供水、电、气、热等企业意见。2003年年底，管理规定草案正式报送市政府。

2003年至2007年，在信息产业部政策法规司、市政府法制办等单位的支持下，市信息办连续举办5届北京市信息化法制建设论坛，每年结合信息化的重点法律问题进行研讨。论坛汇集在京高校和有关研究机构的专家学者，凝聚多方力量为首都信息化法制建设献计献策。2004年和2005年，市信息办组织力量编辑出版《互联网时代的法律探索》和《信息化与法》两部书籍。

21世纪初期，针对法制理论体系建设过程中的问题，市信息办与北京德法智诚咨询有限公司合作，开展立法与信息化和谐性研究。2004年12月完成《北京市地方性法规、规章和规范性文件与信息化和谐性研究》课题报告，共13万字，分课题总报告、专题报告与资料汇编三大部分。其中，专题报告分为北京市地方性法规与信息化和谐性研究、市政府规章与信息化和谐性研究、地方性法规规章与信息化和谐性研究3个部分。

2005年6月3日，市委、市政府出台《关于推广东城区城市管理经验建立信息化城市管理系统的意见》。按照以人为本、全面协调可持续科学发展观和构建社会主义和谐社会的要求，立足于城市管理体制、机制和方式的创新，理顺市区两级政府与专业管理部门的城市管理职责，切实发挥市区两级政府的社会管理和公共服务职能，借助现代信息技术，整合现有城市管理资源，加强市民与政府的良性互动，建立政府监督协调、企业规范运作、市民广泛参与，各司其职、各尽其能、相互配合的城市管理联动机制。目标是搭建市区两级城市管理信息平台，采用“万米单元网格”管理法和城市部件管理法相结合的方式，实现城市管理的信息化、标准化、精细化、动态化，保证城市运行中出现的问题能够及时发现、及时处理、及时解决，逐步建立沟通快捷、分工明确、责任到位、反应快速、处理及时、运转高效的城市管理和监督长效机制。

2005年11月9日，市政府第45次常务会审议通过《北京市公共服务网络与信息系统安全管理规定》，自2006年1月1日起施行。该规定是北京市第一部关于信息安全的政府规章。该规定共分16条，针对北京市的网络与信息系统安全状况和存在的问题，对信息安全管理工作的主管部门、运营单位的内部管理工作、统一规划与建设安全基础设施、实施安全等级保护制度、规范信息安全产品和服务的选择、落实安全应急预案、建立安全事件报告制度和救援机制以及2008年北京奥运会举办、无线电频谱管理、维护空中电波秩序提出具体要求。

2006年7月20日，市政府办公厅出台《关于进一步加强首都之窗网站建设和管理的意见》提出，用3～5年时间，将首都之窗网站建设成为政务公开的重要渠道，实现除涉密信息外的政务信息全部网上公开；实现网上办事“一口受理”，可以在线办理的行政许可项目实行在线处理，使首都之窗网站成为民主监督和公众建言献策的重要途径。9月25日，市政府第53次常务会议审议通过《北京市无线电管理办法》，自2006年12月1日起施行。1993年、1995年印发的《北京市无线电台设置使用管理规定》《北京市研制、生产、进口无线电发射设备管理规定》同时废止。

2006年，市信息办委托首都经贸大学（北京经济法学会）开展个人信用立法软课题研究，在收集资料、调查研究基础上，课题组提出的立法研究报告和立法草案稿，得到市人大、市政府法制办等部门的好评，建议加快北京市的立法进程，保障信息化的快速发展。

2007年1月15日，为贯彻落实《2006—2020年国家信息化发展战略》精神，实现“新北京、新奥运”战略构想，使北京市全民信息能力满足加快首都信息社会建设的需要，制定“十一五”时期《北京市提高全民信息能力行动纲要》。以《2006—2020年国家信息化发展战略》为指导，着眼《北京市“十一五”时期国民经济与社会信息化发展规划》的落实，贯彻落实科学发展观，抓住2008年奥运会机遇，整体提高北京市全民信息能力。提出到2010年，北京市领导干部、公务员、信息化工作人员、在校学生、科技人员、企业经营管理人员等重点人群的信息化能力大幅提高，大多数城乡居民掌握基本信息化技能。

2007年9月14日，《北京市信息化促进条例》经第十二届人大常委会第三十八次会议审议通过，于12月1日开始施行。该《条例》自2003年11月开始立法起草工作，市信息办、市政府法制办和市人大常委会教科文卫体办公室专门成立立法工作小组，先后委托北京大学、中国政法大学、天则经济研究所、德法智诚公司等研究机构，针对信息化综合立法、电子商务立法、知识产权保护、信息管道规则、信息化法律环境等内容开展专题研究，翻译了日本、韩国等国家有关信息化的相关立法，面向国内外深入开展立法调研，多次召开研讨会、座谈会，听取国家信息办和信息产业部的指导及有关部门、企事业单位、基层单位和专家意见，经过近4年的调查研究，《北京市信息化促进条例》通过人大常委会审议。《北京市信息化促进条例》共8章49条，以提升信息化水平为主线，兼顾促进发展和规范管理，分为总则、信息化工程建设、信息资源开发利用、信息技术推广应用、信息安全保障、监督管理、法律责任和附则等章节。在管理体制、统筹规划、统一标准等12个方面提出了促进措施；明确规划审核、电子政务项目立项审查、资质认证等16项管理制度；实施国家两项行政许可（计算机信息系统集成资质认证、信息系统工程监理资质认证），将其纳入法制轨道；对11项违法违规行为追究行政法律责任。2007年，市信息办编写了《行政执法工作手册》。正式组建执法队伍，对执法人员定期培训考核。

2008年，为贯彻落实《国家电子政务总体框架》和《北京市信息化促进条例》，促进北京市电子政务管理体制机制不断完善和创新，在借鉴国内外经验和总结北京市的实践经验基础上，市信息办组织人员编制《北京市电子政务管理规则体系（试行）》。该规则体系涉及建设类规则、应用类规则、发展环境类规则三大类规则，共包括52项专题规则。电子政务管理规则体系从全方位、全过程的角度明确电子政务各项管理规则的作用和相互关系，用于指导北京市电子政务各项管理工作相关规则的制定、修改、实施和评估。为规范和加强电子政务项目全流程管理，提高电子政务项目管理效率，加强相关企业对政府信息化的了解和理解，提高企业服务电子政务发展的能力和实效，市信息化办组织编写《北京市电子政务相关文件资料汇编》，供有关单位参考。内容包括法规规划、项目管理、网络与信息安全、信息资源管理、记述总体框架及标准体系等相关法规文件。在开展信息立法研究的同时，为普及信息化法规知识，让广大群众了解信息化的法制概况，市信息办利用各种途径，通过门户网站、图片展览、户外悬挂宣传条幅等形式，开展各种宣传活动，宣传《北京市信息化促进条例》《电子签名法》《电信条例》《互联网信息服务管理办法》等国家法律和北京市有关法律、法规与规章，并及时研究跟踪法制动态，调整宣传方式。为贯彻实施《北京市信息化促进条例》（以下简称《条例》），市信息办组织编写《条例》内容的解读，在各区县和重点行业巡讲，在全市信息化系统组织《条例》知识竞赛，利用首都之窗网站面向社会进行在线问答。市信息办从维护无线电秩序、建设数字奥运等方面加强制度建设，多次组织宣传《北京市无线电管理办法》及有关的法规政策。

2010年3月10日，北京市出台《北京市促进软件与信息服务业发展的指导意见》指出，软件与信息服务业是国家重点发展的战略性新兴产业，也是北京市在全国处于领先地位并具有全球化发展潜力的重要产业。做大做强软件与信息服务业，对于进一步提升北京市信息产业的国际竞争力、转变经济发展方式、实现信息化与工业化的有效融合具有重大意义。要以科学发展观为指导，把全面提升软件与信息服务业发展能力作为迎接新机遇和新挑战的战略任务，重点提升自主创新能力、高端发展能力和对国际资源的调动能力，努力创造发展环境更优、企业规模更大、创新水平更高、新兴产业成长更快的局面，推动软件与信息服务业又好又快发展并实现新的突破。

1993—2010年北京市信息化部分法规政策文件一览表

8–9表

名称	制订发布单位	发布时间
北京市无线电台设置使用管理规定（京政发〔1993〕4号）	北京市人民政府	1993年4月17日
北京市计算机信息系统病毒预防和控制管理办法（京政发〔1994〕68号）	北京市公安局	1994年12月28日
北京市研制、生产、进口无线电发射设备管理规定	北京市无线电管理局	1995年8月1日
北京市政务与公共服务信息化工程建设管理办法（北京市人民政府令第67号）	北京市人民政府	2000年12月28日

（续表）

名称	制订发布单位	发布时间
北京市人民政府关于加快政务信息化建设的意见（京政发〔2001〕1号）	北京市人民政府	2001年1月16日
北京市软件企业认定和软件产品登记管理实施办法（试行）（京科发〔2001〕101号）	北京市科学技术委员会	2001年2月26日
北京市党政机关计算机网络与信息安全管理办法（京办发〔2001〕27号）	中共北京市委办公厅、北京市人民政府办公厅	2001年11月15日
北京市行政机关归集和公布企业信用信息管理办法（北京市人民政府令第106号）	北京市人民政府	2002年8月31日
北京市政务数字证书使用管理办法（京信息办函〔2005〕46号）	北京市信息化工作办公室	2005年3月
关于推广东城区城市管理经验建立信息化城市管理系统的意见（京发〔2005〕7号）	中共北京市委、北京市人民政府	2005年6月3日
数字北京信息亭运营和使用管理办法（试行）（京信息办发〔2005〕39号）	北京市信息化工作办公室	2005年9月1日
北京市公共服务网络与信息系统安全管理规定（北京市人民政府令第163号）	北京市人民政府	2005年11月11日
北京市银行卡应用发展工作指导意见（京政办发〔2005〕58号）	北京市人民政府办公厅	2005年11月30日
关于进一步加强首都之窗网站建设和管理的意见（京办发〔2006〕10号）	中共北京市委办公厅、北京市人民政府办公厅	2006年7月20日
北京市无线电管理办法（北京市人民政府令第175号）	北京市人民政府	2006年10月11日
北京市公共安全图像信息系统管理办法（北京市人民政府令第185号）	北京市人民政府	2006年12月15日
北京市提高全民信息能力行动纲要（京信发〔2007〕2号）	北京市信息化工作领导小组办公室	2007年1月15日
北京市国家机关电子文件归档工作规定（试行）（京档发〔2007〕2号）	北京市档案局、北京市信息化工作办公室	2007年1月22日
北京市政务外网管理办法（京信息办函〔2007〕116号）	北京市信息化工作办公室	2007年8月23日
北京市信息化促进条例（北京市人民代表大会常务委员会公告63号）	北京市人民代表大会常务委员会	2007年9月14日
北京市信息化发展专项资金预算管理试行办法（京财文〔2008〕251号）	北京市财政局	2008年2月22日
北京市政务信息资源共享交换平台管理办法（试行）（京信息办发〔2008〕13号）	北京市信息化工作办公室	2008年6月23日
北京市信息化发展规划管理办法（试行）（京信息办发〔2008〕14号）	北京市信息化工作办公室	2008年7月31日
北京市促进软件与信息服务业发展的指导意见（京政发〔2010〕4号）	北京市人民政府	2010年3月10日

第三节　标　准

2000 年 8 月，在信息产业部、国信办、市质监局和市政府相关委办局的支持下，市信息办在全市开始启动信息化标准化编制工作。2003 年，市信息办增设法规与标准处（政策法规与行业管理处）具体负责组织协调、业务指导、标准化和技术审查职能，主导或参与相关地方标准的编制，并取得一批成果。政府网站、市民卡、信息系统工程监理、市民基础信息、政务数字证书规范等地方标准和技术指导性文件先后颁布，基本上改变了北京市信息化工作无标可循的局面，对全市信息化建设进行了有效规范。其中，有关智能建筑、信息系统工程监理、政务数字证书、政务信息资源目录等多项标准规范被国家标准、行业标准采纳和吸收，成为国家标准与行业标准制定的重要参考文本。

2001 年，市信息办会同有关部门推出《首都信息化标准化指南》和《首都信息化标准体系》，一套 4 册，成为全市有关部门开展信息化标准化编制的指导。《首都信息化标准指南》共分 3 卷，包括信息系统安全与保密，信息分类编码，信息采集、交换与分类格式；计算机数据通信网络，软件工程，数据库与中文信息处理；电子商务，识别卡及其应用规范，CAD 通用技术要求，标准化审查与工作推进等三大类 10 项内容。《首都信息化标准体系》由“标准体系”“管理体系”“运行机制”3 部分组成，是以基础标准为核心，包括产品、应用工程的信息服务标准的集合。《体系》分术语、信息分类与编码、中文平台、信息安全和测试评估等 16 个大类 76 个小类，明细标准目录 1722 个。

2002 年，市质监局和市信息办成立北京市信息化标准化工作小组，专门领导信息化标准化编制与推广工作。

2003 年，市信息办增设法规与标准处，具体负责信息化法规与技术标准的统筹事项。市信息办制定《市信息办起草、制定技术标准规范基本程序》，规范市信息办内部标准编制程序，并成立市信息办标准化工作组，由法规与标准处具体开展工作，组织各事业单位总工或其他技术骨干参与信息办地方标准立项与审查工作。同时与国信办电子政务标准化总体组、信息产业部科技司、中国标准研究院、中国电子标准技术研究所等单位建立工作联系机制。

2005 年 8 月，市信息办会同市质监局联合印发《关于推进本市信息化标准化工作的意见》，对全市信息化标准化工作进行统筹安排，强化标准立项、编制、执行。出版《信息化标准化指南》，印制《北京市信息化标准选编》，发放给市政府各委办局和区县政府信息化工作部门，推行信息化标准化编制。同月，市信息办委托北京信息化协会对全市已发布实施的地方标准开展实施效果评估，效果评估报告对全市信息化标准化编制所取得的成绩进行评估认定，对全市地方标准的制定、修订和废止提出建设性意见。为推动全市信息化标准化，市信息办先后委托市质监局标准所、市信息资源管理中心、信息化促进中心、数字证书认证中心、“首都之窗”、政务网络管理中心开展一系列标准化软课题研究。其中，“首都之窗”承担2005年《网站内容规范》项目，政务网络管理中心承担信产部《弱电机房建设技术规范》行业标准计划项目，数字证书认证中心承担《信息安全管理体系、数字证书应用指南》2005年地方标准计划项目，资源中心承担2004年计划项目《电子政务总体技术框架》和2005年计划项目《法人数据库》。

2003年、2005年，市信息办两次面向全社会开展地方标准和技术指导性文件征集工作，分类别、有重点地推进公共资源一体化、车辆身份识别、医院信息化模型等技术标准的研究。市信息办组织召开两届北京市信息化标准化论坛，专门探讨信息化标准化建设问题。

2006年7月，市信息办召开信息化法规与标准宣贯培训大会，普及信息化标准化编制的专业知识与注意事项，涉及政府网站、社会保障等诸多方面。同年，市信息办委托北京市信息化促进中心开展《信息化标准战略和规划研究》和《信息化法规与标准化宣传培训》两项软课题。截至2006年年底，北京市已批准、颁布的地方标准或技术指导性文件有40项。

2000—2006年北京市信息化建设部分地方标准和技术指导性文件一览表

8-10表

标准号	标准名称
DB11/T 124-2000	社会保障信息系统指标体系代码与数据结构
DB11/T 145-2002	政务公开网站通用安全技术要求
DB11/T 146.1-2002	建筑及住宅小区智能化工程检测验收规范 第1部分：通信网络系统
DB11/T 146.2-2002	建筑及住宅小区智能化工程检测验收规范 第2部分：计算机网络系统与信息安全
DB11/T 146.3-2002	建筑及住宅小区智能化工程检测验收规范 第3部分：建筑设备监控系统
DB11/T 146.4-2002	建筑及住宅小区智能化工程检测验收规范 第4部分：火灾自动报警及消联动控制系统
DB11/T 146.5-2002	建筑及住宅小区智能化工程检测验收规范 第5部分：安全防范系统
DB11/T 146.6-2002	建筑及住宅小区智能化工程检测验收规范 第6部分：通用布缆系统
DB11/T 146.7-2002	建筑及住宅小区智能化工程检测验收规范 第7部分：智能化系统集成
DB11/T 146.8-2002	建筑及住宅小区智能化工程检测验收规范 第8部分：电源与接地
DB11/T 146.9-2002	建筑及住宅小区智能化工程检测验收规范 第9部分：环境
DB11/T 146.10-2002	建筑及住宅小区智能化工程检测验收规范 第10部分：住宅小区智能化
DB11/T 146.11-2002	建筑及住宅小区智能化工程检测验收规范 第11部分：电子设备机房系
DB11/T 146.12-2002	建筑及住宅小区智能化工程检测验收规范 第12部分：关键产品质量检测
DB11/T 146.13-2002	建筑及住宅小区智能化工程检测验收规范 第13部分：安全保密技术要求
DB11/T 159.1-2002	市政交通一卡通技术标准 第1部分：卡片

（续表）

标准号	标准名称
DB11/T 160—2002	信息系统工程监理规范
DB11/T 171—2002	党政机关信息系统安全测评规范
DB11/T 204—2003	金融税控装置通用规范
DB11/T 205—2003	金融税控收款机通用规范
DB11/T 210—2003	网络计算机通用规范
DB11/T 215.1—2003	市民卡规范 第1部分：IC卡（卡片）
DB11/T 215.2—2003	市民卡规范 第2部分：应用
DB11/T 215.3—2003	市民卡规范 第3部分：终端
DB11/T 221—2004	政府网站建设与管理规范
DB11/T 240—2004	市民基础信息数据元素目录规范
DB11/T 241.1—2004	市民基础信息数据交换规范 第1部分：信息结构
DB11/T 241.2—2004	市民基础信息数据交换规范 第2部分：交换协议
DB11/T 254.1—2004	政务数字证书规范 第1部分：格式
DB11/T 254.2—2004	政务数字证书规范 第2部分：应用接口
DB11/T 159.2—2005	市政交通一卡通技术标准 第2部分：终端
DB11/T 159.3—2005	市政交通一卡通技术标准 第3部分：应用
DB11/T 310—2005	城市市政综合监管信息系统技术要求
DB11/T 320—2005	公共卫生信息系统指标代码体系与数据结构
DB11/ T 337—2006	政务信息资源目录体系（正在备案，有可能为国家标准所吸收）
DB11/ T 338—2006	政府信息系统软件通用质量要求
DB11/Z 314.1—2005	电子公文使用指南 第1部分：总则
DB11/Z 314.2—2005	电子公文使用指南 第2部分：数据元字典
DB11/Z 314.3—2005	电子公文使用指南 第3部分：XML数据格式规范
DB11/Z 314.4—2005	电子公文使用指南 第4部分：排版规则

2008 年 11 月 14 日，《北京市电子政务总体技术框架》（以下简称《框架》）发布，文件对北京市电子政务总体框架的组成要素及其关系从技术层面进行总体描述，规定了相关的技术要求。北京市电子政务总体技术框架以信息安全保障体系、法规与标准体系为保障，由门户与渠道层、应用层、支撑服务层、数据层、基础设施层等组成。门户与渠道层提供统一的用户界面，对信息和应用实现统一访问入口和集中展现，支持用户通过多种访问渠道获取服务。应用层提供满足政务部门依职能开展业务的需要。支撑服务层连接政务应用和各类数据资源，组织和整合各类数据、组件和服务，为上层应用系统的搭建和运行提供支撑服务。数据层通过定义数据模型，实现数据组织、存储和管理，为支撑服务层和应用层提供数据服务。基础设施层提供各类系统的承载网络、所需的系统软件和硬件设备及其

运行环境。信息安全保障体系、法规与标准体系提供电子政务应用系统安全稳定运行的保障。为更好地贯彻执行《框架》的技术路线，市经济信息化委制定了《北京市电子政务总体框架实施指南》。

2009年8月13日，依据《中华人民共和国标准化法》《全国专业标准化技术委员会章程》《北京市地方标准管理办法（试行）》《北京市专业标准化技术委员会管理办法（试行）》等法律法规，经市质监局函复批准，北京市成立北京市信息化标准化技术委员会，专门从事北京市信息化技术领域内标准化活动的技术组织，负责信息化技术领域的标准化技术归口工作，以充分发挥生产、使用、经销、科研开发、教学培训和监督检验等方面的专家的作用，更好地开展北京市信息化领域的标准化工作。

截至2010年，北京市批准、印刷的地方标准或技术指导性文件主要有应急指挥信息系统信息化技术要求、面向公共服务的政务信息分类规范、政务信息图层建设技术规范。已颁布技术管理性文件4部，分别为《电子政务总体技术框架》《电子政务信息安全保障技术框架》《北京市党政机关信息系统安全定级指南》《信息安全事件分级分类指南》。完成评审尚未批准、发布的地方标准有5项，分别为《电子政务信息系统安全等级保护技术要求》《网上审批平台信息交换技术规范》《网上审批平台数据代码规范》《网上审批平台业务规则规范》《卫生信息化业务编码技术规则》。完成起草的地方标准有9部，分别为《弱电机房建设技术规范（已申报信产部行业标准）》《呼叫中心建设技术规范》《电子政务总体技术框架》《社区数据代码规范》《信息安全管理体系》《数字证书应用指南》《政务信息共享交换平台系列规范》《企业、个人信用信息目录》《网站内容规范》。

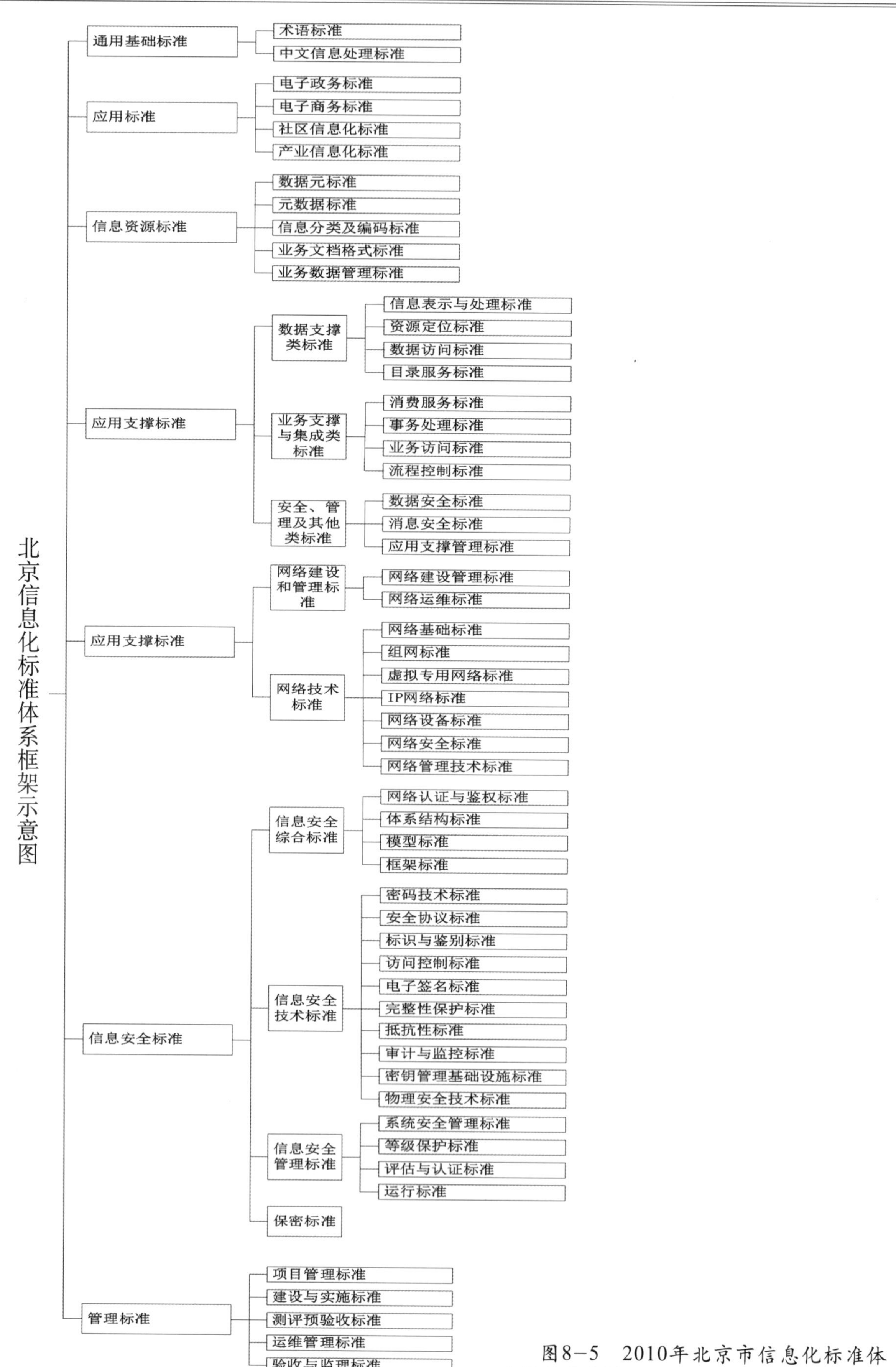

图8-5 2010年北京市信息化标准体系框架示意图

第三章　人才队伍建设与宣传

20世纪90年代，北京市面对信息化的快速发展形势，将信息化人才建设作为工作中的重中之重，制定一系列人才政策，培养、吸引人才在北京投入信息化工作。1997年，北京市留学人员海淀创业园成立，是北京市首家专门为吸引留学人员回国创业提供孵化服务建立的留学人员创业园。2000年，北京市双高人才发展中心成立，是为各类用人单位选拔配置高级管理人员和高新科技人员的专业开发机构。创建了党政领导人才、企业管理人才、海外高层次人才“三位一体”的高端人力资源管理系统的开发与服务体系，建立了人才测评、咨询与培训、技术开发、人才寻访、人事代理、外包服务、国际交流等信息平台。2000年，人事部批准在海淀创业园设立面向企业留学人员的博士后工作站分站。2008年，中央“千人计划”实施。2009年，北京市在全国率先发布《关于实施北京海外人才聚集工程的意见》。2010年10月，中央人才工作协调小组审议并原则通过《关于中关村示范区建设人才特区的若干意见》。中央人才工作协调小组、中央组织部和北京市决定在中关村国家自主创新示范区面向以海外高层次人才为代表的国家发展所特需的各类人才，建设中国特色的人才特区。2010年，市委、市政府制定《建设中关村国家自主创新示范区行动计划》，为111家“十百千工程”企业协调引进325名优秀人才。

20世纪90年代至2010年，北京市结合国家教育发展纲要，把信息化教育培训作为员工队伍建设的重要内容，在机关、学校、企事业单位和社会中组织开展了多种形式、多种内容的信息化教育培训，普及计算机知识和通信网络知识。将专业技术人员和管理干部的信息化教育培训作为员工队伍建设的重点，进一步增加信息化教育培训的投入，制订计划、目标，采取脱产、半脱产、在职学习等多种方式，运用课堂、会议、函授、线上、网络等多种方法，组织信息化建设内容的学习。工作人员的技术水平、工作能力、工作效率、工作质量大幅度提高，职工队伍的整体素质大幅度提升。

2002年1月，国务院新的《计算机软件保护条例》开始施行。规定了软件著作权的具体保护方法，将计算机软件纳入著作权的保护范畴。同年，《北京市鼓励计算机软件著作权登记办法》施行。2003年8月，中关村科技园区版权保护中心挂牌成立，为国内首家科技园区版权保护示范机构。10月，市政府办公厅转发市版权局等部门联合制订的《关于加强计算机软件保护工作的意见》。2007年4月，北京经济技术开发区保护知识产权举报投诉服务中心成立，是中国第一个建立在国家级经济技术开发区及服务外包基地城市示范园区中的保护知识产权投诉中心。2009年5月6日，市政府出台《关于实施首都知识产权战略的意见》。2010年，北京市共登记软件产品2536件，软件产品续延登记307件，进口软件产品登记39件；新认定软件企业803家，软件企业年审通过2665家。

20世纪90年代至2010年，北京市为信息化建设发展创造良好环境，开展了宣传教育活动，在广大人民群众中，宣传信息化作用，普及计算机知识。主管信息化工作部门和从事信息化的企事业单位，举办不同内容、多种形式的会展，推动了信息化普及应用。科研单位、大专主院校与有关单位结合，与国内外的专家、学者结合，产学研结合，组织举办讲座、论坛，对重点问题攻关克难，对重大问题研究探讨，对关键问题排疑解惑，推动了信息化产品的不断创新、信息化建设的快速发展。

第一节　人才政策与服务

1997年10月，北京市留学人员海淀创业园成立，由北京市留学人员服务中心和中关村科技园区海淀园创业服务中心共同创建，是北京市首家专门为吸引留学人员回国创业提供孵化服务建立的留学人员创业园。2000年2月，人事部批准在海淀创业园设立面向留学人员企业的博士后工作站分站。2001年3月，海淀创业园服务中心与清化大学附属学校合作共建留学人员子女教育基地，解决留学人员创业后顾之忧。到2005年年底，海淀创业园累计吸引413名留学人员415家创办企业，毕业留学人员企业85家。在园留学人员172人。其中，博士77人、硕士76人。2006年，海淀创业园新入驻企业68家，其中留学人员企业53家。

2000年1月，经市委、市政府批准，北京市双高人才发展中心成立，是为各类用人单位选拔配置高级管理人员和高新科技人员的专业开发机构。创建党政领导人才、企业管理人才、海外高层次人才“三位一体”的高端人力资源管理系统的开发与服务体系，建立人才测评、咨询与培训、技术开发、人才寻访、人事代理、外包服务、国际交流等信息平台。2002年5月，海淀区人才市场和北京市中关村科技人才市场整合，成立中关村人才市场，以定期招聘会、代理招聘、人事代理、代理推荐、就业指导等多种方式方法，为中关村地区的人才开发、配置、使用提供服务。

2000年12月，北京中关村国际孵化器有限公司成立。按照“政府引导，市场运作”的机制设立贷款担保保证金和投资基金，搭建产学研平台和专业技术平台，引入中介服务机构，整合创业资源，为企业提供“孵化+创投”的全过程、全方位服务，是科技部认定的国家级高新技术创业服务中心及创新基金服务机构，北京市科委认定的北京市高新技术产业孵化基地及北京市人事局和市科委授予的留学人员创业园。截至2005年，累计接纳来自24个国家的归国留学人员658人，其中博士255人、硕士338人。创办高新技术企业397家，在孵企业180家。

21世纪初期，北京市不断创新和推进吸引留学人员回国创业的工作和服务体系，巩固新建大学科技园、科技孵化器及留学人员创业园，为留学人员回国创业提供工作条件和服务帮助。2001年在中关村科技园区建立中关村软件留学人员创业园。2002年先后建立中关村集成电路留学人员创业园、北京大学留学人员创业园、清华大学留学人员创业园。2003年先后建立北航留学人员创业园、北京科大留学人员创业园、中关村生命科学园留学人员创业园、北京邮电大学留学人员创业园。2004年建立北京双高留学人员职业发展服务中心。2005年先后建立中国科学院中自留学人员创业园、中关村科技园区亦庄汇龙森留学人员创业园、中国农大留学人员现代农业创业基地、北工大留学人员创业园、中国人民大学留学人员创业园。2006年建立中央财大留学人员创业园。2007年建立中国矿业大学留学人员创业园。

2008年9月，中央“千人计划”实施。年底，经北京市机构编制委员会批准，成立北京海外学人服务中心，是国内首个省级海外引才机构，北京市第一个专业化、信息化、国际化的海外高层次人才开发服务平台。2009年3月，北京市留学人员服务中心整建制划入北京海外学人服务中心。4月，北京市在全国率先发布《关于实施北京海外人才聚集工程的意见》，主要内容包括实施北京海外人才聚集工程（以下简称“海聚工程”）的战略意义、基本原则、实施对象和目标、服务保障、组织领导，要求各区县、各部门、各单位制订海外人才引进工作方案。

2009年，中关村管委会组织实施中关村高端领军人才聚集工程，围绕中关村重点发展的战略型新兴领域，吸引和聚集世界水平的科学家和研究团队到中关村开展重大创新研究，吸引和聚集掌握前沿技术、有成功创业经历的高端人才到中关村创业，吸引和聚集国际知名的天使投资家和创业投资家到中关村设立创业投资机构和开展投资业务。截至年底，中关村管委会共认定57人为中关村高端领军人才。其中，43人入选北京市“海聚工程”、16人入选中央“千人计划”。

2009年5月13日，市政府印发《北京市鼓励海外高层次人才来京创业和工作的暂行办法》《北京市促进留学人员来京创业和工作的暂行办法》。其中，《北京市鼓励海外高层次人才来京创业和工作的暂行办法》有30条，主要内容是引进条件、引进方式、引进程序、享受的优惠政策等。第8条专门提出，海外高层次人才来京创办企业的，可享受国家支持中关村科技园建设国家自主创新示范区的相关税收政策、产业政策和政府采购政策以及深化科技金融改革试点政策。《北京市促进留学人员来京创业和工作的暂行办法》有28条，主要内容是留学人员来京创业和工作的条件、原则、渠道、方式、享受的优惠政策等。5月，市人力社保局、中国北京科技产业博览会组委会主办，北京海外学人服务中心、北京市人才服务中心承办的第八届北京留学人才招聘会提供570个急需留学人才的职位，来自国内外的留学人员参加招聘，其中部分留学人员具有海外工作经历，还有部分海外留学人员父母等亲属专程来了解相关信息。6月，北京市海外学人工作联席会第一次会议启动北京市海外高层次人才认定工作，认定流程包括申报、筛选、小组评估、联席会审批、颁发证书5个环节。全市共计申报182个人选，确定其中33人为北京市首批海外高层次人才。其中，工作类16人、创业类17人。另外，有17名专家入选中央“千人计划”。12月，为首批海外高层次人才和入选中央“千人计划”人才共50人发放市政府奖励金，并颁发《北京市海外高层次人才工作居住证》。

2010年4月6日，中关村管委会印发《关于开展2010年首批中关村高端领军人才认定的工作方案》，高端领军人才认定包括科技创新人才、创业未来之星和风险投资家3类人员。8月1日，北京海外学人服务中心与海淀区委、区政府共建的北京海外学人中心服务大厅启用，成为面向海外高层次人才和留学人员服务的“窗口”。受理海外高层次人才有关居留和出入境、落户、医疗、社会保险、子女就学等相关需求，办理《北京市留学人员身份认定》、《北京市（留学人员）工作居住证》、留学人员人才引进、档案管理和公派出国留学等相关手续，提供留学人员有关政策咨询，指导留学人员创业、就业等，并在每月10日举办“留学人员咨询日”。9月25日，北京海外学人服务中心人才开发部建成海外高层次人才数据库，数据库包括开发平台、数据来源渠道、现有数据基本情况以及使用功能等。截至年底，中心通过出国访寻、组织活动、接待来访、自荐互荐、整合信息等渠道，进入数据库2405人。10月10日，海淀区为更好地推进中关村国家自主创新示范区核心区、国家高端人才核心区建设，打造具有全球影响力的科技创新中心和人才发展高地，制定《海淀区高层次人才聚集服务实施办法（试行）》。明确高层次人才是指在各自学科、技术领域做出过特殊贡献或具有先进的科研开发和高技术领域成果转化能力，符合核心区产业创新发展所需要的高级专业技术人才、高级经营管理人才和高技能人才。提出“以政策支撑、资金支撑、奖励激励、优质服务”聚集人才的具体措施。10月28日，中央人才工作协调小组召开会议，审议并原则通过《关于中关村示范区建设人才特区的若干意见》。中央人才工作协调小组、中央组织部和北京市决定在中关村国家自主创新示范区面向以海外高层次人才为代表的国家发展所特需的各类人才，建设“人才智力高度密集、体制机制真正创新、科技创新高度活跃、新兴产业高度发展”的中国特色的人才特区。《意见》明确建设人才特区的总体目标、主要任务和支持人才特区建设的政策。2010年，北京市制定《建设中关村国家自主创新示范区行动计划》（以下简称《行动计划》）提出，“实施中关村高端领军人才聚集工程，大力吸引和聚集150人以上产业领军人才和创业投资家在中关村创业”，明确落实《行动计划》的支持措施。同年，为111家“十百千工程”企业协调引进325名优秀人才。留学人员创业服务总部接待创业咨询的留学人员总量2000余人，为300余人开办了创业快办单，组织召开5场留学人员精品项目推介会。截至2010年年底，北京市共有中央“千人计划”人才321人，入选北京市“海聚工程”163人。中关村有高端领军人才103人，其中入选海外高层次人才56名（创业类人才45名、工作类人才11名），在全国名列前茅；入选“海聚工程”人才87名，占全市“海聚工程”人才总数的75.5%。

第二节　评选活动

2001 年，北京信息化协会与《北京晨报》共同举办评选“北京信息先锋”活动。“北京信息先锋”是指首都经济建设和社会信息化建设各相关领域涌现的、为推进信息化进程而从事研究、应用、普及、推动及软科学研究等方面工作并取得显著经济效益、社会效益的开拓型人物。活动评选出 2001 年度“北京信息先锋”18 人，分别是海淀区人民政府副区长、中关村科技园区管理委员会副主任马林，北京用友软件股份有限公司董事长王文京，北京西单商场股份有限公司计算机中心总工程师任辉，北京市消防局副局长李进，京城北一数控集团（一机床）计算中心主任李林，北京人民广播电台信息资料中心主任李晓晖，北京市第五中学校长肖钰，北京医药股份有限公司副董事长、总经理陈济生，首都信息发展股份有限公司董事长陈信祥，北京市测绘设计研究院总工程师陈倬，北京语言文化大学网络教育学院常务副院长张普，联想集团总裁兼首席执行官（CEO）杨元庆，北京市农科院北京农业信息技术研究中心主任、首席专家赵春江，北京昆网网络科技公司董事局主席姜昆，北京慧聪国际资讯有限公司总裁郭凡生，北京市社会科学院信息研究中心主任景体华等。

2002 年“北京信息先锋”评选活动评选出“信息先锋”20 人，分别是北京吉普汽车有限公司计算机中心主任车宁祖，北京书生电子技术有限公司董事长王东临，北京市国家税务局工程师王国琦，联想集团有限公司高级副总裁兼任首席信息官（CIO）王晓岩，北京市科学技术协会网络中心主任刘英，北京市人民政府研究室助理巡视员乔玲，北京万维易化系统软件开发有限公司执行总裁李炎，北京同仁堂科技公司市场信息部副主任李缤，北京市公安局公共信息网络安全监测处副处长张越今，北京千龙新闻网络传播有限公司总裁周科进，北京三七二一科技有限公司总裁周鸿炜，门头沟区政府信息中心主任贺虹，中国网通北京市通信公司总经理、党委书记赵继东，北京市公安局怀柔分局科技信息通信处副处长段继亮，中共北京市委组织部干部信息管理处处长姜毅群，神州数码控股有限公司总裁兼首席执行官郭为，北京灵思信息系统有限公司总经理海洋，北京市经济委员会总经济师常青，北京市农业局信息中心主任阎晓军，石景山区信息化工作办公室副主任富大鹏。

2010 年 2 月，新华社北京分社、光明日报北京记者站、《北京日报》、《中国青年报》、中国高新技术产业导报、经济日报内参编辑部、科技日报记者部、新浪网等新闻单位主办，北京中关村企业信用促进会、北京民营科技实业家协会、北京中关村高新技术企业协会、北京中关村自主品牌创新发展协会、中关村 IT 专业人士协会协办的 2009 年度中关村十大领军企业家、十大创新创业人才、十大品牌、十大企业技术创新成果、十大高成长企业、十大创业投资案例、十大并购案例评选揭晓。其中，2009 年度中关村十大领军企业家分别是联想控股有限公司总裁、联想集团有限公司董事局主席柳传志，中星微电子有限公司董事长邓中翰，清华同方股份有限公司总裁陆致成，百度公司创始人、董事长兼首席执行官李彦宏，用友软件股份有限公司董事长兼总裁王文京，时代集团公司总裁王小兰，搜狐公司董事局主席兼首席执行官张朝阳，乐普医疗器械股份有限公司总经理蒲忠杰，北京科兴生物制品有限公司总经理尹卫东，北京碧水源科技股份有限公司董事长文剑平。2009 年度中关村十大创新创业人才分别是“创新工场”董事长兼首席执行官李开复，北京信威通信技术股份有限公司首席科学家徐广涵，北京君正集成电路有限公司创始人、董事长兼总经理刘强，北京普罗吉生物科技发展有限公司首席科学家罗永章，优视动景技术服务有限公司董事长兼总裁俞永福，网秦无限（北京）科技有限公司总裁林宇，北京开心人信息技术公司创始人、首席执行官程炳皓，北京暴风网际科技有限公司总裁冯鑫，蓝港在线（北京）科技有限公司董事长兼总裁王峰，阿尔特（中国）汽车技术有限公司董事长宣奇武。

2010 年，中关村管委会继续组织开展十大系列评选活动。评选 2010 年度中关村十大年度优秀企业家、十大海归创业之星、十大卓越品牌、十大企业技术创新成果、十大创投案例、十大并购案例、战略性新兴产业高成长 50 强。评选活动由科技日报社、中国人力资源开发网、品牌中国产业联盟、中华创业投资协会、德勤华永会计师事务所有限公司北京分所主办，科技日报社、北京中关村人力资源经理协会、品牌联盟（北京）咨询有限公司、北京海迪创新技术资产投资中心有限公司、中关村科技创业金融服务集团有限公司承办，由北京中关村信用促进会、北京民营科技实业家协会、北京中关村高新技术企业协会、中关村各园管委会协办。其中，2010 年度中关村十大优秀企业家分别是汉王科技股份有限公司董事长刘迎建，软通动力信息技术（集团）有限公司董事长兼首席执行官刘天文，北京大北农科技集团股份有限公司董事长邵根伙，北京神州泰岳软件股份有限公司董事长王宁，华锐风电科技（集团）股份有限公司董事长、总裁韩俊良，北京华胜天成科技股份有限公司总裁王维航，北京四维图新科技股份有限公司总裁孙玉国，北京博奇电力科技有限公司董事长程里全，中材科技风电叶片股份有限公司董事长薛忠民，北京千方科技集团有限公司董事长兼总裁夏曙东。2010 度中关村十大海归创业之星分别是北京创毅视讯科技有限公司董事长兼首席执行官张辉，北京思比科微电子技术股份有限公司董事长陈杰，北京义翘神州生物技术有限公司总经理谢良志，盎亿泰地质微生物技术（北京）有限公司总裁梅海，北京普能世纪科技有限公司董事长俞振华，北京天下图数据技术有限公司董事长关鸿亮，北京中天联科科技有限公司总经理孙凤文，圣邦微电子（北京）有限公司董事长兼总裁张世龙，芯晟（北京）科技有限公司董事长傅登原，浪淘金（北京）科技有限责任公司董事长周杰。

截至 2010 年年底，中关村科技园区共组织两批高端领军人才评审工作，加上在中关村范围通过入选“千人计划”和北京“海聚工程”中被直接认定为中关村高端领军人才的人员，中关村共有高端领军人才 103 人。其中，入选海外高层次人才 56 名（创业类人才 45 名、工作类人才 11 名），在全国名列前茅；入选北京“海聚工程”人才 87 名，占全市海聚工程人才总数的 75.5%。

第三节　人员培训

一、专业人员培训

1995年，北京大学、清华大学、中国科学院等单位在全国率先开展信息安全专业本科教育，以培养各地各部门的专业技术人才。培训内容有密码学基础知识、身份认证与访问控制技术、PKI/PMI技术基础、防火墙技术基础、入侵检测技术基础、VPN技术基础、计算机病毒防范技术基础、安全扫描技术基础以及黑客攻击和防御技术等专业技术知识。

2000年、2001年，市信息办连续两年组织北京信息安全测评中心业务技能考核，提高专业人员业务素质。有关部门采取多种形式开展宣传培训活动。2001年9月在市委机关大院主办了网络与信息安全展览。2001年，经国家信息化推进工作办公室授权，北京信息安全测评中心开始承担信息安全培训任务，定期培训信息安全专业人员，培训合格后可获得《国家信息化培训证书》。北京信息安全测评中心组织编写了《信息系统安全教程》，作为培训教材使用。

2002年4月16日至20日，市信息办承办“中欧信息社会合作论坛2002”北京市展位的展览工作，介绍北京信息化发展成果。市信息办采取多种形式开展宣传工作，组织编辑《数字北京》《数字奥运》《北京市信息化工作办公室》3本宣传手册；策划拍摄《数字北京》《数字奥运》宣传片。5月12日在北京大学百年纪念堂举办“数字北京与数字奥运”高层论坛。12月10日至13日承办“2002中国电子政务技术与应用大会”展览工作。编辑《北京市电子政务集锦》，印发《2002年北京市国家机关网站政务公开检查评议》安全调查问卷，组织召开市信息安全保障工作培训研讨会议，交流经验，提高有关人员的业务水平。

2003年1月，中组部、人事部、国务院信息办联合下发《关于开展信息化与电子政务培训的通知》，市委组织部、市人事局、市信息办联合颁布《首都信息化与电子政务培训规划》，明确各单位主管信息化领导干部和信息化工作专业队伍培训的指导思想和基本原则、总体目标、重点对象和主要任务、组织领导以及保障措施等。结合信息化建设过程中的重点问题，开展针对性培训。市信息办与市委组织部共同编印《信息化与电子政务系列丛书》培训教材。出版了电子政务培训专用教材——《电子政务与政府管理创新》《电子政务管理与实务》，面向各单位信息中心主任、副主任和业务骨干，开展信息主管培训，加强信息主管的电子政务总体规划、IT管理能力和依法行政能力，共计培训362人次。其中，举办信息主管高级研修班1期27人、电子政务总体框架和顶层设计高级研修班1期52人、甲方IT项目管理实践高级培训班2期63人、《电子签名法》解析与应用培训班120人、北京市信息化法规与标准宣贯培训会 1 期 100 人。开展信息化专业技术人员培训，增强技术管理能力，提升技术水平，共计培训 15624 人次。其中，开展北京市党政机关网络与信息系统等级保护安全定级专题培训班 1 期 80 人、北京市 800MHz 数字集群无线政务网一期技术培训班 1 期 45 人、政务网络技术培训 6 期 192 人、调度员培训班 1 期 6 人。

2003 年至 2006 年，北京市总计培训终端用户 9000 人。面向政府网站分站建设人员分阶段开展网站建设基本技能培训、政府网站管理培训、政府网站规划与设计培训，共培训 264 人次。面向政务信息资源管理人员开展目录系统培训 120 人、共享目录培训 130 人、政务信息资源目录建设培训 156 人；举办多次政务地理空间信息相关应用系统的培训活动，261 人参加；政务地理空间信息共享服务系统的二次开发技术培训，60 人参加。集成项目经理培训共计 5310 人。与高校联合开展研究生学历教育，其中与中国人民大学联合举办信息主管（CIO）方向的 MPA 培训班，30 余人通过考试；与北京邮电大学联合举办项目管理方向的工程硕士培训班，25 人参加培训。经国家外专局立项，组织各单位信息中心主任、副主任赴美参加公共危机应急体系高级培训班 20 人、信息主管高级培训班 20 人，赴法参加北京市城市综合服务体系高级管理人员培训班 20 人、组织政务网络管理和技术人员赴芬兰参加“调度台检验培训”9 人、调度台厂家专业管理技术学习 18 人，赴马来西亚参加终端验收及使用培训 15 人，赴澳大利亚、新西兰参加北京无线政务网调度台系统高级培训及应急通信考察 5 人。按照《北京市信息化行政执法人员资格管理办法（试行）》要求，完成第一批 43 人信息化行政执法人员的培训和资格认定工作。按照无线政务网调度网规划管理的要求，完成 4 期 73 位调度员的培训和资格认定工作。

2004 年 5 月和 6 月，市网络与信息安全协调小组办公室组织召开两次国家机关信息安全保障工作培训研讨会，对信息安全保障工作进行了部署，对信息系统采取必要的安全保障措施。市委、市政府、市人大常委会、市政协、市总工会等单位共 200 余人参加会议。8 月，举办北京市党政机关网络与信息系统等级保护风险评估与安全定级专题培训班，就风险评估、安全定级的方法、流程以及技术保障框架等内容对各党政机关从事信息安全工作的人员进行培训，为开展等级保护工作奠定了基础。全年近 400 名信息安全服务人员通过培训和考核。年内，市信息办先后举办多次有关信息安全的报告会，请沈昌祥院士和王安耕研究员做电子政务及信息安全专题报告，由邬贺铨院士做网络换代的技术走向专题报告。召开信息安全保障工作培训研讨会，由思科公司专家做电子政务理论与实践培训讲座，普及网络与信息安全知识，提高网络与信息安全意识。

2005 年，《教育部关于进一步加强信息安全学科、专业建设和人才培养工作的意见》印发。在全国 25 所大学新增设信息安全博士点。北京工业大学、北京理工大学、北京邮电大学等院校先后加入信息安全领域人才培养行列，开设信息安全专业硕士、博士研究生教育，成立国家信息安全重点实验室，为全国输送大批信息安全高级专业人才。北京各大院校成为信息安全技术研究和人才培养的重要基地。年底，对全市公务员进行的电子政务基础培训基本完成，累计培训 9.7 万人次。举办多期领导干部信息化培训班。

2006年4月举办局级领导干部信息安全保密培训班，将信息安全和保密纳入各级党校、行政学院教育培训内容，成为公务员的考试内容之一。印制《党政机关工作人员信息安全读本》和《领导干部电子政务管理读本》，下发各党政机关学习与执行。要求各区县、各部门、各单位在6月底前，对全体工作人员开展一次信息安全和保密工作培训，提高工作人员的信息安全保密意识和防范水平。年内，组织开展3期信息安全工作培训，讲解等级保护、数字证书和政务专网应用的相关知识。全市绝大多数单位接受过信息安全相关培训。宣传网络与信息安全工作的重要意义，印发6期信息安全简报和5期信息安全动态。印发《“十一五”北京市信息安全发展规划》，培训了一批专业人才，业务队伍初步形成。

2007年4月22日至23日，市委办公厅、市政府办公厅组织的“北京市信息网络安全保密管理高级研修班”在怀柔区召开，由市国家保密局承办，市信息办协办，各区县委、各机关单位保密委主任（领导小组组长）参加。市信息办副主任做《网络与信息安全》专题报告，从北京市信息化现状、信息安全形势和主要信息安全风险、信息安全后果和应对防范等8个方面对北京市网络与信息安全做了总结和分析，同时结合典型案例、视频演示等，进行网络与信息安全教育。年内，北京市开设信息安全及其相关专业教育的高等院校12所，开展信息安全研究工作的科研单位13所、认证中心7家、相关协会2个、信息安全应急中心2家。6月13日，市信息办举办北京市信息安全业务连续性培训班。市政府各委办局、各区县信息化主管部门160余人参加。市信息办通过组织政策法规的学习与贯彻，开展多种多样的宣传活动，增加各级部门做好信息安全保障工作的紧迫感、责任感和使命感，提高党政领导干部对信息化工作的认识。截至年底，市信息办组织对党政机关信息主管领导开展了4次培训班，包括等级保护、电子政务网络运维管理等内容，累计300余人次参加。其中，市电子政务重要网络与信息系统计算机病毒专题培训会共有27家委办局30余人参加，北京市电子政务信息安全技术培训班有各委办局和区县93人参加，部分委办局信息安全负责人培训班有32个委办局68位信息安全负责人和专家参加，电子政务信息安全等级保护定级备案培训班有市政府、委办局和区县120余人参加。

2008年，以北京奥运会、中华人民共和国成立59周年等重大活动为契机，结合北京市信息发展的阶段性特点和重点任务，市信息办制订《北京市奥运信息化人才行动计划》，开展各类专题培训，完成北京奥运会期间信息化保障任务，初步形成一支懂业务、会管理、精通信息技术的复合型党政机关信息化人才队伍。为全面保障北京奥运会的成功举办，市信息办围绕各项信息化保障任务开展7000余人次多层次、多批次与实战相结合的培训，培养了一大批政治过硬、技术过硬、保障有力的信息化高级人才队伍。市信息办面向全市各委办局、区县信息中心主任、副主任和后备干部，开展各类专题培训，共计培训500余人次。市委、市政府高度重视信息安全保障工作，对北京奥运会信息安全保障工作提出更高的要求。市委书记刘淇多次批示，要求“要不断地测试，严格落实责任制，确保网络安全万无一失”。2008年1月至6月，结合北京奥运会实际工作需要和岗位要求，市信息办就奥运会信息安全保障工作先后组织4次培训，培训400余人次。1月，北京市安全测评中心为市公安局下属各单位及宣武区各委办局举办“等级保护定级备案培训班”，促进了定级备案工作的开展。

2008年3月，依托市公务员门户平台，市信息资源管理中心、市促进中心建立信息化专业队伍网络培训平台，为全市各区县、局委办的近2000名信息化专业技术队伍集学习、考试、技术交流的综合平台。4月，为提高各单位信息安全技术人员的应急处理能力，北京信息安全测评中心和北京信息化协会信息安全分会组织信息安全应急预案和数据备份相关技术培训班，各委办局和区县负责信息安全管理和运维的89名技术人员参加。培训内容有信息安全总体和专项应急预案的编制、政务网站常见的攻击与防范、病毒防范、DDoS攻击防范、数据备份与复制技术基础、数据备份系统的规划与实现，以及数据应急恢复等专项技术知识和应急处理方法。同月，市信息资源管理中心在密云县组织面向全市各政府部门的政务地理空间信息资源共享与应用培训会，共有40余个部门80余人参加，培训扩大了政务地理空间信息的应用领域，二次开发接口的业务系统由2007年年底的24个增加至奥运会前的45个。

2008年3月27日至28日、4月10日至11日，市信息办在昌平区财会之家组织两期北京市党政机关信息系统运维管理培训班，以全面保障奥运会期间北京市党政部门信息系统的稳定运行，来自各区县、委办局承担信息系统运维决策和管理的140余名学员参加培训。培训内容以甲方运维管理知识体系为基础，面对奥运会期间北京市重要信息系统的保障任务，从运维管理现状及问题、运维全生命周期管理规范、运维执行过程管理、运维管理常用工具、运维管理实施方法等方面，采取课堂教学、案例分析、分组讨论相结合的方式进行讲解，并邀请市高级法院就其运维管理体系的建设和实际运用情况与大家进行交流。4月23日，市信息办与北京工业大学签订战略合作框架协议，基本内容包括共同开办软件工程领域电子政务方向工程硕士班、共同建设北京市信息化培训基地、共同建设完善北京市电子政务技术服务体系和研究共建电子政务研究院。5月11日至25日，为纪念2008年第三届“517世界电信与信息社会日”活动，使市民了解市政府提供的网上服务，宣传《北京市信息化促进条例》，普及信息社会知识，由市信息办牵头，市科协、市残联、各区县在全市开展了一系列活动。举办2008年北京“世界电信与信息社会日”论坛暨北工大信息化培训基地挂牌仪式、百万家庭数字技能大赛、“信息社会在我身边”信息化公益社区培训活动、《北京市信息化促进条例》网上知识竞赛、共筑爱心——残疾人体验信息技术活动、信息技术促进残疾人沟通——“手语互动教学软件”在线服务开通及赠送活动等9项活动。6月，首都之窗运行管理中心对全市政府网站300余名管理人员及技术人员进行政府网站建设经验交流及网站规划设计培训。

2008年北京奥运会期间，抽调国家、军队和13个省、区、市的业务骨干327人和3000套设备组建奥运会无线电管理队伍。4月至7月，市无线电管理局组织2次全员培训，熟悉工作制度、规程、方法，介绍以往工作经验和典型案例，包括《北京奥运会及残奥会无线电管理总体工作计划》《奥运会场馆无线电管理工作规程》。根据人员分工的不同，组织若干次专业培训，有奥运场馆P类人员培训、无线电监测组培训、无线电设备检测培训、干扰查处等，为圆满完成北京奥运会无线电安全保障任务提供人员保障。7月底至8月初举办2次培训，对3500余名奥运志愿者进行无线电设备检查工作培训，以配合《北京奥运会无线电管制实施方案》的落实。7月，为加强奥运会期间信息化专业队伍依法行政能力，落实执法人员持证上岗制度，市信息办举办《北京市信息化促进条例》暨信息化行政执法工作培训班，各区县、市无线局、市信息办共计56名行政执法工作人员参加培训，并通过考核。9月，市信息办和北京工业大学联合举办电子政务方向软件工程硕士学位班，完成学业者授予国家统一颁发的软件工程硕士专业学位。

2009年，政务网络信任体系建设完成政务数字证书在线服务平台升级，组织开展数字证书管理员培训，培训80人。全年新办和更新党政机关个人（公务员）数字证书21061张。其中，新办党政机关个人（公务员）数字证书10113张，更新个人（公务员）数字证书10948张 。全年新办和更新单位数字证书2418张。其中，新办单位证书755张，更新单位证书1663张。

二、管理人员培训

2001年，为贯彻市政府关于2002年年底前完成全市行政机关50岁以下公务员的轮训工作要求，市信息办、市人事局等单位组织编写《信息技术与电子政务》国家公务员培训教材。全市公务员参加培训4.1万人。

2002年5月13日至15日，市信息办、市人事局等单位组织举办北京市国家公务员电子政务友谊赛。竞赛内容包括信息技术与电子政务基本知识、制作并放映本单位电子政务情况演示文稿、电子政务扩展知识，全市18个区县和32个市属委办局参加，其中参赛人员局级干部14人、处级干部32人。石景山区、市粮食局获特等奖，市教委、市市政管委、海淀区、丰台区获一等奖，6个单位获二等奖、8个单位获三等奖。6月3日至7日，市委组织部、市信息办、北京行政学院组织，北京电子信息应用教育培训中心协办北京市第一期区县局级领导干部电子政务培训班。参加培训的市委办局、区县政府领导干部30人。主要培训内容是计算机网络基础知识、电子政务理论与实践，采用课堂授课、上机操作、实地考察和总结讨论相结合方式进行培训。8月10日至10月11日，市信息办受市人事局委托主办北京市信息主管（CIO）高级研修班。来自政府及事业单位主管信息化工作的领导、信息办和信息中心负责人，信息部门（含企业）的管理和技术人员，共42人参加。采用集中授课、课堂讨论、参观考察、个人自学及撰写论文相结合方式进行，主要研讨符合中国国情的信息主管的体制及应具有的职能、标准。12月，市人事局、市科委、市信息办举办强化使用国产软件培训班，进行国产Linux和Office软件使用的强化培训，共60人参加。

2003年，市委组织部、市人事局、市信息办联合颁发《首都信息化与电子政务培训规划》。北京电子信息应用教育培训中心组织编写《电子政务概论》教材，主要用于处级以上领导干部开展电子政务知识培训。

2005年4月，北京市贯彻落实中央《干部教育培训工作条例（试行）》，启动干部教育培训信息化建设的在线学习系统开发建设工作。2006年7月3日，市委组织部、市人事局联合召开在线学习工作部署会，对全市干部在线学习工作进行动员和部署，北京市干部在线学习全面推开。

2008年，按照北京奥运会期间政府信息化的保障任务要求，根据各政务系统安全稳定运行的需要，分期分批开展北京市党政机关电子政务运维管理培训班，培训310余人。结合岗位特点组织多项党政机关信息化专业队伍专项技术培训，培训范围包括全市各相关政务部门信息主管或信息中心负责人，各区县信息化工作负责人，各区县、委办局的业务人员、技术人员以及外协公司相关人员等，培训8000人次。落实信息化执法人员上岗制度，全市共90余人参加培训并通过考试，获得执法资格证。全市各单位利用信息化专业队伍信息能力培训平台开展网络培训。2009年，平台注册人数1487人，上线67个课件，共1336人次参加学习和考试。

2010年4月，为全面提高全市经济和信息化系统行政执法人员的执法水平和能力，规范行政执法行为，按照《北京市信息化行政执法人员资格管理办法（试行）》的要求，举办2010年北京市经济和信息化系统行政执法工作培训班，市经济信息化委、市无线电管理局及各区县的信息化单位约90人参加。2010年，北京市干部在线学习系统继续扩大应用范围，拓宽沟通渠道，形成一个支持单点登录、集干部在线学习、培训电子档案管理、互动交流平台、短信平台、师资管理、运行监控和课件测试于一体的综合应用平台，全市各级干部在线学习1.8万余人。截至2010年年底，全市电子政务考试总人数为4.5万人，发放教材3.1万册，电子政务课件点击量6.2万人次。实施“政府信息主管培养工程”，举办党政机关信息主管培训班，来自各单位的129名信息化主管部门领导和中青年后备干部参加培训，提升信息化工作的认识和能力。开展优秀人才和业务骨干的学历教育工作，与北京工业大学联合举办电子政务方向软件工程硕士学位班，共计58人通过考试。

第四节　知识产权保护

1991年6月4日，国务院发布《计算机软件保护条例》，规定软件著作权的具体保护方法，将计算机软件纳入著作权的保护范畴。计算机软件属于《著作权法》保护的作品之一。一般作品的创作者称作者，而计算机软件的创作者称开发者；一般作品的登记实行自愿原则，而计算机软件的登记实行强制原则。明文规定计算机程序及其文档都是著作权保护的对象。

2000年1月，市政府设立知识产权局，是负责北京市知识产权保护组织协调工作和专利工作的市政府直属机构。负责组织协调全市保护知识产权工作，推动知识产权保护工作体系建设，贯彻落实国家关于专利工作方面的法律、法规、规章和政策，负责全市专利信息公共服务体系的建设，促进全市知识产权产业发展。

2001年11月9日，市政府发布《关于进一步促进高新技术产业发展的若干规定》，公布鼓励高新技术产业发展的人才、知识产权、成果转化、税收政策等多项优惠政策。12月20日，国务院发布《计算机软件保护条例》。该《条例》分总则、软件著作权、软件著作权的许可使用和转让、法律责任、附则，共计5章33条，自2002年1月1日起施行。1991年6月4日国务院发布的《计算机软件保护条例》予以废止。2001年12月，在“保护正版软件、抵制盗版软件”宣传教育活动中，《保护版权宣传手册》陆续发放至北京市120万名大中小学生手中。

2002年8月1日，市版权局、市科委、中关村管委会联合制发《北京市鼓励计算机软件著作权登记办法》，共计8条。明确中国版权保护中心计算机软件著作权登记北京代办处负责办理全市软件著作权人（包括北京市公民和在本市登记注册的法人及其他组织）软件著作权登记工作，市科委设立专项补贴经费鼓励软件著作权登记。2002年，市版权局、团市委、市教委共同发起，在全市大中小学生中开展“保护正版软件，抵制盗版软件”的宣传教育活动，并针对不法游商进入校园兜售盗版软件的情况，帮助学生解决盲目购买使用盗版软件问题。

2003年8月5日，中关村科技园区版权保护中心挂牌成立，为国内首家科技园区版权保护示范机构。下设的中国版权保护中心计算机软件著作权登记北京代办处同时挂牌。10月27日，中关村国家知识产权制度示范园挂牌。2005年4月21日，北京首家知识产权保护示范园在北京经济技术开发区揭牌。

2003年10月14日，市政府办公厅转发市版权局、市科委、市公安局和市工商局于9月11日联合制订的《关于加强计算机软件保护工作的意见》，主要内容是充分认识加强计算机软件保护工作的重要性，坚决打击各种软件侵权盗版行为，大力整顿规范市场秩序，优化首都发展环境。 强化政府职能作用，构建高效的社会监管网络，建立打击盗版软件行为的长效机制和工作格局。

2004年2月10日，国家知识产权局北京专利代办处开业。10月21日，市政府发布《北京知识产权发展和保护纲要（2004—2008)》。《纲要》中提出69项保障措施，加强知识产权制度建设，促进知识产权的创造、管理、保护和利用，北京市初步形成按照市场经济规律和国际规则运作的知识产权管理与保护机制。

2006年4月26日，市版权局、中关村管委会、海淀区委和区政府联合主办主题为“保护知识产权、推动正版软件、促进创新发展”中关村世界知识产权日活动。

2007年1月11日，市财政局与市知识产权局联合发布《北京市专利申请资助金管理办法》。1月12日，市科委、市工业促进局等5家单位联合发布《北京市鼓励消化吸收与再创新实施办法》。1月15日，市委、市政府发布《北京市“十一五”时期知识产权事业发展规划》。4月，北京经济技术开发区保护知识产权举报投诉服务中心成立，是全国第一个建立在国家级经济技术开发区及服务外包基地城市示范园区中的保护知识产权投诉中心。5月14日，市政府发布《北京市发明专利奖励办法》。10月30日，国家版权贸易基地授牌仪式在中国人民大学文化科技园举行。

2008年9月，市知识产权局依据国家知识产权局《“雷雨”“天网”知识产权执法专项行动方案》，开展打击知识产权侵权假冒行为，特别打击恶意、群体及反复专利侵权、假冒他人专利的诈骗行为。10月，市知识产权局工作组召开北京市保护奥运知识产权专项行动总结表彰会，据不完全统计，全市共查处侵犯知识产权违法案件3900余件，罚没款2300余万元，收缴盗版产品420余万张（册），取缔制售盗版产品窝点、摊点、网店计1800余个，抓获侵权犯罪嫌疑人694人；检查机关受理公安部门提请批准逮捕的侵犯知识产权犯罪案件43件86人，经审查逮捕67人，受理移送起诉案件59件127人，提起公诉案件46件84人；全市各级法院受理知识产权纠纷一审案件3266件，市高级、中级两级人民法院受理知识产权纠纷二审案件698件。

2009年4月23日，北京市首届发明专利奖励大会暨全市知识产权工作会召开，清华大学同方威视的一种车载移动式集装箱检测系统专利项目获特等奖。5月6日，市政府出台《关于实施首都知识产权战略的意见》，其中提出实施知识产权保护工程，要求构建和完善适应首都社会经济发展特点的知识产权保护政策法规体系，加强规制引导，强化依法行政。构建和完善首都知识产权保护环境建设需要的行政执法统筹体系，加强执法协调，提高执法能力。构建和完善首都知识产权保护的防御体系建设，在窗口型行业等重点部门和环节，注重规范经济活动的知识产权管理，明确管理环节中的知识产权责任，减少发生知识产权侵权的可能。要加强知识产权保护，依法打击盗版行为，重点打击大规模制售、传播和侵权使用盗版产品的行为，有效遏制盗版现象。加强海关保护，加大执法力度，运用先进技术和风险管理手段，进一步提高主动查获侵权货物的能力，维护良好的进出口秩序。要力争做到面上不出现群发性侵权、点上不出现规模性侵权、侵权事件不断减少、净化首都知识产权发展环境、维护首都良好形象。8月13日，中国技术交易所在中关村国家自主创新示范区揭牌，为第一家全国性技术交易机构。2009年，北京软件协会共登记软件产品2399个，续延登记软件产品225个，认定软件企业743家，年审通过软件企业2730家。组织知识产权保护培训班两次，对软件商标、专利申报等产权保护内容进行培训宣讲。

2010年3月，市政府发布《北京市促进软件与信息服务业发展的指导意见》。其中，提出做大做强软件与信息服务业的措施。优化市场环境，完善市场体系。加强软件与信息服务业的知识产权保护力度，严厉打击各种侵权盗版行为。同月，北京市互联网违法和不良信息举报中心成立，主要职责是收集、处置、反馈网民举报的各类违法和不良信息，接受公众举报，维护公共利益，净化网络环境。4月26日是第十个世界知识产权日，中国互联网协会网络版权工作委员会与中国电影著作权协会、中国广播电视协会电视制片委员会联合签订《互联网影视版权合作及保护规则》，18家互联网企业与21家电视制片方和多家电影制作厂承诺拒绝盗版。同月，市知识产权局成立全国首家专业性知识产权纠纷投诉前调解中心，成功调解20余部作品著作侵权纠纷。同月，中关村电子市场调解委员会成立，由海淀区法院和北京中关村电子产品贸易商会共同建立，由商会负责具体工作，法院对调解员进行培训指导。其职能是在当事人自愿情况下，本着合法诚信、公平公正、中立保密的原则开展调解工作，可以依据不同情况自行选择有利于纠纷解决的合法调解方式，可以要求当事人提出书面或口头的建议和方案。在双方当事人都无法提出调解方案的情况下，委员会提出建设性方案供当事人参考。调解案件的范围包括海淀法院辖区内的与电子产品贸易相关的各类合同纠纷、票据纠纷等民商案件。5月，国家药商总局印发《关于公布国家商标战略实施示范城市（区）示范企业名单的通知》，中关村国家自主创新示范区被确定为首批认定的国家商标战略实施示范区。7月，国家知识产权局发布《关于公布第二批全国企事业知识产权示范创建单位名单的通知》，大唐移动通讯设备有限公司、同方威视技术股份有限公司、北京握奇数据系统有限公司、北京有色金属研究院、北京大学、中科院自动化研究所等15家中关村示范区内单位被确定为第二批全国企事业知识产权示范创建单位，示范期两年。8月，市政府发布修改后《北京市科技进步奖励办法》。10月，市科委颁布《北京市科学技术奖励办法实施细则》。2010年，北京市共登记软件产品2536件，软件产品续延登记307件，进口软件产品登记39件；新认定软件企业803家，软件企业年审通过2665家。1999年至2010年，北京累计登记软件产品18104件，软件产品续延登记1031件；累计认定软件企业6863家，累计年审软件企业15959家。

第五节　宣传　会展　论坛

1999年9月13日，由市科协和市信息办联合主办的“北京科普之窗”网站开通，为北京市第一个专门普及科学技术知识的互联网站点。

2001年1月8日，中国科学技术协会赠送北京市首辆“科普大篷车”。1月16日，由新华每日电讯社、信息产业部信息推进司、新华网北京千龙新闻网共同主办的中国互联网应用与发展研讨会暨大型中英文对照图《中国互联网概览》首发式和8集电视专题片《网络中国》首发式在北京举行。3月10日至11日，北京图书大厦、韩国SK集团和北京电视台共同举办“北京图书大厦状元榜电脑空间”免费电脑培训活动。3月21日，数字经济与数字生态2001年中国高层年会在北京召开，会议研讨主题是“认知数字经济、改善数字生态、跨跃数字鸿沟、消除数字冲突、把握数字机遇”。3月28日，新世纪远程教育北京论坛在人民大会堂召开。4月4日，世界计算机博览会暨京交会在国际展览中心举办。4月5日至8日，第五届中国国际电子商务大会在北京国际展览中心召开。4月17日，由联合国经济与社会事务部、国家发展计划委员会、北京市人民政府共同主办的网络经济与经济治理国际研讨会在北京举行，北京市市长在会上做《建设“数字北京”提高城市现代化水平》演讲，并向与会代表馈赠《数字北京 2000》。5 月 8 日，中关村电脑节在北京展览馆举办。5 月 9 日，网络时代与数字生活展览交易会在北京农业展览馆开幕。5 月 10 日至 15 日，第四届中国北京高新技术产业国际周举办，内容有展览会、专题论坛、经贸洽谈、大型活动及专项交流。5 月 16 日至 22 日，2001 北京科技周“科学、文明、奥运”大型主题展览在中华世纪坛举办。5 月 19 日，市科协和市信息办联合在中山公园举办首都数字科普技能大赛。5 月 20 日，北京市举办首届中小学生电脑机器人大赛。6 月 8 日，市经委与市信息办联合举办企业信息化专题研讨会。7 月 31 日，市信息办向全社会公开征集有关数字奥运的策划创意及建设项目方案。8 月 21 日，联想集团召开主题为“开启商用电脑新纪元”的新策略与新产品发布会。9 月 6 日至 7 日，市政府新闻办和千龙新闻网在北京举办 2001 北京互联网发展论坛，市领导在会上做《加快首都信息网络化发展、建设一流水平的数字北京》主题演讲。9 月 19 日，市信息安全工作办公室在市委大院举办为数字北京保驾护航为主题的网络与信息安全展览。12 月 7 日，市科委主办的北京国际电子政务实施策略研讨会召开。

2002 年 1 月 1 日，由北京电子商会计算机行业分会主办，中科红旗、北京联飞翔科技、蓝岛大厦等数十家单位发起开展“弘扬国产软件、推介品牌电脑”活动。2 月 13 日，市乡镇企业局、市乡镇企业协会联合开展“京郊信息化建设百镇行”活动，宣传信息化理念，普及信息化知识，培养信息化人才，提供信息化方案，进行信息化咨询。4 月 12 日，由清华大学教育软件研究中心承办的全国网络教育资源库与平台研讨会在北京召开，来自全国的 100 余所高等院校的 150 余名教务处和教育信息中心负责人参会。5 月 23 日，第五届中国北京国际科技产业博览会（中国北京高新技术产业国际周）在人民大会堂举行开幕式。5 月 25 日，第五届京台科技微电子产业论坛在北京召开，市经委负责人做题为《扎实打造集成电路产业链》主题报告，京台两地业界代表百余人就 IC 产业发展进行研讨。9 月 6 日至 11 日，海淀区政府、中关村管委会联合主办的第五届中关村电脑节举行，主题为“发展中国知识经济，推进中关村国际化——走进中关村，融入高科技”，活动分为招商、展览、论坛、文化、交流、宣传等不同板块。12 月 2 日，市政府新闻办和市信息办联合主办的 2002 北京互联网发展论坛在北京国际会议中心举行。12 月 12 日，国家 863 计划通信高技术研究 10 周年高级研讨会在京举行。12 月 16 日，经教育部批准，由清华大学和华中科技大学共同主办的全国计算机网络计算大赛在北京举行。

2006 年 3 月 2 日至 3 日，由中关村管委会、科技部火炬中心等单位主办的第十一届中关村项目推介暨投资洽谈会举办，包括研讨会、推介会、论坛、展示等。4 月 13 日，中关村集成电路留学人员创业园承办的中关村留学人员企业精品项目推介会举办。同日，第五届全球 IPv6 高峰会议在北京召开，天地互连公司、中国网通公司、清华比威、神州数码等联盟企业参加峰会。会议期间，举行联盟组织会员下一代互联网高层研讨会、第一届中欧 IPv6 论谈、第二届中日产业论坛、第二届海峡两岸 IPv6 洽谈会等专题研讨会，就 IPv6 技术难点和产品应用进行交流，展示研发的 IPv6 新产品。其中，天地互连公司与中国网通公司共同研发的大规模电信级视频监控系统，被誉为“IPv6 杀手级应用”。4 月 25 日，由中关村科技园区企业家咨询委员会、中关村科技园区协会联席会共同主办的第二届中关村创新峰会在清华同方科技广场举行，会议以“自主创新、共谋发展”为主题，300 余人参加。峰会本着“搭建政企沟通桥梁、推动自主创新发展、谋求各方共赢”的组织方针，从不同角度探讨如何理解、落实、贯彻国家政策，形成“关于以企业为主体自主创新体系建设的政策”建议。5 月 23 日至 27 日，在中国国际展览中心举办的第九届科博会上，中关村管委会主办以自主创新、民族品牌——中关村创造为主题的专题展览，展出 103 家企业的近千件高新技术产品。8 月 15 日，中关村自主创新发展协会举办中关村品牌、中国创造——V815 自主品牌创新发展高峰论坛。9 月 4 日至 17 日，中关村管委会主办的第六期科技型小企业技术创新国际研讨班开班，其间启动丰台留创园国际交流活动周。9 月 5 日，海淀区政府、中关村管委会承办的第九届中关村电脑节暨第二届中关村网上电脑节开幕，主题是“创新、和谐、卓越”。9 月 6 日至 10 日，中关村高科技产业促进中心承办的中关村科技园区“创新 · 创意”专题展在海淀展览馆展出。分为动漫天地、网游世界、移动增值、数字出版、数字多媒体 5 个区域，有 18 家文化创意企业参加。9 月 7 日，市政府主办、中关村管委会承办的 2006 诺贝尔获奖者北京论坛——生命科学与生物医学产业发展论坛在中关村生命科学园举行，3 位诺贝尔奖获得者出席。11 月 15 日至 20 日，3G 中国 2006 全球峰会在北京召开，主要内容为“TD-SCDMA 规模网络技术应用试验”，结果证明其已具备商用条件。12 月 23 日，中关村管委会、科技部火炬中心共同举办高新区产业技术联盟发展论坛（2006），与会者就产业联盟与高新区产业发展、国际产业联盟经验借鉴及政府对产业联盟的支持等进行了探讨。市工业促进局、中关村管委会领导分别就“产业技术联盟与高新区二次创业”“中关村发展产业联盟促进形成创新集群”发表主题演讲。

2007 年 1 月 17 日，中印 IT 产业比较圆桌论坛在北京大学中国经济研究中心举行，论坛介绍了中国和印度的信息产业发展情况。3 月 25 日至 29 日，中国国家展在俄罗斯莫斯科举行，是俄罗斯举办“中国年”的组成部分。其中，“中国科技与创新”科技主题展展示了中国高新技术产业开发区情况，中关村作为中国高新技术园区的代表，组织联想、汉王科技、中星微、华旗等 11 家企业的产品亮相。3 月 29 日，在莫斯科举办的 2007 俄罗斯中国年——中俄科技产业园区合作研讨会上，中关村管委会主任作为中国高新区代表，做《发挥中关村创新优势，探索中俄科技园区合作机遇》主题发言。4 月 9 日，科技日报社和中关村管委会共同主办的中关村自主创新高峰论坛举行，就“中关村应率先实现从中国制造向中国创造的迈进”展开讨论。4 月 12 日至 13 日，全球 IPv6 论坛和天地互连有限公司主办、中关村优联网产业促进会协办的第六届全球 IPv6 高峰会议召开，与会 800 余人，围绕“创新无止境、应用绽商机”主题，探讨下一代互联网技术等问题，会上展示国际、国内 IPv6 产品和应用的最新成就以及 CNGI 最新成果。5 月 20 日，中国人民大学文化科技园和中关村自主品牌创新发展协会联合主办中关村民族品牌创业高峰论坛。6 月 18 日，中关村海淀园管委会与科技部国际合作司、信息产业部科技司等单位共同举办欧盟第七框架计划——信息通信技术研讨会，介绍欧盟7个科技框架计划，并就中方机构参与该项目的可行性进行交流。9月5日至9日，海淀区政府、中关村管委会承办的第十届中关村电脑节开幕。以“创新、和谐、卓越”为主题，围绕“创新引领、内生增长、产业高端、龙头带动”四大板块展开，举办中关村发展论坛、展览交易会。9月14日，中关村管委会、市发展改革委承办的2007诺贝尔奖获得者北京论坛节能减排与可持续发展分论坛在清华科技园举行。9月28日，中关村管委会主办中关村自主创新助力北京奥运——中关村企业参与科技奥运交流会，会议主题为“助奥运、促发展”。11月28日，科技部火炬中心、中关村管委会、海淀区政府共同承办2007国际科技园北京论坛，中关村管委会主任做题为《创新引领发展、合作实现共赢》演讲。11月30日，科技部火炬中心、中科院北京分院、中关村管委会联合主办2007首届技术转移发展论坛。12月1日，在国家发展改革委、科技部、深圳证券交易所和深圳市政府联合主办的第六届中小企业融资论坛上，中关村管委会主任做题为《中关村高科技企业拭目以待创业板》的发言，并与深圳证券交易所签署《关于共同推动中关村企业改制上市工作合作备忘录》。12月12日，中国中关村优联网产业促进会和中关村下一代互联网产业联盟共同主办的中国优联网高峰论坛（2007）暨中关村下一代互联网产业发展与商业模式创新论坛在清华科技园举行。12月21日，闪联产业联盟在北京举办中国闪联5周年成果汇报会——“闪联”标准国际化突破产业推广高层研讨会。经过5年的努力，闪联在国际标准制定、核心技术研发、产业化推广、联盟发展、国际合作等方面都取得一定突破和成果。

2008年1月，用友软件举办商业伙伴大会。会议以实现伙伴“信心、转型、支持、盈利”为主旨，分为“主旨演讲，经营问答，策略发布，点金讲坛，与客户面对面，同一个用友、同一个梦想颁奖盛典”等环节。4月，市科委和市科协共同主办的市科普基地命名仪式在朝阳公园举行。中国科技馆、北京自然博物馆、北京天文馆等10家科普基地单位联合发起成立北京科普基地联盟。5月16日，第五届中国虚拟现实国际峰会在航空航天大学召开，国内150家虚拟现实企业界代表、33所研究机构的专家和相关人员500余人以及国际部分厂商代表参加。峰会举办了高层次学术报告会、虚拟现实行业一对一项目商务洽谈会和虚拟现实设备和技术应用展览。5月21日至25日，第11届中国北京国际科技产业博览会召开，中关村以“引领创新、助力奥运、走向国际”为主题，组织园区160余家企业近千件高新技术产品参展。6月11日至13日，市工业促进局、市科委、市教委、市知识产权局、中关村管委会、中科院北京分院共同举办首届北京高新技术成果与企业需求网上交易会，汇集国家和北京市近百项促进技术创新的相关政策，展示科研院所、高校、创新企业的668项最新研究成果，收集企业技术难题和需求共236个。北京科研单位首次在网络平台交流洽谈，3天内网络访问量74661人次。其中，查询科技成果12696人次、咨询企业难题6969人次、进入洽谈室交流15487人次。7月，中关村大学科技园联盟与清华创业沙龙共同主办传媒领域的投资与发展高峰论坛。10月14日，北京经济技术开发区与国家开发银行专家委员会、《商务周刊》杂志社共同主办的2008年中国制造业高峰论坛举行，探讨设备工业的资源整合、政策环境、产业重组、技术与商业模式创新、信息技术与产业融合等问题，为振兴中国制造业、实践新型工业化道路的国家战略寻找路线图。12月23日，市委、市政府主办的北京海外学人中心揭牌仪式暨2008北京国际金融人才发展论坛举行。12月28日，工业和信息化部、科技部、财政部、北京市人民政府在人民大会堂联合主办星光中国芯工程10年成果与发展报告会。

2009年2月27日，中关村协会联席会与《经济观察报》报社举办主题为“两新组织与开发区前景”开发区未来发展潜力研讨会，两新组织为新经济组织与新社会组织。3月10日，崇文区信息办开展“信息技术在我身边”系列主题活动，宣传信息技术知识。4月22日，北京中文在线文化发展有限公司搭建“在线全民阅读网”。5月8日，中关村海淀园管委会主办中关村国家自主创新示范区核心区发展论坛，以“加快核心区建设、全面帮扶企业、应对国际金融危机”为主题进行研讨。6月11日至13日，工业和信息化部、国家发展改革委、科学技术部、国家外国专家局、北京市人民政府联合主办的第十三届中国国际软件博览会在北京召开，同时举办首届网上软博会。6月27日，北京百万家庭数字生活技能大赛家庭赛决赛举行，东城区家庭队获得冠军，崇文区和海淀区家庭队获得亚军，石景山区、密云县、朝阳区家庭队获得季军。7月7日至9日，第三届中国数字出版博览会在北京举行。7月20日，市委宣传部主持召开北京信息化基础设施提升计划新闻发布会。7月21日，市经济信息化委与IBM公司联合举行智慧城市电子政务和创新论坛。7月22日，2009TD-SCDMA网络规划与优化研讨会在北京召开，来自网络企业、协会、设备提供商、方案提供商、规划设计研究所等单位的领导、专家，共同探讨新形势下的TD-SCDMA网络发展之道，交流经验做法，展望中国在3G网络建设中的角色。会议从收集的180余篇文章中，筛选60篇，编入《2009TD-SCDMA网络规划与优化研讨论文集》，其中12篇被评为优秀论文。8月12日，北京电子商务“新经济、新时代”论坛举办，市经济信息化委、市发展改革委联合授予9家企业为首批北京电子商务服务平台重点企业，授予2家公司的体验中心为北京市电子商务体验中心。8月17日，中国互联网协会与谷歌共同举办“互联网·未来”高端论坛，谷歌在大会现场演示了移动搜索、地图、翻译等行业领先的搜索技术服务。11月12日，市政府与科技部、中科院、国家知识产权局共同主办主题为“创新创业能力与企业家精神”2009中关村论坛。11月17日至19日，闪联举办第十一届亚洲家庭网络委员会会议。闪联在会上介绍了成为国际标准的过程。中国、日本、韩国的代表分别研讨了本国在家庭网络领域的技术、标准、产品、市场等方面的议题并进行交流。11月19日至20日，天地互连公司主办的2009无线技术世界暨物联网国际高峰会议召开，相关部门领导和专家计700余人参会，特邀演讲嘉宾52人，列席嘉宾50人。大会分为主题演讲，无线技术与互联网、蓝牙低耗能会议、无线技术与物联网的应用、UMB超宽带等专题演讲，组织研讨并进行展览展示。12月4日至6日，“创新中关村2009”主题活动在海淀展览馆举行，围绕“创意”和“创新”两条线索，举办中关村创新展、中关村创新产品及技术发布、中关村创意大赛、第12届中关村电脑节等活动。12月26日，市经济信息化委、市妇联、市科委共同举办“我与祖国共成长——女性眼中的数字生活”博客评选活动暨颁奖仪式。

2010年2月2日，2010年中国电子商务北京高峰论坛在通州区召开，会上中国电子商务协会授予通州区中国国际电子商务示范基地称号。3月5日，中关村国家自主示范区股权激励和科技重大专项列支间接经费试点政策宣读会召开，近300家高等院校、科研机构和企业的代表参加。3月12日，中关村科技沙龙智能电网主题研讨暨中关村智能电网产业技术创新战略联盟成立大会在清华科技园举行。4月，市科协组织2010年北京百万家庭数字生活技能大赛，以绿色网络、低碳生活为主题，分单项赛、家庭赛、基层活动3项内容，全市共有14.66万人参加比赛活动。5月11日，中国民营经济总部发展论坛暨建设中国民营企业总部基地活动在丰台科技园举行。5月12日，北京云计算国际高层论坛在北京举行，会上介绍了“云计算北京共识”内容。5月25日，中关村管委会、中华环保联合会、ASTM国际标准组织共同举办的中关村论坛系列活动之一，主题为“国际标准、绿色金融、低碳经济金融”中关村绿色产业发展国际论坛举行。5月27日至31日，第十三届中国北京国际科技产业博览会在北京国际展览中心开幕，中关村国家自主创新示范区以“引领战略性新兴产业，建设全球创新科技中心”为主题，展示自主创新成果，有145家中关村创新型企业参加。6月2日至4日，第十四届中国国际软件博览会在北京展览馆举办。其中，北京展位展示用友、中软等40余家软件企业的产品。7月25日，在亚太地区城市信息化合作办公室与中国计算机用户协会主办的2010中国城市信息化峰会暨AMD杯第二届中国城市50强发布会上，北京市获2010中国城市信息化50强及2010中国城市信息化示范城市称号。9月25日，北斗星通公司主办的“共同的北京，共同的梦想”——北斗星通10年成果汇报暨北斗产业发展研讨会举行，国内首款具有完全自主知识产权的多系统多频高性能SOC芯片和系列OEM板卡同时发布。10月20日至21日，市政府、科技部、中科院、中国工程院、国家知识产权局共同举办主题为“战略性新兴产业策源地”2010年中关村论坛。12月2日，中关村科学城第二批建设项目签约揭牌大会举行，会议签署15个协议，协议投资总额超过200亿元。12月18日，市经济信息化委、市妇联、市科协共同举办“和谐家庭、瞬间精彩”女性微博评选活动颁奖仪式，向获奖单位和个人颁发了奖品和证书。12月13日至20日，在第十三届京台科技论坛期间，北京软件协会组团赴台湾，与台湾中华资讯软件协会共同主办两岸信息服务产业论坛，参与承办云端计算产业高峰论坛，签署交流框架协议。12月23日，市经济信息化委、市残联、中科院计算所共同在市残疾人就业中心举行“面向盲人无障碍阅读网站”开通仪式，中科院计算所开发的面向盲人的互联网无障碍阅读系统在市残疾人福利基金会网站上线运行。

数字奥运专记

数字奥运是适应全球进入信息社会,实现“科技奥运”承诺的系统工程,是“奥运战略”和数字北京的战略结合点。北京2008年第二十九届奥运会是在信息化条件下中国承办的世界上规模最大、层次最高的国际活动,以数字北京数字奥运为标志的信息化技术,为实现北京奥运会“高水平、有特色”的目标发挥了重要保障作用。正如国际奥委会主席罗格先生所指出的,没有信息化,北京奥运会的成功不可想象。信息化保障了北京奥运会的成功举办,也全面加快了数字北京建设的进程,实现了北京信息化建设连上3个台阶,持续走在全国前列。

2001年1月17日,北京奥申委向国际奥委会递交北京2008年奥运会申办报告。申办报告的技术部分对北京奥运会的信息与通信领域做出承诺:信息产业部将支持奥运会组委会对奥运会电信合作伙伴进行选择和管理。奥运会期间,为奥运会服务的非经营性无线通信系统的频率将被保留,并且不收取频率使用费。将保证在北京和其他5个奥运会比赛城市,根据客户的需求为奥运会顺利举办分配必要的频率,并协调可能出现的频率冲突。组委会将与国家安全部门紧密合作保护奥运会设施,并将提供物理安全防范措施以及闭路监控电视系统。在北京奥运会期间,所有相关场所将使用基于VPN技术的专用编号语音系统,具有呼叫等待、呼叫转接、呼叫限制以及恶意呼叫追踪等功能。北京城域光缆网络将连接所有场馆,包括主新闻中心和国际广播电视中心。每个场馆将至少用两条不同走向的光缆连接,还可提供微波、卫星通信备份服务。到2008年,运行于太比特级的传输系统将极大地增加网络的容量,满足电视、音频、数据和其他基于IP的应用对网络的需求,也将用于国际广播电视中心与国际网关之间的传输。北京已经开通GSM 900/1800、IS-95 CDMA网络,建立的基站超过1800个,并计划2年内增设1200个基站。中国移动、中国联通在北京的覆盖率均达到城区98%、郊区90%。其他奥运会相关城市市中心的覆盖率也达到96%~98%。将对所有奥运会相关场所,包括场馆及周边、国际广播电视中心、主新闻中心、奥运村、奥林匹克大家庭成员驻地和交通线路提供大容量的覆盖。中国境内可以提供GSM、IS-95 CDMA服务,预计将于一年内提供GPRS服务,2002年至2003年3G服务将投入使用。2008年,预期3G将占主导地位。北京奥运会期间,3G网络将支持本地和大量的漫游用户。到2008年,北京的移动通信网络将有1500万容量,并将在奥运会场所增设数以百计的基站。北京奥运会期间，北京将提供奥运会场所 50 万用户的网络容量，重要交通线路上移动网络的扩容，市区内人群密集场所移动网络的扩容。北京奥运会之前，将对用户在场馆和北京城区的流动情况进行预测，并据此配置移动通信容量。到 2008 年，将有更多的海底光缆投入使用。DWDM 技术将为国际光缆提供太比特级的通信能力。2008 年之前还将发射 5 颗卫星用于通信和电视转播。北京奥运会期间将提供车载卫星系统，提供充足的国际转播能力，奥运会专用集群网网络容量达到 15000，可以化分成 1000 个闭合用户群，网络将独立于公用系统，保证良好的可用性，覆盖其他奥运会比赛城市的场馆。北京现有专用无线网用户 2 万户，预计数字化集群系统的网络容量可达 15 万 ~20 万户。比赛期间网络有足够的容量满足包括奥林匹克大家庭在内的所有用户的需求。2007 年，将建成包括在北京光缆网的基础上规划和建设的奥运会光纤通信网，并覆盖所有奥运会相关场所，为奥运会转播提供可靠、安全的手段；在奥运会中心区新建综合业务电信局，并在每个场馆建立远程交换模块，交换容量共 4 万门，提供声音、数据、广播、互联网传输和最新的宽带服务，邻近的交换局也将为奥运会提供多样化的平台；提供第二代与第三代一体化、包括到 2008 年最新技术的移动通信系统，在奥运会中心区将提供 50 万用户的容量，并在需要时配备一定数量的移动基站；为北京奥运会提供独立于公共网络之外的数字集群网，可容纳 15000 部手持机，并提供 1000 个闭合用户群，使用 800MHz 的频率；为所有奥运会场馆提供数字有线电视网，可以传输高清晰度电视信号，并为国际转播提供足够传输带宽；新的海底光缆及卫星地面站正在建设中，车载卫星系统将被采用，将建成覆盖全国的数字广播系统，使北京奥运会在中国的影响更加广泛；无线及互联网（IP）服务将减少场馆线缆的铺设。

2002 年 10 月，根据《北京奥运行动规划》提出的目标和任务，结合北京城市信息化的发展战略，北京奥组委公布《北京奥运行动规划数字奥运建设专项规划》，对北京市举办 2008 年奥运会时的数字化前景进行了勾画，描绘出数字奥运的发展景象。数字奥运的总体目标是保障北京 2008 年奥运会的出色举办，建立以人为本、个性化、符合国际惯例、体现中国特色的综合信息服务体系，加速数字北京建设，带动产业发展，展示中国信息化水平和成就。数字奥运的主要任务是在北京现有的通信网络基础上，加快建设先进的通信设施，最终提供一个高度可靠、高度灵活、可扩展、可重新利用、能适应新技术发展的宽带数字化通信系统，高质量地满足北京奥运会的需求。重点建设好奥运会传输网、奥运综合电信局，大力发展北京市各类通信网络，加强海底光缆、卫星通信系统、数字集群网、无线网和互联网等基础设施建设，提供与世界各国通信水平相适应的服务能力。建设奥运场馆广播电视专网及其配套基础设施，为北京奥运会的广播电视转播和信号传输构筑可靠的支撑平台，让世界人民欣赏到精彩纷呈的北京 2008 年奥运会。实现广播电视系统从模拟向数字的技术转变，建立城市数字有线电视网、数字卫星直播电视系统、数字地面电视系统、数字广播系统，并大力拓展信息服务业务。为奥运会提供丰富的数字广播电视及其增值服务。协助奥组委与国际奥委会指定的技术合作伙伴合作，建设符合国际奥委会要求的、世界领先的奥运会和残奥会信息系统。建设以多功能综合应用为目标的奥运综合信息枢纽，为各类信息系统互联互通、资源共享和指挥决策提供支持和保障。统一规划和建设奥运基础通信管线共用管道，合理利用传输管道空间资源，统一提供电信网、有线电视网和计算机网的铺设，避免重复建设。建立以人为本的、个性化、符合国际惯例、体现中国特色的公众综合信息服务体系，特别考虑残障人的信息服务需求。整合交通、卫生、气象、住宿、旅游、娱乐等各类社会信息资源，建立公众信息服务数据库，利用数字电视、数字广播，计算机网络、移动通信设备、电话等多种方式，基本实现任何人、任何时间、任何奥运相关场所，都能够安全、方便、快捷、高效地获取支付得起的、丰富的、多语言智能化的、个性化的信息服务。重点建设便民信息亭、卫星定位系统、公共场所大屏幕系统、短时小区域气象预报 / 预警系统和虚拟奥林匹克博物馆等。建设和完善电子商务支撑环境，构建为北京奥运会服务所需的电子商务的安全认证、支付配送等与国际接轨的支撑体系，大力发展住宿、餐饮、旅游、购物等面向奥运的电子商务服务。统筹规划，分步实施，推进全市体育赛事与全民健身活动的信息化发展。提高体育科技水平，重点推进信息技术在体育器械与体育训练的应用。整合城市交通信息资源，建设智能化的交通管理信息系统和公众交通信息服务系统，提高城市交通综合管理水平，提供以人为本的综合交通信息服务，保障北京奥运期间的交通需求。建立高效、快捷、安全、准确、网络化的奥运物流协同工作平台，为奥运项目建设以及奥运会期间赛事、生活、废弃物回收等物流服务提供科学、有效的管理和实时监控支持。利用智能卡技术，为奥运相关人员在奥运会注册、安全识别、支付服务等多种个性化信息服务过程中提供安全、可靠、方便、统一的智能工具。推进城市交通卡、银行卡等各类卡基应用，构建良好的卡基支付环境，为 2008 年北京奥运会所需的各种支付和应用提供全方位的服务。利用人工智能的自然语言理解等技术，努力解决奥运会的语言障碍，基本实现奥运相关人员在任何时间、任何场所、任何设备的多语言智能信息服务。构建奥运信息安全保障体系，确保奥运网络和信息的安全，保障各类信息系统的稳定运行，防范黑客攻击、病毒破坏等犯罪行为。为奥运网络和信息安全体系提供信息和技术支撑，有效实施智能监控。整合城市信息资源，建设综合安全信息系统，为处理突发事件、防范恐怖活动、保障公共安全等提供支持。加强无线电频率的统筹规划，综合治理和净化空中电磁环境，为北京奥运会做好频率准备，满足北京和其他 5 个奥运比赛城市所需的频率。建立奥运建设项目管理信息系统，联接北京市规划、建设、环保、市政、通信、信息等与奥运建设相关的政府部门，管理、监督、协调，指挥全市奥运工程建设，加强项目的统一协同监管。根据奥运场馆及其配套设施的使用需求，针对性地制定场馆设施智能化标准和规范。提高场馆智能化水平，统一规划场馆内的综合布线系统，建设场馆综合监视系统，对场馆内关键设施进行集中、可视化的协同监管。依托数字奥运标志性建筑，将数字集群类信息基础设施综合集成使用，建设奥运综合指挥决策中心及综合指挥平台。根据成功举办奥运会的要求，适当调整首都信息化“十五”规划，加速数字北京建设，优先推进与奥运会关联度较高的综合类（如电子政务、宽带接入网工程等）、资源环境类、规划建设类、人文经济类等重点领域和行业的城市信息化建设，为数字奥运提供强有力的支撑环境。重点开展多语言、生物科技与信息化、流媒体技术、宽带无线互联、智能卡、实时信息服务、信息安全等关键技术的研究。

2008 年，北京市全面完成全方位奥运信息化支撑体系、高效奥运城市信息化服务体系、可靠的信息安全保障体系、可靠的无线电和通信保障建设的任务目标，实现了《北京奥运会申办报告》中的有关信息与通信领域的承诺，满足了奥运筹办举办的信息化需求，为北京奥运会的成功举办创造了良好的条件和环境。

一、奥运信息化支撑体系

北京奥运会筹办和举办过程中全面实现信息化支撑，IT 技术平台全面支撑奥运会，新媒体平台全面服务奥运会，全高清电视转播奥运会，新一代数字通信、信息处理技术的集成创新，建立高速、可靠的数字新闻信息系统及其他信息系统，为北京奥运会各项信息的搜集、整理、发布和传输提供可靠保障。奥运建设管理平台服务全市奥运各项筹备工作的项目管理；数字北京大厦支撑奥运通信、网站和信息资源服务，成为敏捷的“神经中枢”；奥运票务、计时计分、赛事、成绩发布、通信系统等核心信息系统全面发挥效能，业务量刷新奥运史上新纪录。奥运票务系统日访问量达到创纪录的 1.75 亿人次，奥运成绩系统发布信息达 1400 万条。12000 余台桌面计算机、3000 余台网络设备、60 多家企业近万人的技术团队，构建北京奥运会最坚实的信息化基础和保障体系。

奥运官方网站历经初级网站、中级网站、高级网站和赛时网站 4 个发展阶段，功能包括内容发布、志愿者招募、成绩发布等 20 余个重要子系统，储备网络带宽约 90GB，同时启用全球 3 万个监测节点进行监测。官方网站的工作内容包括网站新闻采集、编辑、发布；新闻发布会直播；视频访谈节目制作和专题策划；赛时成绩发布系统；5 种语言的新闻发布系统，基于电子地图的综合信息查询系统；注册系统建设；网站推广与品牌活动，域名推广，媒体合作。网站运行的环境保障包括服务器、网络设施、宽带、信息安全、全球内容发布渠道、容灾备份等。北京奥运官方网站手机版作为奥运官方网站的子项目，是北京奥运会面向手机用户的宣传窗口，充分发挥移动终端互动、随身、及时的优势，向公众和奥林匹克大家庭成员等提供方便、准确、快速、稳定的信息服务，宣传北京奥运会，弘扬和传播奥林匹克精神。

奥运会多语言综合信息服务以综合信息资源库为基础，提供奥运信息和城市信息的录入、审核、翻译、发布、查询功能，并通过相应的接口规范和系统，为观众服务公共信息发布渠道提供统一多语言信息数据支持。公共信息发布渠道包括奥运观众呼叫中心、奥运场馆观众信息服务亭、城市信息服务亭、奥运官方网站观众服务频道、奥运官方网站手机版等渠道。多语言综合信息资源库提供中文、英语、法语、俄语、德语、日语、韩语、西班牙语、葡萄牙语、阿拉伯语和意大利语 11 种语言的奥运会和城市信息。北京奥运会官方网站自奥运会开幕式开始，访问量飙升，一度达到日访问独立用户 880 万人，日页面访问最高 3.2 亿人次，是都灵冬奥会网站访问量的 5.3 倍、雅典奥运会网站访问量的 6.4 倍，全球排名升至 57 位。在访问量激增情况下，用户访问速度没有发生剧烈波动，正常访问率高于 99.99%。

二、奥运城市信息化服务体系

城市信息化服务体系是大部分业务领域筹办活动与赛时运行的支撑平台，成功地保障了北京奥运会的举办，向世人展示了北京风貌。北京奥运会期间，为保证城市安全稳定运行，北京市建设了食品安全、交通服务、市政市容管理、旅游服务等信息系统，保障了奥运会的举办，提升了北京市整体信息化水平。围绕奥运城市运行纲要和城市综合服务需求，完成建设城市基础信息服务平台、城市运行监测平台、城市综合服务平台和奥运电子商务网站、奥运智能卡、数字北京信息亭、奥运移动电子商务应用服务系统、奥运电子支付应用管理平台、物流配送体系服务网等电子商务应用系统，基本实现任何人、任何时间、任何奥运相关场所，都能够安全、方便、快捷、高效地获取支付得起的、丰富的、多语言、智能化的、个性化的信息服务。首都之窗、北京网等城市网站服务群提供了 220 余个奥运服务和 230 余个城市服务。政务信息资源共享交换平台、公务员门户和政务空间库为风险评估与控制、城市运行联合值班室、奥运开闭幕式、应急力量部署等奥运城市运行提供了信息资源保障。

三、信息安全保障体系

北京市通信保障和信息安全应急指挥部完成组建，实现全市信息安全应急处置工作的统一组织调度指挥。完成奥运安保信息网络安全工程建设，建立信息网络安全的快速发现与处置机制，实现了全方位安全监控和实时处置。全面加强城市应急、医疗卫生、防疫、交通、供水、供电、供气、通信、广播电视等维持城市正常运转的基础信息网络与信息系统的安全管理保障工作。全面加强政务网络和网站、市级重要政务信息系统的信息安全监管力度，建成信息安全测评、应急、电子认证等信息安全基础设施。为加强监控，新投入监控设备 39 台（套），构建了独立的安全监控系统，对北京市政务网络、政务网站首次实施全方位安全监控与应急处置。北京奥运会期间，共发现 1 万余个中高级安全漏洞，监控上千万次安全事件，监测和拦截了各类网络攻击 23.6 万次，均进行了及时处置，有效阻断了攻击途径，消除了事件隐患。

四、无线电和通信保障

到 2004 年，北京已建成比较完善的集群通信网络，其用户主要是安保、交通、城市管理等部门。在市政府的大力支持下，2006 年，北京数字集群通信网三期网络扩容工程开始启动，包括集群网中网建设项目和基站扩建项目。北京奥运会开幕前，相关公司全面完成数字集群通信网三期奥运扩容工程建设。新建交换机 3 套，网络能力大幅度提升；完成竞赛场馆、非竞赛场馆、训练场以及签约酒店等相关地区的室内覆盖，新增室内覆盖面积约630万平方米；对于室外项目中的公路自行车、马拉松等比赛场地，重点进行无线信号覆盖建设，以服务奥运期间集群通信的需求。2007年6月，根据《北京奥运会无线电管理工作纲要》，信息产业部和北京奥组委专门制定发布《北京奥运会及其筹备期间无线电管理暂行规定》。文件规定在北京奥运会及其筹备期间，由北京奥运会无线电管理联席会议负责无线电管理工作，联席会议办公室代表中国无线电管理部门具体承办所有无线电管理事宜，依法行使中国无线电管理法规确定的法定职能。北京奥运会涉及的无线电设备、场所、频率数量创历届奥运会之最。针对最复杂的无线电保障需求，建立了国家、军队和相关省区市的无线电管理机构参与的举国体制，投入20余个固定监测站、23辆移动监测车进行无线电监测，实现对10余万台各类无线电发射设备动态监测和有效的无线电管理，维护电波秩序，完成数千个频率的分配使用，保障了3万余台赛事组织、新闻广播、通信调度、安保、交通等方面的无线电设备正常使用。按照国际一流标准全面改造升级城市有线数字电视网、计算机网、固定电话网、移动电话网，建成全球最大的800M无线集群网，由广播、卫星电视、GPS定位系统构成的通信网络和各类基础设施覆盖地下、地面及空中，保障了北京奥运会期间通信畅通。对通信系统进行无线电监测，政府主管部门和相关单位共同完成监测网络的规划、建设和运行，构建统一指挥体系，并制定整体人力资源计划，完成监测培训任务；政府主管部门组建固定和移动的检测分队完成无线电监测任务。对监测网络、指挥体系和工作流程在测试比赛和技术演练中进行检验。监测和干扰处理的流程与北京奥组委技术部整体的障碍处理流程相结合，纳入奥运会技术运行中心的工作范畴。为确保在北京奥运会、残奥会期间使用的无线电通行设备符合国家标准和国际管理，保证正常工作，避免相互产生干扰，进行设备检测，包括设备监测流程的制定、公示和赛前设备监测的具体实施等。制定应急计划，主要从频率资源、通信系统、设备技术人员等多个角度考虑预警机制和应急预案。与境外赛区无线电主管部门共同制定境外赛区的无线电频率协调工作计划。

北京信息化创新人物名录

（按姓氏笔画排序）

王　之

1985 年组织攻关小分队研发成功中国第一台微型电子计算机长城 0520−CH。1995 年担任中国长城计算机集团公司董事长。

王　选

1975 年主持中国计算机汉字激光照排系统和以后的电子出版系统研究开发，研制出第四代激光照排系统、大屏幕中文报纸编排系统、彩色中文激光照排系统、远程传版技术和新闻采编流程管理系统等，使中国报业技术和应用水平处于世界前列。曾任北大方正技术研究院院长、方正控股有限公司董事局主席。2002 年获国家最高科学技术奖。2006 年因病去世。

王小川

搜狗公司首席执行官，用搜索引擎、输入法、浏览器等产品创建网络新空间。

王文京

1988 年与合伙人创办用友财务软件服务社。1995 年担任用友软件（集团）有限公司董事长兼总裁。2001 年 5 月，用友软件股份有限公司在上海证券交易所上市，成为第一家公开发行上市的中关村私营企业。

王永民

王码集团董事长、北京王码电脑公司总裁。1978 年至 1983 年研究发明“五笔字型”（王码），推广普及覆盖国内众多用户；1998 年发明中国第一个符合国家语言文字规范，能同时处理中、日、韩三国汉字的“’98 规范王码”，同时推出世界上第一个汉字键盘输入解决方案。

王江民

1996 年到中关村创办北京江民新科技术有限公司并担任总裁，研发出系列电脑杀毒软件，被市政府授予优秀民营企业家，北京市有突出贡献的科学、技术、管理人才等称号，2010 年因病去世。

王志东

BDWin、中文之星、RichWin 等著名中文平台的创办者。1998 年领导完成四通在线与美国华渊资讯的合并，创建新浪网，担任新浪网总裁兼首席执行官。2001 年 12 月创办北京点击科技有限公司并担任公司总裁，带领团队开发出新一代网络通信平台“竞开即时通讯平台”。

王维航

北京华胜天成科技股份有限公司董事长兼总裁,参加的国家“八五”科技攻关项目“华胜 4075 图形工作站”获电子部科学技术奖一等奖。

邓中翰

1999 年 10 月归国创业，担任中星微电子有限公司董事长。2001 年研制出中星微百万门级超大规模数码图像处理芯片“星光一号”，应用于移动通信、数字监控等领域。2005 年 3 月，“星光”系列数字多媒体芯片获国家科学技术进步奖一等奖。

田溯宁

1998 年创建中国网络通信有限公司并担任总裁兼首席执行官。创办的亚信股份公司是在美国纳斯达克成功上市的第一家中国高科技企业。

冯　军

1993 年创建华旗资讯数码科技公司并担任总裁。1996 年创建“爱国者”品牌。2002 年入选“TOP10 中国科技新锐”，2003 年获第六届中国青年科技创新杰出奖，2008 年北京奥运会圣火传递者。

朱荣辉

2000 年 4 月担任北京美髯公科技发展有限公司董事长，承担中关村海淀科技园对企业管理服务项目“‘一站式’交互式互联网服务”，是中国第一个电子政务系统。获评中国 CCTV 信息化领域十大领军人物。

历　军

2001 年任曙光信息产业（北京）有限公司总裁。2008 年，该公司研制出中国第一台超百万亿次超级计算机，成为当时世界 TOP10 中唯一安装在美国之外的超级计算机。

刘　东

北京天地互连公司董事长，下一代互联网国家工程中心主任，推动 IPv6 等新一代网络技术的研发、标准制定、应用普及和互联网产业的发展。

刘迎建

1985 年研发出世界上第一台联机手写汉字识别在线装置。1988 年提出的笔段顺序识别方法在国际上第一次解决笔顺不限的识别问题；建成 600 万字的样本库，开创国内文字识别全样本先河。1998 年创立北京汉王科技有限公司并担任总裁。2002 年，汉王联机手写识别技术获国家科学技术进步奖一等奖。

刘淮松

太极计算机股份有限公司总裁。带领公司率先将 IT 与行业应用相结合，开创国内系统集成，打造 IT 服务国家队，在国家重大工程、重大活动、重大系统和智慧城市建设等方面发挥重要作用。获 2008 北京奥运会信息化保障功臣称号。

刘强东

1998 年 6 月在中关村创办京东公司并担任总经理。2004 年创办的“京东多媒体网”发展为京东商城并出任首席执行官。2005 年，京东商城转型为电子商务公司。2010 年，京东商城成为国内首家销售额超过百亿元的网络零售企业。

池宇峰

创办洪恩教育、完美世界，将互联网与传统教育、文创产业相融合，将中国文化推向海外。

孙育宁

闪联体系创始人，牵头编制的 IGRS 闪联国际标准填补国内信息企业在 ISO 国际标准方面的空白，获 2006 年国家质监总局设立的首届中国标准创新贡献奖一等奖、北京 IT 十大杰出贡献者称号、2009 年中华人民共和国成立 60 周年 · 共和国十大创新企业家称号。

严望佳（女）

启明星辰信息技术股份有限公司创办者、首席执行官。1999 年主导公司成立积极防御实验室（ADLAB），居国内入侵检测、漏洞扫描市场占有率第一位。

严援朝

四通利方公司创办者之一、四通集团公司总工程师，CCDOS的作者，长城0520CH微机的主要设计者。曾获国家科学技术进步奖二等奖。

李彦宏

1999年回国和合伙人创建百度公司并担任董事长兼首席执行官，创建ESP技术并成功应用于图像搜索引擎。2002年获首届IT十大风云人物称号。

杨元庆

2001年开始担任联想集团总裁兼首席执行官，2009年重归联想集团首席执行官职位。他领导的联想电脑公司多年位居中国PC机销量第一，联想电脑是中国最畅销的电脑品牌。

求伯君

1989年开发出国内第一套文字处理软件WPS。1994年成立珠海金山电脑公司并担任董事长兼总经理。2001年当选为中国IT十大风云人物。

宋关福

1997年参与创建北京超图软件股份有限公司，是中国GIS软件领域领军人物。获2004年度地理信息科技进步奖一等奖。

张树新(女)

1995年创办北京瀛海威科技有限公司，是中国第一个互联网接入服务商。

张朝阳

1996年创建爱特信公司，为中国第一家以风险投资资金建立的互联网公司。1998年推出搜狐网，公司更名为搜狐公司，担任搜狐公司董事局主席兼首席执行官。

陈春先

1980年10月23日成立北京等离子体学会先进技术发展服务部，为中关村第一家民办科技机构。1983年4月15日成立华夏新技术开发研究所并担任所长，为北京市第一个集体科技机构和第一个民办研究所，由此衍生出闻名中外的“中关村电子一条街”。2004年8月因病去世。

周明陶

1985 年创建北京希望电脑公司，是中关村早期创业者之一。致力于中国科技事业和高新技术企业的发展，获中国首届科技实业家创业奖银奖。

周鸿祎

中国互联网国家安全企业 360 集团的创始人兼首席执行官。创办“3721 网络实名”，开创中文上网服务先河。2006 年创立奇虎 360，率先提出“免费安全”模式。

周儒欣

北京北斗星通导航技术股份有限公司董事长。创办中国北斗系统运营服务首家企业，推动北斗应用发展。

胡伟武

龙芯中科技术有限公司董事长、总裁，国家 863 项目“高性能通用 CPU 芯片全定制实现及系统集成”负责人。2002 年带领团队研发出中国第一枚通用 CPU“龙芯 1 号”，终结中国计算机产业“无芯”历史。

柳传志

1984 年创办中科院计算所新技术发展公司（联想前身）。1997 年，北京联想与香港联想合并，担任联想集团主席。2009 年 9 月担任联想集团董事长。

段永基

1984 年参与创办四通公司，投资创办北京四通利方信息技术有限公司（新浪网前身）。1985 年正式加入四通集团并历任副总经理兼 OA 部部长、副总裁、总裁、董事长。

施水才

北京拓尔思信息技术股份有限公司总裁，在信息检索、中文信息处理等领域成果显著。获评 2001 年首届中国软件十大企业领导人物。

倪光南

1981 年至 1983 年受聘为加拿大国家研究院访问研究员，赴加拿大工作，回国后任联想集团首任总工程师。主持开发了联想汉字系统和联想系列微型机，于 1988 年和 1992 年两次获国家科学技术进步奖一等奖。1994 年被遴选为首批工程院院士。

郭　为

2000年担任联想神州数码有限公司总裁，率领神州数码团队二次创业，打造“中国IT服务第一品牌”。2010年在国内率先提出以“融合服务”为特征的智慧城市战略。

曹国伟

1999年加入新浪，先后担任主管财务副总裁、首席财务官、首席运营官、总裁等职务。2009年主持推出新浪微博。2010年10月底，新浪微博成为风靡全国的互联网产品，注册用户超过5000万。

童之磊

中文在线数字出版集团股份有限公司董事长兼总裁，中国内地最早的大学生创业者之一，曾任国家教育部“十五”课题专题项目“中小学数字图书馆”研究组组长。2000年5月，中文在线成立，是中国数字出版的开创者之一；2009年4月，中文在线以“助力全民阅读，迎接全媒体阅读新时代”为主旨，搭建在线全民阅读网。

雷　军

1998年担任金山公司总经理。将应用软件扩展至实用软件、互联网安全软件及网络游戏等领域。1999年投资卓越网和逍遥网并任卓越网董事长。2000年年底担任北京金山软件股份有限公司总裁。2010年2月出任多玩游戏网董事长。2010年4月启动小米科技，专门从事新一代智能手机软件开发与移动互联网热点应用。

鲍岳桥

1993年5月进入希望电脑公司，开始从事UCDOS的研发工作，同年10月发布UCDOS3.0，1994年至1997年先后主持开发UCDOS3.1—UCDOS7.0及UCWIN Gold1.0。1998年离开北京电脑公司，与简晶等人组建北京联合电脑技术有限公司，创办联众游戏和乐教乐学。

谭浩强

20世纪80年代在中央电视台主讲BASIC编程语言，观众达到100万人，其编著的《BASIC语言》发行量超过1200万册。1984年创办全国高等院校计算机教育研究会，对非计算机专业的计算机教育进行研究。曾获全国高校教学成果奖国家级奖、国家科学技术进步奖、多项部委级优秀教材奖，被英国剑桥国际传记中心列入世界名人录。

薛向东

东华诚信电脑科技发展有限公司（北京东华合创科技有限公司前身）创始人，2010年东华合创更名为北京东华软件股份公司，成为中关村骨干企业。

附　录

北京市“十一五”时期国民经济和社会信息化发展规划（摘录）

（2006 年 10 月 26 日　京信息办发〔2006〕71 号）

一、发展目标

到 2010 年，北京市信息化发展的目标是：政府率先实现信息化，城市管理和公共服务信息化达到现代国际城市的水平，信息产业对首都经济增长的贡献率进一步提高，信息化带动自主创新的能力显著增强，带动经济结构调整和增长方式转变取得明显成效，数字奥运各项任务全面完成，数字北京初步建成，为迈向信息社会奠定基础。

（一）公共服务信息化水平显著提升。基本建成“首都之窗”城市门户，形成政府在线、社情民意、公共服务、人文北京和国际交流等一批专业门户，80% 以上的行政许可事项能够实现网上办理，培育一批面向大众生活的信息服务品牌，使北京成为信息服务普遍、便捷、高效的典范城市。

（二）政务信息化水平显著提升。2008 年前，建成市、区两级信息资源共享交换平台，人口、法人单位、空间地理、宏观经济等基础数据库全面建成并实现共享，在交通管理、流动人口管理、城市应急指挥等领域实现跨部门业务协同。到 2010 年，各级政府核心业务 100%实现信息化支撑，基本形成资源共享、部门协同、服务规范的全市电子政务体系。

（三）国民经济信息化水平显著提升。企业信息化整体水平要实现再提高，带动现代服务业、高新技术产业的业态创新、结构优化升级实现新的突破。信息资源开发利用取得显著成效，信用、物流等制约电子商务发展的瓶颈问题得到有效解决，使北京成为全国信息服务中心和电子商务中心。

（四）信息化对自主创新的带动作用显著增强。信息化对核心技术和关键装备研发、产业化的支撑模式得到进一步完善，把北京建设成为信息技术应用环境最佳城市，研发及应用具有自主核心技术产品的示范城市。

（五）城市信息网络等基础设施进一步完善。基本实现网络建设统筹规划、网络资源有效利用、有线网络公平接入、无线信号普遍覆盖、带宽服务满足需求。建成完善、可靠的信息安全保障体系。新城建成区信息管道通达率达到100%。有线电视光缆乡镇通达率达到100%。固定电话用户数达到1070万户，移动电话用户数达到1870万户，宽带用户达到480万户，网民数量达到560万人。

（六）数字奥运各项任务圆满完成。实现对奥运会信息化需求的有力保障，对公众对于奥运会信息服务需求的完全满足，对奥运经济可持续发展的有力促进。

二、主要任务

围绕加快首都信息社会建设、全面建设数字北京的战略目标，服务首都经济社会发展大局，实施“三二一”（三大应用计划、二大基础工作、一大专项工程）信息化推进方略。

三大应用计划。以支撑构建社会主义和谐社会首善之区为目标的“信息惠民”计划；以促进政府更好地履行职能、提高城市服务和管理水平为目标的“信息强政”计划；以促进经济结构调整、实现增长方式转变为目标的“信息兴业”计划。

二大基础工作。信息安全保障体系建设工作；信息基础设施完善工作。

一大专项工程。加速推进数字奥运专项工程的实施。

（一）实施“信息惠民”计划

围绕贯彻国家信息化战略之国民信息技能教育培训、缩小数字鸿沟等战略行动计划，突出以人为本，丰富服务内容，创新服务模式，拓宽服务渠道，完善服务体系，提高服务质量，着力解决好公共服务延伸到基层，让社会大众用得上、用得起、用得好的问题，努力实现公共信息服务的普遍、优质和高效。

1. 深化公共服务领域的信息化应用

加强医疗、卫生领域信息化。加快构建社区卫生服务信息体系，逐步建立市民健康档案数据库及健康评价指标体系，增强对市民健康的信息服务。整合首都疫情、病情监测和预警信息系统等公共卫生信息资源，建设和完善公共卫生信息网络体系，提高公共卫生监控、监测、决策和应急处置能力。提高医院信息化建设和应用水平。

深化劳动和社会保障、社会救助领域信息化。全面完成北京市金保工程建设，建立健全覆盖市、区（县）、街道（乡镇）、社区（村）四级的就业和社会保障信息系统，推动养老、医疗、失业、工伤、生育、低保、优抚安置等领域的信息资源共享和网上服务整合，大力推进各类服务向基层延伸。加快建设城乡一体化的就业服务系统，促进劳动力的有序流动，促进社会充分就业。

加强文化领域信息化。加快文化资源的数字化进程，提高图书馆、博物馆、档案馆的信息化水平。进一步推进北京市公共图书馆计算机信息服务网络和全国文化信息资源共享工程建设，加强数字图书馆建设工作。建立和完善北京文物、博物馆数据库信息共享体系，在博物馆藏品保护、管理和研究方面广泛应用信息技术，初步实现资源数字化、管理信息化。

积极推进数字档案馆建设，到“十一五”末期，市档案馆馆藏档案数字化率达到50%，总量达到3500万页，已数字化的开放档案的全文上网率达到80%。

深入推进科技、教育领域信息化。建立和完善首都科研基础平台，实现科技信息共享和科研设备的充分利用，推动科技交流与协作。加大科普资源信息服务整合，搭建服务本市、辐射全国的科普信息服务平台。深化“校校通”工程，整合网络资源，形成覆盖全市的现代远程教育网络；加强教育资源开发利用和共享，支撑学习型城市建设。

强化公共事业领域信息化。大力推进煤、水、电、气、交通等公共事业的信息化，运用信息化手段提高企业内部管理水平和工作效率。鼓励发展交通信息服务，使市民能够及时、方便、准确地获得车辆、路况、导航等方面的信息。完善数字北京缴费通服务平台，整合各类缴费服务，完善服务网点布局，提高对市民的服务能力和水平。

2. 建立健全公共信息服务体系

构建首都城市综合信息平台。办好“首都之窗”政府在线、社情民意、公共服务、人文北京和国际交流等专业门户。推进“首都之窗”城市门户与各类政务和公共服务呼叫中心、数字北京信息亭、数字北京缴费通、数字电视、手机等终端的互联互通，形成以市民为中心、覆盖城乡、布局合理的政务和公共信息服务体系。加强政务信息内容整合，深化政务信息网上公开。完善网上审批平台，整合网上服务，实现行政许可和审批在线服务事项在“首都之窗”网站的“一口受理”。继续发挥“首都之窗”政风行风热线、城市管理广播在促进政民互动中的作用，统筹建设政务和公共服务非紧急呼叫中心，不断创新政民互动的渠道和模式。

加强电子社区建设。以电子社区为平台，服务和支撑和谐社区建设。进一步完善社区信息基础设施建设，整体规划建设一批街道信息亭，形成以电话、电视、计算机、信息亭为主体的社区信息服务渠道。完善社区公共信息服务网，整合政府各部门面向社区居民的在线服务，梳理、整合各类服务热线、呼叫热线，鼓励相关企业以社区公共信息服务网为平台，提供购物、餐饮、家政服务、洗衣、维修、再生资源回收、中介等社区服务，提高社区政务和公共服务水平。

加快新农村信息化建设。深入推进“燎原行动计划”，实施农村信息化建设工程，积极开展农村无线网络覆盖试点，大力促进农村地区的“三网融合”，推进光缆入村、网络入户。建设完善农村综合信息服务体系，制定“数字村镇”和农村“数字家园”建设和运维标准，加快公共信息服务终端在村镇的部署，为农民提供适用的就业、市场、科技、教育、卫生保健等信息服务，整合涉农信息资源，加强农业信息咨询、农产品电子交易推广等项工作，服务现代农业发展。培养村镇信息化推广带头人，鼓励发展农村信息服务中介机构，促进农民信息技术应用技能的提高。

培育和完善信息服务市场。不断优化信息服务的市场环境，促进社会力量开展信息资源开发和信息服务，着力提高城市信息内容和服务的供给能力，促进信息服务市场繁荣。支持企业对海量网络信息资源进行加工，并向社会提供服务。鼓励社会力量整合与市民生活相关的交通出行、旅游购物、娱乐休闲、食品安全、药品安全、餐饮卫生、紧急求助等信息，形成服务品牌。

创造良好的网络传播和信息服务环境。依法加强市场管理，采取法律、经济、技术和行政手段，打击传播不良信息、滥发垃圾邮件和短信、侵犯知识产权等行为，继续做好互联网违法举报、不良信息举报和垃圾邮件举报受理工作。加强行业自律，提倡文明办网，营造一个健康向上的网络服务市场，营造一个公平、有序、文明的信息服务行业竞争环境。

3. 提高全民信息能力

努力提高全民信息技术应用技能。按照国家国民信息技能教育培训计划的有关要求，制定北京市提高全民信息能力行动纲要，开展对市民的信息化培训。到2010年，北京市机关工作人员、在校学生、科技人员等重点人群信息能力要大幅提高，大多数城乡居民要掌握基本信息技能。充分运用学校、科技馆、图书馆、文化站等单位的培训资源，调动其参与培训的积极性。利用“校校通”“数字家园”等公益性设施，开展形式多样、内容丰富的信息化培训。实施“百万家庭上网”二期工程，不断提升千家万户应用信息技术的意识和能力。

着力抓好缩小数字鸿沟工作。抓好国家缩小数字鸿沟战略行动计划的落实，加强对信息化弱势群体的教育和培训，增加其接触信息技术的机会，增强其获取和使用信息的技能。探索建设农民工信息服务系统，围绕农民工技能培训、就业服务和权益维护等突出问题提供信息援助。

（二）实施“信息强政”计划

围绕贯彻国家信息化战略之电子政务战略行动计划和国家电子政务总体框架，结合城市管理水平和能力提升的要求，突出电子政务体系建设，强化资源整合、信息共享和业务协同，增强电子政务整体效能，促进政府实现决策科学、管理高效、监管有力、服务到位。

1. 电子政务提升宏观决策能力

建设完善领导决策信息化服务体系。充分利用信息技术，整合各部门的决策信息资源，依托电子政务专网和政务信息资源共享交换平台，建设和完善覆盖全市的领导决策信息化服务体系，为各级领导宏观决策提供全面、准确、及时、可靠的信息，增强宏观决策的有效性和科学性，满足城市运行、经济发展和成功举办奥运会的决策需求。

加强政府财政、投资管理信息化。以金财工程建设和完善为主线，建成覆盖所有财政核心业务的财政综合业务管理系统，推广财政、税务、银行、国库之间系统联网和信息共享，支撑各项财政改革。加快推进宏观经济管理信息系统建设，提升国民经济预测、预警和监测水平。加强网上审批服务系统建设与应用，在现有基础上，进一步促进业务协同、资源整合与流程优化，提高工作效率和服务水平。

推进审计、监察领域的信息化进程。加快审计信息化步伐，建立适应业务发展需求的审计业务和审计管理信息化操作平台，提高审计效率，增强审计机关在信息化环境下的查错纠弊、遏制腐败的能力。加强网上监察系统建设，促进依法行政。加快建设完善信访管理信息系统，强化社会监督。

2. 电子政务提高城市管理水平

深化城市运行管理的信息化。深入推广网格化城市管理新模式，建设完善市区两级信息化城市管理系统，加强市级系统、区级系统、具有城市管理职能委办局的业务系统、相关公共服务企业业务系统之间的信息共享和业务协同，完善工作规范和管理流程，促进城市管理的精细化、网格化、信息化、人性化。积极探索新模式在其他区域的推广，不断扩展功能，逐步实现对地下管网的有效管理，逐步整合水、电、气、热、通信、地铁等城市生命线的运行监控信息，实现对城市运行的精确、综合监管。

推进城市人口管理的信息化。建设全面、准确的人口资源信息库和人口宏观管理与决策信息系统，实现跨部门的信息资源共享，全面提高人口管理水平。充分利用信息技术，加强流动人口居住地的管理，加快出租房屋管理和暂住登记等项工作的进程，为流动人口管理与服务工作模式创新提供支撑。

推进城市土地和水等自然资源管理的信息化。大力推进土地、水、森林等自然资源管理的数字化进程，逐步形成全面、准确、直接支撑自然资源管理的基础信息。大力推进城市规划、土地资源、城市建设、园林绿化、环境保护等领域信息资源共享，促进跨部门业务协同，提升对土地、水、森林等自然资源的规划、监管和利用能力。

加快智能交通建设步伐。以提高城市交通管理、指挥和调度水平为目标，加快建设具有国际先进水平的智能化道路交通管理和出行信息系统、公共客运调度与乘客信息服务系统，推进跨部门、跨层级的交通管理信息的共享，各种交通工具的管理信息的共享，城市交通管理、监控、调度、服务与应急处理等业务的整合和协同，全面实现交通管理信息化、智能化。

推进城市综合减灾防灾和应急指挥信息化。加快建设完善覆盖全市的应急指挥信息平台，实现市级信息平台和各专项应急指挥部信息平台、区县应急指挥中心信息平台的信息共享、协同联动。制定应急指挥信息通信和信息安全保障预案并组织演练。完善突发事件的监测、发布和报告机制，形成统一指挥、反应灵敏、运转高效的应急机制，显著增强城市防灾、减灾、救灾能力。

加快社会公共安全信息化步伐。以保障首都公共安全为核心，以构建社会公共安全保障体系为目的，建设综合指挥联动信息系统，实现城市安保预警、整体防范控制、诸警联动指挥、业务精确管理、社会民众服务的一体化，提升首都社会公共安全保障和服务能力。

3. 电子政务提高市场监管能力

进一步提高协同监管能力。推动建立统一的市场监管综合执法信息平台，加强与司法机关的信息共享与执法协作，实现执法资源整合、信息共享、业务协同和政务公开。围绕财政、金融、税收、工商、海关、国资监管、食品药品安全、城市建设等关键业务，统筹规划，有序推进业务系统间信息共享和业务协同，提高协同监管能力。提高建设、银行、税务等部门的信息共享水平，健全信息公开与披露制度，完善房地产市场等信息系统，提高对建筑市场和房地产市场的监管水平。整合工商、税务、质监等领域相关资源，强化对食品安全、药品安全、餐饮卫生、农资物流配送的监管。建立和完善互联网文化市场监管系统，增强对互联网等新型传媒的管理能力。完善综合治税信息化，强化税源监控信息的及时性、全面性、准确性。建设事故隐患、重大危险源、危险化学品等数据库，提高安全生产监管的信息化水平，提升安全生产总体态势掌控、生产事故预防和处置的能力。

加快社会信用体系建设。以相关企业信用信息和个人信用信息系统为基础，从完善信贷、纳税、合同履约、产品质量的信用记录入手，建立信用政策法规体系、信用数据技术支撑体系、现代信用服务体系、信用市场监管体系、信用宣传教育体系和失信惩戒机制。加快信用信息资源整合和共享开放，逐步形成以政府部门为主体的政务信息披露体系和以信用服务中介机构为主体的市场信用服务体系，促进信用产品的推广和信用服务业的发展。

4. 夯实电子政务发展基础

制定和实施全市电子政务总体框架。落实好国家电子政务总体框架的有关要求，统筹整合全市各级党委、人大、政府、政协、法院、检察院的信息化服务与应用系统、信息资源、网络和安全基础设施、信息化政策法规与技术标准等电子政务资源，建设和完善电子政务电子认证体系，统筹建设电子政务专网、信息安全设施、基础数据库、门户网站，形成全市统一的电子政务平台。加强全市电子政务运行维护保障体系建设，建立健全运行维护的制度和标准，实现按照统一标准管理和运维。

推进全市统一的政务信息资源共享交换平台建设。加快政务信息资源目录体系建设，建立健全政务信息共享交换的规则和机制，制订和完善政务信息资源目录体系、交换体系的技术标准。加强对政府信息资源的统筹和监管，规范政府的信息采集、维护、共享、交换、公开等行为。进一步规范政府电子文件的归档和管理，保障电子文件的及时归档和安全保存。按照统一规划、统一标准、集中采集、共享使用的原则，建成一批服务全市的基础数据库和专题数据库，重点是加快建设人口、法人、空间地理和宏观经济四大基础数据库，以及居住场所、流动人口、地下管网、社会信用信息等专题数据库。

（三）实施“信息兴业”计划

围绕贯彻国家信息化战略之电子商务、网络媒体信息资源开发利用、关键信息技术自主创新等战略行动计划，围绕北京市产业优化升级的总体目标，促进信息化在国民经济各个领域的有效应用。以激发企业利用信息化进行综合创新的主体意识、发挥其主体作用为目标，推进企业信息化。以不断优化发展环境为手段，提高电子商务应用水平。重点提升现代服务业和高新技术产业的整体信息化水平，促进服务水平提高，增强自主创新能力。

1. 深入推进企业信息化

优化企业信息化的基础环境。加强对企业信息化建设的组织领导，支持建设数字化设计与制造的技术支撑体系，支持企业建设和应用辅助决策支持信息系统，推进企业设计研发信息化、生产装备数字化、生产过程智能化和经营管理网络化，推动企业产品数据管理、产品全生命周期管理、供应链管理和客户关系管理。充分发挥协会、联盟等中介机构的作用，推动低价团购，降低企业信息化成本。支持企业使用正版软件，开展知识产权保护工作。加快企业数字证书认证工作。加快科技园区、工业开发区、现代商贸专业集聚区等产业集聚区信息化建设。

加强企业信息化试点示范工作。进一步加强政府对企业信息化建设的扶持力度。开展企业信息化试点示范工作，对重点试点示范项目给予一定的资金支持，促进试点示范企业在生产、管理和经营的全过程中应用信息技术，带动企业的资源整合、服务整合和业务流程整合，提高企业的综合竞争力。

建立和完善中小企业信息化服务平台。建设完善面向中小企业的公共服务信息平台，加强中小企业信息化工作的分类指导、分层次培训、择优扶持，调动社会各方面资源，服务中小企业信息化，促进中小企业信息化工作健康持续发展。

2. 提高电子商务应用水平

加快电子商务支撑环境建设。加快信用、认证、标准、支付和现代物流体系建设，完善结算清算信息系统，大力支持第三方电子商务服务企业发展。加强电子商务基础性和关键性技术的研发和推广。完善电子商务政策法规。

扶持骨干企业和重点行业发展电子商务。充分发挥龙头企业的带动效应，支持其应用电子商务，并通过供应链带动上下游企业的电子商务发展。加快汽车、电子信息、石化新材料、装备制造、生物工程与医药、都市工业等行业的电子商务示范和推广。加强电子商务在政府采购中的应用。

3. 促进现代服务业做大做强

建设首都文化创意产业发展信息化支撑和孵化平台。整合文化创意产业领域的公共技术资源、信息资源和服务资源。建设咨询和培训体系，促进文化创意资源和信息技术的融合，文化产业企业和信息技术企业的合作。建设产业研发和产品展示体系，促进研发与产业化的对接，产品与市场的对接。建设技术共享体系，统一建设共用性高、大型、复杂的技术设备，为企业提供技术服务，降低企业尤其是中小企业的运作成本。建设国际交流合作体系，促进企业的国际交流合作。

促进金融产业提高管理和服务水平。支持金融机构开展信息化建设，建设功能齐全、效率优先、运行安全的跨行支付清算系统，完善同城票据清分系统，创新发展在线支付工具。大力推动银行卡的应用，奥运会前，奥运场馆及周边地区的商业服务网点、重点商务区、商业街区、旅游景区等要实现全部可以受理国际卡，为奥运会创造良好的银行卡用卡环境。促进银行卡在零星支付、公共缴费及其他与市民生活密切相关领域的一卡通用。支持建立金融信用网络，将金融信用网络建设与社会信用体系建设结合起来，推动资金信用信息与基础信用信息的整合和共享，提高金融风险防范能力。

促进旅游业提高品牌认知度和服务能力。充分利用互联网的优势，支持建设面向旅游者的宣传和展示系统，全面整合和系统展示北京丰富的旅游资源，强化北京旅游品牌的宣传和推广，辅助旅行者深度了解北京、设计旅行计划。支持企业间以信息共享带动业务协同，推动形成集食、住、行、游、购、娱六要素于一体的旅游综合信息服务系统，为旅游者提供“一站式”服务。以举办奥运会为契机，加强旅游电子商务的市场开拓。

深化信息化在商贸商务服务领域的应用。加强对全市商贸商务信息整合，建设首都商务之窗，为国内外贸易和经济合作提供商务咨询、商务指南和商务信息，为企业做好服务。不断提高商贸商务服务管理部门电子政务水平，提高工作效率，方便企业办事。积极支持商业企业开展信息化建设，采用信息技术改造商业设施，改善商业管理。

加快建设全市物流公共信息平台。提升对物流企业服务的专业化、信息化和社会化水平，建设公共信息平台，支持企业实现在线物流信息发布与获取、在线交易、数据交换、智能配送、GPS 货物跟踪、物流供应链管理等。大力推进“电子口岸”建设，推行物流企业与口岸通关监管部门信息联网、信息共享，提高通关速度，提高北京市物流的国际化程度。

4. 促进高新技术产业提高自主创新能力

大力推进信息服务业发展。充分利用好北京人才、技术、信息、网络的比较优势，抓住“三网融合”机遇，大力发展软件服务、信息增值服务和网络服务。加强互联网资源开发，加快传统信息资源的数字化进程，大力发展电子商务、数字娱乐、远程教育、远程医疗、互联网出版、网络电视等互联网内容服务。积极推进基于移动设备的信息服务，促进语音通信、数据通信、即时通信、移动商务等各种增值服务发展。大力支持数字广播、数字电视不断创新服务内容和方式。积极培育 IT 服务市场，做好计算机信息系统集成资质管理工作，促进形成一批系统集成龙头企业。

促进软件产业市场竞争力不断提高。继续支持和鼓励软件企业以自主核心技术为依托，以标准为纽带，建立以产品功能互补、企业利益共赢为目的的企业联盟，形成功能较为完善、市场竞争力较强、能满足信息化需求的软件产品系列。进一步推进软件正版化工作，支持国产软件在信息化建设中的推广。

促进电子信息产业向高端发展。充分利用信息化建设的有利机遇，通过示范和试点等手段，大力推动具有自主核心技术的集成电路、计算机和网络、移动通信、数字电视、光电显示等产品在城市信息化建设中的应用，通过应用促进其产品品质和服务水平不断提高，带动电子信息产业逐渐向高端发展。

促进移动通信产业升级。抓住国家第三代移动通信、数字电视、下一代互联网的部署机遇，支持关键技术标准研发和自有核心技术项目的产业化，完善各类信息传输网络，强化全国信息传输中心城市的地位，保障信息传输服务业持续稳定增长。

（四）加强信息安全保障体系建设

以保障 2008 年奥运会信息安全为阶段目标，建立健全信息安全保障体系，全面提升信息安全保障能力。

1. 完善信息安全组织管理体系

建立长效机制。在北京市网络与信息安全协调小组的统一指挥和综合协调下，加强信息安全责任机制和协调联动机制建设，建立完善的信息安全管理体系，落实信息安全责任制。全面实行信息安全风险评估与等级保护制度。规范信息安全培训机构，建立健全信息安全人员执业资格认证和持证上岗制度。

加强监督指导。定期开展全市信息安全检查和态势评估，重点保障基础信息网络和城市生命线的信息安全。加强信息内容管理，构建健康的网络环境。加大执法力度，依法打击各类网络违法犯罪，保护公民通信隐私。支持高等院校建立健全信息安全学科和专业设置。组织开展各类宣传活动，增强全民信息安全意识。

保障安全投入。进一步建立和完善信息安全建设投入制度，在信息化建设中同步考虑信息安全建设投入。要根据信息安全保护等级确定资金的投入比例，重点保障信息安全基础设施建设与运行维护、信息安全关键技术的研究以及信息安全基础性工作的经费。

2. 加快信息安全基础设施建设

加快建设一批信息安全设施。统筹规划，建设全市信息安全测评、密码保障和网络信任、应急处理与容灾备份等基础设施，满足信息安全保障需要。

提升信息安全技术研发和服务水平。加强信息安全评估、测试、监管的队伍建设和技术条件建设，积极开展信息安全新技术、新业务的前瞻性研究。加强信息安全产业基地建设，形成信息安全科技成果转化的良好环境。培育和规范市场，促进信息安全产业发展，逐步形成完整的信息安全产业链。

（五）完善城市信息基础设施

坚持集约化、合理化建设，提高信息管道、无线电频率等资源的利用率。坚持信息基础设施建设与运营服务相分离的原则，探索信息基础设施建设特许经营等模式，促进设施运营企业的公平、有效竞争，保障居民对服务企业的自主选择权。以数字北京建设为目标，促进形成布局合理、资源共享、互联互通、安全可靠的信息基础设施体系。

1. 加强信息基础设施建设统筹规划

统筹开发利用信息通信空间资源。按照统一规划、统一建设、统一管理的建设和经营方针，加强对地下信息管道、无线基站站址、局房等信息化自然资源的统筹开发利用，减少重复浪费，提高基础设施的使用效率和经营水平。从节约土地资源、美化城市景观出发，集约化建设公共局房和通信铁塔。从搭建小区公共信息平台入手，探索“最后一公里”问题的解决模式，理顺最终用户、开发商或物业、信息通信服务提供者、小区公共信息平台运营商之间的关系，保障信息通信运营企业平等接入到最终用户，保障居民自主选择信息通信运营企业的权利。

进一步完善网络基础设施。统筹规划网络建设，充分利用现有网络资源，促进资源共享和互联互通，构建有线网络公平接入、无线信号普遍覆盖、带宽服务满足需求的宽带网络环境。大力发展宽带通信网、数字电视网和下一代互联网，以业务融合促进“三网融合”。

加强新城、重点城镇和旧城改造区域的信息化基础设施建设。通州、顺义、亦庄三个新城以及重点城镇信息基础设施建设要坚持“统一规划、统一建设、统一管理”的原则，高标准高起点建设，避免重复投资。新城城区避免建设架空杆路，在有条件的地区，尝试建设地下综合管廊。积极推进旧城改造区域信息基础设施的建设、更新和完善，提高旧城信息化建设水平。

加强电子政务专网的集约化建设和管理。各部门已建的电子政务网络，要按全市统一标准运维，到2010年，原则上要全部纳入全市电子政务专网，实行一体化建设、管理和保障。各部门电子政务建设原则上不得新建基础网络，开展电子政务应用必须依托全市电子政务专网。不断完善无线政务指挥调度网。加强电子政务专网安全监管，推行等级保护、风险评估、容灾备份、网络信任等制度。积极探索电子政务专网为中央在京单位提供服务的模式。

2. 加强无线电管理

加强无线电频率资源统筹规划。以满足首都经济社会发展需求、保障奥运会等首都重大活动的频率需要为目标，在严格遵循国家频率划分、分配和指配政策的基础上，建立频率资源战略储备，建立健全与国家、军队和天津、河北等周边省市无线电管理机构的协调工作机制，加强频率资源整合和利用，及时调整已有的频率指配规划。根据奥运会无线通信需求，制定奥运会无线电频率指配方案。

综合治理和净化电磁环境。建立监督检查机制，充实监管队伍，发挥行业、区县无线电管理部门的监管作用，进一步加强监督检查工作，严格依法加强无线电频率和台站的清理整顿工作，规范空中电波秩序，遏制非法使用无线电发射设备，特别是非法使用对讲机现象快速增长的势头，为奥运会筹措频率资源、创造良好的电磁环境。充分运用电磁兼容分析、无线电监测、检测等技术手段，支持无线电台站管理和监督检查工作。

加快无线电管理基础设施建设。完善和扩展无线电监测网，加强遥控无人值守监测站、小型监测站和高山监测站建设，积极推进面向奥运会的移动监测设施建设，完善微波监测设施，强化电磁环境噪声监测，做好全市的监测网的联网工作，建设监测数据库系统。加强无线电检测中心建设，建立检测专业数据库，更新检测设备，增强检测能力。

（六）加速推进数字奥运专项工程

以保障举办一届有特色高水平奥运会为核心，大力推动数字奥运建设，全力支持北京奥组委的工作，为奥运会的成功举办提供有力支撑。

1. 保障奥运会信息服务

加快奥运会信息基础设施建设。统一规划和建设奥运基础通信管线共用管道。建设城市容灾备份中心，基本完成对重要信息系统实现同城异地备份，提高信息安全保障能力。建设以多功能综合应用为目标的奥运综合信息枢纽，为各类信息系统互联互通、资源共享和决策指挥提供支持和保障。实施奥运会无线电管理专项工程。建设面向奥运会的呼叫中心。以“首都之窗”公共服务专业门户为基础，构建奥运会综合信息服务系统。完善无线政务指挥调度网、数字北京信息亭等城市信息服务基础设施。

制定奥运会期间保障信息服务的各种方案和预案。制定涉奥地区综合信息服务设施的建设标准和服务标准，重点提升政府部门、通信运营商、涉奥场所（比赛场馆、奥运村、奥林匹克公园、宾馆、公共设施、主要干道等）的信息服务水平。研究制定奥运会期间保障信息服务的各项规章制度，建立电信网、互联网和广播电视网主管部门、运营企业之间协调机制。确保奥运会信息安全，积极开展风险评估，制定应急预案，并组织重点保障单位进行预案演练，提高应急处置能力。

2. 促进奥运机遇最大化

促进新技术应用。结合奥运需求，大力推动无线宽带接入、下一代互联网、数字电视、网络电视、RFID、多媒体音视频等新技术的应用试点。在奥运会食品安全、门票销售等重要领域，用好新技术，实现有效的监控和管理。积极支持国产技术的推广应用，发挥奥运会的技术示范作用。

促进奥运经济发展。利用奥运契机，依托北京市丰富的信息资源，鼓励文化、教育、出版、广播影视等行业开发数字化产品，提供网络化服务。支持旅游、餐饮、住宿等与奥运紧密相关的服务行业，加强信息资源整合，提供网络信息服务，提高服务能力和水平。

推广城市形象。以“首都之窗”城市门户国际交流和奥运会综合信息服务系统为依托，全方位、多层次地展示古都北京的历史文明与人文风采，利用互联网办好一批互动主题活动，吸引全国和世界各地人民认识北京、了解北京，提升城市的影响力。

三、保障措施

以科学发展观为统领，以体制机制创新为动力，加快首都信息社会建设，全面建设数字北京，保障“十一五”信息化目标的全面实现。

（一）加强信息化的组织领导

加强信息化工作的领导。在市信息化工作领导小组的统一领导下，进一步加强对全市重大信息化事项的决策统筹，凡涉及全市的信息化重大政策和事项要经市信息化工作领导小组审定。进一步加强信息化发展战略研究，指导信息化宏观决策，动态调整信息化发展目标，适应城市经济社会发展大局的需要。

深化信息化工作管理体制改革。抓紧研究建立适应社会主义市场经济体制、分工合理、责任明确的信息化综合管理体制。加强信息化主管部门的统筹协调职能，促进市与区县之间、各部门之间信息化工作的协同配合。进一步加强全市各级信息化推进机构的组织建设。

（二）完善政策法规和技术标准

加强信息化政策法规工作。以信息化地方立法为契机，在政府信息公开共享、电子文件管理、无线电管理、个人和企业信用管理、电子商务、电子政务网络建设、信息化项目外包等方面尽快出台配套政策，加强信息化行政执法，保障信息化推进的法制化、制度化。

强化信息化标准化工作。加强信息化标准化的统筹协调。在信息化标准化领域，建立政府与企业以及其他组织之间的协调机制。加强信息化标准战略研究，不断完善信息化技术标准体系，重点要做好电子政务信息共享和信息安全类地方标准的组织制定，积极参与国家信息化标准编制。强化标准的宣贯和执行情况的监督检查。

（三）加强信息化建设机制创新

创新信息化建设和管理体制。创新信息化项目市场运作机制，积极探索并完善外包、特许经营等模式。优化信息化投融资环境，逐步向投资主体多元化、投资方式多样化方向转变，完善信息化建设风险投资、知识产权保护等方面的政策。保障信息化建设投入与国民经济增长相适应，加强对信息化建设资金使用的统筹管理，充分发挥市、区两级财政的积极性，重点支持基础性、公益性的重大城市信息化项目建设。进一步统筹和完善政府对企业信息化在政策、资金方面的支持措施，鼓励企业加大对自身信息化的投入。建立健全电子商务、信息服务业、“数字鸿沟”等领域发展水平的监测制度和信息产业统计体系。

加强对自主创新的支持力度。创造有利于自主创新产品和服务公平参与市场竞争的环境，在首都信息社会建设过程中，以政府采购为杠杆，优先采用具有自主核心技术的软硬件产品和服务，拓展自主创新成果的市场空间，促进其产业化。积极支持建设信息安全、软件开发、测试测评等各类信息化研究基地，研发核心技术，并在信息化建设中推广应用。

加强信息化试点示范工作。鼓励各地区、各部门积极开展各类信息化试点示范，不断完善信息化试点示范的配套政策和管理措施，鼓励探索，促进试点示范成为一种规范、有力的信息化推进工作手段。

（四）加强信息化人才培养和队伍建设

加强信息化人才培养工作。充分利用国内国际两种资源、两个市场，建立信息化人才战略高地。加大人才领域的国际合作，建立开放的干部交流、培训制度。完善人才引进配套政策，吸引高端人才来京服务。加强对中央在京单位信息化人才资源的开发利用。推行信息化高级雇员制度和信息主管制度。建立信息化人才培训基地，加大对公务员尤其是领导干部的信息化培训力度。加强农村信息化人才队伍建设，培养基层信息化推广带头人。积极加强和各类教育培训机构合作，培养各类信息化人才。

发挥信息化行业协会等组织的作用。支持信息化行业组织发挥好行业服务、行业自律以及维护行业合法权益等作用。鼓励其在信息化标准制定、教育培训、宣传推广等方面积极开展工作。

（五）优化信息化推广的社会环境

加大宣传和普及力度。抓好提高全民信息能力行动纲要的落实，政府引导，发动社会力量，采取多种形式和手段，有步骤、有重点地开展市民信息化培训。加强信息化的宣传普及工作，推动全社会对信息化推进的关注、支持和参与。支持社会力量举办各类信息化宣传活动。支持建立面向大众的信息化体验中心，使更多的市民有机会接触信息技术、感受信息技术、学习信息技术和应用信息技术。

学习和借鉴先进经验。不断加强与国内兄弟省市以及国外先进城市的信息化交流与合作，加强京津冀都市圈信息化合作，选择标杆城市作为系统研究和学习的对象，努力借鉴一切先进的信息化推广理念和方法，促进首都信息化推进环境的不断优化。

（六）做好规划滚动实施的管理

制定年度实施计划。“十一五”时期的信息化建设，以本规划为基准，每年对“三大应用计划”“两大基础工作”的实施情况进行评估，并制定下一年的实施计划，“数字奥运专项工程”要根据全市的年度奥运会折子工程确定主要内容，确保本规划得到分阶段落实。

搞好滚动衔接。组织好信息化规划实施的监测和中期评估，积极借助社会中介组织力量，多角度分析评价规划实施效果和政策措施落实情况，及时发现问题和提出改进意见。不断探求解决信息化工作中面临问题的新思路、新机制、新办法，设计和把握好规划实施的重点和时序，为规划的有效实施和年度计划的制定创造条件，保障“十一五”时期全市信息化阶段目标和总体目标的有机衔接，保障各项任务的全面完成。

北京市信息化促进条例

（2007 年 9 月 14 日　北京市第十二届人民代表大会常务委员会第三十八次会议通过）

第一章　总则

第一条　为了规范信息化管理，加快信息化建设，促进经济发展和社会进步，根据有关法律和行政法规，结合本市实际情况，制定本条例。

第二条　本市信息化工程建设、信息资源开发利用、信息技术推广应用、信息安全保障以及相关管理活动，适用本条例。

第三条　本市信息化发展遵循统筹规划、资源共享、务求实效、保障安全的原则。

第四条　市和区、县人民政府应当将信息化发展工作纳入国民经济和社会发展规划，健全信息化工作领导协调机制，统筹协调解决本行政区域内信息化发展工作中的重要问题，加大信息化发展的经费投入。

乡镇人民政府和街道办事处应当推进本辖区内的信息化发展工作。

第五条　市和区、县信息化主管部门负责本行政区域内信息化发展的统一规划、组织协调和监督管理工作。

发展改革、财政、科技、通信管理、质量技术监督、工商、公安、保密等行政管理部门按照职责分工负责信息化发展的相关工作。

第六条　市信息化主管部门会同有关部门依照国家信息化发展规划和本市国民经济和社会发展规划，组织编制本市信息化发展规划，报市人民政府批准后公布实施。

区、县信息化主管部门会同有关部门依据本市信息化发展规划，结合本区、县实际情况组织编制本行政区域的信息化发展规划，经市信息化主管部门审核后，报同级人民政府批准后公布实施。

本市国家机关编制的本部门和本行业、本系统的信息化发展规划，应当符合本市信息化发展规划。

第七条　市质量技术监督行政主管部门应当会同信息化主管部门及其他有关部门，根据信息化发展趋势和要求以及职责权限，制定并及时完善有关信息化标准。

单位和个人从事信息化工程建设、信息资源开发利用、信息技术推广应用、信息安全保障等活动应当执行国家和本市有关信息化标准。

市和区、县质量技术监督、信息化及其他有关部门对有关信息化标准的执行情况进行监督。

第八条　市和区、县人民政府应当制定优惠政策和措施推动现代信息技术创新，并通过政府采购、宣传教育、培训考核等活动促进具有自主知识产权的信息技术应用。

市和区、县人民政府应当对在信息化工作中作出突出贡献的单位和个人给予表彰。

第九条　本市鼓励信息化人才的培养和引进，加强市民的信息化知识和技能普及，提高信息技术应用能力。

本市建立并完善基础课程体系，在中小学校普及信息技术教育。

广播、电视、报刊、网站等应当开展信息化宣传、教育和科普活动。

第二章　信息化工程建设

第十条　信息化工程建设需要进行招标投标的，应当依法进行，并按照国家和本市有关规定实施监理；政府投资的信息化工程建设，应当符合政府采购等有关法律、法规的规定。

第十一条　从事信息化工程建设的单位依照国家有关规定需要经过资质认证的，应当依法取得资质认证。未经资质认证的单位，不得承揽或者以其他单位名义承揽相应领域内的信息化工程；已经资质认证的单位，不得超越本单位资质等级承揽信息化工程。

第十二条　本市政府投资建设的信息化工程年度计划，由市和区、县信息化主管部门会同同级发展改革、财政等相关部门制定并监督落实。

第十三条　使用政府投资新建信息化工程的，建设单位在报发展改革部门或者其他有关部门立项审批前，应当通过同级信息化主管部门的审查；使用政府投资对信息化工程进行改建、扩建、运行维护的，建设单位在报财政部门审批经费前，应当通过同级信息化主管部门的审查。

信息化主管部门对报审的信息化工程的需求效益、规划布局、技术标准、网络与信息安全、信息资源共享以及其他相关内容组织审查并出具审查意见。

信息化主管部门、发展改革部门、财政部门及其他有关部门对于不符合信息化发展规划和本条所规定审查要求的信息化工程，不予审查和审批通过。

信息化主管部门应当会同有关部门采取措施，积极推进已建信息化工程的整合工作。

第十四条　建设单位应当组织进行信息化工程竣工验收。未经验收或者验收不合格的信息化工程，不得投入使用。

建设单位对使用政府投资的信息化工程进行竣工验收时，应当邀请信息化及其他有关主管部门参加。

第十五条　本市实行信息化工程质量保修制度。承揽信息化工程的单位应当对信息化工程承担保修责任。

使用政府投资的信息化工程的保修期，自工程竣工验收合格之日起不得少于两年。

第十六条　信息化工程建设和运行维护过程中，建设单位应当建立规范的管理制度，做好信息内容更新，加强信息资源管理、知识产权保护和信息安全保障工作。

本市信息化工程建设中应当使用合法授权的软件，鼓励使用国产信息技术和产品。

第三章　信息资源开发利用

第十七条　本市加强对政务信息资源采集工作的管理。

本市国家机关应当依法采集政务信息，加强对政务信息的管理，定期进行信息更新，保证政务信息的真实准确，并采取安全措施防止政务信息丢失、泄露或者被滥用。

市信息化主管部门组织建立政务信息资源目录，规范市和区、县两级行政机关采集政务信息的活动，避免重复采集政务信息资源目录内的信息。

第十八条　本市统一建设人口、法人、自然资源和地理空间、宏观经济等基础数据库。基础数据库的建设和使用按照国家和本市有关规定执行。

本市各级国家机关应当充分利用基础数据库建设本行业、本部门的业务数据库；除涉及国家秘密或者法律、法规另有规定外，基础数据库的建设单位应当为本市国家机关提供信息共享服务。

第十九条　本市各级国家机关和法律、法规授权的具有管理公共事务职能的组织应当建立健全政务信息公开工作制度，依法编制并公布本单位的政务信息公开指南和政务信息公开目录，按照国家和本市的规定通过公报、网站、新闻发布会以及报刊、广播、电视等便于公众知晓的方式公开政务信息。

本市各级国家机关和法律、法规授权的具有管理公共事务职能的组织应当依法建立政务信息公开的申请受理和处理机制，为市民提供信息公开服务。

第二十条　本市教育、医疗卫生、供水、供气、供热、公共交通、环保等公共企事业单位，应当将服务承诺、收费标准、办事过程等信息通过网站及其他方式及时向社会公开，并逐步采用信息化手段开展业务办理工作。

市有关行业主管部门应当对公共企事业单位的信息公开和服务情况进行指导和监督。

第二十一条　市和区、县人民政府统一建设政务信息共享交换平台，为各国家机关共享交换政务信息提供服务。

国家机关可以使用政务信息资源目录中的其他国家机关的政务信息。政务信息需求单位应当就需要共享的信息内容、范围、用途和方式与提供单位主动协商。协商未达成一致的，政务信息需求单位应当将有关情况报请同级信息化主管部门协调解决。

第二十二条　市和区、县人民政府应当引导和规范对政务信息资源的增值开发利用，鼓励单位和个人进行信息资源公益性开发利用。

第二十三条　信用服务中介机构开展征信活动时，应当遵循独立、客观、公正的原则，保守商业秘密，尊重个人隐私，维护被征信企业及个人的合法权益和社会公共利益。

信用服务中介机构对采集的信息应当在信息提供者许可的范围内使用。

鼓励在政府采购、市场监管、信贷、商务等活动中使用信用服务中介机构提供的信用产品。

第四章　信息技术推广应用

第二十四条　市和区、县人民政府应当采取措施推动企业和个人利用信息网络从事商务活动，引导社会逐步建立、完善信用体系和网上支付、物流配送系统，鼓励电子商务服务提供商的发展。

市人民政府有关部门应当制定以中小企业为主的企业信息化发展指南，建设面向中小企业的公共信息服务平台。

第二十五条　本市统筹城乡信息化发展，加大公共财政投入，支持农村信息基础设施和农村综合信息平台建设和运行维护，推进农村现代远程教育；鼓励通过信息化手段为农民提供生产、生活实用信息服务，开发、利用涉农信息资源，开展面向农民的信息化知识和技能培训。

电信、广播、电视等公共服务单位应当采取措施加强农村信息网络服务。

第二十六条　在本市从事互联网信息服务活动的，应当按照国家规定办理相应许可或者履行备案手续。

利用互联网从事经营活动的单位和个人应当依法取得营业执照，并在网站主页面上公开经营主体信息、已取得相应许可或者备案的证明、服务规则和服务流程等相应信息。

第二十七条　电子商务服务提供商应当对利用其网站从事经营活动的经营主体的身份信息、合法经营凭证和反映交易信用状况的材料进行核查，并对相关信息做好数据备份，便于当事人和有关部门查询、核对。

电子商务服务提供商应当建立投诉受理机制，对利用其网站从事的经营活动进行监督，配合政府有关部门的管理活动，但不得妨碍相关经营主体开展正常交易活动。

第二十八条　本市各级国家机关应当定期组织本单位工作人员学习电子政务相关知识，开展电子政务技能培训。

第二十九条　本市建设统一的电子政务网络，促进相关业务应用系统的互联互通。

本市各级国家机关的业务应用系统，凡不宜通过互联网实现的，必须依托全市统一的电子政务网络；需要接入全市统一的电子政务网络的，应当符合有关规范，并经市或者区、县信息化主管部门审查同意。

各级国家机关不得新建专用网络，已经建成的专用网络应当按照规划和标准逐步调整，接入电子政务网络。

第三十条　本市国家机关的网站应当按照规定与本市政务门户网站建立链接，统一网站风格、标识和建设运行维护技术标准。

本市国家机关在互联网上注册域名的，应当遵守国家和本市的相关规定，并经过市信息化主管部门的审核。

第三十一条　市和区、县信息化主管部门组织开展信息化成果展示和交流，对先进的信息技术、产品进行示范推广。

第五章　信息安全保障

第三十二条　本市对网络与信息系统按照国家和本市有关规定实行安全等级保护制度。

网络与信息系统的建设单位和运行维护单位应当按照国家信息安全等级保护管理规范和技术标准确定本单位网络与信息系统的安全保护等级，并按照国家和本市有关规定进行备案、审批。

第三十三条　信息系统的建设单位和运行维护单位应当根据确定的安全保护等级，按照国家信息安全等级保护管理规范和技术标准，保证相应投入，同步开展信息系统安全建设或者改建工作；建设完成后，建设单位和运行单位应当按照国家有关规定开展安全等级技术测评工作，并根据结果采取措施保障网络与信息系统的安全。

第三十四条　本市网络与信息系统的建设单位和运行维护单位应当加强安全管理，并制定网络与信息系统安全事件应急预案，定期进行演练。

发生网络与信息系统安全事故后，相关单位应当迅速采取措施降低损害程度，防止事故扩大，保存相关记录，并按照规定及时向同级信息化主管部门报告。

市和区、县人民政府有关部门应当组织制定相关行业的网络与信息系统安全事件应急预案，组织、协调有关单位做好应急预案的落实工作。

第三十五条　本市组建公共服务网络与信息系统信息安全应急救援服务体系，建立信息安全情况通报和协调机制，为发生公共服务信息安全事件的单位提供救援服务，为全市应急指挥体系提供网络与信息系统安全保障。

第三十六条　任何单位和个人不得利用网络与信息系统从事危害国家安全，扰乱公共秩序，损害公民、法人和其他组织的合法权益，危害网络和信息系统安全以及散布、传播违法信息等活动。

第三十七条　涉及国家秘密的信息化工程的管理，按照国家保密有关规定执行。

第六章　监督管理

第三十八条　市和区、县信息化主管部门对信息化发展规划和政府投资建设信息化工程年度计划的落实情况进行监督检查，并组织开展对国家机关的电子政务绩效考核工作。

第三十九条　市和区、县发展改革、财政、审计、信息化等部门对使用政府投资的信息化工程的资金使用情况和工程运行维护情况进行监督检查；统计、监察、信息化及政府信息公开主管部门对有关国家机关政务信息采集、公开、共享和信息服务工作进行监督检查。

第四十条　本市各级国家机关应当加强对本单位政务信息采集、管理、公开、共享等工作的内部管理，并明确主管负责人和内部机构，负责本单位电子政务的规划、协调和管理工作，建立对本单位工作人员信息化知识、技能的定期考核制度。

第四十一条　市和区、县人民政府的相关行业主管部门应当组织对本行业公共企事业单位的信息化服务水平进行检查和评估，并将有关情况向社会公布。

第四十二条　市和区、县人民政府有关部门根据职责分工，做好信息化相关领域的监督检查工作，并将相关信息向同级信息化主管部门通报。

企业、事业单位和个人的违法行为可以依法纳入相关信用信息系统。

第七章　法律责任

第四十三条　违反本条例第十一条规定，未经资质认证的单位承揽、以其他单位名义承揽相应领域的信息化工程，或者已经资质认证的单位超越本单位资质等级承揽信息化工程的；由市或者区、县信息化主管部门给予警告，责令限期改正；情节严重的，处以1万元以上10万元以下罚款。

第四十四条　违反本条例第三十四条规定，未按要求制定网络与信息系统安全事件应急预案，或者对网络与信息系统安全事故情况隐瞒不报、谎报或者拖延不报的，由市或者区、县信息化主管部门责令限期改正，并可处3万元以下罚款。

第四十五条　违反本条例规定，有下列行为之一的，由有关部门依照《中华人民共和国政府信息公开条例》《中华人民共和国计算机信息系统安全保护条例》等有关规定责令改正，给予警告或者责令停机整顿，并对直接负责的主管人员和其他直接责任人员依法处理：

（一）违反第十九条规定，未按照国家和本市的规定公开政务信息的；

（二）违反第三十二条规定，网络与信息系统的建设单位和运行维护单位未依法进行安全保护等级备案、审批的；

（三）违反第三十三条规定，未进行网络与信息系统安全建设或者改建工作，或者未进行网络与信息系统安全等级技术测评的。

第四十六条　违反本条例规定，有下列行为之一的，市或者区、县信息化主管部门可以对责任单位给予通报批评；造成重大损失的，依照有关法律、法规予以处理：

（一）违反第十七条规定，没有正当理由，重复采集政务信息资源目录内信息的；

（二）违反第二十九条第二款规定，未经审查同意擅自接入电子政务网络的。

第四十七条　对于信息化发展过程中有危害国家安全，扰乱公共秩序，损害公民、法人和其他组织的合法权益，危害网络与信息系统安全以及散布、传播违法信息等活动的，由国家安全、公安、保密、工商以及其他部门依法处理；构成犯罪的，依法追究刑事责任。

第四十八条　市和区、县信息化主管部门以及其他有关部门的工作人员在信息化工作中徇私舞弊、滥用职权、玩忽职守的，由有关部门依法给予行政处分；构成犯罪的，依法追究刑事责任。

第八章　附　则

第四十九条　本条例自2007年12月1日起施行。

北京市公共服务网络与信息系统安全管理规定

(2005年11月11日　北京市人民政府令第163号公布)

第一条　为加强本市公共服务网络与信息系统（以下简称网络与信息系统）的安全管理，根据国家有关规定，结合本市实际情况，制定本规定。

第二条　本市网络与信息系统的建设和运行维护单位（以下简称运营单位）应当做好网络与信息系统安全工作，保障网络与信息系统安全可靠运营。

本规定所称公共服务网络与信息系统，是指由本市行政机关和企事业单位为社会提供的政务、交通、医疗卫生、供水、供电、供气、供热、通信、广播电视以及其他公共服务的网络与信息系统。

第三条　市和区、县信息化主管部门对本行政区域内的网络与信息系统安全工作负责综合协调和监督管理。

公安、国家安全和质量技术监督等政府有关部门，按照各自职责分工，依法对网络与信息系统安全相关工作实施监督管理。

第四条　运营单位应当加强对本单位网络与信息系统的安全管理，做好下列工作：

（一）明确网络与信息系统安全工作的主管负责人和主管机构，并配备具有相应能力的工作人员；

（二）建立健全网络与信息系统安全管理责任制，制定管理制度和操作规程，并定期检查落实情况；

（三）保障网络与信息系统安全的资金投入；

（四）定期进行网络与信息系统安全教育和培训。

第五条　市信息化主管部门应当会同政府有关部门统一规划和组织建设本市网络与信息系统的安全测评、电子认证、灾难备份和应急处理等安全基础设施。

第六条　本市对网络与信息系统实行安全等级保护。

网络与信息系统安全等级分为五级：

（一）第一级为自主保护级，由运营单位进行自主保护；

（二）第二级为指导保护级，由运营单位在有关主管部门的指导下进行保护；

（三）第三级为监督保护级，由运营单位在备案监督部门的监督下进行保护；

（四）第四级为强制保护级，由运营单位在备案监督部门的强制下进行保护；

（五）第五级为专控保护级，由运营单位在备案监督部门的专控下进行保护。

第七条　运营单位应当按照安全等级保护制度的管理规范和技术标准确定本单位网络与信息系统的安全等级，并根据安全等级保护制度的要求进行建设。

网络与信息系统安全等级确定为第三级、第四级、第五级的，运营单位应当将安全等级确定情况报送备案。其中，涉及电子政务的网络与信息系统运营单位，应当报市信息化主管部门备案；其他的运营单位应当报市公安部门备案。

市信息化主管部门、市公安部门应当在30日内对备案单位的网络与信息系统安全等级确定情况进行评估，并提出审查意见。

第八条　运营单位选用网络与信息系统相关安全产品或者选择安全测评、电子认证等服务时，应当符合国家和本市有关网络与信息系统安全管理的技术规范。

使用财政资金投资建设的网络与信息系统选用安全产品和服务时，应当依法实行政府采购。

第九条　运营单位应当依据网络与信息系统安全管理要求，对信息系统和信息数据进行备份。

第十条　运营单位应当制定网络与信息系统安全事件应急预案，并定期进行演练。

市和区、县人民政府有关行政主管部门应当组织制定相关行业的网络与信息系统安全事件应急预案，组织、协调有关单位做好应急预案的落实工作。

第十一条　发生网络与信息系统安全事件后，运营单位应当迅速采取措施降低损害程度，防止事件扩大，保存相关记录，并按规定要求及时向同级信息化主管部门报告。

第十二条　本市组建信息安全应急救援服务体系，为发生信息安全事件的单位提供救援服务。信息安全应急救援服务组织应当公布救援电话，在接到救援请求时，及时提供救援服务。

第十三条　运营单位违反本规定，有下列情形之一的，由市或者区、县信息化主管部门责令限期改正，给予警告，视情节轻重处3万元以下罚款：

（一）违反本规定第四条规定，未按要求建立并落实安全管理制度的；

（二）违反本规定第九条规定，未按要求对信息系统和信息数据进行备份的；

（三）违反本规定第十条第一款规定，未按要求制定网络与信息系统安全事件应急预案的；

（四）违反本规定第十一条规定，对网络与信息系统安全事件情况隐瞒不报、谎报或者拖延不报的。

行政机关违反前款规定的，市或者区、县信息化主管部门可以对责任单位给予通报批评；造成重大损失的，由上级主管部门或者监察机关依法追究责任单位主要负责人和有关责任人员的行政责任。

第十四条　对于有危害公共安全、国家安全、泄露国家秘密以及其他违反法律、法规和规章规定行为的，由公安、国家安全、保密以及其他监督管理部门依法处理；构成犯罪的，依法追究刑事责任。

第十五条　国家和本市对涉及国家秘密、国家安全的网络与信息系统有特殊规定的，从其规定。

第十六条　本规定自2006年1月1日起施行。

北京市无线电管理办法

（2006年10月11日　北京市人民政府令第175号颁布）

北京市无线电管理办法是为了维护本市空中电波秩序，有效利用无线电频谱资源，保障各种无线电业务的正常进行，而制定的办法。

第一条　为了维护本市空中电波秩序，有效利用无线电频谱资源，保障各种无线电业务的正常进行，根据《中华人民共和国无线电管理条例》（以下简称《无线电管理条例》），结合本市实际情况，制定本办法。

第二条　在本市行政区域内使用无线电频率，设置、使用无线电台（站），研制、生产、进口、销售和维修无线电发射设备，使用辐射无线电波的非无线电设备，应当遵守《无线电管理条例》和本办法。

军事系统的无线电管理，依照国家和军队的有关规定执行。

第三条　市无线电管理机构在国家无线电管理机构和市人民政府的领导下，负责本市无线电管理工作。

公安、工商行政管理、质量技术监督、规划、环境保护、广播电视等部门，按照职责分工做好相关监督检查工作。

区、县人民政府确定的负责无线电管理工作的部门，配合市无线电管理机构实施监督检查。

第四条　市无线电管理机构应当按照国家无线电频率管理的相关规定，制定本市无线电频率、呼号使用方案；并根据国家无线电频率调整的规定，及时做出调整。

第五条　申请使用无线电频率、呼号的，应当向市无线电管理机构提出书面申请，并提交无线电频率使用方案及可行性报告。

市无线电管理机构根据审批权限，对符合条件的无线电频率、呼号使用申请，依法进行指配。

第六条　取得无线电频率使用权的单位和个人（以下简称频率使用人）应当按照市无线电管理机构批准的范围和用途使用频率，并按规定向市无线电管理机构缴纳频率占用费。

未经批准，任何单位和个人不得编制、使用电台呼号，不得扩大频率的使用范围或者改变使用用途，不得转让、出租或者变相出租无线电频率。

第七条　市无线电管理机构指配无线电频率时，应当按照国家要求明确无线电频率的使用期限。

使用期限届满需要继续使用的，频率使用人应当在使用期限届满30日前向市无线电管理机构提出延期申请。

第八条 经市无线电管理机构指配的无线电频率，除因不可抗拒原因外，超过一年不使用或者使用未达到原指配规定要求的，由市无线电管理机构全部或者部分收回已指配的无线电频率使用权，并书面告知频率使用人。

第九条 频率使用期限内需要提前终止使用的，频率使用人应当在终止使用之日起30日内到市无线电管理机构办理注销手续。

第十条 因国家调整无线电频率规划、分配方案以及因国家利益或者公共利益需要，市无线电管理机构可以对已经指配的无线电频率进行调整或者收回。

市无线电管理机构做出调整或者收回无线电频率决定时，应当及时发布公告，告知频率使用人。频率使用人应当按照有关规定执行。

第十一条 申请设置、使用无线电台（站）的，应当向市无线电管理机构提交书面申请和相关材料。

市无线电管理机构应当在法定时间内进行审查，对符合条件的，颁发无线电台执照；不符合条件的，应当书面告知当事人，并说明理由。

禁止转让、伪造或者变造无线电台执照。

第十二条 在本市公布的高山、高塔、高楼和机场等重要地区设置的无线电台（站），应当进行电磁兼容分析测试，符合电磁兼容要求。

第十三条 持外地无线电台执照进入本市的无线电台，应当持无线电台执照到市无线电管理机构办理进入本市使用的有关手续，并按要求使用无线电台。

第十四条 取得无线电台执照的单位或者个人，应当按照核定的项目和技术参数工作。需要变更核定项目或者技术参数的，应当事前向市无线电管理机构申请办理变更手续。

第十五条 停用、报废或者依法被撤销无线电台（站）的，应当及时办理注销手续，收回无线电台执照。使用人应当采取措施对无线电台及其相关设备予以拆除、封存或者销毁。

第十六条 设置、使用无线电台（站）的，应当符合国家和本市城市规划、市容、环境保护等方面规定，与提供设台场所的产权人签订协议，明确无线电台（站）及其相关配套设施的维护管理责任。

提供设台场所的单位和个人，应当到市无线电管理机构对场地情况进行备案，配合市无线电管理机构的电磁兼容分析测试，并不得为未经批准的无线电台（站）提供设台场所。

提供设台场所的单位和个人应当遵守无线电管理相关规定，配合无线电管理机构的监督检查。

第十七条 市无线电管理机构应当根据本市无线电管理工作的需要，编制无线电监测设施的专项规划。市规划部门应当将无线电监测设施建设纳入城市规划。

规划部门在无线电监测设施电磁环境保护范围内审批有可能影响无线电监测效果的建筑物、构筑物建设项目时，应当听取市无线电管理机构的意见。

第十八条 在本市进行无线电电磁环境测试，应当至少提前7日向市无线电管理机构报告，并在市无线电管理机构的监督下进行。任何单位和个人不得擅自进行无线电电磁环境测试。

环境保护和政府其他有关部门履行职责过程中开展电磁环境测试的，按照国家有关规定执行。

第十九条　研制无线电发射设备所需要的工作频率和频段，应当符合技术标准和国家无线电管理有关规定。研制申请人应当按规定向市无线电管理机构提交书面申请及相关资料。

经核准的单位和个人，应当按照核准的频率、频段和发射功率等技术指标进行研制；需要变更技术指标时，应当重新提出申请。

第二十条　生产无线电发射设备，其工作频率、频段和技术指标应当符合国家无线电管理的有关规定，并按规定报国家无线电管理机构或者市无线电管理机构备案。

不符合技术标准和国家无线电管理有关规定的无线电发射设备，不得投入生产。

第二十一条　研制、生产无线电发射设备时，应当采取有效措施抑制电波辐射。需要进行实效发射试验的，应当经市无线电管理机构批准。

第二十二条　进口的无线电发射设备，其工作频率、频段和技术指标应当符合国家无线电管理的有关规定。

需要进口或者临时进口无线电发射设备（含整机组装件和安装在其他进口设备上的无线电发射设备）的，应当向市无线电管理机构提出书面申请；经批准后，按照国家有关规定办理入关手续。

第二十三条　销售和维修无线电发射设备的，应当遵守国家和本市有关管理规定。市无线电管理机构应当配合工商行政管理部门依法做好对销售无线电发射设备的监督检查。

不得销售不符合国家有关无线电管理规定和技术标准的无线电发射设备；维修无线电发射设备，不得改变已核准的技术参数。

第二十四条　生产、使用辐射无线电波的非无线电设备的，必须符合国家有关规定，不得对无线电业务产生有害干扰。

辐射无线电波的非无线电设备对无线电台（站）产生有害干扰时，设备所有人或者使用人必须及时采取措施予以消除。

第二十五条　在用的无线电发射设备应当定期进行维护，保证其性能指标符合国家相关技术标准。

第二十六条　市无线电管理机构应当依法加强对本市无线电电磁环境和无线电台（站）的监测，并对监测中发现的问题责令有关单位和个人限期整改。

市无线电管理机构应当按照国家有关规定对无线电发射设备进行检测。经检测不符合国家技术标准的无线电发射设备，有关单位和个人应当停止使用。

第二十七条　市无线电管理机构进行监督检查时，有权采取下列措施：

（一）进行现场检查、勘验、取证；

（二）要求被检查的单位和个人提供有关材料和文件；

（三）对擅自占用无线电频率、设置无线电台（站）的，实施技术措施予以制止；

（四）对非法使用的无线电发射设备等证据依法采取先行登记保存。

第二十八条 市人民政府可以依法在特定的时间、区域、频段范围内实行无线电管制，对无线电发射设备以及辐射无线电波的非无线电设备的使用实行强制性管理。

实行无线电管制期间，管制区域内所有设置、使用无线电发射设备以及辐射无线电波的非无线电设备的单位和个人，必须遵守管制的有关规定。

第二十九条 未按规定缴纳无线电频率占用费的，由市无线电管理机构责令限期缴纳；逾期不缴纳的，按照规定加收滞纳金。

第三十条 违反本办法规定，有下列情形之一的，市无线电管理机构可以依据《无线电管理条例》给予警告、查封或者没收设备、没收非法所得的处罚；情节严重的，可以并处1000元以上5000元以下的罚款或者吊销其电台执照：

（一）擅自改变无线电台站址、天线高度、发射功率、使用频率等核定项目的；

（二）擅自扩大无线电频率使用范围、改变用途的；

（三）擅自编制、使用电台呼号的；

（四）研制、生产无线电发射设备，没有采取有效措施抑制电波发射，并对合法无线电台（站）产生有害干扰的；

（五）研制、生产无线电发射设备时，擅自进行实效发射试验的；

（六）设置、使用不符合国家规定或者技术标准的无线电发射设备，对无线电业务造成干扰的；

（七）使用辐射无线电波的非无线电设备对合法无线电用户造成有害干扰，经责令停止使用后拒不执行的。

第三十一条 违反本办法规定，为他人设置无线电台（站）提供场所的单位和个人未对场地情况进行备案，或者在查处违法设置无线电台（站）工作过程中拒不履行配合义务，造成严重影响的，由市无线电管理机构给予警告，可以并处2万元以下的罚款。

第三十二条 违反本办法规定，开展无线电电磁环境测试未进行报告或者拒不接受监督的，由市无线电管理机构责令限期改正，给予警告，可以并处5000元以下的罚款。

第三十三条 对有下列违法行为之一的，由市无线电管理机构责令限期改正，给予警告，可以并处3万元以下的罚款：

（一）转让、伪造或者变造无线电台执照的；

（二）停用、撤销无线电台（站），未采取拆除、封存或者销毁措施的；

（三）拒不执行国家或者本市调整、收回指配频率决定的；

（四）不遵守无线电管制规定的。

第三十四条 销售不符合国家无线电管理有关规定或者技术标准的无线电发射设备的，由工商行政管理部门依法进行处罚。

第三十五条　违反国家规定，故意干扰无线电业务正常进行的，或者对正常运行的无线电台（站）产生有害干扰，经市无线电管理机构依法给予行政处罚后，拒不采取有效措施消除的，由公安机关依照《中华人民共和国治安管理处罚法》第二十八条的规定给予相应处罚。

第三十六条　违反国家规定，擅自设置、使用无线电台（站），或者擅自占用频率，经责令停止使用后拒不停止使用，干扰无线电通信正常进行，造成严重后果，构成犯罪的，依法追究刑事责任。

第三十七条　设置、使用业余无线电台的，按照国家有关业余无线电台（站）管理的规定办理。

第三十八条　本办法自2006年12月1日起施行。1993年4月17日北京市人民政府第4号令发布、根据1997年12月31日北京市人民政府第12号令修改的《北京市无线电台设置使用管理规定》，以及1995年7月1日北京市人民政府批准、1995年8月1日北京市无线电管理局发布、根据1997年12月31日北京市人民政府第12号令第一次修改、根据2002年2月11日北京市人民政府第92号令第二次修改的《北京市研制、生产、进口无线电发射设备管理规定》同时废止。

北京市人民政府关于加快政务信息化建设的意见

（2001年1月16日　京政发〔2001〕1号）

各区、县人民政府，市政府各委、办、局，各市属机构：

政务信息化是指国家机关在政务活动中，全面应用现代信息技术进行办公、管理和为社会公众提供服务。“九五”期间，本市为推动政务领域的信息化，制定了《首都信息化1998—2010年发展规划（纲要）》，颁布了《首都信息化标准化体系》和《首都信息化标准化指南》。电子政务一期工程进展顺利，初步建成首都公用信息平台，国家各大信息网、北京有线电视网、市主要部门的内部网在平台上实现了互联互通，政务信息网络和信息数据库建设初具规模；政务网上公开取得较大进步，123个市属机关、单位在“首都之窗”上建立了网站，密切了政府与群众联系，促进了勤政廉政建设；机关办公自动化水平不断提高，有40多个部门和16个区县政府机关初步建成了业务应用系统或领导决策服务系统；市政府电视会议系统已经连接了36个会场，基本形成了覆盖全市的电视电话会议网络；一批政府应用信息系统已经相继建成或正在加紧建设之中。虽然本市政务信息化建设取得了一定成绩，但仍处于起步阶段，在工作中还面临着不少困难和问题。主要是缺乏统筹规划，低水平重复建设严重；电子化、网络化办公水平还很低，不能适应首都现代化建设、管理的需要；信息资源深层次开发不够，信息资源的开放共享与部门所有矛盾依然十分突出；资金投入不足且过于分散，制约了政务信息化建设的进程。为贯彻落实党的十五届五中全会和市委八届六次会议精神，适应首都社会经济发展和建设国际化大都市的需要，加快本市政务信息化建设，现提出如下意见：

一、提高认识，明确指导思想和总体目标

信息技术的飞速发展正在引发着一场深刻的生产和生活方式的变革，极大地推动着经济和社会的发展。建设“电子政府”已成为世界新一轮公共行政管理改革和衡量国家及城市竞争力水平的标志之一。大力推进国民经济和社会信息化，是关系“十五”期间我国现代化建设全局的战略举措。实施电子政务工程是建设数字北京的一项重要内容。在全国率先实现政务信息化，既是首都经济和社会发展的迫切要求，也是进一步转变政府的工作方式，提高工作效率，促进勤政廉政建设的一项十分紧迫的任务。

本市政务信息化建设的指导思想是：坚持统筹规划、统一标准、条块协调、整合发展、互联互通、资源共享的原则，在政务工作的各个领域和各个环节广泛采用现代信息技术，以网络为基础、应用为重点、信息资源开发利用为核心，推动职能转变和政务公开，提高

工作效率和服务水平，为政务管理现代化奠定基础。

总体目标是：力争用两年时间，到2002年底初步实现面向社会的行政审批、管理和服务业务上网进行，行政机关内部办公初步实现电子化和网络化；在此基础上，再利用三年的时间，到2005年底建成体系完整、结构合理、高速宽带、互联互通的电子政务网络系统，建成本市政务系统共建共享的信息资源库，全面开展网上交互式办公。

二、当前政务信息化建设的重点工作

市政府确定今明两年为实施电子政务二期工程阶段，主要抓好以下重点工作：

（一）进一步加强政务信息化规划工作

各区县、各部门要在《首都信息化1998—2010年发展规划（纲要）》的总体框架下，编制本地区、本部门的信息化规划。在编制信息化规划时，要将政务信息化的内容作为重点放在规划的首要位置，明确目标，确定工作任务、进度和保障措施。与此同时，还要制定今明两年的政务信息化工作计划。各区县政府、市政府各部门要在2001年一季度将信息化建设规划和两年内的政务信息化工作计划送市信息办。政府系统的信息化建设规划，由市政府办公厅制订，报市机关办公自动化建设领导小组审定。规划经批准后由市政府办公厅会同市信息办组织实施。

（二）推行并落实总体统筹分工负责制度

总体统筹即：市政府对全市信息化建设进行统一规划，制定统一标准和相关政策法规及管理办法，对重大信息工程的资金进行统筹安排。分工负责即：各区县政府、市政府各部门按照统一的规划、标准，负责具体项目的实施，可以实行专业化、市场化运作，授权企业建设、运营、管理和筹资，并以责任书、协议书或合同书的方式明确各有关方面的责任、权利和义务。

在电子政务二期工程实施中，必须加强总体统筹工作，市政府将逐一分解全市信息化建设的总体任务，与各区县政府、各部门签订责任书，并按工程进度和有关标准，及时检查督促，组织验收。各区县政府、各部门要按照全市政务信息化的统一规划、统一标准认真组织实施所承担的工作任务，保证机构、人员、资金、措施落实到位。可以采取市场化、企业化方式运作，将系统建设、运营维护授权企业进行，授权后机关承担业主的责任，负责采集数据，协调工程建设中的有关问题，监督检查工程的质量和进度，并向企业支付合理的费用。

（三）改革政府管理模式，优化业务工作流程

各区县政府要结合今年机构改革，按照转变职能、政务公开、提高工作效率和质量的要求，进一步精简优化工作流程，使之标准化、规范化；已经完成机构改革的市政府各部门、各单位也要根据新的形势和职能，规范工作流程，使之便于计算机管理。凡是可以使用计算机和网络进行办公、办事、管理的事项和环节，都要逐步采用计算机和网络技术。今后，市编制部门在核定机构职能和编制时，要把电子政务作为一个重要的参数。

（四）继续完善首都公用信息平台，加快建设高速宽带政务网络

本市的电子政务工程是依托首都公用信息平台建设的，今后各级机关面向企业和公众的政务工作也要在这个平台上展开。因此，必须进一步完善首都公用信息平台，加快建设连接各区县、各部门的宽带高速的专用政务网络系统。

1. 根据国务院办公厅建设政务信息化的目标和要求，在建设和完善市政府办公厅内部办公业务网的基础上，依托首都公用信息平台，建设以市政府办公厅为枢纽的全市政府系统办公业务资源网，实现网上传输文件、查询信息。此项工作由市政府办公厅负责。

2. 到 2001 年底，18 个区县要按照统一规划，建成本区域的信息网络系统，并与首都公用信息平台以高速宽带网络连接。区县各部门不再单独建设与上级业务部门的纵向网络系统，其信息交换均通过区域公用信息平台和首都公用信息平台实现。

3. 到 2001 年底，市政府综合部门的内部信息系统完成与首都公用信息平台的高速宽带连接，实现部门之间的互联互通。到 2002 年底，全面实现各区县、各部门的宽带联网。

4. 到 2002 年底，首都公用信息平台与国家有关部门以及图书馆、档案馆等重要信息源实现互联互通，为本市政务系统信息资源库提供丰富的信息资源。

5. 加快无线宽带网和接入网的规划和建设。市信息办要加强对无线频率资源的规划和管理，尽快制定无线网的建设标准和安全标准。2001 年将在部分地区进行无线网联通试点，在取得经验的基础上，逐步发挥无线网在首都公用信息平台的作用。

6. 统一规划、管理城市地下空间资源。采用公开招标方式，多渠道筹措资金，建设连接首都公用信息平台的通信管孔和光纤网络。此项工作由市信息办、市规划委会同有关部门制定方案并组织实施。

（五）加快建设一批重点信息化应用项目，推进政务公开，提高办事效率

1. 继续建设和完善“首都之窗”。在现有基础上，“首都之窗”要进一步突出政务功能，真正成为政务公开、为民服务的窗口。在“首都之窗”设立网站网页的单位要健全管理制度，加强内容建设，做好信息和版面的更新工作，凡是可以向社会公开的政务信息，都要及时、准确地向社会公布。“首都之窗”运行管理中心对上网的信息和版面要加强管理，并进行有效的监督检查。对公布信息及时准确、为民服务工作开展得好、受到群众欢迎的上网单位要给予表扬和鼓励；对上网工作做得不好的单位要督促其改正，必要时，要在一定范围内通报批评。

2. 积极推进网上办公。有行政审批权的政府部门要进一步扩大网上政务公开的范围，更多地实现网上申报、登记、审批等行政管理工作。今年，要选择 10 个左右的部门作为第二批网上审批试点。这些部门要将面向社会的行政审批项目的审批权限、条件、标准、程序、时限等内容全部上网公开，并在网上开展有关的行政审批工作（包括注册、登记、核查、认证、年检和备案等）。其他部门也要创造条件积极争取行政审批项目上网进行。到 2002 年底，市政府所有部门面向社会的行政审批项目全部实现网上审批。对于率先实现上网审批的部门，市政府将在信息化建设资金上给予一定支持。市政府办公厅要会同市编办、市

政府法制办、市信息办及有关部门于 2001 年 2 月底以前，研究提出具体方案，并报市长办公会议批准后实施。

3. 加快机关内部信息系统建设。要积极创造条件应用电子认证、电子印章、数字签名等技术，逐步实现办理公文的网络化传输。到 2002 年底，市政府制发的公文，除向主送单位发送少量供存档的纸质文件外，其余均通过网络传递或发布；内部办公文件基本通过网络传递。进一步完善电视电话会议系统，没有建立电视电话会议系统的部门要在 2001 年年底以前建立。今后，凡是能召开电视电话会议的，都要采取电视电话会议的形式召开会议。

4. 重点建设一批关系全市经济与社会发展的信息化应用项目。空间信息、数字绿化带、社会保障、社区网络、危房改造、城市运行监控、领导辅助决策、应急指挥等信息系统要加紧建设，尽快投入使用。

（六）大力整合政务信息资源，建设和改造一批政务数据库

要打破各部门对信息的垄断和封闭，整合政务信息资源，推动政府信息资源对社会的开放，使之发挥巨大的社会效益和经济效益。今明两年，要结合建设重大信息应用系统，新建和改造一批包括资源、经济、科技、教育、空间基础信息、社会保障、城市规划管理等公用基础数据库，并加强数据库的开发、更新和维护工作。市政府已决定成立北京市信息资源管理中心，从事重要信息资源的整合、利用和管理工作。

（七）加强信息化标准和信息安全工作

由市计委、市信息办和市质量技术监督局联合制定的《首都信息化标准化体系》已经出台，《首都信息化标准化指南》的第一卷已经发布，第二、三、四卷将于一季度发布。在信息系统建设的各个环节都要严格执行标准，加强标准化审核，不符合标准的项目不能立项、不能开工建设；要按标准验收，不合格的项目不能投入使用。

专网、内部网必须采取物理方式与国际互联网隔离，确保网络与信息的安全。市信息化工作领导小组专门设立信息安全工作组，负责信息安全体系的建设工作。信息安全的技术支持和服务工作由北京信息安全测评中心和北京数字证书认证中心承担。各区县、各部门在信息化建设中要增强保密意识，建立相应的管理制度，采用先进的安全技术手段，切实把网络安全放在突出位置，给予高度重视，加强信息安全的认证、测试和管理，不符合安全要求的项目不能立项、不能开工；没有通过安全验收的项目，不得投入使用。被授权负责政务信息系统建设、运营和维护的企业，要切实做好信息系统的安全工作。

（八）加强宣传和技能培训工作

市信息办要会同广播电视、新闻出版、人事、教育、法制等部门采取多种措施在领导干部和公务员队伍中加大宣传和培训力度。要通过组织专家讲座、培训等活动在机关工作人员中普及信息化知识和有关法规规章；要将信息化知识纳入行政管理学院的培训课程；各单位要结合自己的实际需要，组织必要的计算机及网络知识和应用技能的培训；市人事局要将计算机的应用水平作为公务员考核的标准之一。2002 年底前，全市行政机关要完成 50 岁以下公务员的轮训工作。

（九）多渠道筹措资金，加大政务信息化建设的资金投入

从今年起，本市将信息基础设施和重大政务信息化工程纳入国民经济和社会发展计划，作为重大项目组织实施，同时设立信息化建设专项资金，统筹用于重大电子政务工程。网络等基础建设列入基本建设投资，日常运行维护经费列入财政预算，研究开发费用列入科技投入预算。信息化建设专项资金要随着国民经济和财政收入的增长逐年增加。各区县政府、各部门也要相应做出安排。要改变财政资金投入分散化的状况，建立合理、顺畅的投资机制和渠道。加大政务信息化建设资金投入的具体意见由市财政局、市计委会同市信息办研究提出，报市政府同意后实施。在增加财政投入的同时，也要广开渠道，多方筹集政务信息化建设的资金，积极探索社会化的投资补偿机制。

（十）加强信息化立法、执法工作

“十五”期间，要针对信息化建设的各项内容，加强信息化立法、执法、行政复议、行政诉讼和法制宣传等项工作，逐步建立起信息化法制体系，创造良好的法制环境。要认真贯彻执行《北京市政务与公共服务信息化工程建设管理办法》，同时尽快出台涉及信息安全管理、信息资源管理等信息化建设急需的法规和管理办法，以保障信息化事业的顺利进行。同时要加强行政执法工作，建立信息化行政执法队伍，制定培训制度和执法程序。

三、切实加强领导，狠抓督查落实

电子政务工程是一项庞大而复杂的系统工程，也是一项“一把手”工程。市信息化工作领导小组负责组织研究制订本市信息化工作的方针、政策和发展战略、总体规划，协调重大信息工程项目的建设。市机关办公自动化建设领导小组统一负责机关办公自动化和应用工作。市信息办既是市信息化工作领导小组的常设办事机构，又是负责本市信息化和无线电管理工作的市政府工作部门，对全市各单位的信息化建设工作负有业务指导的职责。在市信息化工作领导小组的统一领导下，各区县政府、各部门要建立以“一把手”为组长的、主管领导为副组长的领导机构并要落实相应的工作机构，以便按统一的规划加大本地区和本部门的信息化工作力度。各区县、各部门要在今年 2 月底以前，将组织机构及人员名单报市信息办。

实现政务信息化的目标，必须把各项任务和措施落到实处，真抓实干。市政府办公厅会同市信息办制定今明两年本市实施电子政务工程的详细的工作计划，并列出进度表，下达给各区县政府、各部门，用总体统筹分工负责的方式做到任务落实、责任落实，同时还要及时检查监督。各区县政府、各部门要将政务信息化工作纳入重要的议事日程，抓紧组织制定本地区、本部门实施电子政务工程的规划和年度计划，明确职责，落实资金，审定工程设计方案，认真组织实施，确保按期完成。市政府已决定将政务信息化工作列入今年的折子工程，由市政府办公厅进行督查考核。市政府纠风办要会同市信息办就网上政务公开、网上办公进行检查，对按期完成任务，成绩突出的单位要给予表扬，对没有按期完成任务的单位，要给予批评并追究领导责任。

索　引

1. 本索引包括主题词索引，企业、单位索引，表格索引，与目录互为补充。主题词索引也称内容分析索引，主题词以正文中出现的专业名词或名词词组、产品名称、项目名称、文献名称等为主。企业、单位索引为正文中出现的部分企业、单位名称。表格索引为正文中出现的表格。

2. 主题词索引，企业、单位索引，按汉语拼音音序排列。以汉字打头的主题词按首字的音序、音调依次排列，首字相同时，则以第二个字排序。以阿拉伯数字、英文字母打头的主题词排在最前面。表格索引按正文中出现的先后顺序排列。

3. 索引的文字部分称为标目，标目之后的数字为其在正文中出现的页码。部分标目后面有若干个页码，则表示该标目均在这些页码出现。

一、主题词索引

0～9

A～Z

A

B

C

D

E

F

G

H

J

K

L

M

N

P

Q

R

S

T

W

X

Y

Z

二、单位索引

0～9

B

C

D

F

G

H

J

L

M

Q

R

S

T

W

X

Y

Z

三、表格索引

后　记

《北京志·信息化志》（以下简称《信息化志》）是第二轮《北京志》的一部分志，是记述北京信息化发展情况的首部志书。

2009 年 3 月，北京市经济和信息化委员会（以下简称市经济信息化委）组建成立，是主管全市工业和信息化工作的市政府组成部门。2009 年 11 月，市地方志办主要领导到市经济信息化委调研，并协商有关工业信息化内容的入志问题。

2010 年，市经济信息化委在开展第二轮《北京志·工业志》（以下简称《工业志》）篇目研讨过程中，根据信息化资料收集情况，报请市地方志办同意后，暂定在《工业志》篇目框架中独立设置篇章记述北京信息化工作。该篇目框架经过市经济信息化委、行业专家，以及市地方志办三方专家多次研讨修改后，于 2010 年 8 月正式报送市地方志办备案。同年 9 月 29 日，市经济信息化委召开全市工业和信息化系统修志工作暨资料收集启动大会，部署开展第二轮修志工作。其中，《工业志》中的信息化部分由北京信息化协会承担具体编写任务。北京信息化协会在修志队伍建设、业务培训、资料收集、开展试写等方面进行了一系列工作，在对信息化部分的篇目结构 10 余次修改后，形成《工业志》信息化部分的 4 篇资料稿，分别是软件与信息服务业、网络基础设施与信息资源、网络与信息安全、信息技术应用。

《工业志》信息化部分的志稿原计划 20 余万字，在资料收集中发现，信息化事业虽然兴起比较晚，但发展迅速、涉及面广，在现实社会中影响巨大，得到社会各界的关注和普及应用，具有极强的独立性，20 余万字规模远远满足不了记述北京信息化发展的实际需要，在认真研究之后，征得市地方志办同意，市经济信息化委将信息化内容从《工业志》中分离出来，独立编纂《信息化志》，并于 2013 年组织行业专家和地方志专家对《信息化志》试写稿进行评议。

在市地方志专家指导下，经过参编人员的共同努力，于 2016 年 12 月形成《信息化志》初审稿，并报送市地方志办审议。初审稿约 50 万字，较系统地回顾了北京信息化的发展过程，对北京信息化建设所取得的成就进行了客观记述。2017 年 5 月，《信息化志》初审稿评议会召开。根据专家评审意见，编写人员对初审稿进行了修改、补充、完善。

2017 年 11 月，市经济信息化委调整修志工作机构，由市产业经济研究中心（以下简称产研中心）负责《信息化志》《北京信息化年鉴》的组织、编纂出版工作，工作机构设在产研中心志鉴编辑部。《工业志》和《信息化志》两部志书一个编纂机构、一同运作。11月以后，市产业经济研究中心加大信息化修志工作力度，继续聘请多位退休市领导对入志内容进行指导把关、聘请信息化行业专家参与编纂工作。志鉴编辑部按照北京市第二轮地方志书编纂体例、编写要求，经过多轮修改、优化篇目结构、补充完善内容，形成《信息化志》复审稿。

2018年11月，《信息化志》复审稿报送市地方志办审议。复审稿共8篇25章99节，版面字数75万余字，涵盖北京信息化领域的主要业务。12月，《信息化志》复审稿评议会和复审会先后召开，《信息化志》通过复审。

2019年，在市经济和信息化局的组织领导下，多次召开编纂工作会议，研究解决记述问题；发函征求部分委办局、行业协会、企业等涉编单位的审稿意见，进一步听取市地方志办专家、行业专家、责任审稿，以及中关村、海淀区等重点区域专家的建议。编辑部在进一步修改、补充、优化《信息化志》复审稿基础上，于2019年10月编印形成终审稿，共8篇28章100节，版面字数78万余字。按照《北京志》编委会的要求，市经济和信息化局组织局相关处室负责人和有关单位的负责人阅审终审稿，严把内容关。2019年11月至12月，市委党史研究室、市地方志办组织召开终审评议会和终审会，宣布《信息化志》通过终审。

在志书编纂期间，市地方志办、市科委、市广电局、市通信管理局、中关村管委会以及相关协会、企业给予大力支持，提供了宝贵的资料；戴卫、周继东、俞慈声等多次给予指导。在此，谨向为《信息化志》编纂工作提供资料、做出贡献的单位和个人表示衷心的感谢！

由于资料有限、水平有限，书中难免有疏漏、不足之处，敬请读者批评指正。

鸣谢单位：（按志书篇目顺序排序）

中国移动通信集团有限公司北京分公司
中国联合网络通信有限公司北京市分公司
中国电信股份有限公司北京分公司
北京歌华有线电视网络股份有限公司
中国信息通信研究院
北京信息基础设施建设股份有限公司
中星微电子集团
北京市信息化项目评审中心
北京市信息资源管理中心
北京市规划和自然资源委员会
北京市住房和城乡建设委员会
北京城乡经济信息中心

北京市生态环境局
北京市交通委员会
北京市水务局
北京市气象局
北京市教育委员会
北京市人力资源和社会保障局
北京市卫生健康委员会
北京市文化和旅游局
北京市广播电视局
北京市人民防空办公室
北京市文物局
北京市农业农村局
北京市农林科学院
中关村科技园区管理委员会
北京经济技术开发区管理委员会
东城区科技和信息化局
西城区人民政府
朝阳区人民政府
海淀区人民政府
丰台区人民政府
大兴区人民政府
北京市社区服务中心
首都信息发展股份有限公司
北京日报报业集团
北京软件行业协会
北京通信信息协会
北京信息化协会
北京市闪联信息产业协会

鸣谢个人（按姓氏笔画排序）

王锦、尹春华、邢汝晶、刘英、吴芸、张英逊、林绍福、钟冷、高勋、黄晓斌。

《北京志·信息化志》编委会办公室
2020 年 5 月